Diversität, Curriculum und Bildungsstrukturen

AF280585

Waxmann Verlag GmbH
Steinfurter Straße 555, 48159 Münster
info@waxmann.com

Studien zur International und Interkulturell Vergleichenden Erziehungswissenschaft

herausgegeben von

Wilfried Bos, Dortmund
Marianne Krüger-Potratz, Münster
Jürgen Henze, Berlin
Sabine Hornberg, Dortmund
Botho von Kopp, Frankfurt (Main)
Hans-Georg Kotthoff, Freiburg
Knut Schwippert, Hamburg
Dietmar Waterkamp, Dresden
Peter J. Weber, München

Band 20

Waxmann 2015
Münster • New York

Sarah Rühle

Diversität, Curriculum und Bildungsstrukturen

Eine vergleichende Untersuchung
in Deutschland und Finnland

Waxmann 2015
Münster • New York

Bibliografische Informationen der Deutschen Nationalbibliothek
Die Deutsche Nationalbibliothek verzeichnet diese Publikation in
der Deutschen Nationalbibliografie; detaillierte bibliografische
Daten sind im Internet über http://dnb.d-nb.de abrufbar.

Diese Dissertation wurde von der Humanwissenschaftlichen Fakultät
der Universität zu Köln im Mai 2014 angenommen.

**Studien zur International und Interkulturell
Vergleichenden Erziehungswissenschaft, Bd. 20**

ISSN 1612-2003
Print-ISBN 978-3-8309-3139-3
E-Book-ISBN 978-3-8309-8139-8

© Waxmann Verlag GmbH, Münster 2015

www.waxmann.com
info@waxmann.com

Umschlaggestaltung: Pleßmann Design, Ascheberg
Gedruckt auf alterungsbeständigem Papier,
säurefrei gemäß ISO 9706

Printed in Germany

Alle Rechte vorbehalten. Nachdruck, auch auszugsweise, verboten.
Kein Teil dieses Werkes darf ohne schriftliche Genehmigung des Verlages
in irgendeiner Form reproduziert oder unter Verwendung elektronischer
Systeme verarbeitet, vervielfältigt oder verbreitet werden.

Vorwort

Diese Dissertation wurde von der Humanwissenschaftlichen Fakultät der Universität zu Köln im Mai 2014 angenommen. Das gedruckte Buch enthält aktualisierte Daten gegenüber der eingereichten Version. Betreut wurde die Dissertation von Frau Prof.'in Dr. Cristina Allemann-Ghionda. Ihr gebührt mein tiefer und herzlicher Dank für ihre kontinuierliche Begleitung, für ihren kritischen Rat und nicht zuletzt für ihren Zuspruch. Ohne sie wäre diese Arbeit nicht zustande gekommen. Zu Dank verpflichtet bin ich außerdem Frau Prof.'in Dr. Argyro Panagiotopoulou, die das Zweitgutachten anfertigte und mir wertvolle Impulse gab. Insbesondere sei auch allen in Deutschland und Finnland interviewten Schulleitungen, Lehrkräften und Expert/innen für ihre Bereitschaft und Zeit gedankt. Mein Dank gilt ferner der Kölner Graduiertenschule Fachdidaktik, die meinen Forschungsaufenthalt in Finnland sowie die Drucklegung unterstützte. Ganz besonders danke ich schließlich meinen Eltern.

Inhalt

Die Fallstudie in Finnland

Einleitung

Diversität als Realität, aber nicht als Normalität

Ein Blick auf die Schulhöfe, in die Klassenzimmer und in die Lehrer/innenzimmer in Deutschland und vielen weiteren Ländern genügt, um zu erkennen, dass Diversität eine Realität im schulischen Kontext ist. Täglich treffen Schüler/innen sowie Lehrpersonen mit diversen Hintergründen aufeinander. Diversität, verstanden als sich kreuzende Differenzlinien (Krüger-Potratz / Lutz 2002), setzt sich aus verschiedenen, niemals einzeln auftretenden Differenzaspekten zusammen, denn niemand ist „ausschließlich Frau oder jung oder dunkelhäutig oder gesund oder Inhaber einer oder mehr als einer Staatsangehörigkeit, usw.", wie Allemann-Ghionda (2013, S. 29 f.) es formuliert. Diversität betrifft somit nicht nur die ‚Anderen'. Dennoch führen bestimmte Differenzlinien bzw. bestimmte Kombinationen dieser eher zu Benachteiligungen bis hin zu Diskriminierungen als andere. Nieke spricht in diesem Zusammenhang von einer „Kumulation von Diskriminierungen" bzw. von einem „Verstärkungseffekt" (Nieke 2010, S. 25). Dabei bleiben diese Kumulationen von Diskriminierungen zeitlich betrachtet nicht konstant. War in den 1960er Jahren die „Inkarnation aller denkbaren Ungleichheiten" (Böttcher / Klemm 2000, S. 15) noch das katholische Arbeitermädchen vom Lande (vgl. z. B. Dahrendorf 1961), so ist es nach PISA 2000 der „männliche Jugendliche mit Migrationshintergrund, der im Ballungszentrum lebt" (Allemann-Ghionda 2006a, S. 360). Dieser Wandel deutet auf den Konstruktcharakter der zu Benachteiligungen führenden Differenzaspekte hin und schließt somit essentialistische, häufig defizitorientierte Erklärungsmuster für Bildungsmisserfolg aus (vgl. Kapitel 1.1).

Diversität ist also Realität, jedoch nicht von allen Akteur/innen in der Bildung anerkannte Normalität. Dieser Umstand kann – gekoppelt mit der strukturellen Ausrichtung eines Bildungssystems – zu institutionellen Diskriminierungen führen (Gomolla / Radtke 2009). Im schulischen Kontext äußert sich diese Benachteiligung insbesondere in Chancenungerechtigkeiten und Bildungsbenachteiligungen – ein Phänomen, das seit der ersten großen PISA-Schulleistungsstudie wieder vermehrt in der öffentlich-medialen Diskussion Aufmerksamkeit erlangt hat (OECD 2001). Dabei gibt es kaum ein Bildungssystem, dass sich Chancengerechtigkeit – zumindest auf rhetorischer Ebene – nicht zum Ziel setzt (Allemann-Ghionda 2004, S. 140). Die Forderung nach gerechten Chancen für alle ist ein Muss in bildungspolitischen Dokumenten, auf nationaler wie auch auf supranationaler Ebene.[1] Es stellt sich folglich die Frage, wie Bildungssysteme über diese Forderung nach Chancengerechtigkeit hinaus auf Diversität reagieren.

Der binationale Vergleich in dieser Untersuchung

Der internationale Vergleich von Bildungssystemen zeigt zum einen, dass Bildungssysteme unterschiedliche Strategien entwickeln, um auf Diversität zu reagieren (vgl. Allemann-Ghionda 2002; Allemann-Ghionda / Deloitte Consulting 2008; Gomolla 2005).[2] Zum anderen verdeutlicht der Vergleich von Bildungssystemen, dass es ihnen unterschiedlich gut gelingt, soziale Ungleichheiten zu kompensieren und sich somit dem Ziel der Chancengerechtigkeit anzunähern (vgl. die verschiedenen PISA-Studien der OECD sowie z. B. die Sonderauswertung von Stanat / Christensen 2006). Die Frage liegt daher nahe, welche Reaktionsweisen von Bildungssystemen auf Diversität Chancengerechtigkeit begünstigen und welche eher hinderlich sind. Für Gogolin (2010a) liegt das Spezifikum einer international vergleichenden interkulturellen Bildungsforschung eben genau in dieser Vertiefung der „Frage nach den Reaktionsweisen verschiedener Erziehungs- und Bildungssysteme auf sprachlich-kulturelle Pluralität" (Gogolin 2010a, S. 304 f.). Die vorliegende Untersuchung reiht sich mit ihrer Fragestellung nach den strukturellen und curricularen Strategien von Bildungs- bzw. Schulsystemen im Kontext von Diversität in diese Forschungsrichtung ein. Das Konzept der Diversität wird dabei in einem umfassenden und vielschichtigen Verständnis angewandt, das über das Phänomen der Migration hinausgeht (vgl. Kapitel 1.1). Die Grundannahme lautete zu Beginn der Untersuchung, dass die Strukturen eines Bildungssystems eine zentrale Rolle für die Berücksichtigung von Diversität spielen, und dies nicht nur auf rhetorischer Ebene, sondern auch auf curricularer Ebene einschließlich der aktualisierten pädagogischen Praxis. Diese Grundannahme legte den Grundstein für den binationalen Vergleich zweier Bildungssysteme, die strukturell verschieden aufgebaut sind: das deutsche Bildungssystem mit einer in der Mehrheit der Bundesländer nach der vierten Klasse einsetzenden selektiven, separierenden Schulstruktur, und das finnische Bildungssystem mit einer bis zur neunten Klasse angelegten integrativen Schulstruktur.

Deutschland und Finnland: Eine erste Annäherung

Die erste PISA-Untersuchung (OECD 2001) hat bestätigt, dass in Deutschland der Einfluss des sozioökonomischen Hintergrunds auf den Bildungserfolg der Schüler/innen besonders stark ausgeprägt ist. Das Fazit der Schulleistungsstudie der

---

1   Vgl. etwa das Programm *Bildung für alle* der UNESCO, dessen Ziele jährlich im UNESCO-Weltbildungsbericht überprüft werden (z. B. UNESCO 2014).
2   Zum Begriff der Strategie vgl. Kapitel 2.1.

OECD lautete: unterdurchschnittliche Leistung bei überdurchschnittlicher Bildungs-ungleichheit (OECD 2001, S. 227). Die Strukturen eines Bildungssystems, im Falle Deutschlands das mehrgliedrige, hoch selektive Bildungssystem, nehmen für die Autor/innen bei der Klärung der Frage nach den Gründen für dieses schlechte Ab-schneiden eine wichtige Rolle ein (OECD 2001, S. 239 f.). Natürlich und sozial vorhandene Diversität wird in Deutschland somit systematisch und strukturell in eine künstlich erzeugte bzw. angestrebte Homogenität in Form von einheitlichen Lerngruppen auf den verschiedenen Schultypen (Gymnasium, Realschule, Haupt-schule, Sonder- bzw. Förderschulen / -klassen) umgewandelt. Kinder nach dem meritokratischen Prinzip auszulesen, um dadurch bestmögliche Ergebnisse zu erzie-len, erweist sich jedoch als Trugschluss, und das nicht nur im Hinblick auf das Er-gebnis, also den Bildungserfolg bzw. -misserfolg (vgl. z. B. PISA). Denn dem sich selbst auferlegten und strukturell angelegten Anspruch, homogene Gruppen durch Auslese zu erzeugen, kann das deutsche Schulsystem nicht entsprechen. So zeigt die Internationale Grundschul-Lese-Untersuchung (IGLU), dass Kinder der gleichen Lesekompetenzstufe nicht zwingend die gleichen Beurteilungen in Form von Deutschnoten und Übergangsempfehlungen erhalten. Einerseits erhalten Schü-ler/innen der höchsten Kompetenzstufe IV „in einem kleinen, aber nicht zu vernach-lässigenden Teil" trotz dieser hohen Lesekompetenz eine Hauptschulempfehlung. Andererseits erhalten auch Schüler/innen, die bei IGLU nicht über die Kompetenz-stufe III und niedriger hinauskommen, eine Gymnasialempfehlung (Bos u. a. 2003, S. 131). Selbst wenn bedacht wird, dass Deutschland bei der PISA-Studie im Jahr 2012 besser abschneiden konnte als noch im Jahr 2000 und sich von unterdurch-schnittlich auf über dem OECD-Durchschnitt liegend verbessern konnte (OECD 2001; OECD 2014c), stellt sich das mehrgliedrige System aufgrund seiner nach wie vor frühen und durch die soziale Herkunft stark beeinflussten Selektions-mechanismen letztlich selbst in Frage, wie es die Autor/innen der Internationalen Grundschul-Lese-Untersuchung formulieren (Bos u. a. 2003, S. 136).

Einen anderen, wie es scheint ‚erfolgreicheren' Weg, schlägt eines der nach PISA viel gelobten skandinavischen Länder ein: Finnland. Denn im Gegensatz zu Deutschland hat der sozioökonomische Hintergrund in Finnland einen relativ gerin-gen Einfluss auf die Leistungen der Schüler/innen. Das Fazit für Finnland lautete bei der ersten sowie auch den folgenden PISA-Studien: hohe Leistung bei hoher Bil-dungsgerechtigkeit. Damit ist Finnland ein hervorragendes Beispiel dafür, dass ein hohes Leistungsniveau und ein geringes Maß an Bildungsungleichheit keinen Wi-derspruch darstellen müssen (OECD 2001, S. 227). Dabei scheinen die Strukturen des Bildungssystems eine wichtige Rolle zu spielen. Denn im Unterschied zu Deutschland setzt Finnland seit den 1970er Jahren auf ein integratives Schulsystem, in dem Schüler/innen neun Jahre gemeinsam unterrichtet werden (vgl. Kapitel 8.3).

Deutschland und Finnland stehen für zwei Bildungssysteme, die in struktureller Hinsicht unterschiedliche Voraussetzungen für die Berücksichtigung von Diversität schaffen. Ziel der vorliegenden Arbeit war es, die im Kontext von Diversität entwickelten Strategien dieser strukturell verschiedenen Bildungs- und Schulsysteme zu rekonstruieren. Dabei sollte ein differenzierterer und durchaus auch kritischer Blick auf die Situation in Finnland geworfen werden, als dies in Publikationen mit einem einseitig ‚lobenden' Unterton über das ‚Musterland' Finnland vielfach der Fall ist. Insbesondere galt es auf curricularer Ebene zu untersuchen, wie die betreffenden Länder einerseits der Diversität ihrer Schülerschaft begegnen und wie andererseits die Schüler/innen auf ein Leben in und mit Diversität vorbereitet werden sollen. Dazu wurden bildungspolitische Dokumente, insbesondere die Lehrpläne, analysiert. Zusätzlich zu dieser politisch-rhetorischen Ebene wurden auf Mikroebene Interviews mit Lehrkräften geführt, um mögliche Diskrepanzen sowie Schwierigkeiten bei der Umsetzung zu identifizieren. Die Arbeit beginnt mit einem theoretisch-methodischen Teil, in dem die Grundbegriffe geklärt, der Forschungsstand zusammengetragen und die angewandten Methoden offengelegt werden. Es folgen die zwei Fallstudien, die nach demselben Raster, dem *tertium comparationis* (vgl. Kapitel 2.1), aufgebaut sind. Im dritten und letzten Teil der Arbeit werden die Fallstudien im themenzentrierten Vergleich fortgeführt. Dazu werden in einem ersten Schritt die Ergebnisse der Lehrplananalysen in Deutschland und Finnland zusammengeführt, um unter Hinzuziehung der Ergebnisse der durchgeführten empirischen Untersuchung das sich herauskristallisierende Spannungsfeld zwischen erziehungswissenschaftlichen Postulaten, bildungspolitischen Rhetoriken und pädagogischen Praktiken zu untersuchen. In einem zweiten Schritt wird, ebenfalls unter Berücksichtigung der Ergebnisse der empirischen Erhebung, die Rolle der Bildungs- und Schulstrukturen unter dem Aspekt der Chancengerechtigkeit diskutiert. Dabei wird auch die vielfach diskutierte Frage nach der Vergleichbarkeit von Deutschland und Finnland gestellt. Im abschließenden Kapitel werden die zentralen Ergebnisse zusammengefasst und in die Diskussion um die Frage nach der Curriculumgestaltung im Kontext von Diversität und Chancengerechtigkeit eingebettet.

Theoretisch-methodische Grundlagen

1 Grundbegriffe und Forschungsstand

1.1 Terminologische und theoretisch-konzeptionelle Grundlagen

Der Begriff Diversität

Differenz, Vielfalt, Pluralität, Heterogenität ... oder doch Diversität?

In der erziehungs- und sozialwissenschaftlichen Literatur über den Zusammenhang zwischen der Zusammensetzung der Schülerschaft und den Bildungschancen werden verschiedene Begrifflichkeiten verwendet. Einige Autor/innen sprechen von Differenz, andere von Vielfalt, wiederum anderen von Heterogenität oder Pluralität und einige schließlich von Diversität. Manchmal werden die Begriffe synonym verwendet, in anderen Fällen sollen die Begriffe auf konzeptuelle Unterschiede hinweisen (Allemann-Ghionda 2009a, S. 1001; Allemann-Ghionda 2006b, S. 236). Dietz (2007) verweist beispielsweise in seinem Artikel *Keyword: Cultural Diversity. A Guide Through the Debate* darauf, dass das Konzept der Differenz eine klare Abgrenzung zwischen den verschiedenen „sources of human variation" suggeriere (Dietz 2007, S. 8). Deshalb werde das Konzept der Differenz immer mehr durch das der Diversität ersetzt, um nicht nur der Vielzahl, sondern auch den möglichen Überschneidungen der verschiedenen Differenzaspekte Rechnung zu tragen.

Auf die Notwendigkeit einer solchen intersektionalen Perspektive weisen Krüger-Potratz und Lutz in ihrem Artikel *Sitting at a crossroads – rekonstruktive und systematische Überlegungen zum wissenschaftlichen Umgang mit Differenzen* hin. In einem Rückblick der letzten vierzig Jahre rekonstruieren die Autorinnen die Entwicklung der Ungleichheitsforschung in der Erziehungswissenschaft und zeigen auf, dass der Blick in den einzelnen Fachrichtungen jeweils auf eine bzw. einige wenige Leitdifferenzen gerichtet wurde, so dass sich „Spezialisierungen und Fachrichtungen entlang einzelner Differenzmerkmale" herausbildeten (Krüger-Potratz / Lutz 2002, S. 84). Mit den Arbeiten von Bourdieu und Passeron (1971) sowie Bernstein (1959) lag der Schwerpunkt der Forschung in den 1960er und 1970er Jahren zunächst auf der Leitdifferenz „Klasse" (Krüger-Potratz / Lutz 2002, S. 82 f.).[3] Diese Sichtweise auf soziale Ungleichheiten wurde in den 1970er Jahren zunehmend differenzierter

---

3   In dem Artikel von Krüger-Potratz und Lutz werden die Referenzwerke bzw. Erscheinungsjahre Bourdieu / Passeron (1972) sowie Bernstein (1975) angegeben (Krüger-Potratz / Lutz 2002, S. 82 f.). Das Werk *Die Illusion der Chancengleichheit* von Bourdieu und Passeron ist jedoch in der Erstauflage im Jahr 1971 erschienen und Bernstein hat bereits 1959 zu den soziokulturellen Determinanten des Lernens unter besonderer Berücksichtigung der Rolle der Sprache publiziert.

und so wurde innerhalb der Erziehungswissenschaft auch die „Ungleichheit aufgrund des Geschlechts, der Gesundheit, der ethnischen respektive nationalen Zugehörigkeit, der Differenz zwischen Familiensprache und offizieller Sprache, der religiösen bzw. weltanschaulichen Ausrichtung des Elternhauses usw." (Krüger-Potratz / Lutz 2002, S. 83) zum Gegenstand der Forschung zielgruppenspezifischer Fachrichtungen entlang einzelner Leitdifferenzen[4], die Krüger-Potratz und Lutz wie folgt benennen: „Gesundheit: Integrative bzw. Integrationspädagogik (behinderte Kinder); Geschlecht: feministische Pädagogik (Mädchen); Kultur: Interkulturelle Pädagogik (ausländische Kinder und Jugendliche); Nord / Süd: kooperative Pädagogik (Kinder in ‚Entwicklungsländern')" (Krüger-Potratz / Lutz 2002, S. 83 f.). Am Beispiel der Leitdifferenzen Geschlecht und Kultur zeichnen die Autorinnen in einem nächsten Schritt nach, wie sich im Selbstverständnis der genannten erziehungswissenschaftlichen Fachrichtungen ein Paradigmenwechsel von der Defizitperspektive zur Differenzperspektive vollzogen hat, der mit einer Namensänderung einherging: von der Frauenforschung zur Geschlechterforschung bzw. von der Ausländerpädagogik zur Interkulturellen Pädagogik. Diese Differenzperspektive kann in Abgrenzung zur Defizitperspektive mit der Leitlinie „*All different, but equal*" (Krüger-Potratz / Lutz 2002, S. 87, Herv. im Orig.) beschrieben werden.[5]

Im Anschluss an diese historische Skizze kommen Krüger-Potratz und Lutz kritisch zu dem Schluss, dass die herausgebildeten Fachrichtungen, die sich jeweils auf eine Leitdifferenz konzentrieren, „ihrerseits Gefahr laufen, diese isoliert zu betrachten und sich auf diese Weise selbst zu isolieren". Sie plädieren deshalb dafür, auch

---

4   Wenning weist in diesem Zusammenhang darauf hin, dass die Erziehungswissenschaft „aber bis heute keine Fachdisziplin [hat], die sich – analog zur interkulturellen, integrativen und geschlechtsbezogenen Erziehungswissenschaft – um Diskriminierung aufgrund der Zugehörigkeit zu bestimmten sozialen Schichten kümmert" (Wenning 2004, S. 576). Zwar orientiere sich die Sozialpädagogik an „gesellschaftlichen Problemgruppen, die durch ökonomische, politische und soziale Entwicklungen entstehen. Die sozialpädagogische Arbeit findet aber zumeist außerhalb von Bildungseinrichtungen statt. Damit wird die ‚soziale Frage' aus dem Bildungswesen im engeren Sinne verwiesen" (Wenning 2004, S. 578). Angemerkt sei in diesem Zusammenhang, dass es in der Literatur auch Autor/innen gibt, die die sozioökonomische Differenz als maßgebliche, wenn nicht die alleinige Einflussvariable betrachten (vgl. z. B. Radtke 1995).

5   Kritisch anzumerken ist an dieser Stelle, dass Krüger-Potratz und Lutz zwar den Paradigmenwechsel von der Defizitperspektive zur Differenzperspektive und der damit einhergehenden Namensänderungen anführen. In ihrer Auflistung der zielgruppenspezifischen Fachrichtungen, die sich vor diesem Paradigmenwechsel herausgebildet haben, benennen sie jedoch die Spezialisierung auf die Leitdifferenz Kultur, die sich an ausländische Kinder und Jugendliche richtet, mit dem Label Interkulturelle Pädagogik (Krüger-Potratz / Lutz 2002, S. 83 f.). Dies ist insofern nicht ganz zutreffend, als die an ausländische Kinder und Jugendliche gerichtete Fachrichtung als Ausländerpädagogik bezeichnet werden müsste. Die Interkulturelle Pädagogik hat sich nämlich aus eben diesem von Krüger-Potratz und Lutz beschriebenen Paradigmenwechsel heraus entwickelt und richtet sich – im Gegensatz zur Ausländerpädagogik – an alle Schüler/innen, und nicht nur an jene mit Migrationshintergrund (vgl. hierzu ausführlicher z. B. Allemann-Ghionda 2013, S. 50 ff.; Auernheimer 2010, S. 34 ff.).

„andere Differenzen und vor allem die Verschränkung der verschiedenen Differenzlinien" mit einzubeziehen (Krüger-Potratz / Lutz 2002, S. 88). Die vorliegende Arbeit soll dieser Forderung nachkommen. Welche Differenzlinien im Einzelnen berücksichtigt wurden, wird in einem späteren Abschnitt dieses Kapitels herausgearbeitet. Zuvor wird der Versuch unternommen, den Stand der theoretischen Diskussion nachzuzeichnen sowie die in der Literatur vorzufindende Begriffsvielfalt zu ordnen.

Diversität der Begriffe und theoretische Systematisierung

Wie bereits erwähnt, werden in der Literatur über den Zusammenhang von Bildungs(un)gerechtigkeiten und der Zusammensetzung der Schülerschaft verschiedene Begriffe verwendet, um Letzteres zu beschreiben. Die Vielzahl der verwendeten Begriffe kann einerseits als Verunsicherung auf theoretischer Ebene gedeutet werden. Andererseits verursacht die Begriffsvielfalt selbst sowie die uneinheitliche Verwendung der Begriffe Verwirrung und somit weitere Verunsicherung. Deshalb soll an dieser Stelle der Versuch unternommen werden, den Diskussionsstand auf theoretischer Ebene zusammenzufassen.

Vereinfacht dargestellt kann eine Lerngruppe idealtypisch entweder homogen oder heterogen sein, womit (i) das Begriffspaar Heterogenität und Homogenität in die Diskussion eingebracht wird. Doch so einfach ist die Klassifizierung einer Lerngruppe nicht, denn – führt man dieses Gedankenexperiment weiter – so stellt sich die Frage, in welcher Hinsicht die Schüler/innen heterogen bzw. homogen sind, d. h. inwiefern sie sich voneinander unterscheiden. Somit ist (ii) der Begriff Differenz, also Unterschied, ebenfalls Teil der Diskussion. Doch auch damit ist das komplexe Phänomen nicht hinreichend beschrieben. Denn, wie jedem einleuchten wird und eingangs bereits erwähnt wurde, ist niemand „ausschließlich Frau oder jung oder dunkelhäutig oder gesund oder Inhaber einer oder mehr als einer Staatsangehörigkeit, usw." (Allemann-Ghionda 2013, S. 29 f.), womit (iii) der Aspekt der Intersektionalität in der Diskussion auftaucht. Differenzen können also nicht einfach nahtlos voneinander getrennt betrachtet werden. Um diesem intersektionalen Charakter Rechnung zu tragen, wird das Konzept der Differenz immer mehr durch (iv) das Konzept der Diversität ersetzt (Dietz 2007, S. 8), womit ein weiterer Begriff in die Diskussion eingebracht wird. Schließlich muss, um die Slogan-Ebene „Jeder ist anders!", „Alle sind verschieden!" zu verlassen, wie Trautmann und Wischer (2011, S. 37) es formulieren, die Frage gestellt werden, welche Dimensionen von Diversität und deren Verschränkungen im Bereich Bildung relevant sind und zu Benachteiligungen (gemacht) werden können. Diese Frage ist insbesondere im Hinblick auf den sogenannten Verstärkungseffekt (Nieke 2010, S. 25) zentral. So leuchtet ein, dass beispielsweise Unterschiede im Hinblick auf sportliche Fähigkeiten kaum eine bis gar keine Rolle im Physikunterricht spielen (Trautmann / Wischer 2011, S. 65). Um der Frage nachzugehen, welche Dimensionen von Diversität im Bereich Bildung relevant sein können, schlagen Trautmann und Wischer drei Schritte vor:

1. eine *Systematisierung* und zugleich Reduzierung möglicher Diversitätsdimensionen;
2. eine *Konkretisierung* der Dimensionen anhand der Frage, unter welchen Bedingungen welche Kriterien bedeutsam sind;
3. eine *Priorisierung*, um zu klären, welchen Dimensionen in welchem Kontext eine hohe Bedeutsamkeit zugeschrieben werden muss und in welchem Zusammenhang welche Dimensionen eher nachrangig einzustufen sind (Trautmann / Wischer 2011, S. 65).

Diese Schritte werden im nächsten Abschnitt dieses Kapitels auf die vorliegende Untersuchung angewandt, denn es muss geklärt werden, welche Dimensionen von Diversität im Curriculum der Sekundarstufe I vergleichend zwischen Deutschland und Finnland analysiert wurden. Zunächst aber zurück zur Begriffsvielfalt. Die mit Hilfe des Gedankenexperiments eingeführten vier Begriffe Heterogenität, Differenz, Intersektionalität und Diversität müssen um zwei weitere Begriffe ergänzt werden, die in der Literatur verwendet werden: Pluralität und Vielfalt. Dass diese Termini zum Teil synonym und zum Teil in einem unterschiedlichem Verständnis verwendet werden, wurde bereits erwähnt. Welche konzeptuellen Unterschiede stehen hinter den Begriffen und bei welchen Begriffen erscheint es sinnvoll, diese synonym zu verwenden? Wie aus den bisherigen Ausführungen deutlich wurde, soll der Begriff Diversität – im Gegensatz zum Begriff Differenz – den möglichen Verschränkungen und Überschneidungen einzelner Differenzlinien Rechnung tragen (Stichwort Intersektionalität, vgl. Dietz 2007 und Krüger-Potratz / Lutz 2002). Aber auch der Begriff Diversität wird nicht von allen Autor/innen gleich verstanden und verwendet. So verbinden einige Autor/innen Diversität eher mit sprachlicher und soziokultureller Vielfalt, wohingegen andere den Begriff Pluralität verwenden, um sprachliche und soziokulturelle Vielfalt zu bezeichnen. Wie nicht anders zu erwarten, werden schließlich auch Diversität und Pluralität häufig synonym verwendet (Allemann-Ghionda 2008a, S. 22; Allemann-Ghionda 2009a, S. 1001).

Da die von Dietz (2007) beschriebene semantische Unterscheidung zwischen Differenz und Diversität sinnvoll erscheint, um dem Aspekt der Intersektionalität Rechnung zu tragen, wird in der vorliegenden Arbeit der Begriff Differenz nur dann verwendet, wenn eine Dimension von Diversität, d. h. eine Differenzlinie benannt werden soll. Etymologisch betrachtet macht es darüber hinaus Sinn, die Begriffe Diversität und Heterogenität synonym zu verwenden. Der Begriff Heterogenität stammt vom Griechischen ab (*heteros* „anders, abweichend" und *génos* „Geschlecht, Art, Gattung") und kann mit „verschiedener Abstammung, Art, Gattung" bzw. einfacher formuliert mit „Verschiedenartigkeit" übersetzt werden (Tenorth / Tippelt 2007, S. 317; Trautmann / Wischer 2011, S. 38). Der Begriff Diversität leitet sich vom lateinischen *diversitas* ab und kann mit „Vielfalt, Vielfältigkeit" übersetzt werden (z. B. Duden 2009). Somit verweisen beide Begriffe nicht nur auf die Vielzahl möglicher Differenzlinien, sondern auch auf die Verschiedenheit dieser. Der Begriff Pluralität wird in dieser Arbeit schließlich in Anlehnung an die vergleichende Untersuchung von Allemann-Ghionda als sprachliche, soziokulturelle und ggf. auch religiöse Vielfalt verstanden (Allemann-Ghionda 2002, S. 484). Sprachliche und soziokulturelle Vielfalt geht dabei nach Allemann-Ghionda nicht nur auf (i) Migration zurück, sondern drei weitere Erscheinungsformen bzw. Achsen der Pluralität müssen bedacht werden: (ii) infranationale Mehrsprachigkeit, (iii) Europäische Vielfalt und Integration sowie (iv) Globalisierung, die durch die neuen IuK-Technologien verstärkt wird (Allemann-Ghionda 2013, S. 46 ff.). Pluralität ist somit ein Aspekt von Diversität. Das dieser Arbeit zugrundeliegende Verständnis der Begriffe Differenz, Vielfalt, Pluralität, Heterogenität und Diversität kann wie folgt vereinfacht zusammengefasst werden:

- Diversität: umfasst im Prinzip alle erdenklichen Unterscheidungsaspekte zwischen Individuen und Gruppen, die nie isoliert auftreten, und bedarf somit weiterer Differenzierung, um nicht auf einer Pauschalebene zu bleiben;[6]
- Heterogenität: synonym zu Diversität;
- Differenz: Unterscheidungsaspekt / Differenzlinie / Dimension von Diversität;
- Pluralität: sprachliche, soziokulturelle und ggf. religiöse Vielfalt / ein Aspekt von Diversität;
- Intersektionalität: beschreibt die Verschränkungen der Diversitätsdimensionen.

Die vorliegende Arbeit richtet dabei weniger, wenngleich dies nicht ausgeblendet wird, den Blick auf Diversität im Kontext der Frage nach den „Bedingungsfaktoren schulischer Leistung", wie etwa im Rahmen der psychologischen Lehr-Lern-Forschung. In diesem Zweig der Heterogenitätsforschung werden didaktisch-methodische Aspekte von Lehr-Lern-Prozessen auf vorwiegend kognitiver Ebene untersucht mit dem Ziel, Unterricht zu optimieren (Trautmann / Wischer 2011, S. 42 ff.). Demgegenüber analysiert der sozial- und erkenntniskritische Zugang, in den sich diese Untersuchung einreiht, die Produktion und Reproduktion gesellschaftlicher und sozialer Ungleichheiten insbesondere durch die Institution Schule bzw. das Bildungssystem (Trautmann / Wischer 2011, S. 47 ff.). Heterogenitätsdimensionen werden dazu „in ihrer sozialen Funktion für die Legitimation von Ungleichheit bzw. als Grundlage für gesellschaftliche Bevorteilung und Benachteiligung" analysiert (Trautmann / Wischer 2011, S. 48). Diese Legitimation von Un-

---

6   Die in dieser Arbeit berücksichtigten Differenzlinien werden im nächsten Abschnitt spezifiziert.

gleichheit als Grundlage für gesellschaftliche Bevorteilung und Benachteiligung hat im selektiven, separierenden Bildungssystem Deutschlands eine besondere Qualität, da die Schulformdifferenzierung ein Instrument darstellt, um „gesellschaftliche Unterschiede (und Ungleichheiten!) fortzuführen, zu legitimieren oder aufzuheben bzw. abzubauen" (Trautmann / Wischer 2011, S. 80). Durch die separierende Ausrichtung des deutschen Bildungssystems potenzieren sich somit die Möglichkeiten zur Reproduktion sozialer Ungleichheit in einem verschärften Maße, was sich auch empirisch erfassen lässt (vgl. Kapitel 4.2).

Vor diesem Hintergrund ist schließlich herauszustellen, dass das Konzept der Diversität und somit auch die Unterscheidungsaspekte, also die einzelnen Dimensionen von Heterogenität, als soziale Konstruktionen zu verstehen sind. Damit ist gemeint, dass diese nicht als statische, „unveränderbare Gegebenheiten" betrachtet werden, sondern aus einer konstruktivistischen Sichtweise zum einen als veränderbar und zum anderen als konstruierte Zuschreibungen, die – wie Trautmann und Wischer es erklären – „durch die Unterschiede bzw. Unterscheidungen von Gruppen (wie ‚Lernbehinderte' und ‚Hochbegabte', ‚Jungen' und ‚Mädchen') überhaupt erst hergestellt werden" (Trautmann / Wischer 2011, S. 48). Das soll nicht bedeuten, dass es nicht ‚angeborene' Unterschiede zwischen Menschen gibt, wie beispielsweise die Augenfarbe oder andere körperliche oder geistige Aspekte. Das Konzept der Diversität umfasst „zwar teilweise natürliche und genetisch bedingte Elemente", jedoch „hinsichtlich ihrer Konzeptualisierung und Behandlung [ist Diversität] immer ein soziales Konstrukt" (Allemann-Ghionda 2013, S. 54 f.). Die entscheidende Frage lautet somit, wie Bildungsinstitutionen auf Diversität reagieren und was sie aus Differenzen ‚machen'. Denn Zuschreibungen sind niemals neutral, sondern implizieren „stets Vorstellungen von Normalität und Abweichung, sind Formen von Dominanz, Hierarchie und Unterdrückung" (Trautmann / Wischer 2011, S. 48). Aus einer konstruktivistischen Sichtweise werden essentialistische, häufig defizitorientierte Erklärungsmuster für Bildungsmisserfolg folglich ausgeschlossen.[7]

Die in dieser Arbeit berücksichtigten Differenzlinien

Das Anliegen einer intersektionalen Analyse, wie Degele und Winker es beschreiben, „richtet sich gegen die häufig anzutreffende Tendenz, eine soziale Ungleichheit gegen eine andere auszuspielen oder Rangfolgen zu formulieren" (Degele / Winker 2011, S. 70). Dabei sollen die „Ungleichheit generierenden Dimensionen" nicht einfach addiert, sondern deren Wechselwirkungen analysiert werden (Degele / Winker 2011, S. 71). Intersektionalität, ein Konzept, das nach Walgenbach zum Analyseparadigma avanciert ist (Walgenbach 2011), gehört auch für Degele und Winker zum *Common Sense* der theoretischen Diskussion. „Aber", so fragen Degele

---

7   Zur Unterscheidung von Konstruktivismus und Essentialismus vgl. z. B. Auernheimer (2010, S. 120).

und Winker, „wie viele und welche Kategorien sollen sinnvollerweise Berücksichtigung finden?" (Winker / Degele 2009, S. 13). Betrachtet man die aktuelle Diskussion, so zählen zu den Aspekten, die Diversität in einem intersektionalen Verständnis ausmachen, insbesondere:

- der sozioökonomische Status bzw. die soziale Herkunft,
- die ethnische Zugehörigkeit (Selbst- und Fremdzuschreibung),
- die Staatsangehörigkeit bzw. Nationalität,
- der Migrationshintergrund,
- die Geschlechtszugehörigkeit bzw. Gender,
- Dis(Ability),
- die Religion(en),
- die Sprache(n),
- die kognitive Leistungsfähigkeit,
- die sexuelle Orientierung,
- das Alter,
- die Hautfarbe oder andere sichtbare körperliche Merkmale etc.

(in Anlehnung an: Allemann-Ghionda 2013, S. 29 f.; Trautmann / Wischer 2011, S. 41; Wenning 2007, S. 25 f.).

Bei einer solchen Auflistung gilt zu beachten – ist dies doch das Anliegen einer intersektionalen Perspektive –, dass die Aspekte nicht von einander getrennt werden können und es Überschneidungen gibt. Zudem macht der Zusatz „etc." deutlich, dass es sich bei solchen Listen nicht um geschlossene, sondern um erweiterbare Listen handelt, was zugleich auf die Problematik der Relevanz verweist (Trautmann / Wischer 2011, S. 41). Um diese Frage speziell in Bezug auf den Kontext Bildung zu beantworten, schlagen Trautmann und Wischer die drei folgenden, vorangehend bereits angeführten Schritte vor: Systematisierung, Konkretisierung und Priorisierung (Trautmann / Wischer 2011, S. 65). Nach Anwendung dieser Schritte auf die vorliegende Untersuchung unter Berücksichtigung der spezifischen Perspektive des binationalen Vergleichs zwischen Deutschland und Finnland wurden folgende Diversitätsdimensionen und deren Verschränkungen festgelegt:

- sozioökonomischer Hintergrund / soziales Milieu,
- soziokulturelle und sprachliche Pluralität,
- Geschlecht bzw. Gender und sexuelle Orientierung,
- im körperlichen und geistigen Sinne gesundheitsbezogene Heterogenität.

Der Begriff Curriculum

Lehrpläne, Richtlinien, Bildungsstandards ... oder doch Curriculum?

Die Begriffe Curriculum und Lehrplan werden häufig synonym verwendet. Das Wort Lehrplan ist dabei eher durch die deutsche „Schul-, Bildungs-, und Wissenschaftskultur" geprägt und meint in einem eher eng gefassten Verständnis die „staatliche Vorgabe von Bildungsinhalten und Lernzielen". Im Gegensatz dazu wird die Bedeutung des Begriffs Curriculum eher durch „angelsächsische und amerikanische Verwendungszusammenhänge" (Künzli 2009, S. 134) bestimmt und schließt in einem weiter gefassten Verständnis „neben der Festlegung von Bildungszielen und -inhalten auch die Produktion von Lehrmitteln und Unterrichtsmaterialien, von Unterrichtsarrangements und von Lern- und Prüfungsaufgaben ein" (Künzli 2009, S. 135). In beiden Kontexten werden die Begriffe jedoch unscharf verwendet (Künzli 2009, S. 134).

Neben den Begriffen Curriculum und Lehrplan findet sich – zumindest im deutschen Sprachraum – eine Vielfalt an Bezeichnungen: Richtlinien, Rahmenlehrpläne, Rahmenrichtlinien, Kernlehrpläne, Kerncurricula, Bildungspläne, Bildungsstandards etc. Welche Unterschiede bestehen zwischen diesen Begriffen? Dem *Wörterbuch der Pädagogik* ist zu entnehmen, dass Rahmenlehrpläne und Richtlinien so konzipiert sind, dass sie „nur allgemeine Prinzipen bzw. Richtpunkte vorschreiben und die inhaltliche Konkretion" der Lehrperson überlassen (Böhm 2005, S. 401). Bei den Kernlehrplänen, beispielsweise des Landes Nordrhein-Westfalen, handelt es sich um kompetenzorientierte Lehrpläne, die im Rahmen der Qualitätsentwicklung und Qualitätssicherung die nationalen Bildungsstandards der Kultusministerkonferenz in Form von Leistungserwartungen umsetzen (vgl. ausführlicher Kapitel 5.2).[8] In der Einführung in den Bildungsplan der Grundschule des Landes Baden-Württemberg wird wiederum ein klarer Unterschied zwischen Lehrplänen und Bildungsplänen gemacht: „Lehrpläne geben an, was ‚gelehrt' werden soll. Ein Bildungsplan gibt an, was junge Menschen im weitesten Sinne des Wortes ‚lernen' sollen" (Ministerium für Kultus, Jugend und Sport des Landes Baden-Württemberg 2013, S. 7).

Ziel dieser kurzen Übersicht ist es nicht, eine umfassende Darstellung der verwendeten Begriffe – die teils synonym und teils unterschiedlich angewendet werden – und der dahinterstehenden Konzepte zu geben. Vielmehr soll deutlich werden, welche Begriffsvielfalt vorzufinden ist. Es ist somit notwendig zu definieren, was in dieser Arbeit untersucht werden soll, wenn von Curriculum die Rede ist. Dies ist umso erforderlicher, da es sich um eine international vergleichende Untersuchung

---

8   In Niedersachsen werden die kompetenzorientierten Lehrpläne analog Kerncurricula genannt, vgl. dazu den Niedersächsischen Bildungsserver (NiBiS) (Niedersächsisches Landesinstitut für schulische Qualitätsentwicklung 2013).

handelt. So ist die Begriffsbestimmung in einer vergleichenden Untersuchung ein wichtiger Schritt, da in unterschiedlichen Kontexten Begriffe denselben Namen tragen können, jedoch etwas Unterschiedliches bezeichnen, und umgekehrt dasselbe meinen können, jedoch unterschiedlich heißen (Allemann-Ghionda 2010, S. 24). Auch kann die Übersetzung von Begriffen ein Problem darstellen. Für die Grundbegriffe „Bildung", „Pädagogik" und „Unterricht" gibt es beispielsweise keine wörtlichen Übersetzungen ins Englische, so dass die Begriffe umschrieben werden müssen (Hopmann / Riquarts 1995, S. 10 f.). In Anlehnung an die oben vorgestellte Definition, nach der Curriculum „neben der Festlegung von Bildungszielen und -inhalten auch die Produktion von Lehrmitteln und Unterrichtsmaterialien, von Unterrichtsarrangements und von Lern- und Prüfungsaufgaben" (Künzli 2009, S. 135) einschließt, liegt der vorliegenden Arbeit ein weit gefasstes Verständnis von Curriculum zugrunde. So wurden nicht nur die intendierten Bildungsziele und -inhalte in den Lehrplänen der untersuchten Länder einbezogen. Durch die Auswertung von Interviews mit Lehrpersonen und pädagogischem Personal wurde zudem die Ebene der Unterrichtspraxis rekonstruiert (vgl. dazu ausführlich Kapitel 2.1).

Das Curriculum als Instrument kultureller Reproduktion sozialer Ungleichheit

Warum ist es sinnvoll und notwendig, das Curriculum als Untersuchungsgegenstand zu wählen? Künzli weist darauf hin, dass Lehrpläne nicht nur angeben, was Schüler/innen lernen sollen. Lehrpläne „geben zugleich Auskunft darüber, was nicht zu diesem Bestand gehört, weil es als fremd und unerwünscht gilt oder als subversiv ausgeschlossen oder einfach übersehen wurde" (Künzli 2009, S. 135). In diesem Zusammenhang spricht Künzli von der „kulturelle[n] Selektivität des Curriculums" sowie von „gesellschaftlichen Macht- und Herrschaftsverhältnisse[n]" (Künzli 2009, S. 135), die sich auf diese Weise im Curriculum niederschlagen. Künzli schlussfolgert, dass das Curriculum als „Instrument kultureller Reproduktion sozialer Ungleichheit […] und bestehender Herrschaftsverhältnisse" angesehen werden kann (Künzli 2009, S. 138).

Der heimliche Lehrplan

Eng mit diesen Überlegungen verknüpft ist das Konzept des heimlichen Lehrplans. So wirkt neben dem offiziellen Lehrplan auch der sogenannte heimliche Lehrplan in der Schule, im Englischen *hidden curriculum* genannt. Im Gegensatz zu den „expliziten und formellen Elementen der Bildungsprozesse", die im offiziellen Lehrplan formuliert werden, umfasst der heimliche Lehrplan „die nicht geplanten, die ungeschriebenen, die heimlichen Lernerfahrungen" (Künzli 2009, S. 135), die Schüler/innen im Unterricht machen. Jackson, der den Begriff *hidden curriculum* zum ersten Mal 1968 in seinem Buch *Life in Classrooms* einführte (Assor / Gordon 1987,

S. 329), erläutert das Konzept in Zinneckers *Der heimliche Lehrplan* (1975) wie folgt:

> „Wir können das bisher gesagte gut zusammenfassen, wenn wir unterstellen, daß es in jeder Schule und in jeder Klasse **in Wirklichkeit zwei Lehrpläne** gibt, nach denen die Schüler unterrichtet werden. Den einen können wir den **amtlichen Lehrplan** nennen. Ihm allein galt in der Vergangenheit das Interesse der Schulpädagogen. Seine goldene Mitte sind die Grundfertigkeiten des Lesens, Schreibens und Rechnens. Zu ihm gehören die Unterrichtsfächer, für die wir Lehr- und Lernmittel herstellen. Dieser Lehrplan steht auch im Mittelpunkt der ganzen ‚Curriculuminnovation' heutzutage.
>
> Den zweiten Lehrplan könnte man vielleicht als den **nichtamtlichen oder sogar den heimlichen Lehrplan** bezeichnen, da er der Aufmerksamkeit der Schulpädagogen weitgehend entgangen ist. Dieser heimliche Lehrplan besitzt auch eine goldene Mitte: den Grundkurs in den sozialen Regeln, Regelungen und Routinen. Diesen Grundkurs haben sich Schüler wie Lehrer anzueignen, wenn sie, ohne großen Schaden zu nehmen, ihren Weg durch die Institution, die da Schule heißt, machen wollen" (Jackson 1975, S. 29, eig. Herv.).

Der heimliche Lehrplan bezeichnet also alle Lernerfahrungen, die Schüler/innen als „Nebenprodukt" in der Schule machen (Niederbacher / Zimmermann 2011, S. 105). Anders formuliert, handelt es sich um die „unintendierten Folgen absichtsvollen Handelns" (Niederbacher / Zimmermann 2011, S. 106). Ziel dieser Arbeit war es demnach, neben der Analyse der in den offiziellen Lehrplänen deklarierten Bildungsziele und -inhalte mögliche nicht-intendierte, heimliche Lernerfahrungen der Schüler/innen im Kontext von Diversität aufzuspüren.

Der pädagogische Common Sense

In einem weit gefassten Verständnis von Curriculum wurden darüber hinaus auf der Ebene der Unterrichtspraxis auch die Einstellungen bzw. Haltungen von Lehrpersonen rekonstruiert. Dazu wurde aus den Aussagen in den Interviews der pädagogische Common Sense der Lehrkräfte herausgefiltert. Dieser „besteht aus einem Korpus tradierten Berufswissens und alltagspraktischem Know-how, ferner einem Repertoire an argumentativen Techniken" (Künzli 1999, S. 22), zu dem auch „die eigenen curricularen Überzeugungen" gehören, denen Lehrpersonen im Unterschied zum gültigen Lehrplan weitgehend folgen (Künzli 2009, S. 142). So wird „ein neuer Lehrplan erst dann auch zum unterrichteten Curriculum, wenn er Teil des professionellen Common Sense geworden ist" (Künzli 2009, S. 142).[9] Insofern galt es in den Feldstudien dieser Arbeit, diesen „habituell repräsentierten Korpus des Wissens und Könnens" (Künzli 1999, S. 22) aufzuspüren. Dabei stand die analytische Kategorie der Diversität im Vordergrund, indem danach gefragt wurde, wie Diversität von Lehrpersonen wahrgenommen wird und ob die Berücksichtigung interkultureller und diversitätssensibler Ziele und Inhalte für den Unterricht eine Rolle spielt.

---

9   Die Attribute ‚professionell' und ‚pädagogisch' werden in Anlehnung an Ghisla (1999, S. 141) synonym verwendet.

Hilfreich ist in diesem Zusammenhang schließlich die Unterscheidung zwischen intendiertem, potentiellem, implementiertem und erreichtem Curriculum, der die Dritte Internationale Mathematik- und Naturwissenschaftsstudie TIMSS / III gefolgt ist:

> „In Deutschland ist das **intendierte Curriculum** aus den Lehrplänen und Prüfungs-
> vorschriften der Länder zu rekonstruieren. Die zugelassenen Lehrbücher dokumentie-
> ren das **potentielle Curriculum**. Als **implementiertes Curriculum** gilt der in einer
> Schule tatsächlich behandelte Stoff, der über Fachleiterbefragungen erfaßt wird. Das
> **erreichte Curriculum** schließlich wird durch die Schülerleistungen selbst angezeigt"
> (Baumert u. a. 1998, S. 24, eig. Herv.).

In der vorliegenden Arbeit wurde demnach das intendierte Curriculum, also die offiziellen Lehrpläne der betreffenden Länder untersucht. Das implementierte bzw. realisierte Curriculum wurde in Ansätzen rekonstruiert, indem Lehrpersonen über ihren Unterricht befragt wurden. Hierbei ist zu beachten, dass die Aussagen der Lehrpersonen nicht die Ebene der tatsächlichen Unterrichtspraxis widerspiegeln, sondern auf der Ebene der „Metapraxis" anzusiedeln sind (Allemann-Ghionda 2004, S. 71). Wenn auch die Aussagen der Lehrpersonen über ihren Unterricht nicht iden-tisch mit dem realisierten Unterricht sein müssen, eignen sich die Aussagen dennoch dazu, sich diesem zu nähern und daraus Schwierigkeiten bei der Umsetzung des intendierten Curriculums abzuleiten. Bei den Analysen wurde stets auch die Frage nach möglichen heimlichen Lehrplänen, d. h. den unintendierten Lernerfahrungen der Schüler/innen im Kontext von Diversität gestellt. Das erreichte Curriculum wurde indirekt durch die Auswertung empirischer Untersuchungen und sekundärsta-tistischer Analysen berücksichtigt.

Der Begriff Bildungsstrukturen

Äußere und innere Differenzierung

Zu Beginn dieses Forschungsvorhabens, als sich eine erste Idee für eine mögliche Untersuchung herauskristallisierte, sollten zwei Bildungssysteme miteinander ver-glichen werden, die in ihrer strukturellen Ausrichtung grundverschieden sind. Der Begriff Ausrichtung bezieht sich hierbei hauptsächlich auf die Art und den Grad der vorzufindenden strukturellen Differenzierung. So kann ein Schulsystem durch eine äußere Differenzierung gekennzeichnet sein, d. h. durch eine „Aufteilung der Schü-ler in verschiedene Schularten, Schulzweige, Klassen und Kurse" (Böhm 2005, S. 161), oder durch eine innere Differenzierung, bei der Schüler/innen nicht in un-terschiedliche Schultypen aufgeteilt werden, sondern ihren „individuellen Interessen und Bedürfnissen" durch das Prinzip der Individualisierung innerhalb des Unterrichts, d. h. „durch Bereitstellung individueller Lern- und Arbeitsmittel Rechnung getragen wird" (Böhm 2005, S. 306). Es handelt sich also hierbei um zwei verschiedene Ansätze, der Diversität der Schüler/innen Rechnung zu tragen. Dem erstgenannten Ansatz, der die „dominierende Strategie" des deutschen Bildungssystems darstellt, „immer wieder Homogenität herzustellen" (Tillmann / Wischer 2006, S. 45), liegt die Annahme zugrunde: „Je homogener die Lern- und Leistungsvoraussetzungen in einer Klasse sind, desto besser" (Klippert 2010, S. 23). Dass diese Strategie nicht aufgeht, zeigt sich nicht nur im schlechten Abschneiden des deutschen Bildungssystems im internationalen Vergleich (vgl. die verschiedenen PISA-Studien der OECD), sondern auch darin, dass es dem deutschen Bildungssystem schlichtweg nicht gelingt, homogene Klassen herzustellen (Bos u. a. 2003, S. 131 ff.). Der zweite Ansatz hingegen, der in Finnland durch neunjähriges gemeinsames Lernen realisiert wird, zielt nicht darauf ab, homogene Lerngruppen herzustellen, sondern geht davon aus, dass Schüler/innen voneinander lernen können. Klippert sieht in diesem Ansatz die notwendige Voraussetzung für wirksame Förderarbeit und begründet dies wie folgt:

> „Wenn nämlich alle Schülerinnen und Schüler ähnlich lernschwach sind, dann werden sie in aller Regel nicht viel voneinander profitieren können. Wenn alle ähnlich verhaltensauffällig sind, dann werden sie sich wechselseitig kaum Orientierung und Erziehung bieten können. Und wenn alle Schüler/innen Überflieger und / oder fachliche Enthusiasten sind, dann werden sie vor lauter Einzelarbeit und Spezialistentum in der Regel kaum geneigt sein, die nötigen sozialen, kommunikativen, kreativen und emotionalen Kompetenzen aufzubauen. [...] Gerade dieses Voneinander- und Miteinanderlernen aber ist der entscheidende Hebel für der [sic!] Sicherstellung des erfolgreichen Lernens" (Klippert 2010, S. 40).

Im Verlauf der Explorationsphase stellte sich heraus, dass das Kriterium der Ausrichtung (integrativ im Vergleich zu separierend bzw. gemeinsames Lernen im Vergleich zur Schulformdifferenzierung) zwar ein wichtiges, jedoch nicht hinreichendes, weil nicht ausreichend differenziertes Kriterium für die vergleichende Analyse darstellt. So kommt auch die Forschung zu den Struktureffekten von integrativen Bildungssystemen im Gegensatz zu separierenden Bildungssystemen zu folgendem Schluss:

> „Diese Ergebnisse weisen also darauf hin, dass es – wie Schümer (ebd.: 59) selbst resümiert – deutlich zu kurz greift, ‚Länderunterschiede in den Leistungen und im Ausmaß ihres Zusammenhangs mit der sozialen Herkunft der Schüler monokausal – unter Verweis auf die Schul- und Unterrichtsorganisation – zu erklären'. [...] Dass eine alleinige Analyse von Struktureffekten grundsätzlich zu grob ist, scheint also evident" (Trautmann / Wischer 2011, S. 84 f.).

Wenngleich einiges dafür spricht, dass separierende Schulstrukturen „diskriminierende bzw. privilegierende Mechanismen der schulischen Zuteilung von Berechtigungen" begünstigen – stellt dies doch den „argumentativen Kern" (Trautmann / Wischer 2011, S. 103) der Befürworter/innen des integrativen Strukturtyps dar –, greifen monokausale Erklärungsmuster für schulischen Bildungserfolg bzw. -misserfolg zu kurz (vgl. ausführlich Kapitel 11.1). Deshalb wurde der Analyserahmen erweitert und die von Allemann-Ghionda identifizierten Indikatoren der strukturellen Voraussetzungen von Bildungssystemen in die Untersuchung einbezogen, die weit über die Strukturfrage in der Sekundarstufe I (segregativ oder integrativ / inklusiv) hinausgehen:

I. „Dauer, Qualität, bildungspolitischer Stellenwert und soziale Akzeptanz der vorschulischen Einrichtungen
   - später Beginn, mässige bis gute Akzeptanz in der Gesellschaft
   - früher Beginn, flächendeckende Akzeptanz in der Gesellschaft

II. Optionen für die Einschulung von neu zugezogenen Kindern oder Jugendlichen
   - direkte Eingliederung in die Regelklasse
   - getrennte Beschulung
   - Mischformen

III. Angebot von Fördermaßnahmen
   - nach dem Kriterium der Fremdsprachigkeit / der ethnischen Zugehörigkeit
   - nach dem Kriterium der sozioökonomischen Einstufung des Quartiers oder der Schule
   - nach dem Kriterium der individuellen Lernbedürfnisse der Kinder

IV. Heilpädagogische Förderung[10]
   - in Sonderklassen und -schulen
   - innerhalb des Klassenverbands (ambulante Heilpädagogik oder andere Formen)

V. Struktur der Sekundarstufe I
   - drei Züge (äußere Differenzierung)
   - kooperativ (äußere Differenzierung)
   - integriert (äußere / innere Differenzierung)
   - einheitlich (innere Differenzierung)

VI. Bedeutung der zusätzlichen Sprachen (Fremdsprachen, Sprachen der autochthonen und der allochthonen Minderheiten)
   - geringe Bedeutung
   - grosse Bedeutung

VII. Gewichtung der Themen Migration, Mehrsprachigkeit und soziokulturelle Vielfalt in den Lehrplänen

VIII. Berücksichtigung der Themen Migration, Mehrsprachigkeit und soziokulturelle Vielfalt in der Aus- und Fortbildung der Lehrkräfte" (Allemann-Ghionda 2002, S. 446).

---

10 Der Begriff Heilpädagogik wird an dieser Stelle verwendet, weil Allemann-Ghionda den vierten Indikator so benannt hat (Allemann-Ghionda 2002, S. 446). Dies ist im Zusammenhang mit dem schweizerischen Sprachgebrauch zu sehen, in dem die Habilitationsschrift unter anderem entstanden ist. Denn in Österreich und in der Schweiz ist der Begriff der Heilpädagogik weiterhin gebräuchlich. In Deutschland wird das Wort kritisiert, „weil es die Ansicht nahelegen könnte, durch kombinierte medizinisch-pädagogische Maßnahmen ließen sich jene Beeinträchtigungen im Sinne des Gesundmachens ‚heilen'" (Böhm 2005, S. 277). Im weiteren Verlauf der Arbeit wird vor diesem Hintergrund der Begriff der sonderpädagogischen Förderung vorgezogen.

Die hier aufgelisteten Indikatoren, die Allemann-Ghionda als Grundlage für weitere Untersuchungen vorschlägt (Allemann-Ghionda 2002, S. 445), finden sich in abgewandelter Form im *tertium comparationis* (vgl. Kapitel 2.1) und somit auch im Inhaltsverzeichnis dieser Arbeit wieder.

Integration und Inklusion

Ähnlich wie beim Diskurs über Diversität gehen mit den Konzepten Integration und Inklusion begriffliche und konzeptionelle Unschärfen einher. Dies zeigt sich insbesondere auf der Ebene der Bildungspolitik, wie aus einer vergleichenden Analyse hervorgeht (Knobloch 2011; s. auch Allemann-Ghionda 2013, S. 126 ff.).[11] So wird in den Dokumenten supranationaler Organisationen und den offiziellen Übersetzungen sowohl der Begriff Inklusion als auch der Begriff Integration ohne ideologische Unterscheidung verwendet (UNESCO 1994; Bundesgesetzblatt 2008). In der deutschen Diskussion hingegen wird die Begriffsdebatte intensiv geführt und der Begriff der Integration immer mehr durch den der Inklusion ersetzt.[12] Das zeigt sich beispielsweise in der aktualisierten deutschen Übersetzung der Salamanca-Erklärung. Wurde 1994 noch bedenkenlos der Begriff Integration verwendet, weil ab „Mitte der 1990er Jahre der Begriff Integration noch nicht so verbraucht war", entschied sich die Übersetzerin Petra Flieger in der Version von 2010 bewusst für den Begriff Inklusion (bidok 1994 / 2010). Der Begriff Inklusion wird überdies im deutschen Diskurs vermehrt auf den Aspekt Dis(Ability) reduziert (Allemann-Ghionda 2013, S. 129). So auch in den Dokumenten der KMK (2010, 2011b), indem beim Thema der Inklusion lediglich auf die gemeinsame Beschulung von Kindern und Jugendlichen mit und ohne Behinderungen Bezug genommen wird, ohne dabei zu berücksichtigen, dass mit Inklusion im Sinne der UN-Behindertenrechtskonvention (UN 2006) die gemeinsame Beschulung aller Kinder gemeint ist, wie auch Klemm kritisch anmerkt (Klemm 2010, S. 12). Der Begriff Integration wird demgegenüber im Zusammenhang mit Menschen mit Migrationshintergrund verwendet (Allemann-Ghionda 2013, S. 129). So beispielsweise im nordrhein-westfälischen Koalitionsvertrag, in dem es heißt:

> „Inklusion bedeutet für uns, gleichberechtigte und selbstbestimmte Teilhabe von Menschen mit Behinderung durchzusetzen. [...] Erfolgreiche Integration setzt voraus, dass Einwanderinnen und Einwanderer Chancen zur Teilhabe in der Gesellschaft erhalten und nutzen" (NRWSPD, Bündnis 90 / Die Grünen NRW 2012).

Diese „Aufgabenteilung" von Integration und Inklusion sieht Allemann-Ghionda (2013, S. 133) im Zusammenhang mit den selektiven und separierenden Bildungsstrukturen Deutschlands:

---

11 Die vergleichende Analyse geht auf den Gastvortrag von Phillip Knobloch an der Universität zu Köln am 9. Juni 2011 zurück (Knobloch 2011).
12 Zur Debatte vgl. etwa Feuser (2002), Hinz (2002), Sander (2004) und Wocken (2010).

„In einem hoch selektiven, nicht integrativen Bildungssystem muss klar zwischen Integration in bestehende Strukturen und Inklusion ‚von vornherein' unterschieden werden. Aber auch vor dem gesellschaftspolitischen Hintergrund stellt sich die Frage nach der eigentlichen Tragweite des Begriffs Integration. Die permanente, zum Teil heftige Debatte über die Integration der Migranten hat dazu geführt, dass der Begriff ‚Integration' belastet ist. Ein ‚frischer' Begriff muss her, der einen Neubeginn unter veränderten Vorzeichen, dass heißt: im Rahmen erneuerter Bildungsstrukturen, verspricht, den Reformbestrebungen Schwung zu verleihen. Das Beharrungsvermögen der traditionellen Idee, Bildungssysteme hätten mehrgliedrig zu sein und eine frühe Selektion zu praktizieren, die fest verankerte und noch von vielen Entscheidungsträgern und Bildungsverantwortlichen präferierte Option einer sonderpädagogischen Förderung in besonderen Klassen, und schließlich das problematische Verhältnis zum Thema der Integration von Migranten führen in Deutschland zu einer Aufgabenverteilung: Die Begriffe Inklusion und inklusive Schule bezeichnen den gemeinsamen Unterricht von Schülern mit und ohne Behinderung (Reich 2012). Für Schüler mit Migrationshintergrund soll es eine spezifische Bildung und Pädagogik geben (Matzner 2012). Diese mentale, ideologische Mauer verfügt über ein solides Fundament aus finanziellen Interessen und Zunftdenken und beinhaltet das Risiko, dass Inklusion eine Illusion bleibt" (Allemann-Ghionda 2013, S. 133).

Vor diesem Hintergrund werden die Begriffe Integration und Inklusion in der vorliegenden Arbeit ohne ideologische Konnotation synonym und in einem umfassenden Verständnis verstanden, d. h. nicht nur im Hinblick auf die gemeinsame Beschulung von Schüler/innen mit und ohne Behinderungen. Denn eine „interkulturelle Pädagogik, die sich auf ein umfassendes Verständnis von Diversität beruft, kann streng genommen nur inklusiv sein" (Allemann-Ghionda 2013, S. 61).

1.2 Zum Stand der Forschung

Vertiefender Forschungsbedarf in vergleichender Perspektive

Vergleichende empirische Untersuchungen zur „Rezeption der Theorien der interkulturellen Bildung bzw. Pädagogik der Diversität und ihre Umsetzung" liegen „bisher nur punktuell" vor (Allemann-Ghionda 2013, S. 159). Im Folgenden sollen zunächst Untersuchungen zu den Strategien von Bildungssystemen zur Berücksichtigung von Diversität in international vergleichender Perspektive vorgestellt werden.[13] Ebenfalls in internationaler Perspektive werden anschließend erkennbare weltweite bzw. europaweite Gemeinsamkeiten und Unterschiede hinsichtlich der Bildungsinhalte betrachtet. Die hier zusammengetragenen Ergebnisse sind somit nicht speziell auf Deutschland und Finnland bezogen. Die Ergebnisse bereits vorliegender Lehrplananalysen wurden in die Analysekapitel der deutschen bzw. finnischen Fallstudie integriert (Kapitel 6.1 und 9.1). Zudem wurden Referenzen zu weiteren Forschungsarbeiten ebenfalls in die Fallstudien an gegebenen Stellen eingearbeitet.

---

13 Zum Begriff der Strategie vgl. Kapitel 2.1.

International vergleichende Untersuchungen zur Berücksichtigung von Diversität

Schule, Bildung und Pluralität. Sechs Fallstudien im europäischen Vergleich

Bildungssysteme entwickeln ihre eigenen, zum Teil grundverschiedenen Strategien der Berücksichtigung von Diversität. Allemann-Ghionda analysierte diese Strategien bereits 1999 in der ersten Auflage ihrer Habilitationsschrift *Schule, Bildung und Pluralität. Sechs Fallstudien im europäischen Vergleich*. Der Untersuchung liegt die These zugrunde, dass „die strukturellen Voraussetzungen der Schulsysteme für die Behandlung der Heterogenität determinierend sind für den Stellenwert, welcher der soziokulturellen und sprachlichen Vielfalt beigemessen wird" (Allemann-Ghionda 2002, S. 515). Untersucht wurden anhand von Fallstudien in Deutschland (Nordrhein-Westfalen), Frankreich (Académie Nancy-Metz), Italien (Mailand) und der Schweiz (Kantone Basel-Stadt, Neuenburg und Tessin) die Strategien der jeweiligen Bildungssysteme zur Berücksichtigung sprachlicher und soziokultureller Vielfalt im Grundschulbereich (Allemann-Ghionda 2002, S. 40). Im Anschluss an die sechs Fallstudien fasst Allemann-Ghionda im Quervergleich ihre Ergebnisse im Hinblick auf die strukturellen Voraussetzungen der Bildungssysteme, die auch zum Untersuchungsgegenstand der vorliegenden Untersuchung zählen, wie folgt zusammen:

> „In den eher integrativ ausgerichteten Schulsystemen kumulieren sich die Indikatoren für die Behandlung der soziokulturellen und sprachlichen Heterogenität in ihrer integrierenden Version. Zum Beispiel weisen die Systeme des Kantons Tessin und Italiens ausgebaute Vorschuleinrichtungen, eine integrierte heilpädagogische Förderung, integrierte Einschulung und integrierte Fördermaßnahmen auf. Allerdings zieht diese Konstellation nicht zwingend *status-quo*-Strategien nach sich, welche die Vielfalt der Migrantensprachen einbeziehen und aufwerten. Umgekehrt häufen sich in den eher separierend bzw. segregativ ausgerichteten Schulsystemen (Nordrhein-Westfalen bzw. Deutschland, Basel-Stadt bzw. Deutschschweiz) die Indikatoren für die Behandlung der soziokulturellen und sprachlichen Heterogenität in ihrer segregierenden Variante. Gerade in diesen Schulsystemen beobachtet man aber scheinbar im Widerspruch zu dieser Tendenz stehende *status-quo-* und *innovative Strategien*, bei welchen die Integration der Migrantensprachen und das Verständnis für die Situation der allochthonen Kinder im Mittelpunkt stehen" (Allemann-Ghionda 2002, S. 450 f., Herv. im Orig.).

Die strukturelle Ausrichtung eines Bildungssystems wirkt also nicht bestimmend auf die Art und Weise, wie die Akteur/innen mit *Status-quo*-Strategien oder innovativen Strategien auf Diversität reagieren.[14] Dies stärkt die Rolle der einzelnen Lehrperso-

---

14 Mit *Status-quo*-Strategien bezeichnet Allemann-Ghionda Strategien, „welche die routinemässigen, institutionell verankerten und / oder allgemein akzeptierten Dispositive und praktischen Massnahmen beinhalten", also die alltäglichen, ‚normalen' Strategien. Innovative Strategien sind hingegen „Abweichungen von den ‚*status-quo*-Strategien'". Im Gegensatz zu den ‚normalen' Strategien sind Innovationen ‚außergewöhnliche' Strategien, z. B. Pilotprojekte oder Modellversuche (Allemann-Ghionda 2002, S. 37 f.).

nen und anderer pädagogischer Akteur/innen. Gleichwohl nimmt die strukturelle Ausrichtung einen zentralen Stellenwert ein, da sich in einem integrativen Bildungssystem die Indikatoren „in ihrer integrierenden Version" häufen und umgekehrt (Allemann-Ghionda 2002, S. 450). Die institutionell vorgegebenen Möglichkeiten zur Separation werden in einem integrativen Bildungssystem somit minimiert, weshalb integrative Schulformen nach Allemann-Ghionda „die notwendige strukturelle Voraussetzung für eine Kultur der pädagogischen und didaktischen Integration der Differenz" bilden (Allemann-Ghionda 2002, S. 452).

Schulentwicklung in der Einwanderungsgesellschaft. Strategien gegen institutionelle Diskriminierung in England, Deutschland und in der Schweiz

In ihrer internationalen Vergleichsstudie untersucht Gomolla Strategien zur Schulentwicklung in Deutschland, in der Schweiz und in England, welche die Verbesserung der Chancengleichheit sprachlich und soziokulturell heterogener Schulen anstreben. Die Bemühungen von drei Grundschulen werden dabei unter den politischen Bedingungen der „Schulautonomie" und „Qualitätssicherung" betrachtet (Gomolla 2005, S. 12). Gekennzeichnet ist eine solche Politik im Wesentlichen durch drei Reformsäulen: Schulautonomisierung, freie Schulwahl sowie Qualitätsmanagement und -monitoring (Gomolla 2005, S. 23). Als analytischer Bezugsrahmen dient Gomolla die Theorie der institutionellen Diskriminierung (Gomolla 2005, S. 21). Die drei Schulentwicklungsprogramme folgen nach Gomolla drei idealtypischen Mustern:

- „die Anreicherung von Unterricht und Schulleben um Aspekte der Diversität" (das nordrhein-westfälische Modell),
- „die *Output*-gesteuerte Steigerung der Leistungen ethnischer Minderheitengruppen" (das *Schoolimprovement*-Modell in England),
- „Prozesse organisationalen Lernens im Umgang mit Pluralität und Gleichheitszielen" (das Schweizer Modell QUIMS) (Gomolla 2005, S. 253, Herv. im Orig.).

Laut der Autorin erweist sich das Schweizer Modell QUIMS als „der produktivste Ansatz, um für die in alltäglichen schulischen Prozessen und Routinen eingebetteten Mechanismen institutioneller Diskriminierung zu sensibilisieren" (Gomolla 2005, S. 258). Was den schulpolitischen Rahmen betrifft, kommt Gomolla zu dem Schluss, „dass mit der Autonomisierung neue Einfallstore für institutionelle Diskriminierung geschaffen werden, welche die Wirkungen von Maßnahmen, die auf die Verbesserung der Chancengleichheit zielen, unterlaufen". Den „Bildungsverantwortlichen in Deutschland" empfiehlt sie deshalb, „nach dem Zürcher Vorbild Aspekte der Pluralität und Gleichheit systematisch in laufende Reformvorhaben [zu] integrieren und sie auch zum relevanten Prüfkriterium für die Qualität anderer Reformelemente [zu] machen" (Gomolla 2005, S. 267). Überdies sei

„auf eine Reihe der neuen Steuerungsinstrumente, vor allem auf die Ausweitung der Möglichkeiten zur freien Schulwahl und die Installierung eines Qualitätswettbewerbs zwischen Schulen und Schulformen wie sie im englischen Erziehungswesen gegeben sind, aber auch auf andere, auf den ersten Blick weniger spektakulär wirkende Elemente, bewusst zu verzichten bzw. solche Initiativen anzuhalten und rückgängig zu machen" (Gomolla 2005, S. 267 f.).

Im letzten Kapitel benennt Gomolla schließlich acht „Elemente einer pragmatischen Strategie zur Entwicklung inklusiver Schulen in der Einwanderungsgesellschaft" (Gomolla 2005, S. 22):

• Initiativen gegen institutionelle Diskriminierung auf der politischen Ebene,
• Berücksichtigung von Pluralitätsungleichheit in Mainstream-Reformen,
• Pädagogische Schulentwicklung,
• Gesamtschulische Spracharbeit – auf allen Stufen der Schullaufbahn,
• Institutionelle Systeme der Unterstützung und Kontrolle,
• Kohärente Strategien im lokalen / regionalen Kontext,
• Lehreraus- und Weiterbildung,
• Curricula und Lehrpläne (Gomolla 2005, S. 268 ff.).

Insbesondere die curriculare Lehrplanebene (vgl. Kapitel 6 und 9), aber auch die Lehreraus- und Weiterbildung (vgl. Kapitel 5.2 und 8.2), sind unter anderem Gegenstand der vorliegenden Arbeit (zum Untersuchungsgegenstand vgl. ausführlich Kapitel 2.1).

Intercultural Education in Schools. A comparative Study

Unter der Leitung von Allemann-Ghionda wurde diese vom Europäischen Parlament in Auftrag gegebene international vergleichende Studie durchgeführt. Untersucht wurde die Frage

„whether and how European policies that are definitely favourable to integrating diversity, fostering multilingualism, promoting intercultural dialogue and integrating migrants and other cultural minorities, while giving every pupil and student equal educational opportunities, find resonance in national policies and in daily educational realities in each of the countries of the European Union" (Allemann-Ghionda / Deloitte Consulting 2008, S. v).

Es zeigte sich, dass Bildungssysteme „unterschiedliche Formen" interkultureller Bildung bzw. Modelle „für den Umgang mit Diversität" entwickeln:

• „IKB oder die Inklusion von Diversität in integrativen Schulsystemen (Italien, Schweden)
• IKB oder die Inklusion von Diversität in selektiven und mehrgliedrigen Schulsystemen (Deutschland, Ungarn)
• Hauptaugenmerk auf Migranten (Westeuropa) oder ethnische Minderheiten (Osteuropa), *de facto* in den meisten europäischen Staaten

- Interkulturelle Bildung als ein Querschnittsthema in Lehrplänen bzw. Richtlinien (Deutschland)
- IKB wird abgelehnt: anstatt dessen die Förderung nationalen bzw. gesellschaftlichen Zusammenhalts (im Englischen *‚citizenship education'*, im Französischen *‚éducation à la citoyenneté'*) in integrativen Schulsystemen, aber mit unterschiedlichen Prioritäten in Bezug auf Minderheiten (England, Frankreich)" (Allemann-Ghionda 2012, S. 75, Herv. im Orig.).

Deutlich wird aus dieser Übersicht, dass die Strategien der Bildungssysteme nicht immer dem auf europäischer Ebene postulierten Verständnis und Anspruch interkultureller Bildung bzw. Inklusion von Diversität entsprechen. Im Hinblick auf die vorliegende Untersuchung ist es interessant zu sehen, wo das finnische Bildungssystem im Vergleich mit diesen Strategien positioniert werden kann. Da sich zudem in Deutschland in der Zwischenzeit Änderungen auf der Ebene der Lehrpläne und Richtlinien ergeben haben, kann ein diachroner Vergleich Aufschluss darüber geben, ob interkulturelle Bildung bzw. die Inklusion von Diversität weiterhin eine Querschnittsdimension darstellt.

Transnationale Konvergenzen und Divergenzen im Curriculum

Weltweite Angleichung der intendierten Bildungsinhalte

Einige der wenigen länderübergreifenden Analysen von intendierten Bildungsinhalten sind jene von Meyer und seinen Kollegen (vgl. etwa Kamens u. a. 1996; Meyer 1996; Meyer u. a. 1992), der sogenannten Stanford Gruppe (Adick 2003, S. 89). Insgesamt lassen sich ihre Ergebnisse so zusammenfassen, dass sich die Bildungsinhalte weltweit immer mehr angleichen (Meyer 1996). Dies sei darauf zurückzuführen, dass sich in der Zeit nach dem Zweiten Weltkrieg nach und nach eine „Weltbildungsgesellschaft" herausgebildet habe (Allemann-Ghionda 2004, S. 97). So ergab die Analyse im Primarbereich (vgl. Meyer u. a. 1992), dass die Schulfächer und Stundentafeln weltweit ähnlich organisiert sind. Etwa ein Drittel der Unterrichtszeit werde für den Unterricht in der/n Nationalsprache/n, ein Sechstel für den Mathematikunterricht und je ein Zehntel für naturwissenschaftlichen und sozialwissenschaftlichen Unterricht verwendet. In der verbliebenen Zeit werden musisch-ästhetische, religiöse oder ethische Fächer sowie Sport und länderspezifische Inhalte unterrichtet. Es kann somit von einem „globale[n] Standardcurriculum öffentlicher Pflichtschulen im Primarbereich" gesprochen werden (Adick 2003, S. 90).

Im oberen Sekundarbereich identifizierten Kamens, Meyer und Benavot (1996) hingegen vier intendierte Curriculum-Typen und untersuchten diese anschließend: *Classical curricula, Comprehensive curricula, Mathematics and science curricula* sowie *Arts, humanities, and modern languages curricula* (Kamens u. a. 1996, S. 118 ff.). Im Hinblick auf die inhaltlichen Schwerpunkte zeigte sich, dass die *Classical curricula*, denen eine „ideology that views societal hierarchy as natural and normative" (Kamens u. a. 1996, S. 118) zugrunde liegt, den Fokus auf *classical languages, philosophy, history* und *geography* legen (Kamens u. a. 1996, S. 127). Dieser klassisch-humanistische Curriculum-Typ sei jedoch deutlich zurückgegangen (Kamens u. a. 1996, S. 131) und wurde vielerorts durch Kombinationen aus *sciences* und *arts curricula* ersetzt, also Curricula mit naturwissenschaftlichem oder geisteswissenschaftlichem Profil. Ferner habe der Anteil an *comprehensive programs* mit einem allgemeinbildenden Profil deutlich zugenommen (Kamens u. a. 1996, S. 138). Während sich im Primarbereich also zunehmend ein standardisiertes Curriculum herauskristallisiert, ist das Bild im Sekundarbereich vielfältiger, jedoch mit erkennbaren Tendenzen zugunsten naturwissenschaftlicher und geisteswissenschaftlicher Curricula und einer allgemeinbildenden Sekundarbildung. Diese Art der Organisation der Sekundarbildung ist zumeist in eingliedrigen Bildungssystemen vorzufinden (Kamens u. a. 1996, S. 132).

Europaweite Konvergenzen bei nationalgeschichtlichen Perspektiven

Auch Popp erkennt in ihrer vergleichenden Analyse von Bildquellen in Geschichtsbüchern europaweite Konvergenzen, die zugleich aus nationalen Perspektiven dargestellt werden. So identifiziert Popp 15 Bilddokumente, die in europäischen Geschichtslehrbüchern überdurchschnittlich häufig verwendet werden und zeigt, dass diese „die europäische Geschichte primär als lineares Narrativ zur Darstellung der europäischen Integrationsfortschritte und -erfolge" konstruieren (Popp 2011, S. 48). Dieses Narrativ müsse jedoch „vor dem Hintergrund der Entwicklung des Verhältnisses von nationaler und europäischer Geschichte" (Popp 2011, S. 40) in europäischen Geschichtslehrbüchern betrachtet werden. So folgen Lehrpläne und Lehrwerke einerseits in etwa dem folgendem Muster:

> „Ausgehend von der griechischen Demokratie und dem römischen Imperium führt eine weitläufige Linie über die germanischen Völkerwanderungen, Karl den Großen, den Aufstieg der europäischen Städte und Staaten im Mittelalter und in der Frühen Neuzeit sowie über Reformation, Entdeckung Amerikas, europäische Expansion und Absolutismus hin zur ‚Moderne', d. h. zur Französischen Revolution mit der Erklärung der Menschenrechte, zu Industrialisierung und ‚nation building' in Verbindung mit Forderungen nach demokratischer Partizipation und sozialer Teilhabe, zu Kolonialismus und Imperialismus sowie zu den Diktaturen in den modernen Massengesellschaften, den Weltkriegen und den Menschheitsverbrechen des 20. Jahrhunderts.
> 1945 endet gewissermaßen die Vergangenheit: Den Lehrwerken zufolge gründet die europäische Gegenwart in einem radikalen ‚Neubeginn', der aus den schrecklichen Lehren der jüngsten Vergangenheit heraus die Zeichen der Geschichte erfolgreich auf Demokratie, Liberalismus, Toleranz, Frieden, Prosperität und – last not least – europäische Integration ausgerichtet hat, so dass der ‚freie Westen' am Ende des 20. Jahrhunderts auch über den ideologischen Gegner, das kommunistische System, triumphieren konnte" (Popp 2011, S. 40 f.).

Diese „europaweit konvergente ‚Meistererzählung'" werde andererseits jedoch „jeweils aus der speziellen nationalen Perspektive" heraus erzählt, weshalb nach Popp im Geschichtsunterricht weiterhin ein „Europa der Nationalstaaten" vorherrsche (Popp 2011, S. 41). An den Lehrpersonen sei es nun gelegen, dieses gemeinsame Korpus an Bildern zu nutzen, um von dem jeweiligen Bild ausgehend „die Verschiedenheit der Geschichtserfahrungen und -deutungen zu thematisieren, die überall in Europa mit dem Sachverhalt verbunden werden, die im Lehrwerk durch ein gemeinsames Bild vertreten sind" (Popp 2011, S. 49).

2 Forschungsdesign und -methoden

2.1 Anlage der Untersuchung

Aus dem theoretischen Teil der vorliegenden Arbeit ergaben sich die folgenden (i) Forschungsfragen, (ii) Grundannahmen, (iii) Hypothesen und (iv) Vergleichspunkte, die im nachstehenden methodischen Teil offengelegt werden. Zudem wird (v) der Untersuchungsgegenstand dargelegt, anhand dessen die Forschungsfragen untersucht wurden.

Forschungsfragen

Ziel der vorliegenden Untersuchung war es, der folgenden übergeordneten Forschungsfrage nachzugehen:

Wie wird Diversität im Curriculum der Sekundarstufe I[15] in einem separierenden Bildungssystem im Vergleich zu einem integrativen Bildungssystem berücksichtigt und welche Rolle spielen dabei die Strukturen eines Bildungssystems?

Für den binationalen Vergleich wurden die Länder Deutschland und Finnland gewählt. Im Abschnitt zur Darstellung des Untersuchungsgegenstandes wird dies ausführlicher begründet. Bezogen auf die verschiedenen Ebenen des Curriculums und

---

15 Der Untersuchungsgegenstand der vorliegenden Arbeit umfasst die Sekundarstufe I, die in Deutschland in den meisten Bundesländern von der fünften bis zur neunten (Gymnasium) bzw. zehnten Klasse (Hauptschule) andauert (vgl. Kapitel 5.3). In Finnland gibt es eine neunjährige Grundschule (*basic education*), auf die eine weiterführende Sekundarstufe (*upper secondary education*) folgt. Der Begriff Sekundarstufe I umfasst in der vorliegenden Untersuchung somit insbesondere die Klassenstufen 5–9. Da jedoch der finnische nationale Lehrplan die Klassenstufen 1–2, 3–5 und 6–9 (Finnisch und Englisch) bzw. 5–6 und 7–9 (Geschichte) unterteilt, werden indirekt auch weitere Klassenstufen berücksichtigt. Analog ergibt sich für den nordrhein-westfälischen Lehrplan für die Hauptschule, dass die zehnte Klasse indirekt einbezogen wird.

im Hinblick auf die übergeordnete Strukturfrage ergeben sich somit folgende Teilfragen für die Untersuchung:

1. Wie berücksichtigen Deutschland und Finnland auf der Ebene der intendierten Bildungsziele und -inhalte in den *Lehrplänen* das Thema der Diversität?
   Sehen die Zielvorgaben explizit oder implizit Bildungsziele vor, die Schü-
   ler/innen auf ein Leben in und mit Diversität vorbereiten sollen (Diversitätskompetenz)? Berücksichtigen die vorgegebenen Inhalte interkulturelle und
   diversitätsbezogene Fragen im Sinne einer multiperspektivischen allgemeinen
   Bildung?
2. Wie wird das Thema der Diversität von den interviewten Lehrpersonen in
   Deutschland und Finnland wahrgenommen und welche Rolle spielt Diversität
   bei der Gestaltung ihrer täglichen *Unterrichtspraxis*?
3. Welche Rolle spielen die *strukturellen Rahmenbedingungen* eines Bildungssystems für die Berücksichtigung von Diversität in der Bildung?

Es sollten somit die *strukturellen, curricularen und aktualisierten* Strategien zweier
Bildungs- bzw. Schulsysteme miteinander vergleichen werden, die in ihrer struktu-
rellen Ausrichtung grundverschieden sind.[16] Der Begriff der Strategie wird dabei in
Anlehnung an die vergleichende Untersuchung von Allemann-Ghionda verwendet.
Allemann-Ghionda unterscheidet verschiedene Elemente, welche die Strategie eines
Schulsystems ausmachen: die *rhetorischen* Diskurse, die *strukturellen* Diskurse und
die *faktischen* Diskurse. Zudem können ‚normale' bzw. routinemäßige *Status-quo*-
Strategien von ‚außergewöhnlichen' bzw. innovativen Strategien unterschieden
werden (Allemann-Ghionda 2002, S. 37 ff.). In der vorliegenden Untersuchung
standen die ‚normalen' *Status-quo*-Strategien der untersuchten Länder unter Berücksichtigung ihrer strukturellen Eigenschaften im Vordergrund, um sich dem Span-

---

16 Die Idee für diese binational vergleichenden Untersuchung in Deutschland und Finnland zur Berücksichtigung von Diversität im Curriculum ist unter anderem aus der
schriftlichen Hausarbeit im Rahmen der Ersten Staatsprüfung entstanden. In der Examensarbeit wurden der nordrhein-westfälische G8-Kernlehrplan für das Fach Englisch
(2007) sowie die Englischlehrwerke der *English G21*-Reihe in der Ausgabe für das
Gymnasium (Jahrgangsstufe 5 bis 8) untersucht. Analysiert wurde, inwiefern die Ideen
der interkulturellen Bildung – unter Berücksichtigung der KMK-Empfehlung von
1996 und der bereits vorliegenden Analysen zu dieser Fragestellung – Eingang in den
Englischlehrplan und die Englischlehrwerke gefunden haben. Dabei stand die Berücksichtigung von sprachlicher und soziokultureller Vielfalt als ein Aspekt von Diversität
im Mittelpunkt. In der vorliegenden Untersuchung wurden der Untersuchungsgenstand
und das methodische Vorgehen in mehrfacher Hinsicht erweitert: (i) durch einen binationalen Vergleich in Deutschland und Finnland, (ii) durch die Berücksichtigung weiterer Fächer auf der Ebene der Lehrpläne (Deutsch bzw. Finnisch, Geschichte und
Englisch), (iii) durch die Einbeziehung verschiedener Bildungsgänge in der Sekundarstufe I in Deutschland, (iv) durch die empirische Erhebung mittels Interviews mit
Lehrpersonen und Expert/innen und schließlich (v) durch die Berücksichtigung weiterer Dimensionen von Diversität neben der sprachlichen und soziokulturellen Pluralität.

nungsfeld zwischen erziehungswissenschaftlichen Postulaten, bildungspolitisch-curricularen Rhetoriken und pädagogischen Praktiken zu nähern.

Grundannahmen

Ausgangspunkt dieser Untersuchung war die Grundannahme, dass die Ausrichtung eines Bildungssystems (integrativ, segregativ) bzw. die Bildungs- und Schulstrukturen für die Berücksichtigung von Diversität zentral sind. Dies wird in der Literatur seit Ende der 1990er Jahre diskutiert (Allemann-Ghionda 2002, Erstauflage 1999). Angenommen wurde somit, dass sich die ‚Wirkungsmacht' der ‚Systemlogik' auf das Curriculum auf den Ebenen der Lehrpläne und der Unterrichtspraxis erstreckt. Insbesondere im Hinblick auf die Ebene der Einstellungen der Lehrpersonen, die in der Literatur als eine der Grundvoraussetzungen für eine professionelle Berücksichtigung von Diversität in der Bildung diskutiert wird (Trautmann / Wischer 2011, S. 107 ff.), bestand die Annahme darin, dass „die fortwährenden Homogenisierungsbemühungen" (Klippert 2010, S. 40), die mit einer „Sehnsucht nach der homogenen Lerngruppe" (Tillmann 2007, S. 25) einhergehen, „Auslöser und / oder Verstärker" (Klippert 2010, S. 40) für die Benachteiligungen im deutschen Bildungssystem sind. Diese ‚Sehnsucht' nach homogenen Klassen ist auch empirisch erforscht. So ergab die TIMS-Studie (1997), dass bei der Frage nach den Berufserschwernissen die Begabungsunterschiede der Schüler/innen von deutschen Lehrpersonen mit 55 % besonders häufig genannt wurden (Baumert u. a. 1997, S. 211). Bemerkenswert ist dies, weil die deutschen Lehrpersonen aufgrund der separierenden Struktur bereits in relativ homogenen Klassen unterrichten (Trautmann / Wischer 2011, S. 109 f.). Entsprechend der ‚Systemlogik' wurde im Hinblick auf die vorliegende Untersuchung deshalb zunächst angenommen, dass in einem integrativen Bildungssystem die Haltungen der Lehrpersonen eher offen gegenüber Diversität sind und, im Gegensatz zu einer „Entsorgungsmentalität" (Fend 2004, S. 23 zitiert nach Trautmann / Wischer 2011, S. 82), eine ‚Fördermentalität' in einem integrativen Bildungssystem begünstigt wird.

Im Hinblick auf die Ebene der Lehrpläne lautete die Grundannahme, dass früh erfolgende Zuweisung zu verschiedenen Schultypen und hoch selektive Bildungsstrukturen, wie die des deutschen gegliederten Bildungssystems, nicht nur soziale Ungleichheit produzieren und reproduzieren (Bourdieu / Passeron 1971), sondern zudem eine ‚Bildungsklassengesellschaft' erzeugen, der – je nach Schultyp – unterschiedliche Bildungsverständnisse zugrunde liegen.[17] Diese Abstufungen des Bildungsbegriffs – so lautete die Annahme weiter – spiegeln sich in den Zielen und

---

17   Vgl. z. B. die Paragraphen 14, 15 und 16 des Schulgesetzes von Nordrhein-Westfalen, gemäß welchem die Hauptschule eine „grundlegende allgemeine Bildung", die Realschule eine „erweiterte allgemeine Bildung" und das Gymnasium eine „vertiefte allgemeine Bildung" vermitteln soll (Ministerium für Schule und Weiterbildung des Landes Nordrhein-Westfalen 2005 / 2014a).

Inhalten der Lehrpläne wider. Gilt in einem Bildungssystem hingegen durch einen nationalen Lehrplan derselbe Bildungsanspruch für alle Schüler/innen, wie dies in Finnland der Fall ist, kann sich dem zentralen Anspruch der Rhetorik und Programmatik von Bildungssystemen, Chancengerechtigkeit herzustellen, besonders gut angenähert werden. Die ‚Fördermentalität' als pädagogische Grundhaltung gegenüber Diversität eines integrativen Bildungssystems – so lautete die weitere Annahme – spiegelt sich ebenfalls in den Zielen und Inhalten der Lehrpläne wider.

Hypothesen

Die Formulierung der zuvor angeführten Grundannahmen ist ein wichtiger Schritt in einer qualitativen Untersuchung, um die Forschungsfrage zu operationalisieren (Allemann-Ghionda 2010, S. 26). Dies ist oben in Form von Teilfragen geschehen. Zusätzlich zur Präzisierung der Forschungsfragen dienen die Grundannahmen darüber hinaus der Bildung von Hypothesen, die im Gegensatz zu einer quantitativen Untersuchung in einer qualitativen Untersuchung nicht zwingend notwendig sind. Das Aufstellen von Hypothesen ist jedoch ein „methodisch sinnvoller Schritt, der zu einer organisierten Datenerhebung überleitet" (Allemann-Ghionda 2010, S. 26). Vor diesem Hintergrund wurden auch in der vorliegenden Untersuchung Hypothesen formuliert, die nachfolgend offengelegt werden:

• Den Lehrplänen des mehrgliedrigen Schulsystems liegen unterschiedliche Bildungsbegriffe zugrunde. Die pädagogische Berücksichtigung von Diversität wird somit je nach Schultyp in den Lehrplänen unterschiedlich verstanden und gewertet (allgemeine Bildungsaufgabe vs. ‚Pädagogik für Ausländer', vgl. Bühler-Otten u. a. 2000, S. 287; aus der Perspektive des Faches Geschichte vgl. Allemann-Ghionda 2005).

• Im Gegensatz dazu gilt in einem integrativen Bildungssystem mit einem nationalen Lehrplan derselbe Bildungsanspruch für alle Schüler/innen. Eine solche Grundhaltung der Inklusion spiegelt sich in den Zielen und Inhalten der Lehrpläne wider.

• Interkulturelle und diversitätssensible Ziele und Inhalte werden in den Lehrplänen nicht durchgehend als Querschnittsdimension, sondern verstärkt in den Unterrichtsvorgaben der Fremdsprachen berücksichtigt.

• Lehrpläne spielen bei der Gestaltung des Unterrichts kaum eine Rolle und werden wenig rezipiert oder konsultiert.

• Didaktische Prinzipien zur Förderung von Diversitätskompetenz wie der Ansatz der Multiperspektivität spielen bei der täglichen Unterrichtspraxis, insbesondere im Hinblick auf die Wahl der Unterrichtsinhalte, kaum eine Rolle.

• Es existiert eine Kluft zwischen der Rhetorik der Bildungspolitik und der tatsächlichen Unterrichtspraxis.

- Die separierende Ausrichtung eines Bildungssystems wirkt sich negativ auf die Einstellungen der Lehrpersonen gegenüber Diversität aus und begünstigt eine „Entsorgungsmentalität" (Fend 2004, S. 23 zitiert nach Trautmann / Wischer 2011, S. 82). Der Fördergedanke rückt zu Gunsten des Gedankens der Selektion in den Hintergrund. Schüler/innen, die nicht einer imaginären Norm entsprechen, können ‚aussortiert' werden und werden nicht als ‚normal' anerkannt. Die strukturell bedingten unterschiedlichen Bildungsansprüche an Schüler/innen erzeugen bei den Lehrpersonen schultypenabhängige Erwartungshaltungen, wodurch die Auslösung des Pygmalioneffekts (vgl. Ludwig 2001) in der täglichen Unterrichtspraxis besonders begünstigt wird.
- Im Gegensatz dazu wird in einem integrativen Bildungssystem die Berücksichtigung und Förderung von Diversität als selbstverständliche und allgemeine Bildungsaufgabe verstanden, was sich in den Einstellungen bzw. Äußerungen der Lehrpersonen widerspiegelt.

Die Frage, inwiefern diese Hypothesen durch die vorliegende Untersuchung bestätigt oder widerlegt werden können, wird im themenzentrierten Vergleich wieder aufgegriffen.

Integrative und segregative Grundausrichtung

Um die zu Beginn des Kapitels formulierten Forschungsfragen zu beantworten sowie die Grundannahmen und Hypothesen zu testen, wurden – insbesondere im Hinblick auf die vierte Teilfrage – zwei Bildungssysteme untersucht, die in ihrer strukturellen Ausrichtung grundverschieden sind: das deutsche Bildungssystem mit einer früh angelegten Schullaufbahnentscheidung und das finnische Bildungssystem mit einem integrierten Grundschulmodell.[18] Ein zentrales Kriterium für den binationalen Vergleich war somit die Ausrichtung der Bildungssysteme (integrativ, segregativ). Integrative Bildungssysteme gibt es jedoch viele, stellt der deutsche Sonderweg eines separierenden Bildungssystems doch eine Ausnahme im internationalen Vergleich dar. Weshalb also Finnland? Finnland bot sich nicht nur aufgrund seiner integrativen Struktur für den Vergleich an, sondern darüber hinaus insbesondere aufgrund des durch internationale Vergleichsstudien empirisch belegten geringen Einflusses des sozioökonomischen Status auf den Bildungserfolg der Schüler/innen (vgl. die verschiedenen PISA-Studien der OECD). Finnland steht somit für ein Bil-

---

18 Der Begriff der Grundschule bezeichnet im deutschen Kontext die in den meisten Bundesländern vierjährige Grundschule (vgl. Kapitel 5.3). Im Zusammenhang mit Finnland wird der Begriff der neunjährigen Grundschule verwendet, weil der finnische Begriff *Peruskoulu* dem deutschen Begriff der ‚Grund-Schule' (perus-koulu) im Gegensatz zu den Begriffen ‚Gesamtschule' oder ‚Gemeinschaftsschule' am nächsten kommt (Skiera 2009, S. 119).

dungssystem mit einer integrativen Schulstruktur und einer hohen Bildungsgerechtigkeit und -wirksamkeit.

Hinsichtlich der ersten Teilfrage auf der Ebene der Lehrpläne war es aufgrund des föderalen und mehrgliedrigen Aufbaus des deutschen Bildungssystems (vgl. Kapitel 5.3) nicht möglich, alle Lehrpläne der verschiedenen Schultypen und Fächer in den 16 Bundesländern zu untersuchen. Auch auf der Ebene der Unterrichtspraxis war es zur Beantwortung der zweiten Teilfrage nicht möglich, Interviews mit Lehrpersonen verschiedener Schultypen und Fächer in der gesamten Bunderepublik durchzuführen und auszuwerten. Diese Überlegungen gelten analog für Finnland. Da qualitative Untersuchungen jedoch niemals einen Anspruch auf Repräsentativität erheben (Mayring 2002, S. 24 ff.), war dies auch nicht erforderlich. Die methodologische Idee bestand vielmehr in der intensiven Auseinandersetzung mit Fällen. So wurde für Deutschland im Bundesland Nordrhein-Westfalen eine Auswahl an Lehrplänen getroffen, die sowohl verschiedene Bildungsgänge als auch Unterrichtsfächer berücksichtigen. Zudem wurden Lehrpersonen verschiedener Bildungsgänge und Unterrichtsfächer interviewt. Die Wahl des Bundeslandes Nordrhein-Westfalen ergab sich aus dem Wohn- und Arbeitsort. Für Finnland wurde dieselbe Fächerauswahl untersucht und entsprechend wurden Lehrkräfte an einer neunjährigen finnischen Grundschule befragt. Die sich so ergebenden Fallstudien werden nachfolgend näher dargestellt.

Zwei Fallstudien

Um die Unterschiede und Gemeinsamkeiten in den Lehrplänen verschiedener Bildungsgänge untersuchen zu können, wurden die zum Zeitpunkt der Untersuchung gültigen nordrhein-westfälischen Lehrpläne des Gymnasiums und der Hauptschule analysiert und miteinander verglichen.[19] In Finnland musste aufgrund des landesweit gültigen nationalen Lehrplans keine Auswahl getroffen werden. Die Wahl der Fächer, zu denen die Lehrpläne untersucht wurden, ergab sich aus dem Anspruch zu überprüfen, ob Diversität als Querschnittsdimension berücksichtigt wird. Gewählt wurden die Fächer Deutsch, Geschichte und Englisch bzw. *Mother tongue and literature (Finnish)*, *History* und *Foreign languages (English)*, also Fächer aus dem sprachlich-literarisch-künstlerischen und dem gesellschaftswissenschaftlichen Aufgabenfeld. Fächer aus dem mathematisch-naturwissenschaftlich-technischen Aufgabenfeld wurden nicht untersucht. Neben den Lehrplänen wurden zudem weitere

---

19   Die nordrhein-westfälischen Kernlehrpläne sind im Lehrplannavigator des Schulministeriums abrufbar (Ministerium für Schule und Weiterbildung des Landes Nordrhein-Westfalen 2014c). Die Druckausgaben werden vom Ritterbach Verlag veröffentlicht. Um die Kernlehrpläne (KLP) zu kennzeichnen, werden in der Kurzzitierweise jeweils das Fach, der Bildungsgang und das Erscheinungsjahr benannt, z. B.: (KLP Deutsch Gymnasium 2007).

relevante schulrechtliche Dokumente untersucht (z. B. die jeweiligen Schulgesetze) sowie bildungspolitische Dokumente (z. B. die KMK-Empfehlungen) herangezogen.

Auf der Ebene der Unterrichtspraxis wurden insgesamt 26 Interviews mit Lehrpersonen und Schulleiter/innen in Deutschland und Finnland durchgeführt. In Deutschland wurden Lehrkräfte des Gymnasiums und der Hauptschule in Nordrhein-Westfalen befragt, die Deutsch, Englisch und Geschichte unterrichten. Sofern möglich, wurde auch die Schulleitung befragt. Analog dazu wurden in Finnland Interviews in englischer Sprache an einer neunjährigen Grundschule in der Region Varsinais-Suomi durchgeführt. Ein Kriterium bei der Auswahl der Schulen war, dass es sich um städtische Schulen handelt. Zudem sollten zunächst Schulen für die Untersuchung gewonnen werden, die kein spezielles Profil oder Gütesiegel haben. Im Verlauf der Untersuchung zeigte sich, dass diese Idee nicht realistisch war.[20] Der Kontakt zur Schule in Finnland erfolgte über die Schulbehörde, so dass eine Auswahl im Sinne einer Wahl aus verschiedenen Schulen nicht möglich war. Die Wahl der Schule fiel seitens der Schulbehörde nach dem Kriterium der Altersgruppe. So wurde der Kontakt zu einer Schule vermittelt, in der die Klassen 1–9 unterrichtet werden.[21] Es ergab sich auf diese Weise, dass eine Schule mit einem besonderem Profil, z. B. einem Sprach- oder Kunstprofil besucht wurde.[22] In Deutschland wurde der Kontakt zu den Schulen auf direktem Wege hergestellt. Die Suche nach einem Gymnasium gestaltete sich dabei deutlich schwieriger als die Suche nach einer finnischen Grundschule und einer Hauptschule in Deutschland. Eine Schulleitung begründete die Absage mit den Belastungen durch den doppelten Abiturjahrgang. Für die Interviews mit Gymnasiallehrkräften ergab sich schließlich, dass diese an mehreren Gymnasien durchgeführt wurden, von denen eines ein besonderes Profil aufweist und Teil mehrerer Projekte und Netzwerke ist.[23] Die Interviews mit Hauptschullehrkräften wurden an einer Schule durchgeführt. Da diese Schule nach dem

---

20   Aus den folgenden Überlegungen heraus war es für die Untersuchung letztlich auch nicht von Bedeutung, ob die Schulen ein besonderes Profil aufweisen: Die Schulen müssen mit oder ohne besonderes Profil nach den jeweiligen Lehrplänen unterrichten, die zumindest Raum für die Idee einer diversitätsbewussten Didaktik lassen (vgl. hierzu ausführlicher die Lehrplananalysen in den Fallstudien). Ein besonderes Profil einer Schule sagt ferner nichts über den tatsächlich erteilten Unterricht aus, wie das folgende Beispiel zeigt: In mehreren von der Verfasserin geleiteten universitären Lehrveranstaltungen wurden von Studierenden kleine Feldforschungen durchgeführt. Im Rahmen eines Interviews an einer Schule, die erst vor kurzem Europaschule geworden war, jedoch über Jahre daran gearbeitet hat, zeigte sich, dass Ideen von Europa und Interkulturalität in den Unterrichtsinhalten kaum eine bis keine Rolle spielten, eher hingegen in Projektwochen.

21   Trotz der Reform zur neunjährigen Grundschule gibt es in Finnland noch Schulen, die lediglich die Jahrgangsstufen 1–6 bzw. 7–9 unterrichten (vgl. Kapitel 8.3).

22   Das Profil der Schule wird an dieser Stelle nicht genannt, um die Anonymität zu wahren.

23   Auch für diese Schule wird das genaue Profil zwecks Wahrung der Anonymität nicht genannt.

Klassenlehrer/innenprinzip und nicht nach dem Fachlehrer/innenprinzip arbeitet, unterrichteten die interviewten Lehrkräfte im Prinzip alle Fächer.

Zusammenfassend ergab sich zur Beantwortung der vier Teilfragen der folgende Untersuchungsgegenstand auf den verschiedenen Ebenen des Curriculums:

	Deutschland	Finnland
Bildungs-politische Ebene	Schulgesetz NRW (SchulG)	Basic Education Act 628 / 1998
	Ausbildungs- und Prüfungsordnung NRW Sekundarstufe I (APO-S I)	Basic Education Decree 852 / 1998
	Bildungsstandards der KMK Deutsch und erste Fremdsprache (Englisch) für den Mittleren Schulabschluss und Hauptschulabschluss	
	Kernlehrpläne NRW KLP Deutsch Gymnasium (2007) KLP Englisch Gymnasium (2007) KLP Geschichte Gymnasium (2007) KLP Deutsch Hauptschule (2011) KLP Englisch Hauptschule (2011) KLP Geschichte Hauptschule (2011)[24]	National Core Curriculum der finnischen Grundschule mit Fokus auf den Fächern *Mother tongue and literature (Finnish)*, *History* sowie *Foreign languages (English)*
Mikro-ebene	Interviews mit Lehrpersonen verschiedener Bildungsgänge	Interviews mit Lehrpersonen einer finnischen Grundschule
	D-GYM1-1 (Deutsch / Geschichte, Gym) D-GYM1-2 (Deutsch / Geschichte, Gym) D-GYM1-3 (Deutsch / Pädagogik, Gym) D-GYM2-4 (Englisch / Geschichte Gym) D-GYM2-5 (Deutsch / Pädagogik, Gym) D-GYM3-6 (Englisch / Französisch, Gym) D-GYM3-7 (Schulleitung) D-HS-8 (Klassenlehrer/innenprinzip) D-HS-9 (Klassenlehrer/innenprinzip) D-HS-10 (Klassenlehrer/innenprinzip) D-HS-11 (Klassenlehrer/innenprinzip) D-HS-12 (Klassenlehrer/innenprinzip) D-HS-13 (Klassenlehrer/innenprinzip) D-HS-14 (Klassenlehrer/innenprinzip) D-HS-15 (Klassenlehrer/innenprinzip) D-HS-16 (Schulleitung)	F-BE-1 (Englisch 1–6) F-BE-2 (Englisch 7–9) F-BE-3 (Geschichte 7–9) F-BE-4 (Geschichte 7–9) F-BE-5 (Finnisch 7–9) F-BE-6 (Finnisch / FaZ 7–9) F-BE-7 (Förderlehrkraft 1–6) F-BE-8 (Förderlehrkraft 7–9) F-BE-9 (Lern- und Berufsberater/in) F-BE-10 (Schulleitung)

Darüber hinaus wurden insgesamt acht Expert/inneninterviews durchgeführt. In Finnland wurden auf der Ebene der Bildungstheorie Telefoninterviews mit zwei Erziehungswissenschaftler/innen geführt (F-EI-1 und F-EI-2). Außerdem wurde ein Expert/innengespräch zu einer ethnografischen Feldforschung in Finnland geführt (F-EI-3). In Deutschland wurden auf der Ebene der Bildungstheorie aufgrund des uneingeschränkten Zugangs zur Fachliteratur in deutscher wie auch englischer Spra-

---

24 Der Lehrplan für das Fach Geschichte ist Teil des Kernlehrplans Gesellschaftslehre (Erdkunde, Geschichte / Politik) aus dem Jahr 2011. Da die Analyse das Fach Geschichte im Blick hat, wird in dieser Arbeit die Abkürzung „KLP Geschichte 2011" verwendet.

che keine Expert/innengespräche geführt. Auf der Ebene der Bildungspolitik wurde in beiden Ländern mit Behördenvertreter/innen gesprochen. In Deutschland konnte ein/e Vertreter/in des Referats „Curriculumentwicklung, Materialentwicklung zur Lehrplanimplementation, Nationale Bildungsstandards" des Ministeriums für Schule und Weiterbildung des Landes Nordrhein-Westfalen (D-EI-1) interviewt werden. In Finnland wurden Vertreter/innen des Zentralamts für Unterrichtswesen (*Unit of Multicultural Education* und *Curriculum Unit*) sowie Vertreter/innen der Abteilung für den grundlegenden Unterricht (*Basic Education*) in einer Gemeinde Finnlands in der Region Varsinais-Suomi befragt. Von zwei Mitarbeiter/innen im Zentralamt für Unterrichtswesen wurden Fragen schriftlich beantwortet (F-EI-4 und F-EI-5), mit einem/r Vertreter/in wurde ein Telefoninterview durchgeführt (F-EI-6). Das Expert/inneninterview mit dem/r kommunalen Behördenvertreter/in wurde ebenfalls telefonisch geführt (F-EI-7).

Das tertium comparationis

Über die vorangehend bestimmten Ebenen des Vergleichs hinaus verlief die Analyse entlang weiterer ausgewählter Vergleichspunkte, die u. a. die in Kapitel 1.1 vorgestellten Indikatoren nach Allemann-Ghionda (2002, S. 472 f.) umfassen. Um die Vergleichbarkeit und Transparenz zu erhöhen, wurden die Fallstudien nach denselben Vergleichsaspekten angeordnet. Ein solches Raster, auch *tertium comparationis* genannt, ermöglicht erst einen strukturierten Vergleich (Allemann-Ghionda 2010, S. 21). Das *tertium comparationis* der vorliegenden Arbeit setzt sich aus folgenden Elementen zusammen, die sich im Aufbau der Fallstudien sowie im themenzentrierten Vergleich mit zur Pointierung abweichenden Kapitel- bzw. Abschnittsüberschriften wiederfinden:

I. Gesellschaftliche Rahmenbedingungen und empirische Befunde zum Zusammenhang von Diversität und Bildungserfolg

- Demografische Eckdaten
    - Bevölkerungsstruktur im Hinblick auf Geschlecht, Altersstruktur und sozioökonomische Lebensbedingungen
    - Migration und Herkunftsländer
    - Nationale Minderheiten
    - Sprachen
    - Religionen

- Diversität und Bildungserfolg
    - Sozioökonomischer Hintergrund
    - Migrationshintergrund
    - Geschlecht / Gender
    - Dis(Ability)
    - Intersektionalität / Verstärkungseffekt

II. Bildungstheoretische, bildungspolitische und schulstrukturelle Rahmenbedingungen

- Bildungstheoretische Rahmenbedingungen für die Berücksichtigung von Diversität
  - Diversität im erziehungswissenschaftlichen Diskurs
- Bildungspolitische Rahmenbedingungen für die Berücksichtigung von Diversität
  - Diversität in schulrechtlichen Bestimmungen
  - Diversität in der Lehrer/innenbildung
- Strukturbedingungen für die Berücksichtigung von Diversität
  - Aufbau und Organisation des Schulsystems
  - Organisation der vorschulischen Erziehung
  - Organisation der Sekundarstufe I
  - Strategien individueller Förderung
  - Grundmodi Integration und Separation
  - schulbezogene Förderung / private Nachhilfe
  - ‚Umgang‘ mit Mehrsprachigkeit im Schulsystem
  - Förderung des Zweitspracherwerbs
  - Rolle der Sprachen autochthoner und allochthoner Minderheiten
- Diversität in den intendierten Bildungszielen und -inhalten
  - Lehrplananalysen hinsichtlich interkultureller und diversitätssensibler Aspekte

III. Spannungsfeld zwischen Anspruch und Wirklichkeit
- Mögliche Schwierigkeiten bei der schulpraktischen Umsetzung
- Einstellungen der Lehrpersonen gegenüber Diversität
- Schulstrukturfrage aus Sicht der Akteur/innen

Ziele der Untersuchung

Die Ziele des binationalen Vergleichs in der vorliegenden Untersuchung sind nicht etwa in der Rekonstruktion eines jeweiligen ‚Nationalcharakters‘ zu suchen, wie dies noch in früheren Schriften der vergleichenden Erziehungswissenschaft üblich war (Allemann-Ghionda 2004, S. 77). Vielmehr ging es darum, transnationale Gemeinsamkeiten und Unterschiede in der Curriculumgestaltung im Kontext von Diversität zu identifizieren. Überdies galt es, Herausforderungen und Schwierigkeiten bei der schulpraktischen Umsetzung bildungstheoretischer Ideen und bildungspolitischer Postulate abzuleiten.

Zum Aufbau der Arbeit

Nach dem theoretisch-methodischen Teil der Arbeit, in dem die zentralen Begriffe definiert, der Forschungsstand dokumentiert und die gewählten Methoden offengelegt wurden, wird im zweiten Teil das zuvor vorgestellte *tertium comparationis* anhand der untersuchten Länder angewandt. Dazu werden im Anschluss an die Beschreibungen der Bildungs- und insbesondere der Schulsysteme sowie deren Kontextbedingungen die Bildungsziele und -inhalte auf der Ebene der intendierten

Lehrpläne analysiert. Um nach diesem nach Ländern strukturierten Teil der Arbeit, der zur Gegenüberstellung analog aufgebaut ist, anschließend das komplexe Spannungsfeld zwischen intendiertem (Lehrplan) und realisiertem (Unterricht) Curriculum untersuchen zu können, wurde die länderzentrierte Struktur verlassen. Es folgt ein themenzentrierter Vergleich, in dem die Fallstudien im direkten binationalen Vergleich fortgeführt werden. Die Schwerpunktthemen des Vergleich bilden (i) das Spannungsfeld zwischen erziehungswissenschaftlichen Postulaten, bildungspolitischen Rhetoriken und pädagogischen Praktiken sowie (ii) die übergeordnete Frage nach den Bildungs- und Schulstrukturen im Kontext von Chancengerechtigkeit – jeweils unter Einbezug der Perspektive der Bildungsakteur/innen, indem die Ergebnisse der durchgeführten empirischen Erhebung in Deutschland und Finnland in die Analysen eingewoben werden.

2.2 Angewandte Methoden

Dokumentenanalyse und Feldforschung

Aus den bisherigen Ausführungen wurde bereits deutlich, dass in der vorliegenden Untersuchung eine Kombination aus Dokumentenanalyse und Feldforschung (Mayring 2002, S. 40 ff.) im Rahmen eines binationalen Vergleichs angewendet wurde. Bei der Dokumentenanalyse muss das zu analysierende Material nicht erst erhoben werden, sondern ist bereits vorhanden (Mayring 2002, S. 47). Dies trifft auf die Lehrpläne zu. Das Ziel der Feldforschung bestand darin, die tägliche Unterrichtspraxis, die in diesem Fall das Feld darstellt, möglichst realitätsnah abzubilden (Mayring 2002, S. 54 ff.). Das Forschungsinteresse richtete sich dabei insbesondere auf die Haltungen bzw. Äußerungen der Lehrpersonen im Kontext von Diversität. Was das Untersuchungsverfahren betrifft, so muss in einer qualitativen Studie genau bestimmt werden, mit welchen Methoden der Untersuchungsgegenstand erschlossen werden soll (Mayring 2002, S. 40). Die Wahl der Methoden hängt dabei immer von der Fragestellung der Untersuchung sowie dem Untersuchungsgegenstand ab (Allemann-Ghionda 2004, S. 158). Da es sich bei der vorliegenden Studie um eine Mehrebenenanalyse handelt (vgl. Kapitel 2.1), erschien eine Triangulation der Methoden sinnvoll (Mayring 2002, S. 147 f.), um in jedem zu untersuchenden Bereich die angemessenen Methoden anzuwenden. Daraus ergab sich folgende Methodenwahl:

(1) *Dokumentenanalyse:* Wie wird Diversität in den Lehrplänen der Sekundarstufe I in den untersuchten Ländern berücksichtigt?

Erhebungsmethoden: Material muss nicht erhoben werden, da bereits vorhanden

Auswertungsverfahren: Inhaltliche Strukturierung als Form der strukturierenden qualitativen Inhaltsanalyse (Kategoriensystem) nach Mayring (2010)

(2)	*Feldforschung:*	Wie wird Diversität von den interviewten Lehrpersonen in Deutschland und Finnland wahrgenommen und bei der Gestaltung ihrer täglichen Unterrichtspraxis berücksichtigt?
	Erhebungsmethoden:	Interviews (themenzentriert, halbstrukturiert), Fragebogen und teilnehmende Beobachtungen
	Auswertungsverfahren:	Inhaltliche Strukturierung als Form der strukturierenden qualitativen Inhaltsanalyse (Kategoriensystem) nach Mayring (2010)

Eine Übersicht der analysierten Lehrpläne und durchgeführten Interviews befindet sich im vorangegangenen Kapitel 2.1.

Methodisches Vorgehen

Die Lehrpläne wurden mittels inhaltlicher Strukturierung, einer speziellen Form der strukturierenden qualitativen Inhaltsanalyse untersucht (Mayring 2010, S. 92 ff.). Dazu wurde ein Analyseraster in Form von Leitfragen zu bestimmten Themenkomplexen (Kategorien) formuliert. Die Kategorien wurden primär deduktiv aus dem Theorieteil dieser Arbeit, bereits vorliegenden Lehrplananalysen (Göbel / Hesse 2004; Neumann / Reuter 2004) sowie den in der Fachliteratur postulierten Prinzipien einer multiperspektivischen allgemeinen Bildung für alle (vgl. etwa Amodeo 1999; Auernheimer 2010, S. 142 ff.; Reich u. a. 2000; Virta 2012) abgeleitet und erweitert. Anschließend wurde das Material systematisch entlang des Kategoriensystems thematisch gefiltert. Die Themenblöcke (i) Adressatenorientierung, (ii) Lernziele und -inhalte sowie (iii) Methodisch-didaktische Aspekte bilden die drei Hauptkategorien, zu denen jeweils Leitfragen formuliert wurden. Im ersten Block zur (i) Adressatenorientierung geht es primär um die Frage, ob die untersuchten Lehrpläne explizit oder implizit von einer eher homogenen oder heterogenen Schülerschaft ausgehen. Dazu wurde überprüft, welche Dimension von Diversität in den Lehrplänen angesprochen werden. Im zweiten Block zu den (ii) Zielen und Inhalten geht es zunächst um die Frage, welche Kompetenzen die Schüler/innen explizit oder implizit gemäß den Lehrplänen erwerben sollen, die auf ein Leben in und mit Diversität vorbereiten (Diversitätskompetenz). Dazu wurde kein Kompetenzmodell im Sinne einer zuvor angefertigten Schablone angelegt, sondern es wurde überprüft, welche Kompetenzbereiche die Lehrpläne der einzelnen Fächer vorsehen und welchen spezifischen Beitrag diese explizit oder implizit leisten können, um Schüler/innen auf ein Leben in und mit Diversität vorzubereiten. Neben der Ebene der Bildungsziele wurde auch die Frage gestellt, welche interkulturellen und diversitätssensiblen Bezüge die in den Lehrplänen vorgesehenen Inhalte aufweisen. Im dritten und letzten Themenblock zu den (iii) Methodisch-didaktischen Aspekten wurde danach gefragt, ob die Lehrpläne konkrete methodisch-didaktische Hinweise enthalten, die Individualisierung des Unterrichts vorsehen, die möglicherweise vorhandene Mehrsprachigkeit der Schüler/innen sowie die mögliche Anwesenheit von Schüler/innen mit sonderpädagogischem Förderbedarf berücksichtigen und schließlich die Förderung bildungssprachlicher Kompetenzen thematisieren.

Die Interviews mit Lehrpersonen wurden mit Hilfe eines themenzentrierten, halbstandardisierten Leitfadens geführt. Sie wurden aufgezeichnet, transkribiert und ebenso wie die Lehrpläne mittels inhaltlicher Strukturierung analysiert (Mayring 2010, S. 92 ff.). Dazu wurde das Material entlang des entwickelten Kategoriensystems thematisch gefiltert und auf diese Weise reduziert. In der weiteren Analyse wurden nur jene Passagen einbezogen, die dem Kategoriensystem zugeordnet werden konnten. Die so identifizierten Fundstellen wurden aus den einzelnen Interviews extrahiert, anschließend themenzentriert einander vergleichend gegenübergestellt und schließlich im Querschnitt betrachtet. Zusätzlich zu den Interviews wurden sowohl in Deutschland als auch in Finnland einzelne Unterrichtsstunden teilnehmend beobachtet. Diese haben zum besseren Verständnis der Fallsituationen beigetragen. Überdies erfolgte eine Datenerhebung mittels Fragebogen, der auf freiwilliger Basis ausgefüllt wurde. Die Rücklaufquoten der Fragebögen war entsprechend unterschiedlich. Die geführten Interviews mit Lehrkräften in Deutschland fielen im Vergleich zu den Interviews in Finnland umfangreicher aus. Dies ergibt sich, was die Anzahl der Interviews betrifft, daraus, dass in Deutschland Lehrpersonen verschiedener Schulformen interviewt und somit mehrere Schulen besucht wurden. Zum anderen ist die Interviewdauer teilweise länger, was nicht zuletzt darauf zurückzuführen ist, dass die Lehrkräfte in Deutschland in deutscher Sprache interviewt wurden. In Finnland wurden die Interviews hingegen in englischer Sprache, also nicht in der Landessprache der Lehrkräfte, geführt. Die Gespräche mit den Expert/innen wurden ebenfalls aufgezeichnet und transkribiert. In zwei Fällen wurden die Fragen schriftlich beantwortet, in zwei anderen Fällen wurde ein unter zuvor festgelegten inhaltlich-thematischen Aspekten zusammenfassendes Protokoll erstellt (Mayring 2002, S. 94 ff.). Die interviewten Expert/innen und Lehrpersonen wurden jeweils anonymisiert und einem Identifikationscode zugewiesen. Passagen aus den Interviews, die in dieser Arbeit angeführt werden, wurden schließlich insofern bearbeitet, als Füllwörter, Wortwiederholungen oder grammatikalische Fehler, dies betrifft im Besonderen die in Finnland durchgeführten Interviews in englischer Sprache, gestrichen bzw. korrigiert wurden.

3   Zusammenfassung

Die Strukturen eines Bildungssystems beeinflussen die Berücksichtigung von Diversität im Curriculum der Sekundarstufe I grundlegend. Ausgehend von dieser Grundannahme wurden zwei Fallstudien in Deutschland und Finnland entlang der Elemente des *tertium comparationis* konzipiert. Ziel der Untersuchung war es, transnationale Gemeinsamkeiten und Unterschiede in der Curriculumgestaltung im Kontext von

Diversität sowie sich abzeichnende Herausforderungen und Schwierigkeiten bei der Umsetzung bildungstheoretischer Ideen und bildungspolitischer Postulate zu identifizieren. Die Konstellation des binationalen Vergleichs ist deshalb von besonderem Interesse, weil dem finnischen Bildungs- und Schulsystem seit der ersten großen PISA-Lesekompetenzstudie (OECD 2001) in der deutschen sowohl öffentlichen als auch fachwissenschaftlichen Diskussion eine große Bedeutung beigemessen wird. Finnland ist seit dem PISA-Schock zwar ein ‚beliebtes' Reiseziel für Bildungsforscher/innen und -politiker/innen, doch Forschungsprojekte zum Stellenwert von interkultureller oder multikultureller Bildung und Erziehung bzw. Pädagogik der Diversität in Finnland sind selten (Dervin u. a. 2012, S. 1). Vor diesem Hintergrund wurde in dieser Arbeit der Versuch unternommen, das viel gelobte finnische Bildungssystem im binationalen Vergleich mit Deutschland differenziert unter der Fragestellung zu betrachten, wie der Diversität der Schülerschaft strukturell und curricular begegnet wird. Die Beschreibung der übergeordneten Kontextbedingungen sowie der Bildungs- und insbesondere Schulsysteme der untersuchten Länder bilden jeweils den Einstieg in die Fallstudien. Neben der Analyse der intendierten Bildungsziele und -inhalte wurden überdies die Alltagspraktiken der pädagogischen Akteur/innen auf Mikroebene und ihre Sichtweisen auf Interkulturalität, Diversität und Inklusion rekonstruiert. Die Arbeit schließt mit einer Diskussion von Schwerpunktthemen ab, die aus den Fallstudien abgeleitet wurden. Die Frage nach der schulpraktischen Umsetzung intendierter Bildungsziele aus interkultureller und diversitätssensibler Sicht sowie die Rolle der Bildungs- und Schulstrukturen im Kontext von Chancengerechtigkeit stehen dabei im Mittelpunkt.

Die Fallstudie in Deutschland

4 Diversität, Bildung und Chancengerechtigkeit in Deutschland

4.1 Wie heterogen ist Deutschland?

Deutschland – Ein Einwanderungsland

In Deutschland leben ca. 80,6 Mio. Menschen (Referenzjahr 2013, Statistisches Bundesamt 2014a, S. 425). Der Anteil der Personen mit einem sogenanntem Migrationshintergrund an der Gesamtbevölkerung beläuft sich auf etwa 19,7 %, d. h. fast jede/r Fünfte hat einen Migrationshintergrund (Statistisches Bundesamt 2014a, S. 7).[25] Wird die bildungsrelevante Altersgruppe der unter 25-Jährigen betrachtet, so ist der Anteil mit 29,4 % noch höher (Statistisches Bundesamt 2014a, S. 425, 428).[26] Die Tendenz ist steigend. Was die Herkunftsländer betrifft, so ist die Zahl der Menschen aus dem Herkunftsland Türkei am höchsten (17,6 %). Weitere Herkunftsländer sind Polen (9,6 %), die Russische Föderation (7,5 %), Kasachstan (5,7 %) und Italien (4,9 %) (Statistisches Bundesamt 2014a, S. 8).[27]

Nationale Minderheiten

Über diese zugewanderten Minderheiten hinaus leben vier anerkannte nationale Minderheiten in Deutschland. Die dänische Minderheit lebt mit ca. 50.000 Personen in Schleswig-Holstein (Bundesministerium des Innern 2013, S. 12). Das Siedlungsgebiet der schätzungsweise 60.000 Friesen befindet sich ebenfalls in Schleswig-Holstein sowie in Niedersachsen (Bundesministerium des Innern 2013, S. 22). Ferner leben schätzungsweise bis zu 70.000 Sinti und Roma in Deutschland (Bundesministerium des Innern 2013, S. 32). Die in Brandenburg und Sachsen lebende sor-

---

25 Laut Statistischem Bundesamt zählen zu den Menschen mit Migrationshintergrund *„alle Ausländer und eingebürgerte ehemalige Ausländer, alle nach 1949 als Deutsche auf das heutige Gebiet der Bundesrepublik Deutschland Zugewanderte, sowie alle in Deutschland als Deutsche Geborene mit zumindest einem zugewanderten oder als Ausländer in Deutschland geborenen Elternteil'.* [...] Nach den heutigen ausländerrechtlichen Vorschriften umfasst diese Definition somit üblicherweise Angehörige der 1. bis 3. Migrantengeneration" (Statistisches Bundesamt 2014a, S. 6, Herv. im Orig.; vgl. auch ausführlich Statistisches Bundesamt 2014a, S. 665 ff.).

26 Eigene Berechnung der Prozentzahl: 5,647 Mio. von 19,206 Mio. (Statistisches Bundesamt 2014a, S. 425, 428).

27 Die hier angeführten Zahlen beziehen sich auf Menschen mit Migrationshintergrund im engeren Sinne (Statistisches Bundesamt 2014a, S. 425). „Personen mit nicht durchweg bestimmbarem Migrationsstatus" sind darin nicht enthalten (Statistisches Bundesamt 2014a, S. 671). Dies erklärt, weshalb die Zahlen in der vom Statistischen Bundesamt veröffentlichten Pressemitteilung vom 14.11.2014 (Statistisches Bundesamt 2014d) von den Zahlen in der Publikation der Fachserie 1, Reihe 2.2 abweichen (Statistisches Bundesamt 2014a).

bische Minderheit umfasst schließlich ca. 60.000 Personen (Bundesministerium des Innern 2013, S. 40).

Sprachenvielfalt

Amtssprache ist in Deutschland die deutsche Sprache. Offiziell als Sprachminderheiten anerkannt sind nach der Europäischen Charta der Regional- oder Minderheitensprachen, der Deutschland 1998 beigetreten ist, das Dänische, Friesische, Sorbische, Romani und Niederdeutsche (KMK 2013a, S. 19 f.). Die Deutsche Gebärdensprache ist gemäß Behindertengleichstellungsgesetz (Bundesministerium der Justiz 2002 / 2007) als eigenständige Sprache anerkannt (§ 6 BGG). Demnach haben Höroder sprachbehinderte Menschen das Recht, mit Trägern öffentlicher Gewalt in Deutscher Gebärdensprache zu kommunizieren (§ 9 BGG). Unterrichtssprache an allgemeinbildenden Schulen, in berufsbildenden Schulen sowie in den Hochschulen ist in der Regel Deutsch. Die Ausnahmen bilden im Schulbereich neben einigen Schulen in freier Trägerschaft der herkunftssprachliche Unterricht für Schüler/innen mit Migrationshintergrund, bilinguale Schulen oder Klassen sowie Schulen mit einer Sprache der nationalen Minderheiten als Unterrichtssprache (KMK 2013a, S. 19 f.).

Dies sind die Rahmenbedingungen. Die Frage, wie viele Sprachen von wie vielen Schüler/innen an deutschen Schulen außer dem Deutschen gesprochen werden, ist empirisch kaum zu beantworten (Gogolin 2010b, S. 530). Migration ist dabei eine zentrale ‚Quelle' der Sprachenvielfalt.[28] Der Begriff „Super-Diversity" von Vertovec (2006) stellt den Versuch dar, die zunehmende Komplexität der sprachlichen Vielfalt theoretisch zu konzeptualisieren (zitiert nach Gogolin 2010b, S. 531 ff.). So gilt für Deutschland, wie auch für andere europäische Länder, dass seit dem Jahr 2000 „aus einer zunehmenden Zahl von Weltregionen kleiner werdende Gruppen von Menschen in eine zunehmende Zahl von Weltregionen migrieren". Im Gegensatz dazu migrierten im Jahr 1960 „relativ große Gruppen von Menschen aus noch vergleichsweise wenigen Regionen der Welt in relativ wenige Aufnahmeregionen" (Gogolin 2010b, S. 532 f.). Zwar fehlen umfassende empirische Daten zur sprachlichen Situation an deutschen Schulen. Die hier zusammengetragenen demografischen Eckdaten ermöglichen dennoch einen Einblick in die komplexe Lage.

Religiöse Vielfalt

In Deutschland gibt es keine Staatskirche (KMK 2013a, S. 20). Mit etwas mehr als einem Drittel (33,72 %) haben die Konfessionslosen den größten Anteil an der Be-

---

28 Angemerkt sei, dass nicht nur Wanderungsbewegungen Deutschland und andere Länder in sprachlicher und soziokultureller Hinsicht diversifizieren. Infranationale Mehrsprachigkeit, Europäische Vielfalt und Integration sowie Globalisierung sind weitere ‚Quellen' sprachlicher und soziokultureller Pluralität (vgl. Allemann-Ghionda 2004, S. 82 ff.; vgl. auch Kapitel 1.1).

völkerung. Jeweils etwas weniger als ein Drittel der Gesamtbevölkerung gehören der römisch-katholischen (29,90 %) und der evangelischen Kirche (28,90 %) an (EKD 2013, S. 36). Darüber hinaus leben ca. 4 Mio. Muslime in Deutschland, von denen Personen mit türkischem Hintergrund die größte Gruppe darstellen (KMK 2013a, S. 21). Weitere Glaubensgemeinschaften sind die Orthodoxen (1,64 %), die Freikirchen (0,40 %), die Buddhisten (0,31 %), die Juden (0,13 %), die Hindus (0,12 %) und andere christliche Kirchen (0,04 %) (EKD 2013, S. 36).

Altersstruktur und Geburtenrate

Was das Geschlecht betrifft, verteilen sich die Anteile in etwa gleich (Statistisches Bundesamt 2014a, S. 425).[29] Mit Blick auf die Altersstruktur sind die Zahlen alarmierend. Die Geburtenrate ist in den letzten 50 Jahren dramatisch gesunken. Waren es im Jahr 1964 in Deutschland noch 1,4 Mio. Neugeborene, so wurden im Jahr 2011 nur noch 663.000 Kinder geboren (Statistisches Bundesamt 2012a, S. 1). Die Geburtenzahl hat sich somit fast halbiert. Das entspricht einer Geburtenrate von 1,36 Kindern pro Frau. Diese Ziffer ist in Deutschland seit fast 40 Jahren durchgängig niedrig, was international betrachtet eine Ausnahme darstellt (Statistisches Bundesamt 2012b, S. 40 f.). Hinzu kommt, dass die Lebenserwartung zunehmend steigt. Die Bevölkerungszahl verkleinert sich somit tendenziell nicht nur, sondern die Bevölkerung wird auch stetig älter. Zuwanderungen konnten diese Tendenz bisher nicht ausgleichen (Autorengruppe Bildungsberichterstattung 2014, S. 14).

Sozioökonomischer Status

Was die sozioökonomischen Lebensbedingungen in Deutschland betrifft, so ist etwa jede/r Fünfte in Deutschland (19,6 %) von Armut oder sozialer Ausgrenzung betroffen (Referenzjahr 2012, Statistisches Bundesamt 2014b, S. 20).[30] Die Erwerbslosenquote belief sich im Juni 2014 auf 4,9 % (Statistisches Bundesamt 2014c, S. 1).[31]

---

29 Im Jahr 2013 waren 51,1 % der Bevölkerung weiblich und 48,9 % männlich; eigene Berechnung der Prozentzahlen: 41,157 Mio. bzw. 39,454 Mio. von 80,611 Mio. (Statistisches Bundesamt 2014a, S. 425).

30 Dies ist nach der EU-Definition für EU-SILC (*EU Statistics on Income and Living Conditions*) dann der Fall, „wenn eines oder mehrere der drei Kriterien ‚Armutsgefährdung‘, ‚erhebliche materielle Entbehrung‘ ‚Haushalt mit sehr geringer Erwerbsbeteiligung‘ vorliegen" (Statistisches Bundesamt 2014b, S. 8). Die Ergebnisse dieses Sozialindikators sahen im Einzelnen wie folgt aus: 16,1 % waren armutsgefährdet, 4,9 % lebten bei erheblicher materieller Entbehrung und 9,9 % lebten in Haushalten mit sehr geringer Erwerbsbeteiligung (Statistisches Bundesamt 2014b, S. 20). Dieser Indikator wird herangezogen, weil vergleichbare Daten derselben Erhebung auch für Finnland vorliegen (vgl. Kapitel 7.1).

31 Für den Indikator Erwerbslosigkeit liegen auch vergleichbare Daten für Finnland vor, die auf dem Konzept der Internationalen Arbeitsorganisation (ILO) basieren (vgl. Kapitel 7.1).

Besonders häufig betroffen sind Menschen mit Migrationshintergrund. Im Vergleich zu Menschen ohne Migrationshintergrund sind sie fast doppelt so häufig erwerbslos oder geringfügig beschäftigt (Statistisches Bundesamt 2014a, S. 8). Häufig erwerbslos sind darüber hinaus auch Menschen mit Behinderungen. Im Jahr 2009 lag die Erwerbslosenquote bei 9 %. Bei Menschen ohne Behinderungen lag sie im Vergleich dazu bei 7,6 % (Pfaff 2012, S. 236).

Bildungsbeteiligung und Bildungsstand der Bevölkerung: Konsequenzen und Herausforderungen

Bildungsverantwortliche müssen auf die beschriebenen demografischen Entwicklungen reagieren. Entscheidend für die Bildungsplanung und die Verteilung der Ressourcen sind darüber hinaus die zu erwartenden Entwicklungen im Hinblick auf die Bildungsbeteiligung und den Bildungsstand der Bevölkerung (Autorengruppe Bildungsberichterstattung 2012, S. 40). Zwar hat sich der Bildungsstand der Bevölkerung in den letzten zehn Jahren erhöht (Autorengruppe Bildungsberichterstattung 2012, S. 42). Die Zahl der Bildungsteilnehmer/innen ist insgesamt betrachtet jedoch weiterhin rückläufig, wenngleich sie im internationalen Vergleich überdurchschnittlich hoch ist (Autorengruppe Bildungsberichterstattung 2012, S. 40). In den einzelnen Bildungssektoren gestalten sich die Herausforderungen dabei unterschiedlich. Aufgrund der sinkenden Geburtenrate sind weniger Bildungsteilnehmer/innen im Primar- und Sekundarbereich I zu erwarten (Autorengruppe Bildungsberichterstattung 2012, S. 40). Dabei ist zu beachten, dass immer mehr Frauen, wenn auch in Teilzeit, erwerbstätig sind (Autorengruppe Bildungsberichterstattung 2012, S. 5). Der Ausbau der frühkindlichen Bildungs- und Betreuungsangebote ist somit zentral. Bildungspolitische Instrumente wie das im Jahr 2012 in Deutschland eingeführte Betreuungsgeld erscheinen kontraproduktiv, wie auch die Erfahrungen in den skandinavischen Ländern (Finnland, Norwegen und Schweden) zeigen. In Finnland, wo das Betreuungsgeld (*kotihoidontuki*) bereits 1985 eingeführt wurde und seitdem relativ konstant etwa von der Hälfte der Eltern von unter dreijährigen Kindern bezogen wird, wirkt sich das Betreuungsgeld besonders negativ auf die Beschäftigung von Müttern aus (vgl. Ellingsæter 2012). Befürworter/innen solcher Maßnahmen propagieren Wahlfreiheit.[32] Tatsächlich orientieren sich diese jedoch am *male breadwinner model*, d. h. dem männlichen Ernährermodell und konterkarieren somit die Vereinbarkeit von Familie und Beruf. Investitionen zum Ausbau der vorschulischen Bildung hingegen sind dringend, nicht nur um der sinkenden Geburtenrate entgegenzuwirken, sondern auch um den Einfluss des sozioökonomischen Hintergrunds durch qualifizierte frühkindliche Bildung zu kompensieren (vgl. hierzu in

---

32 Vgl. z. B. die Rede vom 9. November 2011 der damaligen Bundesfamilienministerin Kristina Schröder in der Aktuellen Stunde im Deutschen Bundestag zur Einführung des Betreuungsgeldes (Schröder 2011).

internationaler Perspektive etwa Oláh 2009, 2011). Als eine weitere zentrale Herausforderung im Sekundarbereich gilt der Ausbau der Ganztagsschulen (Autorengruppe Bildungsberichterstattung 2012, S. 45).

Im Gegensatz zum Primar- und Sekundarbereich sind die Zahlen der Bildungsteilnehmer/innen im Tertiärbereich aufgrund der geburtenstarken Jahrgänge der 1990er Jahre in den letzten Jahren gestiegen (Autorengruppe Bildungsberichterstattung 2012, S. 40). „Sonderfaktoren" sind zudem die Abschaffung der Wehrpflicht, die doppelten Abiturjahrgänge und der Hochschulpakt (Autorengruppe Bildungsberichterstattung 2012, S. 139). Der Ausbau der Hochschulkapazitäten und eine entsprechende finanzielle Ressourcenausstattung sind die zentralen Herausforderungen im Tertiärbereich. Denn „Hochschule wird mehr und mehr zur prototypischen Ausbildungseinrichtung einer Volkswirtschaft" (Autorengruppe Bildungsberichterstattung 2012, S. 139).

4.2 Diversität und Bildungserfolg in Deutschland

Diversität der Bildungsteilnehmer/innen in Deutschland

Deutschland ist, wie im vorangegangenen Kapitel gezeigt wurde, ein sprachlich und soziokulturell heterogenes Land. In welchem Zusammenhang steht diese Heterogenität mit dem Bildungserfolg und der Bildungsbeteiligung von Schüler/innen? Bevor diese Frage beantwortet wird, soll zunächst ein Überblick über die Zusammensetzung der Bevölkerung im bildungsrelevanten Alter im Hinblick auf die für diese Untersuchung relevanten Dimensionen von Diversität (vgl. Kapitel 1.1) gegeben werden:

- *Geschlecht*: Die Bildungsteilnehmer/innen verteilen sich im Hinblick auf das Geschlecht in etwa gleich. So waren im Schuljahr 2010 / 11 im Alter von 6 bis unter 25 Jahren in allgemeinbildenden Bildungsgängen 49,1 % der Schüler/innen weiblich und 50,9 % männlich (Autorengruppe Bildungsberichterstattung 2012, S. 234).[33]
- *Migrationshintergrund*: Etwas weniger als ein Drittel (29,4 %) der unter 25-Jährigen haben einen Migrationshintergrund (Statistisches Bundesamt 2014a, S. 425, 428).[34] Nach den PISA-Daten lag der Anteil der Schüler/innen mit Migrationshintergrund unter den 15-Jährigen in Deutschland bei PISA 2009 bei 25,6 %. Davon waren 5,8 % Schüler/innen mit Migrationshintergrund der

---

33 Eigene Berechnung der Prozentzahl: 4.302.645 weibliche bzw. 4.461.773 männliche Schüler/innen von 8.764.418 (Autorengruppe Bildungsberichterstattung 2012, S. 234).
34 Eigene Berechnung der Prozentzahl: 5,647 Mio. von 19,206 Mio. (Statistisches Bundesamt 2014a, S. 425, 428).

ersten Generation, 11,7 % der zweiten Generation und 8,1 % hatten ein im Ausland geborenes Elternteil (Stanat u. a. 2010, S. 207).[35]

- *Sozioökonomischer Status*: Im Jahr 2012 lebten 29,1 % der unter 18-Jährigen, also fast jedes dritte Kind, in Familien mit mindestens einer Risikolage (Autorengruppe Bildungsberichterstattung 2014, S. 24).[36] Von allen drei Risikolagen betroffen waren 3,4 % (Autorengruppe Bildungsberichterstattung 2014, S. 23). Nach dem PISA-Index des wirtschaftlichen, sozialen und kulturellen Hintergrunds lag der sozioökonomische Gesamthintergrund der 15-jährigen Schüler/innen bei PISA 2012 mit 0.19 über dem OECD-Durchschnitt (OECD 2014b, S. 226).[37]

- *Migrationshintergrund und sozioökonomischer Status*: Sozioökonomischen Risikolagen sind besonders Kinder und Jugendliche mit Migrationshintergrund ausgesetzt. Im Jahr 2012 waren 6,2 % von allen drei und sogar 47,2 % von mindestens einer Risikolage betroffen (Autorengruppe Bildungsberichterstattung 2014, S. 23 f.). Von dieser Gruppe sind wiederum Kinder und Jugendliche mit türkischem Hintergrund besonders häufig betroffen (68,2 % in mindestens einer und 10,8 % in allen drei Risikolagen) (Autorengruppe Bildungsberichterstattung 2014, S. 225).

- *Dis(Ability) bzw. sonderpädagogischer Förderbedarf*: Im Schuljahr 2012 / 13 wurde bei 6,6 % aller Schüler/innen (493.200) ein sonderpädagogischer Förderbedarf diagnostiziert. In Förderschulen wurden 4,8 % und in Regelschulen 1,8 % unterrichtet. Das entspricht einer Integrationsquote von etwa 28 % (Au-

---

35 Die PISA-Daten werden herangezogen, weil somit auch vergleichbare Zahlen zum Anteil von Schüler/innen mit Migrationshintergrund für Finnland vorliegen (vgl. Kapitel 7.2). An dieser Stelle wird nicht auf den internationalen PISA-Bericht der OECD rekurriert, weil nach dem Migrationsverständnis der OECD Schüler/innen mit einem im Ausland geborenen Elternteil als ‚Schüler/innen ohne Migrationshintergrund' gelten (OECD 2011a, S. 70). In der PISA-Auswertung von Stanat u. a. zählen hingegen zu den Schüler/innen mit Migrationshintergrund auch Schüler/innen mit nur einem im Ausland geborenen Elternteil. Dies ergibt ein realistischeres Bild, denn es „kann nicht grundsätzlich davon ausgegangen werden, dass Schülerinnen und Schüler mit einem in Deutschland [bzw. im Erhebungsland] und einem im Ausland geborenen Elternteil schulisch vollständig integriert sind" (Stanat u. a. 2010, S. 204).

36 Zu den Risikolagen zählen: Risiko des bildungsfernen Elternhauses, soziales Risiko, finanzielles Risiko. Differenziert nach Risikolage betrachtet wuchsen 11,5 % in bildungsfernen Familien auf, 9,4 % in sozialer Risikolage aufgrund von Erwerbslosigkeit beider Elternteile und 18,8 % in armutsgefährdeten Familien, deren „Familieneinkommen unter der Armutsgefährdungsgrenze von 60 % des Durchschnittsäquivalenzeinkommens liegt" (Autorengruppe Bildungsberichterstattung 2014, S. 23).

37 Die Daten zum PISA-Index werden herangezogen, weil somit vergleichbare Daten zur sozioökonomischen Lage der Schüler/innen in Deutschland vorliegen (vgl. Kapitel 7.2).

torengruppe Bildungsberichterstattung 2014, S. 178).[38] Der Anteil der Schü-
ler/innen an Förderschulen in Deutschland hat sich jedoch dennoch nicht verringert. „Vielmehr hat sich in fast allen Ländern sowohl der Schüleranteil in
Förderschulen als auch der Anteil integrativer sonderpädagogischer Förderung – und damit auch die Förderquote insgesamt – erhöht" (Autorengruppe
Bildungsberichterstattung 2014, S. 179).

Zum Zusammenhang von Diversität und Bildungserfolg in Deutschland

Über den Zusammenhang von Diversität und Bildung und damit verbundenen
Chancenungerechtigkeiten ist dank internationaler Vergleichsstudien wie auch
nationaler Untersuchungen bekannt, dass das Bildungssystem in Deutschland nach
wie vor „durch soziale Selektivität im Zugang zu und in der Partizipation an Bildung gekennzeichnet" ist (Autorengruppe Bildungsberichterstattung 2014, S. 212).
Die einzelnen Daten sollen an dieser Stelle nicht erneut wiedergegeben werden. Die
folgenden Ausführungen sind stichpunktartig und nehmen die für diese Arbeit relevanten Dimensionen von Diversität (vgl. Kapitel 1.1) und deren Verschränkungen in
das Blickfeld. Zuvor werden bezogen auf alle Schüler/innen die erzielten Bildungsabschlüsse nach der Pflichtschule angeführt.

ERZIELTE BILDUNGSABSCHLÜSSE NACH DER PFLICHTSCHULE

* Im Jahr 2012 erreichte weniger als jede/r Vierte einen Hauptschulabschluss
  (22,8 %) (Autorengruppe Bildungsberichterstattung 2014, S. 91).
* Etwa jede/r Zweite (53,6 %) erlangte einen Mittleren Abschluss (Autoren-
  gruppe Bildungsberichterstattung 2014, S. 91).
* Das Abitur erzielte mehr als jede/r Dritte (42,3 %). Zählt man die erworbenen
  Fachhochschulreifen (15 %) hinzu, so erlangte mehr als jede/r Zweite eine
  Hochschulzugangsberechtigung (Autorengruppe Bildungsberichterstattung
  2014, S. 91).

---

38 Zu beachten ist, dass die Prozentzahlen der inklusiv unterrichteten Schüler/innen in
    der Literatur unterschiedlich beziffert werden. Klemm benennt bei einer Förderquote
    von 6,4 % einen Anteil von 25 % inklusiv unterrichteter Schüler/innen (Klemm 2013,
    S. 8, 25). Im vorangegangenem Bildungsbericht aus dem Jahr 2012 belief sich die In-
    tegrationsquote bei einer Förderquote von 6,4 % auf 22,3 % (Autorengruppe Bil-
    dungsberichterstattung 2012, S. 255). Hinweis: Im Bildungsbericht 2012 wird im
    Fließtext die Integrationsquote mit 29 % beziffert (Autorengruppe Bildungsbericht-
    erstattung 2012, S. 70). Bei der Berechnung der Integrationsquote ist jedoch ein Be-
    zugsfehler aufgetreten. Der entsprechenden Tabelle im Tabellenanhang ist zu entneh-
    men, dass 108.642 der 486.564 Schüler/innen mit sonderpädagogischem Förderbedarf
    im Schuljahr 2010 / 11 in sonstigen allgemeinbildenden Schulen, d. h. integrativ unter-
    richtet wurden (Autorengruppe Bildungsberichterstattung 2012, S. 255). Das ent-
    spricht einer Prozentzahl von 22,3 %. Das Deutsche Institut für Internationale Pädago-
    gische Forschung (DIPF) hat auf meine Anfrage hin den Berechnungsfehler bestätigt
    (E-Mail-Korrespondenz vom 20. / 21. Januar 2013).

- Etwa 5,9 % aller Schüler/innen verließen die Pflichtschule ohne einen Haupt-schulabschluss (Autorengruppe Bildungsberichterstattung 2014, S. 91).[39]

DISPARITÄTEN NACH GESCHLECHT

- Mädchen verlassen seltener die Schule ohne einen Abschluss oder mit einem Hauptschulabschluss und machen häufiger das Abitur als Jungen (Autoren-gruppe Bildungsberichterstattung 2014, S. 212).
- Mädchen wiederholen in allen Jahrgangsstufen und Schulformen seltener eine Klasse als Jungen (Herwartz-Emden u. a. 2012, S. 25).
- In den männlich konnotierten MINT-Fächern schneiden die Jungen besser ab, beim Lesen die Mädchen (Herwartz-Emden u. a. 2012, S. 35 ff., 77 ff.).
- Frauen nehmen häufiger als Männer ein Studium auf, brechen ihr Studium seltener ab und schließen dieses häufiger ab (Autorengruppe Bildungsbericht-erstattung 2014, S. 213).
- Frauen sind dennoch in allen Berufsbereichen seltener beschäftigt als Männer und zudem deutlich seltener vollzeitbeschäftigt (Autorengruppe Bildungsbe-richterstattung 2014, S. 207, 213).

DISPARITÄTEN NACH SOZIOÖKONOMISCHEM STATUS

- Bei Kindern aus sogenannten bildungsfernen Familien besteht ein erhöhtes Risiko, vor der Einschulung als sprachförderbedürftig diagnostiziert zu wer-den (Autorengruppe Bildungsberichterstattung 2014, S. 62).
- Kinder und Jugendliche mit niedrigem sozioökonomischem Status wiederho-len überdurchschnittlich häufig eine Klasse (Autorengruppe Bildungsbericht-erstattung 2012, S. 75).
- Schüler/innen mit hohem sozioökonomischen Status besuchen dreimal so häufig ein Gymnasium als Schüler/innen mit niedrigem sozioökonomischen Hintergrund (64 % zu 21 %) (Autorengruppe Bildungsberichterstattung 2014, S. 75 f.).
- Die Hauptschule besuchen Schüler/innen mit hohem sozioökonomischen Status deutlich seltener als Schüler/innen mit niedrigem sozioökonomischen Status (7 % zu 34 %) (Autorengruppe Bildungsberichterstattung 2014, S. 75 f.).

---

39 Zusammengerechnet ergeben die Prozentzahlen mehr als 100 %, da es zu „zeitversetz-ten Doppelzählungen [kommt], z. B. wenn Personen Schulabschlüsse nachholen oder um einen höheren Schulabschluss ergänzen" (Autorengruppe Bildungsberichterstat-tung 2014, S. 91).

- Deutlich häufiger als Kinder ohne Migrationshintergrund sind jene mit Migrationshintergrund von Zurückstellungen vor der Einschulung betroffen (Diefenbach 2010, S. 225).
- Bei Kindern, deren Familiensprache nicht Deutsch ist, besteht ein erhöhtes Risiko, als sprachförderbedürftig diagnostiziert zu werden (35 % zu 22 %) (Autorengruppe Bildungsberichterstattung 2014, S. 62).[40]
- Schüler/innen mit Migrationshintergrund sind auf Hauptschulen überrepräsentiert, hingegen auf Realschulen und Gymnasien deutlich unterrepräsentiert (Diefenbach 2010, S. 225).
- Auf Förderschulen mit dem Förderschwerpunkt Lernen sind Schüler/innen mit Migrationshintergrund doppelt so häufig vertreten als Schüler/innen ohne Migrationshintergrund (Diefenbach 2010, S. 226).
- Ausländische Schüler/innen verlassen 2,1-mal häufiger die Schule ohne einen Hauptschulabschluss als deutsche Schüler/innen. Deutsche Schüler/innen erlangen mehr als doppelt so häufig (62 % zu 27 %) die Hochschulreife als ausländische Schüler/innen (Autorengruppe Bildungsberichterstattung 2014, S. 92).[41]
- Bei PISA 2009 schnitten Schüler/innen der ersten und zweiten Generation nahezu identisch signifikant niedriger ab als Schüler/innen ohne Migrationshintergrund und das, obwohl die Schüler/innen der zweiten Generation ihre Schulzeit in Deutschland verbracht haben (Stanat u. a. 2010, S. 212).
- Bei PISA 2012 verringerte sich der Kompetenzunterschied zwischen Schüler/innen mit und ohne Migrationshintergrund. Diese Verbesserung könnte neben bildungspolitischen Reformen zum Teil „auf Veränderungen im sozialen und demografischen Profil der Schülerinnen und Schüler zurückzuführen sein" (OECD 2014b, S. 83).

Disparitäten nach (Dis)Ability bzw. sonderpädagogischem Förderbedarf

- Etwa zwei Drittel der Förderschüler/innen sind männlich (Autorengruppe Bildungsberichterstattung 2014, S. 179).
- Etwa 3,3 % aller Schüler/innen werden bereits zu Schulbeginn auf Förderschulen überwiesen (Autorengruppe Bildungsberichterstattung 2014, S. 178).

---

40   Wichtig ist hierbei zu berücksichtigen, dass „ein Migrationshintergrund an sich keinesfalls als Risikolage zu begreifen ist, sondern dass finanzielle, soziale und bildungsspezifische Härten bei Personen dieser Bevölkerungsgruppe überproportional häufig auftreten" (Autorengruppe Bildungsberichterstattung 2012, S. 28).

41   Bewusst wird der Ausdruck ‚ausländisch' und nicht ‚mit Migrationshintergrund' verwendet, da sich die Angaben auf „Personen, die nicht die deutsche Staatsangehörigkeit besitzen", beziehen (Autorengruppe Bildungsberichterstattung 2014, S. VII).

- Mehr als die Hälfte der Eltern von Kindern in Förderschulen verfügen selbst lediglich über einen Hauptschulabschluss (52 % in 2008 / 09, Autorengruppe Bildungsberichterstattung 2010, S. 72).
- Schüler/innen mit nicht-deutscher Staatsangehörigkeit sind an Förderschulen überrepräsentiert und werden seltener integrativ unterrichtet (Autorengruppe Bildungsberichterstattung 2014, S. 179). Der Anteil von Kindern aus Albanien, Libanon, Griechenland, Italien, Marokko, Portugal und der Türkei ist im Vergleich zu Kindern aus Vietnam, der Ukraine, der Russischen Föderation, Polen und dem Iran deutlich höher (Autorengruppe Bildungsberichterstattung 2010, S. 72).
- Die überwiegende Mehrheit der Förderschüler/innen verlässt die Schule ohne einen Hauptschulabschluss (74,5 % in 2011, Klemm 2013, S. 7). Die Mehrheit derer, die die Schule ohne einen Hauptschulabschluss verlassen, hat zuvor eine Förderschule besucht. Der Großteil der Schulabgänger/innen ohne einen Hauptschulabschluss entsteht somit in Förderschulen (Autorengruppe Bildungsberichterstattung 2014, S. 92).

5 Bildungstheoretische, bildungspolitische und schulstrukturelle Rahmenbedingungen in Deutschland

5.1 Diversität im bildungstheoretischen Diskurs

Zur Genese interkultureller Bildung

In der erziehungs- und sozialwissenschaftlichen Diskussion über den ‚Umgang' mit Differenzen können verschiedene Stadien bzw. Positionen identifiziert werden, die jeweils durch einen Paradigmenwechsel gekennzeichnet sind. Dabei sind es die folgenden übergeordneten Fragestellungen, die in der Literatur immer wieder gestellt und innerhalb der Stadien unterschiedlich beantwortet werden:

- Sollten Differenzen im Kontext von Bildung benannt und thematisiert werden oder nicht und welche Risiken gehen jeweils damit einher?
- Welche Differenzen sind im Kontext von Bildung relevant und in welchem Verhältnis stehen sie zueinander? Insbesondere:
  - Gibt es ‚Kultur(en)' und, wenn ja, wie ist ‚Kultur' zu definieren?
  - Sind für Fragen von Bildungsungleichheiten eher soziale, eher kulturelle, eher individuelle Aspekte oder eher Kumulationen von Differenzaspekten von Relevanz?
- Sollten Schüler/innengruppen, die – in welcher Hinsicht auch immer (sozioökonomischer Hintergrund, ethnische Zugehörigkeit, Sprache, Dis(Ability),

Geschlecht etc.) – unterschiedlich sind, gemeinsam unterrichtet werden oder nicht?

Die nachfolgend dargestellten Stadien zur Genese der bildungstheoretischen Auseinandersetzung mit den hier genannten grundlegenden Fragen sind nicht im Sinne einer strikten, chronologischen Anordnung zu verstehen, wenngleich zeitliche Abfolgen auszumachen sind, beispielsweise die (zumindest auf theoretischer Ebene zu verzeichnende) Abkehr von der Ausländerpädagogik betreffend (Allemann-Ghionda 2013, S. 53).

Von der Ausländerpädagogik zur interkulturellen Bildung

Im Zuge der Anwerbeabkommen, die nach dem Zweiten Weltkrieg zwischen der Bundesrepublik Deutschland und Ländern wie Italien (1955), Spanien und Griechenland (1960), der Türkei (1961) sowie Portugal (1964) zum wirtschaftlichen Wiederaufbau geschlossen wurden (Auernheimer 2010, S. 18), setzten in den 1950er Jahren in Deutschland Migrationsbewegungen ein, die zunächst keine Auswirkungen auf die Bildungslandschaft hatten. Dauerhafte Migration war zu diesem Zeitpunkt nicht vorgesehen und zudem unerwünscht. Als in den 1970er Jahren die Familien und somit auch die Kinder dieser sogenannten Gastarbeiter nachzogen (Auernheimer 2010, S. 35), reagierten Schulen, Pädagogik und Politik mit defizitorientierten und kompensatorischen Maßnahmen. Während dieser Vorstufe der interkulturellen Bildung, der sogenannten Ausländerpädagogik, standen die vermeintlichen Defizite der Kinder und Jugendlichen mit Migrationshintergrund im Vordergrund (d. h. nicht jene des Bildungssystems), die durch entsprechende Fördermaßnahmen kompensiert werden sollten. Die Kulturen und Sprachen der Minderheiten hatten dabei keinen eigenen Stellenwert. Zwei- bzw. Mehrsprachigkeit waren negativ besetzt und der Abbau von Sprachdefiziten sowie die Assimilation an die Mehrheitsgesellschaft standen im Vordergrund (Allemann-Ghionda 2013, S. 52).

Gleichwohl diese von einer Defizithypothese geleiteten Ansichten und kompensatorischen Maßnahmen durchaus in der Unterrichtspraxis noch vorzufinden sind, entwickelte sich die bildungstheoretische Diskussion in Richtung einer interkulturellen Bildung der ersten Generation weiter, wie Allemann-Ghionda sie nennt (2013, S. 235).[42] Zunächst verstanden als „pädagogische Reaktion, theoretischer und praktischer Art, auf die migrationsbedingte kulturelle Pluralität der Gesellschaft" (Hoh-

---

42   Krüger-Potratz ordnet in ihrer Einführung in die interkulturelle Bildung ausländerpädagogische Ansätze dem Kapitel zu den Ansätzen interkultureller Bildung zu (Krüger-Potratz 2005, S. 121 ff.). Da sich die Ziele ausländerpädagogischer und interkultureller Ansätze grundlegend voneinander unterscheiden, kann die Ausländerpädagogik auch als Vorstufe interkultureller Bildung betrachtet werden (Allemann-Ghionda 2013, S. 235).

mann 1989, S. 12) sollten diese ersten Ansätze interkultureller Bildung nicht mehr bloß als eine Art Sonderpädagogik für ‚ausländische' Schüler/innen verstanden werden. Eine Differenzhypothese ist leitend für die Diskussion. Die Sprachen und Kulturen der Minderheiten werden zwar als verschieden, jedoch nicht als defizitär betrachtet, sondern als gleichwertig anerkannt. Mehrsprachigkeit ist dabei positiv besetzt (Allemann-Ghionda 2013, S. 52).

Zur Kritik an der interkulturellen Pädagogik

Ebenso wie die Ausländerpädagogik als Vorstufe interkultureller Bildung wurden die Ansätze interkultureller Bildung der ersten Generation kritisiert. Die Gründe waren und sind jedoch andere. So argumentieren die Kritiker interkultureller Bildung, dass die sozioökonomischen Faktoren die einzig relevanten Faktoren im Hinblick auf Bildungsbenachteiligungen seien. Interkulturelle Bildung sei wirkungslos bis hin zu kontraproduktiv, da sie mit ihrem Blick auf kulturelle Unterschiede (im ethnokulturellen Sinne) Benachteiligungen sogar verstärke (vgl. z. B. Radtke 1995 zitiert nach Allemann-Ghionda 2002, S. 491). Plädiert wird deshalb für eine Pädagogik der Gleichbehandlung. Zudem könne Diskriminierungen nur durch den Abbau struktureller Barrieren entgegengewirkt werden (zur institutionellen Diskriminierung vgl. Gomolla / Radtke 2009, Erstauflage 2002).

Von der interkulturellen Pädagogik zur Pädagogik der Diversität

Als Reaktion auf diese zum Teil berechtigte Kritik der Kulturalisierung und Essentialisierung kultureller Differenzen durch einen verengten Blick der ersten Ansätze interkultureller Bildung auf kulturelle Differenzen im ethnokulturellen Sinne entwickelte sich eine wissenschaftliche Position, die als eine Synthese des zweiten und dritten Stadiums verstanden werden kann (Allemann-Ghionda 2013, S. 52). In dieser Diskussion wird ausgehend von einer Diversitätshypothese der Versuch unternommen, alle Formen von Differenzen, also nicht nur die (ethno-)kulturellen oder sozioökonomischen, zu berücksichtigen. Im Rahmen einer Pädagogik der Diversität sollen alle Dimensionen von Diversität und deren Verschränkungen im Kontext von Bildung anerkannt und integriert werden. Die ethnokulturelle Zugehörigkeit wird in dieser Sichtweise als ein Aspekt von Diversität gesehen, der im Zusammenspiel mit weiteren Dimensionen von Diversität zu sehen ist (der sozioökonomische Hintergrund, das Geschlecht bzw. Gender, Dis(Ability) etc., vgl. Kapitel 1.1).

Pädagogik der Vielfalt nach Prengel

Ein Ansatz, auf den in der von einer Diversitätshypothese geleiteten Diskussion immer wieder verwiesen wird, ist die *Pädagogik der Vielfalt* von Prengel (Erstauflage 1993). Der Titel dieses Buches, das drei „pädagogische Bewegungen", die

Interkulturelle Pädagogik, die Feministische Pädagogik und die Integrationspädagogik, zusammenführt und „strukturelle Gemeinsamkeiten" herausarbeitet (Prengel 2006, S. 12), ist für Trautmann und Wischer „gleichsam *der* Bezugspunkt und *das* Schlagwort der neuen Heterogenitätsdebatte" (Trautmann / Wischer 2011, S. 25, Herv. im Orig.). Auf der Grundlage eines „demokratischen Differenzbegriffes", der sich „gegen die Legitimation von Unterdrückung, Ausbeutung, Entwertung und Ausgrenzung durch Differenzen" wendet (der Begriff der egalitären Differenz wird in 12 Thesen detailliert ausgeführt), formuliert Prengel anschließend in 17 Thesen „Elemente einer Pädagogik der Vielfalt" (Prengel 2006, S. 181 ff.):

1.   Selbstachtung und Anerkennung der Anderen
2.   Übergänge: Kennenlernen der Anderen
3.   Entwicklungen zwischen Verschiedenen
4.   Gemeinsamkeit zwischen Menschen mit ähnlichen Erfahrungen
5.   Innerpsychische Heterogenität
6.   Begrenztheit und Trauerarbeit – Entfaltung und Lebensfreude
7.   Prozesshaftigkeit
8.   Keine Definitionen
9.   Keine Leitbilder
10. Aufmerksamkeit für die individuelle und kollektive Geschichte
11. Aufmerksamkeit für gesellschaftliche und ökonomische Bedingungen
12. Achtung vor der Mitwelt
13. Didaktik des offenen Unterrichts
14. Grenzen, Rituale und Regeln
15. Kinderelend oder ‚Störungen als Chance'?
16. Selbstachtung und Anerkennung der Anderen in der Rolle der Lehrerinnen und Lehrer
17. Verschiedenheit und Gleichberechtigung als institutionelle Aufgabe
     (vgl. ausführlicher Prengel 2006, S. 185 ff.).

Ohne Prengels Beitrag zur Theoriebildung zu schmälern, sehen Trautmann und Wischer in kritischer Perspektive in ihrem Ansatz zugleich „egalitär-utopische Züge" (Trautmann / Wischer 2011, S. 28). Auch Allemann-Ghionda fragt kritisch, wie „die eher vagen und unverbindlichen pädagogisch-didaktischen Thesen und die bildungspolitische Wirklichkeit in Bezug zueinander stehen sollen" (Allemann-Ghionda 1997, S. 140). In der Tat erscheinen Prengels Thesen richtungsweisend und unbestimmt zugleich.

Der Versuch einer Systematisierung

Die Grenzen zwischen den beschriebenen Positionen innerhalb der theoretischen Diskussion über den ‚Umgang' mit Differenzen sind nicht immer klar zu ziehen. Dies ist weniger schwierig im Hinblick auf ausländerpädagogische Ansätze und die Kritik an der interkulturellen Bildung der ersten Generation. Wenn es jedoch darum geht, Konzepte der ersten oder der zweiten Generation interkultureller Bildung bzw. Pädagogik der Diversität zuzuordnen, so gestaltet sich dies schwieriger. Eine Schwierigkeit ergibt sich daraus, dass die Unterscheidung zwischen Ansätzen der ersten und zweiten Generation suggeriert, Entwürfe der ersten Generation interkultureller Bildung (Differenzhypothese) seien rückschrittlich, Konzepte der zweiten Generation (Diversitätshypothese) hingegen fortschrittlich. Dies ist nicht grundsätzlich der Fall, denn es handelt sich wie gesagt nicht um eine strikt lineare Entwicklung. Gleichwohl erscheint eine intersektionale Perspektive notwendig (vgl. ausführlicher Kapitel 1.1). Allemann-Ghionda resümiert nach einer Darstellung der historischen Entwicklung des Begriffs Diversität:

> „Seit dem letzten Drittel des zwanzigsten Jahrhunderts kann beobachtet werden, dass im wissenschaftlichen Diskurs der ursprüngliche Schwerpunkt der kulturellen Vielfalt und Differenz bzw. Gleichheit unter dem Aspekt der Anerkennung und der ausgewogenen und gerechten Verteilung von Macht allmählich verschoben und erweitert wurde. Ehemals getrennte und parallele Betrachtungsweisen – hier der Diskurs über soziale Klassen, Schichten und Milieus, dort die Genderdebatte, wieder anderswo ethnische und kulturelle Unterschiede (die wiederum den Multikulturalismus als Ideologie und Politik sowie die interkulturelle Pädagogik generiert haben), ferner die Debatte über *ability* und *disability*, später der Diskurs über sexuelle Orientierung und schließlich die Debatte über hybride Identitäten (nicht nur im ethnokulturellen Sinne) (Bronfen & Marius 1997) und über ‚das *Patchwork* der Identitäten in der Spätmoderne‘ (Keupp u. a. 1999) – sind sukzessive zu einer Gesamtbetrachtung der Diversität zusammengeschmolzen, wenngleich verschiedene Autoren verschiedene Schwerpunkte setzen" (Allemann-Ghionda 2013, S. 29, Herv. im Orig.).

Je nach Autor/in können also unterschiedliche Schwerpunkte vorzufinden sein. Daran anschließend stellt sich die Frage nach der Relevanz der verschiedenen Dimensionen von Diversität, sowohl die Gegenüberstellung von Differenz- und Diversitätshypothese betreffend (erste vs. zweite Generation) als auch innerhalb der von einer Diversitätshypothese geleiteten Diskussion, sprich: Welche Dimensionen von Diversität und deren Verschränkungen sind im Kontext von Bildung relevant (vgl. Kapitel 1.1)?

Auernheimer systematisiert die wissenschaftliche Diskussion, indem er Konzepte, die Differenzen explizit thematisieren, von Konzepten unterscheidet, die dies nicht tun. Letztere „setzen auf die Förderung einer unspezifischen Sozialkompetenz" bzw. „auf das Bewusstmachen rassistischer Strukturen und Haltungen" (Auernheimer 2010, S. 123). Im Hinblick auf Konzepte, die Differenzen explizit thematisieren, unterschiedet er zwischen jenen,

> „die einen **Umgang mit kultureller oder ethnischer Differenz als genuines Lernziel** betrachten, während andere Konzepte eben **Differenzen in ihrer Vielfalt zum Thema machen**. Diese Pluralität der Differenzlinien ist zwar heute weitgehend Konsens. Umstritten ist aber, ob es pädagogisch sinnvoll ist, speziell den Umgang mit kultureller Differenz als ein eigenes Lernziel zu verfolgen oder ob nicht immer die Pluralität der Differenzen in den Horizont gerückt werden sollte. Man kann die pädagogischen Ansätze außerdem danach unterscheiden, ob sie ausschließlich bei **individuellen Einstellungen oder Verhaltensweisen** ansetzen oder aber die **gesellschaftliche Dimension** berücksichtigen – eine vor allem für antirassistische Erziehung relevante Unterscheidung.

Zusätzlich lassen sich die pädagogischen Ansätze danach unterscheiden, ob sie **vorwiegend kognitiv**, also auf Aufklärung vertrauend, **oder ganzheitlich orientiert** sind. Dies wird wiederum bei antirassistischen Konzepten besonders deutlich, gilt aber teilweise auch für interkulturelle-Kompetenz-Ansätze. Verschiedene Richtungen der Vorurteilsforschung, aber auch die sozialwissenschaftliche Rassismusforschung und Theorien des Fremderlebens sprechen für erfahrungs- und handlungsbezogene Lernarrangements mit emotionaler Beteiligung. Die Kunst besteht darin, die Äußerung und Reflexion von Gefühlen zu fördern.

Versucht man den **Diversitäts-Ansatz** und den **Kulturdifferenz-Ansatz** bewertend einander gegenüberzustellen, so lassen sich **Vorzüge und Nachteile auf beiden Seiten** ausmachen: Der Vorzug des Ersteren liegt darin, dass er die Vielfalt der Differenzlinien in ihrer Relevanz für die Identitätskonstrukte der Lernenden, m. a. W. für ihre soziale Selbstfindung, besser sichtbar macht und damit die Gefahr der Ethnisierung bannt. Außerdem vermag er möglicherweise den Konstruktcharakter von Differenzen besser zu verdeutlichen. Der Nachteil liegt darin, dass die Tragweite ethnischkultureller Differenz im Zeitalter der Migration eher verharmlost, wenn nicht verkannt wird. Demgegenüber kann der Kulturdifferenz-Ansatz, sofern er nicht essentialistisch begründet ist, den Blick schärfen für die konflikthaltige Differenz der Orientierungsmuster in einer von Machtasymmetrien und Fremdbildern bestimmten Welt. Insbesondere kann er den interkulturellen Dialog über unterschiedliche Weltbilder und Wertorientierungen fördern. Er kann aber zweifellos auch bei falscher Ausgangsposition oder ungeschicktem Vorgehen kulturelle Grenzziehungen verfestigen. Das ist die Gefahr" (Auernheimer 2010, S. 123 f., eig. Herv.).

Anschließend stellt Auernheimer sechs Konzepte mit unterschiedlichen Schwerpunkten in den oben genannten Bereichen dar:

- interkulturelles Lernen als soziales Lernen,
- Umgang mit kultureller Differenz oder mit Differenzen,
- Befähigung zum interkulturellen Dialog,
- multiperspektivische Allgemeinbildung,
- mehrsprachige Bildung,
- antirassistische Erziehung (Auernheimer 2010, S. 124 ff.).

Vor dem Hintergrund der beschriebenen begrifflich-konzeptionellen Schwierigkeiten wird im Folgenden eine Definition interkultureller, diversitätsbewusster Pädagogik sowie die damit einhergehenden Ziele vorgestellt, die den Versuch unternimmt, eine umfassende Sicht auf Diversität zu berücksichtigen, ohne jedoch „die Bedeutung und Tragweite der (sozio-)kulturellen Dimension und der ethnischen Zugehörigkeiten" zu unterschätzen (Allemann-Ghionda 2013, S. 59).

Definition und Ziele einer interkulturellen Pädagogik der Diversität

Eine interkulturelle Pädagogik, die sich nach dem Paradigma der Diversitätshypothese richtet, kann nach Allemann-Ghionda wie folgt definiert werden:

„Interkulturelle Bildung ist eine pädagogische Option, die folgende Elemente einschließt: **In der Bildung wird sprachliche und soziokulturelle Vielfalt organisato-**

risch, inhaltlich und methodisch thematisiert. Der Unterricht bringt unterschiedliche, im weitesten Sinn kulturell geprägte Inhalte, Lebensweisen und Perspektiven zur Geltung, setzt sie zueinander in Beziehung und betrachtet sie gegebenenfalls kritisch. Lebensweisen, kulturelle Artefakte und Sprachen von nationalen und zugewanderten Minderheiten können je nach Zusammensetzung der Bevölkerung und nach Art des Bildungsangebots daran beteiligt sein, es muss jedoch nicht zwingend so sein. **Jedenfalls wird unabhängig von der leiblichen Anwesenheit von Personen mit unterschiedlichen soziokulturellen Hintergründen oder ethnischen Zugehörigkeiten oder Sprachen oder Religionen darauf geachtet, dass Anerkennung, Gleichheit und gerechte Behandlung aller die handlungsleitenden Ideen sind.**

Eine Bildung, die sich – breit aufgefasst – als interkulturell und pluralistisch versteht (jenseits der Dichotomie Mehrheit / Minderheit), bietet Wissen und Instrumente an, um den soziokulturellen Horizont eines jeden Individuums zu erweitern. Es geht um den Aufbau interkultureller Kompetenzen. Menschen sollen befähigt werden, Unterschiede (Differenzen) zu analysieren und zu verstehen, ohne alles auf vermeintliche kulturelle ‚Eigenheiten' und ‚Konflikte' zurückzuführen. Eine solche Bildung und Erziehung soll Menschen besser in die Lage versetzen, sich in Gesellschaften zurechtzufinden, die zunehmend plural sind" (Allemann-Ghionda 2013, S. 60, eig. Herv.).

Zu den zentralen Zielen einer solchen interkulturellen Pädagogik der Diversität zählen:

- „die Förderung und Wertschätzung von Mehrsprachigkeit;
- der Erwerb von Wissen über und Verstehen von Migration, Minderheiten und allen Aspekten von Pluralität bzw. Diversität;
- die Förderung schulischer Integration und Bildungserfolg aller Schüler;
- die Förderung interkultureller sowie sozialer Sensibilität und Kompetenz als Querschnittsdimension aller Fächer" (vgl. Allemann-Ghionda 2013, S. 61).

Das letztgenannte Ziel der Förderung interkultureller Diversitätskompetenz ist insbesondere für die Gestaltung von Lehrplänen von Bedeutung. Denn diese soll in der Schule nicht in einem gesonderten Fach, sondern als transversaler Ansatz realisiert werden. Interkulturelle Diversitätskompetenz kann dabei wie folgt definiert werden:

„Interkulturelle Kompetenz ist ein Bündel von Kenntnissen und analytischen sowie affektiven und kommunikativen Fähigkeiten, die es dem Individuum ermöglichen,
- bei Menschen Verhaltensweisen, die soziokulturell spezifisch sein könnten und als ‚Unterschiede' wahrgenommen werden, zur Kenntnis zu nehmen und zu verstehen, dass es sich um Ergebnisse einer bestimmten Geschichte, Sozialisation, Biografie, also um soziale Konstruktionen handelt;
- das Soziokulturelle vom Sozioökonomischen auseinanderzuhalten, damit nicht jede als ‚anders' wahrgenommene Verhaltensweise auf angebliche kulturelle Differenzen projiziert wird;
- darüber zu reflektieren, weshalb eine bestimmte Verhaltensweise, die vielleicht in einer bestimmten Gruppe und ihrer Kultur häufig vorkommt und für diese charakteristisch erscheint, einem fremd oder irritierend anmutet, und die Irritation zu dekonstruieren;
- sich so zu verhalten, dass der kulturelle Unterschied oder das Missverständnis nicht zum Konflikt eskaliert;

- in Situationen des kulturellen Nebeneinanders und der Begegnung Ambiguitätstoleranz walten zu lassen, was wiederum voraussetzt, dass die eigenen Wahrnehmungen und Gefühle dekonstruiert werden;
- Missverständnisse anzusprechen (Metakommunikation)" (Allemann-Ghionda 2013, S. 64).

Als eine Aufgabe aller Fächer müsste die Förderung interkultureller Diversitätskompetenz im beschriebenen Sinne demnach Bestandteil der Ziele und Inhalte aller Lehrpläne sein. Die Frage, ob und wie dies auf Deutschland zutrifft, ist Gegenstand der Analyse der intendierten Bildungsziele und -inhalte (vgl. Kapitel 6). Zunächst werden im folgenden Kapitel die bildungspolitischen Rahmenbedingungen zur Berücksichtigung von Diversität in Deutschland im Allgemeinen und von Nordrhein-Westfalen im Besonderen dargelegt.

5.2 Bildungspolitische Rahmenbedingungen

Die KMK-Empfehlung zur interkulturellen Bildung

Zur überregionalen Koordinierung des föderalistischen Bildungssystems Deutschlands wurde 1948 die Ständige Konferenz der Kultusminister der Länder – kurz: Kultusministerkonferenz (KMK) – gegründet. Mit ihren Beschlüssen und Vereinbarungen, die Empfehlungscharakter haben, sollen einheitliche Rahmenbedingungen und Leitlinien formuliert werden, um „das notwendige Maß an Gemeinsamkeit und Vergleichbarkeit im Bildungswesen" zu gewährleisten (KMK 2013a, S. 39 f.). Für die Berücksichtigung von Diversität in der Bildung auf der Ebene der Ziele und Inhalte ist insbesondere die Empfehlung *Interkulturelle Bildung und Erziehung in der Schule* von 1996 zentral. Mit ihr wurde die Idee der interkulturellen Bildung zwar relativ spät in die Rhetorik der Bildungspolitik aufgenommen, die auf bildungstheoretischer Ebene in Deutschland bereits in den 1970er Jahren entstanden ist (Allemann-Ghionda 2008b, S. 148). Nach Allemann-Ghionda ist die interkulturelle Bildung dafür jedoch

> „durch den Haupteingang in die offizielle Rhetorik eingetreten, so dass sie wirklich als modernisierte Form der allgemeinen Bildung proklamiert wird – und nicht etwa als eine Bildung nur für Minderheiten oder zwar für die Mehrheit, aber ausschließlich für das bessere Verständnis von Minderheiten" (Allemann-Ghionda 2008b, S. 148).

Die Ziele interkultureller Bildung formuliert die KMK wie folgt:

> „Die Achtung der Würde des Menschen und die Wahrung der Grundrechte sind Verfassungsnormen, die in den Schulgesetzen der Länder konkretisiert sind. Der dort formulierte Bildungsauftrag geht davon aus, daß alle Menschen gleichwertig sind und daß ihre Wertvorstellungen und kulturellen Orientierungen zu achten sind. **Interkulturelle Bildung wird also zunächst in der gewissenhaften Wahrnehmung des allgemeinen Erziehungsauftrags verwirklicht.** Er fordert bei allen Schü-

lerinnen und Schülern die Entwicklung von Einstellungen und Verhaltensweisen, die dem ethischen Grundsatz der Humanität und den Prinzipien von Freiheit und Verantwortung, von Solidarität und Völkerverständigung, von Demokratie und Toleranz verpflichtet sind" (KMK 1996, S. 5, eig. Herv.).

Daran anschließend wird interkulturelle Kompetenz so umschrieben:

> „Die Schule allein ist mit der Lösung des gesellschaftlichen Anspruchs, gleichberechtigtes Zusammenleben von Minderheiten und Mehrheit zu gewährleisten, überfordert. Sie kann allerdings dazu beitragen, daß Minderheiten vor Ausgrenzungen geschützt werden und kulturelle Vielfalt als Bereicherung und wünschenswerte Herausforderung empfunden wird.
> Eine so verstandene interkulturelle Kompetenz ist eine Schlüsselqualifikation für *alle* Kinder und Jugendlichen, für Minderheiten *und* Mehrheiten; sie trägt zur privaten und beruflichen Lebensplanung bei und hilft, die Lebenschancen der nachfolgenden Generationen zu sichern" (KMK 1996, S. 6, Herv. im Orig.).

Demnach sollen die Schüler/innen folgende Teilkompetenzen als „Schlüsselqualifikation für *alle* Kinder und Jugendlichen, für Minderheiten und Mehrheiten" (KMK 1996, S. 6, Herv. im Orig.) erlernen:

- „sich ihrer jeweiligen kulturellen Sozialisation und Lebenszusammenhänge bewusst werden;
- über **andere Kulturen** Kenntnisse erwerben;
- Neugier, Offenheit und Verständnis für **andere kulturelle Prägungen** entwickeln;
- anderen kulturellen Lebensformen und -orientierungen begegnen und sich mit ihnen auseinandersetzen und dabei Ängste eingestehen und Spannungen aushalten;
- Vorurteile gegenüber Fremden und Fremdem wahr- und ernstnehmen;
- das Anderssein der anderen respektieren;
- den eigenen Standpunkt reflektieren, kritisch prüfen und Verständnis für andere Standpunkte entwickeln;
- Konsens über gemeinsame Grundlagen für das Zusammenleben in einer Gesellschaft bzw. in einem Staat finden;
- Konflikte, die aufgrund unterschiedlicher ethnischer, kultureller und religiöser Zugehörigkeit entstehen, friedlich austragen und durch gemeinsam vereinbarte Regeln beilegen können" (KMK 1996, S. 5 f., eig. Herv.).

Die Konzepte interkulturelle Bildung und interkulturelle Kompetenz richten sich in der Empfehlung der KMK somit an alle Schüler/innen und berücksichtigen nicht nur migrationsbedingte Aspekte von Interkulturalität. Formulierungen wie „andere Kulturen" und „kulturelle Prägung" sind jedoch unglücklich gewählt, weil sie ein eher statisches und geschlossenes Verständnis von Kultur suggerieren. Sozioökonomische Faktoren (Allemann-Ghionda 2008b, S. 149) sowie andere Dimensionen von Diversität (beispielsweise Gender-Aspekte) werden ebenfalls nicht explizit berücksichtigt. Die Empfehlung stellt aber dennoch eine solide Grundlage für Berücksichtigung von Diversität in der Bildung dar. Vorausgesetzt, der Kulturbegriff wird „auf dem Kontinuum zwischen ‚eng ethnokulturell', ‚pauschal national-kulturell', und ‚auf jegliche Art von sozialer Gruppe bezogen'" (Allemann-Ghionda 2013, S. 37) in einem weiten Verständnis angewendet, dann sind die Überlegungen der KMK prinzipiell auf alle Individuen und Gruppen übertragbar und somit auch auf alle Dimensionen von Diversität (vgl. Kapitel 1.1). Interkulturelle Kompetenz kann dann im Sinne einer umfassenden Diversitätskompetenz verstanden werden (vgl. Kapitel 5.1).

Für die vorliegende Arbeit von besonderem Interesse sind in dem Beschluss von 1996 zudem die Empfehlungen zur Weiterentwicklung im Bereich der Lehrpläne:

- „Überprüfung und Weiterentwicklung der Lehrpläne und Rahmenrichtlinien aller Fächer sowie der schulart- bzw. schulstufenbezogenen Vorgaben unter dem Aspekt eines interkulturellen Perspektivwechsels" (KMK 1996, S. 12 f.).

Inwiefern diese bildungspolitischen Empfehlungen umgesetzt wurden, d. h. ob und wie die interkulturelle, diversitätsfördernde Idee in den nordrhein-westfälischen Lehrplänen der Fächer Deutsch, Englisch und Geschichte für das Gymnasium im Vergleich zur Hauptschule Berücksichtigung findet, ist Gegenstand der Lehrplananalysen (Kapitel 6).[43]

Bildungsstandards als Teil der Gesamtstrategie zum Bildungsmonitoring

Aufgrund der föderalistischen und separierenden Grundstruktur des deutschen Bildungssystems (vgl. ausführlicher Kapitel 5.3) liegen jedem Schultyp eigene Lehrpläne zugrunde, die von Bundesland zu Bundesland verschieden sind. Als übergeordneter Rahmen sollen die nationalen Bildungsstandards fungieren, deren Einführung im Juni 2002 von der KMK beschlossen wurde (KMK 2013a, S. 215). Anschließend wurden sukzessive Bildungsstandards für den mittleren Schulabschluss (2003) sowie für den Primarbereich und den Hauptschulabschluss (2004) konzipiert – jeweils in den Fächern Deutsch, Mathematik und für die erste Fremdsprache (d. h. Englisch und Französisch), wobei Letztere nicht für den Primarbereich entwickelt wurden. Ende 2004 folgten Bildungsstandards für den mittleren Schulabschluss in den Fächern Biologie, Chemie und Physik, die bis dato nicht für den Hauptschulabschluss vorliegen. Im Oktober 2012 wurden schließlich Bildungsstandards für die Allgemeine Hochschulreife in den Fächern Deutsch, Mathematik und fortgeführte Fremdsprache (Englisch / Französisch) vorgelegt (KMK 2013a, S. 223 f.).

Die Entwicklung und insbesondere die Überprüfung der Bildungsstandards ist als Teil der Gesamtstrategie zum Bildungsmonitoring zur Qualitätsentwicklung und Qualitätssicherung zu sehen. Diese Gesamtstrategie, die im Juni 2006 beschlossen wurde, umfasst

---

43   Im Jahr 2013 hat die KMK die Empfehlung zur interkulturellen Bildung von 1996 in einer revidierten und neuformulierten Fassung veröffentlicht (KMK 2013b). Die in dieser Arbeit untersuchten nordrhein-westfälischen Kernlehrpläne sind vor der Überarbeitung erschienen, so dass die Empfehlung von 1996 für diese maßgebend war.

- die Teilnahme an internationalen Schulleistungsuntersuchungen,
- die zentrale Überprüfung der Bildungsstandards im Ländervergleich,
- die Durchführung von Vergleichsarbeiten sowie
- die gemeinsame Bildungsberichterstattung von Bund und Ländern (KMK 2013a, S. 215).

Die internationalen Vergleichsstudien wie PISA, TIMSS und PIRLS / IGLU, die in unterschiedlichen Zyklen durchgeführt werden, sowie die zentrale Überprüfung der Bildungsstandards durch die vom Institut für Qualitätsentwicklung im Bildungswesen (IQB) entwickelten Aufgaben werden im Rahmen repräsentativer Stichproben durchgeführt. Die Vergleichsarbeiten umfassen hingegen länderspezifische und länderübergreifende Untersuchungen. Länderübergreifend finden seit dem Jahr 2009 jährlich Lernstandserhebungen in den Klassen 3 (VERA 3) und 8 (VERA 8) in allen Schulen in Deutschland statt. Die nationale Bildungsberichterstattung findet seit 2006 alle zwei Jahre statt (KMK 2013a, S. 221 ff.).

Widersprüchliche Konzeption nationaler Bildungsstandards

Die nationalen Bildungsstandards, die komplementär zu den Lehrplänen Teil des Untersuchungsgegenstands der vorliegenden Arbeit sind, sollen die „Zielperspektive" vorgeben, „während die Lehrpläne den Weg zur Zielerreichung beschreiben und strukturieren" (KMK 2013a, S. 106). Eine systematische Analyse der nationalen Bildungsstandards erfolgt, sofern für das Fach Bildungsstandards vorliegen, an späterer Stelle jeweils im Vergleich zu den entsprechenden nordrhein-westfälischen Kernlehrplänen (vgl. Kapitel 6.2). An dieser Stelle soll zunächst auf Widersprüchlichkeiten die Konzeption der Bildungsstandards betreffend hingewiesen werden. So stellt Stange zu Recht die Frage, welchen Beitrag „Bildungsstandards für die Durchlässigkeit des Bildungssystems [leisten], wenn sie von Anfang an differenziert abschlussbezogen angelegt sind und der innewohnende Bildungskanon teils erhebliche Unterschiede aufweist" (Stange 2012, S. 113). Zudem wurden die Bildungsstandards im Hinblick auf das Anforderungsniveau – entgegen der in der Expertise *Zur Entwicklung nationaler Bildungsstandards* ausgesprochenen Empfehlung (Klieme u. a. 2003, S. 25), die im Übrigen von der KMK selbst in Auftrag gegeben wurde – Regelstandards statt schulformübergreifender Mindeststandards für alle Schüler/innen formuliert. Stange sieht darin eine bewusste Verletzung der von Klieme u. a. „formulierten Anforderungen an gute Bildungsstandards" (Stange 2012, S. 113). Selbst nimmt die KMK zu dieser Entscheidung wie folgt Stellung:

> „Die von der Kultusministerkonferenz bisher vorgelegten Bildungsstandards sind als Regelstandards definiert und stehen am Anfang einer Entwicklung in Deutschland: **Die Kultusministerkonferenz hat sich damit für ein pragmatisches Vorgehen entschieden, weil notwendige Mindeststandards erst nach einem längeren Prozess der Erfahrung im Umgang mit Bildungsstandards formuliert werden können.**

Mindeststandards setzen voraus, dass die Schwierigkeitsgrade von Aufgabenbeispielen getestet wurden, dass Niveaustufen präzisiert und insgesamt die Standards und Aufgabenbeispiele validiert wurden. Bildungsstandards in einem ersten Schritt sofort als Mindeststandards zu definieren, birgt die Gefahr, einerseits Schülerinnen und Schüler massiv zu unterfordern, aber andererseits auch größere Teile der Schülerschaft durch überzogene Bildungsstandards zu überfordern. Vor diesem Hintergrund hat sich die Kultusministerkonferenz darauf verständigt, zunächst Regelstandards zu definieren. **Mit den Regelstandards ist zunächst ein mittleres Anforderungsniveau definiert worden, das auf der Basis von Einschätzungen der Praktiker aus Schule und Unterricht, also auf Empirie im Sinne von praktischer Erfahrung beruht. Die Standards müssen zukünftig validiert werden.** Dieser Prozess erfordert sowohl wissenschaftliche Überprüfung als auch die Einbeziehung der Erfahrungen im Umgang mit Bildungsstandards durch die Praktiker an den Schulen. **Bei den weiteren Entwicklungsschritten wird die Gewinnung von Kompetenzstufen im Mittelpunkt stehen, die eine unabdingbare Voraussetzung für eine Definition von Mindeststandards darstellt.**

Auch in der von der Bundesregierung in Auftrag gegebenen Expertise ,Zur Entwicklung nationaler Bildungsstandards' (sog. Klieme-Expertise) vom Februar 2003, deren Ergebnisse bei der Erarbeitung der Bildungsstandards einbezogen wurden, **wird die Entscheidung der Kultusministerkonferenz gestützt** mit Hinweis darauf, dass die Festlegung realistischer Mindeststandards, die eine Über- aber auch Unterforderung vermeiden, Zeit brauche und erst durch Erprobung in den Schulen und nach Erfahrungen mit ersten Tests gesichert werden könne" (KMK 2005, S. 14 f., eig. Herv.).

Bemerkenswerterweise versucht die KMK die Formulierung von Regelstandards unter Rückgriff auf die Klieme-Expertise selbst zu legitimieren. Klieme u. a. kommentieren dies wiederum:

> „**Für diese Entscheidung sprechen in der Tat einige Argumente**: Bei den jetzt zu erarbeitenden Entwürfen würde man sich schwertun, eindeutige, für die Entwicklung des Bildungssystems herausfordernde, aber auch realistische Minimalstandards festzusetzen. Indem man zunächst ein mittleres, ,normales' Erwartungsniveau anpeilt, lässt man der Umsetzung Spielraum, der in den Schulen erprobt und in der Testentwicklung gleichsam ausgelotet werden kann. So wird verhindert, dass der Prozess der Implementierung von Standards gleich mit massiven Unter- oder Überforderungen einhergeht. [...]
> Durch die Konzentration auf ein mittleres Erwartungsniveau ist man zudem in dieser ersten Version von Bildungsstandards noch nicht genötigt, Kompetenz-Modelle mit abgestuften Niveaus zu spezifizieren. **Allerdings sollte mittelfristig auf die Entwicklung von Kompetenzmodellen mit ausgewiesenen Dimensionen und Stufen nicht verzichtet werden [...]. Es ist also zu hoffen, dass die nationalen Bildungsstandards in späteren Versionen systematisch auf Kompetenz- und Kompetenzstufen-Modellen beruhen und dann auch – über Bildungsgänge hinweg – Mindestanforderungen definieren können**" (Klieme u. a. 2003, S. 138 f., eig. Herv.).

Die 2003 / 2004 formulierten Bildungsstandards für den mittleren Schulabschluss und den Hauptschulabschluss liegen bis dato in Form von abschlussbezogenen Regelstandards vor.

Bevor das nordrhein-westfälische Schulgesetz näher betrachtet wird, das den bundeslandspezifischen bildungspolitischen Rahmen der Fallstudie bildet, soll zuvor der Aspekt der externen Evaluation und Inspektion aufgegriffen werden. Diese stellen auf Landesebene ein weiteres Steuerungsinstrument zur Qualitätsentwicklung und -sicherung dar (KMK 2013a, S. 220). Da die Bundesländer unterschiedliche Verfahren entwickelt haben (vgl. ausführlicher in national und international vergleichender Perspektive Döbert / Dedering 2008), wird an dieser Stelle auf die nordrhein-westfälische Qualitätsanalyse (QA) näher eingegangen. Den rechtlichen Rahmen bildet die Verordnung über die Qualitätsanalyse an Schulen in Nordrhein-Westfalen (QA-VO) vom 27. April 2007 (Ministerium für Schule und Weiterbildung des Landes Nordrhein-Westfalen 2007). Verantwortlich für die Qualitätsanalyse ist demnach ein eigenes Dezernat (Dezernat 4Q) in der Bezirksregierung (§ 2 Abs. 1 QA-VO). Eingesetzt werden sogenannte Qualitätsteams aus mindestens zwei Qualitätsprüfer/innen, von denen mindestens eine/r eine Lehramtsbefähigung der jeweiligen Schulform aufweisen muss (§ 1 Abs. 2 QA-VO). Die für Schulen verpflichtende Qualitätsanalyse umfasst die Analyse von Leistungs- und Entwicklungsdaten sowie weiterer Schuldokumente, einen Schulrundgang, Unterrichtsbeobachtungen bei mindestens der Hälfte der Lehrpersonen sowie Interviews mit der Schulleitung, ausgewählten Lehrpersonen, Eltern, Schüler/innen und weiterem Schulpersonal (§ 3 Abs. 4 QA-VO). Der Besuch der Qualitätsprüfer/innen wird den Schulen zuvor angekündigt (§ 3 Abs. 1 und § 3 Abs. 2 QA-VO). Die Ergebnisse der Qualitätsanalyse werden in einem Qualitätsbericht schriftlich festgehalten und der Schule, dem Schulträger sowie der Schulaufsichtsbehörde übermittelt (§ 1 Abs. 4 QA-VO). Nach Erhalt des abschließenden Berichts entwickelt die Schule Maßnahmen zur Qualitätssicherung und -entwicklung, auf deren Grundlage eine Zielvereinbarung mit der Schulaufsichtsbehörde geschlossen wird (§ 3 Abs. 10 QA-VO). Bei gravierenden Mängeln folgt eine anschließende Nachanalyse innerhalb eines Jahres (§ 3 Abs. 6 und § 3 Abs. 11 QA-VO). Die Qualitätsanalyse wird auf der Grundlage eines Qualitätstableaus durchgeführt (§ 3 Abs. 6 QA-VO). Dieses umfasst sechs Qualitätsbereiche:

- QB1: Ergebnisse der Schule,
- QB2: Lehren und Lernen – Unterricht,
- QB3: Schulkultur,
- QB4: Führung und Schulmanagement,
- QB5: Professionalität der Lehrkräfte,
- QB6: Ziele und Strategien der Qualitätsentwicklung (Ministerium für Schule und Weiterbildung des Landes Nordrhein-Westfalen 2014a).

Die Gewerkschaft Erziehung und Wissenschaft NRW (GEW NRW) kritisiert im Hinblick auf den Qualitätsbereich 2 „Lehren und Lernen – Unterricht" insbesondere, dass die „Indikatoren, an Hand derer die Prüfer die Erfüllung oder Nichterfüllung der Kriterien für Unterrichtsqualität bewerten", nicht offen gelegt werden. Zudem werde Verbesserungsbedarf zwar festgestellt, „die erforderlichen personellen und materiellen Ressourcen" würden den Schulen jedoch nicht bereitgestellt. Die Schulen würden daher „weiterhin mit den Auswirkungen gesellschaftlicher Probleme wie Armut, Arbeitslosigkeit, mangelnde Frühförderung und Chancenungerechtigkeit einerseits und Arbeitsüberlastung ihrer Lehrkräfte und Schulleitungen andererseits allein gelassen". Die Qualitätsanalyse erscheine somit „eher als ein Verfahren, mit dem den LehrerInnen die Verantwortung für schlechte PISA-Ergebnisse zugewiesen wird" (GEW NRW 2012, S. 3 f.).

Widersprüchlicher Gedanke gemeinsamer Grundbildung im nordrhein-westfälischen Schulgesetz

Die nordrhein-westfälischen Schulen und Bildungsgänge der Sekundarstufe I haben laut Schulgesetz einerseits die „Aufgabe, den Schülerinnen und Schülern eine gemeinsame Grundbildung zu vermitteln" (§ 12 Abs. 1 Ministerium für Schule und Weiterbildung des Landes Nordrhein-Westfalen 2005 / 2014a, kurz: SchulG). Andererseits wird diese gemeinsame Grundbildung je nach Schultyp unterschiedlich definiert. So zielt die Hauptschule auf eine „grundlegende allgemeine Bildung" (§ 14 Abs. 1 SchulG), die Realschule auf eine „erweiterte allgemeine Bildung" (§ 15 Abs. 1 SchulG) und das Gymnasium auf eine „vertiefte allgemeine Bildung" ab (§ 16 Abs. 1 SchulG). Das formulierte Ziel einer gemeinsamen Grundbildung wird also in Form von schultypenspezifischen Abstufungen allgemeiner Bildung realisiert. Hierin findet sich – analog zum widersprüchlichen Inklusionsgedanken (vgl. Kapitel 5.3) und analog zur widersprüchlichen Konzeption der Bildungsstandards – ein weiterer, dem gegliederten Schulsystem immanenter Antagonismus in Form eines gestuften Konzepts gemeinsamer Grundbildung.

Das Schulgesetz legt außerdem fest, dass jeder junge Mensch „ohne Rücksicht auf seine wirtschaftliche Lage und Herkunft und sein Geschlecht ein Recht auf schulische Bildung, Erziehung und individuelle Förderung" hat (§ 1 Abs. 1 SchulG). Dieses Recht auf individuelle Förderung wurde im Schulgesetz von 2005 erstmals gesetzlich verankert (Ministerium für Schule und Weiterbildung des Landes Nordrhein-Westfalen 2006, S. 4). Das Schulgesetz führt weiter aus, dass die „Fähigkeiten und Neigungen des jungen Menschen sowie der Wille der Eltern" den Bildungsweg bestimmen. Außerdem stehe der „Zugang zur schulischen Bildung" jedem/r Schüler/in „nach Lernbereitschaft und Leistungsfähigkeit offen" (§ 1 Abs. 2 SchulG). Dieser hiermit formulierte Anspruch auf Chancengleichheit kann als Grundlage für die Reproduktion sozialer Ungleichheiten unter dem Deckmantel der formalen Chancengleichheit interpretiert werden. Denn das Schulgesetz regelt nicht, ob es

Auftrag der Schule ist, Unterschiede im Hinblick auf die „Leistungsfähigkeit" zu kompensieren, die von den Schüler/innen in die Schule ‚mitgebracht' werden und durch den Einfluss der sozialen Herkunft bedingt sein können. Lediglich der formale „Zugang zur schulischen Bildung" wird angesprochen. Gleiches gilt für die Vorgabe im darauffolgenden Paragraphen, dass die Schule bei der Vermittlung der „zur Erfüllung ihres Bildungs- und Erziehungsauftrags erforderlichen Kenntnisse, Fähigkeiten, Fertigkeiten und Werthaltungen" die „individuellen Voraussetzungen" der Schüler/innen zu berücksichtigen habe (§ 2 Abs. 4 SchulG). Auch hier wird nicht geregelt, welche Rolle die Schule im Hinblick auf das in Familien unterschiedlich vorhandene und an die Kinder weitergegebene kulturelle Kapital (Bourdieu 1992) einzunehmen hat. Mit Ditton gesprochen wird hiermit „die Verantwortung des Systems durch den Verweis auf die formal gegebene Gleichheit geleugnet und an die Betroffenen zurückgegeben" (Ditton 2010, S. 248).[44]

Was die Förderung von Diversitätskompetenz betrifft (vgl. auch o. g. Empfehlung der KMK zur interkulturellen Bildung bzw. interkulturellen Kompetenz, die im Sinne einer umfassenden Diversitätskompetenz verstanden werden kann), sind folgende Passagen im Schulgesetz von Bedeutung:

Aus § 2 SchulG „Bildungs- und Erziehungsauftrag der Schule":

„**Ehrfurcht vor Gott**, Achtung vor der Würde des Menschen und Bereitschaft zum sozialen Handeln zu wecken, ist vornehmstes Ziel der Erziehung. **Die Jugend soll erzogen werden im Geist der Menschlichkeit, der Demokratie und der Freiheit, zur Duldsamkeit und zur Achtung vor der Überzeugung des anderen**, zur Verantwortung für Tiere und die Erhaltung der natürlichen Lebensgrundlagen, in Liebe zu Volk und Heimat, zur Völkergemeinschaft und zur Friedensgesinnung" (§ 2 Abs. 2, eig. Herv.).

„Sie [die Schule] fördert die Entfaltung der Person, die Selbstständigkeit ihrer Entscheidungen und Handlungen und das Verantwortungsbewusstsein für das Gemeinwohl, die Natur und die Umwelt. **Schülerinnen und Schüler werden befähigt, verantwortlich am sozialen, gesellschaftlichen, wirtschaftlichen, beruflichen, kulturellen und politischen Leben teilzunehmen und ihr eigenes Leben zu gestalten**" (§ 2 Abs. 4, eig. Herv.).

---

44 Ditton bringt diese Argumentation im Zusammenhang mit einer Aussage in einer Informationsunterlage der KMK zum Übergang in die Sekundarstufe an, die auf die o. g. Passage im Schulgesetz übertragen werden kann. So steht in der Informationsunterlage der KMK: „Jedem Kind muss – ohne Rücksicht auf Stand und Vermögen der Eltern – der Bildungsweg offen stehen, der seiner Bildungsfähigkeit entspricht" (KMK 2003, S. 4 zitiert nach Ditton 2010, S. 248). Ditton sieht hierin unter Rückgriff auf Bourdieu und Passeron (1971) das „Grundproblem der Reproduktion von Bildungsungleichheit", weil die KMK nicht darauf eingeht, „ob die Schule den Auftrag hat, ungleiche Bildungsfähigkeiten, die schon zum Eintrittszeitpunkt in die Schule vorliegen können, ausgleichend entgegenzuwirken". Dies spiegele eine „*Ideologie der Chancengleichheit*" wider, „die der Verschleierung systemimmanenter Reproduktionsmechanismen dient" (Ditton 2010, S. 248, Herv. im Orig.).

„Die Schule fördert die **vorurteilsfreie Begegnung von Menschen mit und ohne Behinderung**. In der Schule werden sie in der Regel gemeinsam unterrichtet und erzogen (inklusive Bildung)" (§ 2 Abs. 5, eig. Herv.).

„Die Schülerinnen und Schüler sollen insbesondere lernen [...]
3. die **eigene Meinung** zu vertreten und die **Meinung anderer** zu achten,
4. in **religiösen und weltanschaulichen Fragen persönliche Entscheidungen** zu treffen und **Verständnis und Toleranz** gegenüber den **Entscheidungen anderer** zu entwickeln,
5. Menschen unterschiedlicher Herkunft **vorurteilsfrei** zu begegnen, die **Werte der unterschiedlichen Kulturen kennenzulernen und zu reflektieren** sowie für ein **friedliches und diskriminierungsfreies Zusammenleben** einzustehen [...]" (§ 2 Abs. 6, eig. Herv.).

„Die Schule wahrt **Offenheit und Toleranz gegenüber den unterschiedlichen religiösen, weltanschaulichen und politischen Überzeugungen und Wertvorstellungen**. Sie achtet den **Grundsatz der Gleichberechtigung der Geschlechter** und wirkt auf die Beseitigung bestehender Nachteile hin. Sie vermeidet alles, was die Empfindungen anders Denkender verletzen könnte. **Schülerinnen und Schüler dürfen nicht einseitig beeinflusst werden**" (§ 2 Abs. 7, eig. Herv.).

„**Die Schule fördert die Integration von Schülerinnen und Schülern, deren Muttersprache nicht Deutsch ist**, durch Angebote zum Erwerb der deutschen Sprache. Dabei achtet und fördert sie die ethnische, kulturelle und sprachliche Identität (Muttersprache) dieser Schülerinnen und Schüler. Sie sollen gemeinsam mit allen anderen Schülerinnen und Schülern unterrichtet und zu den gleichen Abschlüssen geführt werden" (§ 2 Abs. 10, eig. Herv.).

„**Besonders begabte Schülerinnen und Schüler** werden durch Beratung und ergänzende Bildungsangebote in ihrer Entwicklung gefördert" (§ 2 Abs. 11, eig. Herv.).

Aus § 33 SchulG „Sexualerziehung":

„Darüber hinaus sollen Schülerinnen und Schüler für einen verantwortungsvollen Umgang mit der Partnerin oder dem Partner sensibilisiert und auf ihre gleichberechtigte Rolle in Ehe, Familie und anderen Partnerschaften vorbereitet werden. Die Sexualerziehung dient der **Förderung der Akzeptanz unter allen Menschen unabhängig von ihrer sexuellen Orientierung und Identität und den damit verbundenen Beziehungen und Lebensweisen**" (§ 33 Abs. 1, eig. Herv.).

Aus § 57 SchulG „Lehrerinnen und Lehrer":

„Lehrerinnen und Lehrer unterrichten, erziehen, beraten, beurteilen, beaufsichtigen und betreuen Schülerinnen und Schüler in eigener Verantwortung im Rahmen der Bildungs- und Erziehungsziele (§ 2), der geltenden Rechts- und Verwaltungsvorschriften, der Anordnungen der Schulaufsichtsbehörden und der Konferenzbeschlüsse; **sie fördern alle Schülerinnen und Schüler umfassend**" (§ 57 Abs. 1, eig. Herv.).

Das Schulgesetz spricht somit verschiedene Dimensionen von Diversität an (Geschlecht bzw. Gender, soziokulturelle, ethnische und sprachliche Herkunft, Religion, sexuelle Orientierung), was als Forderung nach einer diversitätsbewussten Erziehung und Bildung gelesen werden kann. Der Unterricht soll dabei multiperspektivisch angelegt werden, denn Schüler/innen „dürfen nicht einseitig beeinflusst werden" (§ 2 Abs. 7 SchulG), sowie umfassend fördernd sein (§ 57 Abs. 1 SchulG). Auf rhetorischer Ebene spricht sich das Schulgesetz somit deutlich pro Interkulturalität und Diversität aus und die Vorgaben entsprechen in dieser Hinsicht den in der Bildungstheorie und den Empfehlungen der KMK zur interkulturellen Bildung (sofern ‚Kultur' nicht eng ethnokulturell oder national-kulturell ausgelegt wird, vgl. obige Ausführungen) propagierten umfassenden Sicht auf Diversität. Formulierungen wie „Duldsamkeit" und „Toleranz" sind jedoch insofern kritisch zu sehen, weil sie „den Beigeschmack der bloßen Duldung" haben (lateinisch *tolerare*: erdulden) und folglich „immer schon eine Machtasymmetrie" implizieren (Auernheimer 2010, S. 21).

Eine weitere implizite Machtasymmetrie ergibt sich – entgegen der oben beschriebenen diversitätssensiblen Ausrichtung des Schulgesetzes – aus dem Bildungs- und Erziehungsauftrag der Schule, der im Zusammenhang mit dem Neutralitätsgebot nach § 57 Abs. 4 des Schulgesetzes zu sehen ist:

> „Lehrerinnen und Lehrer dürfen in der Schule keine politischen, religiösen, weltanschaulichen oder ähnliche äußere Bekundungen abgeben, die geeignet sind, die Neutralität des Landes gegenüber Schülerinnen und Schülern sowie Eltern oder den politischen, religiösen oder weltanschaulichen Schulfrieden zu gefährden oder zu stören. [...] Die Wahrnehmung des Erziehungsauftrags nach Artikel 7 und 12 Abs. 6 der Verfassung des Landes Nordrhein-Westfalen und die entsprechende **Darstellung christlicher und abendländischer Bildungs- und Kulturwerte oder Traditionen widerspricht nicht dem Verhaltensgebot nach Satz 1.** Das **Neutralitätsgebot** des Satzes 1 gilt nicht im Religionsunterricht und in den Bekenntnis- und Weltanschauungsschulen" (§ 57 Abs. 4 SchulG, eig. Herv.).[45]

Einerseits gilt für Lehrpersonen also ein Neutralitätsgebot, dem die „Darstellung christlicher und abendländischer Bildungs- und Kulturwerte oder Traditionen" (§ 57 Abs. 4 SchulG) jedoch nicht widerspricht. Denn „vornehmstes Ziel" der schulischen Erziehung ist es, „Ehrfurcht vor Gott, Achtung vor der Würde des Menschen und Bereitschaft zum sozialen Handeln zu wecken" (§ 2 Abs. 2 SchulG). Andererseits sollen Schüler/innen insbesondere (und unter anderem, vgl. § 2 Abs. 6 SchulG) lernen, „Menschen unterschiedlicher Herkunft vorurteilsfrei zu begegnen, die Werte der unterschiedlichen Kulturen kennenzulernen und zu reflektieren sowie für ein friedliches und diskriminierungsfreies Zusammenleben einzustehen" (§ 2 Abs. 6 Satz 5 SchulG). Diese Lernziele wurden mit Inkrafttreten des Teilhabe- und Integrationsgesetzes vom 14. Februar 2012 (Ministerium für Inneres und Kommunales des Landes Nordrhein-Westfalen 2012) in das Schulgesetz eingefügt, dessen Ziel unter anderem „eine Kultur der Anerkennung und des gleichberechtigten Miteinan-

---

45   An dieser Stelle sei auf eine Unstimmigkeit im Schulgesetz hingewiesen: Artikel 12 Abs. 6 der Landesverfassung, auf den das SchulG rekurriert, existiert nicht. Mit der Gesetzesänderung vom 25. Oktober 2011 (GV. NRW. S. 499) wurde Absatz 6 zu Absatz 3. Insofern müsste im SchulG auf Artikel 12 Abs. 3 verwiesen werden. Die Änderung der Landesverfassung ist auf dem offiziellen Rechtsportal des Landes Nordrhein-Westfalen abrufbar (Ministerium für Inneres und Kommunales des Landes Nordrhein-Westfalen 2011).

ders auf der Basis der freiheitlichen demokratischen Grundordnung" (Artikel 1 Teil 1 § 1) ist. Diese Ziele, die in Anlehnung an das Bennettsche Modell (Bennett 1986, vgl. Kapitel 11.1) als ethnorelativ bezeichnet werden können, stehen in einem nicht widerspruchsfreien Verhältnis dazu, dass – in eher ethnozentrischer Sicht – den ‚christlichen und abendländischen Kulturwerten' im Hinblick auf das Neutralitätsgebot ein besonderer Stellenwert im Schulgesetz zugesprochen wird und deren Vermittlung als „vornehmstes Ziel" deklariert wird (§ 2 Abs. 2 SchulG).

Die Formulierung „Menschen unterschiedlicher Herkunft" im Kontext von „unterschiedlichen Kulturen" (§ 2 Abs. 6 Satz 5 SchulG) deutet ferner darauf hin, dass dem Schulgesetz ein ethnokulturelles Kulturverständnis zugrunde liegt, wenngleich – wie oben gezeigt wurde – an anderer Stelle weitere Dimensionen von Diversität angesprochen werden. Wenn schon ein solches Lernziel formuliert wird, erscheint es jedenfalls sinnvoll, ‚unterschiedliche Kulturen' nicht lediglich „kennenzulernen und zu reflektieren" (§ 2 Abs. 6 Satz 5 SchulG), sondern im Sinne der Grundsätze der Gleichheit und Anerkennung (Auernheimer 2010, S. 20) einer interkulturellen, diversitätssensiblen Bildung unterschiedliche Lebensweisen und Perspektiven einzunehmen, anzuerkennen und gegebenenfalls kritisch zu betrachten (vgl. auch Definition einer solchen Bildung in Kapitel 5.1). Letzteres gilt es hervorzuheben, denn auf der Ebene der Normen und Werte kann es nicht um einen völligen Kulturrelativismus im Sinne eines *anything goes* gehen (vgl. Nohl 2006, S. 63 f.).

Im Hinblick auf den Aspekt (Dis)Ability ist schließlich kritisch anzumerken, dass der Rechtsanspruch auf integrativen Unterricht von Schüler/innen mit sonderpädagogischem Förderbedarf, der in Deutschland durch die im Jahr 2009 in Kraft getretene UN-Behindertenrechtskonvention (UN 2006) gilt, erst im Oktober 2013 durch die neunte Schulgesetzänderung berücksichtigt wurde. Damit wurde der gemeinsame Unterricht von Schüler/innen mit und ohne sonderpädagogischen Förderbedarf als Regelfall im Schulgesetz verankert, jedoch mit folgender Einschränkung: Die Schulaufsicht muss im Falle eines festgestellten sonderpädagogischen Förderbedarfs den Eltern zwar mindestens eine allgemeine Schule mit einem entsprechenden inklusiven Angebot vorschlagen. Jedoch kann die Schulaufsicht die inklusive Beschulung verwehren, wenn „die personellen und sächlichen Voraussetzungen am gewählten Förderort nicht erfüllt sind und auch nicht mit vertretbarem Aufwand erfüllt werden können" (§ 20 Absatz 4 SchulG).

Zusammenfassend: Das Schulgesetz ist widersprüchlich im Hinblick auf die Berücksichtigung von Diversität. Einerseits kann es als Forderung nach einer diversitätsbewussten Erziehung und Bildung gelesen werden. Andererseits liegen dem Schulgesetz ein widersprüchlicher Gedanke gemeinsamer Grundbildung sowie implizite Machtasymmetrien zugrunde. Durch die Herstellung formaler Gleichheit bei gleichzeitiger Unbestimmtheit der Rolle der Schule, was den Ausgleich herkunftsbedingter Ungleichheiten betrifft, kann es zudem zur Reproduktion sozialer Ungleichheiten unter dem Deckmantel der formalen Chancengleichheit beitragen.

Fraglich bleibt ebenso die verspätete Berücksichtigung der UN-Behindertenrechtskonvention (UN 2006).

Die Ausbildungs- und Prüfungsordnung der Sekundarstufe I

Ein weiteres bildungspolitisches Dokument, das neben dem Schulgesetz und den
Lehrplänen Bestandteil des nordrhein-westfälischen Schulrechts ist, ist die Ausbil-
dungs- und Prüfungsordnung der Sekundarstufe I. Das im Schulgesetz verankerte
Recht auf individuelle Förderung (das im Kontext der oben beschriebenen Widersprüchlichkeiten zu sehen ist) wird in der Ausbildungs- und Prüfungsordnung für
Haupt-, Real-, Gesamtschule und Gymnasium der Sekundarstufe I (APO-S I) als
„pädagogisches Grundprinzip" des Pflichtunterrichts deklariert (§ 3 Abs. 1 Ministerium für Schule und Weiterbildung des Landes Nordrhein-Westfalen 2012 / 2014,
kurz: APO-S I).

Der Pflichtunterricht der Sekundarstufe I ist in sogenannte Kernstunden und Ergänzungsstunden unterteilt (§ 3 Abs. 1 APO-S I). Kernstunden umfassen dabei
Pflicht- sowie Wahlpflichtunterricht (§ 3 Abs. 2 APO-S I). Ergänzungsstunden
„dienen der differenzierten Förderung innerhalb des Klassenverbandes sowie in
anderen Lerngruppen" und können „klassen- und jahrgangsübergreifend sowie für
begrenzte Zeit eingerichtet werden" (§ 3 Abs. 3 APO-S I). Individuelle Förderung,
die sich als pädagogisches Grundprinzip auf den gesamten Pflichtunterricht erstre-
cken soll, soll zudem „auf die Herstellung der gleichberechtigten Teilhabe am Leben
in der Gesellschaft unabhängig von Geschlecht, kultureller und sozialer Herkunft
oder Behinderung" hinwirken (§ 3 Abs. 4 APO-S I). So sollen Schüler/innen insbesondere dann individuell gefördert werden, wenn

1. „die Versetzung oder der Abschluss gefährdet ist,
2. **der Verbleib in der Schulform gefährdet ist**,
3. sie besondere Begabungen und Potenziale haben oder auf Grund ihrer Leistungsstärke
   die Schulform gewechselt haben oder für einen Wechsel in Frage kommen oder
4. **sie auf Grund ihrer Zuwanderungsgeschichte besondere Voraussetzungen
   (Mehrsprachigkeit) mitbringen"** (§ 3 Abs. 4 APO-S I, eig. Herv.).

Im Hinblick auf die Dimension Dis(Ability) gibt die Ausbildungs- und Prüfungsordnung vor, dass „von einzelnen Bestimmungen dieser Verordnung abgewichen
werden" kann, wenn „die Behinderung oder ein sonderpädagogischer Förderbedarf
einer Schülerin oder eines Schülers [es] erfordert" (§ 9 Abs. 1 APO-S I). Im Zusammenhang mit der Leistungsbewertung wird geregelt, dass die Schulleitung
„Vorbereitungszeiten und Prüfungszeiten angemessen verlängern und sonstige Ausnahmen vom Prüfungsverfahren zulassen" kann (§ 6 Abs. 9 APO-S I).

Die Lehrer/innenbildung ist in Deutschland zweigeteilt: Nach einer ersten akademischen Phase an einer Hochschule mit schulpraktischen Studien folgt eine zweite pädagogisch-praktische Phase, der Vorbereitungsdienst (KMK 2013a, S. 185). Da auch bei der Lehrer/innenbildung die Länderhoheit gilt, ist diese von Bundesland zu Bundesland anders organisiert. Im Jahr 2004 hat die KMK die folgenden Kompetenzbereiche als Standards für die Lehrer/innenbildung im Studienfach Bildungswissenschaften beschlossen: (i) Unterrichten, (ii) Erziehen, (iii) Beurteilen und (iv) Innovieren (KMK 2004c). Da in dieser Arbeit nicht alle Regelungen der verschiedenen Bundesländer und die Umsetzungen an den Hochschulen zusammengetragen werden können (und sollen), folgt eine Darstellung der rechtlichen Rahmenbedingungen in Nordrhein-Westfalen. Zudem wird aufgrund des Untersuchungsgegenstandes der vorliegenden Arbeit (vgl. Kapitel 2.1) im Folgenden der Fokus auf die Lehrer/innenbildung für Lehrpersonen der Sekundarstufe I gelegt.

Mit dem neuen Lehrerausbildungsgesetz (Ministerium für Schule und Weiterbildung des Landes Nordrhein-Westfalen 2009 / 2013, kurz: LABG) vom 12. Mai 2009 wurde die nordrhein-westfälische Lehrer/innenbildung auf das Bachelor-Master-System umgestellt. Nach § 1 Abs. 2 LABG liegt das Studium in der Verantwortung der Hochschulen. Durch „die Festlegung von Zugangsbedingungen für den Vorbereitungsdienst, durch Vorgaben für die Akkreditierung von Studiengängen und durch Zielvereinbarungen" wird diese Phase der Lehrer/innenbildung durch das Land geregelt. Das „Ziel der Ausbildung" orientiert sich an der

> „Entwicklung der grundlegenden beruflichen Kompetenzen für Unterricht und Erziehung, Beurteilung, Diagnostik, Beratung, Kooperation und Schulentwicklung sowie an den wissenschaftlichen und künstlerischen Anforderungen der Fächer. **Dabei ist die Befähigung zur individuellen Förderung von Schülerinnen und Schülern und zum Umgang mit Heterogenität besonders zu berücksichtigen**" (§ 2 Abs. 2 LABG, eig. Herv.).

Diese Kompetenzen sollen „in einem systematischen Aufbau erworben" werden. „Dazu entwickeln die Hochschulen im Rahmen der rechtlichen Vorgaben und der bundesweiten Vereinbarungen unter den Ländern über Anforderungen an Bildungswissenschaften und Fächer Curricula" (§ 11 Abs. 3). Neu ist, dass für alle Lehrämter dieselbe Regelstudienzeit vorgesehen ist, d. h. ein Bachelorstudium mit sechs Semestern und ein Masterstudium mit vier Semestern (§ 10 Abs. 1). Zudem sind für alle Lehrämter „Leistungen in Deutsch für Schülerinnen und Schüler mit Zuwanderungsgeschichte" (§ 11 Abs. 7) zu erbringen. Auch ist neu, dass das Lehramt an Grundschulen und das Lehramt an Haupt-, Real- und Gesamtschulen jeweils unabhängige Studiengänge darstellen (§ 3). Zudem sind Praxiselemente unterschiedlicher Dauer Bestandteil der Lehrer/innenbildung, die insgesamt einen höheren Umfang aufweisen als jene vor der Reform:

- ein mindestens einmonatiges Orientierungspraktikum,
- ein Praxissemester von mindestens fünf Monaten,
- ein Eignungspraktikum von mindestens 20 Praktikumstagen sowie
- ein mindestens einmonatiges außerschulisches oder schulisches Berufsfeldpraktikum (§ 12 Abs. 1 LABG).

Die rechtlichen Rahmenbedingungen der Lehrer/innenbildung in Nordrhein-Westfalen sind somit betont praxisorientiert und stellen günstige Voraussetzungen für den Erwerb von Kompetenzen zur individualisierten Berücksichtigung von Diversität in der Schule dar. Positiv hervorzuheben ist insbesondere, dass Leistungen in Deutsch als Zweitsprache für alle Lehramtsstudierenden verpflichtend sind. Im Lehrerausbildungsgesetz wird jedoch nicht weiter spezifiziert, was unter „Leistungen" fällt, d. h. ob Lehrveranstaltungen lediglich zu besuchen sind oder ob auch Leistungsnachweise zu erbringen sind. Vor dem Hintergrund des fortschreitenden integrativen Unterrichts von Schüler/innen mit und ohne sonderpädagogischen Förderbedarf (vgl. Kapitel 5.3) erscheinen zudem Pflichtveranstaltungen in diesem Bereich für Studierende aller Lehrämter notwendig (vgl. Rühle 2014b).

5.3 Strukturbedingungen für die Berücksichtigung von Diversität

Zentrale Merkmale des deutschen Schulsystems

Föderalistische und dezentrale Grundstruktur

Seit der Verabschiedung des Grundgesetzes im Jahr 1949 liegt in Deutschland die Gesetzgebungskompetenz im Schul- und Hochschulbereich sowie in der Erwachsenenbildung und in der Weiterbildung bei den Bundesländern. Der Staat hat dabei die Aufsicht über das gesamte Schulwesen (KMK 2013a, S. 23 f.). Bildung ist somit Ländersache. Die überregionale Koordinierung soll durch die KMK erfolgen „mit dem Ziel einer gemeinsamen Meinungs- und Willensbildung und der Vertretung gemeinsamer Interessen". Gewährleistet werden soll dadurch „das notwendige Maß an Gemeinsamkeit und Vergleichbarkeit im Bildungswesen" (KMK 2013a, S. 39 f.). Obwohl sich die Minister/innen politisch zur Umsetzung der Beschlüsse der KMK verpflichten, haben diese nur Empfehlungscharakter (KMK 2013a, S. 41).

Dass die Gewährleistung des notwendigen Maßes an Gemeinsamkeit und Vergleichbarkeit nicht besonders gut gelingt, zeigt sich in der Vielfalt der länderspezifischen Gestaltungen des Schulsystems. So titelt der Stern in einem Artikel zu Recht: „Warum gibt es in Deutschland 16 unterschiedliche Schulsysteme?" (Boldebuck / Hoidn-Borchers 2011). Die Gewerkschaft Erziehung und Wissenschaft (GEW) spricht vom „Bildungsflickenteppich Deutschland" (GEW 2006). Zugleich sind nationale und internationale Annäherungen zu erkennen, beispielsweise die bundesweite Tendenz zur Zweigliedrigkeit (Ditton / Reinders 2011, S. 146; vgl. auch Hurrelmann 2013), die Verabschiedung der nationalen Bildungsstandards sowie die „Fortführung des Bologna-Prozesses zur Schaffung eines einheitlichen Europäischen Hochschulraums" (KMK 2013a, S. 43).

Die vorschulische Betreuung, Bildung und Erziehung

Nicht Bestandteil des öffentlichen Schulsystems sind die vorschulischen Einrichtungen (KMK 2013a, S. 81). Das sind in Deutschland die Kinderkrippen für unter Dreijährige und die Kindergärten für Drei- bis Sechsjährige. Der Besuch beider Einrichtungen ist freiwillig und in der Regel gebührenpflichtig (Klemm 2011, S. 153). Je nach Bundesland tragen die Eltern zwischen 8 % bis 29 % der anfallenden Kosten (Referenzjahr 2010, Autorengruppe Bildungsberichterstattung 2012, S. 54). Die Beiträge sind in Abhängigkeit vom Einkommen und der Geschwisteranzahl gestaffelt. Unabhängig von der sozialen und finanziellen Lage der Familien ist in sechs Bundesländern ein beitragsfreier Besuch zwischen einem und mehreren Jahren möglich (Autorengruppe Bildungsberichterstattung 2012, S. 54 f.). Etwa ein Drittel der unter Dreijährigen befindet sich in einer Kindertagesbetreuung (29,3 % in 2013, Autorengruppe Bildungsberichterstattung 2014, S. 54, 241). Den Kindergarten besucht die überwiegende Mehrheit der Drei- bis Sechsjährigen (94,1 % in 2013, Autorengruppe Bildungsberichterstattung 2014, S. 55, 241). Die Zahlen sind in beiden Altersgruppen steigend (Autorengruppe Bildungsberichterstattung 2014, S. 54 f.). Ganztägig betreut, d. h. mehr als sieben Stunden, werden bundesweit etwas mehr als die Hälfte (53,8 %) der betreuten unter Dreijährigen und mehr als ein Drittel (42,3 %) der drei- bis unter sechsjährigen Kinder, wobei deutliche Unterschiede zwischen West- und Ostdeutschland festzustellen sind (Referenzjahr 2013, Autorengruppe Bildungsberichterstattung 2014, S. 55).[46] Der Vergleich zwischen Kindern mit und ohne Migrationshintergrund zeigt, dass Kinder mit Migrationshintergrund weniger häufig eine Krippe besuchen als jene ohne Migrationshintergrund (17 % zu 35 %). Im Kindergarten ist die Differenz wesentlich geringer (85 % zu 98 %) (Referenzjahr 2013, Autorengruppe Bildungsberichterstattung 2014, S. 244). Was die Integrationsquote der Kinder mit Behinderungen betrifft, so wird mehr als ein Viertel in gesonderten vorschulischen Einrichtungen betreut (28,3 % in 2011, Autorengruppe Bildungsberichterstattung 2012, S. 244).

Im Hinblick auf die Qualifikationen des pädagogischen Personals zeigt sich, dass in vorschulischen Einrichtungen zumeist Erzieherinnen und Erzieher beschäftigt sind (69,9 %). Darüber hinaus sind in geringer Zahl auch Kinderpflegerinnen und -pfleger dort tätig (13,6 %). Kaum beschäftigt sind universitär ausgebildete

---

46   Die Prozentzahlen sind nicht dem Bildungsbericht 2014 selbst zu entnehmen, sondern der ergänzenden Webtabelle Tab. C3-7web, die aus Platzgründen nicht im Bildungsbericht, sondern online auf der Website der Bildungsberichterstattung verfügbar ist.

Kräfte (3,6 %). Im direkten Vergleich dazu ist der Anteil der Personen ohne Ausbildung (4,4 %) größer (Autorengruppe Bildungsberichterstattung 2014, S. 248). Das Betreuungsverhältnis liegt bundesweit bei den unter Drei- bzw. unter Vierjährigen bei etwa fünf Kindern pro Fachkraft (Autorengruppe Bildungsberichterstattung 2014, S. 246).

Vor der Einschulung werden in 15 Bundesländern Sprachstandserhebungen durchgeführt. Bemerkenswerterweise wird dabei mit einer Vielzahl verschiedener Verfahren gearbeitet, weshalb es eine Einschränkung im Hinblick auf die Vergleichbarkeit der Ergebnisse gibt (Autorengruppe Bildungsberichterstattung 2014, S. 61). Die im vorangegangenen Kapitel herausgearbeiteten Disparitäten im Hinblick auf das Geschlecht, die sozioökonomische Herkunft und den sprachlichen Hintergrund sind bereits zum Zeitpunkt der Einschulung wirksam. So weisen mehr Jungen als Mädchen, mehr Kinder aus sogenannten bildungsfernen Familien und mehr Kinder mit als solche ohne Migrationshintergrund eine verzögerte sprachliche Entwicklung auf. Insgesamt betroffen ist etwa ein Viertel der Fünfjährigen (Autorengruppe Bildungsberichterstattung 2014, S. 62). Vor diesem Hintergrund stellt die Professionalisierung des pädagogischen Personals in vorschulischen Einrichtungen eine zentrale Herausforderung dar (Autorengruppe Bildungsberichterstattung 2014, S. 66).

Die Grundschule

Verschiedene Dimensionen von Diversität wirken also bereits vor Schulbeginn als Benachteiligungsdimensionen. Im Primarbereich setzen sich diese Disparitäten im Laufe der vierjährigen Grundschule fort und verstärken sich. Nur in Berlin und Brandenburg erstreckt sich die Grundschule über sechs Jahre (KMK 2013a, S. 101). Zwar ist die Grundschule in gewisser Weise „die einzige wirkliche deutsche Gesamtschule" (Herrmann 2003, S. 633), doch bereits zum Zeitpunkt der Einschulung werden 3,3 % aller Schüler/innen nicht in die Grundschule, sondern in Förderschulen eingeschult (Referenzjahr 2012 / 13, Autorengruppe Bildungsberichterstattung 2014, S. 178). Die Prozentzahlen sind dabei bemerkenswerterweise von Bundesland zu Bundesland sehr unterschiedlich (nur 1,4 % in Schleswig-Holstein, jedoch 4,5 % in Baden-Württemberg in 2010, Autorengruppe Bildungsberichterstattung 2012, S. 63 f.). Etwa 6,6 % der Schüler/innen werden verspätet und etwa 3,1 % vorzeitig eingeschult (Referenzjahr 2012 / 13, Autorengruppe Bildungsberichterstattung 2014, S. 251). Was die Zeitstruktur betrifft, so werden etwa die Hälfte der Grundschulen in Deutschland ganztägig organisiert, wobei dies größtenteils nach dem Muster der offenen Ganztagsschule realisiert wird (Autorengruppe Bildungsberichterstattung 2014, S. 79).

Die Sekundarstufe in Deutschland gliedert sich in zwei Teile, d. h. in die Sekundarstufe I und II. Schulen der Sekundarstufe I haben überwiegend einen „allgemeinbildenden Charakter". In der Sekundarstufe II kommt hingegen außer an Gymnasien vor allem ein berufsbildender Charakter zum Tragen (KMK 2013a, S. 111). Da in der vorliegenden Untersuchung die Sekundarstufe I Gegenstand der Untersuchung ist (vgl. Kapitel 2.1), beschränken sich die folgenden Ausführungen auf diesen ersten allgemeinbildenden Abschnitt der Sekundarstufe.

Der Übergang von der Grundschule in eine Schule der Sekundarstufe I ist in Deutschland länderspezifisch geregelt. In einigen Bundesländern sind die Empfehlungen der Grundschulen bindend, in anderen nicht (KMK 2013a, S. 117). Anhand der Grundschulempfehlungen (mit bindendem oder empfehlendem Charakter) werden nach zumeist vierjähriger gemeinsamer Schulzeit grundlegende Weichen für die weitere Schullaufbahn eines Kindes gestellt. So stehen das Anforderungsniveau betreffend unterschiedliche Schultypen für die Schüler/innen bereit, in denen jeweils bestmögliche pädagogische Bedingungen auf Grundlage des meritokratischen Prinzips für die Schüler/innen geschaffen werden sollen. Auch soll das System der verschiedenen Schularten durchlässig sein, so dass Schüler/innen zwischen den Schultypen wechseln können. Faktisch sind es jedoch nicht nur die Leistungen der Schüler/innen, die bei den Übergangsempfehlungen eine Rolle spielen, sondern insbesondere der sozioökonomische Hintergrund der Familien, in denen die Kinder aufwachsen (Klemm 2011, S. 156). Wichtig ist hier zu betonen: bei gleichen kognitiven Grundfähigkeiten. So zeigt etwa die Auswertung der ersten PISA-Ergebnisse, dass Schüler/innen der oberen Dienstklasse im Vergleich zu Schüler/innen aus Arbeiterfamilien bei gleicher Fachleistung eine etwa dreimal so hohe Chance haben, ein Gymnasium zu besuchen (Baumert / Schümer 2001, S. 357). Auch die Ergebnisse der Internationalen Grundschul-Lese-Untersuchung (IGLU) zeigen, dass „Kinder derselben Kompetenzstufe unterschiedliche Beurteilungen in Form von Lese- bzw. Deutschnoten und auch von Übergangsempfehlungen" erhalten (Bos u. a. 2003, S. 136). Die Grundschulempfehlungen erfolgen in der Praxis somit nicht nur nach dem Leistungsprinzip. Auch andere Faktoren, die eng mit der sozialen Herkunft der Kinder zusammenhängen, so beispielsweise vermutete Unterstützungsmöglichkeiten durch die Eltern (vgl. hierzu etwa die Ergebnisse der BeBeSch-Studie, Allemann-Ghionda u. a. 2006) spielen bei den Übergangsentscheidungen eine wichtige Rolle.

Die Empfehlungen nach der Grundschule sind somit wenig verlässlich, wie auch eine Auswertung der PISA-Daten aus dem Jahr 2000 bestätigt (vgl. hierzu ausführlicher z. B. Block 2006). Was die Durchlässigkeit zwischen den Schularten betrifft, so ist diese formal zwar gegeben, statistisch gesehen werden eingeschlagene Bildungswege jedoch fast ausschließlich nach unten ‚korrigiert'. Denn „mehr als vier Fünftel der Auf- und Abstiege im Bildungssystem [sind] Abstiege". Neben dem Schulartwechsel stellt die Klassenwiederholung ein weiteres Instrument zur Herstellung der angestrebten Leistungshomogenität dar (Klemm 2011, S. 157). Im Schuljahr 2012 / 13 wiederholten 2,6 % aller Schüler/innen der Sekundarstufe I und 3,1 % der Sekundarstufe II eine Klasse (Autorengruppe Bildungsberichterstattung 2014, S. 75).[47] In der PISA-Erhebung gaben 14,2 % der Fünfzehnjährigen an, schon einmal eine Klasse wiederholt zu haben (Europäische Kommission 2011, S. 55).

Die Grundstruktur der Sekundarstufe I ist, wie bereits erwähnt, durch die Aufteilung in mehrere Schultypen gekennzeichnet. Mit einem Bildungsgang existieren in der Regel die folgenden drei Schultypen: Hauptschule, Realschule und Gymnasium. Darüber hinaus werden in Gesamtschulen „zwei oder drei Bildungsgänge unter einem Dach" vereint (KMK 2013a, S. 114), so dass in diesen Schulen mehrere Abschlüsse erworben werden können.[48] In einigen Bundesländern werden die genannten Schularten „ergänzend oder ersetzend" beispielsweise als Werkrealschule (Baden-Württemberg), Mittelschule (Bayern) oder Realschule Plus (Rheinland-Pfalz) organisiert (KMK 2013a, S. 113 f.). Die Anzahl der Schultypen und Schulbezeichnungen variiert von Bundesland zu Bundesland. Insgesamt betrachtet ist jedoch – wenn auch mit deutlichen regionalen Unterschieden (vgl. Zymek 2013) – „ein deutlicher Trend hin zu einem Zwei-Säulen-Modell erkennbar, das neben dem Gymnasium nur eine weitere Schulart vorsieht und den Schülerinnen und Schülern den Erwerb der allgemeinen Hochschulreife auf unterschiedlichem Wege ermöglicht" (Autorengruppe Bildungsberichterstattung 2014, S. 95; vgl. auch Hurrelmann 2013).[49]

Ganztägig organisiert sind in Deutschland mit 85,3 % vorwiegend integrierte Gesamtschulen, wobei der Anteil der Ganztagsschulen auch in den restlichen Schularten in den letzten Jahren konstant gewachsen ist. Hauptschulen sind zu 65,1 %, Realschulen zu 51 % und Gymnasien zu 55,3 % im Ganztagsbetrieb organisiert (Referenzjahr 2012, Autorengruppe Bildungsberichterstattung 2014, S. 259). Die wöchentliche Pflichtunterrichtszeit liegt unter dem OECD-Durchschnitt (Autorengruppe Bildungsberichterstattung 2012, S. 77). Die durchschnittliche Klassengröße beläuft sich auf etwa 23 Schüler/innen (Referenzjahr 2012, OECD 2014a, S. 537).[50] Gemessen am Bruttoinlandsprodukt werden 5,1 % für Bildungseinrichtungen ausgegeben, was unter dem OECD-Durchschnitt von 6,1 % liegt. Nur 2 % des Bruttoin-

---

47   Die Prozentzahlen sind nicht dem Bildungsbericht 2014 selbst zu entnehmen, sondern der ergänzenden Webtabelle Tab. D2-13web, die aus Platzgründen nicht im Bildungsbericht, sondern online auf der Website der Bildungsberichterstattung verfügbar ist.

48   Für eine Übersicht der Schularten mit zwei oder drei Bildungsgängen nach Ländern vgl. Autorengruppe Bildungsberichterstattung (2014, S. 253).

49   Für eine Übersicht der Verteilung der Schüler/innen auf die Schularten nach Ländern vgl. Autorengruppe Bildungsberichterstattung (2014, S. 71).

50   Im Einzelnen: Primarbereich / ISCED 1, d. h. Klassen 1–4: 20,98; Sekundarbereich I / ISCED 2, d. h. Klassen 5–9 / 10: 24,51 (Referenzjahr 2012, OECD 2014a, S. 537). Der OECD-Publikation *Bildung auf einen Blick 2014* ist lediglich eine Balkengrafik zu entnehmen. Die dazugehörigen Zahlen können der online verfügbaren Grafik C7.3 entnommen werden (vgl. OECD 2014a, S. 537).

landsprodukts fließen in den Primar- und Sekundarbereich I, was ebenfalls unter dem OECD-Durchschnitt von 2,5 % liegt (Referenzjahr 2011, OECD 2014a, S. 301). Jede zehnte Schule ist in freier Trägerschaft, so dass 8,7 % aller Schüler/innen eine freie Schule besuchen (Autorengruppe Bildungsberichterstattung 2014, S. 30, 70).

Organisation der sonderpädagogischen Förderung

Parallel zu den verschiedenen Schularten des Regelschulwesens existiert in Deutschland ein hoch differenziertes Sonderschulwesen, je nach Bundesland auch Förderschule genannt, das zehn verschiedene Förderschultypen umfasst: Schulen für Blinde, Gehörlose, Sehbehinderte, Schwerhörige, Geistigbehinderte, Körperbehinderte, Kranke, Lernbehinderte, Sprachbehinderte und Verhaltensgestörte (KMK 2013a, S. 237). Als Zielgruppe werden Kinder und Jugendliche definiert, „die in ihren Bildungs-, Entwicklungs- und Lernmöglichkeiten so beeinträchtigt sind, dass sie im Unterricht der allgemeinen Schule ohne sonderpädagogische Unterstützung nicht hinreichend gefördert werden können" (KMK 2013a, S. 235). Diese allgemeine Definition wird in den Bundesländern in Form von Kriterien sehr unterschiedlich operationalisiert, was sich in länderspezifischen sonderpädagogischen Förderquoten äußert. So betrug beispielsweise im Schuljahr 2011 / 12 die Förderquote in Rheinland-Pfalz lediglich 4,9 %, in Mecklenburg-Vorpommern hingegen 10,9 % (Klemm 2013, S. 9).[51]

Die Zahl der integrativ unterrichteten Schüler/innen ist bundesweit in den letzten Jahren zwar gestiegen. Die große Mehrheit der Schüler/innen mit sonderpädagogischem Förderbedarf wird jedoch weiterhin in separaten Förderschulen unterrichtet. Trotz der gestiegenen Integrationsquote ist es „nicht zu einem nennenswerten Rückgang der Förderschulbesuchsquote gekommen" (Autorengruppe Bildungsberichterstattung 2014, S. 179). Der internationale Vergleich zeigt dabei, dass dieser Anteil überdurchschnittlich hoch ist (Autorengruppe Bildungsberichterstattung 2010, S. 70). Auffällig sind zudem markante Unterschiede in den Förderschwerpunkten und Bundesländern, wie die bildungsstatistische Analyse von Klemm zeigt. Demnach wurden im Untersuchungszeitraum bundesweit 40,7 % der Schüler/innen mit Förderbedarf im Förderschwerpunkt Lernen als förderbedürftig eingestuft (Referenzjahr 2011 / 12, Klemm 2013, S. 12). Die weiteren Schüler/innen mit sonderpädagogischem Förderbedarf verteilten sich auf die Förderschwerpunkte Geistige Entwicklung (16,2 %), Emotionale und soziale Entwicklung (13,4 %), Sprache (11,1 %), Körperliche und motorische Entwicklung (6,7 %), Hören (3,4 %), Förderschwerpunkt übergreifend (2,5 %), Sehen (1,5 %) und Kranke (2,3 %) (Klemm

---

51 Für eine Übersicht der Förderquoten aller Bundesländer vgl. Klemm (2013, S. 16).

2013, S. 12).[52] Vergleicht man die Anteile zwischen den Bundesländern, so zeigte sich, dass diese erheblich variieren. In Niedersachsen wurden beispielsweise 47,3 % der förderbedürftigen Schüler/innen dem Förderschwerpunkt Lernen zugeteilt. In Thüringen waren es lediglich 35,9 %. Bemerkenswert ist hierbei, dass es sogar deutliche Unterschiede „bei vermeintlich eindeutigen Zuordnungskriterien wie denen des Förderschwerpunktes Hören" gab. So waren es 4,5 % in Rheinland-Pfalz, in Thüringen hingegen nur 2,0 % (Klemm 2013, S. 13).

Erklärungsansätze für diese Tendenzen „reichen beispielsweise von Hinweisen auf den medizinischen Fortschritt über geänderte Kriterien der sonderpädagogischen Begutachtung, ein verbessertes förderschulisches Angebot bis zu dem Interesse am Bestand von Förderschulen" (Autorengruppe Bildungsberichterstattung 2010, S. 71). Die Tatsache jedoch, dass mit der Einschulungs- und Überweisungspraxis eine starke soziale, ethnische und geschlechtliche Selektivität einhergeht (Autorengruppe Bildungsberichterstattung 2014, S. 179 f., vgl. auch Kapitel 4.2), lässt vermuten, dass über den Förderbedarf hinaus weitere Kriterien bei den Entscheidungen eine Rolle spielen. So formuliert Klemm die „Hypothese, dass die Differenzen nicht in unterschiedlichen Leistungsfähigkeiten der Schülerinnen und Schüler begründet sind, sondern in verschiedenen Kriterien bei der Diagnose von Förderbedarf" (Klemm 2013, S. 10).

Die bildungsstatistische Analyse von Klemm zeigt ferner, dass sich ebenso wie bei der Gesamtförderquote große Unterschiede beim Vergleich der integrativ unterrichteten Schüler/innen nach Förderschwerpunkten und Bundesländern ergeben. An allgemeinbildenden Schulen wurden mit 43,2 % allen voran Schüler/innen mit dem Förderschwerpunkt Emotionale und soziale Entwicklung integrativ unterrichtet. Schüler/innen mit dem Förderschwerpunkt Geistige Entwicklung stellten hingegen mit 5,4 % die Ausnahme dar (Klemm 2013, S. 27). Der Vergleich zwischen den Bundesländern zeigt weitere Unterschiede im Hinblick auf den Anteil integrativ unterrichteter Schüler/innen auf. In Bremen und Schleswig-Holstein beispielsweise, die eine ähnliche Integrationsquote aufwiesen (55,5 % und 54,1 %), variierte der Anteil der integrativ unterrichteten Schüler/innen im Förderschwerpunkt Sehen zwischen 100 % in Schleswig-Holstein und lediglich 16,4 % in Bremen. Ein nicht ganz so krasser Unterschied findet sich im Förderschwerpunkt Lernen, wenn man die Bundesländer Bremen und Berlin vergleicht. Auch diese Länder wiesen eine ähnlich hohe Integrationsquote auf (47,3 % und 55,5 %). Jedoch wurden in Bremen ganze 69,8 % der Schüler/innen mit dem Förderschwerpunkt Lernen integrativ unterrichtet, wohingegen es in Berlin nur 45,5 % waren. Dies zeigt, so Klemm, dass es „zwischen den Ländern nicht nur große Unterschiede beim Ausmaß des inklusiv erteilten Unterrichts gibt, sondern es werden zudem sehr verschiedene Wege bei der Einführung und Ausweitung der Inklusion in den einzelnen Förderschwerpunkten

---

52 Die Summe der Prozentzahlen ergibt nicht 100 %, da 2,2 % keinem Förderschwerpunkt zugeordnet werden können (Klemm 2013, S. 12).

verfolgt". Dies spricht ebenfalls dafür, dass „die im Bundesdurchschnitt so unterschiedlichen Inklusionsanteile nicht Folge objektiver Begebenheiten sind" (Klemm 2013, S. 13).

Vor diesem Hintergrund ist es besonders kritisch zu sehen, dass die Mittelzuweisungen für integrativ arbeitende Schulen an der Anzahl der Kinder und Jugendlichen mit einem diagnostizierten sonderpädagogischen Förderbedarf festgemacht werden. Mit dieser Praxis besteht die Gefahr, dass „ein sonderpädagogischer Förderbedarf festgestellt wird, damit auf diesem Weg zusätzliche Ressourcen für die einzelnen Schulen gewonnen werden" (Klemm 2010, S. 29). Klemm schlägt deshalb eine budgetierte Mittelzuweisung (vgl. ausführlich Klemm / Preuss-Lausitz 2011) an inklusiv arbeitende Schulen vor:

> „Eine inklusiv arbeitende Schule in einem sozial schwachen Stadtteil mit einer traditionell höheren Förderquote würde bei diesem Ansatz ein höheres Budget erhalten als eine Schule eines sozial stärkeren Stadtteils mit einer im Vergleich niedrigeren Förderquote. Die so den Schulen zufließenden Mittel müssen nicht notwendig für die Dauer des jeweiligen Schuljahres für eine bestimmte Schülergruppe eingesetzt werden. Den Schulen böte dieser Ansatz die Flexibilität, einzelne Schüler und Schülerinnen für eine begrenzte Zeit zu fördern und auf diese Weise im Verlauf eines Schuljahres eine insgesamt höhere Zahl von Kindern und Jugendlichen wirksam zu unterstützen. Dieser Weg wird derzeit in Bremen geprüft" (Klemm 2010, S. 28).

Anzumerken ist schließlich, dass der integrative Unterricht im Grundschulbereich „deutlich fortgeschrittener" als in den weiterführenden Schulen ist (Klemm 2013, S. 17). Etwas mehr als ein Drittel der in weiterführenden Schulen integrativ beschulten Schüler/innen wird zudem an Hauptschulen unterrichtet (Klemm 2013, S. 22, 35). Es herrscht somit „Nachholbedarf in den weiterführenden Schulen", denn, so Klemm, „weder für die Kinder mit Förderbedarf noch für ihre Eltern ist es hinnehmbar, dass nach dem gemeinsamen Unterricht in der Grundschule ein Wechsel in eine separierte Förderschule in der Sekundarstufe notwendig wird, nur weil es zu wenige inklusiv unterrichtende Schulen gibt" (Klemm 2010, S. 4).

Individuelle Förderung im Modus der Separation

Grundgedanke Separation

Wie aus den vorangegangenen Ausführungen zu den zentralen Merkmalen des deutschen Schulsystems deutlich wurde, basiert dieses auf der ‚pädagogischen Grundidee', dass individuelle Förderung am besten durch Selektion geleistet werden könne. Zwar ist die Struktur der Sekundarstufe I nicht unumstritten, denn insbesondere nach dem „PISA-Schock" im Jahr 2001 ist die Debatte um die Schulstrukturen wieder aufgelebt (Hepp 2011, S. 214). Bemerkenswert ist dennoch, wie hartnäckig sich diese Auffassung aufrecht erhält (vgl. Kapitel 11.1). Die vorangehenden Anführungszeichen wurden deshalb gesetzt, weil es eben nicht nur pädagogische Argumente sind, „sondern auch ökonomische, politische oder rechtliche Argumente", die bei der Frage nach dem ‚richtigen' Strukturtyp entscheidend sind und mit denen „grundsätzliche gesellschaftliche Präferenzen und gruppenspezifische Interessen verknüpft sind" (Trautmann / Wischer 2011, S. 80; vgl. Kapitel 1.1). Zugleich wurde aus den bisherigen Ausführungen auch deutlich, dass das deutsche Schulsystem zwar leistungshomogene Gruppen herstellen soll, dem gegliederten Schulsystem dies jedoch nur bedingt gelingt, weil neben „einem offiziellen Kriterium, dem der Leistung", auch „nach einem verdeckten, einem inoffiziellen Kriterium" selektiert wird, nämlich dem der sozialen Herkunft (Tillmann 2007, S. 29). „Neben den im Einzelfall möglicherweise fatalen Folgen für die Schullaufbahn eines Kindes führt dies", wie die Autor/innen der IGLU-Studie schreiben,

> „auch zu Problemen im Unterricht, weil die aufnehmenden Schulen mit einer Homogenität rechnen, die nicht gegeben ist und deshalb vermutlich auch nicht der vorfindbaren Heterogenität angemessene Maßnahmen zur Differenzierung und Unterstützung anbieten. Stattdessen wird nachträglich versucht, ‚Fehler' bei der Sortierung zu korrigieren (Wiederholungen, Querversetzungen, Schrägversetzungen)" (Bos u. a. 2003, S. 136).

Das deutsche mehrgliedrige Schulsystem stellt sich den Autor/innen zufolge auf diese Weise selbst in Frage (Bos u. a. 2003, S. 136).

Widersprüchlicher Inklusionsgedanke

Betrachtet man den Anteil der an allgemeinbildenden Schulen unterrichteten Schüler/innen mit sonderpädagogischem Förderbedarf, bleibt für den Unterricht zudem nicht ohne Folgen, dass sich hierbei ein dem deutschen gegliederten Schulsystem spezifischer „Widerspruch zum Inklusionsgedanken" zeigt, weil Inklusion „in einer auf Separation angelegten Schulstruktur" stattfindet (Klemm 2010, S. 21). So besuchen etwas mehr als ein Drittel (34,1 %) der in weiterführenden Schulen integrativ unterrichteten Schüler/innen eine Hauptschule. Nur etwa 4,3 % bzw. 5,5 % werden in Realschulen und Gymnasien integrativ unterrichtet (Referenzjahr 2011 / 12, Klemm 2013, S. 22, 35).[53] Besonders prekär ist dieser Umstand vor dem Hintergrund, dass sich die Zusammensetzung der Schülerschaft an Hauptschulen ohnehin in den letzten Jahren im Zuge der Bildungsexpansion durch „eine soziale Entmischung" gewandelt hat (Solga / Wagner 2010, S. 214). So ist „die soziale Distanz zwischen Hauptschülerinnen und Hauptschülern und Schulkindern in höheren Schultypen größer geworden" (Solga / Wagner 2010, S. 213):

> „Die Schrumpfung der Hauptschule wurde im Wesentlichen durch eine Abwanderung von Mädchen und insbesondere von Kindern, deren Eltern in qualifizierten Tätigkeiten beschäftigt sind, erzeugt. Zurückgeblieben sind überproportional Kinder, deren Eltern

---

53 Zur Verteilung der Schüler/innen auf die weiteren Schulformen siehe Klemm (2013, S. 35).

in einfachen Tätigkeiten beschäftigt oder gar nicht erwerbstätig sind und die in instabilen Familienverhältnissen aufgewachsen sind" (Solga / Wagner 2010, S. 213).

Diese von Solga und Wagner empirisch nachgewiesene „Veränderung der Hauptschulpopulation" (Solga / Wagner 2010, S. 198) bedeutet „in pädagogischer Hinsicht eine zu einseitige leistungsmäßig zusammengesetzte Schülerschaft" (Hurrelmann 1988, S. 451 zitiert nach Solga / Wagner 2010, S. 194).[54] Schüler/innen mit sonderpädagogischem Förderbedarf, die mehrheitlich in Hauptschulen integrativ unterrichtet werden, lernen also zusammen mit „einer sozial schwächer gewordenen Schülerschaft von Hauptschulen" (Solga / Wagner 2010, S. 212). Da die unterschiedlichen Schulformen ohnehin „institutionell vorgeformte differenzielle Entwicklungsmilieus" (Baumert u. a. 2003, S. 61) darstellen, sind dies sehr ungünstige Voraussetzungen für ein förderliches, inklusives Lernen. Es liegt nahe, dass die „unterschiedlichen institutionellen Fördereffekte" (Baumert u. a. 2003, S. 62), die mit Schultypen einhergehen, für Schüler/innen mit sonderpädagogischem Förderbedarf in Hauptschulen besonders nachteilig wirken.

Private Nachhilfe statt integrierter individueller Förderung in der Schule

Parallel zum mehrgliedrigen Schulsystem und dem dazugehörigen Sonderschulwesen besteht in Deutschland ein ausgeprägtes privates Nachhilfesystem, das als „teurer und unfairer Ausgleich für fehlende individuelle Förderung" interpretiert werden kann (Klemm / Klemm 2010). Im Jahr 2009 nutzen 21,2 % der Schüler/innen außerschulische Nachhilfe (Autorengruppe Bildungsberichterstattung 2012, S. 267), im Jahr 2010 waren es 12,9 % (Autorengruppe Bildungsberichterstattung 2014, S. 266). Nach den PISA-Daten nahmen bei PISA 2000 etwa 33 % der Schüler/innen, bei PISA 2003 etwa 19,1 % der Schüler/innen Nachhilfe (Klemm / Klemm 2010, S. 13). Es stellt sich angesichts dieser Zahlen begründeterweise die Frage,

---

54   Die Analysen von Solga und Wagner beziehen sich auf „Personen westdeutscher Herkunft; Personen mit Migrationshintergrund oder ostdeutscher Herkunft" wurden nicht einbezogen. Begründet wird dies in zweierlei Hinsicht: „Erstens variiert der Anteil von Migranten an Hauptschulen aufgrund der regionalen Ballung der ausländischen Bevölkerung. Insofern wären regionale Analysen notwendig, die mit den hier verfügbaren Daten nicht möglich sind. Zweitens möchten wir im Unterschied zur Diskussion um die Hauptschule als ‚Problem der ethnischen Minderheiten' zeigen, dass es sich auch um ein Problem in der deutschen Population handelt. Die Analysen der deutschen Population sollen zeigen, dass das deutsche Schulsystem weit davon entfernt ist, selbst für die deutsche Bevölkerung Chancengleichheit zu gewährleisten. Dies könnte mit zur Erklärung beitragen, warum in Deutschland – trotz der bekannten Missstände an Hauptschulen – derzeit nicht über die Abschaffung der Hauptschule diskutiert wird. Gehören die Eltern deutscher Hauptschulkinder eher zu den sozial Schwächeren, so wären auch sie in einer denkbar schlechten Lage, ihre Interessen zu vertreten" (Solga / Wagner 2010, S. 199 f.).

„warum in einem öffentlichen Bildungssystem eine derart hohe private Nachfrage nach Nachhilfe besteht. Ein gutes öffentliches Bildungssystem sollte durch individuelle Förderung aller Schülerinnen und Schüler gewährleisten, dass für die ganz überwiegende Mehrheit der Kinder und Jugendlichen der Schulerfolg auch ohne zusätzlichen, privat finanzierten Unterricht möglich ist – insbesondere auch deshalb, weil nicht alle Elternhäuser gleichermaßen in der Lage sind, die Mittel für Nachhilfeunterricht aufzubringen" (Klemm / Klemm 2010, S. 8).

Für nicht wenige Schüler/innen in Deutschland ist somit zusätzlicher, außerschulischer Förderunterricht an das in der Familie verfügbare ökonomische Kapital (Bourdieu 1992) gekoppelt. In mehrfacher Weise benachteiligt sind somit Schüler/innen der niedrigeren Schultypen, weil die Familien dieser Kinder und Jugendlichen nachweislich schlechter ausgestattet sind sowohl was das mitgebrachte kulturelle Kapital als auch das ökonomische Kapital betrifft (vgl. vorangehend Solga / Wagner 2010 zur Hauptschule). Das bedeutet, dass Schüler/innen, die aus diesen Gründen ohnehin mehr Förderung bedürften, weniger außerschulische Fördermöglichkeiten zur Verfügung stehen als Schüler/innen, die im Hinblick sowohl auf die primären Sozialisationsbedingungen in der Familie als auch die institutionellen Lern- und Entwicklungsmilieus in der Schule bevorteilter sind.

Mehrsprachigkeit und Bildung in Deutschland

Mehrsprachigkeit ist nicht gleich Mehrsprachigkeit

Ein bildungspolitisches Ziel mit hoher Priorität ist in Europa die Förderung von Mehrsprachigkeit. So empfiehlt beispielsweise die Europäische Kommission (1996) in dem Weißbuch *Lehren und Lernen. Auf dem Weg zur kognitiven Gesellschaft*, dass jeder EU-Bürger drei Sprachen der Europäischen Union erlernen sollte. Auch in Deutschland wird Mehrsprachigkeit in den bildungspolitischen Dokumenten der KMK als Ziel deklariert. „Doch sobald es um die schulische Bildung von Kindern mit Migrationshintergrund geht, wird die Förderung von Mehrsprachigkeit nicht als Ziel genannt" (Allemann-Ghionda 2007, S. 163). Mehrsprachigkeit im Sinne von Fremdsprachenlernen prestigehaltiger Sprachen (Englisch, Französisch etc.) ist somit ein erklärtes Ziel. Hingegen die „natürliche Mehrsprachigkeit, die aus Migration resultiert, wird meistens ausgeschlossen" (Allemann-Ghionda 2007, S. 163).

Die Berücksichtigung von Mehrsprachigkeit als ein Indikator für die Integration von Diversität

Der ‚Umgang' mit Mehrsprachigkeit ist ein wichtiger Indikator für die Integration von sprachlicher Diversität in einem Bildungssystem. Insbesondere den ‚Umgang' mit den Sprachen der Migration bezeichnet Allemann-Ghionda als einen „Prüfstein der kulturellen Pluralisierung der Bildung" (Allemann-Ghionda 1997, S. 124). Die

Strategie, die Deutschland im ‚Umgang‘ mit Mehrsprachigkeit gewählt hat, kann mit Gogolin (1994) als monolingualer Habitus der multilingualen Schule bezeichnet werden. So wurde in Deutschland mit der Entstehung des „klassischen Nationalstaates im 18. und 19. Jahrhundert" die Nationalsprache Deutsch etabliert (Gogolin 2010b, S. 534). Nationalsprachen sind „die notwendige Konsequenz aus technischen, ökonomischen und wissenschaftlichen Entwicklungen jener Epoche einerseits und wichtiges Bindemittel der Nation als neuer gesellschaftlicher Ordnungsform andererseits" (Gogolin 2010b, S. 535). Zugleich hat sich im Verlauf der Nationenbildung in Deutschland die Vorstellung gebildet, „dass es sozusagen ‚natürlich‘ sei, dass in einem Staat nur *eine* Sprache gesprochen wird, dass *diese* Sprache *die* Sprache der Schule ist und dass anderen (fremden) Sprachen nur eingeschränkt Platz zustehe" (Krüger-Potratz 2011, S. 51, Herv. im Orig.).

Vor diesem historischen Hintergrund ist die Berücksichtigung von Mehrsprachigkeit im deutschen Bildungssystem zu betrachten. Außerdem ist bei der Betrachtung der Stellung von Minderheitensprachen in Deutschland zwischen den Sprachen autochthoner und den Sprachen allochthoner Minderheiten zu unterscheiden (Fürstenau 2011, S. 27). Die Sprachen autochthoner, d. h. alteingesessener Minderheiten genießen zwar keinen Minderheitenschutz im Grundgesetz, sie tun es jedoch in den Landesverfassungen einzelner Bundesländer. So können in Schleswig-Holstein, Brandenburg und Sachsen dänische (Schleswig-Holstein) bzw. sorbische Ersatzschulen (Brandenburg und Sachsen) gegründet werden (KMK 2013a, S. 20). Das Friesische und Romani als weitere Minderheitensprachen nationaler Minderheiten sowie das Friesische und Niederdeutsche als Regionalsprachen finden „in unterschiedlicher Form Berücksichtigung an Schulen, Hochschulen und in der Erwachsenenbildung" (KMK 2013a, S. 20).

Die meisten zwei- oder mehrsprachigen Schüler/innen in Deutschland sprechen jedoch allochthone Minderheitensprachen, d. h. Sprachen eingewanderter Minderheiten (Fürstenau 2011, S. 27). Zur Erinnerung: In Deutschland haben 29,4 % der unter 25-Jährigen einen Migrationshintergrund (Referenzjahr 2013, Statistisches Bundesamt 2014a, S. 425, 428; vgl. auch Kapitel 4.2).[55] Das bedeutet, dass in etwa jede/r dritte Schüler/in zwei- oder mehrsprachig aufwächst. Dieser Tatsache ungeachtet stellt nach wie vor Submersion das in Deutschland verbreitetste ‚Unterrichtsmodell‘ dar, um auf diese mehrsprachige Situation zu reagieren. In Anlehnung an Niedrig sind die Anführungszeichen gesetzt, weil fraglich ist, ob „man dabei überhaupt von einem Unterrichtsmodell sprechen darf" (Niedrig 2011, S. 92).

---

55 Eigene Berechnung der Prozentzahl: 5,647 Mio. von 19,206 Mio. (Statistisches Bundesamt 2014a, S. 425, 428).

An dieser Stelle soll auf die grundlegenden Unterschiede zwischen den Modellen Immersion und Submersion eingegangen werden, um einem Trugschluss vorzubeugen, der aus den Erfolgen der Immersionsprogramme gezogen werden kann. Im gängigen Bild gesprochen: Immersion stellt ein anregendes Sprachbad dar, während Submersion auf dem *Swim-or-sink*-Prinzip basiert:

> „Die Submersionssituation unterscheidet sich grundlegend von dem durchaus sinnvollen und bewährten Immersionsprinzip. Submersion in seiner einfachsten Form kann auch als ‚Wurf ins tiefe Wasser' bezeichnet werden. Um im Bild zu bleiben, kann man den Effekt dieser Maßnahme wie folgt zusammenfassen: Wenige Kinder fangen in dieser Situation tatsächlich an zu schwimmen, einige halten sich mit knapper Not über Wasser, viele gehen unter. Inzwischen ist es allerdings üblich, diesen Kindern zumindest einen ‚Rettungsring' zuzuwerfen (zusätzlicher Sprachförderunterricht); meist wird der Wurf ins tiefe Wasser durch einen zeitlich begrenzten ‚Schwimmlehrgang' (Vorbereitungsklassen mit Deutsch-als-Zweitsprache-Unterricht) vorbereitet" (Niedrig 2011, S. 92).

Bei Immersionsprogrammen hingegen, an denen „überwiegend Kinder der ethnisch-sprachlichen Mehrheit der Gesellschaft, meist aus bildungsorientierten Familien" (Niedrig 2011, S. 92) teilnehmen, sind die Lehrkräfte entsprechend qualifiziert und in der Regel selbst bilingual, so dass die Lernenden auf ihre Erstsprachen zurückgreifen können, ohne dass dies als nachteilig oder nicht wünschenswert angesehen wird (im Gegensatz beispielsweise zum Rückgriff auf Italienisch im Deutschunterricht) (Niedrig 2011, S. 91). Ein entscheidender Unterschied besteht auch darin, dass die Erstsprachen der Schüler/innen in Immersionsprogrammen in der Umgebung gesprochen werden. Es besteht somit auch nicht die Gefahr, dass die Erstsprachen von der Umgebung als Sprachen mit niedrigem Prestige angesehen werden (Niedrig 2011, S. 92). Folglich ist es nicht damit getan, um auf den zu Beginn angesprochenen Trugschluss zurückzukommen, Schüler/innen mit Migrationshintergrund in die deutsche Sprache ‚Eintauchen' zu lassen in der falschen Annahme, dass damit nach dem Vorbild des Immersionsprinzips Erfolge erzielt werden könnten. Ein Vorgehen dieser Art stellt kein anregendes und begleitendes ‚Sprachbad' dar, sondern ein unverantwortliches ‚Hineinwerfen'.

Zur Rolle der Herkunftssprachen

Die Herkunftssprachen allochthoner Minderheiten finden in Deutschland durch den herkunftssprachlichen Unterricht Berücksichtigung (auch Muttersprachlicher Unterricht genannt). Die Regelungen für den Herkunftssprachenunterricht sind bundeslandspezifisch. In einigen Bundesländern wird der herkunftssprachliche Unterricht teilweise oder fast ausschließlich durch die Konsularbehörden der jeweiligen Länder organisiert und finanziert. In anderen Bundesländern wird der Unterricht in den

Herkunftssprachen durch die Länder selbst organisiert und finanziert. In der Regel ist die Teilnahme freiwillig, findet am Nachmittag statt, d. h. ist weder in den Regelunterricht integriert noch inhaltlich darauf abgestimmt, und ist nur für ein beschränktes Sprachenangebot verfügbar. Fürstenau macht aufgrund der schwierigen Datenlage darauf aufmerksam, dass der aktuelle Stand „am besten den entsprechenden Internetseiten der einzelnen Bundesländer zu entnehmen" sei (Fürstenau 2011, S. 40).

In Nordrhein-Westfalen – das Bundesland, das Teil des Untersuchungsgegenstandes dieser Arbeit ist (vgl. Kapitel 2.1) – ist der herkunftssprachliche Unterricht Aufgabe des Landes Nordrhein-Westfalen und soll „sukzessive in ein Fremdsprachenangebot umgewandelt" werden. Konsulatsunterricht kann „als außerschulisches Angebote" erteilt werden, wenn ein Angebot für Sprachen durch das Land „wegen zu kleiner Lerngruppen oder mangels qualifizierter Lehrkräfte in absehbarer Zeit nicht eingerichtet werden kann" (Nr. 5 und 8, Ministerium für Schule und Weiterbildung des Landes Nordrhein-Westfalen 2009 / 2014). Unter staatlicher Aufsicht kann herkunftssprachlicher Unterricht stattfinden,

> „wenn in der Sekundarstufe I mindestens 18 Schülerinnen und Schüler gleicher Herkunftssprache dauerhaft teilnehmen. Wird an der Schule die Lerngruppengröße auch bei jahrgangsübergreifendem Unterricht nicht erreicht, informiert die Schule hierüber die Schulaufsichtsbehörde. Dort werden Kooperationsmöglichkeiten mit benachbarten Schulen geprüft, damit bei ausreichender Gruppengröße schul- oder schulformübergreifende Lerngruppen eingerichtet werden können. Über Ausnahmen entscheidet die Schulaufsichtsbehörde" (Nr. 5, Ministerium für Schule und Weiterbildung des Landes Nordrhein-Westfalen 2009 / 2014).

Die Mindestzahl von 18 Schüler/innen in der Sekundarstufe I bzw. 15 Schüler/innen in der Primarstufe erscheint im Vergleich beispielsweise zur schwedischen Regelung mit einer Mindestzahl von fünf Schüler/innen sehr hoch festgesetzt. Die Regelung unterscheidet sich auch insofern, als Schulen in Schweden zur Einrichtung des herkunftssprachlichen Unterrichts verpflichtet sind, sobald fünf Schüler/innen bzw. deren Eltern dies wünschen (Axelsson 2008, S. 111). Laut Auskunft des Internetauftritts des nordrhein-westfälischen Schulministeriums wird herkunftssprachlicher Unterricht in 16 Sprachen angeboten: Albanisch, Arabisch, Bosnisch, Griechisch, Italienisch, Kroatisch, Kurdisch, Mazedonisch, Niederländisch, Polnisch, Portugiesisch, Russisch, Serbisch, Slowenisch, Spanisch und Türkisch (Ministerium für Schule und Weiterbildung des Landes Nordrhein-Westfalen 2014b).

Bilinguale Modelle

Während in deutschen Schulen der Mehrsprachigkeit eines Großteils der Schüler/innen somit weitestgehend mit Submersion begegnet wird und die Herkunftssprachen der Schüler/innen eine untergeordnete Rolle spielen, gibt es vereinzelt auch bilinguale Modelle, die über den „ergänzende[n] Charakter" des Herkunftssprachenunterrichts (Allemann-Ghionda 2002, S. 73) hinausgehen und die Wertschätzung der Herkunftssprachen zum Ziel haben (Niedrig 2011, S. 96). Unterschieden werden können transitorische Modelle, *Language-maintenance*-Modelle und *Two-way*-Modelle. Erstere Modelle lassen sich „nicht im engeren Sinne als ‚bilingualer Unterricht' bezeichnen, denn es geht nicht um die Entwicklung der Zweisprachigkeit der Kinder, sondern um ihre möglichst reibungslose Einpassung in den monolingualen Regelunterricht" (Niedrig 2011, S. 95). Nach diesem Prinzip arbeiten die Vorbereitungsklassen in Deutschland (Reich u. a. 2002, S. 21). *Language-maintenance*-Modelle hingegen haben den Erhalt der Herkunftssprachen zum Ziel. Zu den Schulen, die nach diesem Prinzip unterrichten, gehören in Deutschland die bereits erwähnten Schulen autochthoner Minderheiten (Dänen und Sorben), Diplomatenschulen und Privatschulen für Schüler/innen mit griechischem Migrationshintergrund (Niedrig 2011, S. 97; Reich / Roth 2002, S. 21).[56] In Schulen, die nach dem *Two-way*-Modell unterrichten, wird „die Unterrichtszeit in der Regel gleichmäßig auf die beiden beteiligten Sprachen aufgeteilt" (Niedrig 2011, S. 97), allerdings sind Varianten möglich auf einem Kontinuum zwischen Schulen, die durchgängig und paritätisch zweisprachig arbeiten, bis hin zu Schulen mit lediglich einem bilingualen Zweig (Teilimmersion) in einem oder mehreren Fächern innerhalb gewisser Jahrgangsstufen, z. B. der Sekundarstufe II.[57]

Exkurs: Zum ‚Streitfall' Mehrsprachigkeit

Wie ist es zu erklären, dass die ‚natürliche' Mehrsprachigkeit, die aus Migration resultiert, so wenig Förderung und Anerkennung im deutschen Bildungssystem erfährt im Gegensatz zur Mehrsprachigkeit, die im Rahmen des Fremdsprachenunterrichts (vornehmlich Englisch und Französisch) gefördert werden soll? Zum einen hängt dies mit dem Prestige der Sprachen zusammen, das ihnen von der Gesellschaft zugeschrieben wird. Die Unterscheidung zwischen ‚großen' und ‚kleinen' Sprachen von Allemann-Ghionda ist in diesem Zusammenhang hilfreich (Allemann-Ghionda 1995).[58] Diese Hierarchie spiegelt sich auch in bildungspolitischen Richtlinien und Empfehlungen wider. In der Empfehlung der KMK zur Stärkung der Fremdsprachenkompetenz heißt es einleitend beispielsweise:

---

56 Niedrig nennt in diesem Zuge noch den Herkunftssprachenunterricht, der in der vorliegenden Arbeit nicht im Abschnitt zu den bilingualen Modellen dargestellt wird. Darauf, dass der Herkunftssprachenunterricht kein bilinguales Modell im engeren Sinne ist, macht Niedrig aufmerksam, indem sie abschließend auf Reich u. a. (2002) verweist, die herkunftssprachlichen Unterricht als „Submersion mit begleitendem *Language-Maintenance-Unterricht*" bezeichnen (Niedrig 2011, S. 97, Herv. im Orig.).

57 Eine Übersicht bilingualer Schulen am Beispiel Deutsch-Italienisch gibt Benati (2008).

58 So macht es im Hinblick auf den Erhalt der Erstsprachen sicher einen Unterschied, ob ein Kind die Schule in Deutschland besucht, das aus England immigriert ist, oder ob es sich um ein Kind handelt, dessen Familie z. B. aus Rumänien immigriert ist.

„**Die Vielfalt der Sprachen und Kulturen ist ein Reichtum**, den es durch geeignete Bildungsmaßnahmen zu erschließen gilt. Dem Fremdsprachenunterricht kommt hier eine besondere Rolle zu. Er schafft zielorientierte Kommunikationsfähigkeit und trägt dazu bei, interkulturelle Handlungskompetenz zu entwickeln, um sich im globalen Rahmen wertbasiert orientieren zu können. Mit Blick auf ein politisch und wirtschaftlich zusammenwachsendes Europa und auf die Internationalisierung der Märkte **gewinnt Mehrsprachigkeit immer mehr an Bedeutung**. Um sie im Prozess des lebenslangen Lernens zu entwickeln, **müssen erstsprachige Kompetenzen in den Fremdsprachenerwerb integriert und Synergien genutzt werden**" (KMK 2011a, S. 2, eig. Herv.).

Die Erstsprachen werden zwar angesprochen. Das „Ziel einer funktionalen Mehrsprachigkeit" bezieht sich jedoch primär auf den Erwerb von Fremdsprachen. Die Erstsprachen nehmen damit lediglich eine ‚Helferfunktion' ein:

„Das **Ziel einer funktionalen Mehrsprachigkeit** bedingt, dass Schülerinnen und Schülern grundlegende Kenntnisse in mindestens einer weiteren **Fremdsprache** ermöglicht werden. **Kenntnisse aus Erstsprachen werden dabei berücksichtigt und die Erfahrungen der Schülerinnen und Schüler in Deutsch und anderen Erstsprachen genutzt**" (KMK 2011a, S. 4, eig. Herv.).

Zum anderen gibt es aber auch im wissenschaftlichen Diskurs eine Kontroverse um das Thema Zwei- bzw. Mehrsprachigkeit bei Kindern und Jugendlichen mit Migrationshintergrund, die bemerkenswerterweise in dieser Form bei Kindern und Jugendlichen ohne Migrationshintergrund bzw. aus „einer gehobenen sozialen Schicht" nicht aufkommt (Gogolin 2010b, S. 539, 544). So komme nach Esser die bilinguale Erziehung von Schüler/innen mit Migrationshintergrund einem Placebo-Effekt gleich, wie in einem Artikel in der Süddeutschen Zeitung vom 7. April 2006 zu lesen ist (Esser 2006a; vgl. ausführlicher Esser 2006b, 2009). Auch Hopf, der auf das Argument der verfügbaren Lernzeit in der Schule (*Time-on-task*-Hypothese) setzt, spricht sich gegen eine bilinguale Erziehung und für eine effektive Nutzung der Lernzeit aus. Ihm zufolge müsse „die verfügbare und aktive Lernzeit vor allem für die Verkehrssprache *in erheblichem Umfang* vermehrt werden. [...] Erst wenn diese Ziele erreicht sind, macht es Sinn, schulische Lernzeit für den Erhalt und Ausbau der Kompetenzen in der Herkunftssprache bereitzustellen" (Hopf 2005, S. 245, Herv. im Orig.). Beide Autoren zweifeln dabei die Aussagekraft der Mehrzahl der vorliegenden Studien zum bilingualen Unterricht aufgrund der aus ihrer Sicht vorhandenen methodischen Mängel an (vgl. ausführlicher Gogolin / Neumann 2009).

Die empirische Lage bezüglich der Untersuchungen zur Wirksamkeit zwei- bzw. mehrsprachiger Bildung ist in der Tat überschaubar. Die Frage ist, ob ein Mangel an belastbaren Untersuchungen, die als methodisch sauber eingeschätzt werden, ein ausreichendes Argument gegen die Förderung der Herkunftssprachen darstellt. Selbst wenn die empirische Forschung in Deutschland zur Frage, ob mehrsprachige Bildung den Schulerfolg von Schüler/innen mit Migrationshintergrund positiv beeinflussen kann, noch am Anfang steht, so spricht aus identitätstheoretischer Sicht vieles dafür, dass der Erhalt der Herkunftssprachen und Herkunftskulturen sich positiv auf den Akkulturationsprozess auswirkt. So identifizierten Berry u. a. vier Akkulturationsprofile: integrativ, ethnisch, national und diffus. Es zeigte sich, dass die Akkulturationsprofile mit zwei Formen der Adaption korrelierten, der psychischen und der soziokulturellen Adaption:

> „There were substantial relationships between how youth acculturate and how well they adapt: **those with an integration profile had the best psychological and socio-cultural adaptation outcomes, while those with a diffuse profile had the worst**; in between, those with an ethnic profile had moderately good psychological adaptation but poorer sociocultural adaptation, while those with a national profile had moderately poor psychological adaptation, and slightly negative sociocultural adaptation" (Berry u. a. 2006, S. 304, eig. Herv.).

Zudem herrscht in der Forschung weitgehend Einigkeit darüber, dass eine balancierte Mehrsprachigkeit mit positiven kognitiven Wirkungen einhergeht. Zu diesen zählen: ein erhöhtes divergentes bzw. kreatives Denken, die Fähigkeit zum kontextunabhängigen Denken sowie eine erhöhte metalinguistische Sensibilität und Analysefähigkeit (vgl. ausführlicher Baker / Prys Jones 1998, S. 66 ff.). Eine in diesem Kontext erwähnenswerte Studie zum Thema Zweisprachigkeit von Kindern mit Migrationshintergrund, die in Armut aufwachsen, zeigt, dass diese zwar keine Vorteile auf sprachlicher Ebene im Vergleich zu einsprachig aufwachsenden Kindern haben. Sie haben jedoch nennenswerte kognitive Vorteile, was sich in einer erhöhten kognitiven Kontrollleistung und gesteuerten Aufmerksamkeit zeigt (Engel de Abreu u. a. 2012).

Deutsch als Zweitsprache und / oder Deutsch als Bildungssprache

Unabhängig von dem beschriebenen ‚Streitfall' über zwei- und mehrsprachige Bildung (Gogolin / Neumann 2009) bzw. der Frage, ob die Herkunftssprachen gefördert werden sollten, sind für die Frage nach dem Zusammenhang von Sprache und Bildungserfolg die folgenden zwei Aspekte zentral: (i) die Tatsache, dass Schüler/innen mit Migrationshintergrund in der Regel Deutsch als Zweitsprache lernen und (ii) dass zwischen dem Erwerb von alltagssprachlichen und bildungssprachlichen Kompetenzen zu unterscheiden ist:

(i)   Schüler/innen mit Migrationshintergrund, die zwei- oder mehrsprachig aufwachsen, lernen Deutsch als Zweitsprache. Dies gilt es im Unterricht zu berücksichtigen, da diese Schüler/innen nicht einfach ‚mitschwimmen' können (siehe vorangehend die Unterscheidung von Immersion und Submersion), sondern „einen auf sie zugeschnittenen Unterricht" benötigen (Allemann-Ghionda 2007, S. 165). So gilt es zum einen zu berücksichtigen, dass der Unterricht für Schüler/innen mit Deutsch als Zweitsprache zweierlei Herausforderungen mit sich bringt: eine auf inhaltlicher und eine auf sprachlicher Ebene. Denn die Schüler/innen haben „die Doppelaufgabe zu leisten, sowohl eine

Sache zu lernen als auch die Sprache zur Sache" (Gogolin / Lange 2011, S. 122). Dass bedeutet nicht, dass eine mehrsprachige Sozialisation *per se* ein „Erschwernis für das Lernen" darstellt. Sie erfordert jedoch, wie bereits erwähnt, „dass spezifische Bedingungen geschaffen werden müssen" (Gogolin / Lange 2011, S. 123). Zu diesen Bedingungen zählt insbesondere die Notwendigkeit, dass Lehrpersonen über Kompetenzen in der Didaktik der Zweitsprache verfügen. Denn der Deutschunterricht für zweisprachig aufwachsende Schüler/innen – wie auch der Unterricht in anderen Fächern – unterscheidet sich von einem Deutschunterricht bzw. Fachunterricht für einsprachige Kinder und Jugendliche (vgl. z. B. Allemann-Ghionda 2007, S. 164 ff.).

(ii) Der Unterricht in Deutsch als Zweitsprache (wie auch der Unterricht in Deutsch als Erstsprache) muss zudem gezielt bildungssprachliche Kompetenzen ausbilden (vgl. hierzu ausführlicher Gogolin 2006). Dabei ist zu berücksichtigen, dass der bildungssprachliche Erwerb in der Zweitsprache länger dauert als der bildungssprachliche Erwerb in der Erstsprache (Gogolin / Lange 2011, S. 123), nämlich fünf bis acht Jahre (Gogolin / Lange 2011, S. 110). Eine durchgängige Sprachbildung ist die notwendige Konsequenz (Gogolin / Lange 2011, S. 123).

Wichtig ist hervorzuheben, dass die Unterscheidung zwischen alltagssprachlichen und bildungssprachlichen Kompetenzen nicht nur im Kontext einer mehrsprachigen Sozialisation von Bedeutung ist. Im mehrsprachigen Kontext ist die Unterscheidung wichtig, weil damit der statistisch gesehen geringe Bildungserfolg von Schüler/innen mit Migrationshintergrund erklärt werden kann. In diesem Zusammenhang hat Cummins die Unterscheidung zwischen den Sprachregistern *Basic Interpersonal Communicative Skills* (BICS) und *Cognitive Academic Language Proficiency* (CALP) eingeführt (Cummins 1979). Im Kontext einer einsprachigen Sozialisation ist die Unterscheidung zwischen verschiedenen Registern ebenfalls hilfreich, um den geringen Bildungserfolg von Schüler/innen aus sogenannten bildungsfernen Milieus zu erklären. In diesem Zusammenhang sind die Arbeiten von Bernstein (1973) hilfreich, der unterschiedliche Sprachcodes verschiedener sozialer ‚Schichten' untersucht hat. Welche „Sprechcodes (speech codes) entstehen, hängt vom System der sozialen Beziehungen ab" (Bernstein 1973, S. 239) und geht mit einer „mangelnden Chancengleichheit im Zugang" zu diesen Sprachcodes einher (Bernstein 1973, S. 232). Denn zum elaborierten Code haben aufgrund unterschiedlicher sozialer Positionen Kinder aus „der unteren Arbeiterschicht" nur beschränkten Zugang (Bernstein 1973, S. 255). So ist die Wahrscheinlichkeit bei ihnen sehr groß, im Gegensatz zu Kindern der ‚Mittel- und Oberschicht', dass sie einen restringierten Code entwickeln.

Ein Unterricht, der die sprachlichen Fähigkeiten der Schüler/innen in mehrsprachigen und soziokulturell heterogenen Kontexten fördern will, muss (i) für Schüler/innen, die Deutsch als Zweitsprache lernen, die Prinzipien der Didaktik der

Zweitsprache berücksichtigen und (ii) die bildungssprachlichen Fähigkeiten aller Schüler/innen in allen Fächern systematisch, kontinuierlich und langfristig fördern. Wie diese auf bildungstheoretischer Ebene postulierten Anforderungen an einen sprachsensiblen Fachunterricht (vgl. z. B. Becker-Mrotzek u. a. 2013; Leisen 2010) in der Praxis rezipiert und umgesetzt werden, ist unter anderem Teil der durchgeführten Interviewanalysen im Rahmen der Feldforschungen (vgl. Kapitel 11.2).

Beispiel der Best-Practice: Durchgängige Sprachbildung (FörMig)

Das Modellprojekt *Förderung von Kindern und Jugendlichen mit Migrationshintergrund* (FörMig), das über eine Laufzeit von fünf Jahren (2004–2009) durchgeführt wurde, wurde in zehn Bundesländern realisiert und vom Institut für International und Interkulturell Vergleichende Erziehungswissenschaft der Universität Hamburg wissenschaftlich begleitet (FörMig 2010). Alle Projekte arbeiteten nach einem gemeinsamen Strukturmodell. Die „FörMig-Basiseinheit", d. h. „ein Zusammenschluss mehrerer Bildungseinrichtungen in einer Region mit Partnern" bildete zusammen mit „Strategischen Partnern" (z. B. der Stadtbibliothek) ein „Sprachbildungsnetzwerk" (Gogolin u. a. 2011, S. 19). Ziel des Modellprojektes war der durchgängige Aufbau bildungssprachlicher Kompetenzen von Kindern und Jugendlichen mit Migrationshintergrund. Dazu wurden Themenschwerpunkte und Module ausgearbeitet, denen sich die Basiseinheiten zuordneten. Exemplarisch soll an dieser Stelle das Modellprojekt anhand des Länderprojekts in Nordrhein-Westfalen konkretisiert werden (FörMig NRW 2008, 2009). Vier Schwerpunkte bildeten den Kern des Länderprojekts FörMig NRW:

- Schwerpunkt 1: Sprachstandsfeststellung und Sprachförderung,
- Schwerpunkt 2: Sprachförderung als Baustein von Ganztagsangeboten,
- Schwerpunkt 3: Sprachförderprogramme in Deutsch, Herkunftssprachen und Fremdsprachen,
- Schwerpunkt 4: Sprache in der beruflichen Qualifikation / regionale Ausbildungsverbünde.

An verschiedenen Standorten wurden Projekte mit jeweils anderen Schwerpunkten realisiert, so beispielsweise in Köln mit dem Schwerpunkt „Sprachstandsfeststellung und Sprachförderung". Erprobt und evaluiert wurde in diesem Rahmen unter anderem das „Hamburger Verfahren zur Analyse des Sprachstandes 5-Jähriger" (HAVAS 5), ein Instrument zur Sprachstandsfeststellung in den Sprachen mehrsprachiger Kinder (Roth 2014).

6 Analyse der intendierten Bildungsziele und -inhalte aus interkultureller und diversitätssensibler Sicht in Deutschland

6.1 Bereits vorliegende Lehrplananalysen in Deutschland unter dem Aspekt der Diversität

Zusammenfassung und Ausblick

In struktureller Hinsicht bietet das deutsche Bildungssystem mit seiner früh einsetzenden Selektion nach vier Jahren, den hierarchischen Bildungsgängen der Sekundarstufe I und dem parallelen, hoch ausdifferenzierten Sonderschulwesen eher ungünstige Voraussetzungen für eine integrative Berücksichtigung von Diversität. Die vorangehende vorschulische Bildung ist kostenpflichtig. Durch die föderale Grundstruktur verfügt im Grunde genommen jedes Bundesland über ein eigenes Bildungssystem, was in einer Vielzahl an Bildungsgängen und Bezeichnungen für eben diese mündet. Gleichwohl ist ein Trend zur Zweigliedrigkeit zu erkennen. Individuelle Förderung wird zudem in den schulrechtlichen Bestimmungen groß geschrieben. Gleichzeitig existiert ein ausgedehnter Markt im Bereich der privaten Nachhilfe, was als Indikator dafür gesehen werden kann, dass die Schüler/innen, die dieses Angebot in Anspruch nehmen, die benötigte individuelle Förderung innerhalb der Schule nicht oder nicht in hinreichendem Maße erhalten (vgl. Kapitel 5.2 und Kapitel 5.3). Im Folgendem werden die bildungspolitischen Vorgaben in Form von Kernlehrplänen hinsichtlich ihrer Berücksichtigung von interkulturellen und diversitätssensiblen Aspekten analysiert. Vorangehend werden die Ergebnisse bereits vorliegender Lehrplananalysen in Deutschland unter dem Aspekt der Berücksichtigung von Diversität bzw. der Umsetzung der Empfehlung der KMK zur interkulturellen Bildung von 1996 (vgl. Kapitel 5.2) vorgestellt. Die Ergebnisse beziehen sich dabei nicht ausschließlich auf das Bundesland Nordrhein-Westfalen und die Bildungsgänge, die Gegenstand der vorliegenden Untersuchung sind (vgl. Kapitel 2.1).

Unterschiedliche Konzeptionen interkultureller Bildung

In der Analyse von Bühler-Otten u. a. wurden Schulgesetze, Richtlinien und Lehrpläne der Bundesländer Bayern, Mecklenburg-Vorpommern und Schleswig-Holstein dahingehend überprüft, ob und wie der Ansatz der interkulturellen Bildung in den verschiedenen Bundesländern Eingang in diese Dokumente gefunden hat. Die Autor/innen kommen zu dem Ergebnis, dass die Lehrpläne der Grundschule und der Sekundarstufe I der einzelnen Bundesländer unterschiedliche Interpretationen und Konzeptionen der in der Bildungstheorie postulierten interkulturellen Bildung aufweisen. Während insbesondere in Schleswig-Holstein, aber auch in Mecklenburg-Vorpommern, interkulturelle Bildung als allgemeine Bildungsaufgabe begriffen

wird, wird in Bayern interkulturelle Bildung als Bildungsaufgabe für die Hauptschule konzipiert, also jenem Schultyp, der hauptsächlich von Schüler/innen mit Migrationshintergrund besucht wird (Bühler-Otten u. a. 2000, S. 314 f.). In einem solchen
reduktionistischen Verständnis, in dem interkulturelle Bildung als eine Art ‚Pädagogik für Ausländer' angesehen wird, spiegelt sich sowohl eine eingeschränkte Adressatengruppe (Migrant/innen) als auch eine eingeschränkte Zielsetzung (Kompensa-
torik) wider, was im Widerspruch zu den Empfehlungen der KMK von 1996 steht
(Neumann / Reuter 2004, S. 807).

Gelingensbedingungen für die Etablierung interkultureller Bildung in den
Lehrplänen und Bildungsstandards

Im Jahr 2004 setzten Neumann und Reuter die Untersuchung aus dem Jahr 2000 von
Bühler-Otten u. a. fort und analysierten erneut die Lehrpläne der Grundschule und
der Sekundarstufe I der Bundesländer Bayern und Mecklenburg-Vorpommern. Anstelle von Schleswig-Holstein wurde in dieser Analyse Berlin einbezogen.[59] Im
bayrischen Grundschullehrplan identifizierten die Autor/innen in mehreren Passagen
verschiedener Fächer eine einseitige Adressierung an die ‚deutschen' Schüler/innen,
die etwas über Schüler/innen ‚anderer Kulturen' lernen sollen (Neumann / Reuter
2004, S. 808 ff.). Für Berlin kommen die Autor/innen zu widersprüchlichen Ergebnissen: In dem zum Zeitpunkt der Untersuchung gültigen Grundschullehrplan für
das Fach Deutsch wurde „nur rudimentär Bezug auf die Heterogenität in Schule und
Gesellschaft genommen" (Neumann / Reuter 2004, S. 814). Der neue Rahmenlehr-
planentwurf Deutsch verfolgte hingegen „eine explizit kulturvergleichende Perspektive; die Begegnung mit fremden Sprachen soll sprachvergleichend und wissenser-
weiternd erfolgen", um „durch die Erfahrung des Unterschiedlichen das Eigene zu
relativieren" (Neumann / Reuter 2004, S. 814). Die Lehrpläne der Sekundarstufe I
der Fächer Deutsch, Geschichte, Sozialkunde und Weltkunde enthielten wiederum
weder implizite noch explizite interkulturelle Bezüge, schlossen diese aber auch
nicht aus. Die Autor/innen konstatieren abschließend, dass die analysierten Lehrpläne zwar „in der Regel Ziele interkultureller Pädagogik" benennen, die „Struktur des
Wissenserwerbs und des Aufbaus von Handlungskompetenz in unterschiedlichen
Situationen" jedoch „nur unspezifisch erfasst" werde (Neumann / Reuter 2004,
S. 815). Deshalb empfehlen die Autor/innen genauer zu definieren, „was unter interkultureller Kompetenz zu verstehen sei". Sie führen schließlich fünf „Gelingensbedingungen für die Etablierung interkultureller Bildung in den Lehrplänen und
Bildungsstandards" an:

---

59   Die Lehrpläne von Berlin und Mecklenburg-Vorpommern wurden zusammen betrach-
      tet, weil sie „das Ergebnis einer Lehrplankooperation der Länder Berlin, Brandenburg,
      Bremen und Mecklenburg-Vorpommern" sind (Neumann / Reuter 2004, S. 812).

(1) „Eine Adressatenorientierung, welche die multikulturelle Schülerschaft ausdrücklich berücksichtigt und positiv als Lernarrangement bewertet, in dem die Verschiedenheit der Ansichten, Fähigkeiten und Positionen zur Ausbildung von Handlungskompetenz beiträgt;

(2) ein reflektierter Vergleich nicht von ‚Kulturen‘, sondern von Lebensformen, Sprachen, religiösen und weltanschaulichen Einstellungen;

(3) eine Orientierung an der Reflexion sowohl gesellschaftlich-historischer als auch individueller Verantwortung und Handlungsmöglichkeiten;

(4) die Bewertung von Heterogenität als normal und

(5) die Entwicklung von Kriterien und Testverfahren, mit denen die Zielbestimmungen der interkulturellen Kompetenz praktisch überprüft werden können" (Neumann / Reuter 2004, S. 815).

Die von Neumann und Reuter eingenommenen „Perspektiven" ihrer Analyse (Neumann / Reuter 2004, S. 806 f.), aus denen die fünf Gelingensbedingungen abgeleitet wurden, sind unter anderem und in modifizierter Form im Analyseraster für die Lehrplananalysen der vorliegenden Arbeit wiederzufinden.

Die Bedeutung von Emotionen und Affekte für interkulturelles Lernen

Ebenfalls im Jahr 2004 analysierten Göbel und Hesse die Englischlehrpläne der neunten Jahrgangsstufe aller Bundesländer, die bis zum Sommer 2003 bereit standen (Göbel / Hesse 2004, S. 823 f.). Die Analyse orientiert sich dabei am Modell der interkulturellen Sensibilisierung von Bennett (1993, vgl. auch Kapitel 11.1). Göbel und Hesse stellen fest:

> „Da die empirischen Forschungen zur interkulturellen Sensibilität immer wieder die Bedeutung von *Emotionen und Affekten* im Verlauf von Kulturbegegnungen herausstellen, sollte dieser Bereich auch in den Lehrplänen stärker Berücksichtigung finden. Im fremdsprachlichen Zusammenhang geht es um das Erkennen von ‚Fettnäpfen‘ […]. Die Fähigkeit zur Wahrnehmung der eigenen emotionalen Zustände und die anderer Personen sowie das Verfügen über geeignete sprachliche und soziale Reparaturtechniken, sind im interkulturellen Zusammenhang bedeutsame Kompetenzen. […] Die Lehrpläne eröffnen Felder möglicher Handlungen, sie reichen aber nicht hin, um interkulturell erfolgreichen Unterricht zu gestalten" (Göbel / Hesse 2004, S. 831, Kursivdruck im Orig., eig. Herv. durch Fettdruck).

Zudem stehen die allgemeinen Lehrziele und die spezifischen Lehrinhalte eher unverbunden nebeneinander. Den Lehrpersonen bleibt somit weitgehend selbst überlassen, mit welchen konkreten Lerninhalten die allgemeinen Lehrziele vermittelt werden (Göbel / Hesse 2004, S. 831).

Hierarchisches Verständnis interkultureller Bildung

Im Jahr 2005 untersuchte Allemann-Ghionda am Beispiel Nordrhein-Westfalens die Lehrpläne der verschiedenen Schultypen der Sekundarstufe I im Fach Geschichte sowie drei Geschichtsschulbücher (zwei für die Realschule und eins für das

Gymnasium) mit dem Fokus auf das Thema „Die Römer". Im Ergebnis identifiziert die Autorin eine Hierarchie, die der Mehrgliedrigkeit des deutschen Bildungssystems entspricht:

> „The ways of promoting intercultural education in the guidelines are different and more or less abstract or concrete depending on the track they are designed for. [...] It [intercultural education] is very concrete in the books for the 'Realschule' with references to the presence of migrant pupils in the classroom, but more abstract and more general, referring to the intercultural potential of historiography in the textbook for the 'Gymnasium'. We do not know how the intercultural issue is played out in textbooks for the 'Hauptschule' but we do know that the guidelines and curriculum insist on developing social competences in order to be able to interact with pupils from other nations and cultures. Is this not a way to promote prejudice instead of deconstructing it?" (Allemann-Ghionda 2005, S. 157, 176).

Der Titel des Beitrags *Historical Knowledge for Everybody or for the Happy Few? Teaching 'The Romans' in North Rhine Westphalia (Germany)* bringt die damit einhergehende Kritik auf den Punkt.

6.2 Diversität in den nordrhein-westfälischen Lehrplänen für das Gymnasium und die Hauptschule unter Berücksichtigung der Bildungsstandards

Zu Beginn dieses Analysekapitels muss festgehalten werden, dass die untersuchten nordrhein-westfälischen Lehrpläne aufgrund der föderalistischen Grundstruktur des deutschen Bildungssystems (vgl. Kapitel 5.3) nicht repräsentativ für Deutschland sind. Dies ist angesichts des qualitativen Forschungsdesigns dieser Studie weder notwendig noch Desiderat (vgl. Kapitel 2.1). Untersucht wurden in dieser Fallstudie die nordrhein-westfälischen Kernlehrpläne der Fächer Deutsch, Geschichte und Englisch für das Gymnasium und die Hauptschule.[60] Das vorliegende Kapitel ist nach Fächern strukturiert. Innerhalb der Analyse eines Faches wurden zunächst (sofern vorliegend) die Bildungsstandards untersucht. Anschließend wurden die Lehrpläne für das Gymnasium und für die Hauptschule analysiert. Die Lehrplananalysen beider Bildungsgänge folgen demselben Analyseraster mit Fragen zu drei Themenblöcken: (i) Adressatenorientierung, (ii) Lernziele und Lerninhalte sowie (iii) Methodisch-didaktische Aspekte. Die einzelnen Leitfragen wurden aus dem Theorieteil dieser Arbeit, bereits vorliegenden Lehrplananalysen (Göbel / Hesse 2004; Neumann / Reuter 2004) sowie den in der Fachliteratur postulierten Prinzi-

---

60 Die nordrhein-westfälischen Kernlehrpläne sind im Lehrplannavigator des Schulministeriums abrufbar (Ministerium für Schule und Weiterbildung des Landes Nordrhein-Westfalen 2014c). Die Druckausgaben werden vom Ritterbach Verlag veröffentlicht. Um die Kernlehrpläne (KLP) zu kennzeichnen, werden in der Kurzzitierweise jeweils das Fach, der Bildungsgang und das Erscheinungsjahr benannt, z. B.: (KLP Deutsch Gymnasium 2007).

pien einer multiperspektivischen allgemeinen Bildung (vgl. etwa Amodeo 1999; Auernheimer 2010, S. 142 ff.; Reich u. a. 2000; Virta 2012) deduktiv abgeleitet und erweitert (vgl. Kapitel 2.2). Im Rahmen der Ausführungen zum Bildungsgang der Hauptschule wird im Anschluss an jede Analysefrage jeweils eine vergleichende Perspektive zum gymnasialen Lehrplan eingenommen. Diese vergleichenden Abschnitte werden typografisch hervorgehoben.[61]

DIVERSITÄT IM FACH DEUTSCH AM GYMNASIUM UND DER HAUPTSCHULE

Nationale Bildungsstandards im Fach Deutsch

Interkulturelles Lernen – für wen?

Nationale Bildungsstandards für das Fach Deutsch liegen für den mittleren Schulabschluss und für den Hauptschulabschluss (Jahrgangsstufe 9) vor. Beide Dokumente sind analog aufgebaut. Beim direkten Vergleich fällt auf, dass der Abschnitt „Beitrag des Faches Deutsch zur Bildung" und die anschließende allgemeine Beschreibung der Kompetenzbereiche in Form einer jeweils in kursiv gesetzten Leitidee und einer knappen Beschreibung nahezu identisch sind. Ein entscheidender Unterschied findet sich jedoch im Zusammenhang mit den Ausführungen zum interkulturellen Lernen, die in einem Zug mit den Hinweisen zur „Arbeit an Sprachfragen" und den „divergenten Spracherfahrungen" von Schüler/innen angeführt werden (KMK 2003b, S. 7; KMK 2004b, S. 7). In beiden Dokumenten steht:

> „In die Arbeit an Sprachfragen bringen Schülerinnen und Schüler mit **divergenten Spracherfahrungen** wichtige, eigenständige Beiträge ein. **Erfahrungen der Mehrsprachigkeit führen zu vertiefter Sprachkompetenz und Sprachbewusstheit.** Sie sind Teil der Arbeit in allen Kompetenzbereichen des Faches und **unterstützen somit interkulturelles Lernen** und soziale Verständigung" (KMK 2003b, S. 7; KMK 2004b, S. 7, eig. Herv.).

Da beide Versionen der Bildungsstandards nicht näher ausführen, wessen „interkulturelles Lernen und soziale Verständigung" durch „Erfahrungen der Mehrsprachigkeit" unterstützt werden soll, erscheint die Schlussfolgerung begründet, dass das

---

61 Wie im methodischen Teil dieser Arbeit bereits dargelegt, ist die Idee für diese binational vergleichende Untersuchung in Deutschland und Finnland unter anderem im Anschluss an die schriftliche Hausarbeit im Rahmen der Ersten Staatsprüfung entstanden. In der Examensarbeit wurden vier Englischlehrwerke der *English G21*-Reihe sowie der nordrhein-westfälische G8-Kernlehrplan Englisch (2007) untersucht. Die Analyseergebnisse wurden in der vorliegenden Untersuchung berücksichtigt und die Analyseperspektiven darüber hinausgehend erweitert (zur Erweiterung des Untersuchungsgenstandes und des methodischen Vorgehens der vorliegenden Arbeit vgl. ausführlicher Kapitel 2.1).

interkulturelle Lernen der Schüler/innen mit „divergenten Spracherfahrungen" bzw. mit Migrationshintergrund und nicht jenes aller Schüler/innen gemeint ist (KMK 2003b, S. 7; KMK 2004b, S. 7). Dies entspricht, wie schon bei der Analyse von Bühler-Otten u. a., einer eingeschränkten Adressatengruppe (Neumann / Reuter 2004, S. 807). Außerdem ist die Formulierung „Erfahrungen der Mehrsprachigkeit führen zu vertiefter Sprachkompetenz und Sprachbewusstheit [...] und unterstützen somit interkulturelles Lernen" insofern kritisch zu sehen, als dadurch ein Automatismus suggeriert und zugleich die Rolle der Lehrpersonen beim interkulturellen Lernen ausgeblendet wird. Interkulturelle Sensibilisierung wird zwar beispielsweise im Bennettschen Modell (vgl. Kapitel 11.1) explizit mit dem Erlernen von Sprache(n) verknüpft (Bennett u. a. 2003). Interkulturelles Lernen stellt sich jedoch nicht ‚automatisch' durch die Erfahrung der Mehrsprachigkeit ein (Allemann-Ghionda 2013, S. 114).

Interkulturelle Kompetenz – eine am Rande erwähnte Aufgabe der Hauptschule

In beiden Versionen der Bildungsstandards wird interkulturelles Lernen somit im Zusammenhang mit dem Phänomen der Mehrsprachigkeit bzw. Migration genannt und zugleich darauf reduziert. Die Bildungsstandards für den Hauptschulabschluss führen den Aspekt der Mehrsprachigkeit noch weiter aus, was in den Bildungsstandards für den mittleren Schulabschluss ausbleibt:

> „Für viele Schülerinnen und Schüler mit Migrationshintergrund ist Deutsch nicht Familiensprache, sondern Zweitsprache. Dieser Gegebenheit wird im Deutschunterricht durch sprachdiagnostische Erkenntnisse und daraus abgeleitete methodische und fachdidaktische Entscheidungen entsprochen: Erweiterung von Wortschatz und Sprachstruktur in Anwendungssituationen und ein sicheres Umgehen mit Begriffen. **Kulturelle und sprachliche Vielfalt können zur Entwicklung einer interkulturellen Kompetenz genutzt werden.** Lesestoffe **aus anderen und über andere Kulturen** schaffen Brücken in einer immer enger werdenden Welt, auch zu ausländischen Mitschülern, und fördern **Fremdverstehen und Toleranz**" (KMK 2004b, S. 7, eig. Herv.).

In den Bildungsstandards für die Hauptschule wurde also die Notwendigkeit gesehen, den Aspekt des Zweitsprachenerwerbs von Schüler/innen mit Migrationshintergrund zu elaborieren und „[k]ulturelle und sprachliche Vielfalt" als Instrument zur „Entwicklung einer interkulturellen Kompetenz" zu erklären (KMK 2004b, S. 7). Interkulturelle Kompetenz – eine Kompetenz, die in den Bildungsstandards für den mittleren Schulabschluss nicht benannt wird – wird somit als eine Aufgabe der Hauptschule deklariert. Diese simplifizierende Sicht auf interkulturelle Kompetenz deckt sich mit den Ergebnissen der Lehrplananalysen von Bühler-Otten u. a., die zeigte, dass interkulturelle Bildung nicht in allen Bundesländern als allgemeine Bildungsaufgabe verstanden wurde (Bühler-Otten u. a., S. 314 f.).

Bemerkenswerterweise wird die in den Bildungsstandards für den Hauptschulabschluss im Abschnitt „Beitrag des Faches Deutsch zur Bildung" explizit erwähnte interkulturelle Kompetenz (KMK 2004b, S. 7) in den folgenden vier Kompetenzbereichen des Faches Deutsch nicht weiter berücksichtigt. Diese lauten in beiden Versionen der Bildungsstandards: (i) „Sprechen und Zuhören", (ii) „Schreiben", (iii) „Lesen – mit Texten und Medien umgehen" sowie (iv) „Sprache und Sprachgebrauch untersuchen" (KMK 2003b, S. 7 ff.; KMK 2004b, S. 8 ff.). Interkulturelle Kompetenz wird somit nicht nur auf die Hauptschule beschränkt, sondern zudem nur am Rande erwähnt. Lediglich ein impliziter Bezug findet sich in der Leitidee des dritten Kompetenzbereichs „Lesen – mit Texten und Medien umgehen". Für beide Schulabschlüsse wird formuliert:

> „Die Schülerinnen und Schüler verfügen über grundlegende Verfahren für das Verstehen von Texten, was Leseinteresse sowie Lesefreude fördert und **zur Ausbildung von Empathie und Fremdverstehen beiträgt**" (KMK 2003b, S. 9; KMK 2004b, S. 9, eig. Herv.).

Doch auch diese impliziten Bezüge (Empathie und Fremdverstehen) werden in den Standards des Kompetenzbereichs „Lesen – mit Texten und Medien umgehen", die im Anschluss an diese generelle Leitidee formuliert werden, in beiden Versionen der Bildungsstandards nicht weiter konkretisiert (KMK 2003b, S. 13 ff.; KMK 2004b, S. 13 ff.). Zudem muss kritisch gefragt werden, ob sich Empathie und Fremdverstehen ‚von alleine' über das Verstehen von Texten, Leseinteresse und Lesefreude einstellen. Somit bleibt die Frage unklar, wie Empathie und Fremdverstehen im Deutschunterricht erreicht werden sollen und welche Rolle den Lehrpersonen dabei zukommt.

Der Kernlehrplan Deutsch für das Gymnasium

A   Adressatenorientierung

A.1   Wird explizit oder implizit von einer ‚homogenen' oder ‚heterogenen' Schülerschaft ausgegangen?

Im gymnasialen Kernlehrplan Deutsch wird hauptsächlich von „den Schülerinnen und Schülern" gesprochen (KLP Deutsch Gymnasium 2007, z. B. S. 11). Nur in wenigen Passagen wird von dieser allgemeinen Formulierung abgewichen. So thematisiert der Lehrplan zum einen den Aspekt sprachlicher Heterogenität, wenn von Schüler/innen „anderer Herkunftssprachen" (KLP Deutsch Gymnasium 2007, S. 12), Schüler/innen „mit anderer Muttersprache" (KLP Deutsch Gymnasium 2007, S. 50) oder Schüler/innen, „die Deutsch als Zweitsprache lernen" (KLP Deutsch Gymnasium 2007, S. 58) die Rede ist. Zum anderen wird an einer Stelle ein Aspekt leistungsbedingter Heterogenität aufgegriffen, wenn Schüler/innen „mit besonderen Schwierigkeiten im Erlernen des Lesens und Rechtschreibens (LRS)" (KLP Deutsch Gymnasium 2007, S. 59) thematisiert werden. Weitere Dimensionen von Diversität, beispielsweise die mögliche Anwesenheit von Schüler/innen mit sonderpädagogischem Förderbedarf, werden im Kernlehrplan Deutsch für das Gymnasium nicht aufgegriffen.

A.2 Wird Diversität explizit oder implizit bewertet (als Bereicherung, Belastung, Normalität)?

Die potentielle Mehrsprachigkeit von Schüler/innen wird als „Beitrag zur vertieften Sprachkompetenz und Sprachbewusstheit" (KLP Deutsch Gymnasium 2007, S. 12) hervorgehoben und somit als Bereicherung gesehen. Allerdings wird nicht klar, wessen Sprachkompetenz und Sprachbewusstheit gemeint ist – jene der mehrsprachigen Schüler/innen oder jene aller Schüler/innen? Unklar bleibt auch, wie durch Mehrsprachigkeit ein Beitrag zu einer vertieften Sprachkompetenz und Sprachbewusstheit erreicht werden kann und welche Rolle die Lehrpersonen dabei einnehmen.

B Lernziele und Lerninhalte

B.3 Welche Kompetenzen werden explizit oder implizit angesprochen, die Schüler/innen auf ein Leben in und mit Diversität vorbereiten sollen?

Die Entwicklung sprachlicher Fähigkeiten sowohl im schriftlichen als auch im mündlichen Bereich, die Förderung von Lesekompetenz sowie die Fähigkeit zur Reflexion über Sprache werden im Kernlehrplan als zentrale Aufgaben und Ziele des Deutschunterrichts am Gymnasium festgelegt (KLP Deutsch Gymnasium 2007, S. 11). Aus diesen Aufgaben und Zielen leiten sich die vier Kompetenzbereiche ab, die den in den Bildungsstandards für den mittleren Schulabschluss festgelegten Kompetenzbereichen entsprechen (KMK 2003b, S. 7 ff.): (i) „Sprechen und Zuhören", (ii) „Schreiben", (iii) „Lesen – Umgang mit Texten und Medien" sowie (iv) „Reflexion über Sprache" (KLP Deutsch Gymnasium 2007, S. 13). Ebenso wie die Bildungsstandards sieht der gymnasiale Kernlehrplan Deutsch somit keinen eigenständigen Kompetenzbereich vor, der explizit die Befähigung zum ‚Umgang mit dem Anderen' zum Ziel hat, wie dies etwa im Fach Englisch mit dem Kompetenzbereich „Interkulturelle Kompetenz" der Fall ist, wenngleich mit deutlichen Einschränkungen, wie an späterer Stelle gezeigt wird.

Überdies findet sich die „Ausbildung von Empathie und Fremdverstehen" (KMK 2003b, S. 9), die in den Bildungsstandards im dritten Kompetenzbereich „Lesen – Umgang mit Texten und Medien" erwähnt wird, im G8-Kernlehrplan

Deutsch weder in den formulierten Anforderungen am Ende der Sekundarstufe I noch in den Kompetenzerwartungen der einzelnen Jahrgangsstufen wieder. Von Empathie spricht der Kernlehrplan lediglich an einer Stelle im Zusammenhang mit den Kriterien zur Auswahl der Unterrichtsthemen:

> „Bei der **Auswahl der fachspezifischen Inhalte** ist die Relevanz der Themen und Gegenstände für die **Lebenswirklichkeit** und im Hinblick auf den **Entwicklungsstand** (Denk- und Erfahrungshorizont) der Schülerinnen und Schüler angemessen zu berücksichtigen. Die in den Unterrichtsvorhaben zu erarbeitenden Themen und Gegenstände sollen zur Orientierung in der Lebenswelt der Jugendlichen beitragen. Sie sollen ihnen zugleich einen Zugang zu historischen Perspektiven öffnen.
> **Ein in dieser Weise konzipierter Deutschunterricht fördert** die Fähigkeit der Jugendlichen zu **Empathie**, Kritik und eigener Entscheidung, er bestärkt sie in ihrer Entwicklung zur Selbstständigkeit. Im Deutschunterricht wird dies durch die Arbeit an fachspezifischen Inhalten (Sprache, Texte, Medien) mit den entsprechenden Methoden durch den Aufbau einer Verstehens-, Argumentations- und einer Darstellungskompetenz erreicht" (KLP Deutsch Gymnasium 2007, S. 22, eig. Herv.).

In den Kompetenzerwartungen der drei Jahrgangsstufen wird Empathie jedoch, wie bereits erwähnt, in keinem der vier Kompetenzbereiche als Zielperspektive festgeschrieben. Nur implizit kann darauf geschlossen werden, wenn die Fähigkeit zum Perspektivwechsel angesprochen wird. So sollen Schüler/innen beispielsweise „vom eigenen oder fremden Standpunkt aus (*z. B. Personen, Sachverhalte, Gegenstände*) beschreiben" können (KLP Deutsch Gymnasium 2007, S. 31, Herv. im Orig.) oder „in strittigen Auseinandersetzungen" dazu in der Lage sein, „fremde Positionen" zu respektieren und „Kompromisse" zu erarbeiten (KLP Deutsch Gymnasium 2007, S. 26).

Ein Kompetenzbereich, der sich potentiell zur Förderung diversitätssensibler kommunikativer Kompetenzen eignet, ist der vierte Kompetenzbereich „Reflexion über Sprache". Am Ende der Sekundarstufe I sollen die Schüler/innen in der Lage sein, „beim Sprachhandeln die Inhalts- und Beziehungsebene im Zusammenhang mit den Grundfaktoren sprachlicher Kommunikation [zu] erkennen und [zu] berücksichtigen", beispielsweise hinsichtlich „gelingende[r] bzw. misslingende[r] Kommunikation" (KLP Deutsch Gymnasium 2007, S. 19). Der Kernlehrplan Deutsch scheint dabei jedoch von der Annahme auszugehen, „dass Kommunikation universellen Regeln folgt und kulturneutral ist", wie Allemann-Ghionda mit Blick auf einen Großteil der Fachliteratur über Kommunikation respektive Kommunikationsmodelle kritisch anmerkt (Allemann-Ghionda 2009b, S. 431 f.). Die Annahme eines ‚kulturneutralen' Raums spiegelt sich auch in anderen Formulierungen im Kernlehrplan wider, beispielsweise wenn von der „Begegnung und Auseinandersetzung mit Literatur" die Rede ist, welche es ermöglichen soll, „Grundmuster menschlicher Erfahrung kennen zu lernen" und „eigene Positionen und Werthaltungen zu entwickeln" (KLP Deutsch Gymnasium 2007, S. 11). Auch hier werden universelle Grundmuster menschlicher Erfahrung unterstellt. Lediglich in der Jahrgangsstufe 5 / 6 wird einmalig die Bedeutung „kulturelle[r] und geschlechtsspezifische[r] Zugehörigkeit" für zwischenmenschliche Kommunikation im Aufgabenschwerpunkt „Sprache als Mittel der Verständigung" berücksichtigt (KLP Deutsch Gymnasium 2007, S. 46). Die Themenkomplexe interkulturelle Kommunikation und interkulturelle Missverständnisse werden im G8-Kernlehrplan Deutsch somit nahezu ausgeblendet. Eng mit dieser Thematik verknüpft ist die Rolle von Vorurteilen und Stereotypen, welche im gesamten Lehrplan an keiner Stelle thematisiert wird. In den Kompetenzerwartungen der anderen zwei Kompetenzbereiche „Sprechen und Zuhören" sowie „Schreiben" finden sich keine weiteren Hinweise auf diversitätssensible Kompetenzen, die im gymnasialen Deutschunterricht gefördert werden sollen. Zwar wird im Kompetenzbereich „Sprechen und Zuhören" in der Jahrgangsstufe 5 / 6 das Erkennen von „Kommunikationsstörungen" (KLP Deutsch Gymnasium 2007, S. 26) als Kompetenzerwartung formuliert, was sich potentiell zur Förderung interkultureller kommunikativer Kompetenz eignet. Doch auch hier scheint der G8-Kernlehrplan Deutsch von einem ‚kulturneutralen' Raum auszugehen.

B.4 Berücksichtigen die vorgesehenen Inhalte und Themen interkulturelle und diversitätsbezogene Fragen im Sinne einer multiperspektivischen allgemeinen Bildung?

Der G8-Kernlehrplan Deutsch kündigt vor der Beschreibung der Kompetenzerwartungen der Jahrgangsstufen 6, 8 und 9 an, den Kompetenzen in kursiv gekennzeichnete „verbindliche Inhalte, Textsorten, Verfahren u. Ä." zuzuordnen (KLP Deutsch Gymnasium 2007, S. 21). Bei genauer Betrachtung der Kompetenzbeschreibungen zeigt sich jedoch, dass im Lehrplan keine konkreten Inhalte oder Themengebiete vorgegeben werden. Stattdessen finden sich unbestimmte Formulierungen und nur in Ansätzen Angaben zu Themengebieten wie: „einen szenischen Text in einen epischen umwandeln", „Texte unterschiedlicher Art zu einem für die Altersstufe wichtigen Thema erarbeiten – z. B. zum Thema Schule und Tiere", „elementare Strukturen von Märchen und Sagen erfassen", „Spektrum altersangemessener Werke bedeutender Autorinnen und Autoren kennen" oder „themen- und motivgleiche Gedichte miteinander vergleichen" (KLP Deutsch Gymnasium 2007, S. 30, 40, 43, im Orig. Kursivdruck). Auch in den Aufgabenbeispielen, die dem Kernlehrplan beigefügt sind, finden sich keine stofflich-thematischen Vorgaben (KLP Deutsch Gymnasium 2007, S. 54 ff.). Dies deckt sich mit dem Ergebnis der Lehrplananalysen von Göbel und Hesse, die festhalten, dass den Lehrpersonen „in vielen Lehrplänen selbst überlassen" wird, „[m]it welchen konkreten Lehrinhalten [...] die allgemeinen Lehrziele" vermittelt werden sollen (Göbel / Hesse 2004, S. 831). Hinsichtlich des im Kernlehrplan benannten „Spektrum[s] altersangemessener Werke bedeutender Autorinnen und Autoren" (KLP Deutsch Gymnasium 2007, S. 40) stellt sich ferner die Frage: bedeutend für wen? Einerseits ergeben sich aus dieser Unbestimmtheit des Lehrplans viele Freiheiten für die Lehrpersonen. So könnten beispielsweise, um die Perspektiven zu erweitern, Werke nicht-deutscher und / oder außereuropäischer Schriftsteller/innen im Deutschunterricht gelesen werden (Amodeo 1999, S. 27 ff.; Holzbrecher 2010, S. 17). Andererseits besteht insofern die Gefahr eines heimlichen Lehrplans, als der traditionelle ‚deutsche' Literaturkanon und seine ‚Klassiker' unverändert Bestand haben können und darüber hinausgehende Werke der (Welt-)Literatur kaum Eingang in den Schulkanon finden. Eine dergestalt erweiterte Perspektive im Fach Deutsch ist jedoch unabdingbar für eine multiperspektivisch angelegte allgemeine Bildung (Auernheimer 2010, S. 147), um eine Dezentrierung der Sicht auf Literatur und letztlich auf die Welt anzuleiten. Außerdem ermöglicht der Zugang über das Medium der Literatur, die Welt aus Sicht der ‚Anderen' authentisch zu erfahren.

C   Methodisch-didaktische Aspekte

C.5   Gibt es konkrete methodisch-didaktische Hinweise (Perspektivwechsel etc.)
       zur Umsetzung einer diversitätssensiblen Bildung im Sinne einer
       multiperspektivischen allgemeinen Bildung?

Der Deutschunterricht am Gymnasium soll „eine breite Palette unterschiedlicher Unterrichtsformen aufweisen" und „entdeckendes und nacherfindendes Lernen ermöglichen". Nach dem „Prinzip der integrierenden Wiederholung" sollen „ausgewählte Inhalte" vertieft und „auf Wesentliches" konzentriert werden (KLP Deutsch Gymnasium 2007, S. 12). Die „Auswahl fachspezifischer Inhalte" soll unter angemessener Berücksichtigung der „Relevanz der Themen und Gegenstände für die Lebenswirklichkeit und im Hinblick auf den Entwicklungsstand (Denk- und Erfahrungshorizont)" der Schüler/innen erfolgen. Die Themen und Gegenstände sollen dabei „zur Orientierung in der Lebenswelt der Jugendlichen beitragen" und „ihnen zugleich einen Zugang zu historischen Perspektiven öffnen". Eine solche „schülerorientierte Lernsituation" soll „mehrere Perspektiven auf ein Thema" eröffnen und die Schüler/innen „zu einem Ergebnis ihrer eigenen, aktiven Tätigkeit" führen. Dies setzt die „gemeinsame Planung mit der Lerngruppe, insbesondere die Vereinbarung über Themen und thematische Schwerpunkte, Handlungsziele, erforderliche Arbeitsmethoden sowie Qualität und Präsentation der Arbeitsprodukte voraus" (KLP Deutsch Gymnasium 2007, S. 22). Eher beiläufig wird somit im G8-Kernlehrplan erwähnt, dass der Deutschunterricht „mehrere Perspektiven auf ein Thema" eröffnen soll (KLP Deutsch Gymnasium 2007, S. 22). Entsprechend unbestimmt wirken die Verweise auf die Methode des Perspektivwechsels in den folgenden Kompetenzbeschreibungen, die keine expliziten diversitätssensiblen Bezüge enthalten (z. B. „Brief in der Rolle einer literarischen Figur", KLP Deutsch Gymnasium 2007, S. 19; s. auch S. 41, 45, 49, 56). Weitere methodisch-didaktische Hinweise, beispielsweise im Hinblick auf eine multiperspektivische Stoffauswahl, finden sich im Kernlehrplan nicht, wenngleich der offen gehaltene Hinweis auf die Orientierung an der Lebenswirklichkeit der Schüler/innen zumindest Freiräume eröffnet.

C.6 Sieht der Lehrplan die Individualisierung des Unterrichts (z. B. durch differenzierte Aufgabenstellungen) vor?

Der gymnasiale Kernlehrplan Deutsch gibt nur wenige Hinweise auf die Gestaltung eines individualisierten Unterrichts. Diese finden sich hauptsächlich im Abschnitt „Leistungsbewertung". Demnach sollen die „Ergebnisse der Lernerfolgsüberprüfung" für Lehrpersonen „Anlass [sein], die Zielsetzungen und die Methoden ihres Unterrichts zu überprüfen und ggf. zu modifizieren. Für die Schülerinnen und Schüler sollen sie eine Hilfe für weiteres Lernen darstellen" (KLP Deutsch Gymnasium 2007, S. 57). Weiter heißt es:

> „Die Beurteilung von Leistungen soll demnach mit der Diagnose des erreichten Lernstandes und **individuellen Hinweisen für das Weiterlernen** verbunden werden. Wichtig für den weiteren Lernfortschritt ist es, bereits erreichte Kompetenzen herauszustellen und die Lernenden – ihrem jeweiligen **individuellen Lernstand** entsprechend – zum Weiterlernen zu ermutigen. Dazu gehören auch Hinweise zu erfolgversprechenden **individuellen Lernstrategien**. Den Eltern sollten im Rahmen der Lern- und Förderempfehlungen Wege aufgezeigt werden, wie sie das Lernen ihrer Kinder unterstützen können" (KLP Deutsch Gymnasium 2007, S. 57, eig. Herv.).

Für Schüler/innen, die Deutsch als Zweitsprache lernen, verweist der Lehrplan bezüglich schriftlicher Klassenarbeiten darauf, dass für die Leistungsbewertung

> „im Bereich der sprachlichen Darstellungsleistung die Lernausgangslage sowie der individuelle Lernfortschritt ebenso bedeutsam [sind] wie der bereits erreichte Leistungsstand. In den Jahrgangsstufen 5 und 6 wird für diese Schülerinnen und Schüler die sprachliche Darstellungsleistung nur bezüglich der Sprachphänomene bewertet, die konkret im Unterricht erarbeitet worden sind bzw. vorausgesetzt werden können (KLP Deutsch Gymnasium 2007, S. 58 f.).

Schüler/innen „mit besonderen Schwierigkeiten im Erlernen des Lesens und Rechtschreibens (LRS)" betreffend wird auf einen entsprechenden Runderlass verwiesen (KLP Deutsch Gymnasium 2007, S. 58). Weitere Richtlinien zur Individualisierung des Unterrichts gibt der Kernlehrplan Deutsch nicht vor.

C.7 Findet die möglicherweise vorhandene Mehrsprachigkeit der Schüler/innen Berücksichtigung? Wenn ja, welche Rolle nehmen die Herkunftssprachen der Schüler/innen ein?

Erfahrungen der Mehrsprachigkeit von Schüler/innen „anderer Herkunftssprachen" können gemäß dem Lehrplan, wie bereits angeführt, einen „Beitrag zur vertieften Sprachkompetenz und Sprachbewusstheit leisten". Schüler/innen, die Deutsch als

Zweitsprache lernen, bedürfen dabei „in besonderer Weise breit angelegter sprachlicher Lernangebote und Fördermaßnahmen" (KLP Deutsch Gymnasium 2007, S. 12). In diesem Zusammenhang wäre es wichtig darauf hinzuweisen, dass insbesondere die bildungssprachlichen Fähigkeiten der Schüler/innen, deren Erstsprache nicht Deutsch ist bzw. die zwei- oder mehrsprachig aufwachsen, im Deutschunterricht zu fördern sind. Denn die *Cognitive Academic Language Proficiency* (CALP), also die Bildungssprache, muss im Gegensatz zu den *Basic Interpersonal Communicative Skills* (BICS), also den alltagssprachlichen Fähigkeiten, gezielt ausgebildet werden. Die Unterscheidung zwischen diesen Sprachregistern, die von Cummins Ende der 1970er Jahre eingeführt wurde (Baker / Prys Jones 1998, S. 93 ff.), ist außerdem wichtig, um Fehldiagnosen den Sprachstand betreffend zu vermeiden.

Der Lehrplan formuliert ferner die Kompetenzerwartung, am Ende der Sekundarstufe I „Mehrsprachigkeit (Schülerinnen und Schüler mit anderer Muttersprache und Fremdsprachenlerner) zur Entwicklung der Sprachbewusstheit und zum Sprachvergleich nutzen" zu können (KLP Deutsch Gymnasium 2007, S. 20). In den Kompetenzerwartungen der einzelnen Jahrgangsstufen zeichnet sich demgegenüber eine Verlagerung in der Orientierung auf den Fremdsprachenerwerb bzw. auf die deutsche Sprache im Gegensatz zur ‚natürlichen‘ Mehrsprachigkeit ab. So sollen Schüler/innen „ihre Kenntnisse in der deutschen Sprache auf das Erlernen fremder Sprachen" beziehen (Jgst. 5 / 6), „Zusammenhänge zwischen Sprachen" erkennen und „ihre Kenntnisse für das Erlernen fremder Sprachen" nutzen (Jgst. 7 / 8) sowie „ihre Kenntnis der eigenen Sprache [Singular im Original] und ihre Bedeutung für das Erlernen von Fremdsprachen" reflektieren (Jgst. 9) (KLP Deutsch Gymnasium 2007, S. 50). Zur Mehrsprachigkeit im Sinne natürlicher Mehrsprachigkeit bzw. zu den Erstsprachen der Schüler/innen wird somit kein Bezug mehr genommen.

C.8 Wird die mögliche Anwesenheit von Schüler/innen mit sonderpädagogischem Förderbedarf berücksichtigt?

Der G8-Kernlehrplan Deutsch thematisiert nicht die mögliche Anwesenheit von Schüler/innen mit sonderpädagogischem Förderbedarf.

C.9 Wird die Förderung bildungssprachlicher Kompetenzen als Aufgabe des Faches verstanden?

Die sprachlichen Fähigkeiten der Schüler/innen zu fördern wird erwartungsgemäß als zentrale Aufgabe und zentrales Ziel des Deutschunterrichts festgelegt. Dabei kommt dem Deutschunterricht „für das sprachliche Lernen in allen Fächern orientierende Funktion zu, indem Elemente sprachlichen Lernens und Sprachfragen aus anderen Fächern und für andere Fächer aufgegriffen und genutzt werden" sollen (KLP Deutsch Gymnasium 2007, S. 11). Der Deutschunterricht als Sprachunterricht

soll also auch fachsprachliche Aspekte aus anderen Fächern umfassen. In den Anforderungen am Ende der Sekundarstufe I wird in diesem Sinne explizit die Fähigkeit zur Unterscheidung von Umgangssprache, Standardsprache und Fachsprache im
vierten Kompetenzbereich „Reflexion über Sprache" erwähnt (KLP Deutsch Gymnasium 2007, S. 20). Diese Zielperspektive findet sich auch in den entsprechenden
Kompetenzerwartungen der Jahrgangsstufen 5 / 6, 7 / 8 und 9 des vierten Kompetenzbereichs „Reflexion über Sprache" im Aufgabenschwerpunkt „Sprachvarianten
und Sprachwandel" wieder (KLP Deutsch Gymnasium 2007, S. 50).

Der Kernlehrplan Deutsch für die Hauptschule – im Vergleich zum Gymnasium

A   Adressatenorientierung

A.1   Wird explizit oder implizit von einer ‚homogenen' oder ‚heterogenen'
       Schülerschaft ausgegangen?

Der Kernlehrplan Deutsch für die Hauptschule macht gleich zu Beginn darauf aufmerksam, dass Schüler/innen „aufgrund ihrer unterschiedlichen geschlechtsspezifischen Sozialisation verschiedene motivationale Voraussetzungen" mitbringen. Deshalb gelte es im Deutschunterricht, „geschlechtsspezifische Unterschiede" wie „z. B.
bei der Lesekompetenz" zu „berücksichtigen und Mädchen und Jungen dazu [zu]
ermutigen, ihre jeweilige [sic!] Interessen selbstbewusst zu verfolgen und so ihre
Fähigkeiten und Entwicklungspotenziale zu nutzen" (KLP Deutsch Hauptschule
2011, S. 9). Hier muss kritisch gefragt werden, ob der Hinweis auf geschlechtsspezifische Unterschiede im Bereich der Motivation und Lesekompetenz auf Lehrplanebene sinnvoll erscheint. Die Gefahr besteht vielmehr, dass Stereotypisierungen
Vorschub geleistet wird, indem Wesenseigenschaften weiblicher und männlicher
Schüler/innen suggeriert werden.[62]
      Der nordrhein-westfälische Kernlehrplan Deutsch für die Hauptschule spricht
außerdem Schüler/innen an, die Deutsch als Zweitsprache lernen. Demnach „kann"
die „Sprachbildung", zu welcher der Deutschunterricht „in besonderer Weise" beiträgt, „auch eine Qualifizierung in Deutsch als Zweitsprache umfassen" (KLP

---

62   Im Gegensatz dazu thematisiert beispielsweise der Bildungsplan für die Werkrealschu-
      le in Baden-Württemberg, der zugleich für die Hauptschule gilt, zwar auch ge-
      schlechtsspezifische Unterschiede, weist jedoch explizit darauf hin, dass diese zu be-
      rücksichtigen und zu hinterfragen sind: „Der Deutschunterricht der Werkrealschule
      thematisiert die in Sprache und Literatur vorhandenen geschlechtsspezifischen Rol-
      lenmuster und macht sie den Jungen und Mädchen bewusst. Er berücksichtigt und hin-
      terfragt geschlechtsspezifische Unterschiede, zum Beispiel beim Lese- und Ge-
      sprächsverhalten" (Ministerium für Kultus, Jugend und Sport des Landes Baden-
      Württemberg 2012, S. 42).

Deutsch Hauptschule 2011, S. 10). Wie sich diese Qualifizierung vollziehen soll und welche Rolle die Lehrpersonen dabei einnehmen, wird nicht weiter ausgeführt.

Mit Schüler/innen, „die über wenig Alltagserfahrungen in gesellschaftlichen Kontexten verfügen" (KLP Deutsch Hauptschule 2011, S. 9), werden überdies auch Schüler/innen aus unterschiedlichen sozialen Milieus adressiert. Insbesondere für diese Schüler/innen sei laut Lehrplan „das sichere Einschätzen von Kommunikationssituationen [Voraussetzung], um angemessen reagieren zu können" (KLP Deutsch Hauptschule 2011, S. 9). Der Kernlehrplan geht somit davon aus, dass im Deutschunterricht der Hauptschule nicht nur ‚Mittelschichtschüler/innen', sondern – um mit Bourdieu (1992) zu sprechen – auch Schüler/innen mit geringerem sozialen und kulturellen Kapital bzw. einem ‚anderen' Habitus hinsichtlich gesellschaftlicher Kommunikationssituationen anzutreffen sind.

Der Kernlehrplan spricht ferner die kognitiven und sprachlichen Voraussetzungen der Schülerschaft an, indem er anmerkt, dass die Hauptschule Schüler/innen „aus einer Vielzahl von Grundschulen mit teilweise sehr unterschiedlichen Lernausgangslagen und Sprachkompetenzen" aufnimmt, weshalb die Kompetenzerwartungen in den Jahrgangsstufen 5 / 6 auf „Basiskompetenzen zur Gestaltung alltäglicher Kommunikation in praktischen Erfahrungskontexten" fokussieren (KLP Deutsch Hauptschule 2011, S. 18).

Schließlich zieht sich wie ein roter Faden durch den gesamten Lehrplan die Annahme einer Schülerschaft, die besonderer Unterstützung im Hinblick auf ihre Lebensplanung und Berufsorientierung bedarf. Denn der „Deutschunterricht an der Hauptschule soll über die Entwicklung primär fachbezogener Kompetenzen hinaus wesentliche Beiträge für die Lebensplanung und Berufsorientierung der Schülerinnen und Schüler leisten" (KLP Deutsch Hauptschule 2011, S. 17). Diese Ausrichtung spiegelt sich in den Kompetenzerwartungen und den vorgegebenen verbindlichen Inhalten wider.

Im Vergleich zum Kernlehrplan Deutsch für das Gymnasium berücksichtigt der Hauptschullehrplan in wesentlich differenzierterer Weise die Zusammensetzung der Schülerschaft. Im Umkehrschluss deutet dies darauf hin, dass an Gymnasien eine eher homogene Zusammensetzung der Schülerschaft erwartet wird bzw. die Lehrplanautor/innen keine Notwendigkeit sahen, eine heterogene Zusammensetzung zu thematisieren. Besonderes Augenmerk wird im Hauptschullehrplan demgegenüber auf geschlechtsspezifische Differenzen, milieuspezifische Sozialisationsbedingungen sowie Unterschiede in der Sprachentwicklung gelegt. Angenommen wird zudem die Notwendigkeit, Schüler/innen insbesondere hinsichtlich ihrer Lebensplanung und Berufsorientierung zu unterstützen. Die Mittelschichtorientierung der Institution Schule, die in der Bourdieuschen Theorie (1992) zur Reproduktion sozialer Ungleichheiten maßgeblich beiträgt, wird somit im Bildungsgang der Hauptschule – anders als im Bildungsgang des Gymnasiums – bewusst verlassen, weil in diesem Bildungsgang eine ‚andere' Schülerschaft erwartet wird, nämlich eine Schülerschaft, die – im Gegensatz zu Schüler/innen am Gymnasium – aufgrund von „wenig Alltagserfahrungen in gesellschaftlichen Kontexten" (KLP Deutsch Hauptschule

2011, S. 9) über ein geringeres soziales und kulturelles Kapital verfügt. Dies ver-
deutlicht, wie die Logik der sozialen Selektivität des deutschen Schulsystems (vgl.
Kapitel 4.2) bis auf die curriculare Ebene der Unterrichtsvorgaben vorgedrungen
ist.

A.2   Wird Diversität explizit oder implizit bewertet (als Bereicherung, Belastung,
      Normalität)?

Im Kernlehrplan Deutsch für die Hauptschule finden sich keine expliziten oder
impliziten Wertungen von Diversität.

Der gymnasiale Lehrplan Deutsch hebt im Gegensatz zum Lehrplan der Hauptschu-
le die mögliche Mehrsprachigkeit von Schüler/innen als „Beitrag zur vertieften
Sprachkompetenz und Sprachbewusstheit" (KLP Deutsch Gymnasium 2007, S. 12),
d. h. als Bereicherung für den Unterricht hervor. Dies kann im Lichte der jeweils
erwarteten Schülerschaft gedeutet werden. Am Gymnasium sind Schüler/innen, die
Deutsch als Zweitsprache sprechen und somit mindestens zweisprachig sind, unter-
repräsentiert (vgl. Kapitel 4.2), weshalb sie in diesem Kontext im Gegensatz zur
Hauptschulpopulation als bereichernde Ausnahme fungieren können.

B   Lernziele und Lerninhalte

B.3   Welche Kompetenzen werden explizit oder implizit angesprochen, die
      Schüler/innen auf ein Leben in und mit Diversität vorbereiten sollen?

Der Kernlehrplan Deutsch für die Hauptschule legt die übergeordneten Kompetenzbereiche „Rezeption" und „Produktion" fest. Beide Kompetenzbereiche sind jeweils
in zwei Teilkompetenzbereiche unterteilt: der Bereich „Rezeption" in „Lesen" und
„Zuhören" und der Bereich „Produktion" in „Schreiben" und „Sprechen". Beide
Kompetenzbereiche mit ihren Teilkompetenzbereichen sollen dazu beitragen, die
Fähigkeit zum „Reflektieren und Beurteilen" zu entwickeln (KLP Deutsch Hauptschule 2011, S. 14). Damit organisiert der Hauptschullehrplan, der sich an den Bildungsstandards für den mittleren Schulabschluss (d. h. nicht für den Hauptschulabschluss) orientiert (KLP Deutsch Hauptschule 2011, S. 13), die Kompetenzbereiche
etwas anders als die Bildungsstandards. Einen eigenständigen Kompetenzbereich,
der explizit die Befähigung zum ‚Umgang mit dem Anderen' zum Ziel hat, sieht
somit auch der Kernlehrplan Deutsch für die Hauptschule nicht vor. Die Unterrichtsvorgaben weisen jedoch im Abschnitt „Aufgaben und Ziele des Faches" auf
diversitätssensible Ziele des Deutschunterrichts hin. So soll der Deutschunterricht
„zur Sichtbarkeit vielfältiger Lebensformen" und „zur konsequenten Ächtung jeglicher Diskriminierung" beitragen, indem sich Schüler/innen im Umgang mit Texten
„die eigene und andere Welten erschließen, Werthaltungen ausbilden und hinterfra-

gen, sich mit den in Texten vorhandenen geschlechtsspezifischen und anderen Rollenmustern auseinandersetzen" (KLP Deutsch Hauptschule 2011, S. 10).

In den folgenden Beschreibungen der Kompetenzerwartungen wird das Lernziel der Antidiskriminierung an zwei Stellen in ähnlicher Formulierung wieder aufgegriffen, einmal in den Kompetenzerwartungen am Ende der Doppeljahrgangsstufe 7 / 8 und einmal am Ende der Doppeljahrgangsstufe 9 / 10 jeweils im Kompetenzbereich „Rezeption" des Inhaltsfeldes „Texte":

- „in Texten Aspekte identifizieren, die die Vorteile einer **diskriminierungsfreien Gesellschaft** herausstellen (z. B. in Bezug auf **ethnische Herkunft, Geschlecht, Religion oder Weltanschauung, Behinderung, Alter, sexuelle Identität)**" (KLP Deutsch Hauptschule 2011, S. 24, eig. Herv.);
- „Texte im Hinblick auf die Vorteile einer **diskriminierungsfreien Gesellschaft** auswerten (z. B. in Bezug auf **ethnische Herkunft, Geschlecht, Religion oder Weltanschauung, Behinderung, Alter, sexuelle Identität)**" (KLP Deutsch Hauptschule 2011, S. 29, eig. Herv.).

In den Kompetenzerwartungen am Ende der Doppeljahrgangsstufe 5 / 6 wird hierzu kein Bezug genommen. Hervorzuheben ist, dass beide Kompetenzerwartungen Diskriminierung aufgrund verschiedener Dimensionen von Diversität berücksichtigen. Die Aufgabe des Deutschunterrichts, Schüler/innen die Auseinandersetzung mit Rollenmustern zu ermöglichen (KLP Deutsch Hauptschule 2011, S. 10), spiegelt sich hingegen in den Kompetenzbeschreibungen mit deutlichem Schwerpunkt auf geschlechtsspezifischen Rollenerwartungen wider:

- „Dies [die eigenverantwortliche Bewältigung der Anforderungen von Ausbildung, Arbeitswelt und gesellschaftlichem Alltag] schließt eine **Sensibilisierung für unterschiedliche Geschlechterperspektiven und Rollenverständnisse** ein" (KLP Deutsch Hauptschule 2011, S. 9, eig. Herv.);
- „Kommunikationsvorgänge können im Kontext der Lebenswirklichkeit in Zusammenhänge gestellt, transparent gemacht und reflektiert werden – dazu gehört auch ein kritischer Umgang mit Klischee verstärkenden Sprechweisen" (KLP Deutsch Hauptschule 2011, S. 16);
- „**Gender / Geschlechterrollen** (z. B. familiäre Konflikte)"; „Berufswahl als Entscheidungsprozess: Auseinandersetzung mit **geschlechtsstereotypen Vorstellungen bei der Berufswahl**" (KLP Deutsch Hauptschule 2011, S. 17, eig. Herv.);
- „die **geschlechtsspezifische Nutzung des Internets** beschreiben und kritisch reflektieren" (KLP Deutsch Hauptschule 2011, S. 26, eig. Herv.);
- „Gespräche kriterienorientiert analysieren und bewerten – auch unter der Perspektive **geschlechtsspezifischer Merkmale**" (KLP Deutsch Hauptschule 2011, S. 30, eig. Herv.);
- „Besonderheiten virtueller Welten einordnen (z. B. Fernsehserien, PC-Spiele) und Beeinflussungspotentiale auf Nutzerinnen und Nutzer nachweisen (z. B. Auswirkungen auf das eigene **Bild von Männlichkeit und Weiblichkeit**)" (KLP Deutsch Hauptschule 2011, S. 32, eig. Herv.).

Darüber hinaus thematisiert der Kernlehrplan Deutsch für die Hauptschule, ebenso wie jener für das Gymnasium, im Inhaltsfeld „Kommunikation" mögliche „Ursachen für gestörte Kommunikation" (KLP Deutsch Hauptschule 2011, S. 21, 25) bzw. „Grundfaktoren sprachlicher Kommunikation" (KLP Deutsch Hauptschule 2011, S. 25, 30). Dabei nimmt auch der Kernlehrplan für die Hauptschule einen ‚kulturneutralen' Raum in Kommunikationssituationen an – mit einer Ausnahme für ‚fortgeschrittene' Schüler/innen. Denn in der Doppeljahrgangsstufe 9 / 10 listet der Kernlehrplan in Kursivschrift zusätzliche Kompetenzanforderungen für Schüler/innen auf, die den mittleren Schulabschluss anstreben. Demnach sollen diese Schüler/innen im Kompetenzbereich „Rezeption" des Inhaltsfeldes „Sprache" auch „die kulturelle Bedingtheit von Sprache reflektieren [im Orig. Kursivdruck]" können (KLP Deutsch Hauptschule 2011, S. 28).

In beiden Kernlehrplänen werden die Themenkomplexe interkulturelle Kommunikation und interkulturelle Missverständnisse nicht hinreichend berücksichtigt. In umfangreicherem Maße als im Gymnasiallehrplan werden dagegen im Hauptschullehrplan diversitätssensible Ziele berücksichtigt, so insbesondere das Lernziel der Antidiskriminierung mit Blick auf verschiedene Dimensionen von Diversität. Die Rolle von Vorurteilen und Stereotypen bzw. Rollenmustern ist im Kernlehrplan Deutsch für die Hauptschule ebenfalls deutlich artikulierter als im Gymnasiallehrplan, jedoch mit einem Schwerpunkt auf geschlechtsspezifischen Rollenmustern. Im Umkehrschluss bedeutet dies, dass Vorurteile und stereotype Bilder aufgrund anderer Dimensionen von Diversität sowie deren Verschränkungen nicht hinreichend berücksichtigt werden.

B.4 Berücksichtigen die vorgesehenen Inhalte und Themen interkulturelle und diversitätsbezogene Fragen im Sinne einer multiperspektivischen allgemeinen Bildung?

Der Deutschunterricht der Hauptschule soll die Inhaltsfelder „Sprache", „Texte", „Kommunikation" und „Medien" abdecken (KLP Deutsch Hauptschule 2011, S. 15 f.). Konkrete Inhalte oder Gegenstände werden jedoch nicht benannt. So bleibt es, wie auch beim Kernlehrplan für das Gymnasium, bei generellen Formulierungen wie „literarische Texte, kontinuierliche und diskontinuierliche Sach- und Gebrauchstexte, mündliche und schriftliche Texte" (KLP Deutsch Hauptschule 2011, S. 10). Die Umsetzung der zuvor angesprochenen Aufgabe des Deutschunterrichts, vielfältige Lebensformen sichtbar zu machen (KLP Deutsch Hauptschule 2011, S. 10), obliegt somit den Lehrpersonen. Anders als im gymnasialen Lehrplan werden für den Bildungsgang der Hauptschule jedoch zusätzlich zwei verbindliche Kontexte genannt, in denen Kompetenzen im Fach Deutsch erworben werden sollen, nämlich Lebensplanung und Berufsorientierung (KLP Deutsch Hauptschule 2011, S. 17 f.). Auf diese Weise legt der Lehrplan für diesen Bildungsgang einen klaren thematischen Schwerpunkt fest.

Anders als der gymnasiale Kernlehrplan Deutsch legt der Lehrplan für die Haupt-
schule einen klaren thematischen Schwerpunkt auf die Berufsorientierung und Le-
bensplanung der Schüler/innen, was dem lebensnahen und weniger abstrakten Pro-
fil des Bildungsgangs entspricht und die Abstufungen der verschiedenen Schultypen
widerspiegelt. Abgesehen von der Festlegung dieser Themenschwerpunkte für die
Hauptschule werden in beiden Kernlehrplänen keine Angaben zu konkreten Inhalten
oder Gegenständen gemacht, die es im Deutschunterricht zu behandeln gilt. Damit
eröffnen sich einerseits – hierauf wurde bereits in der Analyse des gymnasialen
Kernlehrplans Deutsch hingewiesen – Freiheiten für die Lehrperson, verschiedene
Sichtweisen und Perspektiven in den Deutschunterricht im Sinne einer multiperspek-
tivisch angelegten allgemeinen Bildung (Auernheimer 2010, S. 142 ff.) einfließen zu
lassen, z. B. durch das Lesen von Werken nicht-deutscher und / oder außereuropä-
ischer Schriftsteller/innen (Amodeo 1999, S. 27 ff.; Holzbrecher 2010, S. 17). Ande-
rerseits besteht die Gefahr eines heimlichen Lehrplans, weil der Deutschunterricht
im traditionellen ‚deutschen' Literaturkanon mit seinen ‚Klassikern' verhaftet blei-
ben kann. Darüber hinausgehende Werke der (Welt-)Literatur würden dann im
Schulkanon unberücksichtigt bleiben.

C   Methodisch-didaktische Aspekte

C.5   Gibt es konkrete methodisch-didaktische Hinweise (Perspektivwechsel etc.)
      zur Umsetzung einer diversitätssensiblen Bildung im Sinne einer
      multiperspektivischen allgemeinen Bildung?

In den Aufgaben und Zielen des Deutschunterrichts der Hauptschule wird indirekt
die Fähigkeit zum Perspektivwechsel angesprochen. Schüler/innen sollen durch die
Erfahrung der „ästhetisch-kulturelle[n] Bedeutung von Literatur" unter anderem
auch „eigene und andere Welten erschließen" (KLP Deutsch Hauptschule 2011,
S. 10). In den Beschreibungen der Kompetenzerwartungen der verschiedenen Jahrgangsstufen spiegelt sich diese Aufgabe jedoch nicht wider. Lediglich in Ansätzen
wird die Fähigkeit zum Perspektivwechsel angesprochen, wenn z. B. der „Rollen-
wechsel vom Schüler / Schülerin zum / zur Auszubildenden" (KLP Deutsch Hauptschule 2011, S. 17) im Unterricht thematisiert werden soll, wenn Schüler/innen
„sich und andere kennen / verstehen lernen [sollen] (z. B. Probleme innerhalb einer
Klasse)" (KLP Deutsch Hauptschule 2011, S. 17) oder wenn die Schüler/innen lernen sollen, „in Texten Aspekte [zu] identifizieren, die relevant für Lebensplanung
und Lebensbewältigung sind, und [diese] mit eigenen Perspektiven in Beziehung
[zu] setzen" (KLP Deutsch Hauptschule 2011, S. 20).

Ebenso wie im gymnasialen Kernlehrplan Deutsch sind im Lehrplan für die Haupt-
schule die Verweise auf die Methode des Perspektivwechsels eher unbestimmt und
nehmen keinen direkten Bezug auf diversitätssensible Aspekte.

C.6   Sieht der Lehrplan die Individualisierung des Unterrichts (z. B. durch differenzierte Aufgabenstellungen) vor?

Die „Vergabe von unterschiedlichen Schulabschlüssen" als „Besonderheit der Hauptschule" – den Hauptschulabschluss nach Klasse 9, den Hauptschulabschluss nach Klasse 10 sowie den mittleren Schulabschluss – muss der Deutschunterricht laut Kernlehrplan berücksichtigen. Deshalb soll einerseits im Hinblick auf den mittleren Schulabschluss „der Unterricht genügend Anregungen auf diesem Niveau bieten". Andererseits soll „durch eine gezielte Differenzierung Überforderung vermieden werden", wenn für Schüler/innen der mittlere Schulabschluss „einen zu hohen Anspruch darstellt". Für diese Schüler/innen dürfen „die Anforderungen in Umfang [im Orig. Fettdruck], Höhe [im Orig. Fettdruck] und Komplexität [im Orig. Fettdruck] an den unteren Rand der Bandbreite von Kompetenzerwartungen angepasst werden" (KLP Deutsch Hauptschule 2011, S. 27,). Von Schüler/innen hingegen,

> „die den Qualifikationsvermerk für den Eintritt in die gymnasiale Oberstufe erwerben, wird erwartet, dass sie die Kompetenzen auf einem höheren Niveau erreichen. Es gibt allerdings für den Qualifikationsvermerk keine curriculare, inhaltliche Definition. Der Vermerk wird vielmehr nach Maßgabe der Ausbildungs- und Prüfungsordnung vergeben" (KLP Deutsch Hauptschule 2011, S. 13).

Weitere Hinweise auf die Individualisierung des Deutschunterrichts finden sich im Abschnitt „Lernerfolgsüberprüfung und Leistungsbewertung". Nahezu wortgleich mit dem gymnasialen Kernlehrplan sollen „Ergebnisse der Lernerfolgsüberprüfung" für Lehrpersonen „Anlass [sein], die Zielsetzungen und die Methoden ihres Unterrichts zu überprüfen und ggf. zu modifizieren. Für die Schülerinnen und Schüler sollen die Rückmeldungen zu den erreichten Lernständen eine Hilfe für das weitere Lernen darstellen". Leistungsbeurteilungen sollen „Erkenntnisse über die individuelle Lernentwicklung" ermöglichen und mit „individuellen Hinweisen für das Weiterlernen verbunden werden" werden. „Wichtig für den weiteren Lernfortschritt ist es, bereits erreichte Kompetenzen herauszustellen und die Lernenden – ihrem jeweiligen individuellen Lernstand entsprechend – zum Weiterlernen zu ermutigen. Dazu gehören auch Hinweise zu erfolgversprechenden individuellen Lernstrategien" (KLP Deutsch Hauptschule 2011, S. 33).

In beiden Kernlehrplänen Deutsch für das Gymnasium und die Hauptschule wird die Individualisierung des Unterrichts im Zusammenhang mit der Leistungsbewertung angesprochen. Im Lehrplan der Hauptschule wird außerdem eine mögliche Abstufung von Kompetenzerwartungen thematisiert, weil in diesem Bildungsgang verschiedene Abschlüsse erzielt werden können.

C.7 Findet die möglicherweise vorhandene Mehrsprachigkeit der Schüler/innen Berücksichtigung? Wenn ja, welche Rolle nehmen die Herkunftssprachen der Schüler/innen ein?

Im Hinblick auf Schüler/innen, die Deutsch als Zweitsprache lernen, regelt der Kernlehrplan für die Hauptschule in identischer Formulierung wie der gymnasiale Kernlehrplan bezüglich schriftlicher Klassenarbeiten, dass für die Leistungsbewertung

> „im Bereich der sprachlichen Darstellungsleistung die Lernausgangslage sowie der individuelle Lernfortschritt ebenso bedeutsam [sind] wie der bereits erreichte Leistungsstand. In den Jahrgangsstufen 5 und 6 wird für diese Schülerinnen und Schüler die sprachliche Darstellungsleistung nur bezüglich der Sprachphänomene bewertet, die konkret im Unterricht erarbeitet worden sind bzw. vorausgesetzt werden können (KLP Deutsch Hauptschule 2011, S. 35).

Außerdem findet die mögliche Mehrsprachigkeit der Schüler/innen insofern Berücksichtigung, als im Inhaltsfeld „Sprache" in allen Jahrgangsstufen das Thema „Mehrsprachigkeit" als obligatorischer inhaltlicher Schwerpunkt festgelegt wird (KLP Deutsch Hauptschule 2011, S. 18, 23, 28). In den dazugehörigen Kompetenzerwartungen spiegelt sich dies im Kompetenzbereich Rezeption wider, indem die Herkunftssprachen der Schüler/innen in den Doppeljahrgangsstufen 5 / 6 und 9 / 10 zum Sprachvergleich herangezogen werden sollen:

- „an schulalltagsrelevanten Beispielen Gemeinsamkeiten und Unterschiede zwischen Sprachen identifizieren (**Herkunftssprachen der Klasse**)" (KLP Deutsch Hauptschule 2011, S. 19, eig. Herv.);
- „den Einfluss fremder Sprachen auf die deutsche Sprache nachweisen (z. B. Anglizismen, **Herkunftssprachen der Schülerinnen und Schüler**)" (KLP Deutsch Hauptschule 2011, S. 28, eig. Herv.).

Der G8-Lehrplan Deutsch nimmt im allgemeinen Lehrplanteil ebenfalls Bezug zur möglichen Mehrsprachigkeit der Schüler/innen und führt aus, dass Schüler/innen anderer Herkunftssprachen einen „Beitrag zur vertieften Sprachkompetenz und Sprachbewusstheit leisten" können (KLP Deutsch Gymnasium 2007, S. 12). In den Kompetenzerwartungen der einzelnen Jahrgangsstufen zeichnet sich jedoch eine Verlagerung in der Orientierung auf den Fremdsprachenerwerb bzw. auf die deutsche Sprache ab, da zur ‚natürlichen' Mehrsprachigkeit bzw. den Erstsprachen der Schüler/innen kein Bezug mehr genommen wird (KLP Deutsch Gymnasium 2007, S. 50). Demgegenüber sieht der Lehrplan der Hauptschule in allen drei Jahrgangsstufen das Thema der Mehrsprachigkeit vor und nimmt direkten Bezug zu den Herkunftssprachen der Schüler/innen. Dies deutet darauf hin, dass Schüler/innen mit Migrationshintergrund bzw. mehrsprachige Schüler/innen, die im Bildungsgang der Hauptschule überrepräsentiert sind (vgl. Kapitel 4.2), in den Lehrplanvorgaben der Hauptschule entsprechend erwartet und auf curricularer Ebene eingeplant werden.

C.8 Wird die mögliche Anwesenheit von Schüler/innen mit
sonderpädagogischem Förderbedarf berücksichtigt?

Der Kernlehrplan Deutsch der Hauptschule thematisiert die mögliche Anwesenheit
von Schüler/innen mit sonderpädagogischem Förderbedarf nicht.

Die mögliche Anwesenheit von Schüler/innen mit sonderpädagogischem Förderbe-
darf wird in den Kernlehrplänen Deutsch beider Bildungsgänge nicht thematisiert.

C.9 Wird die Förderung bildungssprachlicher Kompetenzen als Aufgabe des
Faches verstanden?

Der Deutschunterricht nimmt bei der „Erweiterung und Vertiefung der sprachlichen
Kompetenz" der Schüler/innen „sowohl im Mündlichen als auch im Schriftlichen"
eine besondere Stellung im Fächerkanon ein, indem er „als Leitfach" arbeitet (KLP
Deutsch Hauptschule 2011, S. 10). Entsprechend dieser Aufgabenbeschreibung des
Faches Deutsch berücksichtigen die Inhaltsfelder „Sprache", „Kommunikation" und
„Texte" im Kernlehrplan der Hauptschule explizit die Unterschiede von gesproche-
ner und geschriebener Sprache, adressatengerechte, situations- und intentionsange-
messene Kommunikation sowie die stilistische Angemessenheit (vgl. z. B. KLP
Deutsch Hauptschule 2011, S. 19, 25, 30).

Sowohl im Kernlehrplan des Gymnasiums als auch in dem der Hauptschule wird die
Förderung sprachlicher Fähigkeiten der Schüler/innen explizit und erwartungsge-
mäß als zentrale Aufgabe des Deutschunterrichts angesehen.

DIVERSITÄT IM FACH GESCHICHTE AM GYMNASIUM UND DER HAUPTSCHULE[63]

Der Kernlehrplan Geschichte für das Gymnasium

A   Adressatenorientierung

A.1 Wird explizit oder implizit von einer ‚homogenen' oder ‚heterogenen'
Schülerschaft ausgegangen?

Der G8-Kernlehrplan Geschichte spricht ausschließlich von „den Schülerinnen und
Schülern" (vgl. z. B. KLP Geschichte Gymnasium 2007, S. 12).

---

63   Für das Fach Geschichte liegen keine Bildungsstandards vor.

A.2 Wird Diversität explizit oder implizit bewertet (als Bereicherung, Belastung, Normalität)?

Im G8-Kernlehrplan Geschichte finden sich keine expliziten Wertungen von Diversität. Allerdings lässt sich eine implizite Grenzziehung zwischen dem ‚Westen / Wir' und dem ‚Osten / Ihr' im Schwerpunkt „Neben- und Gegeneinander am Rande des Abendlandes: Christen, Juden und Muslime" des fünften Inhaltsfeldes der Jahrgangsstufen 7 bis 9 ausmachen (KLP Geschichte Gymnasium 2007, S. 30). Die Thematisierung der Konzepte ‚Abendland' und ‚Morgenland' als dichotomische Konstruktionen (Said 1978 / 2012) sieht der Kernlehrplan dabei nicht vor.

B Lernziele und Lerninhalte

B.3 Welche Kompetenzen werden explizit oder implizit angesprochen, die Schüler/innen auf ein Leben in und mit Diversität vorbereiten sollen?

Der Geschichtsunterricht am Gymnasium soll ein „reflektiertes Geschichtsbewusstsein" bei Schüler/innen fördern, was sich in einem Bewusstsein über „Standortgebundenheit und Perspektivität" äußert (KLP Geschichte Gymnasium 2007, S. 16). Mit der Entwicklung eines solchen reflektierten Geschichtsbewusstseins gehen eine Reihe von Zielen einher, die im Abschnitt „Aufgaben und Ziele des Faches Geschichte" dargelegt werden (KLP Geschichte Gymnasium 2007, S. 15). Im Hinblick auf die Frage nach diversitätssensiblen Zielen sind insbesondere folgende Zielperspektiven hervorzuheben:

- „sich mit Neugier und innerer Anteilnahme fragend der eigenen Geschichte wie auch der **Geschichte anderer Menschen und Kulturen** zuwenden, [...]
- **Erfahrungen vom Anderssein** und Eigengewicht der menschlichen Vergangenheit machen und historische Phänomene im Kontext der jeweils zugehörigen Zeitumstände erklären, [...]
- **Perspektiven verschiedener Gruppen** in unterschiedlichen Zeiten einnehmen, deren Selbstbilder erkennen sowie die **unterschiedlichen Rollen von Frauen und Männern** in historisch-politischen Prozessen reflektieren,
- unterschiedliche Herrschafts-, Rechts-, Wirtschafts- und **Sozialstrukturen** erfassen,
- sich kritisch mit historischen Sachverhalten und Deutungen auseinandersetzen und dabei die **Differenz von gegenwärtigen und historischen Normen** berücksichtigen [...]" (KLP Geschichte Gymnasium 2007, S. 16 f., eig. Herv.).

Ein reflektiertes Geschichtsbewusstsein entwickelt sich, so der Kernlehrplan, über die Entwicklung historischer Kompetenz. Letztere umfasst „eine Reihe spezieller und untereinander vernetzter Teilkompetenzen" in vier Kompetenzbereichen: (i) „Sachkompetenz", (ii) „Methodenkompetenz", (iii) „Urteilskompetenz" sowie (iv) „Handlungskompetenz" (KLP Geschichte Gymnasium 2007, S. 18). Der G8-Kernlehrplan sieht somit, ebenso wie die Lehrpläne im Fach Deutsch, keinen eigenständigen Kompetenzbereich vor, der explizit die Befähigung zum ‚Umgang mit dem Anderen' zum Ziel hat, wie dies etwa im Fach Englisch der Fall ist – gleichwohl mit deutlichen Einschränkungen, wie die Analyse zeigen wird. In den Beschreibungen der vier Kompetenzbereiche finden sich jedoch implizite Bezüge zu diversitätssensiblen Zielen. So sollen die Schüler/innen im gymnasialen Geschichtsunterricht im Rahmen (i) der Sachkompetenz „ein basales Wissen" unter anderem über das „Leben der Menschen in unterschiedlichen Gesellschaften und zu unterschiedlichen Zeiten" aufbauen. Dieses Wissen soll „in den Bereichen der Politik-, Wirtschafts-, Sozial-, Kultur- und Zivilisations-, Umwelt- und Geschlechtergeschichte" erworben werden. Durch (ii) die Methodenkompetenz sollen die Schüler/innen „Zusammenhänge [...] problemorientiert, aus verschiedenen Perspektiven, ggf. auch kontrovers, darstellen" und sich „mit verschiedenen Formen historischer Darstellung" kritisch auseinandersetzen können. Die Fähigkeit zum Perspektivwechsel soll auch über (iii) die Urteilskompetenz gefördert werden, indem die Schüler/innen lernen sollen, „sich mit unterschiedlichen Sichtweisen auseinanderzusetzen". Dies soll das Reflektieren über „eigene Wertmaßstäbe" mit einschließen. Durch die Förderung (iv) der Handlungskompetenz sollen die Schüler/innen schließlich lernen, Geschichtsdeutungen kritisch zu betrachten (KLP Geschichte Gymnasium 2007, S. 18 f.).

Im Anschluss an die Beschreibungen der Kompetenzbereiche kommentiert der Lehrplan allgemeine Aspekte der Lernprogression. Auch in diesem Abschnitt wird die Fähigkeit zum Perspektivwechsel angesprochen und darüber hinaus auch der Aspekt der Stereotype:

> „Ziel der unterrichtlichen Bemühungen ist es dabei, **von einem Zustand noch wenig entwickelter kognitiver Strukturen** – der z. B. durch die **Tendenz zu Übergeneralisierungen**, die **Neigung zu stereotypen Urteilen** sowie das Fehlen von begrifflichen Abgrenzungen und Unterscheidungen gekennzeichnet ist – **hin zu einer höheren Strukturiertheit zu gelangen**, die sich u. a. durch eine Vielfalt fein abgestimmter und abgewogener Einstellungs- und Beurteilungskategorien sowie Reaktionstendenzen, alternative Betrachtungsmöglichkeiten und die **Fähigkeit zum Perspektivwechsel** auszeichnet" (KLP Geschichte Gymnasium 2007, S. 20, eig. Herv.).

Zusätzlich zu dieser kognitiven Ebene sollen die Schüler/innen im Geschichtsunterricht auch Fähigkeiten im „Bereich der sozialen und emotionalen Lernentwicklung" entwickeln, unter anderem auch „soziales und interkulturelles Verstehen". Darunter subsumiert der Kernlehrplan „z. B. in Alternativen denken, eigene Gefühle artikulieren, Gefühle anderer wahrnehmen und bewerten, bereit zum Perspektivwechsel sein" (KLP Geschichte Gymnasium 2007, S. 20). Unklar bleibt, weshalb der Kernlehrplan diese wichtigen Fähigkeiten im Abschnitt „Allgemeine Aspekte der Lernprogression" anführt und diese nicht oder nicht hinreichend in die vier Kompetenzbereiche einbindet, für die im weiteren Verlauf des Kernlehrplans Kompetenzerwartungen formuliert werden.

Besagte Kompetenzerwartungen werden im G8-Geschichtslehrplan, anders als in allen anderen untersuchten Kernlehrplänen, nicht im Drei-, sondern im Zweischritt für die Jahrgangsstufen 5 / 6 sowie für die Jahrgangsstufen 7 bis 9 festgelegt. Die Fähigkeit zum Perspektivwechsel bzw. Fremdverstehen ist in den Kompetenzerwartungen insbesondere in den Jahrgangsstufen 5 / 6 deutlich sichtbar:

Jahrgangsstufen 5 / 6

Sachkompetenz
„Die Schülerinnen und Schüler [...]
- kennen Zeiten und Räume frühgeschichtlicher, antiker sowie mittelalterlicher Überlieferung und charakterisieren mittels eines ersten Orientierungswissens diese Epochen (Schlüsselereignisse, Eckdaten, typische Merkmale; **Vorstellungen über das Eigene und das Fremde**),
- beschreiben wichtige Gruppen in den jeweiligen Gesellschaften, ihre Funktionen, **Rollen** und Handlungsmöglichkeiten, [...]
- beschreiben wesentliche Veränderungen und nehmen **einfache Vergleiche** zwischen ‚früher' und ‚heute' sachgerecht vor [...]" (KLP Geschichte Gymnasium 2007, S. 24 f., eig. Herv.).

Urteilskompetenz
„Die Schülerinnen und Schüler [...]
- vollziehen Motive, Bedürfnisse und Interessen von betroffenen Personen und Gruppen nach (**Fremdverstehen**),
- betrachten historische Situationen und Ereignisse aus **verschiedenen Perspektiven**, [...]" (KLP Geschichte Gymnasium 2007, S. 26, eig. Herv.).

Handlungskompetenz
„Die Schülerinnen und Schüler [...]
- gestalten auf der Grundlage ihres geschichtlichen Wissens Rollen in Spielsituationen sachgerecht nach und sind in der Lage, **sich in andere hineinzuversetzen** [...]" (KLP Geschichte Gymnasium 2007, S. 26, eig. Herv.).

Jahrgangsstufen 7 bis 9

Sachkompetenz
„Die Schülerinnen und Schüler [...]
- entwickeln Deutungen auf der Basis von Quellen und **wechseln die Perspektive**, sodass diese Deutungen auch den zeitgenössischen Hintergrund und die Sichtweisen anderer adäquat erfassen [...]" (KLP Geschichte Gymnasium 2007, S. 28, eig. Herv.).

Methodenkompetenz
„Die Schülerinnen und Schüler [...]
- erfassen **unterschiedliche Perspektiven** sowie **kontroverse Standpunkte** und geben sie zutreffend wieder [...]" (KLP Geschichte Gymnasium 2007, S. 28, eig. Herv.).

Urteilskompetenz
„Die Schülerinnen und Schüler [...]
- formulieren in Ansätzen **begründete Werturteile** und revidieren diese ggf. zugunsten besser begründbarer Urteile" (KLP Geschichte Gymnasium 2007, S. 29, eig. Herv.).

Stereotype oder Vorurteile finden in den Beschreibungen keine Berücksichtigung mehr. Das Wort ‚interkulturell' wird außer im Abschnitt „Allgemeine Aspekte der Lernprogression" („interkulturelles Verstehen", KLP Geschichte Gymnasium 2007, S. 20) lediglich an einer weiteren Stelle im Kernlehrplan verwendet, nämlich im dritten Inhaltsfeld „Was Menschen im Altertum voneinander wussten" der Jahrgangsstufen 5 / 6. Demnach soll im Unterricht der Schwerpunkt „Interkulturelle Kontakte und Einflüsse (z. B. Herodot oder Feldzug und Reich Alexanders)" behandelt werden (KLP Geschichte Gymnasium 2007, S. 27). An anderer Stelle spricht der Kernlehrplan von „kulturelle[n] Kontakte[n]" (KLP Geschichte Gymnasium 2007, S. 25) und „Formen kulturellen Austauschs" (KLP Geschichte Gymnasium 2007, S. 30).

B.4 Berücksichtigen die vorgesehenen Inhalte und Themen interkulturelle und diversitätsbezogene Fragen im Sinne einer multiperspektivischen allgemeinen Bildung?

Der Kernlehrplan für den Geschichtsunterricht am Gymnasium gibt obligatorische Inhaltsfelder und Schwerpunkte vor. Bei der Entwicklung von Kompetenzen geht es laut Kernlehrplan „im Unterricht nicht um die Abarbeitung von Stoffkatalogen", sondern es soll „nach den Prinzipien der Thematisierung und Problemorientierung gearbeitet werden". Was die Reihenfolge der vorgegebenen Inhaltsfelder betrifft, so stellen die Vorgaben im Lehrplan zwar eine „plausible Setzung" dar. Die Reihenfolge ist jedoch „nach Entscheidung der Fachkonferenz veränderbar" (KLP Geschichte Gymnasium 2007, S. 24). Die vorgegebenen Inhaltsfelder richten sich dabei nach folgenden Überlegungen, die der G8-Kernlehrplan offenlegt:

1. „Um eine Selbstvergewisserung über die historischen Grundlagen des eigenen Gemeinwesens zu ermöglichen, ist eine **hinreichende Betrachtung der Nationalgeschichte** bedeutsam.
2. Aufgrund der vielfachen Bedingtheit der eigenen Geschichte durch historische, politische, kulturelle, soziale und wirtschaftliche Entwicklungen auf dem Kontinent ist darüber hinaus auch **bereits sehr früh die europäische Perspektive** zu berücksichtigen, um den eigenen Standort sowie den Weg dorthin besser verstehbar zu machen.
3. Angesichts der sich vertiefenden globalen Verflechtungen müssen **schließlich auch zentrale Aspekte der Weltgeschichte** aufgegriffen werden. Die angemessene Berücksichtigung dieses Zugriffs trägt dabei u. a. einem historischen Verständnis Rechnung, das Geschichte auch als einen Prozess auffasst, in dem die Wahrnehmung der Menschen verschiedener Erdteile voneinander allmählich zunimmt und dies (Re-) Aktionen auslöst" (KLP Geschichte Gymnasium 2007, S. 23, eig. Herv.).

In der Konsequenz, so der Kernlehrplan, „erfordern die ausgewählten Inhaltsfelder jeweils mindestens zwei, vielfach auch alle drei der genannten Zugriffe, sodass eine mehrperspektivische Betrachtung von Geschichte angelegt wird" (KLP Geschichte Gymnasium 2007, S. 23). Dass sich im Unterricht eine mehrperspektivische Geschichtsbetrachtung quasi ‚automatisch' aus der linearen Logik der Lehrplanvorgaben ‚Deutschland, Europa, Welt' ergibt, darf zumindest angezweifelt werden. Vielmehr scheint der Kernlehrplan an dieser Stelle eine Priorisierung der Nationalgeschichte bei vorgeblich mehrperspektivischer Betrachtung vorzunehmen. So soll die Geschichte Deutschlands „hinreichend" betrachtet werden. In welchem Umfang die europäische und Weltgeschichte aufzugreifen sind, bleibt hingegen vage („bereits sehr früh", „schließlich auch zentrale Aspekte").

Entsprechend lassen die Inhaltsfelder selbst keine konsistente mehrperspektivische Ausrichtung des Geschichtsunterrichts am Gymnasium erkennen. Zwar kann nicht von einer einseitig nationalgeschichtlichen Ausrichtung des Lehrplans gesprochen werden. Denn betrachtet man die Inhaltsfelder und Schwerpunkte in der Gesamtschau, so zeigt sich, dass die Schüler/innen im Geschichtsunterricht am Gymnasium außer über die Geschichte Deutschlands ebenfalls etwas über die Geschichte weiterer Länder, Nationen bzw. Regionen lernen sollen, nämlich (in alphabetischer Reihenfolge):

- Afrika („Weltvorstellungen und geographische Kenntnisse", „Imperialistische Politik");
- Asien („Weltvorstellungen und geographische Kenntnisse", „Imperialistische Politik");
- England („Formen politischer Teilhabe");
- Europa („Weltvorstellungen und geographische Kenntnisse", „Europa im Mittelalter", „Europäer und Nicht-Europäer – Entdeckungen und Eroberungen", „Entrechtung, Verfolgung und Ermordung europäischer Juden, Sinti und Roma, Andersdenkender zwischen 1933 und 1945", „Flucht und Vertreibung im europäischen Kontext", „Europäische Einigung und Vereinte Nationen");
- Frankreich („Formen politischer Teilhabe", „Absolutismus", „Französische Revolution");
- das antike Griechenland („Lebenswelt griechische Polis");
- das Römische Reich („Rom – vom Stadtstaat zum Weltreich", „Herrschaft, Gesellschaft und Alltag im Imperium Romanum");
- Russland („Revolution 1917 und Stalinismus");
- die USA („Aufstieg zur Weltmacht");
- die Welt bzw. nicht festgelegter geografischer Schwerpunkt („Älteste Spuren menschlichen Lebens im weltweiten Überblick", „Aufteilung der Welt in ‚Blöcke' mit unterschiedlichen Wirtschafts- und Gesellschaftssystemen", „Erfindung des Buchdrucks und digitale Revolution", „Reisen früher und heute", „Selbst- und Fremdbild in historischer Perspektive") (KLP Geschichte Gymnasium 2007, S. 27, 30 f.).

Bei einem multiperspektivischen Geschichtsunterricht, der eine „doppelte originale Sichtweise" (Göpfert 1985 zitiert nach Auernheimer 2010, S. 144) auf Geschichte anstrebt, geht es jedoch insbesondere darum, sich geschichtlichen Ereignissen selbst möglichst aus verschiedenen Perspektiven zu nähern. Dies erfordert das Sichtbarmachen verschiedener Perspektiven innerhalb der einzelnen Inhaltsfelder und Schwerpunkte. Diesen Anspruch löst der Kernlehrplan allerdings nicht explizit ein. So kann der Schwerpunkt „Neben- und Gegeneinander am Rande des Abendlandes: Christen, Juden Muslime" des fünften Inhaltsfeldes (KLP Geschichte Gymnasium 2007, S. 30) beispielsweise anhand der Kreuzzüge vom ‚christlich-abendländischen' (um die Terminologie des Kernlehrplans zu verwenden) Standpunkt her behandelt werden. Denkbar und wünschenswert (ja geradezu notwendig) erscheint jedoch ebenso die Einbeziehung eigenständiger islamischer, arabischer und jüdischer Sichtweisen, z. B. durch die Auswahl entsprechender Quellen (Alavi / von Borries 2000, S. 58, 69). Der Lehrplan schließt dies zwar nicht aus, legt dies aber auch nicht explizit nahe, was indes erforderlich erscheint, um einem heimlichen Lehrplan des Eurozentrismus entgegenzuwirken. Die Gefahr eines solchen heimlichen Lehrplans geht auch mit der Wortwahl des Lehrplans einher, worauf in der Analysefrage zur Adressatenorientierung bereits eingegangen wurde. Tendenziell ethnozentrische Begriffe wie der ‚Westen' oder der (Nahe / Mittlere) ‚Osten' sollten nicht unreflektiert im Geschichtsunterricht gebraucht werden (Alavi / von Borries 2000, S. 73). Analog gilt dies für die Terminologie im Lehrplan („Abendland", KLP Geschichte Gymnasium 2007, S. 30).

Analog dazu erscheint im Schwerpunkt „Europäer und Nicht-Europäer – Entdeckungen und Eroberungen" im sechsten Inhaltsfeld (KLP Geschichte Gymnasium 2007, S. 30) der Zusatz ‚Unterdrückungen' erforderlich. Die Europäisierung lediglich aus ‚entdeckender' und ‚erobernder' Sicht, *ergo* aus ‚europäischer' Sicht curricular zu benennen, klammert die kritische Auseinandersetzung mit den einhergehenden Unterdrückungen und Ausbeutungen aus Sicht der Betroffenen zwar nicht aus, schließt diese aber auch nicht explizit mit ein. Ebenso fehlt im Kernlehrplan die explizite Vorgabe einer kritischen Perspektive auf die Folgen des Imperialismus. So gibt der Lehrplan im achten Inhaltsfeld die Schwerpunkte „Triebkräfte imperialistischer Expansion" und „Imperialistische Politik in Afrika und Asien" vor (KLP Geschichte Gymnasium 2007, S. 30). Beide Schwerpunkte nehmen dabei lediglich die Sicht der imperialistischen Akteur/innen („Expansion" und „Politik") ein. Die grausamen und zerstörerischen Ereignisse aus Sicht der Unterdrückten sowie deren Folgen, die bis in die Gegenwart wirken, werden hingegen nicht explizit im Geschichtslehrplan benannt. Schließlich eignen sich überdies weitere Schwerpunktvorgaben im Kernlehrplan für interkulturelle und diversitätssensible, multiperspektivische Geschichtsbetrachtungen, gleichwohl der Kernlehrplan auch diese nicht explizit benennt, so z. B. (ohne Anspruch auf Vollständigkeit):

- im Schwerpunkt „Absolutismus am Beispiel Frankreichs" des siebten Inhaltsfeldes: z. B. „China als Gegenmodell Europas in Absolutismus und Aufklärung" (Alavi / von Borries 2000, S. 77);

- im Schwerpunkt „USA: Aufstieg zur Weltmacht" des neunten Inhaltsfeldes: z. B. die Fragestellung „Die USA: (k)ein ‚Melting Pot'?" (Alavi / von Borries 2000, S. 79);
- im sechsten Inhaltsfeld „Neue Welten und neue Horizonte": die Entstehung von Rassismus (insbesondere unter dem Aspekt der sozialen Konstruktion) beispielsweise anhand der Sklaverei in Afrika im Zuge der Kolonialisierung Amerikas (Alavi / von Borries 2000, S. 76 f.);
- im Schwerpunkt „Französische Revolution" des siebten Inhaltsfeldes: im Zusammenhang mit der Erklärung der Menschenrechte z. B. die Problemfragen „Essentielle Beiträge außereuropäischer Kulturen zur Menschenrechtsdebatte (am Beispiel Chinas)?" oder „Die Menschenrechtsdiskussion in verschiedenen Religionen, z. B. im Islam oder im Buddhismus?" (Alavi / von Borries 2000, S. 80);
- im zehnten Inhaltsfeld „Nationalsozialismus und Zweiter Weltkrieg": in Anlehnung an die Forderung Adornos in „Erziehung nach Auschwitz" die ausdrückliche Thematisierung und Reflexion der Gründe, Ursachen und Mechanismen für die Entstehung des Nationalsozialismus (Holzbrecher 2010, S. 13).

Der Kernlehrplan bietet durch die Formulierung der Inhaltsfelder einerseits genügend Freiräume, um Fragestellungen dieser Art im Geschichtsunterricht am Gymnasium zu behandeln. Andererseits werden diese nicht explizit durch den Lehrplan berücksichtigt. Hierin spiegelt sich die „kulturelle Selektivität des Curriculums" wider. Denn Lehrpläne geben nicht nur an, was Schüler/innen lernen sollen, sondern geben „zugleich Auskunft darüber, was nicht zu diesem Bestand gehört, weil es als fremd und unerwünscht gilt oder als subversiv ausgeschlossen oder einfach übersehen wurde" (Künzli 2009, S. 135, vgl. Kapitel 1.1).

C   Methodisch-didaktische Aspekte

C.5   Gibt es konkrete methodisch-didaktische Hinweise (Perspektivwechsel etc.) zur Umsetzung einer diversitätssensiblen Bildung im Sinne einer multiperspektivischen allgemeinen Bildung?

Das Prinzip der Multiperspektivität wird im G8-Geschichtslehrplan zwar angesprochen (KLP Geschichte Gymnasium 2007, S. 23), jedoch mit Einschränkungen, wie in der vorangegangenen Analysefrage herausgearbeitet wurde. Positiv hervorzuheben ist, dass der Kernlehrplan, wie oben gezeigt, die Fähigkeit zum Perspektivwechsel und zum Fremdverstehen als zentrale zu erwerbende Kompetenzen ansieht. Offen bleibt indes die Frage, wie dies im Unterricht angebahnt werden soll. Die vorgegebenen Inhalte schließen eine multiperspektivische Vorgehensweise zwecks

Fremdverstehen und Empathie nicht aus, sehen dies jedoch auch nicht konsequent bzw. explizit vor (vgl. ausführlich die vorangehende Analysefrage).

C.6 Sieht der Lehrplan die Individualisierung des Unterrichts (z. B. durch differenzierte Aufgabenstellungen) vor?

Wie auch in den zuvor untersuchten Lehrplänen weist der gymnasiale Kernlehrplan Geschichte im Abschnitt „Leistungsbewertung" darauf hin, dass die „Ergebnisse der Lernerfolgsüberprüfung" für Lehrpersonen Anlass sein sollen, „die Zielsetzungen und die Methoden ihres Unterrichts zu überprüfen und ggf. zu modifizieren. Für die Schülerinnen und Schüler sollen die Rückmeldungen zu den erreichten Lernständen eine Hilfe für das weitere Lernen darstellen" (KLP Geschichte Gymnasium 2007, S. 32). Weiter wird ausgeführt:

> „Die Beurteilung von Leistungen soll demnach mit der Diagnose des erreichten Lern-standes und **individuellen Hinweisen für das Weiterlernen** verbunden werden. Wichtig für den weiteren Lernfortschritt ist es, bereits erreichte Kompetenzen heraus-zustellen und die Lernenden – ihrem jeweiligen **individuellen Lernstand** entspre-chend – zum Weiterlernen zu ermutigen. Dazu gehören auch Hinweise zu erfolgver-sprechenden **individuellen Lernstrategien**. Den Eltern sollten im Rahmen der Lern- und Förderempfehlungen Wege aufgezeigt werden, wie sie das Lernen ihrer Kinder unterstützen können" (KLP Geschichte Gymnasium 2007, S. 32, eig. Herv.).

Weitere Hinweise auf einen individualisierten Geschichtsunterricht am Gymnasium finden sich nicht.

C.7 Findet die möglicherweise vorhandene Mehrsprachigkeit der Schüler/innen Berücksichtigung? Wenn ja, welche Rolle nehmen die Herkunftssprachen der Schüler/innen ein?

Die Unterrichtsvorgaben thematisieren nicht die mögliche Mehrsprachigkeit von Schüler/innen im Geschichtsunterricht am Gymnasium.

C.8 Wird die mögliche Anwesenheit von Schüler/innen mit sonderpädagogischem Förderbedarf berücksichtigt?

Der G8-Kernlehrplan Geschichte berücksichtigt nicht die mögliche Anwesenheit von Schüler/innen mit sonderpädagogischem Förderbedarf im Unterricht.

C.9 Wird die Förderung bildungssprachlicher Kompetenzen als Aufgabe des Faches verstanden?

Den Aspekt fachsprachlicher Kompetenzen spricht der G8-Kernlehrplan im Kompetenzbereich „Methodenkompetenz" an. So gehört zu dieser Kompetenz „auch die Fähigkeit, historische Sachverhalte eigenständig, adressatengerecht und fachsprachlich korrekt darzustellen" (KLP Geschichte Gymnasium 2007, S. 19). In den Kompetenzerwartungen der Jahrgangsstufen 5 / 6 wird die Fähigkeit, „historische Sachverhalte sprachlich angemessen" zu beschreiben, angeführt (KLP Geschichte Gymnasium 2007, S. 26). In den Klassenstufen 7 bis 9 sollen die Schüler/innen „geeignete sprachliche Mittel (z. B. Tempusstrukturen; Modi und Adverbiale) als Mittel zur Darstellung der zeitlichen Abfolge und Beziehung, zur Verdeutlichung zeitgenössischer Vorstellungen sowie zur sprachlichen Distanzierung von einer zitierten Aussage" verwenden können (KLP Geschichte Gymnasium 2007, S. 29). Weitere Hinweise auf die Förderung (fach-)sprachlicher Fähigkeiten enthält der G8-Geschichtslehrplan nicht.

Der Kernlehrplan Geschichte für die Hauptschule – im Vergleich zum Gymnasium

A   Adressatenorientierung

A.1   Wird explizit oder implizit von einer ‚homogenen' oder ‚heterogenen' Schülerschaft ausgegangen?

Der Kernlehrplan spricht im Allgemeinen von „den Schülerinnen und Schülern" (z. B. KLP Geschichte Hauptschule 2011, S. 9). Darüber hinaus geht der Geschichtslehrplan, ebenso wie der Deutschlehrplan der Hauptschule, implizit von einer Schülerschaft aus, die besonderer Unterstützung im Hinblick auf ihre Lebensplanung und Berufsorientierung bedarf, was sich in der Schwerpunktsetzung auf thematisch-inhaltlicher Ebene widerspiegelt (vgl. Analysefrage zu den Inhalten). Überdies spricht der Lehrplan an, dass in der Doppeljahrgangsstufe 5 / 6 Schüler/innen „aus einer Vielzahl von Grundschulen mit teilweise sehr unterschiedlichen Lernausgangslagen sowie verschiedenen sozialen und kulturellen Hintergründen" in die Hauptschule wechseln. „Eine wichtige Aufgabe" sei es deshalb, „soziales Miteinander zu organisieren, soziale Kompetenzen zu stärken und die Schülerinnen und Schüler in die neue Gemeinschaft der Klasse und Schule zu integrieren" (KLP Geschichte Hauptschule 2011, S. 43).

Der Kernlehrplan der Hauptschule erwartet eine in sozialer und ethnisch-kultureller Hinsicht ‚heterogene' Schülerschaft im Geschichtsunterricht. Der G8-Geschichtslehrplan spricht hingegen ausschließlich von „den Schülerinnen und

Schülern" (vgl. z. B. KLP Geschichte Gymnasium 2007, S. 12) und nimmt somit eine ,homogene' Schülerschaft an bzw. geht davon aus, dass eine ,heterogene' Schülerschaft am Gymnasium keiner expliziten Nennung bedarf. Der heimliche Lehrplan des Rassismus, der nach Auernheimer durch das mehrgliedrige deutsche Schulsystem transportiert wird (vgl. z. B. Auernheimer 2007, S. 90 f.), spiegelt sich in dieser Erwartungshaltung in einer um die Kategorien der sozialen und ethnischen Herkunft erweiterten Form wider.

A.2 Wird Diversität explizit oder implizit bewertet (als Bereicherung, Belastung, Normalität)?

Im Kernlehrplan Geschichte der Hauptschule finden sich keine expliziten oder impliziten Wertungen von Diversität.

Anders als der Hauptschullehrplan enthält der G8-Kernlehrplan Geschichte eine implizite Dichotomie zwischen dem ,Westen / Wir' und dem ,Osten / Ihr', wobei die Thematisierung der Konzepte ,Abendland' bzw. ,Morgenland' als dichotomische Konstruktionen (Said 1978 / 2012) nicht vorgesehen ist.

B   Lernziele und Lerninhalte

B.3 Welche Kompetenzen werden explizit oder implizit angesprochen, die Schüler/innen auf ein Leben in und mit Diversität vorbereiten sollen?

Ein eigenständiges Fach Geschichte ist in der Hauptschule nicht vorgesehen. Stattdessen werden Geschichte und Politik im Fächerverbund „Geschichte / Politik" unterrichtet. Zusammen mit dem Fach Erdkunde bildet das Fach Geschichte / Politik den Lernbereich „Gesellschaftslehre". Beide Fächer des Lernbereichs zielen auf „den Aufbau gesellschaftswissenschaftlicher Grundbildung [im Orig. Fettdruck]" ab (KLP Geschichte Hauptschule 2011, S. 9). Die Fächerkombination „Geschichte / Politik" soll im Besonderen „den Aufbau und Erwerb fundierter *historisch-politischer Kompetenz*" fördern (KLP Geschichte Hauptschule 2011, S. 10, Herv. im Orig.). Diese umfasst gemäß den Unterrichtsvorgaben

> „die Gesamtheit der Fähigkeiten und Fertigkeiten, die erforderlich sind, um historische, politische und gesellschaftliche Phänomene zu untersuchen, Zusammenhänge und Entwicklungen zu beschreiben und diesbezüglich auftretende Fragen und Probleme zu beurteilen. Darüber hinaus schafft sie die Grundlage für die Teilnahme an sozialen, ökonomischen und politischen Prozessen. Das Fach Geschichte / Politik vermittelt die Werte, die in den Grund- und Menschenrechten, im Grundgesetz der Bundesrepublik Deutschland und in der Landesverfassung Nordrhein-Westfalen festgeschrieben sind. Die Erziehung zur Achtung der Würde des Menschen und zur Wahrung der Prinzipien des demokratischen und sozialen Rechtsstaates ist für das Fach Geschichte / Politik unverzichtbar" (KLP Geschichte Hauptschule 2011, S. 10).

Im Anschluss an diese Beschreibung unterscheidet der Kernlehrplan die historische von der politischen Perspektive:

> „Die **historische Perspektive** zielt auf das Verständnis und die Beurteilung des menschlichen Handelns in der Zeit. So wird für die Schülerinnen und Schüler unter anderem erkennbar, wie menschliche Gesellschaften entstanden sind, wie diese sich in den Dimensionen Zeit und Raum entwickelt haben und welche Entwicklungsprozesse bis in die Gegenwart hinein wirken. Durch die Beschäftigung mit vergangenen und fremden Kulturen wird die historische Bedingtheit des individuellen, gesellschaftlichen und staatlichen Handelns sichtbar und die Möglichkeit zu dessen kritischer Würdigung eröffnet.
>
> Die **politische Perspektive** trägt dazu bei, dass die Lernenden politische, gesellschaftliche und wirtschaftliche Strukturen sowie relevante Probleme und Gegebenheiten, aber auch das Handeln von Individuen und Gruppen unter Berücksichtigung der zugrunde liegenden Wertvorstellungen verstehen und beurteilen können. Sie hilft dabei, dass Schülerinnen und Schüler in die Lage versetzt werden, ein möglichst dauerhaftes und belastbares politisch-demokratisches Bewusstsein auszubilden, das sie dazu befähigt, ihre Rolle als Bürgerinnen und Bürger in der Demokratie wahrzunehmen" (KLP Geschichte Hauptschule 2011, S. 10, Herv. im Orig.).

Im weiteren Verlauf des Kernlehrplans werden diese verschiedenen Perspektiven (historische und politische) jedoch nicht wieder aufgegriffen und auch nicht auf der Ebene der Ziele und Inhalte weiter ausdifferenziert. Stattdessen spricht der Kernlehrplan stets von dem Fach „Geschichte / Politik", so dass sich die Frage aufdrängt, ob mit der Vorgehensweise, Geschichte und Politik im Fächerverbund zu unterrichten, nicht auch eine inhaltliche Verkürzung eines der oder beider Fächer einhergeht. Diese Frage kann in diesem Rahmen nicht abschließend beantwortet werden, da das Fach Politik nicht Gegenstand der vorliegenden Untersuchung ist (vgl. Kapitel 2.1). Der Kernlehrplan selbst erklärt, dass in der Doppeljahrgangsstufe 9 / 10, also (erst) in den letzten zwei Jahrgangsstufen der Hauptschule, der „Schwerpunkt auf die politische Bildung" der Schüler/innen „ausgehend von der neueren und neuesten Geschichte" gelegt wird (KLP Geschichte Hauptschule 2011, S. 54). Dies lässt darauf schließen, dass die historische Perspektive im Unterricht überwiegt.

Was die Frage nach diversitätssensiblen Zielen betrifft, so kündigt der Kernlehrplan im Abschnitt „Aufgaben und Ziele des Lernbereichs und der Fächer" an, dass im Zuge der Kompetenzentwicklung „insbesondere auch die Fächer des Lernbereichs Gesellschaftslehre" zur Umsetzung der folgenden von allen Fächern zu erfüllenden Querschnittsaufgaben beitragen, d. h. im Einzelnen

> „zur **Sensibilisierung für unterschiedliche Geschlechterperspektiven**, zur Werteerziehung, zum Aufbau sozialer Verantwortung, zur Gestaltung einer demokratischen Gesellschaft, zur Sicherung der natürlichen Lebensgrundlagen, zur kulturellen Mitgestaltung, zum **interkulturellen Verständnis** sowie zur Vorbereitung auf Beruf und Arbeitswelt" (KLP Geschichte Hauptschule 2011, S. 9, eig. Herv.).

Mit der Förderung welcher Kompetenzen sollen diese transversalen Ziele erreicht werden? Ebenso wie der Gymnasiallehrplan unterscheidet der Hauptschullehrplan die vier Kompetenzbereiche (i) „Sachkompetenz", (ii) „Methodenkompetenz", (iii) „Urteilskompetenz" sowie (iv) „Handlungskompetenz" (KLP Geschichte Hauptschule 2011, S. 13 f.) und sieht somit, wie auch der Gymnasiallehrplan und die Lehrpläne im Fach Deutsch, keinen eigenständigen Kompetenzbereich vor, der explizit die Befähigung zum ‚Umgang mit dem Anderen' zum Ziel hat, wie dies etwa, wenn auch mit Einschränkungen, im Fach Englisch der Fall ist (vgl. die Analyse der Englischlehrpläne). Nach den Beschreibungen der vier Kompetenzbereiche formuliert der Hauptschullehrplan inhaltsfeldübergreifende Kompetenzerwartungen für alle vier Kompetenzbereiche, die, anders als im Gymnasiallehrplan, nicht im Zwei-, sondern im Dreischritt für die Jahrgangsstufen 5 / 6, 7 / 8 sowie 9 / 10 aufgebaut sind. Außerdem unterscheidet sich der Hauptschullehrplan im Aufbau darin, dass die Kompetenzerwartungen im Bereich der Sach- und Urteilskompetenz „im Anschluss zusätzlich inhaltsfeldbezogen konkretisiert" werden (KLP Geschichte Hauptschule 2011, S. 43). In diesem Abschnitt der Analyse werden zunächst die inhaltsfeldübergreifenden Kompetenzbeschreibungen untersucht. Die inhaltsfeldbezogenen Kompetenzbeschreibungen werden in der folgenden Analysefrage zu den diversitätssensiblen Inhalten mitberücksichtigt.

Für die Fragestellung nach diversitätssensiblen Zielen des Geschichtsunterrichts in der Hauptschule sind besonders die folgenden Kompetenzerwartungen relevant:

Doppeljahrgangsstufe 5 / 6

Sachkompetenz
„Die Schülerinnen und Schüler können [...]
- **einfache Vergleiche** zwischen ‚früher' und ‚heute' sachgerecht vornehmen (SK 9)" (KLP Geschichte Hauptschule 2011, S. 43, eig. Herv.).

Urteilskompetenz
„Die Schülerinnen und Schüler können [...]
- in Ansätzen das Handeln von Personen und Gruppen unter Berücksichtigung von **Motiven und Interessen** charakterisieren (UK 2),
- **gegensätzliche Positionen** charakterisieren, indem sie Argumente identifizieren und in Ansätzen ihre Stichhaltigkeit prüfen (UK 3) [...]
- in Ansätzen **begründete Werturteile** formulieren und diese ggf. zugunsten besser begründbarer Urteile revidieren (UK 5)" (KLP Geschichte Hauptschule 2011, S. 44, eig. Herv.).

Handlungskompetenz
„Die Schülerinnen und Schüler können
- ihre eigene Meinung auch in der Auseinandersetzung mit **kontroversen Sichtweisen** vertreten und sachlich begründen (HK 1),
- vorgegebene **fremde Positionen** einnehmen und diese probeweise vertreten (HK 2), [...]
- **mit (kulturellen) Differenzen tolerant umgehen** und in alltäglichen Konflikt- und Problemsituationen Wege der Konfliktlösung und demokratischen Entscheidungsfindung anwenden (HK 4) [...]" (KLP Geschichte Hauptschule 2011, S. 44 f., eig. Herv.).

Doppeljahrgangsstufe 7 / 8

Sachkompetenz

„Die Schülerinnen und Schüler können [...]

- **einfache Vergleiche** zwischen ‚früher' und ‚heute' sachgerecht vornehmen und wesentliche Veränderungen menschlicher Gesellschaften beschreiben (SK 9)" (KLP Geschichte Hauptschule 2011, S. 48, eig. Herv.)

Urteilskompetenz

„Die Schülerinnen und Schüler können [...]

- das Handeln von Personen und Gruppen und dessen Folgen unter Berücksichtigung von **Motiven, Interessen, Wertvorstellungen** und Handlungsmöglichkeiten charakterisieren und beurteilen (UK 2),
- historisch-politische Positionen und Deutungen beurteilen, indem sie in Ansätzen die **innere Stimmigkeit und sachliche Angemessenheit von Argumenten** prüfen (UK 3), [...]
- **begründete Werturteile** formulieren und diese ggf. zugunsten besser begründbarer Urteile revidieren (UK 5)" (KLP Geschichte Hauptschule 2011, S. 49, eig. Herv.).

Handlungskompetenz

„Die Schülerinnen und Schüler können

- ihre eigene Position auch in der Auseinandersetzung mit **kontroversen Sichtweisen** in sachlich begründeter Form vertreten (HK 1),
- **fremde Positionen** einnehmen und diese probeweise (u. a. im Rahmen von Rollenspielen) vertreten (HK 2), [...]
- **mit (kulturellen) Differenzen tolerant umgehen** und ggf. auch simulativ in historisch-politischen Konflikt- und Problemsituationen Wege der Konfliktlösung und demokratischen Entscheidungsfindung anwenden (HK 4) [...]" (KLP Geschichte Hauptschule 2011, S. 49, eig. Herv.).

Doppeljahrgangsstufe 9 / 10

Sachkompetenz

„Die Schülerinnen und Schüler können [...]

- **Gemeinsamkeiten und Unterschiede** zwischen Vergangenheit und Gegenwart beschreiben und die historische Bedingtheit heutiger gesellschaftlicher Phänomene nachweisen (SK 9)" (KLP Geschichte Hauptschule 2011, S. 54, eig. Herv.).

Urteilskompetenz

Die Schülerinnen und Schüler können [...]

- das Handeln von Personen und Gruppen und dessen Folgen unter Berücksichtigung von Motiven, Interessen, Wertvorstellungen und Handlungsmöglichkeiten analysieren und beurteilen (UK 2),
- historisch-politische Positionen und Deutungen beurteilen, indem sie die **innere Stimmigkeit und sachliche Angemessenheit von Argumenten** sowie die zugrunde liegenden Interessen und **Wertmaßstäbe** prüfen (UK 3), [...]
- begründete **Werturteile** formulieren und diese ggf. zugunsten besser begründbarer Urteile revidieren sowie die Bedeutung von Wertorientierungen erläutern (UK 5)" (KLP Geschichte Hauptschule 2011, S. 55, eig. Herv.).

Handlungskompetenz

„Die Schülerinnen und Schüler können

- ihre eigene Position auch in der Auseinandersetzung mit **kontroversen Sichtweisen** in sachlich begründeter und argumentativ überzeugender Form vertreten (HK 1),

- **fremde Positionen** einnehmen und diese probeweise (u. a. im Rahmen von Pro- und Kontra- bzw. Podiumsdiskussionen) vertreten (HK 2), [...]
- **mit (kulturellen) Differenzen tolerant und reflektiert umgehen** und in Konflikt- und Problemsituationen Strategien der Organisation und Durchsetzung von Interessen im Rahmen demokratischer Regelungen anwenden (HK 4) [...]" (KLP Geschichte Hauptschule 2011, S. 55 f., eig. Herv.).

Es fällt auf, dass der Hauptschullehrplan Geschichte der Fähigkeit zum Perspektivwechsel bzw. der Fähigkeit zum Vergleichen sowie der Fähigkeit zur Standpunktvertretung eine große Bedeutung beimisst. Im Vergleich der Kompetenzerwartungen über die Jahrgangsstufen hinweg zeigt sich, dass die Abstufungen in den Kompetenzerwartungen teilweise nicht nachvollziehbar erscheinen. Insbesondere fallen die vielen Wiederholungen auf, wobei die Unterschiede bzw. Steigerungen der Kompetenzerwartungen zum Teil minimal sind. Bei der fünften Sachkompetenz lauten die Kompetenzsteigerungen etwa: „Möglichkeiten und Grenzen gesellschaftlicher Mitwirkung *benennen* (SK 5)", „Möglichkeiten und Grenzen gesellschaftlicher Mitwirkung *beschreiben* (SK 5)", Möglichkeiten und Grenzen gesellschaftlicher Mitwirkung *beschreiben und erläutern* (SK 5)" (KLP Geschichte Hauptschule 2011, S. 43, 48, 54, eig. Herv.). Die Grenzen zwischen den Vorgängen „beschreiben" und „beschreiben und erläutern" sind fließend und somit kaum in einem zeitlichen Abstand von zwei Jahrgangsstufen getrennt voneinander zu erfassen.

Die Handlungskompetenz betreffend wirft außerdem die in Klammern ergänzte Dimension der kulturellen Differenz die Frage auf, was der Kernlehrplan darunter versteht (ethnisch-kulturelle Differenzen?) bzw. weshalb nicht beispielsweise auch religiöse oder politische Differenzen angeführt werden. Insbesondere stellt sich die Frage, weshalb die Dimension der kulturellen Differenzen im Hauptschullehrplan – im Gegensatz zum Gymnasiallehrplan – explizit erwähnt wird. Es scheint, als würden die Unterrichtsvorgaben der Hauptschule – dem Bildungsgang, in dem Schüler/innen mit Migrationshintergrund überrepräsentiert sind (vgl. Kapitel 4.2) – an die erwartete Schülerschaft ‚ethnisch-kulturell angepasst' werden. Diese Tendenz hat sich bereits im Fach Deutsch abgezeichnet, da der Lehrplan der Hauptschule das Thema Mehrsprachigkeit bzw. die Herkunftssprachen der Schüler/innen in artikulierterer Form als Unterrichtsthema vorsieht als der Gymnasiallehrplan (KLP Deutsch Hauptschule 2011, S. 18, 19, 23, 28).

In den inhaltsfeldübergreifenden Kompetenzerwartungen legt der Hauptschullehrplan, ebenso wie der G8-Kernlehrplan, einen Schwerpunkt auf die Fähigkeit zum Perspektivwechsel bzw. zum Vergleich. Die Dimension der kulturellen Differenz wird dabei explizit erwähnt, was Rückschlüsse auf die im Bildungsgang ‚erwartete' Schülerschaft zulässt.

B.4 Berücksichtigen die vorgesehenen Inhalte und Themen interkulturelle und diversitätsbezogene Fragen im Sinne einer multiperspektivischen allgemeinen Bildung?

Der Geschichtslehrplan der Hauptschule gibt insgesamt zwölf Inhaltsfelder vor. Diese „folgen einer grob chronologischen Gliederung" und werden im Kernlehrplan zunächst kurz beschrieben (KLP Geschichte Hauptschule 2011, S. 40 ff.). Im Kapitel mit den Kompetenzerwartungen werden den Doppeljahrgangsstufen die jeweils zu behandelnden Inhaltsfelder und ihre thematischen Schwerpunkte zugeordnet. Das erste Inhaltsfeld „Identität und Lebensgestaltung" ist dabei in allen drei Doppeljahrgangsstufen vorgesehen. Für jedes Inhaltsfeld formuliert der Lehrplan zusätzlich zu den inhaltsfeldübergreifenden Kompetenzerwartungen auch inhaltsfeldbezogene Kompetenzerwartungen in den Kompetenzbereichen „Sachkompetenz" und „Urteilskompetenz". Diese inhaltsfeldbezogenen Kompetenzerwartungen geben zusammen mit den Beschreibungen der Inhaltsfelder – im Gegensatz zu den Unterrichtsvorgaben im Gymnasiallehrplan – ein äußerst detailliertes und differenziertes Bild darüber, welche Inhalte und Themen unter welchen Aspekten im Geschichtsunterricht der Hauptschule behandelt und welche Kompetenzen dabei ausgebildet werden sollen. Viele der Unklarheiten, die der Gymnasiallehrplan aufwirft (vgl. insbesondere die Analyse der Inhalte), werden im Hauptschullehrplan geregelt. Der Hauptschullehrplan Geschichte orientiert sich jedoch im Vergleich zum G8-Kernlehrplan etwas mehr an der Nationalgeschichte Deutschlands bzw. es werden weniger Länder, Nationen bzw. Regionen über Deutschland hinausgehend einbezogen (in alphabetischer Reihenfolge):

- Afrika („Imperialistische Expansion und Kolonialismus");
- Ägypten („Ägypten – frühe Hochkultur");
- Asien („Imperialistische Expansion und Kolonialismus");
- Europa („Europa im Mittelalter – Weltsichten und Herrschaftsstrukturen", „Flucht und Vertreibung im europäischen Kontext");
- Frankreich („Absolutismus und Aufklärung", „Revolution in Frankreich (1789) und Deutschland (1848)");
- das antike Griechenland („Lebenswelt griechische Polis");
- das Römische Reich („Rom – vom Stadtstaat zum Weltreich", „Römer und Germanen");
- Südamerika („‚Entdeckung' und Eroberung Südamerikas") (KLP Geschichte Hauptschule 2011, S. 45 ff.).

Durch die Formulierung von inhaltsfeldbezogenen Kompetenzerwartungen nehmen diese relativ allgemein gehaltenen Inhaltsfelder weiter Konturen an. Die Ebene der Ziele ist im Hauptschullehrplan Geschichte somit eng mit der Ebene der Inhalte verknüpft. Hinsichtlich der Frage nach diversitätssensiblen Zielen und Inhalten ist das erste Inhaltsfeld „Identität und Lebensgestaltung" hervorzuheben. Hierdurch werden nicht nur systematisch Bezüge zur Gegenwart und zur Lebenswelt der Schüler/innen hergestellt, sondern auch explizit interkulturelle und diversitätssensible Aspekte aufgegriffen. In der Doppeljahrgangsstufe 5 / 6 lautet einer der drei inhaltlichen Schwerpunkte „Lebensformen von verschiedenen Sozialgruppen in Deutschland" (KLP Geschichte Hauptschule 2011, S. 45). In der Doppeljahrgangsstufe 7 / 8 ist sogar explizit der Schwerpunkt „Interkultureller Umgang" vorgesehen (KLP Geschichte Hauptschule 2011, S. 50). Werden die dazugehörigen inhaltsfeldbezogenen Kompetenzwertungen hinzugezogen, zeigt sich jedoch, dass mit ‚interkulturellem Umgang' der Umgang mit „Menschen aus unterschiedlichen Kulturen" gemeint ist (KLP Geschichte Hauptschule 2011, S. 50). Die Schüler/innen sollen demnach „Voraussetzungen und Kriterien eines auf der Achtung des Anderen beruhenden interkulturellen Umgangs entwickeln" können, die „Chancen und Herausforderungen des Zusammenlebens von Menschen aus unterschiedlichen Kulturen erörtern" sowie „ihr eigenes Bild des ‚Fremden' und ihren Umgang mit kultureller Differenz hinterfragen" (KLP Geschichte Hauptschule 2011, S. 50). ‚Interkultureller Umgang' wird im Hauptschullehrplan somit in einem ethnokulturellen Sinne verstanden. Das ‚Andere' beschränkt sich damit in dichotomer Sicht auf Menschen aus ‚unterschiedlichen Kulturen'. Dennoch berücksichtigt der Kernlehrplan – wenn auch nicht im Zusammenhang mit Fragen zum interkulturellen Umgang – im Inhaltsfeld „Identität und Lebensgestaltung" weitere Dimensionen von Diversität, so die „Lebensformen verschiedener gesellschaftlicher Gruppen" (KLP Geschichte Hauptschule 2011, S. 45) in der Doppeljahrgangsstufe 5 / 6, die „Lebenssituationen und Rollenzuweisungen von Frauen und Männern" (KLP Geschichte Hauptschule 2011, S. 50) in der Doppeljahrgangsstufe 7 / 8 sowie den „Wandel von Wertvorstellungen im Zusammenhang von Individualisierung und Pluralisierung", beispielsweise „Jugendszenen, Ehe / Familie, Homosexualität" (KLP Geschichte Hauptschule 2011, S. 56) in der Doppeljahrgangsstufe 9 / 10.

In den weiteren elf Inhaltsfeldern finden sich ebenfalls diversitätssensible Inhalte und daran geknüpfte inhaltsfeldbezogene Kompetenzerwartungen hinsichtlich verschiedener Dimensionen von Diversität. So sollen die Schüler/innen beispielsweise (Auswahl):

- *Geschlecht bzw. Gender*: „die Unterschiede zwischen der geschlechtsspezifischen Arbeitsteilung in der Frühgeschichte und in der Gegenwart bewerten" (KLP Geschichte Hauptschule 2011, S. 46), „die Rolle der Frauen in der Französischen Revolution beschreiben und das Gleichberechtigungspostulat des Grundgesetzes erläutern" (KLP Geschichte Hauptschule 2011, S. 52), „Chancen und Hindernisse bei der Vereinbarkeit von Beruf und Familie in Hinblick auf die eigene Lebensplanung reflektieren" (KLP Geschichte Hauptschule 2011, S. 53), Verfassungsnorm und -wirklichkeit der Gleichberechtigung von Frauen und Männern an Beispielen vergleichen" (KLP Geschichte Hauptschule 2011, S. 59);

- *Fragen sozialer Ungleichheiten*: „Lebensformen verschiedener gesellschaftlicher Gruppen im Hinblick auf Wünsche, materielle Ausstattung und Beteiligung beschreiben" (KLP Geschichte Hauptschule 2011, S. 45), „unterschiedliche Beteiligungsmöglichkeiten verschiedener Bevölkerungsgruppen in Mittelalter und Gegenwart (Deutschland) beurteilen" (KLP Geschichte Hauptschule 2011, S. 48), „Ursachen für Jugendkriminalität in Deutschland erläutern und mögliche Konsequenzen für die Gesellschaft und das Individuum beurteilen" (KLP Geschichte Hauptschule 2011, S. 50), „historische und aktuelle Erscheinungsformen sozialer Ungleichheit beschreiben" (KLP Geschichte Hauptschule 2011, S. 52), „ausgewählte sozialpolitische Maßnahmen im Spannungsfeld von Leistungsprinzip und sozialer Gerechtigkeit erklären" (KLP Geschichte Hauptschule 2011, S. 59);
- *Religion:* „die Bedeutung von Kirche und Religion in der Gesellschaft darlegen und mit heute vergleichen" (KLP Geschichte Hauptschule 2011, S. 47), „gegenwärtige Begegnungen zwischen Christen und Muslimen unter dem Aspekt der Toleranz beurteilen" (KLP Geschichte Hauptschule 2011, S. 48);
- *Migration bzw. ethnische Zugehörigkeit:* „aktuelle Formen neonazistischen Auftretens erläutern und Inhalte dieser Weltauffassungen dem historischen Nationalsozialismus zuordnen" (KLP Geschichte Hauptschule 2011, S. 58), „ideologische Voraussetzungen und Ausmaß der Entrechtung, Verfolgung und Ermordung von Juden, Sinti und Roma sowie weiterer Ausgegrenzter beschreiben" (KLP Geschichte Hauptschule 2011, S. 58), „die Chancen und Herausforderungen der Europäischen Union an einem Beispiel erläutern" (KLP Geschichte Hauptschule 2011, S. 60), „ökonomische und kulturelle Chancen und Risiken von Globalisierungsprozessen (u. a. in Hinblick auf die eigene Lebensplanung) an einem Beispiel analysieren und erläutern" (KLP Geschichte Hauptschule 2011, S. 60).

Dabei sieht der Hauptschullehrplan Geschichte auch die Sensibilisierung für westliche Dominanzstrukturen vor, indem die Schüler/innen beispielsweise „die Problematik des Begriffs ‚Entdecker' beurteilen" (KLP Geschichte Hauptschule 2011, S. 51), „die kulturellen Leistungen indigener Völker benennen und Elemente der Kulturzerstörung durch die Eroberer beschreiben" (KLP Geschichte Hauptschule 2011, S. 51) sowie „die Folgen imperialistischer Politik bis in die Gegenwart an einem Beispiel beschreiben" sollen (KLP Geschichte Hauptschule 2011, S. 53).

Der Hauptschullehrplan Geschichte ist wesentlich differenzierter und detaillierter als der G8-Geschichtslehrplan, der zwar viele Freiräume für einen diversitätssensiblen Geschichtsunterricht bietet, diese jedoch nicht hinreichend thematisch explizit vorsieht. Dabei sieht der Hauptschullehrplan explizit auch die Sensibilisierung für westliche Dominanzstrukturen vor.

C   Methodisch-didaktische Aspekte

C.5   Gibt es konkrete methodisch-didaktische Hinweise (Perspektivwechsel etc.) zur Umsetzung einer diversitätssensiblen Bildung im Sinne einer multiperspektivischen allgemeinen Bildung?

Im Hauptschullehrplan Geschichte gibt es keine Passage mit expliziten Hinweisen zur methodisch-didaktischen Gestaltung des Geschichtsunterrichts.

Der G8-Kernlehrplan Geschichte nimmt bei vorgeblich mehrperspektivischer Betrachtung eine Priorisierung der Nationalgeschichte vor. Der Hauptschullehrplan hingegen macht in dieser Hinsicht keine Angaben. Durch die Formulierung inhaltsfeldbezogener Kompetenzerwartungen sind die Vorgaben jedoch sehr differenziert und beinhalten zudem explizit diversitätssensible Bezüge (vgl. vorangegangene Analysefrage).

C.6   Sieht der Lehrplan die Individualisierung des Unterrichts (z. B. durch differenzierte Aufgabenstellungen) vor?

Wie auch in den bisher untersuchten Kernlehrplänen, weisen die Unterrichtsvorgaben für den Geschichtsunterricht der Hauptschule im Abschnitt „Lernerfolgsüberprüfung und Leistungsbewertung" darauf hin, dass die „Ergebnisse der Lernerfolgsüberprüfungen" für Lehrpersonen Anlass sein sollen, „die Zielsetzungen und die Methoden ihres Unterrichts zu überprüfen und ggf. zu modifizieren. Für die Schülerinnen und Schüler sollen sie eine Hilfe für das weitere Lernen darstellen" (KLP Geschichte Hauptschule 2011, S. 61). Es folgt fast wortgleich:

> „Die Beurteilung von Leistungen soll demnach mit der Diagnose des erreichten Lernstandes und **individuellen Hinweisen für das Weiterlernen** verbunden werden. Wichtig für den weiteren Lernfortschritt ist es, bereits erreichte Kompetenzen herauszustellen und die Lernenden – ihrem jeweiligen **individuellen Lernstand** entsprechend – zum Weiterlernen zu ermutigen. Dazu gehören im Rahmen der kontinuierlichen Beratung der Schülerinnen und Schülern [sic!] sowie der Eltern auch Hinweise zu erfolgversprechenden **individuellen Lernstrategien**" (KLP Geschichte Hauptschule 2011, S. 61, eig. Herv.).

Weitere Hinweise auf einen individualisierten Geschichtsunterricht in der Hauptschule finden sich nicht.

In den Unterrichtsvorgaben für das Gymnasium und die Hauptschule finden sich dieselben, auf den Bereich der Leistungsbeurteilung beschränkten Hinweise zur Individualisierung des Geschichtsunterrichts.

C.7 Findet die möglicherweise vorhandene Mehrsprachigkeit der Schüler/innen Berücksichtigung? Wenn ja, welche Rolle nehmen die Herkunftssprachen der Schüler/innen ein?

Die Unterrichtsvorgaben thematisieren nicht die mögliche Mehrsprachigkeit der Schüler/innen im Geschichtsunterricht der Hauptschule.

Beide Geschichtslehrpläne für das Gymnasium und die Hauptschule berücksichtigen nicht die mögliche Mehrsprachigkeit der Schüler/innen.

C.8 Wird die mögliche Anwesenheit von Schüler/innen mit sonderpädagogischem Förderbedarf berücksichtigt?

Der Kernlehrplan Geschichte der Hauptschule berücksichtigt nicht die mögliche Anwesenheit von Schüler/innen mit sonderpädagogischem Förderbedarf im Unterricht.

Beide Geschichtslehrpläne für das Gymnasium und die Hauptschule berücksichtigen nicht die mögliche Anwesenheit von Schüler/innen mit sonderpädagogischem Förderbedarf im Unterricht.

C.9 Wird die Förderung bildungssprachlicher Kompetenzen als Aufgabe des Faches verstanden?

Die Förderung fachsprachlicher Kompetenzen im Geschichtsunterricht der Hauptschule nimmt in den Unterrichtsvorgaben einen großen Stellenwert ein. So wird die „fachbezogene Sprachförderung" explizit als Aufgabe des Geschichtsunterrichts der Hauptschule festgelegt, denn diese „sprachliche[n] Fähigkeiten entwickeln sich nicht naturwüchsig auf dem Sockel alltagssprachlicher Kompetenzen, sondern müssen gezielt in einem sprachsensiblen Fachunterricht angebahnt und vertieft werden" (KLP Geschichte Hauptschule 2011, S. 11). Vor diesem Hintergrund werden in einem eigenen Unterkapitel die Erwartungen an einen sprachsensiblen Geschichtsunterricht festgelegt (KLP Geschichte Hauptschule 2011, S. 14 ff.).

Die Förderung fachsprachlicher Kompetenzen nimmt im Hauptschullehrplan in Form eines eigenständigen Kapitels mit entsprechenden Kompetenzerwartungen einen deutlich größeren Stellenwert ein als im G8-Kernlehrplan. Wie im Expert/innengespräch erläutert, liegt dies in der erwarteten Schülerpopulation der Hauptschule begründet (vgl. ausführlich Kapitel 6.3). Wie sich schon in der Analyse im Fach Deutsch gezeigt hat, wird somit die Mittelschichtorientierung der Institution Schule im Bildungsgang der Hauptschule bewusst verlassen, weil dort eine Schülerschaft mit einem ‚anderen' kulturellen bzw. sprachlichen Kapital (Bourdieu 1992) als am Gymnasium erwartet wird.

Nationale Bildungsstandards im Fach Englisch

Interkulturelle Kompetenz als besondere Aufgabe des Fremdsprachenunterrichts

Die Bildungsstandards für die erste Fremdsprache liegen für den mittleren Schulabschluss und für den Hauptschulabschluss vor und gelten für die Fächer Englisch und Französisch. Sowohl für den mittleren Schulabschluss als auch für den Hauptschulabschluss werden vier Kompetenzbereiche definiert: (i) „kommunikative Fertigkeiten", (ii) „Verfügung über die sprachlichen Mittel", (iii) „interkulturelle Kompetenzen" sowie (iv) „methodische Kompetenzen" (KMK 2003a, S. 8; KMK 2004a, S. 8). In beiden Versionen der Bildungsstandards wird im Abschnitt „Der Beitrag der ersten Fremdsprache zur Bildung" die Förderung interkultureller Kompetenz als „eine übergreifende Aufgabe von Schule" definiert, „zu der der fremdsprachliche Unterricht einen besonderen Beitrag leistet" (KMK 2003a, S. 6; KMK 2004a, S. 6). Dieser Hinweis ist insofern bemerkenswert, als die vorangegangenen Analysen der Bildungsstandards im Fach Deutsch sowie die Lehrplananalysen in den Fächern Deutsch und Geschichte gezeigt haben, dass interkulturelle Kompetenz in diese Dokumente nicht im Sinne eines transversalen Ansatzes Eingang gefunden hat.

Die Ausführungen in diesem Abschnitt beider Versionen der Bildungsstandards für Fremdsprachen sind nahezu wortgetreu. In Anbetracht „der zunehmenden persönlichen und medialen Erfahrung kultureller Vielfalt" ist es auch die Aufgabe des Fremdsprachenunterrichts, Schüler/innen

> „zu kommunikationsfähigen und damit **offenen, toleranten und mündigen Bürgern in einem zusammenwachsenden Europa** zu erziehen. Mit der Fähigkeit, eigene Sichtweisen, Wertvorstellungen und gesellschaftliche Zusammenhänge [Zusatz der Hauptschule: „in ausgewählten Kontexten"] **mit denen anderer Kulturen tolerant und kritisch zu vergleichen**, und mit der Bereitschaft, Interesse und Verständnis für Denk- und Lebensweisen, Werte und Normen und die Lebensbedingungen der **Menschen eines anderen Kulturkreises** aufzubringen, erleben die Schülerinnen und Schüler einen Zuwachs an Erfahrung und Stärkung der eigenen Identität. Der Fremdsprachenunterricht trägt zu dieser **Mehrperspektivität der Persönlichkeitsentwicklung** vor allem bei durch Orientierungswissen zu exemplarischen Themen und Inhalten sowie durch den Aufbau von **Fähigkeiten zur interkulturellen Kommunikation**" (KMK 2003a, S. 6; KMK 2004a, S. 6, eig. Herv.).

Die Formulierungen „Menschen eines anderen Kulturkreises" bzw. „anderer Kulturen" deuten auf einen eher statischen und in sich geschlossenen Kulturbegriff hin. Zudem wird der Kulturbegriff, zumindest in diesem Abschnitt der Bildungsstandards, ausschließlich in einem ethnokulturellen Verständnis verwendet, da weitere Dimensionen von Diversität außer der ethnischen Zugehörigkeit („Menschen eines anderen Kulturkreises") nicht mit dem Begriff ‚Kultur' in Zusammenhang gebracht

140

werden. Interessanterweise wird in diesem Abschnitt der Bildungsstandards nur in der Version für die Hauptschule „die mitgebrachte Mehrsprachigkeit" der Schüler/innen angesprochen, die es im Fremdsprachenunterricht zu berücksichtigen gilt (KMK 2004a, S. 6). Dies deutet darauf hin, dass – wie auch in den vorangegangenen Analysen gezeigt – insbesondere im Bildungsgang der Hauptschule mehrsprachige Schüler/innen bzw. Schüler/innen mit Migrationshintergrund ‚erwartet' und deshalb curricular berücksichtigt werden.

Dimensionen interkultureller Kompetenz in den Bildungsstandards

Da die interkulturelle Kompetenz in beiden Versionen der Bildungsstandards für die erste Fremdsprache einen eigenständigen Kompetenzbereich darstellt und die anderen Kompetenzbereiche keine expliziten Bezüge zu diversitätssensiblen Zielen aufweisen, werden im Folgenden die Beschreibungen dieses Kompetenzbereichs sowie die festgelegten Standards nach der Jahrgangsstufe 9 beider Versionen der Bildungsstandards vertieft und vergleichend analysiert.

Der Fremdsprachenunterricht sowohl für den Hauptschulabschluss als auch für den mittleren Schulabschluss soll gemäß den Kompetenzbeschreibungen „systematisch interkulturelle Kompetenzen" entwickeln. Er orientiert sich dabei „an dem Leitziel, bei den Schülerinnen und Schülern – auf der Basis eines Orientierungswissens zu exemplarischen Themen und Inhalten – Interesse und Verständnis für andere kulturspezifische Denk- und Lebensweisen, Werte, Normen und Lebensbedingungen auszubilden". Die Schüler/innen sollen dabei „eigene Sichtweisen, Wertvorstellungen und [Zusatz der Hauptschule: „soweit zugänglich"] gesellschaftliche Zusammenhänge mit denen englisch- bzw. französischsprachiger Kulturen tolerant und kritisch vergleichen [können]. Hiermit verbunden ist das Leitziel der Stärkung der eigenen Identität" (KMK 2003a, S. 9 f.; KMK 2004a, S. 10). Um diese Ziele zu erreichen, soll der Fremdsprachenunterricht Kompetenzen in drei Bereichen fördern. Diese lauten in der Version der Bildungsstandards für den mittleren Schulabschluss:

- „thematisches **soziokulturelles Orientierungswissen** für fremdsprachliches kommunikatives Handeln in mehrsprachigen Situationen. Die Schülerinnen und Schüler können z. B. Informationen über die englisch- bzw. französischsprachige Lebenswelt aufnehmen und verarbeiten.
- Fähigkeiten im **Umgang mit kultureller Differenz**: Umgang mit Stereotypen, Erkennen von eigen- und fremdkulturellen Eigenarten, Fähigkeiten zum Perspektivwechsel. Die Schülerinnen und Schüler können z. B. ihren eigenen Lebensbereich mit dem der Zielsprache vergleichen.
- Strategien und Fähigkeiten zur **praktischen Bewältigung interkultureller Begegnungssituationen** – Umgang mit Missverständnissen, mit schwierigen Themen und Konfliktsituationen. Die Schülerinnen und Schüler können z. B. mit unterschiedlichen Normen und Wertvorstellungen, die sich aus verschiedenen kulturellen Hintergründen ergeben, offen und tolerant umgehen bzw. sich kritisch mit ihnen auseinander setzen" (KMK 2003a, S. 10, eig. Herv.).

Die Bildungsstandards für den Hauptschulabschluss sehen Teilkompetenzen interkultureller Kompetenz auf denselben Ebenen vor, jedoch mit einigen Unterschieden, die auf Abstufungen interkultureller Kompetenz nach Bildungsgang hindeuten. Auf der Ebene des Orientierungswissens fehlt der Zusatz „in mehrsprachigen Situationen" (KMK 2003a, S. 10). Bereits substantieller ist der Unterschied die zweite Ebene betreffend, denn auf der Hauptschule geht es um das „Erkennen von" Stereotypen (KMK 2004a, S. 10) statt um den „Umgang mit" diesen (KMK 2003a, S. 10). Im dritten Bereich, Strategien und Fähigkeiten zur praktischen Bewältigung interkultureller Begegnungssituationen, wird die Abstufung schließlich noch deutlicher: So sollen Schüler/innen der Hauptschule lernen, „z. B. offen und tolerant mit Konventionen (Begrüßung, Einladung, elementare Alltagssituationen), Missverständnissen und Konfliktsituationen" umzugehen (KMK 2004a, S. 10). Bei diesen eher basalen interkulturellen Begegnungssituationen („Konventionen [...], Missverständnissen und Konfliktsituationen") bleibt es in diesem Bildungsgang. Der Aspekt kulturell bedingter unterschiedlicher Normen und Wertvorstellungen sowie die Fähigkeit, „sich kritisch mit ihnen auseinanderzusetzen" (KMK 2003a, S. 10), werden in der Version der Bildungsstandards für die Hauptschule nicht angeführt.

Darüber hinaus fällt auf, dass in beiden Versionen der Bildungsstandards in den Beschreibungen des Kompetenzbereichs „Interkulturelle Kompetenz" zwar nicht nur (ethno-)kulturelle, sondern auch soziokulturelle Aspekte („thematisches soziokulturelles Orientierungswissen") angesprochen werden. Insgesamt betrachtet zeichnet sich jedoch ein eher statisches und ethnonationales Verständnis von ‚Kultur/en' in den Bildungsstandards ab. So deutet die Formulierung „englisch- bzw. französischsprachige[r] Kulturen" (KMK 2003a, S. 10; KMK 2004a, S. 10) auf ein Verständnis von ‚Kultur' als ‚Sprachgruppe' oder ‚Land' bzw. ‚Nation' hin. Dieses Verständnis bestätigt sich in den Beschreibungen der Standards interkultureller Kompetenz nach der Jahrgangsstufe 9, wenn an dieser Stelle der Bildungsstandards ‚Kultur' durch ‚Land' ersetzt wird und von „englisch- bzw. französischsprachige[n] Länder[n]" die Rede ist (KMK 2003a, S. 16; KMK 2004a, S. 14). Formulierungen wie „Stereotype des eigenen und fremdkulturellen Landes" (KMK 2003a, S. 16; KMK 2004a, S. 14) oder „Charakteristika der eigenen und der fremdsprachlichen Gesellschaft und Kultur" (KMK 2003a, S. 16; KMK 2004a, S. 15) bekräftigen diese Sichtweise weiter. Kulturen „als eine Art von Großkollektiven betrachtet, deren Synonyme ‚Länder', ‚Gesellschaften', ‚Staaten', ‚Völker' oder ‚Nationen' sind" (Leiprecht 2008, S. 137), greift jedoch aus wissenschaftlicher Sicht zu kurz, weil in einer solchen Perspektive eher homogene und statische kulturelle Gebilde suggeriert werden, deren „Angehörige [...] durch diese Zugehörigkeit bestimmte psychosoziale Eigenschaften und Fähigkeiten aufweisen und in ihrem Denken, Fühlen und Handeln determiniert sind" (Leiprecht 2008, S. 137). Die Annahme derart kollektiver kulturspezifischer Eigenschaften deutet sich in der Tat in den Bildungsstandards an, wenn diese von „Denk- und Lebensweisen, Werte[n] und Normen und [den] Lebensbedingungen der Menschen eines anderen Kulturkreises" (KMK 2003a, S. 6;

KMK 2004a, S. 6) oder von „eigen- und fremdkulturellen Eigenarten" sprechen (KMK 2003a, S. 10; KMK 2004a, S. 10). Wie Leiprecht weiter anmerkt, ist in einem solchen Kulturverständnis

> „der Blick hier stark auf die Anderen gerichtet: Den Angehörigen des anderen Großkollektivs wird, und damit bestätigt sich eine Erkenntnis des Sozialpsychologen Henri Tajfel, eher ein gruppentypisches und gruppendeterminiertes Verhalten unterstellt, während Angehörige der eigenen Gruppe eher als Individuen angesehen werden (vgl. Tajfel 1982)" (Leiprecht 2008, S. 137).

Obwohl es den Anschein hat, dass die Bildungsstandards ‚Kultur' synonym mit ‚Sprachgruppe' oder ‚Land' bzw. ‚Nation' verstehen und diesen Großkollektiven übergreifende kulturspezifische Eigenschaften unterstellen, richten die Bildungsstandards den Blick dennoch nicht ausschließlich auf die ‚Anderen'. Denn die Schüler/innen sollen, wie bereits angesprochen, „eigene Sichtweisen, Wertvorstellungen und [Zusatz der Hauptschule: „soweit zugänglich"] gesellschaftliche Zusammenhänge" mit jenen ‚Anderer' vergleichen können und „Fähigkeiten zum Perspektivwechsel" ausbilden (KMK 2003a, S. 10; KMK 2004a, S. 10). Der Blick auf ‚Kultur/en' ist dabei zwar nicht ausschließlich ethnokulturell, da die Schüler/innen ein „thematisches soziokulturelles Orientierungswissen" entwickeln sollen (KMK 2003a, S. 10; KMK 2004a, S. 10) und ferner (genauer: an einer Stelle) Gender-Aspekte in den Beschreibungen interkultureller Kompetenz nach der Jahrgangsstufe 9 im Zusammenhang mit „zwischenmenschlichen Beziehungen (u. a. Geschlechtsbeziehungen [...])" benannt werden (KMK 2003a, S. 17; KMK 2004a, S. 15). Weitere Dimensionen von Diversität (vgl. Kapitel 1.1) werden jedoch nicht berücksichtigt. Insgesamt betrachtet zeichnet sich somit ein tendenziell ethnonationales Kulturverständnis ab, da beide Versionen der Bildungsstandards mit interkultureller Kompetenz vorwiegend und in dichotomer Weise den reflektierten ‚Umgang' mit Personen eines anderen Landes oder einer anderen Sprachgruppe meinen.

Der Kernlehrplan Englisch für das Gymnasium

A   Adressatenorientierung

A.1   Wird explizit oder implizit von einer ‚homogenen' oder ‚heterogenen' Schülerschaft ausgegangen?

Bis auf den Hinweis im Abschnitt „Aufgaben und Ziele des Englischunterrichts" darauf, dass der „lebensweltlichen Mehrsprachigkeit, die in den Klassenverbänden vorhanden ist", im gymnasialen Englischunterricht Rechnung zu tragen ist (KLP Englisch Gymnasium 2007, S. 12) bzw. (an anderer Stelle) dass Schüler/innen „Lerngelegenheiten gezielt nutzen [können sollen], die sich aus dem Miteinander von Deutsch, ggf. den Herkunftssprachen und Englisch als erster Fremdsprache ergeben" (KLP Englisch Gymnasium 2007, S. 27, in ähnlicher Formulierung s. auch S. 34, 41), spricht der Kernlehrplan Englisch für das Gymnasium von „den Schülerinnen und Schülern" (KLP Englisch Gymnasium 2007, z. B. S. 14). Die Unterrichtsvorgaben sprechen somit nur den Aspekt möglicher sprachlicher Heterogenität an.

A.2 Wird Diversität explizit oder implizit bewertet (als Bereicherung, Belastung, Normalität)?

Im G8-Kernlehrplan Englisch finden sich keine expliziten oder impliziten Wertungen von Diversität.

B   Lernziele und Lerninhalte

B.3 Welche Kompetenzen werden explizit oder implizit angesprochen, die Schüler/innen auf ein Leben in und mit Diversität vorbereiten sollen?

Im Englischunterricht am Gymnasium sollen Schüler/innen Kompetenzen in den folgenden vier Bereichen des Faches ausbilden: (i) „Kommunikative Kompetenzen", (ii) „Interkulturelle Kompetenzen", (iii) „Verfügbarkeit von sprachlichen Mitteln und sprachliche Korrektheit" sowie (iv) „Methodische Kompetenzen" (KLP Englisch Gymnasium 2007, S. 14). Damit entspricht der G8-Kernlehrplan Englisch – in anderer Reihenfolge und in etwas abgewandelter Formulierung – den in den Bildungsstandards für den mittleren Schulabschluss formulierten Kompetenzbereichen. Im Folgenden wird der Kompetenzbereich „Interkulturelle Kompetenzen" im Einzelnen analysiert. In den anderen drei Kompetenzbereichen finden sich – bis auf die Nennung interkulturellen Lernens in der Wortschatzarbeit, was jedoch nicht weiter konkretisiert wird (KLP Englisch Gymnasium 2007, S. 26, 33, 40) – keine expliziten Bezüge zu diversitätssensiblen Zielen.

Eine Definition interkultureller Kompetenzen als „Erweiterung von landeskundlichen Kenntnissen" (KLP Englisch Gymnasium 2007, S. 11) gibt der Kernlehrplan im Abschnitt „Aufgaben und Ziele des Englischunterrichts". So sollen „Lerngelegenheiten bereit gestellt [werden], damit die Schülerinnen und Schüler – auf der Basis eines Orientierungswissens zu exemplarischen Themen und Inhalten – Interesse und Verständnis für andere kulturspezifische Denk- und Lebensweisen, Werte, Normen und Lebensbedingungen entwickeln und eigene Sichtweisen, Wertvorstellungen und gesellschaftliche Zusammenhänge mit denen anglophoner Kulturen tolerant und kritisch vergleichen können" (KLP Englisch Gymnasium 2007, S. 11). Die Formulierung ist nahezu wortgleich mit jener in den Bildungsstandards, wobei die Bildungsstandards von „englisch- bzw. französischsprachige[n] Kulturen" sprechen (KMK 2003a, S. 10), der Kernlehrplan hingegen von „anglophone[n] Kulturen" (KLP Englisch Gymnasium 2007, S. 11). In beiden Dokumenten wird der Begriff der ‚Kultur/en' somit mit dem der ‚Sprachgruppe' bzw. ‚Land / Nation' gleichgestellt, was sich in weiteren Formulierungen wie „Merkmale der zielsprachigen und der eigenen Kultur erfassen" (KLP Englisch Gymnasium 2007, S. 18) oder „gesellschaftliche und kulturelle Zusammenhänge englischsprachiger Länder" (KLP Englisch Gymnasium 2007, S. 16) widerspiegelt. Damit unterstellen die Unterrichtsvorgaben – ebenso wie die Bildungsstandards – tendenziell homogene Großgruppen mit übergreifenden kulturspezifischen Eigenschaften. Lernziele dieser Art, wie Leiprecht anmerkt, suggerieren jedoch ein „Bild von *einheitlichen* [...] kulturellen Minderheiten" bzw. Mehrheiten und öffnen „überaus stereotypen Vorstellungen Tür und Tor" (Leiprecht 2008, S. 135, Herv. im Orig.).[64] Der simplifizierenden Vorstellung ‚andere Länder, andere Sitten' wird dadurch Vorschub geleistet und die Idee von weltweit zu identifizierenden, unter Umständen miteinander unvereinbaren kulturellen ‚Einheiten' (vgl. etwa Huntington 1996) wird begünstigt. Durch die ‚kulturspezifische' Ausrichtung des Englischlehrplans wird interkulturelle Kompetenz darüber hinaus als eine Fähigkeit zum ‚Umgang' mit einer ‚spezifischen Kultur', in diesem Fall der ‚anglophonen Kultur', verstanden. Die Fähigkeit zum ‚Umgang mit dem Anderen' im Allgemeinen, d. h. außerhalb des anglophonen Kontextes, wird dabei tendenziell ausgeblendet. „Kulturallgemeine Lehrziele" (Göbel / Hesse 2004, S. 831) wie Empathie oder die Überwindung des Ethnozentrismus werden somit nicht unter interkulturelle Kompetenz subsumiert.

Im Abschnitt „Kompetenzerwartungen am Ende der Jahrgangsstufen 6, 8 und 9" werden die zu erwerbenden Teilkompetenzen interkultureller Kompetenzen sukzessive auf den Ebenen „Orientierungswissen", „Werte, Haltungen und Einstellungen" sowie „Handeln in Begegnungssituationen" durchdekliniert. Hiermit greift der gymnasiale Kernlehrplan Englisch die drei gängigen Ebenen – kognitive, affektive und konative Ebene – interkultureller Kompetenz auf, die in der Literatur diskutiert werden (vgl. etwa Auernheimer 2006, S. 155 ff.) und über die Wissensebene hinausgehen. Doch auch in diesen Beschreibungen der Kompetenzerwartungen bestätigt sich ein problematisches Kulturverständnis, wenn beispielsweise das Lernziel

---

64 Leiprecht bezieht sich bei seiner Analyse auf Lernziele der „niederländischen Schulbehörde [...] für den Gesellschaftskundeunterricht an Berufsschulen, die im Dienstleistungs-, Sozial- und Gesundheitswesen ausbilden". Diese lauten im „Fachinhalt ‚Kulturelle Minderheiten'": „Der Kandidat muss global Gewohnheiten und Auffassungen innerhalb der islamischen Gemeinschaft beschreiben können und in der Lage sein, dies im Kontakt mit Klienten / Zielgruppen zu berücksichtigen" sowie „Der Kandidat muss global Gewohnheiten und Auffassungen anderer kultureller Minderheiten beschreiben können". Nach Leiprecht handelt es sich bei einer solchen Vorgabe um Lernziele, „die an ein bestimmtes (Alltags-)Verständnis über Kultur und interkulturelles Lernen nahtlos anschließen" und „dazu beitragen, das Bild von *einheitlichen* (islamischen) kulturellen Minderheiten zu (re-)produzieren und daher überaus stereotypen Vorstellungen Tür und Tor öffnen" (Leiprecht 2008, S. 134 f., Herv. im Orig.).

vorgegeben wird, „Lebensbedingungen und Lebensweisen von Menschen anderer Kulturen [zu] vergleichen und kulturbedingte Unterschiede und Gemeinsamkeiten nach[zu]vollziehen und [zu] erläutern" (KLP Englisch Gymnasium 2007, S. 39). Die Formulierung „Menschen anderer Kulturen" suggeriert ein statisches und antagonistisches Kulturverständnis mit Menschen der ‚eigenen' Kultur auf der einen Seite und Menschen ‚anderer' Kulturen auf der anderen Seite. Zwar sollen die Schüler/innen auch Vergleiche „mit der eigenen Lebenswelt" oder „mit eigenen Erfahrungen" ziehen (KLP Englisch Gymnasium 2007, S. 25). Dass die ‚eigenkulturellen' Sichtweisen, Lebenswelten oder Erfahrungen deutschsprachiger Personen – um bei dem Großkollektiv der ‚Sprachgruppe' zu bleiben, das der Kernlehrplan mit ‚Kultur' verbindet – untereinander höchst unterschiedlich sein können, also bei Weitem keine homogene Einheit darstellen, wird im Kernlehrplan dabei nicht thematisiert. Schließlich ist kritisch anzumerken, dass das Kulturverständnis im G8-Kernlehrplan Englisch, wie auch in den Bildungsstandards, betont ethnokulturell ist. So werden weitere Dimensionen von Diversität (vgl. Kapitel 1.1) außer der ethnischen Herkunft kaum angesprochen. An einer Stelle wird das zu erwerbende Orientierungswissen als soziokulturell bezeichnet („sozio-kulturelles Orientierungswissen", KLP Englisch Gymnasium 2007, S. 13), an anderer Stelle „vertieftes interkulturelles Orientierungswissen" (KLP Englisch Gymnasium 2007, S. 14) bzw. „inhaltlich-thematisches Orientierungswissen zur anglophonen Welt" (KLP Englisch Gymnasium 2007, S. 16). Gender-Aspekte werden einmalig im Themenfeld „Partnerschaft, Beziehungen zwischen den Geschlechtern (*gender*)" in der Jahrgangsstufe 9 angeführt (KLP Englisch Gymnasium 2007, S. 22, Herv. im Orig.).

Positiv hervorzuheben ist, dass der Kernlehrplan der Fähigkeit zum Perspektivwechsel bzw. zum Vergleich in allen Jahrgangsstufen Rechnung trägt. So wird diese wichtige Fähigkeit außer im Kompetenzbereich „Interkulturelle Kompetenzen" (Jgst. 6: KLP Englisch Gymnasium 2007, S. 25; Jgst. 8: KLP Englisch Gymnasium 2007, S. 32; Jgst. 9: KLP Englisch Gymnasium 2007, S. 39) auch im Kompetenzbereich „Kommunikative Kompetenzen" berücksichtigt (Jgst. 6: KLP Englisch Gymnasium 2007, S. 24; Jgst. 8: KLP Englisch Gymnasium 2007, S. 30). Das Erkennen von Vorurteilen, Klischees und Stereotypen ist hingegen erst in den Jahrgangsstufen 8 und 9, und nur im Kompetenzbereich „Interkulturelle Kompetenzen" vorgesehen. So sollen die Schüler/innen am Ende der Jahrgangsstufe 8:

> „sich mit altersgemäßen kulturspezifischen Wertvorstellungen und Rollen auseinandersetzen (u. a. im Austausch mit E-Mail-Partnerinnen und -Partnern, in der produktionsorientierten Arbeit mit einfachen authentischen Texten) und diese vergleichend reflektieren, **indem sie z. B. Vorurteile und Klischees als solche erkennen**" (KLP Englisch Gymnasium 2007, S. 32, eig. Herv.).

In der neunten Jahrgangsstufe sollen die Schüler/innen „Sach- und Gebrauchstexte bezogen auf kulturspezifische Merkmale erläutern (u. a. Verwendung von Stereotypen)" können (KLP Englisch Gymnasium 2007, S. 39). Das Reflektieren bzw. Dekonstruieren von stereotypen Bildern und Vorurteilen als wichtigen nächsten Schritt wird im Kernlehrplan nicht explizit aufgegriffen.

B.4 Berücksichtigen die vorgesehenen Inhalte und Themen interkulturelle und diversitätsbezogene Fragen im Sinne einer multiperspektivischen allgemeinen Bildung?

Der G8-Kernlehrplan gibt „unter thematisch-inhaltlichen Gesichtspunkten" vor, dass der Englischunterricht „über die Jahrgangsstufen 5 bis 9 hinweg sozio-kulturelles Orientierungswissen in den Bereichen ,persönliche Lebensgestaltung', ,Ausbildung / Schule', ,Teilhabe am gesellschaftlichen Leben' und ,Berufsorientierung' ausbilden" soll (KLP Englisch Gymnasium 2007, S. 13). Außerdem gibt der Lehrplan vor, den Unterricht „unter Berücksichtigung der Kriterien der Interkulturalität [im Orig. Fettdruck] und der Authentizität [im Orig. Fettdruck]" zu gestalten (KLP Englisch Gymnasium 2007, S. 12). Im dritten Kapitel des Lehrplans werden die Themen und Inhalte in den genannten vier Bereichen für die Jahrgangsstufen 6, 8 und 9 ausdifferenziert, wobei eine „thematisch-inhaltliche Reihenfolge innerhalb der Jahrgangsstufen [...] nicht festgeschrieben" wird (KLP Englisch Gymnasium 2007, S. 21). In den Beschreibungen der Kompetenzerwartungen am Ende der Jahrgangsstufen 6, 8 und 9 werden die Inhalte und Themen schließlich weiter „konkretisiert und veranschaulicht durch einige ausgewählte [im Orig. Fettdruck] Beispiele (Punktaufzählungen)" (KLP Englisch Gymnasium 2007, S. 23). Im Kompetenzbereich „Interkulturelle Kompetenzen" sind dies:

Interkulturelle Kompetenzerwartungen am Ende der Jahrgangsstufe 6
„Die Schülerinnen und Schüler verfügen über ein grundlegendes Orientierungswissen zu folgenden Themenfeldern:
- **Persönliche Lebensgestaltung**: Familie, Freunde, tägliches Leben und Tagesabläufe, Freizeit – Einblicke in das Alltagsleben von Kindern und Jugendlichen in Großbritannien oder Irland
- **Ausbildung / Schule**: Aspekte des Schulalltags einer Schule in Großbritannien oder Irland, Schule und schulisches Umfeld – Fächer, Stundenplan, Tagesablauf
- **Teilhabe am gesellschaftlichen Leben**: Feste und Traditionen, exemplarische historisch oder kulturell wichtige Persönlichkeiten und Ereignisse (u. a. Guy Fawkes, Robin Hood), Einblicke in altersgemäße aktuelle kulturelle Ereignisse (u. a. Musik, Sport)
- **Berufsorientierung**: Bedeutung von Arbeit im Leben der eigenen Familie und der von Freunden" (KLP Englisch Gymnasium 2007, S. 25, eig. Herv.).

Interkulturelle Kompetenzerwartungen am Ende der Jahrgangsstufe 8
„Die Schülerinnen und Schüler verfügen über ein grundlegendes Orientierungswissen zu folgenden Themenfeldern:
- **Persönliche Lebensgestaltung**: Freundschaft, Leben in der *peer group*, Musik, Sport, Medien in der Freizeitgestaltung,

- **Ausbildung / Schule**: exemplarische Einblicke in den Lernbetrieb einer Schule in den USA oder in einem weiteren englischsprachigen Land,
- **Teilhabe am gesellschaftlichen Leben**:
  - nationale und regionale Identität am Beispiel einer Region in Großbritannien oder den USA (Stadt / Land, einzelne kulturelle, wirtschaftliche und politische Aspekte),
  - Migration als persönliches Schicksal (z. B. Auswanderung von Deutschland, England oder Irland in die USA, Einwanderung nach Großbritannien),
  - Einblicke in aktuelle kulturelle Ereignisse (u. a. Musik, z. B. Music Awards, oder Fernsehen)
  - Berufsorientierung: Kinderrechte und Kinderarbeit an einem Fallbeispiel (u. a. children's rights, industrial revolution, children in the developing world)" (KLP Englisch Gymnasium 2007, S. 31 f., Kursivdruck im Orig., eig. Herv. durch Fettdruck).

Interkulturelle Kompetenzerwartungen am Ende der Jahrgangsstufe 9

„Die Schülerinnen und Schüler verfügen über ein grundlegendes Orientierungswissen zu den folgenden Themenfeldern:
- **Persönliche Lebensgestaltung**: Partnerschaft, Beziehung zwischen den Geschlechtern (*gender*) im Leben von Heranwachsenden, Jugendkulturen
- **Ausbildung / Schule**: Einblicke in den Lernbetrieb und das schulische Umfeld einer Schule in einem weiteren englischsprachigen Land
- **Teilhabe am gesellschaftlichen Leben**:
  - Einblicke in die politischen Systeme der USA und Großbritanniens,
  - Demokratie und Menschenrechte an einem konkreten Beispiel,
  - Sprache und sprachlicher Wandel (u. a. Jugendsprache),
  - Berufsorientierung: berufliche Interessen von Heranwachsenden – Bewerbungen (u. a. Stellenanzeigen, Firmenprofile, Bewerbungsschreiben, Bewerbungsinterviews)" (KLP Englisch Gymnasium 2007, S. 39, Kursivdruck im Orig., eig. Herv. durch Fettdruck).

Der gymnasiale Kernlehrplan Englisch macht somit deutlich mehr thematisch-inhaltliche Vorgaben als etwa die Kernlehrpläne für das Fach Deutsch. Die Analyse der Themen und Inhalte im Hinblick auf Diversität und Multiperspektivität zeigt, dass auf thematisch-inhaltlicher Ebene verschiedene Dimensionen von Diversität angesprochen werden:

- *Geschlecht bzw. Gender*: „Partnerschaft, Beziehungen zwischen den Geschlechtern (*gender*)" (Jgst. 9);
- *Fragen sozialer Ungleichheiten*: „Demokratie und Menschenrechte" (Jgst. 9), „Kinderrechte und Kinderarbeit" (Jgst. 9);
- *Migration bzw. ethnische Zugehörigkeit*: „Nationale und regionale Identität am Beispiel einer Region in den USA" (Jgst. 8), „Migration als persönliches Schicksal" (Jgst. 8) (KLP Englisch Gymnasium 2007, S. 22, Herv. im Orig.).

Unreflektiert erscheinen die Inhalte und Themen im Kontext von Diversität jedoch unter vier Gesichtspunkten: *Erstens* stellt sich die Frage, weshalb das Thema „Identität" lediglich in der Variante „nationale und regionale Identität" behandelt werden soll (KLP Englisch Gymnasium 2007, S. 22). Soziokulturelle Veränderungsprozesse tragen zur gesellschaftlichen Pluralisierung bei (vgl. das Modell der vier Achsen der Pluralität in Kapitel 1.1). Insofern können Menschen und somit auch Schüler/innen vielfältige Formen von Zugehörigkeitsgefühlen entwickeln, was identitätstheoretisch in Konzepten wie der polyphonen Identität (Allemann-Ghionda 2003) oder der Patchwork-Identität (Keupp u. a. 1999) erfasst wird. Eine erweiterte Perspektive auf Identität erscheint daher angebracht, wenn der G8-Englischlehrplan dem sich selbst auferlegten Prinzip der „Schülerorientierung" (KLP Englisch Gymnasium 2007, S. 12) Rechnung tragen will. Darüber hinaus kann der Begriff der nationalen Identität mit lediglich abgewandelter Terminologie die Idee eines Nationalcharakters suggerieren (Volkmann 2010, S. 79). Angesichts der Gefahr, essentialistische Sichtweisen in den Köpfen der Schüler/innen über einen heimlichen Lehrplan zu transportieren, sollte insbesondere die Thematisierung nationaler Stereotype und die Reflexion über den „Konstruktcharakter nationaler Identität" (Volkmann 2010, S. 100) Unterrichtsthema sein, so zum Beispiel im Hinblick auf Großbritannien das „kulturelle Konstrukt der *Englishness*" (Volkmann 2010, S. 109, Herv. im Orig.).

Zweitens erscheint die Formulierung „Migration als persönliches Schicksal" (KLP Englisch Gymnasium 2007, S. 22) insofern unglücklich, als damit Migration als ein ‚unabwendbares' Ereignis höherer Macht mit tragischen Zügen konnotiert wird. Da die Gründe für Migration vielfältig sein können (Treibel 2003, S. 24 ff.), sollte eine solche eindimensionale, tendenziell defizitorientierte Sicht auf Migration vermieden werden. Andernfalls könnte als heimlicher Lehrplan ein verzerrtes und einseitiges Bild von Migration bzw. Migrant/innen vermittelt werden.

Drittens ist hinsichtlich dem vorgegebenen Thema „Partnerschaft, Beziehungen zwischen den Geschlechtern (*gender*)" anzumerken, dass der Kernlehrplan gleichgeschlechtliche Partnerschaften in diesem Zusammenhang nicht explizit erwähnt. Da gleichgeschlechtliche Partnerschaften in Deutschland und anderen Ländern alles andere als gleichgestellt mit heterosexuellen Partnerschaften sind (anders formuliert: als ‚normal' wahrgenommen und akzeptiert werden), kann nicht davon ausgegangen werden, dass diese Form der Partnerschaft bzw. Beziehung implizit von den Lehrplanautor/innen mitgedacht wurde bzw. von Lehrpersonen eingeplant wird. Insofern kann mit einer Themenstellung dieser Art ein heimlicher Lehrplan „normative[r] Zweigeschlechtlichkeit" einhergehen (Müller 2012, S. 44).

Schließlich und *viertens* legt der G8-Kernlehrplan deutliche geographische Schwerpunkte für den Englischunterricht fest. So sollen die Schüler/innen am Ende der Sekundarstufe I „über ein vertieftes inhaltlich-thematisches Orientierungswissen zur anglophonen Welt" verfügen. Als „Schwerpunkte" werden dabei explizit „Großbritannien, USA und wenigstens ein weiteres anglophones Land" benannt (KLP Englisch Gymnasium 2007, S. 16). In den Beschreibungen der Kompetenzerwartungen nennt der Kernlehrplan außerdem Irland (vier Nennungen), Großbritannien (sieben Nennungen) sowie die USA (neun Nennungen). Durch den Zusatz „in einem weiteren englischsprachigen Land" (KLP Englisch Gymnasium 2007, z. B.

S. 22) eröffnen sich einerseits Freiräume für die Lehrpersonen. Andererseits besteht durch die deutliche Schwerpunktsetzung des Kernlehrplans auf die „englischsprachigen Kernländer (GB, USA)" (Volkmann 2010, S. 22) die Gefahr, dass im Englischunterricht der Vielfalt sowohl der englischsprachigen Länder – Australien, Indien, Kanada, die Karibik, Malta, Neuseeland, Nigeria, Südafrika – als auch der Vielfalt der englischen Sprache(n) (*World Englishes*) nicht Rechnung getragen wird. Angesichts von fünf Jahrgangsstufen in der Sekundarstufe I erscheint die curriculare Festlegung von nur „wenigstens ein[em] weitere[n] anglophone[n] Land" neben Irland, Großbritannien und den USA (KLP Englisch Gymnasium 2007, S. 16) unzureichend. Was die Vielfalt des Englischen betrifft, so gibt der Kernlehrplan den zu erwartenden Vergleich zwischen den „Aussprachevarianten" *British English* (BE) und *American English* (AE) vor (KLP Englisch Gymnasium 2007, S. 32, s. auch S. 34). Dies erscheint ebenfalls unzureichend. So konstatiert Volkmann treffend mit Blick auf die Frage, welche Rolle die Varietäten des Englischen, auch im Zusammenhang mit der Thematik des „Sprachimperialismus" (Volkmann 2010, S. 147 ff.), im Englischunterricht spielen sollten, dass „einiges dafür [spricht], wie es sich in gegenwärtigen Lehrplänen auch ausdrückt, nach wie vor an einer moderaten Version des SABE festzuhalten" (Volkmann 2010, S. 156). Dies betrifft insbesondere die zentrale Aufgabe des Fremdsprachenunterrichts, mündliche wie auch schriftliche Sprachkompetenzen zu vermitteln. Denn die Anerkennung sprachlicher Vielfalt darf nicht mit Gleichgültigkeit gegenüber der sprachlichen Korrektheit verwechselt werden. Die Orientierung jedoch an der Norm des *Standard American-British English* (SABE) hinsichtlich der sprachlichen Fähigkeiten der Schüler/innen

> „entbindet Lehrende nicht von der Aufgabe, ihre Schüler / innen mit unterschiedlichen Registern, Soziolekten und geografischen Varianten des Englischen bekannt zu machen. Dass dies nur exemplarisch und nicht nach dem Gießkannenprinzip erfolgen kann, versteht sich aus Gründen der Unterrichtsökonomie und Repräsentativität von selbst" (Volkmann 2010, S. 156).

Die Berücksichtigung weiterer Varietäten als die „beiden Kernvarianten des Englischen" (Volkmann 2010, S. 154) im Sinne eines ‚Kennenlernens' im Englischlehrplan wäre somit mit Blick auf das Kriterium der Multiperspektivität wünschenswert.

Abschließend sei im Kontext dieser Überlegungen sowie jenen zum Kulturbegriff auf die übergeordnete Frage verwiesen, „ob und in welcher Form der Englischunterricht überhaupt noch auf eine Fremdkultur oder zumindest eine exemplarische Anzahl von Fremdkulturen ausgerichtet sein sollte" (Volkmann 2010, S. 3). Eine Alternative könnte in einer „problem- und damit themenzentrierten Orientierung" des Englischunterrichts liegen, der sogenannte *global issues* in den Blick nimmt (Volkmann 2010, S. 194). Volkmann argumentiert hinsichtlich der „Kernfrage, ob man bei einem erweiterten, im Grunde genommen aufgelösten Kulturbegriff und diffus verästelten Konzept von Fremdkultur(en) überhaupt noch ein geografisch, national und kulturell zu verortendes Inhaltsraster bestimmen kann", dass dies „nur gelingen [kann], wenn man als eine Grundkomponente eines solchen Inhaltsrasters diese ‚neue Unübersichtlichkeit' selbst thematisiert und wenn man sie als inhaltlicher Bestandteil des Englischunterrichts sinnvoll und altersadäquat aufgreift" (Volkmann 2010, S. 3). In der Konsequenz sieht er „Fragen des Verständnisses von Kultur und Individuum" als einen Aspekt der *global issues*, die Gegenstand des Englischunterrichts sein sollten (Volkmann 2010, S. 195). Der G8-Kernlehrplan sieht die Auseinandersetzung mit dem Verständnis von ‚Kultur' im Englischunterricht nicht vor.

C   Methodisch-didaktische Aspekte

C.5   Gibt es konkrete methodisch-didaktische Hinweise (Perspektivwechsel etc.) zur Umsetzung einer diversitätssensiblen Bildung im Sinne einer multiperspektivischen allgemeinen Bildung?

Im Englischunterricht am Gymnasium sollen „aktuelle methodische Unterrichtsprinzipien zum Einsatz kommen", zu denen „insbesondere die Prinzipien der Schülerorientierung [im Orig. Fettdruck], der Kommunikationsorientierung [im Orig. Fettdruck] sowie der Inhaltsorientierung [im Orig. Fettdruck]" zählen. Dabei sollen, wie bereits angemerkt, die „Kriterien der Interkulturalität [im Orig. Fettdruck] und der Authentizität [im Orig. Fettdruck]" berücksichtigt werden (KLP Englisch Gymnasium 2007, S. 12). Der Kernlehrplan gibt weiter vor:

> „Gleichermaßen werden Verfahren zur Förderung des **selbstreflexiven und selbstständigen Lernens** berücksichtigt, mit dem Ziel, die **Individualisierung von Fremdsprachenlernprozessen** zu unterstützen. **Sozial- und Arbeitsformen** werden **adressaten- und altersangemessen** umgesetzt. Das Prinzip der Einsprachigkeit wird als **funktional einsprachige Unterrichtsgestaltung** realisiert. Der **lebensweltlichen Mehrsprachigkeit**, die in den Klassenverbänden vorhanden ist, wird Rechnung getragen" (KLP Englisch Gymnasium 2007, S. 12, eig. Herv. und Herv. im Orig.).

Eine multiperspektivische Ausrichtung des Englischunterrichts am Gymnasium kann aus dem vorgegebenen Kriterium der Interkulturalität implizit abgeleitet werden (KLP Englisch Gymnasium 2007, S. 12). Was genau darunter zu verstehen ist, führt der Kernlehrplan jedoch nicht weiter aus.

C.6   Sieht der Lehrplan die Individualisierung des Unterrichts (z. B. durch differenzierte Aufgabenstellungen) vor?

In der Übergangsphase von der vierten Grundschulklasse in die Sekundarstufe I ist laut G8-Kernlehrplan die „Förderung des Selbstvertrauens der Schülerinnen und Schüler durch Differenzierungsmaßnahmen" (KLP Englisch Gymnasium 2007, S. 20) im Englischunterricht wesentlich. Im Abschnitt „Aufgabentypen" findet sich der Hinweis, dass die Überprüfung erreichter Kompetenzen im Unterricht die Basis unter anderem „zur gezielten Förderung von Schülerinnen und Schülern" darstellt (KLP Englisch Gymnasium 2007, S. 44). Weitere Hinweise auf einen individualisierten Unterricht finden sich, wie auch in anderen Kernlehrplänen, im Abschnitt „Leistungsbewertung". So sollen „Ergebnisse der Lernerfolgsüberprüfungen" für Lehrpersonen „Anlass [sein], die Zielsetzungen und die Methoden ihres Unterrichts zu überprüfen und ggf. zu modifizieren. Für die Schülerinnen und Schüler sollen sie eine Hilfe für weiteres Lernen darstellen" (KLP Englisch Gymnasium 2007, S. 57). Weiter heißt es wortgleich:

> „Die Beurteilung von Leistungen soll demnach mit der Diagnose des erreichten Lernstandes und **individuellen Hinweisen für das Weiterlernen** verbunden werden. Wichtig für den weiteren Lernfortschritt ist es, bereits erreichte Kompetenzen herauszustellen und die Lernenden – ihrem jeweiligen **individuellen Lernstand** entsprechend – zum Weiterlernen zu ermutigen. Dazu gehören auch Hinweise zu erfolgversprechenden **individuellen Lernstrategien**. Den Eltern sollten im Rahmen der Lern- und Förderempfehlungen Wege aufgezeigt werden, wie sie das Lernen ihrer Kinder unterstützen können" (KLP Englisch Gymnasium 2007, S. 46, eig. Herv.).

Zu nennen sind außerdem das Unterrichtsprinzip der „Schülerorientierung" (KLP Englisch Gymnasium 2007, S. 12) sowie die „Orientierung an der Lernentwicklung des einzelnen Kindes" (KLP Englisch Gymnasium 2007, S. 19).

C.7   Findet die möglicherweise vorhandene Mehrsprachigkeit der Schüler/innen Berücksichtigung? Wenn ja, welche Rolle nehmen die Herkunftssprachen der Schüler/innen ein?

Der Englischunterricht am Gymnasium soll, wie bereits zu Beginn angesprochen, der „lebensweltlichen Mehrsprachigkeit, die in den Klassenverbänden vorhanden ist" (KLP Englisch Gymnasium 2007, S. 12), Rechnung tragen. Wie dies realisiert werden soll, führt der Kernlehrplan nicht weiter aus. Darüber hinaus soll der Englischunterricht dazu beitragen, „individuelle Mehrsprachigkeitsprofile auszubilden" (KLP Englisch Gymnasium 2007, S. 12). In diesem Zusammenhang heißt es weiter:

> „Der Englischunterricht in der Sekundarstufe I knüpft hierbei an die Fähigkeiten, Fertigkeiten und Kenntnisse sowie Einstellungen und Haltungen der Schülerinnen und Schüler an, die diese im Umgang mit Sprachen insgesamt und mit Englisch als Fremdsprache in der Grundschule erworben haben, und bildet seinerseits die Basis für das Erlernen von weiteren (Fremd-)Sprachen" (KLP Englisch Gymnasium 2007, S. 12).

Die möglichen Herkunftssprachen der Schüler/innen werden insofern im Kernlehrplan angesprochen, als Schüler/innen im Englischunterricht lernen sollen, „Lerngelegenheiten gezielt [zu] nutzen, die sich aus dem Miteinander von Deutsch, ggf. den Herkunftssprachen und Englisch als erster Fremdsprache ergeben" (KLP Englisch Gymnasium 2007, S. 27, in ähnlicher Formulierung s. auch S. 34, 41). Auch sollen

die Schüler/innen die Herkunftssprachen in der achten Jahrgangsstufe gegebenenfalls bei der Erschließung der „Bedeutung von unbekannten Wörtern" heranziehen
(KLP Englisch Gymnasium 2007, S. 34).

C.8 Wird die mögliche Anwesenheit von Schüler/innen mit
sonderpädagogischem Förderbedarf berücksichtigt?

Der G8-Kernlehrplan Englisch thematisiert nicht die mögliche Anwesenheit von
Schüler/innen mit sonderpädagogischem Förderbedarf.

C.9 Wird die Förderung bildungssprachlicher Kompetenzen als Aufgabe des
Faches verstanden?

Der Kernlehrplan trifft keine Aussagen über die Förderung bildungssprachlicher
Kompetenzen im Englischunterricht am Gymnasium. Aus thematisch-inhaltlicher
Sicht sieht er die Behandlung des Themas „Sprache und sprachlicher Wandel (u. a.
Jugendsprache)" in der neunten Jahrgangsstufe vor (KLP Englisch Gymnasium
2007, S. 39).

Der Kernlehrplan Englisch für die Hauptschule – im Vergleich zum Gymnasium

A   Adressatenorientierung

A.1 Wird explizit oder implizit von einer ‚homogenen' oder ‚heterogenen'
Schülerschaft ausgegangen?

Die Unterrichtsvorgaben für das Fach Englisch in der Hauptschule sprechen indirekt
den Aspekt sprachlicher Heterogenität an, wenn die Herkunftssprachen der Schü-
ler/innen gegebenenfalls zum Sprachvergleich herangezogen werden sollen (KLP
Englisch Hauptschule 2011, S. 20, siehe auch S. 26, 32, 33). Außerdem geht der
Englischlehrplan, ebenso wie die Kernlehrpläne Deutsch und Geschichte der Hauptschule, von einer Schülerschaft aus, die besonderer Unterstützung im Hinblick auf
ihre Lebensplanung und Berufsorientierung bedarf, was sich in der Schwerpunktsetzung auf thematisch-inhaltlicher Ebene widerspiegelt (vgl. Analysefrage zu den
Inhalten). Weitere Aussagen über die Zusammensetzung der Schülerschaft finden
sich nicht. Der Hauptschullehrplan Englisch macht somit im Gegensatz zu den anderen Hauptschullehrplänen keine expliziten Aussagen über das ‚mitgebrachte' soziale
und kulturelle Kapital (Bourdieu 1992) der Schüler/innen.

Sowohl der Englischlehrplan für das Gymnasium als auch der für die Hauptschule thematisieren den Aspekt erwartbarer sprachlicher Heterogenität. Der gymnasiale Lehrplan ist dabei insofern expliziter, als er im Abschnitt „Aufgaben und Ziele" vorgibt, dass der „lebensweltlichen Mehrsprachigkeit, die in den Klassenverbänden vorhanden ist", Rechnung zu tragen ist (KLP Englisch Gymnasium 2007, S. 12). Der Hauptschullehrplan, anders als der Gymnasiallehrplan, spricht außerdem eine Schülerschaft an, die es hinsichtlich ihrer Lebensplanung und Berufsorientierung zu unterstützen gilt.

A.2 Wird Diversität explizit oder implizit bewertet (als Bereicherung, Belastung, Normalität)?

Der Kernlehrplan Englisch der Hauptschule nimmt keine expliziten oder impliziten Wertungen von Diversität vor.

Weder im Kernlehrplan Englisch für die Hauptschule noch im gymnasialen Englischlehrplan finden sich explizite oder implizite Wertungen von Diversität.

B   Lernziele und Lerninhalte

B.3 Welche Kompetenzen werden explizit oder implizit angesprochen, die Schüler/innen auf ein Leben in und mit Diversität vorbereiten sollen?

Ebenso wie der gymnasiale Englischunterricht ist der Englischunterricht an der Hauptschule durch „die Erweiterung von landeskundlichen Kenntnissen zu interkultureller Handlungskompetenz" gekennzeichnet, wobei Letztere im Kernlehrplan für die Hauptschule „die Sensibilisierung für unterschiedliche Geschlechterperspektiven und kulturell bedingte Rollenverständnisse einschließt" (KLP Englisch Hauptschule 2011, S. 8). Dem Hauptschullehrplan liegt somit ein explizit erweitertes Verständnis von interkultureller Handlungskompetenz zugrunde. Das „Leitziel" der interkulturellen Handlungsfähigkeit soll „in den Bereichen der kommunikativen, interkulturellen und methodischen Kompetenzen sowie der Verfügbarkeit von sprachlichen Mitteln und der Sprachbewusstheit entwickelt" werden (KLP Englisch Hauptschule 2011, S. 8), so dass dieselben Kompetenzbereiche ausgebildet werden sollen, die auch der gymnasiale Kernlehrplan vorsieht.

Nahezu wortgleich mit dem gymnasialen Englischlehrplan wird in den Unterrichtsvorgaben für die Hauptschule der Kompetenzbereich „Interkulturelle Kompetenzen" als die Entwicklung von „Verständnis für andere kulturspezifische Denk- und Lebensweisen, Werte, Normen und Lebensbedingungen" sowie die Fähigkeit, „eigene Sichtweisen, Wertvorstellungen und gesellschaftliche Zusammenhänge mit denen anglophoner Kulturen tolerant und kritisch vergleichen [zu] können" (KLP

Englisch Hauptschule 2011, S. 13) definiert. Weiterhin führt der Kernlehrplan für die Hauptschule aus:

> „Der Umgang mit Orientierungswissen bezogen auf relevante soziokulturelle Themen und Inhalte **englischsprachiger Kulturräume** unterstützt die Entwicklung von Aufgeschlossenheit, Verständnisbereitschaft und Toleranz. Der Englischunterricht trägt somit bei zur **Sichtbarkeit vielfältiger Lebensformen und zur konsequenten Ächtung jeglicher Diskriminierung**" (KLP Englisch Hauptschule 2011, S. 13, eig. Herv.).

Implizit werden auch hier mehrere Dimensionen von Diversität angesprochen, wenn die Fähigkeit „zur konsequenten Ächtung jeglicher Diskriminierung" (KLP Englisch Hauptschule 2011, S. 13) angestrebt wird. Der Zusatz „jegliche" kann verschiedene Aspekte von Diversität – die ethnische Herkunft, die Religion, das Geschlecht, Dis(Ability), die sexuelle Orientierung etc. (vgl. Kapitel 1.1) – beinhalten. Trotz dieser expliziten („Sensibilisierung für unterschiedliche Geschlechterperspektiven und kulturell bedingte Rollenverständnisse", S. 8) wie auch impliziten („Ächtung jeglicher Diskriminierung", S. 13) Berücksichtigung verschiedener Dimensionen von Diversität, liegt dem Englischlehrplan für die Hauptschule, wie schon für das Gymnasium herausgearbeitet, ein tendenziell ethnonationales Kulturverständnis zugrunde. So wird auch in diesem Dokument der Begriff der ‚Kultur/en' mit dem Großkollektiv der ‚Sprachgruppe' bzw. ‚Land / Nation' gleichgesetzt, etwa wenn die Rede ist von „englischsprachige[n] Kulturräume[n]" oder „anglophone[n] Kulturen" (KLP Englisch Hauptschule 2011, S. 13). Damit suggerieren die Unterrichtsvorgaben tendenziell homogene Großgruppen mit übergreifenden kulturspezifischen Merkmalen (vgl. ausführlich die vorangegangenen Analysen der Bildungsstandards für die erste Fremdsprache und des gymnasialen Englischlehrplans). An dieser Stelle könnte eingewendet werden, dass das Verständnis von ‚Kultur/en' als Sprachgruppe bzw. Ländern oder Nationen im Gegenstandsbezug des Englischunterrichts begründet liegt und der Unterrichtsgegenstand der ‚englischen / anglophonen Kultur' in irgendeiner Form benannt und ‚verortet' werden muss, was über Länder, in denen Englisch gesprochen wird, geschieht. Deshalb erscheint es, (i) was die Konzeption der Lehrpläne betrifft unabdingbar, dem Kulturbegriff in den Unterrichtsvorgaben einen expliziten theoretischen Ansatz zugrunde zu legen, um Missverständnisse und verkürzte Fehldeutungen im oben genannten Sinne zu vermeiden. Was den Unterricht selbst betrifft, kann (ii) selbstredend nicht erwartet werden, dass im Englischunterricht der Sekundarstufe I (ob nun am Gymnasium oder an der Hauptschule) der Kulturbegriff gleichermaßen reflektiert werden kann, wie dies in den Fachwissenschaften der Fall ist. „Fragen des Verständnisses von Kultur und Individuum" (Volkmann 2010, S. 195) dürfen jedoch auch nicht ausgeklammert werden, was beispielsweise durch die Thematisierung und Reflexion nationaler Stereotype sowie insbesondere des „Konstruktcharakter[s] nationaler Identität" geschehen kann (Volkmann 2010, S. 100).

Die vorgegebenen Kompetenzerwartungen im Bereich „Interkulturelle Kompetenzen" für das Gymnasium und die Hauptschule unterscheiden sich zum Teil lediglich in der Formulierung. Zum Teil sind jedoch sowohl substantielle als auch widersprüchliche Unterschiede zu erkennen, wie die folgenden Gegenüberstellungen erkennen lassen:

Interkulturelle Kompetenzerwartungen am Ende der Jahrgangsstufe 6 bzw. Doppeljahrgangsstufe 5 / 6 im Vergleich nach Bildungsgang

Gymnasium	Hauptschule
Allgemeine Formulierung	
„Die Schülerinnen und Schüler können den Alltag englischsprachiger Umgebungen erkunden und die gewonnenen Erkenntnisse mit der eigenen Lebenswelt vergleichen. **Sie haben im Umgang mit Texten interkulturelle Erfahrungen gemacht.**"	„Die Schülerinnen und Schüler können den Alltag englischsprachiger Umgebungen erkunden und die gewonnenen Erkenntnisse mit der eigenen Lebenswelt vergleichen."
Orientierungswissen	
„Die Schülerinnen und Schüler verfügen über ein **grundlegendes** Orientierungswissen zu folgenden Themenfeldern:"[65] **Es gelingt ihnen, kulturspezifische Informationen der englischsprachigen Lebenswelt aufzunehmen und mit eigenen Erfahrungen zu vergleichen.**"	„Sie können im Umgang mit Texten und Medien zu den folgenden *inhaltlichen Schwerpunkten* Orientierungswissen aufbauen und nutzen:" ----
Werte, Haltungen und Einstellungen	
„Die Schülerinnen und Schüler können spielerisch andere Sichtweisen erproben (u. a. in Rollenspielen, in Figureninterviews, beim szenischen Lesen im Umgang mit **einfachen literarischen Texten**). Dabei **erkennen** sie kulturspezifische Besonderheiten."	„Die Schülerinnen und Schüler können spielerisch andere Sichtweisen erproben und dabei kulturspezifische Besonderheiten **berücksichtigen** (z. B. in Rollenspielen, in Figureninterviews, beim szenischen Lesen)."
Handeln in Begegnungssituationen	
„Die Schülerinnen und Schüler können einfache fiktive und reale Begegnungssituationen bewältigen. Sie kennen einige wichtige kulturspezifische Verhaltensweisen (u. a. Begrüßungsrituale, Anredekonventionen) und können diese anwenden."	„Die Schülerinnen und Schüler können einfache reale und fiktive Begegnungssituationen bewältigen. Sie kennen einige wichtige kulturspezifische Verhaltensweisen (u. a. Höflichkeitskonventionen) und können diese anwenden."

(KLP Englisch Gymnasium 2007, S. 25 f., eig. Herv.; KLP Englisch Hauptschule 2011, S. 18, eig. Herv.)

---

65 Auf der Ebene des Orientierungswissens folgt in den Lehrplänen in allen Jahrgangsstufen jeweils eine Auflistung der einzelnen Themenfelder, die in dieser tabellarischen Gegenüberstellung nicht mit aufgeführt werden, da sie Gegenstand der nächsten Analysefrage sind.

Interkulturelle Kompetenzerwartungen am Ende der Jahrgangsstufe 8 bzw. Doppeljahrgangsstufe 7 / 8 im Vergleich nach Bildungsgang

Gymnasium	Hauptschule
Allgemeine Formulierung	
„Die Schülerinnen und Schüler **haben** ihr Wissen über englischsprachig geprägte Lebenswelten im europäischen Kontext **erweitert** durch exemplarische Einblicke **am Beispiel einer Region der USA** und in die gesellschaftliche Wirklichkeit **eines weiteren englischsprachigen Landes**. Ihnen sind Gemeinsamkeiten und Unterschiede zur Welt, in der sie leben, **bewusst**. Sie können einfache Begegnungssituationen **auch mit Blick auf mögliche Missverständnisse und Konflikte bewältigen.**"	„Die Schülerinnen und Schüler **können** ihr Wissen über englischsprachig geprägte Lebenswelten im europäischen Kontext **erweitern**, indem sie sich mit **verschiedenen Regionen der USA** auseinandersetzen und Gemeinsamkeiten und Unterschiede zu ihrer eigenen Lebenswelt **erkennen und beschreiben.**"
Orientierungswissen	
„Die Schülerinnen und Schüler verfügen über ein **grundlegendes** Orientierungswissen zu folgenden Themenfeldern:" ----	„Darüber hinaus können sie in einfachen Begegnungssituationen auf ihre englischsprachigen Gesprächspartnerinnen und -partner **im Allgemeinen angemessen** eingehen. Dabei können sie auf ihr Orientierungswissen zurückgreifen und dieses in Bezug auf folgende obligatorische *inhaltliche Schwerpunkte* ergänzen:" „Die Schülerinnen und Schüler können ihr **soziokulturelles Orientierungswissen zu den Bezugskulturen** auch im Umgang mit Texten und Medien in der Regel erfolgreich nutzen. **Es gelingt ihnen, kulturspezifische Informationen der englischsprachigen Lebenswelt aufzunehmen, mit eigenen Erfahrungen zu vergleichen und das Wissen um andere Wertesysteme zum Aufbau von Toleranz und Empathie zu nutzen.**"
Werte, Haltungen und Einstellungen	
„Die Schülerinnen und Schüler können sich mit altersgemäßen kulturspezifischen Wertvorstellungen und Rollen auseinandersetzen (u. a. im Austausch mit E-Mail-Partnerinnen und -Partnern, in der produktionsorientierten Arbeit mit einfachen authentischen Texten) und diese vergleichend reflektieren, indem sie z. B. Vorurteile und Klischees als solche erkennen."	„Die Schülerinnen und Schüler können sich mit kulturspezifischen Wertvorstellungen und Lebensformen auseinandersetzen, u. a. durch einen Austausch mit Hilfe moderner Kommunikationsmittel wie z. B. E-Mail, Online-Foren, und diese vergleichend reflektieren und dabei u. a. Vorurteile und Klischees als solche erkennen."
Handeln in Begegnungssituationen	
„Die Schülerinnen und Schüler können in fiktiven und realen Begegnungssituationen im eigenen Umfeld und auf Reisen **ihr Repertoire** an kulturspezifischen Verhaltensweisen (z. B. Höflichkeitsformeln, Modalverben beim meinungsbetonten Sprechen) anwenden und erweitern."	„Die Schülerinnen und Schüler können in fiktiven und realen Begegnungssituationen im eigenen Umfeld und auf Reisen **ihr noch eingeschränktes Repertoire** an kulturspezifischen Verhaltensweisen anwenden und erweitern (z. B. Höflichkeitsformeln)."

(KLP Englisch Gymnasium 2007, S. 31 f., eig. Herv.; KLP Englisch Hauptschule 2011, S. 24, eig. Herv.)

Interkulturelle Kompetenzerwartungen am Ende der Jahrgangsstufe 9 bzw. der Doppeljahrgangsstufe 9 / 10 im Vergleich nach Bildungsgang

Gymnasium	Hauptschule
Allgemeine Formulierung	
„Die Schülerinnen und Schüler **verfügen über ein grundlegendes Orientierungswissen zu ausgewählten Aspekten englischsprachiger Lebenswelten.** Sie können Werthaltungen und Einstellungen aus Einzelbeobachtungen und Erkenntnissen ableiten und kritisch hinterfragen. Sie beachten kulturspezifische Konventionen in Begegnungssituationen des Alltags mit native speakers sowie lingua franca-Sprecherinnen und -Sprechern."	„Die Schülerinnen und Schüler **können sich in interkulturellen Zusammenhängen orientieren** und Werte, Haltungen und Einstellungen gewinnen und kritisch hinterfragen. In Begegnungssituationen des Alltags mit *native speakers* können sie ausgewählte kulturspezifische Konventionen beachten. Darüber hinaus können sie den Wert ihrer fremdsprachlichen Kompetenzen als ‚*lingua franca*' erkennen und nutzen."
Orientierungswissen	
„Die Schülerinnen und Schüler verfügen über ein **grundlegendes Orientierungswissen** zu folgenden Themenfeldern:" ---	„Dabei können sie auf ihr **erweitertes Orientierungswissen** zurückgreifen und dieses um folgende *inhaltliche Schwerpunkte* ergänzen:" „Die Schülerinnen und Schüler können ihr **soziokulturelles Orientierungswissen zu den Bezugskulturen** auch im Umgang mit Texten und Medien in der Regel erfolgreich nutzen. Sie können kulturspezifische Informationen der englischsprachigen Lebenswelt festigen und erweitern sowie in größere gesellschaftliche Zusammenhänge einordnen. **Sie können ihre Erkenntnisse über andere Wertesysteme gezielt nutzen, um Verständnis und Toleranz in ihrem eigenen Alltag zu leben.**"
Werte, Haltungen und Einstellungen	
„Die Schülerinnen und Schüler können • Lebensbedingungen und Lebensweisen von Menschen anderer Kulturen **vergleichen** und kulturbedingte Unterschiede und Gemeinsamkeiten nachvollziehen und erläutern, • Sach- und Gebrauchstexte bezogen auf kulturspezifische Merkmale erläutern (u. a. Verwendung von Stereotypen), • **literarische Texte aus unterschiedlichen (auch kulturellen) Perspektiven erschließen.**"	„Die Schülerinnen und Schüler können • Lebensbedingungen und Lebensweisen von Menschen anderer Kulturen **in ausgewählten Aspekten vergleichen** und kulturbedingte Unterschiede und Gemeinsamkeiten nachvollziehen und erläutern, • Sach- und Gebrauchstexte bezogen auf kulturspezifische Merkmale erläutern, u. a. Verwendung von Stereotypen erkennen und hinterfragen, • **fremden Werten, Haltungen und Einstellungen mit Toleranz und Respekt begegnen.**"
Handeln in Begegnungssituationen	
„Die Schülerinnen und Schüler können • in Begegnungssituationen im eigenen Umfeld, auf Reisen und im Austausch per E-Mail und per Telefon gängige kulturspezifische Konventionen **erkennen und beachten** (u. a. Höflichkeitsformeln), • sich auch mit Blick auf mögliche Missverständnisse und Konflikte einfühlsam im Umgang mit anderen verhalten."	Die Schülerinnen und Schüler können • in Begegnungssituationen im eigenen Umfeld (z. B. in Berufspraktika), auf Reisen oder in Telefongesprächen gängige kulturspezifische Konventionen, u. a. Höflichkeitsformeln, **beachten,** • sich auch mit Blick auf mögliche Missverständnisse und Konflikte einfühlsam im Umgang mit anderen verhalten."

(KLP Englisch Gymnasium 2007, S. 38 f., eig. Herv.; KLP Englisch Hauptschule 2011, S. 30, eig. Herv.)

Die Fähigkeit zum Vergleich wird am Ende der Jahrgangsstufe 6 für die Gymnasial-schüler/innen noch einmal separat angeführt, was im Hauptschullehrplan ausbleibt. Am Ende der Doppeljahrgangsstufe 7 / 8 wird hingegen die Fähigkeit zum Vergleich bei den Hauptschüler/innen zusätzlich separat angeführt. Ihr „Repertoire an kulturspezifischen Verhaltensweisen" (KLP Englisch Gymnasium 2007, S. 32) ist im Vergleich zu den Gymnasiast/innen jedoch noch eingeschränkt und auch der Aspekt möglicher „Missverständnisse und Konflikte" in Begegnungssituationen (KLP Englisch Gymnasium 2007, S. 31) ist in der Hauptschule nicht vorgesehen. Am Ende der Jahrgangsstufe 9 sollen Gymnasiast/innen über ein „grundlegendes Orientierungswissen" verfügen (KLP Englisch Gymnasium 2007, S. 38), Schü-ler/innen der Hauptschule hingegen über ein „erweitertes Orientierungswissen" (KLP Englisch Hauptschule 2011, S. 30), was auf eine weiter entwickelte interkultu-relle Kompetenz der Hauptschüler/innen schließen lassen könnte. Die Anwendungs-bereiche der Gymnasiast/innen sind jedoch abstrakter als jene in der Hauptschule. Denn Schüler/innen der Hauptschule sollen in eher praktischer Sicht „fremden Wer-ten, Haltungen und Einstellungen mit Toleranz und Respekt begegnen" und „Ver-ständnis und Toleranz in ihrem eigenen Alltag" leben (KLP Englisch Hauptschule 2011, S. 30). Schüler/innen am Gymnasium sollen demgegenüber in abstrakterer Weise „literarische Texte aus unterschiedlichen (auch kulturellen) Perspektiven erschließen" (KLP Englisch Gymnasium 2007, S. 39). Auch die Fähigkeit zum Vergleich ist in dieser Jahrgangsstufe bei den Gymnasiast/innen ausgeprägter. So sollen Schüler/innen der Hauptschule „Lebensbedingungen und Lebensweisen von Menschen anderer Kulturen in ausgewählten Aspekten vergleichen" (KLP Englisch Hauptschule 2011, S. 30), Schüler/innen des Gymnasiums sollen diese hingegen ohne Angabe einer Einschränkung „vergleichen" können (KLP Englisch Gymnasi-um 2007, S. 39). Da sich beide Kernlehrpläne an den Bildungsstandards für den mittleren Schulabschluss orientieren (KLP Englisch Gymnasium 2007, S. 14; KLP Englisch Hauptschule 2011, S. 10) und für den Kompetenzbereich „Interkulturelle Kompetenzen" im Hauptschullehrplan keine unterschiedlichen Niveauanforderun-gen (E- und G-Kurse) formuliert werden, drängt sich die Frage auf, weshalb diese Unterschiede durch die Lehrplanautor/innen vorgesehen wurden. Die Widersprüch-lichkeit nationaler Bildungsstandards für alle im Kontext eines gegliederten Schul-systems spiegelt sich hierin wider.

Den Kernlehrplänen für das Gymnasium und für die Hauptschule liegt ein ‚kultur-spezifisches' Verständnis interkultureller Kompetenz zugrunde. Denn interkulturelle Kompetenz wird als Fähigkeit zum ‚Umgang' mit einer ‚spezifischen Kultur', der ‚anglophonen Kultur', verstanden. Die Fähigkeit zum ‚Umgang mit dem Anderen' im Allgemeinen, d. h. außerhalb des anglophonen Kontextes und zudem im Hinblick auf verschiedene Dimensionen von Diversität (vgl. Kapitel 1.1) wird dabei tendenzi-ell ausgeblendet. Beiden Kernlehrplänen liegt außerdem ein betont ethnonationaler Kulturbegriff zugrunde. Mit dem Großkollektiv der ‚Sprachgruppe' bzw. ‚Land / Nation' als Bezugsrahmen suggerieren die Unterrichtsvorgaben damit ten-

*denziell homogene Großgruppen mit übergreifenden kulturspezifischen Merkmalen.
Hinsichtlich des Aufbaus des Kompetenzbereichs „Interkulturelle Kompetenzen"
sind die Kernlehrpläne für den Englischunterricht am Gymnasium und in der
Hauptschule schließlich identisch angelegt. Sie beschreiben für jede Jahrgangsstufe
(Gymnasium) bzw. Doppeljahrgangsstufe (Hauptschule) die Kompetenzerwartung
zunächst in allgemeiner Formulierung, welche anschließend auf den drei Ebenen
interkultureller Kompetenz – der kognitiven, affektiven und konativen Ebene – konkretisiert wird. Auf inhaltlicher Ebene finden sich jedoch sowohl substantielle als
auch widersprüchliche Unterschiede, die auf eine Abstufung interkultureller Kompetenz nach Bildungsgang schließen lassen.*

B.4 Berücksichtigen die vorgesehenen Inhalte und Themen interkulturelle und
diversitätsbezogene Fragen im Sinne einer multiperspektivischen
allgemeinen Bildung?

Der Englischunterricht der Hauptschule soll „über alle Doppeljahrgangsstufen hinweg soziokulturelles Orientierungswissen mit einem deutlichen Schwerpunkt auf
den verbindlichen Kontexten Lebensplanung [im Orig. Fettdruck] und Berufsorientierung [im Orig. Fettdruck]" ausbilden (KLP Englisch Hauptschule 2011, S. 9).
Diese beiden inhaltlichen Schwerpunkte, die im gymnasialen Kernlehrplan Englisch
in vier Bereiche ausdifferenziert werden („persönliche Lebensgestaltung", „Ausbildung / Schule", „Teilhabe am gesellschaftlichen Leben" und „Berufsorientierung",
KLP Englisch Gymnasium 2007, S. 13), „stehen mit ihren Bezügen zum anglophonen Raum und dessen Kulturen im Vordergrund" (KLP Englisch Hauptschule 2011,
S. 13). Die folgende tabellarische Gegenüberstellung lässt einen direkten Vergleich
mit den Themen und Inhalten im Gymnasiallehrplan zu. Die Reihenfolge der Themen / Inhalte wurde zu besseren Vergleichbarkeit verändert:[66]

---

66   Unterschiede werden durch Fettdruck hervorgehoben.

Gymnasium	Hauptschule
Persönliche Lebensgestaltung: Jgst. 6 - Familie, Freunde, tägliches Leben und Tagesabläufe, Freizeit Jgst. 8 - Freundschaft Jgst. 8 - Leben in der *peer group* - Musik, Sport, Medien in der Freizeitgestaltung Jgst. 9 - Partnerschaft - **Beziehungen zwischen den Geschlechtern (*gender*)** - Jugendkulturen Teilhabe am gesellschaftlichen Leben: Jgst. 6 - Feste und Traditionen - exemplarische historische Persönlichkeiten und Ereignisse - Reisen - Einblicke in altersgemäße aktuelle kulturelle Ereignisse (u. a. Musik, Sport) Jgst. 8 - Nationale und regionale Identität am Beispiel **einer Region in den USA** - Migration als persönliches Schicksal - Einblicke in aktuelle kulturelle Ereignisse (u. a. Musik, Fernsehen) Jgst. 9 - **Exemplarische Einblicke in die politischen Systeme der USA und Großbritanniens** - **Demokratie und Menschenrechte** - **Sprache und sprachlicher Wandel**	Lebensplanung und Teilhabe am gesellschaftlichen Leben: Jgst. 5 / 6 - Familie, Freunde, tägliches Leben und Tagesabläufe, Freizeit Jgst. 9 / 10 - Freundschaft Jgst. 7 / 8 - Leben in der Peergroup - Freizeitgestaltung, u. a. Bücher, Musik, Sport, Medien Jgst. 9 / 10 - Partnerschaft - **Liebe unter Berücksichtigung kulturell unterschiedlicher geschlechtsspezifischer Erwartungen** - Jugendkulturen Jgst. 5 / 6 - Feste und Traditionen - exemplarische historische Persönlichkeiten und Ereignisse - Reisen Jgst. 7 / 8 - nationale und regionale Identität am Beispiel **einer Region in Großbritannien oder den USA** - Migration als persönliches Schicksal Jgst. 9 / 10 - **Situationen junger Menschen in der modernen Gesellschaft, soziales Engagement** - **Wahrnehmung politischer Rechte auf kommunaler und nationaler Ebene in Großbritannien und den USA** - **Einblicke in altersgemäße aktuelle kulturelle Ereignisse, u. a. Musik, Theater, Film, Sport**
Ausbildung / Schule: Jgst. 6 - Schule und Schulalltag in Großbritannien oder Irland Jgst. 8 - Aspekte des schulischen Lernbetriebs in den USA **oder in einem weiteren englischsprachigen Land** Jgst. 9 - Einblicke in den Lernbetrieb und das schulische Umfeld einer Schule **in einem weiteren englischsprachigen Land** Berufsorientierung: Jgst. 6 - Bedeutung von Arbeit im Leben der eigenen Familie und der von Freunden Jgst. 8 - Kinderrechte und Kinderarbeit Jgst. 9 - Berufliche Interessenprofile - Bewerbungen	Schule, Berufsorientierung: Jgst. 5 / 6 - Aspekte des Schullebens in GB oder Irland Jgst. 7 / 8 - Aspekte des Schullebens in den USA Jgst. 5 / 6 - vertraute Berufsbilder, z. B. Familienangehörige / Freunde Jgst. 7 / 8 - Kinderarbeit und Kinderrechte Jgst. 9 / 10 - berufliche Interessen Heranwachsender - Bewerbungen - Stellenanzeigen - Berufsaussichten Jgst. 5 / 6 - Berufsbilder aus verschiedenen Bereichen, u. a. Dienstleistung, Sozialwesen, Technologie, z. B. Technologie im Haushalt, am Arbeitsplatz und ihre Folgen - Technikgeschichte im englischsprachigen Raum - Erfahrungen in Berufsfeldern, z. B. Praktikum Jgst. 9 / 10 - exemplarische Einblicke in berufliche Perspektiven junger Menschen im englischsprachigen Raum - Chancen und Risiken der Informationstechnologie, u. a. Recherche, Austausch, Communities, Spiele, Werbung

(KLP Englisch Gymnasium 2007, S. 22; KLP Englisch Hauptschule 2011, S. 13 f.)

161

Was die thematisch-inhaltliche Ebene betrifft, legen die Kernlehrpläne für den Englischunterricht am Gymnasium und an der Hauptschule somit im Prinzip dieselben inhaltlichen Schwerpunkte fest, wobei der Schwerpunkt der Hauptschule deutlich auf berufsbezogenen Themen liegt. In den Beschreibungen der Kompetenzerwartungen am Ende der Jahrgangsstufen 6, 8 und 9 werden die Inhalte und Themen der Hauptschule schließlich weiter konkretisiert, indem die inhaltlichen Schwerpunkte das Orientierungswissen betreffend näher beschrieben wird:

Doppeljahrgangsstufe 5 / 6

„Lebensplanung und Teilhabe am gesellschaftlichen Leben:
Familie, Freunde, tägliches Leben und Tagesabläufe, Freizeit; Einblicke in das Alltagsleben von Kindern und Jugendlichen in Großbritannien, Feste und Traditionen, exemplarische historisch oder kulturell wichtige Persönlichkeiten und Ereignisse (z. B. *Guy Fawkes, Robin Hood*, Einblicke in altersgemäße aktuelle kulturelle Ereignisse).

Schule und Berufsorientierung:
Aspekte des Schulalltags einer Schule in Großbritannien, Schule und schulisches Umfeld (Fächer, Stundenplan, Tagesablauf); vertraute Berufsbilder" (KLP Englisch Hauptschule 2011, S. 18).

Doppeljahrgangsstufe 7 / 8

„Persönliche Lebensgestaltung und Teilhabe am gesellschaftlichen Leben:
nationale und regionale Identität am Beispiel einer Region in Großbritannien oder den USA (Stadt / Land, historische Entwicklung, einzelne kulturelle Aspekte); Migration als persönliches Schicksal (Einwanderung der Europäer in Nordamerika und ihr Umgang mit den *native Americans*; Einwanderung nach Großbritannien und in die USA); Einblicke in aktuelle kulturelle Ereignisse (z. B. *Music Awards* oder *Pop Idol*); Freundschaft, Leben in der Peergroup, Musik, Sport, Medien in der Freizeitgestaltung.

Schule und Berufsorientierung:
Schule in den USA – exemplarische Einblicke; Technologie im Haushalt; moderne Unterhaltungselektronik; Verkehr und Verkehrsverbindungen; Computer, Telekommunikation, Technikgeschichte im englischsprachigen Raum; Technologien am Arbeitsplatz und ihre Folgen; Bedeutung von Arbeit und Arbeitslosigkeit im Leben der eigenen Familie und der von Freunden; Berufsbilder und berufliche Handlungsfelder" (KLP Englisch Hauptschule 2011, S. 24, Herv. im Orig.).

Doppeljahrgangsstufe 9 / 10

„Persönliche Lebensgestaltung und Teilhabe am gesellschaftlichen Leben:
Partnerschaft, Beziehung zwischen den Geschlechtern, Aspekte unterschiedlicher Jugendkulturen; Wahrnehmung politischer Rechte auf kommunaler und nationaler Ebene in Großbritannien und den USA; Chancen und Risiken der Informationstechnologie; Situationen junger Menschen in der modernen Gesellschaft.

Schule und Berufsorientierung:
exemplarische Einblicke in Berufsaussichten junger Menschen im englischsprachigen Raum; berufliche Interessen von Heranwachsenden anhand von Berufsbeschreibungen, Stellenanzeigen, Bewerbungsschreiben" (KLP Englisch Hauptschule 2011, S. 30, Herv. im Orig.).

Ebenso wie der Gymnasiallehrplan Englisch spricht der Hauptschullehrplan somit auf thematisch-inhaltlicher Ebene verschiedene Dimensionen von Diversität an:

- *Geschlecht bzw. Gender*: „Partnerschaft, Liebe unter Berücksichtigung kulturell unterschiedlicher geschlechtsspezifischer Erwartungen" (Jgst. 9 / 10);
- *Fragen sozialer Ungleichheiten*: „Situationen junger Menschen in der modernen Gesellschaft, soziales Engagement" (Jgst. 9 / 10), „Kinderrechte und Kinderarbeit" (Jgst. 7 / 8);
- *Migration bzw. ethnische Zugehörigkeit*: „Migration als persönliches Schicksal" (Jgst. 8), „nationale und regionale Identität am Beispiel einer Region Großbritannien oder den USA" (Jgst. 7 / 8) (KLP Englisch Hauptschule 2011, S. 13 f.).

Die bereits bei der Analyse des Gymnasiallehrplans herausgearbeiteten Kritikpunkte zu den Themen „Identität", „Migration" und „Partnerschaft" werden an dieser Stelle nicht wiederholt, denn sie treffen eins zu eins auf den Hauptschullehrplan zu. Im Vergleich nach Bildungsgang fällt auf, dass in der Hauptschule das Themenfeld „Liebe unter Berücksichtigung kulturell unterschiedlicher geschlechtsspezifischer Erwartungen" vorgesehen ist (KLP Englisch Hauptschule 2011, S. 14), für Schüler/innen am Gymnasium hingegen das ‚kulturneutrale' Thema „Beziehungen zwischen den Geschlechtern (*gender*)" (KLP Englisch Gymnasium 2007, S. 22, Herv. im Orig.). Dies ist insofern bezeichnend, als sich eine solche Tendenz zur ‚ethnisch-kulturellen Anpassung' der Themen an die im Bildungsgang ‚erwartete' Schülerschaft bereits in den anderen untersuchten Fächern angedeutet hat. Was schließlich die geographischen Schwerpunkte betrifft, so werden im Kernlehrplan für die Hauptschule ausdrücklich die USA (acht Nennungen), Großbritannien (sieben Nennungen) und Nordamerika (eine Nennung) angeführt. Der Zusatz „wenigstens ein weiteres anglophones Land" (KLP Englisch Gymnasium 2007, S. 16), der im Gymnasiallehrplan vorgesehen ist, fehlt im Hauptschullehrplan. Großbritannien und die USA zeichnen sich somit noch deutlicher als ‚Kernländer' ab.

Was die thematisch-inhaltliche Ebene betrifft, so legen die Kernlehrpläne für den Englischunterricht am Gymnasium und an der Hauptschule im Prinzip dieselben inhaltlichen Schwerpunkte fest, wobei der Schwerpunkt der Hauptschule deutlich auf berufsbezogenen Themen liegt. Mit diesen Themen und Inhalten können sowohl auf dem Gymnasium als auch auf der Hauptschule dieselben heimlichen Lehrpläne einhergehen (vgl. ausführlich die Analyse des Gymnasiallehrplans Englisch): (i) durch eine eindimensionale, verengte Sicht auf das Thema der Identität („nationale und regionale Identität"), (ii) durch einen einseitigen, defizitorientierten Blick auf Migration („Migration als persönliches Schicksal") und (iii) durch eine implizite zweigeschlechtliche Normativität („Partnerschaft, Liebe unter Berücksichtigung kulturell unterschiedlicher geschlechtsspezifischer Erwartungen"). Der letzte Punkt muss zudem um die kritische Frage ergänzt werden, weshalb Schüler/innen am Gymnasium im Vergleich zur Hauptschule eine ‚kulturneutrale' Perspektive auf

Geschlechterbeziehungen einnehmen sollen. Die Vermutung liegt nahe, dass auf der Hauptschule – dem Bildungsgang, auf dem Schüler/innen mit Migrationshintergrund überrepräsentiert sind (vgl. Kapitel 4.2) – Schüler/innen mit (ethno-)kulturell vielfältigen Hintergründen ‚erwartet' werden und das Thema entsprechend ‚ethnisch-kulturell angepasst' wird. Der heimliche Lehrplan des Rassismus, den Auernheimer durch das mehrgliedrige deutsche Schulsystem perpetuiert sieht (vgl. z. B. Auernheimer 2007, S. 90 f.), spiegelt sich in dieser Erwartungshaltung wider.

C   Methodisch-didaktische Aspekte

C.5   Gibt es konkrete methodisch-didaktische Hinweise (Perspektivwechsel etc.) zur Umsetzung einer diversitätssensiblen Bildung im Sinne einer multiperspektivischen allgemeinen Bildung?

Im Englischunterricht der Hauptschule soll sich „sprachliches Lernen und sprachliches Handeln ausdrücklich an der Lebenswelt" der Schüler/innen orientieren (KLP Englisch Hauptschule 2011, S. 11). An anderer Stelle werden außerdem „Kommunikationsorientierung mit vielfältigen kommunikativen Aktivitäten in bedeutsamen Verwendungssituationen" sowie „Themen-, Anwendungs- und Situationsbezug, Authentizität" genannt (KLP Englisch Hauptschule 2011, S. 9).

Der Kernlehrplan für den Englischunterricht am Gymnasium gibt deutlich mehr Hinweise zu den methodisch-didaktischen Prinzipien der Unterrichtsgestaltung. So wird beispielsweise explizit die Berücksichtigung der „Kriterien der Interkulturalität [im Orig. Fettdruck] und der Authentizität [im Orig. Fettdruck]" erwähnt (KLP Englisch Gymnasium 2007, S. 12). Im Hauptschullehrplan wird die Lebensweltorientierung genannt.

C.6   Sieht der Lehrplan die Individualisierung des Unterrichts (z. B. durch differenzierte Aufgabenstellungen) vor?

Im „fortgeführten Englischunterricht in der Sekundarstufe I" hat unter anderem die „Orientierung an der Lernentwicklung des einzelnen Schülers / der einzelnen Schülerin im Sinne einer individuellen Förderung" eine „besondere Bedeutung" (KLP Englisch Hauptschule 2011, S. 9). Weitere Hinweise auf einen individualisierten Unterricht finden sich, analog zu den bisher untersuchten Kernlehrplänen, im Abschnitt „Leistungsbewertung". So sollen „Ergebnisse der Lernerfolgsüberprüfung" für Lehrpersonen „Anlass [sein], die Zielsetzungen und die Methoden ihres Unterrichts zu überprüfen und ggf. zu modifizieren. Für die Schülerinnen und Schüler sollen die Rückmeldungen zu den erreichten Lernständen eine Hilfe für weiteres Lernen darstellen" (KLP Englisch Hauptschule 2011, S. 37). Weiter heißt es wortgleich:

„Die Beurteilung von Leistungen soll demnach mit der Diagnose des erreichten Lernstandes und **individuellen Hinweisen für das Weiterlernen** verbunden werden. Wichtig für den weiteren Lernfortschritt ist es, bereits erreichte Kompetenzen herauszustellen und die Lernenden – ihrem jeweiligen **individuellen Lernstand** entsprechend – zum Weiterlernen zu ermutigen. Dazu gehören auch Hinweise zu erfolgversprechenden **individuellen Lernstrategien.** Den Eltern sollten im Rahmen der Lern- und Förderempfehlungen Wege aufgezeigt werden, wie sie das Lernen ihrer Kinder unterstützen können" (KLP Englisch Hauptschule 2011, S. 37, eig. Herv.).

Aufgrund der in Hauptschulen vorgesehenen G- und E-Kurse weist der Kernlehrplan außerdem darauf hin, dass Kompetenzen „in unterschiedlichem Umfang und auf unterschiedlichem Niveau erreichbar" sind:

„Dies bedeutet in den E-und-G-Kursen [sic!] eine Differenzierung der im Folgenden beschriebenen Kompetenzerwartungen, die sich in der Regel auf **Umfang, Höhe und Komplexität** der Anforderungen bezieht. Für den Hauptschulabschluss nach Klasse 10 ist eine größere Fehlertoleranz bezüglich der grammatischen und orthographischen Korrektheit zugrunde zu legen, so dass der Fokus noch stärker auf die mitteilungsbezogene Ebene gerichtet wird" (KLP Englisch Hauptschule 2011, S. 10 f., Herv. im Orig.).

Wie diese Differenzierung der Kompetenzerwartungen im Einzelnen aussehen soll, bleibt offen, denn in den Kompetenzerwartungen selbst werden die unterschiedlichen Niveaus in keinem der Kompetenzbereiche weiter konkretisiert. Zu Beginn der Kompetenzerwartungen am Ende der Doppeljahrgangsstufen 7 / 8 und 9 / 10 wird lediglich das sprachliche Anspruchsniveau festgelegt, z. B. Kompetenzstufe A2 des GeR mit Anteilen von B1 im Erweiterungskurs und Kompetenzstufe A2 im Grundkurs am Ende der Doppeljahrgangsstufe 7 / 8 (KLP Englisch Hauptschule 2011, S. 21).

Im Prinzip machen die Kernlehrpläne für das Gymnasium und die Hauptschule dieselben, eher vagen Vorgaben hinsichtlich eines individualisierten Unterrichts.

C.7   Findet die möglicherweise vorhandene Mehrsprachigkeit der Schüler/innen Berücksichtigung? Wenn ja, welche Rolle nehmen die Herkunftssprachen der Schüler/innen ein?

Der Englischunterricht der Hauptschule soll dazu beitragen, „individuelle Mehrsprachigkeitsprofile auszubilden" (KLP Englisch Hauptschule 2011, S. 8). Der Kernlehrplan führt weiter aus:

„Im Sinne einer Nachhaltigkeit ist die Kontinuität von Lernprozessen unabdingbar. Der Englischunterricht in der Hauptschule knüpft somit an die Fähigkeiten, Fertigkeiten und Kenntnisse sowie Einstellungen und Haltungen der Schülerinnen und Schüler an, die diese im Umgang mit Sprachen insgesamt und mit Englisch als Fremdsprache im Besonderen in der Grundschule erworben haben, und baut auf den gemeinsamen

Grundsätzen des fremdsprachlichen Lehrens und Lernens von Grundschule und weiterführender Schule auf" (KLP Englisch Hauptschule 2011, S. 8 f.).

Wie auch im G8-Kernlehrplan werden ferner die möglichen Herkunftssprachen der Schüler/innen im Kompetenzbereich „Methodische Kompetenzen" berücksichtigt. So sollen die Schüler/innen lernen, „Lerngelegenheiten gezielt [zu] nutzen, die sich aus dem Miteinander von Deutsch und ggf. der Herkunftssprache sowie Englisch als erster Fremdsprache ergeben" (KLP Englisch Hauptschule 2011, S. 20, in ähnlicher Formulierung s. auch S. 26, 32). Schließlich sollen die Herkunftssprachen der Schüler/innen gegebenenfalls zum Sprachvergleich herangezogen werden (KLP Englisch Hauptschule 2011, S. 20).

Der G8-Kernlehrplan Englisch verweist explizit darauf, der „lebensweltlichen Mehrsprachigkeit, die in den Klassenverbänden vorhanden ist", Rechnung zu tragen. Sowohl der Englischunterricht am Gymnasium als auch auf der Hauptschule sollen dazu beitragen, „individuelle Mehrsprachigkeitsprofile auszubilden" (KLP Englisch Gymnasium 2007, S. 12; KLP Englisch Hauptschule 2011, S. 8). Wie dies realisiert werden soll, führen die Kernlehrpläne nicht weiter aus.

C.8   Wird die mögliche Anwesenheit von Schüler/innen mit sonderpädagogischem Förderbedarf berücksichtigt?

Der Kernlehrplan Englisch der Hauptschule thematisiert die mögliche Anwesenheit von Schüler/innen mit sonderpädagogischem Förderbedarf nicht.

Die Englischlehrpläne beider Bildungsgänge thematisieren die mögliche Anwesenheit von Schüler/innen mit sonderpädagogischem Förderbedarf nicht.

C.9   Wird die Förderung bildungssprachlicher Kompetenzen als Aufgabe des Faches verstanden?

Der Kernlehrplan für die Hauptschule trifft keine Aussagen über die Förderung bildungssprachlicher Kompetenzen im Englischunterricht.

Sowohl der Englischlehrplan für das Gymnasium als auch jener für die Hauptschule treffen keine Aussagen über die Förderung bildungssprachlicher Kompetenzen im Englischunterricht. Auf thematisch-inhaltlicher Ebene sieht der G8-Kernlehrplan jedoch die Behandlung des Themas „Sprache und sprachlicher Wandel (u. a. Jugendsprache)" in der neunten Jahrgangsstufe vor (KLP Englisch Gymnasium 2007, S. 39).

6.3 Vergleichende Zusammenfassung unter Berücksichtigung der Expert/innenperspektive

Kernlehrpläne – ein Instrument zur Standardsetzung?

Obwohl es sich bei den hier analysierten Lehrplänen allesamt um kompetenzorientierte Kernlehrpläne handelt, und diese folglich – so die naheliegende Annahme – mehr Gemeinsamkeiten als Unterschiede aufweisen müssten, da sie zur Standardsetzung und Standardsicherung beitragen und sich zudem – falls vorhanden – an den Bildungsstandards der KMK orientieren sollen (vgl. Kapitel 5.2), haben sich der Aufbau der Lehrpläne, die in ihnen formulierten Bildungsziele und -inhalte sowie die methodisch-didaktischen Hinweise als sehr unterschiedlich herausgestellt. Eine solche Vielfalt in der Gestaltung der Lehrpläne innerhalb eines Bundeslandes lässt im Kontext von sechzehn Bundesländern zumindest Zweifel daran anbringen, dass Kernlehrpläne in dieser Form zur Standardsetzung und -sicherung beitragen können. Im Folgenden werden die zentralen Ergebnisse der Lehrplananalysen in vergleichender Perspektive und nach Themenblöcken geordnet zusammengefasst. An gegebenen Stellen wird das mit einer/m Vertreter/in des Referats „Curriculumentwicklung, Materialentwicklung zur Lehrplanimplementation, Nationale Bildungsstandards" des Ministeriums für Schule und Weiterbildung des Landes Nordrhein-Westfalen geführte Expert/innengespräch herangezogen. Die zentralen Ergebnisse werden zur besseren Übersicht in den Hauptkategorien zunächst tabellarisch zusammengefasst:

DE	Adressaten-orientierung	Bildungsziele	Bildungsinhalte
G8	tendenziell ‚homogene' Schülerschaft implizite Mittel-schichtorientie-rung	vier Kompetenzbereiche: Sprechen und Zuhören, Schreiben, Lesen – Umgang mit Texten und Medien, Reflexion über Sprache nicht explizit diversitätssensibel unbestimmt und offen zugleich	keine konkreten Inhalte Kriterium: Lebenswirklichkeit
HS	explizit ‚heterogene' Schülerschaft Mitteschicht-orientierung wird aufge-hoben	vier Kompetenzbereiche: Lesen, Zuhören, Schreiben, Sprechen explizit diversitätssensibel: Sichtbarkeit vielfältiger Lebensfor-men und konsequente Ächtung jeglicher Diskriminierung z. B. in Bezug auf ethnische Herkunft, Geschlecht, Religion oder Weltan-schauung, Behinderung, Alter, sexuelle Identität	keine konkreten Inhalte verbindliche Kontexte: Lebens-planung und Berufsorientierung ‚ethnisch-kulturelle Anpassung' der Inhalte: natürliche Mehr-sprachigkeit bzw. Herkunfts-sprachen der Schüler/innen ausdrücklich Unterrichtsthema
GE	Adressaten-orientierung	Bildungsziele	Bildungsinhalte
G8	tendenziell ‚homogene' Schülerschaft implizite Mittel-schichtorientie-rung	vier Kompetenzbereiche: Sachkompetenz, Methodenkompe-tenz, Urteilskompetenz, Handlungs-kompetenz implizit diversitätssensibel: interkulturelles Verstehen (allgemeiner Lehrplanteil) interkulturelles Verstehen in Kompe-tenzbeschreibungen nicht sichtbar, Perspektivwechsel und Fremdverste-hen hingegen deutlich sichtbar	vorgeblich mehrperspektivisch tatsächlich nationalgeschichtli-che Priorisierung: Deutschland, Europa, Welt konsistente mehrperspektivische Ausrichtung in den inhaltlichen Vorgaben nicht sichtbar unbestimmt und offen zugleich
HS	explizit ‚heterogene' Schülerschaft Mittelschicht-orientierung wird aufge-hoben	vier Kompetenzbereiche: Sachkompetenz, Methodenkompe-tenz, Urteilskompetenz, Handlungs-kompetenz explizit diversitätssensibel: Sensibilisierung für unterschiedliche Geschlechterperspektiven und inter-kulturelles Verständnis (allgemeiner Lehrplanteil) inhaltsfeldübergreifende sowie inhaltsfeldbezogene Kompetenzer-wartungen im Bereich der Sach- und Urteilskompetenz differenzierte Vorgaben	verbindliche Kontexte: Lebens-planung und Berufsorientierung Themenschwerpunkt „Interkul-tureller Umgang" (Jg. 7 / 8): ethnokulturelles Verständnis (‚Umgang' mit Menschen ‚anderer Kulturen') Sensibilisierung für westliche Dominanzstrukturen: z. B. Problematik des Begriffs ‚Ent-decker' ‚ethnisch-kulturelle Anpassung' der Inhalte: toleranter Umgang „mit (kulturellen) Differenzen"

DE: Fach Deutsch – GE: Fach Geschichte – G8: Gymnasium – HS: Hauptschule

EN	Adressaten-orientierung	Bildungsziele	Bildungsinhalte
G8	tendenziell ‚homogene' Schülerschaft implizite Mittelschicht-orientierung	vier Kompetenzbereiche: Kommunikative Kompetenzen, **Interkulturelle Kompetenzen**, Verfügbarkeit von sprachlichen Mitteln und sprachliche Korrektheit, Methodische Kompetenzen ‚kulturspezifisches' Verständnis IKK: anglophone Kulturen Fähigkeit zum ‚Umgang' mit dem ‚Anderen' im Allgemeinen, d. h. außerhalb des anglophonen Kontextes und hinsichtlich verschiedener Aspekte von Diversität in Kompetenzerwartungen tendenziell unberücksichtigt ‚Kultur' gleich ‚Sprachgruppe': suggeriert eher statisches, in sich homogenes Großkollektiv, Mehrfachzugehörigkeiten unberücksichtigt	Kriterien: Interkulturalität, Authentizität, Schülerorientierung, Kommunikationsorientierung, Inhaltsorientierung verengte Sicht auf das Thema der Identität: „nationale und regionale Identität" defizitorientierter Blick auf Migration: „Migration als persönliches Schicksal" implizite zweigeschlechtliche Normativität: „Partnerschaft, Beziehungen zwischen den Geschlechtern" Fokus auf die englischsprachigen ‚Kernländer': GB, USA Zusatz: ein weiteres englischsprachiges Land
HS	tendenziell ‚homogene' Schülerschaft (keine Aussage)	vier Kompetenzbereiche: Kommunikative Kompetenzen, **Interkulturelle Kompetenzen**, Verfügbarkeit von sprachlichen Mitteln und sprachliche Korrektheit, Methodische Kompetenzen ‚kulturspezifisches' Verständnis IKK: anglophone Kulturen explizit erweitert Verständnis IKK: Sensibilisierung für unterschiedliche Geschlechterperspektiven und kulturell bedingte Rollenverständnisse, Sichtbarkeit vielfältiger Lebensformen und konsequente Ächtung jeglicher Diskriminierung (allgemeiner Lehrplanteil) Fähigkeit zum ‚Umgang' mit dem ‚Anderen' im Allgemeinen, d. h. außerhalb des anglophonen Kontextes und hinsichtlich verschiedener Aspekte von Diversität in Kompetenzerwartungen tendenziell unberücksichtigt Abstufungen IKK nach Bildungsgang erkennbar ‚Kultur' gleich ‚Sprachgruppe': suggeriert eher statisches, in sich homogenes Großkollektiv, Mehrfachzugehörigkeiten unberücksichtigt	Kriterien: Lebensweltorientierung, Kommunikationsorientierung, Authentizität verbindliche Kontexte: Lebensplanung und Berufsorientierung verengte Sicht auf das Thema der Identität: „nationale und regionale Identität" defizitorientierter Blick auf Migration: „Migration als persönliches Schicksal" implizite zweigeschlechtliche Normativität: „Partnerschaft, Beziehung zwischen den Geschlechtern" Fokus auf die englischsprachigen ‚Kernländer': GB, USA ‚ethnisch-kulturelle Anpassung' der Inhalte: „Liebe unter Berücksichtigung kulturell unterschiedlicher geschlechtsspezifischer Erwartungen"

EN: Fach Englisch – G8: Gymnasium – HS: Hauptschule

Aufbau und Struktur der Lehrpläne

Anordnung der Kompetenzerwartungen

Fast alle Lehrpläne sind im Dreischritt aufgebaut, d. h. es werden Kompetenzerwartungen am Ende der Jahrgangsstufen 6, 8 und 9 bzw. für die Doppeljahrgangsstufen 5 / 6, 7 / 8 und 9 / 10 formuliert. Der G8-Geschichtslehrplan ist hingegen im Zweischritt aufgebaut, indem Kompetenzerwartungen für die Doppeljahrgangsstufe 5 / 6 sowie für die Jahrgangsstufen 7–9 formuliert werden. Bis auf eine Ausnahme sind die formulierten Kompetenzerwartungen in den Lehrplänen nach Jahrgangsstufen sortiert. Die Kompetenzerwartungen im G8-Deutschlehrplan sind hingegen nach Kompetenzfeldern sortiert, innerhalb derer die jeweiligen Jahrgangsstufen ausgearbeitet werden.

Anforderungen am Ende der Sekundarstufe I

Einige Lehrpläne formulieren neben den Kompetenzerwartungen am Ende der jeweiligen Jahrgangsstufen bzw. Doppeljahrgangsstufen Anforderungen an die Sekundarstufe I, d. h. noch einmal separate Kompetenzerwartungen, die verdeutlichen sollen, welche Kompetenzen die Schüler/innen am Ende der Sekundarstufe I erworben haben sollen. Einige Lehrpläne verzichten wiederum auf diese separate Auflistung. Innerhalb jener Lehrpläne, die diese Anforderungen an die Sekundarstufe I enthalten, führen einige Lehrpläne diese direkt zu Beginn des Dokuments an, d. h. bevor die Kompetenzerwartungen nach Jahrgangsstufen beschrieben werden. In anderen Dokumenten finden sich diese hingegen erst am Ende des Lehrplans, d. h. nachdem die Kompetenzerwartungen nach Jahrgangsstufen aufgelistet wurden.

Inhaltsfeldübergreifende und inhaltsfeldbezogene Kompetenzerwartungen

Fast alle Lehrpläne geben inhaltsfeldübergreifende Kompetenzerwartungen vor. Nur der Geschichtslehrplan der Hauptschule differenziert zwischen inhaltsfeldübergreifenden und inhaltsfeldbezogenen Kompetenzerwartungen. Auf diese Weise werden nicht nur abstrakte, sondern auch sehr konkrete, auf die Inhalte des jeweiligen Kompetenzbereichs bezogene Kompetenzerwartungen formuliert.

Orientierung an den Bildungsstandards

Insgesamt betrachtet zeichnet sich eine – sofern für das Fach vorliegend – inkonsistente Orientierung an den Bildungsstandards der KMK ab. So orientieren sich sowohl die Hauptschullehrpläne als auch die Gymnasiallehrpläne der Fächer Deutsch und Englisch an den Bildungsstandards für den Mittleren Schulabschluss. Im Umkehrschluss stellt sich die Frage, welchen Zweck die Bildungsstandards für den Hauptschulabschluss erfüllen sollen. Überdies kann angesichts dieser Konstellation kritisch gefragt werden, weshalb es überhaupt Lehrpläne für unterschiedliche Bildungsgänge gibt, wenn sich die Unterrichtsvorgaben der verschiedenen Bildungsgänge an denselben Bildungsstandards, nämlich jenen für den Mittleren Schulabschluss, orientieren. Das widersprüchliche Phänomen schulformspezifischer Lehrpläne im Kontext von Bildungsstandards wurde auch im Expert/inneninterview thematisiert:

> „**Die Logik der nationalen Bildungsstandards würde eigentlich erfordern und bedingen, dass man von schulformspezifischen Lehrplänen abrückt und abschlussbezogene Lehrpläne macht** und die Konkretisierung, ‚Wie setze ich jetzt das mit meinen Schülergruppen spezifisch um?‘, das ist eine Sache dann in den einzelnen Schulformen und da wird es auch unterschiedliche Traditionen und Zugänge geben müssen. Aber, es ist eigentlich sinnvoll, abschlussbezogene Lehrpläne zu machen. **Wir machen im Moment immer noch in Nordrhein-Westfalen, weil es anders bildungspolitisch nicht konsensfähig ist in unserer Gesellschaft hier, wir machen immer noch schulformenbezogene Lehrpläne**, die allerdings, weil sie sich auf die gleichen Abschlussdefinitionen in den nationalen Bildungsstandards beziehen, sehr, sehr, sehr stark vergleichbar sind in dem, was sie da ausformulieren" (D-EI-1).

Wenn nationale Bildungsstandards tatsächlich zur Standardsetzung und -sicherung beitragen sollen, müsste dieser bildungspolitische Handlungsbedarf durch die Verantwortlichen ernst genommen werden.

Prozess der Lehrplanerneuerung

Mit der Tradition verschiedener Schulformen geht zudem immer auch ein Qualitätsverlust einher, weil die Konzeption neuer Lehrpläne stets eine Zeitverschiebung bedingt. Bis der Geschichtslehrplan der Hauptschule erneuert wurde, hat es beispielsweise mehr als zwei Jahrzehnte gedauert. So datiert der Lehrplan, der vor dem aktuellen Kernlehrplan von 2011 gültig war, das Jahr 1989. Wie im Expert/inneninterview erklärt, könnten schlichtweg nicht stets neue Lehrpläne für alle Schulformen konzipiert werden:

> „**Das sind eben auch bildungspolitische Entscheidungen, die getroffen werden angesichts von knappen Ressourcen.** Es ist immer so, dass wir bestimmte Lehrplanpakte auflegen können. Also jetzt **zum Beispiel die gesamte gymnasiale Oberstufe sind 35 Lehrplanvorhaben. Das ist eine riesen Ressource**, die da nötig ist, wenn man das mal in Entlastungsstunden umrechnet, was wir da an Lehrkräften aus Schulen ziehen. **Das hat seine Grenze, ne?** Wir können nicht beliebig Lehrkräfte freistellen für die Lehrplanentwicklung, wenn so ein Riesenvorhaben, 35 Lehrpläne, läuft. [...] **Und dann kann es passieren, in solchen Entscheidungsprozessen, welche Schulform nehmen wir jetzt in welchen Fächern, dass bestimmte Schulformen, das war die Hauptschule eben über lange Zeit, stand da ganz in der Ecke. Die hat man mit den ganz alten Plänen erst mal sehr lange gelassen** und hat dann gesagt, das geht jetzt so nicht weiter, jetzt muss es, und dann haben wir auch für die gesamte Haupt-

schule es aber auch angegriffen. **Aber das sind Prozesse, die wirklich einfach, es muss eine zeitliche Steuerung geben dabei, weil wir nicht so viele Lehrplankommissionen parallel auf die Schiene setzen können, weil wir eben die Schulen auch zu sehr plündern würden und weil wir die Betreuungskapazität dann auch nicht mehr haben"** (D-EI-1).

Bezeichnenderweise ist es die Hauptschule als niedrigster Bildungsgang im hierarchisch aufgebauten Schulsystem, der im Prozess der Lehrplanerneuerung eine nachgeordnete Priorität zukommt. In derselben Zeitspanne wurden hingegen zwei neue Geschichtslehrpläne für das Gymnasium im Jahr 1993 und im Jahr 2007 erlassen. Die selektive Logik des deutschen Schulsystems spiegelt sich hierin wider.

Bildungspolitischer Föderalismus

In diesem Zusammenhang ist schließlich auch zu fragen, wie produktiv bzw. kontraproduktiv der bildungspolitische Föderalismus der Bunderepublik ist. Im Expert/inneninterview hieß es dazu:

> „Wir haben in den verschiedenen Bundesländern ganz unterschiedliche Schulformen und das ist eine so bunte Landschaft da noch, weil – und die haben ihre Schulformtraditionen dann auch wieder im Blick – so dass wir da wirklich ein Problem haben. Also bundesweit Lehrpläne hinzubekommen, halte ich im Moment für völlig, auch politisch, aussichtslos in diesem Föderalismuszusammenhang. **Würde natürlich unglaublich Ressourcen sparen. [...] Da dies länderspezifisch läuft, haben alle Länder das Problem, dass sie immer wieder Schulformen haben, die mit bestimmten Fächern ganz lange erst mal im Regen stehen"** (D-EI-1).

Sowohl die gegliederte Schulstruktur als auch die föderale Ausrichtung sind somit entscheidende Kostenfaktoren, die letztlich dem bildungspolitisch postulierten Ziel einer Grundbildung für alle abträglich erscheinen.

Adressatenorientierung

Mittelschichtorientierung

Insbesondere die Hauptschullehrpläne sprechen verschiedene Aspekte die Zusammensetzung der Schülerschaft betreffend an. Dazu zählen: geschlechtsspezifische Unterschiede, milieuspezifische Sozialisationsbedingungen, sprachlich-kulturelle Heterogenität, unterschiedliche Sprachkompetenzen sowie unterschiedliche Lernausgangslagen. Die Gymnasiallehrpläne hingegen scheinen eine eher ‚homogene' Schülerschaft anzunehmen, sprechen sie doch in der Regel von „den Schülerinnen und Schülern" (z. B. KLP Deutsch Gymnasium 2007, S. 11). Zwei Ausnahmen stellen hierbei (i) der Aspekt sprachlicher Heterogenität dar, wenn Schüler/innen angesprochen werden, die Deutsch als Zweitsprache lernen bzw. eine andere Erstsprache als Deutsch sprechen (KLP Deutsch Gymnasium 2007, z. B. S. 12), sowie

(ii) der Hinweis auf Schüler/innen, die Schwierigkeiten im Erlernen des Lesens und Rechtschreibens (LRS) haben (KLP Deutsch Gymnasium 2007, S. 59). In dieser Erwartungshaltung einer ‚heterogenen' Hauptschulschülerschaft spiegelt sich der von Auernheimer vielfach kritisierte heimliche Lehrplan des Rassismus (vgl. z. B. Auernheimer 2007, S. 90 f.) in einer um die Kategorien der sozialen und ethnischen Herkunft erweiterten Form wider. Die Mittelschichtorientierung der Institution Schule, die in der Bourdieuschen Theorie (1992) zur Reproduktion sozialer Ungleichheit maßgeblich beiträgt, wird somit im Bildungsgang der Hauptschule bewusst verlassen, weil in diesem Bildungsgang eine Schülerschaft ‚erwartet' wird, die über ein ‚anderes' soziales und kulturelles Kapital verfügt. Dies verdeutlicht, wie die Logik der sozialen und ethnischen Selektivität des deutschen Schulsystems (vgl. Kapitel 4.2) bis auf die curriculare Ebene der Unterrichtsvorgaben vorgedrungen ist.

Wertungen von Diversität

Die meisten Kernlehrpläne nehmen keine expliziten oder impliziten Wertungen von Diversität vor. Nennenswert erscheint die implizite Grenzziehung im G8-Kernlehrplan Geschichte zwischen dem ‚Westen / Wir' und dem ‚Osten / Ihr' durch die Verwendung des tendenziell ethnozentrischen Begriffs „Abendland" (KLP Geschichte 2007, S. 30). In den Unterrichtsvorgaben wird der Begriff dabei ohne Anführungszeichen verwendet. Die Thematisierung der Konzepte ‚Abendland' bzw. ‚Morgenland' als dichotomische Konstruktionen (Said 1978 / 2012) ist dabei nicht vorgesehen. Wie Alavi und von Borries anmerken, sollten „[u]rsprünglich ethnozentrische Begriffe" wie der ‚Westen' oder der (Nahe / Mittlere) ‚Osten' jedoch nicht unreflektiert im Geschichtsunterricht verwendet werden (Alavi / von Borries 2000, S. 73). Analog gilt dies für die Terminologie im Lehrplan, um einen heimlichen Lehrplan des Eurozentrismus zu vermeiden.

Lernziele und Lerninhalte

Stellung des Kompetenzbereichs Interkulturelle Kompetenzen

Nur die Englischlehrpläne sehen mit dem Kompetenzbereich „Interkulturelle Kompetenzen" jeweils einen eigenständigen Kompetenzbereich vor, der explizit die Befähigung zum ‚Umgang mit dem Anderen' zum Ziel hat (KLP Englisch Gymnasium 2007, S. 21; KLP Englisch Hauptschule 2011, S. 15). Dies widerspricht dem in den Empfehlungen der KMK (1996) formulierten Anspruch interkultureller Bildung als Querschnittsdimension. Auf den Anspruch eines transversalen Ansatzes wird bemerkenswerterweise auch in den Bildungsstandards Englisch hingewiesen (KMK 2003a, S. 6; KMK 2004a, S. 6). Dennoch ist der Kompetenzbereich „Interkulturelle

Kompetenzen" in keinem weiteren der untersuchten Fächer als eigenständiger Kompetenzbereich zu finden. Die Förderung interkultureller Kompetenzen wird somit auf curricularer Ebene an den Englisch- bzw. Fremdsprachenunterricht delegiert. Auf diese Beobachtung im Expert/innengespräch angesprochen, antwortete der bzw. die interviewte Referatsvertreter/in:

> „Also die Sache ist, dass Sie ja ganz viele Dinge, also vom Lehrplanerstellungsprozess her noch nochmal kurz betrachtet, da haben wir ja ganz viele Regelungen und Vereinbarungen und Initiativen und Projekte: UN-Dekade ‚Bildung für nachhaltige Entwicklung', Kinderrechtskonvention, KMK-Beschlüsse, eben auch zum Interkulturellen, und so weiter. **All diese Dinge, die kommen bei unserer Lehrplankommission natürlich mit auf den Tisch und mit der Aufforderung zu gucken, wo in fachlicher Perspektive Kompetenzerwartungen in diesem Feld anziehen oder eine Rolle spielen oder inhaltliche Aspekte aufgegriffen werden können. Im Bereich der Fremdsprache ist es ein eigener Kompetenzbereich sogar, ne?** [...] Diese Perspektive, Umgang mit Vielfalt, Umgang mit Unterschiedlichkeit, Umgang mit Ambiguitäten, mit heterogenen Erwartungsstrukturen in unkalkulierbaren oder schwer kalkulierbaren Kontexten und so weiter. [...] **Das alles, unter dem Aspekt haben wir auch die Lehrpläne immer im Endcheck nochmal durchgecheckt**: Sind Kompetenzerwartungen in hinreichendem Ausmaß und in der hinreichenden Komplexität in Lehrplänen drin, die diese Elemente in der fachlichen Perspektive aufgreifen? **Also das wird nicht unbedingt alles auf einer Ebene der oberen Etikettierung gehoben, dass all dies dann auch wirklich so, ja so mantramäßig überall immer auftaucht, sondern ist impliziert in ganz vielen, im Bereich der Urteilskompetenz zum Beispiel**. Da haben wir es an ganz vielen Stellen drin, in Bereichen, wo es darum geht, dass man unterschiedliche Perspektiven einnimmt, wahrnimmt, dass man in bestimmten Kontexten eigene Positionen vertritt, all solche Dinge haben ja damit was zu tun und spiegeln das dann auch letztendlich in einer fachlichen Weise" (D-EI-1).

Als Argument wird somit angeführt, dass Unterrichtsziele wie „Umgang mit Vielfalt, Umgang mit Unterschiedlichkeit, Umgang mit Ambiguitäten" nicht immer „auf einer Ebene der oberen Etikettierung gehoben" werden, d. h. explizit mit einem Label wie der interkulturellen Kompetenz versehen werden, sondern implizit eingebaut werden, beispielsweise durch die Fähigkeit zum Perspektivwechsel im Zusammenhang mit der Urteilskompetenz. Denn mit einer expliziten Nennung gehe die folgende Problematik einher:

> „Also das Problem ist wirklich, bei der Labelung, wir kommen, wir arbeiten dann mit Etikettierungen, die oft in einem bestimmten Zeithorizont hochaktuell sind und sich dann in der Etikettierung aber verändern. Also zum Beispiel diese ganze Umweltbildung, ne? Heute spricht keiner mehr davon, sondern da wird eben von ‚Bildung für nachhaltige Entwicklung' gesprochen. Das Ganze ist sehr viel komplexer. Da ist Verbraucherbildung mit drin, da ist Umwelterziehung mit drin, da ist interkulturelle Aktivität mit drin, Umgang mit Diversity, ne? Ist dann wieder der aktuelle Begriff, der dann jetzt, jetzt eine ganz wichtige Rolle spielt. **Das sind Dinge, wenn wir das in die, in die Lehrpläne reinnehmen, dann kriegen wir ein Zeitkolorit rein, was uns die Lehrpläne relativ bald irgendwo altbacken erscheinen lässt, weil die aktuelle Begrifflichkeit nicht auftaucht.** Zum Beispiel, so was wie Richtlinien oder so. Da, ich bin im Moment, arbeite ich zum Beispiel an einem Entwurf für Richtlinien für so einen Rahmentext für Kernlehrpläne. Da tauchen natürlich da schon so Dinge wie Ge-

staltungskompetenz und personale, soziale Kompetenz usw. auf, als Stichwörter. Die muss man aber auch mal dann wieder verändern können. **Und wenn wir das in allen einzelnen Plänen immer so drin haben, haben wir ein Problem. Also lieber mal in einem Dokument mal die Duftmarken auch setzen und das dann auch wieder verändern bei Bedarf, als in 35 Kernlehrplänen gymnasiale Oberstufe überall bestimmte Etiketten drin zu haben**" (D-EI-1).

Die Problematik der Zeitmäßigkeit dient somit als Begründung dafür, dass der Bereich der interkulturellen Kompetenz nicht in allen Fächern einen eigenständigen Kompetenzbereich darstellt. Auf die Frage, ob beim ‚Duftmarken-Prinzip' nicht die Gefahr bestehe, dass nicht alle Fachlehrer/innen die Entwicklung interkultureller Kompetenzen als eine Aufgabe ihres Faches sehen, wurde wiederum geantwortet:

> „Also wenn wir das so integrieren [...] haben wir immer das Bestreben, die Dinge so reinzubringen, dass sie aus der fachlichen Perspektive eine Tragfähigkeit haben für jemanden, der unter einer Fachsystematik draufguckt: Tauchen inhaltliche Stichpunkte auf, die eine Relevanz haben und die wichtig sind? Und in diesem Bereich der Kompetenzorientierung geht es ja darum, was müssen Schülerinnen und Schüler tatsächlich am Ende eines Bildungsgangs auch können. Und wenn man das, wenn wir diese Dinge, die eben, **Umgang mit Unterschiedlichkeiten, mit Widersprüchen und, und, und, wenn wir die reinnehmen und nehmen die eher nur so, sagen wir mal als moralische Forderung in so ein Kapitel 1, ne?** ‚Wichtig ist Persönlichkeitsentwicklung'. Und da stehen dann so die ganzen feiertagsdidaktischen Erklärungen ja oft. **Die werden kaum rezipiert.** Die konkretisierten Kompetenzerwartungen, die werden rezipiert, die werden auch in schulinterne Lehrpläne dann umübersetzt in Unterrichtsvorhaben und da sind eigentlich die wichtigen Dinge zu transportieren. Also mir liegt daran, dass es in der fachlichen Perspektive dann auch wirklich einen Impact hat und einen Effekt hat und damit auch letztlich in den Horizont der Fachkolleginnen und Fachkollegen kommt" (D-EI-1).

Wenn es gerade die konkretisierten Kompetenzerwartungen sind, die von den Lehrkräften tatsächlich rezipiert werden, wäre es dann nicht umso dringlicher, in allen Fächern den Kompetenzbereich „Interkulturelle Kompetenzen" aufzunehmen? Der Eindruck bleibt indes, dass dem Fremdsprachenunterricht eine Sonderrolle bei der Förderung interkultureller Kompetenzen durch einen eigens dafür ‚zuständigen' Kompetenzbereich zugeschrieben wird. Dies entspricht auch der in der Fachliteratur zu beobachtenden Tendenz, dass der Fremdsprachenunterricht „von vielen Autoren als der bevorzugte Ort für interkulturelles Lernen / interkulturelle Erziehung betrachtet" wird (Breugnot 2000, S. 288).

Verständnis interkultureller Kompetenz

Darüber hinaus liegt den Englischlehrplänen ein ‚kulturspezifisches' Verständnis interkultureller Kompetenz zugrunde. So wird interkulturelle Kompetenz als eine Fähigkeit zum ‚Umgang' mit einer ‚spezifischen Kultur' verstanden, im Falle des Englischunterrichts den ‚anglophonen Kulturen' bzw. ‚englischsprachigen Kulturräumen'. Die Fähigkeit zum ‚Umgang mit dem Anderen' im Allgemeinen, d. h.

außerhalb des anglophonen Kontextes und zudem im Hinblick auf verschiedene Dimensionen von Diversität (vgl. Kapitel 1.1) bleibt dabei tendenziell ausgeblendet. Im Vergleich nach Bildungsgang zeichnen sich außerdem Abstufungen interkultureller Kompetenz ab.

Kulturverständnis

In den analysierten Dokumenten zeichnet sich ein tendenziell statisches und antagonistisches Kulturverständnis ab. Dies äußert sich beispielsweise in Formulierungen wie „Menschen anderer Kulturen" oder „fremde[n] Kulturen" (KLP Englisch Gymnasium 2007, S. 39; KLP Geschichte Hauptschule 2011, S. 10). In den Bildungsstandards für die erste Fremdsprache ist sogar von „Menschen eines anderen Kulturkreises" die Rede (KMK 2003a, S. 6; KMK 2004a, S. 6). Das Kulturverständnis ist zudem betont ethnokulturell bzw. ethnonational. Dies spiegelt sich zum einen in der Verwendung des Konzepts interkulturelle Kompetenz wider. So führt lediglich der Englischhauptschullehrplan explizit an, dass die interkulturelle Handlungskompetenz auch die Sensibilisierung für unterschiedliche Geschlechterperspektiven umfasst (KLP Englisch Hauptschule 2011, S. 8). Weitere Dimensionen von Diversität werden tendenziell nicht mit den Konzepten ‚Kultur' bzw. ‚interkulturelle Kompetenz' oder ‚interkulturelles Verstehen' in Verbindung gebracht. Zum anderen suggerieren insbesondere die Englischlehrpläne ein eher statistisches und in sich geschlossenes Kulturverständnis, das mit dem Großkollektiv der ‚Sprachgruppe' bzw. ‚Nation' gleichgesetzt wird. An dieser Stelle könnte eingewendet werden, dass das Phänomen der ‚Kultur/en' nun einmal sprachlich gefasst und benannt werden muss. Wenn es nicht nur ‚eine' Kultur gibt, müsse es schließlich auch ‚andere' Kulturen geben. Dieser Logik folgend könnte eine Kritik an Formulierungen wie „Menschen anderer Kulturen" kleinlich erscheinen. In der Tat lassen sich begriffliche Schwierigkeiten nicht leugnen. Um jedoch sprachliche wie auch inhaltliche Fallstricke dieser Art zu vermeiden, erscheint es unabdingbar, dem Kulturbegriff in den Lehrplänen einen expliziten theoretischen Ansatz zugrunde zu legen.

Dimensionen von Diversität

Nur in wenigen Kernlehrplänen werden verschiedene Dimensionen von Diversität angesprochen. So spricht der Hauptschullehrplan Deutsch im Zusammenhang mit dem Lernziel der Antidiskriminierung „ethnische Herkunft, Geschlecht, Religion oder Weltanschauung, Behinderung, Alter, sexuelle Identität" an. Durch den Hinweis „z. B." wird die Liste potenziell erweiterbar gehalten (KLP Deutsch Hauptschule 2011, S. 24, 29). Die sexuelle Orientierung etwa wird darüber hinaus nur im Hauptschullehrplan Geschichte im Zusammenhang mit Wertvorstellungen im Kontext von Individualisierung und Pluralisierung angeführt (KLP Geschichte Hauptschule 2011, S. 56).

Die Mehrheit der Lehrpläne gibt so gut wie keine konkreten Inhalte, Themen oder Gegenstände vor. Dies gilt insbesondere für die Deutschlehrpläne. Im Gegensatz dazu ist der Geschichtslehrplan der Hauptschule äußert konkret und differenziert. Dies wird durch die Formulierung von inhaltsfeldbezogenen – anstatt nur inhalts-feldübergreifenden – Kompetenzerwartungen erreicht (KLP Geschichte Hauptschule 2011, S. 43 ff.). Hervorzuheben ist zudem, dass die Vorgaben äußerst reflektiert sind und für westliche Dominanzstrukturen sensibilisieren. So soll beispielsweise explizit die Problematik des Begriffs „Entdecker" zum Thema im Geschichtsunter-richt der Hauptschule gemacht werden (KLP Geschichte Hauptschule 2011, S. 51). Die Frage nach dem Verhältnis von Kompetenzen und Inhalten wurde auch im Ex-pert/innengespräch thematisiert:

> „Und die jetzige aktuelle Lehrplangeneration verbindet das ja nochmal mit Stoff. Das ist noch ein wichtiger Hinweis, was Sie gerade auch angesprochen haben: Wie kommt das in der Schule an, wo stehen die da? Die alten Lehrpläne, Kernlehrpläne, die ersten die wir gemacht haben, 2004, diese **erste Generation der Kernlehrpläne**, die haben sehr stark diese Kompetenzerwartung formuliert, aber die **Inhalte eher weggelassen**. Dann kam die **nächste, das war die im G8-Zusammenhang, Generation**. Da haben wir **Inhalte so quasi als Säule danebengestellt**, aber die Verbindung war nicht rich-tig da und das war in der Rezeption dieser Lehrpläne ein riesen Problem für die Lehr-kräfte. **Und die jetzige Generation** macht eigentlich auf der einen Seite Kompetenz-bereiche auf, auf der anderen Seite Inhaltsfelder mit inhaltlichen Schwerpunkten, die obligatorisch sind und **verbindet beides zusammen in diesen konkretisierten Kom-petenzerwartungen**, die dann die Orientierung geben. Da ist aber immer ein Inhalts-aspekt mit drin, **denn es gibt keine Kompetenz ohne Inhalt, ne?**" (D-EI-1).

Die hier beschriebene Entwicklung, Inhalte mit Kompetenzerwartungen zu verbin-den, ist grundsätzlich sehr zu begrüßen. Dem Hauptschullehrplan Geschichte gelingt dies besonders gut, indem nicht nur inhaltsfeldübergreifende Kompetenzerwartun-gen, sondern auch inhaltsfeldbezogene Kompetenzerwartungen formuliert werden. Weshalb nicht alle Kernlehrpläne der 2011-Generation dieser Systematik folgen, bleibt hingegen fraglich.

‚Ethnisch-kulturelle Anpassung' der Inhalte

Vergleicht man die vorgegebenen Themen und Inhalte nach Bildungsgang, so deutet sich eine ‚ethnisch-kulturelle Anpassung' an die jeweils ‚erwartete' Schülerschaft an. Bezeichnenderweise sind es die Lehrpläne der Hauptschule, in denen die ‚kultu-relle' Dimension im Gegensatz zum Gymnasium berücksichtigt wird. Soll im Eng-lischunterricht der Hauptschule beispielsweise das Thema „Liebe unter Berücksich-tigung kulturell unterschiedlicher geschlechtsspezifischer Erwartungen" behandelt werden (KLP Englisch Hauptschule 2011, S. 14), ist hingegen für Schüler/innen des Gymnasiums das ‚kulturneutrale' Thema „Beziehungen zwischen den Geschlechtern (*gender*)" vorgesehen (KLP Englisch Gymnasium 2007, S. 22, Herv. im Orig.). Auch im Fach Geschichte findet sich eine solche inhaltliche Anpassung an die im Bildungsgang ‚erwartete' Schülerschaft, wenn Schüler/innen der Hauptschule lernen sollen, „mit (kulturellen) Differenzen tolerant" umzugehen (KLP Geschichte Hauptschule 2011, S. 45, 49, 56). Dieses Lernziel wird im Gymnasiallehrplan hingegen in dieser Form mit Bezug zur ‚kulturellen' Dimension nicht formuliert. Im Fach Deutsch sind schließlich die natürliche Mehrsprachigkeit bzw. die Herkunftssprachen der Schüler/innen in artikulierterer Weise im Hauptschullehrplan verankert (KLP Deutsch Hauptschule 2011, S. 18, 19, 23, 28) als im G8-Lehrplan. Möglicherweise, so könnte eingewendet werden, findet hier eine Überinterpretation statt. Dass jedoch die zu erwartende Schülerschaft für den Lehrplanentstehungsprozess eine Rolle spielt, wurde im Expert/inneninterview deutlich (vgl. hierzu die weiter unten stehenden Ausführungen zum sprachsensiblen Fachunterricht im Themenblock „Methodisch-didaktische Aspekte").

Interkulturelle Kommunikation

Entgegen der vorangegangenen Beobachtung scheinen die Kernlehrpläne Deutsch bei der Formulierung von Kompetenzen im Bereich der Kommunikation von einem ‚kulturneutralen' Raum auszugehen, wenn z. B. von „Grundfaktoren sprachlicher Kommunikation", „gelingende[r] bzw. missligende[r] Kommunikation" oder „Grundmuster[n] menschlicher Erfahrung" die Rede ist (KLP Deutsch Gymnasium 2007, S. 19, 11). Da kulturelle Faktoren dabei nicht explizit thematisiert werden, scheinen somit universelle Regeln zwischenmenschlicher Kommunikation unterstellt zu werden. Im Gymnasiallehrplan Deutsch wird lediglich an einer Stelle die Bedeutung „kulturelle[r] und geschlechtsspezifische[r] Zugehörigkeit" für zwischenmenschliche Kommunikation im Aufgabenschwerpunkt „Sprache als Mittel der Verständigung" der Jahrgangsstufe 5 / 6 berücksichtigt (KLP Deutsch Gymnasium 2007, S. 46). Im Kernlehrplan der Hauptschule findet sich ebenfalls eine Ausnahme, und zwar für ‚fortgeschrittene' Schüler/innen, die den mittleren Schulabschluss anstreben. Diese sollen in der Doppeljahrgangsstufe 9 / 10 auch „die kulturelle Bedingtheit von Sprache reflektieren [im Orig. Kursivdruck]" (KLP Deutsch Hauptschule 2011, S. 28). Stereotype und Vorurteile nehmen in den untersuchten Kernlehrplänen insgesamt betrachtet einen sehr geringen Stellenwert ein. Wenn diese angesprochen werden, stehen insbesondere geschlechtsspezifische Aspekte im Vordergrund. Die Berücksichtigung dieser fällt wiederum insbesondere in den Hauptschullehrplänen auf.

Methodisch-didaktische Aspekte

Unterrichtsmethoden

Hinweise darauf, wie die in den Kernlehrplänen formulierten Kompetenzen erreicht werden sollen, finden sich kaum. Dies betrifft insbesondere eine multiperspektivische Stoffauswahl. Die Frage der Methoden und deren Rolle in den Lehrplänen wurde auch im Expert/inneninterview im Zusammenhang mit dem sprachsensiblen Fachunterricht thematisiert:

> „Und das ist wieder ein langer Prozess, **wenn wir das [den sprachsensiblen Fachunterricht] über Lehrpläne jetzt einfach nur immer indizieren, ,Das muss sein', verändert das noch wenig in der Praxis. Also Lehrpläne geben vor, was sind die Ergebnisse, die rauskommen müssen.** Die Strategien, ,Wie komme ich dahin?', ,Was muss ich alles berücksichtigen, wenn ich das entwickeln will?', das müssen wir eigentlich über Ausbildung, über Fortbildung und über Begleitmaterialien und eigentlich über intensivere, ja sagen wir es, Veränderungen auch von Unterrichtsskripten müssen wir das steuern. Und da hat unsere Bildungspolitik bundesweit in allen Ländern große Defizite, diese Prozesse zu synchronisieren. **Also da würde ich sagen, haben wir wirklich Desiderata, ne? Da ist an der einen Stelle, in Lehrplänen steht so was drin: ,Das muss gemacht werden, da muss ein bestimmtes Ergebnis bei rauskommen'. Aber: ,Wie mache ich das denn?'. Das zieht nicht unbedingt nach.** [...] Letztlich müssen wir ja dafür sorgen, dass die Kompetenz vor Ort da ist, ja, die Unterrichtsskripte so noch zu gestalten und zum Teil umzugestalten oder neu zu akzentuieren, dass bestimmte Dinge dann auch passieren können. **Das Ganze haben wir mit dem gesamten kompetenzorientierten Unterricht, ne? In Lehrplänen, die machen wir kompetenzorientiert, wir sagen: ,Was sollen Schülerinnen und Schüler können?', aber ein kompetenzorientiertes Unterrichten ist ja nochmal eine ganz andere Sache. Das macht aber ein Lehrplan nicht, ne? Der sagt eigentlich nur, was soll am Ende sein.** ,Wie komme ich dahin?' ist eigentlich dann Sache anderer Konzepte, anderer Maßnahmen und anderer Strategien und da müssen wir wirklich gucken, dass wir es zusammenbinden" (D-EI-1).

Lehrpläne haben aus Sicht der Lehrplanautor/innen also nicht die Funktion, Auskunft über das *Wie?* des Unterrichts zu geben. Dies wird auch in den Vorworten der im Jahr 2011 in Kraft getretenen Kernlehrpläne jeweils wortgleich erklärt:

> „Der Grundgedanke dieser Standardsetzung ist es, in kompetenzorientierten Kernlehrplänen die fachlichen Anforderungen als Ergebnisse der schulischen Arbeit klar zu definieren. **Die curricularen Vorgaben konzentrieren sich dabei auf die fachlichen ,Kerne', ohne die didaktisch-methodische Gestaltung der Lernprozesse regeln zu wollen.** Die Umsetzung des Kernlehrplans liegt somit in der Gestaltungsfreiheit – und der Gestaltungspflicht – der Fachkonferenzen sowie der pädagogischen Verantwortung der Lehrerinnen und Lehrer" (z. B. KLP Englisch Hauptschule 2011, S. 3, eig. Herv.).

In der Tat finden sich insgesamt betrachtet nur wenige methodisch-didaktische Hinweise in den untersuchten Lehrplänen. Im G8-Englischlehrplan finden sich demgegenüber auch diversitätssensible Bezüge hinsichtlich der methodisch-didaktischen Gestaltung des Englischunterrichts am Gymnasium. So sollen „aktuelle methodische Unterrichtsprinzipien zum Einsatz kommen", zu denen „insbesondere die Prinzipien der Schülerorientierung, der Kommunikationsorientierung sowie der Inhaltsorientierung" zählen. Außerdem wird explizit die Berücksichtigung der „Kriterien der Interkulturalität [im Orig. Kursivdruck] und der Authentizität [im Orig. Kursivdruck]" genannt (KLP Englisch Gymnasium 2007, S. 12). Unklar erscheint, weshalb die Lehrpläne in unterschiedlicher Weise Aussagen zu methodisch-didaktischen Fragen und insbesondere in diversitätssensibler Hinsicht treffen.

Sprachsensibler Fachunterricht

Nur der Kernlehrplan Geschichte der Hauptschule enthält ein eigenes Unterkapitel zum sprachsensiblen Fachunterricht. Die Berücksichtigung dieses Themas auf Lehrplanebene war ein „besonderes Anliegen" bei der Konzeption der im Jahr 2011 in Kraft getretenen Kernlehrpläne, wie im Expert/inneninterview mitgeteilt wurde:

> „Also das, was ich gerade gesagt habe zum **sprachsensiblen Fachunterricht**, das haben wir in allen Hauptschullehrplänen, die wir jetzt 2011 neu in Kraft gesetzt haben, haben wir das als **eigenes Kapitelchen** sogar drin im Lehrplan und nochmal mit bestimmten Hinweisen auf Wort-, auf Satz- und auf Textebene, ,Was bedeutet das eigentlich?'. **Und das war unser besonderes Anliegen, gerade auch angesichts der Schülerschaft, die wir in den Hauptschulen haben** und jetzt demnächst in Sekundarschulen ja dann auch größtenteils haben werden, teilweise auch in der Gesamtschule haben, dass man an der Stelle ganz besonders nochmal die Kolleginnen und Kollegen darauf aufmerksam macht, dass Sprachkompetenz und Sprachentwicklung wirklich der Türöffner für Bildungserfolg ist oder der Verhinderer auch von Bildungserfolg und dass ich, wenn ich mich mit Sprache auseinandersetze, das muss jetzt eigentlich über andere Systeme nachgelegt und nachgefüttert werden [gemeint sind die universitäre Lehrerbildung und Fortbildungsangebote], wenn ich mich mit Sprache auseinandersetze, muss ich auch immer das auf den Hintergrund natürlich der erreichten Lernstände und Kompetenzen von Schülerinnen und Schülern tun. Und wenn Schülerinnen und Schülern ne Sprachkompetenz in einer Mutter-, Vater-, Familiensprache haben, dann muss ich das eigentlich mit einbeziehen" (D-EI-1).

Die Berücksichtigung des sprachsensiblen Fachunterrichts auf Lehrplanebene ist mehr als begrüßenswert. Aus den Ausführungen des Experten bzw. der Expertin wird aber zugleich auch deutlich, wie die in einem Bildungsgang erwartete Schülerschaft einen Einfluss auf die Lehrplankonzeption nimmt. Was sich auf der Inhaltsebene durch eine Tendenz zur ,ethnisch-kulturellen Anpassung' der Themen an die Schülerschaft der Hauptschule angedeutet hat, wird durch diese Überlegungen der Lehrplanautor/innen zum sprachsensiblen Fachunterricht bekräftigt. In der Hauptschule – dem Bildungsgang, an dem Schüler/innen mit Migrationshintergrund überrepräsentiert sind (vgl. Kapitel 4.2) – werden Schüler/innen mit geringen Deutschsprachkompetenzen erwartet, was die Konzeption der Lehrpläne beeinflusst. Hierin spiegelt sich ein heimlicher Lehrplan des Rassismus wider (vgl. z. B. Auernheimer 2007, S. 90 f.) und wird curricular verfestigt.

Keiner der untersuchten Kernlehrpläne berücksichtigt die mögliche Anwesenheit von Schüler/innen mit sonderpädagogischem Förderbedarf, obwohl die gemeinsame Beschulung sowohl in zieldifferenter als auch in zielgleicher Form durch den Unterricht in integrativen Lerngruppen (§ 20 Abs. 8) bzw. die Teilnahme am gemeinsamen Unterricht (§ 20 Abs. 7) schon vor der erst im Oktober 2013 verabschiedeten neunten Schulgesetzänderung möglich war (Ministerium für Schule und Weiterbildung des Landes Nordrhein-Westfalen 2005 / 2012). Dem Rechtsanspruch auf integrativen Unterricht, der in Deutschland durch die im Jahr 2009 in Kraft getretene UN-Behindertenrechtskonvention (UN 2006) gilt, wird in den Kernlehrplänen somit noch nicht Rechnung getragen.

Die Fallstudie in Finnland

7 Diversität, Bildung und Chancengerechtigkeit in Finnland

7.1 Wie heterogen ist Finnland?

Finnland – Ein Einwanderungsland?

In Finnland leben ca. 5,5 Mio. Menschen, von denen 5,3 % eine andere Herkunftssprache sprechen als Finnisch oder Schwedisch (Referenzjahr 2013, OSF 2014e, S. 1 f.). Der Anteil derer, die eine andere Herkunftssprache als Finnisch oder Schwedisch sprechen, ist in den letzten mehr als dreißig Jahren rapide angestiegen. Waren es in den 1980er Jahren noch unter einem Prozent, ist die Zahl bis Ende der 1990er Jahren auf fast zwei Prozent (1,8 % in 1999) und in den nächsten zehn Jahren auf knapp vier Prozent gestiegen (3,9 % in 2009) (OSF 2014e, S. 5). Die Zeitspanne der 1980er und frühen 1990er ist auch die Zeit, seit der die Zahl der Einwanderungen die Zahl der Auswanderungen übersteigt (Lasonen 2011, S. 262). Angesichts dieser Entwicklungen und der sich abzeichnenden Tendenzen – gemessen an der Bevölkerungswachstumsrate belief sich im Jahr 2013 der Anteil derer, die eine andere Herkunftssprache als Finnisch oder Schwedisch sprechen auf 90 % (22.119 von 24.596, OSF 2014e, S. 1) – erscheint es nicht übertrieben, im Zusammenhang mit Finnland von einem Einwanderungsland zu sprechen. Gleichwohl ist zu beachten, dass der Migrant/innenanteil im internationalen Vergleich betrachtet gering ist (OECD 2013, S. 20) und Finnland ein relativ junges Einwanderungsland ist, was damit zusammenhängt, dass Arbeitsmigration in der Zeit, in der die meisten europäischen Länder ausländische Arbeitskräfte anwarben, in Finnland keine Rolle spielte (Kilpi-Jakonen 2012, S. 167). Finnland befindet sich somit in dieser Hinsicht an einem Wendepunkt, mit dem insbesondere im Kontext von Bildung Herausforderungen einhergehen.

Nach Kontinent betrachtet haben die meisten Migrant/innen in Finnland einen europäischen Hintergrund (59 %), aber auch Personen aus Asien (23 %) und Afrika (12 %) leben in Finnland. Ein Blick auf die Verteilung nach erster und zweiter Generation zeigt, dass die Zahl der Einwanderungen aus Europa zunimmt, die Zahl der Zuwanderungen aus Afrika abnimmt und die Zahl jener aus Asien relativ konstant ist.[67] Zu den Herkunftsländern zählen die ehemalige Sowjetunion bzw. Russland (67.127 oder 26,1 %), Estland (30.250 oder 11,8 %), Somalia (13.930 oder 5,4 %) und der Irak (10.072 oder 3,9 %) (Referenzjahr 2011, OSF 2012, S. 3).[68] Bei den Migrant/innen in Finnland handelt es sich somit hauptsächlich um Personen, die von den angrenzenden Nachbarländern nach Finnland migriert sind oder als Flüchtlinge nach Finnland gekommen sind (Kilpi-Jakonen 2012, S. 168). Der Migrant/innen-

---

67 1. Generation: Europa (61 %), Asien (23 %), Afrika (11 %); 2. Generation: Europa (48 %), Asien (25 %), Afrika (21 %) (OSF 2012, S. 3).
68 Eigene Berechnung der Prozentzahlen (Referenzwert: 257.248, OSF 2012, S. 2).

anteil ist in der Region Uusimaa (9,3 %) am höchsten gefolgt von Åland (6,1 %) und Varsinais-Suomi (5,1 %). Nach Gemeinde betrachtet ist der Anteil der Migrant/innen in Helsinki am höchsten (12,2 %) gefolgt von Vantaa (11,9 %) und Espoo (11,3 %) (Referenzjahr 2012, OSF 2013b, S. 2).[69]

Nationale Minderheiten

Die größte nationale Minderheit stellt die schwedische Minderheit in Finnland dar (290.910 Sprecher/innen in 2013 oder 5,3 % der Bevölkerung, OSF 2014e, S. 2). Die schwedischsprachige Bevölkerung ist vor allem im westlichen und südlichen Küstengebiet Finnlands angesiedelt (Wahlbeck 2013, S. 301). Sowohl Finnisch als auch Schwedisch sind gemäß der Verfassung Amtssprachen, d. h. die schwedischsprachige Bevölkerung hat durch die Verfassung einen Rechtsanspruch darauf, offizielle Verwaltungsangelegenheiten mit Behörden in ganz Finnland auf Schwedisch zu regeln (Section 17, Finnish Ministry of Justice 1999 / 2011; siehe auch Finnish Ministry of Justice 2003). Etwa 9 % der finnischen Schulen sind schwedischsprachig (Referenzjahr 2010, Brink u. a. 2013, S. 38). Die Samen sind eine weitere durch die Verfassung berücksichtigte nationale Minderheit (1.930 Sprecher/innen in 2013 oder 0,04 % der Bevölkerung, OSF 2014e, S. 2), die insbesondere im Norden des Landes in der Region Lappland angesiedelt sind (European Commission 2014).[70] Durch die finnische Verfassung wird ihnen das Recht auf Selbstverwaltung zum Erhalt ihrer Sprachen und Kulturen gegeben. Ebenso wie die schwedischsprachige Bevölkerung haben die Samen ein Recht darauf, offizielle Verwaltungsangelegenheiten in Sami zu regeln (Section 17, Finnish Ministry of Justice 1999 / 2011). Die Umsetzung dieser rechtlichen Vorgaben ist jedoch selbst innerhalb des traditionellen Siedlungsgebiets der Samen kaum gewährleistet (Anaya 2011, S. 18). Darüber hinaus leben mehr als 10.000 Roma in Finnland (Graeffe / Lestinen 2012, S. 112). Die Verfassung spricht ihnen ebenfalls das Recht auf

---

69   Beim Migrant/innenanteil nach Region und Gemeinde gilt zu beachten, dass diesen Angaben nicht das Kriterium der Herkunftssprache („foreign-language speakers"), sondern das der Herkunft („foreign origin") zugrunde liegt. Im Konzept „foreign origin" sind nicht jene Personen enthalten, die in Schweden von Eltern geboren wurden, die selbst in Finnland geboren wurden, jedoch in den 1970er Jahren nach Schweden ausgewandert und mit ihren Kindern später wieder zurück nach Finnland gewandert sind. Nach Auskunft von *Statistics Finland* sollen mit dem neuen Konzept „foreign origin" Personen der ersten und zweiten Generation mit Migrationshintergrund unterschieden werden. Personen, die von Schweden nach Finnland aus den vorangehend genannten Gründen immigriert sind, werden gemäß dem Konzept „foreign origin" somit nicht als Personen mit Migrationshintergrund klassifiziert (E-Mail-Korrespondenz vom 5. April 2013).

70   Die Angabe bezieht sich auf diejenigen Samen, die offiziell Sami als Erstsprache registriert haben. Die Anzahl derer, die als Samen anerkannt werden und an den Wahlen des Sami-Parlaments teilnehmen, ist deutlich höher und beläuft sich auf etwa 9.000 Samen (Saukkonen 2013, S. 272).

Erhalt ihrer Sprachen und Kulturen zu. Einen Rechtsanspruch darauf, mit Verwaltungsbehörden in ihrer Sprache zu interagieren, haben sie jedoch nicht (Finnish Ministry of Justice 1999 / 2011).

Sprachenvielfalt

Finnland ist mit Finnisch und Schwedisch als Amtssprachen offiziell zweisprachig. Finnisch wird als Erstsprache von der überwiegenden Mehrheit (89,3 % oder 4.869.362 Sprecher/innen) der Bevölkerung und Schwedisch von einer Minderheit (5,3 % oder 290.910 Sprecher/innen) gesprochen. Darüber hinaus spricht eine weitere Minderheit Sami (0,04 % oder 1.930 Sprecher/innen). Russisch ist die am häufigsten gesprochene Fremdsprache in Finnland (66.379 Sprecher/innen) gefolgt von Estnisch (42.936 Sprecher/innen), Somali (15.789 Sprecher/innen), Englisch (15.570 Sprecher/innen) und Arabisch (13.170 Sprecher/innen) (Referenzjahr 2013, OSF 2014e, S. 2). Unterrichtssprache ist in der Regel eine der Amtssprachen, d. h. Finnisch oder Schwedisch. Sami, das Romani und die Gebärdensprache können ebenfalls Unterrichtssprachen sein. Darüber hinaus kann ein Teil des Unterrichts auch in einer anderen als den genannten Sprachen angeboten werden (Section 10 Basic Education Act 628 / 1998, Ministry of Education and Culture 1998 / 2010; vgl. auch Kapitel 8.3). Die Gebärdensprache ist zudem in der Verfassung verankert (Section 17, Finnish Ministry of Justice 1999 / 2011).

Religiöse Vielfalt

Neben der Finnischen Lutherischen Nationalkirche, der – wenn auch mit rückläufigen Tendenzen – die Mehrheit der Bevölkerung angehört (75,3 % oder 4.106.025 Personen), gehört die größte religiöse Minderheit der griechisch-orthodoxen Kirche an (1,1 % oder 58.609 Personen) (Referenzjahr 2013, OSF 2014e, S. 6). Letztere hat in Finnland seit der Reformation einen einer Staatskirche ähnlichen Status (Kallioniemi / Ubani 2012, S. 179). Darüber hinaus lebt in Finnland ein geringer Anteil an Muslimen (0,2 % oder 11.125 Personen) und Juden (0,02 % oder 1.170 Personen). Keiner Religion gehört etwas mehr als ein Fünftel der Bevölkerung an (22,1 % oder 1.203.687 Personen) (Referenzjahr 2013, OSF 2014e, S. 7).[71]

Altersstruktur und Geburtenrate

Die Zahl derer, die sich im erwerbstätigen Alter zwischen 15 und 64 Jahren befinden, und die Zahl derer, die im nichterwerbstätigen Alter sind, stehen in einem ungünstigen Verhältnis. Dieser sogenannte Abhängigkeitsquotient bzw. *demographic dependency ratio* ist in den letzten Jahrzenten kontinuierlich angestiegen und belief

---

71   Eigene Berechnung der Prozentzahlen (Referenzwert: 5.451.270, OSF 2014e, S. 7).

sich im Jahr 2013 auf 55,8 % (OSF 2014e S. 3). Diese Entwicklung ist im Zusammenhang mit der Geburtenrate in Finnland zu sehen, die mit 1,75 unter dem Reproduktionsniveau von 2,1 liegt (Referenzjahr 2013, OSF 2014a, S. 1). Was das Geschlecht betrifft, so leben etwas mehr Frauen (50,8 % oder 2.770.906) als Männer (49,2 % oder 2.680.364) in Finnland (Referenzjahr 2013, OSF 2014e, S. 1).[72]

Sozioökonomischer Status

Von Armut oder sozialer Ausgrenzung ist etwa ein Sechstel der Bevölkerung (17,2 %) in Finnland betroffen (Referenzjahr 2012, Statistisches Bundesamt 2014b, S. 20).[73] Die Erwerbslosenquote lag im September 2014 bei 8,2 % (OSF 2014d, S. 1).[74] Das Risiko der Erwerbslosigkeit ist beim Eintritt in das Berufsleben bei jungen Menschen aus sozioökonomisch benachteiligten Verhältnissen, bei jenen mit Migrationshintergrund sowie bei jenen mit einer Behinderung am höchsten (Rinne / Järvinen 2010, S. 522). Bei Migrant/innen ist die Erwerbslosenquote sogar nach Berücksichtigung des Bildungsniveaus höher als bei Finnen ohne Migrationshintergrund (Kilpi-Jakonen 2012, S. 167).

Bildungsbeteiligung und Bildungsstand der Bevölkerung: Konsequenzen und Herausforderungen

Der Bildungsstand der Bevölkerung in Finnland ist in den letzten Jahrzenten seit der Bildungsexpansion der 1960er Jahre kontinuierlich gestiegen. Hatten im Jahr 1960 lediglich 16 % der über 15-Jährigen die Sekundarstufe II bzw. *upper secondary education* oder höher absolviert, waren es im Jahr 1999 über die Hälfte (59 %) (Rinne / Järvinen 2010, S. 520). Im Jahr 2012 waren es 69 % (OSF 2013a, S. 1). Zudem hat sich die Zahl der Hochschulabsolventen seit den 1960er Jahren vervierfacht. Mit zunehmenden Bildungsabschlüssen stieg jedoch auch die Zahl der Erwerbslosen. War in den 1990er Jahren nahezu allen Hochschulabsolvent/innen ein Berufsplatz sicher und lag die Arbeitslosenquote bei den Absolvent/innen der

---

72 Eigene Berechnung der Prozentzahlen (Referenzwert: 5.451.270, OSF 2014e, S. 1).

73 Dies ist nach der EU-Definition für EU-SILC (*EU Statistics on Income and Living Conditions*) dann der Fall, „wenn eines oder mehrere der drei Kriterien ‚Armutsgefährdung‘, ‚erhebliche materielle Entbehrung‘ ‚Haushalt mit sehr geringer Erwerbsbeteiligung‘ vorliegen" (Statistisches Bundesamt 2014b, S. 8). Die Ergebnisse dieses Sozialindikators sahen im Einzelnen wie folgt aus: 13,2 % waren armutsgefährdet, 2,9 % lebten bei erheblicher materieller Entbehrung und 9,3 % lebten in Haushalten mit sehr geringer Erwerbsbeteiligung (Statistisches Bundesamt 2014b, S. 20). Dieser Indikator wird herangezogen, weil vergleichbare Daten derselben Erhebung auch für Deutschland vorliegen (vgl. Kapitel 4.1).

74 Für den Indikator Erwerbslosigkeit liegen vergleichbare Daten auch für Deutschland vor, die auf dem Konzept der Internationalen Arbeitsorganisation (ILO) basieren (vgl. Kapitel 4.1).

Pflichtschule bei nur 5 %, lag Letztere im Jahr 2005 bereits bei 14 %. Seit der Finanzkrise ist die Jugenderwerbslosigkeit weiter gestiegen (Rinne / Järvinen 2010, S. 520 f.). Im September 2014 lag die Jugenderwerbslosigkeit bei 17,9 % (OSF 2014d, S. 2). Wichtige Einflussfaktoren auf den Bildungserfolg sind der sozioökonomische Hintergrund, das Bildungsniveau der Eltern, ein Migrationshintergrund sowie der Aspekt Dis(Ability) (Rinne / Järvinen 2010, S. 522), wie im nächsten Kapitel ausführlicher beschrieben wird. Diese Einflussfaktoren sowie die beschriebenen demografischen Entwicklungen stellen große Herausforderungen für Finnland dar.

7.2 Diversität und Bildungserfolg in Finnland

Diversität der Bildungsteilnehmer/innen in Finnland

Auch Finnland ist – wie im vorangegangenen Kapitel gezeigt wurde – ein im Hinblick auf die vielfältigen Dimensionen von Diversität heterogenes Land, auch wenn im alltäglichen Diskurs Finnland häufig als ‚homogenes' Land wahrgenommen wird. So konstatiert Räsänen:

> „Culturally Finland has been described as a very monocultural country. This is maybe true if we only look at religion and ethnicity, but considering the whole range of languages, dialects, political views and particularly forms of living in different areas and parts of the country, it is culturally diverse" (Räsänen 2007, S. 222).

In welchem Zusammenhang steht diese Heterogenität mit dem Bildungserfolg und der Bildungsbeteiligung von Schüler/innen? Bevor diese Frage beantwortet wird, soll – analog zur Fallstudie in Deutschland – zunächst die Zusammensetzung der Bevölkerung im bildungsrelevanten Alter unter Berücksichtigung der für diese Untersuchung relevanten Dimensionen von Diversität (vgl. Kapitel 1.1) in den Blick genommen werden:

- *Geschlecht*: Etwas mehr Jungen (277.056) als Mädchen (263.421) besuchen die neunjährige Grundschule in Finnland (Referenzjahr 2013, OSF 2014f, S. 1).
- *Migrationshintergrund bzw. ethnische Zugehörigkeit*: Circa 6 % der Schüler/innen besuchen eine schwedischsprachige Schule (Brink u. a. 2013, S. 38). Etwa 4,1 % der Schüler/innen sprechen eine andere Sprache als Finnisch,

Schwedisch, Sami, Romani oder Gebärdensprache.[75] Nach den PISA-Daten ist der Anteil der Schüler/innen mit Migrationshintergrund unter den 15-Jährigen deutlich höher. So lag dieser in Finnland bei PISA 2009 bei 7,1 %. Davon waren 1,4 % Schüler/innen mit Migrationshintergrund der ersten Generation, 1,1 % der zweiten Generation und 4,6 % hatten einen im Ausland geborenen Elternteil (Stanat u. a. 2010, S. 207).[76]

- *Sozioökonomischer Status*: Nach dem PISA-Index des wirtschaftlichen, sozialen und kulturellen Hintergrunds lag der sozioökonomische Gesamthintergrund der 15-jährigen Schüler/innen in Finnland bei PISA 2012 mit einem Indexmittel von 0.36 über dem OECD-Durchschnitt (OECD 2014b, S. 226).[77]

- *Migrationshintergrund und sozioökonomischer Status*: Analysen deuten darauf hin, dass ein signifikanter Anteil an Schüler/innen mit Migrationshintergrund in Familien aufwächst, in denen die Eltern zwar einen hohes Bildungsniveau aufweisen, gleichzeitig jedoch über ein geringes Einkommen verfügen (Kilpi-Jakonen 2012, S. 176).

- *Dis(Ability) bzw. sonderpädagogischer Förderbedarf*: In finnischen Schulen erhält etwa jede/r siebte Schüler/in (13,8 % oder 74.667) sonderpädagogische Förderung der zweiten oder dritten Förderstufe.[78] Etwa 6,5 % (35.033) der Gesamtschülerschaft befinden sich auf der zweiten Förderstufe und etwa 7,3 % (39.634) auf der dritten Förderstufe (Referenzjahr 2013, OSF 2014h,

---

75 Eigene Berechnung: 22.166 von 539.545 in 2012. Diese Daten habe ich auf Anfrage von *Statistics Finland* erhalten. Exakte Zahlen zu Schüler/innen mit Migrationshintergrund der ersten und zweiten Generation liegen demnach nicht vor. Zahlen über Schüler/innen, die eine andere Herkunftssprache sprechen als Finnisch, Schwedisch, Sami, Romani oder Gebärdensprache, hingegen schon (E-Mail-Korrespondenz vom 23.01.2013).

76 Die PISA-Daten werden herangezogen, weil somit auch vergleichbare Zahlen zum Anteil von Schüler/innen mit Migrationshintergrund für Deutschland vorliegen (vgl. Kapitel 4.2). An dieser Stelle wird nicht auf den internationalen PISA-Bericht der OECD rekurriert, weil nach dem Migrationsverständnis der OECD Schüler/innen mit einem im Ausland geborenen Elternteil als ‚Schüler/innen ohne Migrationshintergrund' gelten (OECD 2011a, S. 70). In der PISA-Auswertung von Stanat u. a. zählen hingegen zu den Schüler/innen mit Migrationshintergrund auch Schüler/innen mit nur einem im Ausland geborenen Elternteil. Dies ergibt ein realistischeres Bild, denn es „kann nicht grundsätzlich davon ausgegangen werden, dass Schülerinnen und Schüler mit einem in Deutschland [bzw. im Erhebungsland] und einem im Ausland geborenen Elternteil schulisch vollständig integriert sind" (Stanat u. a. 2010, S. 204).

77 Die Daten zum PISA-Index werden herangezogen, weil somit vergleichbare Daten zur sozioökonomischen Lage der Schüler/innen in Deutschland vorliegen (vgl. Kapitel 4.2).

78 Seit 2011 wird die sonderpädagogische Förderung in Finnland nach einem reformierten System organisiert. Demnach gibt es drei Förderstufen: *general support*, *intensified support* und *special support* (vgl. ausführlicher Kapitel 8.3). Die hier angeführten Angaben zur sonderpädagogischen Förderung umfassen auch die Zahlen der *pre-primary education* (OSF 2014h, S. 6).

S. 6).[79] Von den Schüler/innen der dritten Förderstufe wird die überwiegende Mehrheit (39.634) integrativ in Regelschulen unterrichtet. Nur ein geringer Anteil (5.349), der in den letzten Jahren stetig gesunken ist, wird in separaten Schulen unterrichtet. Das entspricht einem Anteil von ca. 1 % an der Gesamtschülerschaft (OSF 2014h, S. 8).

Zum Zusammenhang von Diversität und Bildungserfolg in Finnland

Im Folgenden werden – analog zur Fallstudie in Deutschland – stichpunktartig der Zusammenhang von Diversität und Bildungserfolg und damit verbundene Chancenungerechtigkeiten im Hinblick auf die für diese Arbeit relevanten Dimensionen von Diversität (vgl. Kapitel 1.1) sowie deren Verschränkungen beleuchtet. Zuvor werden bezogen auf alle Schüler/innen die erzielten Bildungsabschlüsse nach der Pflichtschule angeführt.

ERZIELTE BILDUNGSABSCHLÜSSE NACH DER PFLICHTSCHULE

* Von den Neuntklässler/innen verlässt nur ein verschwindend geringer Teil (0,33 %) die neunjährigen Grundschule ohne Abschlusszeugnis (Referenzjahr 2012 / 13, OSF 2014b, S. 5).
* Die Hälfte der Absolvent/innen der neunjährigen Grundschule (50 %) führen ihre Schullaufbahn auf einer allgemeinbildenden weiterführenden Schule bzw. *upper secondary general education* weiter. Ca. zwei Fünftel (41,5 %) wechseln auf eine berufsbildende weiterführende Schule bzw. *upper secondary vocational education*, wobei dies mehr Schüler als Schülerinnen sind (Referenzjahr 2012, OSF 2014c, S. 1).
* Fast jede/r elfte Schüler/in (8,5 %) führt die Schullaufbahn nicht direkt an einer weiterführenden Schule fort (OSF 2014c, S. 1), obwohl sich nur ein ge-

---

79 Zur Anzahl der Schüler/innen der ersten Förderstufe liegen laut Auskunft von *Statistics Finland* keine Daten vor (E-Mail-Korrespondenz vom 18.04.2013). Ein Vergleich mit der Zahl der Schüler/innen mit sonderpädagogischem Förderbedarf vor dem reformierten System lässt eine Annäherung zu: 8,5 % der Schüler/innen erhielten *special education* (äquivalent zur dritten Förderstufe *special support*). Zudem erhielten 23,3 % *part-time special education* (OSF 2011, S. 1), eine sonderpädagogische Maßnahme der ersten und zweiten Förderstufe. Zwar können die beiden Prozentzahlen (*special education* und *part-time special education*) nicht einfach addiert werden, um die Zahl der Förderschüler/innen insgesamt zu berechnen, weil einige Schüler/innen, die *special education* erhielten, auch *part-time special education* erhielten (E-Mail-Korrespondenz vom 22.04.2013). Es liegt jedoch nahe, dass sich die Gesamtförderquote auch nach der Reform in etwa in dieser Größenordnung bewegt. Da dieser Anteil mit etwa einem Drittel aller Schüler/innen relativ hoch ist, ist es wichtig darauf hinzuweisen, dass der Großteil der Förderschüler/innen, also Förderstufe eins und zwei, keine dauerhafte, sondern eine sehr flexible Form des Förderunterrichts erhalten, die nicht mit einem Sonderschulverfahren gleichzusetzen ist (vgl. ausführlicher Kapitel 8.3 und Kapitel 12).

ringer Anteil der Schüler/innen (1,7 %) nicht um einen weiterführenden Schulplatz bewirbt (Referenzjahr 2012, OSF 2014c, S. 2).

DISPARITÄTEN NACH GESCHLECHT

- Über die Hälfte der Schulabbrecher/innen, die die neunjährigen Grundschule ohne Abschlusszeugnis verlassen, sind männlich (OSF 2014b, S. 3).
- Auch mehr Schüler bzw. Studenten als Schülerinnen bzw. Studentinnen brechen die allgemeinbildende weiterführende Schule bzw. die Hochschule ab (OSF 2014b, S. 2).
- Die berufsbildende weiterführende Schule brechen hingegen etwas mehr Schülerinnen als Schüler ab (8,0 % zu 7,7 % in 2011 / 12, OSF 2014b, S. 2).
- Die deutliche Mehrheit der Schüler/innen, die sonderpädagogische Förderung der zweiten und dritten Förderstufe erhalten, sind männlich (65 % zu 35 % bzw. 70 % zu 30 % in 2013, OSF 2014h, S. 2).
- Bei PISA 2009 schnitten die Mädchen im Bereich Lesen deutlich besser ab als die Jungen. Dieser geschlechtsspezifische Unterschied war in Finnland unter den OECD-Ländern am deutlichsten ausgeprägt (OECD 2010, S. 64). Im Bereich Naturwissenschaften schnitten die Mädchen besser ab als die Jungen (OECD 2010, S. 166), im Bereich Mathematik gab es keine statistisch signifikanten geschlechtsspezifischen Unterschiede (OECD 2010, S. 146).
- Bei PISA 2012 gab es kaum geschlechtsspezifische Unterschiede im Bereich Mathematik (OECD 2014c, S. 83). Im Bereich Lesen blieb der unter den OECD-Ländern ausgeprägteste geschlechtsspezifische Unterschied zu Gunsten der Mädchen weiterhin bestehen (OECD 2014c, S. 214). Im Bereich Naturwissenschaften schnitten die Mädchen erneut besser ab als die Jungen (OECD 2014c, S. 259).

DISPARITÄTEN NACH SOZIOÖKONOMISCHEM STATUS

- Die Ergebnisse Finnlands in den PISA-Studien haben gezeigt, dass der Einfluss des sozioökonomischen Hintergrunds bei insgesamt hervorragenden Ergebnissen im internationalen Vergleich relativ gering ist (vgl. die verschiedenen PISA-Studien der OECD). Dies zeigt, dass die Kompensation sozialer Ungleichheiten nicht zwingend mit einer Leistungsnivellierung einhergeht.
- Zugleich zeigt sich, dass Schüler/innen aus Familien mit niedrigem sozioökonomischem Status in der sonderpädagogischen Förderung überrepräsentiert sind (Kivirauma u. a. 2006, S. 126 ff.).
- Die Wahrscheinlichkeit eines Schulabbruchs ist bei Schüler/innen mit einem niedrigen sozioökonomischen Status ebenfalls erhöht (Rinne / Järvinen 2010, S. 522).

- Auch in berufsbildenden weiterführenden Schulen sind Schüler/innen aus sozioökonomisch schwachen Familien überrepräsentiert (Rinne / Järvinen 2010, S. 517).

- Die Wahrscheinlichkeit, ein Hochschulstudium zu beginnen, ist für Schüler/innen aus sogenannten bildungsnahen Familien bis zu acht Mal höher als für Schüler/innen aus bildungsfernen Familien (Kivinen u. a. 2007 zitiert nach Rinne / Järvinen 2010, S. 525).

DISPARITÄTEN NACH MIGRATIONSHINTERGRUND, ETHNISCHER ZUGEHÖRIGKEIT BZW. STAATSANGEHÖRIGKEIT

- Die Analyse der PISA-Ergebnisse (2000 bis 2009) deuten auf ein konstant schlechteres Abschneiden der schwedischsprachigen Schüler/innen in Finnland im Bereich der Lesekompetenz hin (Brink u. a. 2013, S. 22). Auch bei PISA 2012 erzielten Schüler/innen der schwedischsprachigen Minderheit bei der Lesekompetenz einen geringeren Mittelwert als finnischsprachige Schüler/innen. Im Bereich Mathematik schnitten sie erstmals ähnlich gut ab (Ministry of Education and Culture 2013).

- Infolge des Zweiten Weltkriegs wurden viele Samen über Jahre hinweg in keinerlei Sprachen unterrichtet, was sich negativ auf das Literalitätsniveau auswirkte (Anaya 2011, S. 17).[80]

- Bei Roma-Schüler/innen besteht in der neunjährigen Grundschule ein erhöhtes Drop-out-Risiko (Ministry for Foreign Affairs 2010, S. 172; vgl. auch Hernesniemi / Hannikainen 2000).

- Bei PISA 2009 schnitten Schüler/innen mit Migrationshintergrund der zweiten Generation deutlich besser ab als Schüler/innen der ersten Generation, jedoch schlechter als Schüler/innen ohne Migrationshintergrund (Stanat u. a.

---

80 Weder *Statistics Finland* noch das *Office for Sámi Language* des *Sámi Parliament* noch das *Giellagas Institute* der Universität Oulu verfügten über darüber hinausgehende statistische Daten bzw. Ergebnisse empirischer Untersuchungen über den Schulerfolg der samischsprachigen Schüler/innen in Finnland. Kilpi, die den Schulerfolg von Schüler/innen mit Migrationshintergrund in Finnland empirisch untersucht hat, erläutert in ihrer Studie, weshalb nicht alle Minderheitenschüler/innen in der Untersuchung einbezogen werden konnten: „In Finnish discourse the term ‚ethnic minority' tends to refer to the established communities of Sámi, Roma, Tatars, Jews, the ‚Old Russians', and, to some extent, the Swedish-speaking part of the population. Except for the Swedish speakers, it is almost impossible to study these groups in this thesis. This is because by law the state is not allowed to record ethnicity. Therefore, the remaining criterions [sic!] for identifying ethnic minorities are language, country of birth and citizenship. For established communities the only possibility is language. However, for many of these groups, even though their original language may have been different to Finnish or Swedish, their officially registered language is often one of these two, thus making them unidentifiable in register entries. Children of immigrants, on the other hand, can more often be recognised by their registered language and, more reliably, by the country of birth of their parents" (Kilpi 2010, S. 4 f.).

2010, S. 212). Der Abstand zwischen der ersten und der zweiten Generation lag in Finnland deutlich über dem OECD-Durchschnitt (44 zu im Durchschnitt 18 Punkten), was einerseits eine klare Benachteiligung der ersten Generation zeigt, jedoch auch als ein Indikator für erfolgreiche Bildungsanstrengungen zur besseren Integration von Schüler/innen mit Migrationshintergrund der zweiten Generation gelesen werden kann (OECD 2011a, S. 76). Der sozioökonomische Hintergrund erklärte nur einen kleinen Teil der Leistungsunterschiede (10 von im OECD-Durchschnitt 16 Punkten) zwischen Schüler/innen mit und ohne Migrationshintergrund (OECD 2011a, S. 75 f.).

- Die Ergebnisse von PISA 2012 lassen auf einen größer werdenden Abstand zwischen Schüler/innen mit und ohne Migrationshintergrund schließen (OECD 2014b, S. 78, 80).
- Analysen der erzielten Abschlussnoten nach der neunjährigen Grundschule zeigen, dass Schüler/innen mit Migrationshintergrund etwa eine halbe Note schlechter abschneiden als Schüler/innen der Mehrheit. Schüler/innen mit russischem und estnischem Hintergrund schneiden nur eine Viertel Note schlechter ab. Der Notendurchschnitt von Schüler/innen mit asiatischem Hintergrund weicht hingegen nicht vom Notendurchschnitt der Schüler/innen ohne Migrationshintergrund ab (Kilpi-Jakonen 2012, S. 171).
- Das Risiko, die Schullaufbahn auf einer weiterführenden Schule nicht fortzusetzen, ist bei Schüler/innen mit Migrationshintergrund erhöht (nach Karppinen 2008 doppelt so hoch als bei Schüler/innen ohne Migrationshintergrund, Graeffe / Lestinen 2012, S. 115; vgl. auch Ministry for Foreign Affairs 2010, S. 179). Zudem ist ihr Zugang zur berufsbildenden weiterführenden Schule aufgrund eines Sprachtests eingeschränkt (Graeffe / Lestinen 2012, S. 115; Ministry for Foreign Affairs 2010, S. 179). Ist diese Hürde genommen, ist die Drop-out-Rate in diesem Zweig der weiterführenden Schulen dennoch erhöht (Ministry for Foreign Affairs 2010, S. 179).

DISPARITÄTEN NACH (DIS)ABILITY BZW. SONDERPÄDAGOGISCHEM FÖRDERBEDARF

- Die überwiegende Mehrheit der sonderpädagogisch geförderten Schüler/innen ist männlich (OSF 2014h, S. 2).
- Auch der sozioökonomische Hintergrund ist ein Prädiktor für sonderpädagogische Förderung (Kivirauma u. a. 2006, S. 126 ff.).
- Roma-Schüler/innen sind in der sonderpädagogischen Förderung überrepräsentiert (Työterveyslaitos u. a. 2009 zitiert nach Graeffe / Lestinen 2012, S. 117; Ministry for Foreign Affairs 2010, S. 172).

- Schüler/innen mit Migrationshintergrund sind ebenfalls im sonderpädagogischen Unterricht überrepräsentiert (Graeffe / Lestinen 2012, S. 117).[81]

Zusammenfassend: Die finnische neunjährige Grundschule ist einerseits durch eine verschwindend geringe Drop-out-Quote und einen geringen Einfluss des sozioökonomischen Hintergrunds bei hoher Leistung gekennzeichnet. Trotz dieser starken Indikatoren für ein hohes Maß an Chancengerechtigkeit zählen in Finnland andererseits männliche Schüler/innen aus sozial benachteiligten Milieus und / oder mit Migrationshintergrund zu einer gefährdeten Risikogruppe. Diese Benachteiligungsdimensionen wirken besonders nach der neunjährigen Grundschule, wenn es um einen Platz in einer weiterführenden Schule und später um einen Platz im Berufsleben geht. Bemerkenswerterweise wird dies in nationalen Publikationen und Berichterstattungen – im Gegensatz zum ‚jubelnden‘ internationalen PISA-Blick – mit Sorge beobachtet (F-EI-6; vgl. etwa Jakku-Sihvonen 2002a; Jakku-Sihvonen 2002b; Kivirauma u. a. 2006; Kuusela 2006; Rinne / Järvinen 2010). Die schulische und die damit einhergehende soziale und / oder ethnische Selektion verschiebt sich in Finnland somit und findet verstärkt nach der neunjährigen Grundschule statt. Der vorangegangene Erfolg wird trotz dieser zeitlichen Verschiebung der sozialen Selektion jedoch nicht gemindert. Vielmehr zeigen sich hierin zentrale Herausforderungen für das finnische Bildungssystem, die es zu bewältigen gilt.

8 Bildungstheoretische, bildungspolitische und schulstrukturelle Rahmenbedingungen in Finnland

8.1 Diversität im bildungstheoretischen Diskurs

Konkurrierende Ansätze und Konzepte

In Finnland hat der Ansatz der internationalen Bildung bzw. *international education*, der auf die Erklärung der Menschenrechte der Vereinten Nationen im Jahr

---

81   Auf Anfrage habe ich von *Statistics Finland* Angaben zum Anteil der Schüler/innen auf der dritten Förderstufe erhalten, die eine andere Herkunftssprache sprechen als Finnisch, Schwedisch, Sami, Romani oder Gebärdensprache (E-Mail-Korrespondenz vom 23.01.2013 und 28.01.2013). Demnach sprechen 6,9 % (3.023 von 44.081) der Schüler/innen der dritten Förderstufe eine andere Herkunftssprache. Auswertungen der Zahlen von vor der Reform im Jahr 2011 lassen auf deutlich höhere Prozentzahlen schließen. So zeigte eine Analyse der sonderpädagogischen Förderung in Turku, dass etwa ein Viertel der Schüler/innen in der *part-time special education* einen Migrationshintergrund hatte. In der klassenraumbasierten sonderpädagogischen Förderung waren es fast 14 % (Kivirauma u. a. 2006, S. 126). Auch im Rahmen der eigenen Feldforschung deutete sich eine Überrepräsentation von Schüler/innen mit Migrationshintergrund in der sonderpädagogischen Förderung an (vgl. Kapitel 11.2).

1948 zurückgeht (Vereinte Nationen 1948), eine lange Tradition. Die wissenschaftliche Diskussion in diesem Feld begann in den 1960er und 1970er Jahren. Erst in den 1990er Jahren, als Finnland sich von einem Emigrationsland zu einem Immigrationsland wandelte (vgl. Kapitel 7.1), setzen erste Diskurse über multikulturelle Bildung bzw. *multicultural education* und später über interkulturelle Bildung bzw. *intercultural education* ein. In aktuellen Diskursen ist häufig die Rede von Globalem Lernen bzw. *global education* (F-EI-1; F-EI-2). Im Expert/innengespräch wurden Schwierigkeiten im Hinblick auf die verwendeten Begriffe und Konzepte thematisiert. Ein/e Expert/in äußerte sich im Gespräch in dieser Hinsicht besonders kritisch und sprach sich gegen den Ansatz der *multicultural education* und für den Ansatz der *intercultural education* aus, weil Ersterer in Finnland als eine Art ‚Pädagogik für Migrant/innen' verstanden werde, bei der es nicht um einen wechselseitigen Akkulturationsprozess gehe:

> „So why for instance I am not so much using multicultural although it is used in Finland and they don't understand what they talk about, like multicultural education when they talk about immigrants. So, it has the burden with this concept, because when multicultural education came to the literature, to organised and systematically to the research literature sometimes 1960s, it came from that perspective that 'Oh, oh we have got all these refugees to the country and how do we deal with them?'. [...] Actually in Finland this all started in 1990s when our country moved to changed status from emigration country to immigration country. So we really started to talk about [Finnish word] but then it's moved to intercultural education. And of course intercultural education it came to the picture, because I used it. And then, why I did not like the multicultural education was this burden of that there is a one-way acculturation. In intercultural really it emphasises the education that aims to mutual learning and mutual acculturation" (F-EI-1).

Dass der Ansatz der multikulturellen Bildung in Finnland in einem verkürzten Verständnis als ‚Pädagogik für Migrant/innen' verstanden wird, merken auch Riitaoja u. a. kritisch an:

> „Today, multiculturalism has become a descriptive buzzword referring to immigration or ethnicity, that is, to the 'other' who is not Finnish. Similarly, 'multicultural education' or 'teaching' usually refer to the education of immigrants and new ethnic minorities, and not to the policies and educational practices that address cultural differences, such as religious ones, within the Finnish majority. The assumption of a homogenous Finnish culture and multiculturalism as referring to 'other' cultures hinders recognition of in-group diversity within the Finnish majority itself, as well as among the 'other' groups. It also obscures overlapping identities and intergroup differences, and hinders the recognition of inequality between people in society" (Riitaoja u. a. 2010, S. 90).

Dervin greift diesen ‚Streitfall' ebenfalls in mehreren Publikationen auf. Im folgenden Auszug geht Dervin auf persönliche Erfahrungen im Zuge der Berufung zu seiner Professur für *multicultural education* ein:

> „Many adjectives are used in global research worlds to talk about education for what I shall call *diversity* for now: *crosscultural, metacultural, polycultural, multicultural*

and *intercultural* – but also *global* and *international* (Dervin, Gajardo & Lavanchy 2011, Grant & Portera 2011). These 'labels' can appear interchangeably – without always being defined or distinguished. The *multicultural* and the *intercultural* represent the most widely used notions, which have been discussed extensively in education scholarship and practice. Many researchers and practitioners have attempted to define their specific characteristics by establishing borders and boundaries, through which they have often tended to be opposed, namely in geographical terms (the US vs. Europe, Northern vs. Southern Europe, etc. – Palaiologou & Dietz 2012). Some European researchers have even demonized the 'multicultural', asserting that multicultural education celebrates only cultural differences (see the example of 'multicultural fairs' – Kromidas 2011) and ignores similarities, individuality, and the importance of relations, interaction and contexts – as the 'intercultural' is said to operate. [...]

The inspiration for this article comes from the fact that I was appointed professor of multicultural education in a Finnish department of Teacher Education in 2012. Having always worked within the field of language and intercultural education before that, this appointment made me reflect on the dichotomy mentioned earlier. Many of my colleagues wrote to me saying that they had been confused by my new title – some of them even accused me of being a 'traitor'! What I quickly realized was that even though there is a wide array of labels, many and varied intersections between authors claiming to belong to different trends were noticeable. Politically they differ but when one looks at research and practice, they are so complex that it is impossible to define one approach in precise terms. **When I set up my research group at my new department I decided to call it** *Education for Diversities* **(E4D) in order to avoid having to position the group within one label or another. For me** *multicultural* **and** *intercultural* **mean the same as long as they are used in a critical manner**, especially in relation to the concepts of culture and identity, in relation to questions of power and justice but also, as will be my main claim in this chapter, in relation to criticality, reflexivity and language" (Dervin 2013, S. 85 f., Kursivdruck im Orig., eig. Herv. durch Fettdruck).

Holm und Zilliacus haben sich mit den Ansätzen *multicultural education* und *intercultural education* in international vergleichender Perspektive vertieft diskursanalytisch auseinandergesetzt. Sie kommen zu dem Schluss, dass es sich bei den Ansätzen – *intercultural education*, welcher eher in Europa, zugleich jedoch mit Länderunterschieden, verwendet wird, und *multicultural education*, welcher eher in den Vereinigten Staaten gebräuchlich ist – nicht um zwei klar voneinander abzugrenzende, in sich einheitliche Konzepte handelt:

„We found that it is impossible to treat and draw conclusions about intercultural and multicultural education as if there was only one kind of each since there are several different kinds of both multicultural and intercultural education. [...] The claim that intercultural education is concerned with action while multicultural education refers only to the composition of the classroom we find unjustified at least as the concept is used in North America, Australia and Great Britain. [...] **In conclusion, regarding whether there is a difference between the two concepts, the answer is 'it depends'!** It depends on which kind of intercultural or multicultural education approach that is referred to. Overall the differences within each kind are bigger than the differences between the traditional versions of multicultural and intercultural education and the more progressive versions of the two approaches" (Holm / Zilliacus 2012, S. 23 ff., eig. Herv.).

Mit Blick auf Finnland halten Holm und Zilliacus fest,

> „multicultural education is clearly connected to immigration, and the debate about multiculturalism has assumed that Finland has been a monocultural country until the first wave of immigrants arriving in the 1990s" (Holm / Zilliacus 2012, S. 20 f.).

Dies entspricht den im Expert/innengespräch zum Ausdruck gebrachten Bedenken (F-EI-1). Es scheint dennoch auch in Finnland das Fazit „it depends" von Holm und Zilliacus zu gelten, wenn beispielsweise Dervins Position betrachtet wird.

Liberaler und kritischer Multikulturalismus

Einen weiteren Kritikpunkt konzeptioneller Art führt Lappalainen an. Die bildungs-theoretische Diskussion in Finnland habe eine liberale Version des Multikulturalis-muskonzepts eingenommen, in der Toleranz als zentrales Bildungsziel postuliert werde:

> „The concept of multiculturalism gradually began to receive more space in the educational discussion and in curriculum planning as well.
> In a situation where the idea of cultural homogeneity as a tacit framework rapidly collapsed, the educational discussion adopted a liberal version of multiculturalism. According to Floya Anthias and Cathie Lloyd (2002), this means that the dominant group within the state is able to set the terms of the agenda for participation of the minority ethnic groups, and it involves a bounded dialogue where the premises themselves may not be open for negotiation. The discourse of 'tolerance' is circulated in a liberal version of multiculturalism. Ghassan Hage (2000) argues that 'tolerance' can be understood as a nationalist practice of inclusion, which reserves the power to position the 'other' as an object within a space that one considers one's own" (Lappalainen 2006, S. 100).

Riitaoja u. a. schließen sich dieser Kritik an und nehmen insbesondere die curricula-re Ebene des nationalen Lehrplans aus Sicht des Unterrichtsfaches Religion bzw. *religious education* (RE) in den Blick:

> „In the light of the current debate on religion it might be expected that the question of how to consider religious and non-religious worldviews in education is widely discussed in theories of multicultural and intercultural education. However, compared to race, ethnicity, class and gender, religions or worldviews have usually been overlooked or ignored. [...] Many theories of multicultural education (e.g. Kymlicka 2007) are based on classical liberalism (e.g. Rawls 1993). They address tolerance and intercultural understanding, and concentrate mainly on individual skills and attitudes. Liberal multiculturalism and its educational intent is therefore claimed to be apolitical and acontextual. Critical multiculturalism and critical multicultural education, instead, emphasise awareness of sociopolitical issues, asymmetric power structures and inequalities related to race, ethnicity, gender and class. (Kincheloe & Steinberg 1997: 1–26) It is thus interested in the wider philosophical context behind educational ideas" (Riitaoja u. a. 2010, S. 90).

Diese apolitische Haltung wird in der Tat im nationalen Lehrplan Finnlands explizit eingenommen:

> „In basic education, instruction in the different subjects is nondenominational and politically neutral" (FNBE 2004, S. 12).

Für Riitaoja u. a. trägt das finnische Modell einer säkularen und neutralen Bildung zu Ungleichheiten bei:

> „On the one hand, the Finnish RE model is considered to be democratic and as serving the needs of both the majority and minorities: it takes the Freedom of Religion Act seriously and recognises religious minorities and their right to receive education in their own religion. On the other hand, **Finnish RE can be seen as increasing separation between different groups**. Integration and interaction are difficult if children are separated by their religious affiliations and study physically in different rooms (Pyysiäinen 2008: 308). After all, dialogue is not enhanced by maintaining boundaries but by living in mutual respect and cooperation. The Finnish RE model also treats religious groups as internally homogenous, thus neglecting diversity within the groups. [...]
> As we have argued earlier, the 'mutual' dialogical space is not neutral and equal, but actually reflects the societal value basis and power relations between the majority and minorities. Thus studying in both separate small groups and with the whole class is necessary.
> It is important to recognise the diverse identities of children coming from other than the secular Lutheran families in order not to marginalise them. Simultaneously, the secular Lutheran majority is faced with the challenge of how to become conscious of the power asymmetry between different perspectives, their own privileged position and its influence on the inter-group dialogue. **Different worldviews should be better acknowledged throughout the entire curriculum in all public education, not only in the R / WE lessons or activities related to it**. Among other school subjects, the teaching of worldviews finds common ground with history, geography and arts" (Riitaoja u. a. 2010, S. 93, eig. Herv.).

Ob und wie der nationale Lehrplan dieser Forderung nachkommt und in verschiedenen Fächern multiperspektivisch angelegt ist, ist Teil der Curriculumanalyse dieser Arbeit (vgl. Kapitel 9.2).

Trend zum Ansatz der global education

Im Expert/innengespräch übte ein/e Erziehungswissenschaftler/in starke Kritik am aktuellen Trend zum Konzept der *global education*, das auch auf bildungspolitischer Ebene fest verankert ist (vgl. ausführlicher Kapitel 8.2):

> „You know, I tell you something. This first was international education and now global, especially global education. It has so big consensus in Finland in the ministries and between authorities. And then this we criticise in, for instance, in other universities in Jyväskylä and Helsinki, [...] I am cooperating closely with Helsinki University, we criticise Oulu and this professorship that they go so much to those political trends" (F-EI-1).

Im Expert/inneninterview wurde deshalb dafür plädiert, die Begriffe und Konzepte zunächst sorgfältig zu analysieren und zudem darüber zu reflektieren, weshalb welcher Begriff verwendet werde und welche politischen Implikationen damit verbunden sind. Im nächsten Kapitel, in dem der bildungspolitische Rahmen für die Berücksichtigung von Diversität näher betrachtet wird, wird der in Finnland verfolgte Ansatz des Globalen Lernens erneut aufgegriffen.

8.2 Bildungspolitische Rahmenbedingungen

Von einem separierenden zu einem integrativen Schulsystem

Finnland erlangte erst am 6. Dezember 1917 nach zunächst jahrhundertelanger schwedischer Herrschaft (1249–1809) und anschließender russischer Herrschaft (1809–1917) seine Unabhängigkeit (Niemi 2012b, S. 20). Kurz darauf wurde 1921 ein Gesetz zur Lernpflicht verabschiedet, mit dem die Unterrichtspflicht für alle 7- bis 15-Jährigen eingeführt wurde (Kuikka 2009, S. 70).[82] Das Ministerium für Bildung und Kultur stellt die oberste Schulbehörde dar, der das Zentralamt für Unterrichtswesen (*Opetushallitus*) untersteht, das 1991 aus der Zusammenlegung des Schulzentralamts und des Zentralamts für Berufsausbildung entstand (Domisch / Klein 2012, S. 70). Die Einführung und der Aufbau des finnischen Volksschulwesens begann jedoch bereits Mitte des 19. Jahrhunderts. Im Jahr 1863 gründete Uno Cygnäus (1810–1888), der „Vater der finnischen Volksbildung", nach Studienreisen nach unter anderem auch Deutschland und Österreich, das erste Lehrer/innenbildungsseminar in Jyväskylä (Domisch / Klein 2012, S. 50; Sahlberg 2011, S. 117). Kurz darauf wurde im Jahr 1866 das Volksschulgesetz verabschiedet. In der Folge entwickelte sich ein mehrgliedriges Schulsystem in kommunaler Trägerschaft. Bereits nach vier gemeinsamen Jahren in der Volksschule wurden die Schüler/innen getrennt. Die Mehrheit besuchte weiterhin die Volksschule und eine kleine Minderheit wechselte nach bestandener Aufnahmeprüfung auf die Oberschule. Die Oberschule umfasste acht Schuljahre und schloss mit einer dreijährigen gymnasialen Oberstufe ab. Im Jahr 1891 kam ein weiterer Schultyp in der Schullandschaft hinzu, die sogenannte Mittelschule. Diese war wie auch die Volksschulen vorwiegend auf dem Land verfügbar. Die Oberschulen wurden hingegen fast ausschließlich in den Städten eingerichtet (Domisch / Klein 2012, S. 49 ff.). Nur mit Abschluss der gymnasialen Oberstufe war die Teilnahme an den nationalen Aufnahmeprüfungen für den Zugang zur Universität möglich (Halinen / Järvinen 2008, S. 83).

---

82   Streng genommen gibt es in Finnland keine Schulpflicht, sondern eine Unterrichts-bzw. Lernpflicht, weil der Unterricht nach dem nationalen Lehrplan auch zu Hause stattfinden kann (Merimaa 2009, S. 139 f.).

Das gegliederte Schulwesen nach deutschem Modell hatte fast ein Jahrhundert Bestand, bis in den 1960er Jahren eine politische Schulstrukturdebatte in Finnland einsetzte (Domisch / Klein 2012, S. 55). Das Gesetz zur Einführung der neunjährigen Grundschule (*Peruskoulu*) wurde im Jahr 1968 mit breiter parlamentarischer Zustimmung mit dem Ziel verabschiedet, Bildung für alle zugänglich zu machen und das allgemeine Bildungsniveau der Bevölkerung anzuheben.[83] Angefangen in Lappland wurde von 1972 bis Mitte / Ende der 1970er Jahre die neunjährige Grundschule sukzessive und flächendeckend eingeführt (Kuikka 2009, S. 73 ff.).[84] Strittig ist, ob bei der Einführung die Schulsysteme der Sowjetunion und der ehemaligen DDR einen Einfluss auf die Reform hatten. Oelkers sieht beispielsweise die „polytechnische Oberschule der DDR" als „eines der Modelle für die Veränderung der finnischen Sekundarschule" (Oelkers 2007, S. 128). Malinen hingegen weist darauf hin, dass die Schulsysteme der Sowjetunion und der ehemaligen DDR in der politischen Diskussion zwar „als Beispiele" dienten und auch „zahlreiche Reisen im Zeichen des Kulturaustausches vor allem in diese Länder [unternommen wurden], besonders nachdem Finnland in den 70-er Jahren als das erste westliche Land die DDR als selbstständigen Staat anerkannt hatte" (Malinen 2009, S. 84). Jedoch werde, so Malinen, der selbst an einigen dieser Reisen teilnahm, in „den offiziellen Plänen [...] nirgends darauf hingewiesen, dass die Grundschule nach sozialistischem Modell geplant wurde". Vielmehr sei die „administrative Struktur der Grundschule [...] hauptsächlich dem schwedischen System nachempfunden" worden (Malinen 2009, S. 85).

Mit der flächendeckenden Implementierung der neunjährigen Grundschule waren indes noch nicht alle separierenden Elemente strukturell abgeschafft worden. Bis 1985 wurden die Schüler/innen in den Fächern Mathematik und Fremdsprachen der Jahrgangsstufen 7 bis 9 in drei unterschiedlichen Niveaukursen unterrichtet. Schüler/innen, die nach dem untersten Anforderungsniveau unterrichtet wurden, war es demnach nicht möglich, die gymnasiale Oberstufe zu besuchen. Auch Schüler/innen mit sonderpädagogischem Förderbedarf und schweren Beeinträchtigungen in der Entwicklung wurden zu dieser Zeit nicht in den neunjährigen grundlegenden Unterricht integriert. Die Niveaukurse wurden erst im Jahr 1985 aufgegeben und die integrative Beschulung von Schüler/innen mit und ohne sonderpädagogischen Förderbedarf wurde im Laufe der 1980er und 1990er stetig weiter vorangetrieben. Mit dem aktuell gültigen Lehrplan aus dem Jahr 2004 wurde schließlich die formale Untertei-

---

83   Die neunjährige *Peruskoulu* wird in dieser Arbeit nicht mit ‚Gesamtschule' oder ‚Gemeinschaftsschule' übersetzt, weil der deutsche Begriff der ‚Grund-Schule' dem finnischen ‚perus-koulu' am nächsten kommt (Skiera 2009, S. 119).

84   Der Zeitraum der Umsetzung der Reform wird in der Literatur unterschiedlich datiert. Vitikka u. a. benennen die Jahre 1972 bis 1976 (Vitikka u. a. 2012, S. 84); Domisch und Domisch / Klein 1972 bis 1977 (Domisch 2009, S. 622; Domisch / Klein 2012, S. 57 f.); Kuikka 1972 bis 1978 (Kuikka 2009, S. 73 ff.); Sahlberg 1972 bis 1979 (Sahlberg 2011, S. 22); Linnakylä 1972 bis 1981 (Linnakylä 2004, S. 187).

lung in untere und obere Klassenstufen der Grundschule bzw. *primary* und *secondary grades* aufgegeben (Halinen / Järvinen 2008, S. 83 f.).

Dass der Übergang von einem System mit Leistungsdifferenzierung nach Niveaukursen zu einer neunjährigen Grundschule ohne jegliche Form der äußeren Differenzierung nicht immer ohne Schwierigkeiten und vom Konsens getragen verlief, wie die Darstellungen in der Fachliteratur das oftmals vermuten lassen, wird aus dem Gespräch mit einer Englischlehrkraft der in Finnland besuchten Schule deutlich:

> „And we had levelling at schools, we had advanced level English and then there was the middle level and the lowest level English. And Swedish was in two groups, advanced and lower levels. So the groups were not that diverse. [...] And then a few years I was a teacher and we had these levels, and then it all was changed in Finland. That was, I think, it was the end of 80s when the school officials told and there was a new law and or that we start comprehensive school and everybody must have the possibility to continue to higher education, to universities. And so the groups, they promised: 'Now we break out all these levels and students are picked into groups of 16 and no matter what level they are. And you teachers can be pleased to have small groups and everything will be OK and you just give them different tasks to do according to their own level'. And where are we now? We have groups of 24 and no levelling, no advanced levels. So I think we all had to get used to it and find practical ways. We didn't have lots of schooling or re-schooling for that" (F-BE-2).

Die Frage, wie finnische Lehrkräfte das Thema Leistungsdifferenzierung und Schulstrukturen beurteilen, welche Standpunkte hierbei vertreten werden und welche latenten Selektionsmechanismen in einem integrativen System wirksam werden können, um leistungshomogene Gruppen zu bilden, wird im themenzentrierten Vergleich erneut aufgegriffen (vgl. Kapitel 11.2).

Grundgedanke Integration

Die Vorstellung, dass eine Schülerschaft in „theoretisch begabte und handwerklich begabte" Schüler/innen eingeteilt werden könne, wurde bildungspolitisch mit der Einführung der gemeinsamen neunjährigen Grundschule aufgegeben (Sarjala 2008, S. 53). Damit einher ging im pädagogischen Diskurs Finnlands „die Ablehnung des genetischen Determinismus". Zwar gibt es Unterschiede zwischen Schüler/innen, „aber man kam mehr und mehr zu der Überzeugung, dass unterschiedliche Lernleistungen nicht in erster Linie von genetischen Faktoren herrühren" (Domisch 2009, S. 621). Dieser „lerntheoretische Umbruch" spiegelte sich auch im ersten nationalen Lehrplan von 1970 wider, in dem stand:

> „Insbesondere in der sogenannten aussortierenden Schule werden schwache Lernergebnisse der Schüler leicht als Folge ihrer schlechten Lernvoraussetzungen interpretiert. Es ist natürlich möglich, Schüler mit guten Leistungen auszulesen, indem man alle diejenigen, die unter einer definierten Punktzahl liegen, durchfallen lässt. Der Lehrer hat dann aber diejenigen Schüler ausgewählt, die mit den gerade von ihm verwand-

ten Methoden am besten lernen. [...] **In der Grundschule, in der keine Aussortierung stattfindet, ist die Situation anders. Ein schwaches Lernergebnis des Schülers kann auch dadurch entstehen, dass die Verfahrensweise oder die Einstellung des Lehrers nicht geeignet ist**" (Kouluhallitus POP 1970, S. 159 zitiert nach Domisch 2009, S. 621, eig. Herv.).

Die Einführung der neunjährigen Grundschule für alle und die damit verfolgte Idee der Chancengleichheit blieb jedoch nach der Erziehungswissenschaftlerin Ahonen (2002, 2014) nicht unangefochten. So habe sich das für die finnische Bildungspolitik grundlegende Prinzip der Chancengleichheit von einem wohlfahrtsstaatlichen Verständnis als *equal educational opportunity* in den 1960er und 1970er Jahren zu einem marktorientiertem Verständnis als *individual opportunity* in den 1980er Jahren gewandelt. In den 1990er Jahren sei das wohlfahrtsstaatliche Verständnis von Chancengleichheit schließlich wieder bekräftigt worden, wenn auch mit Einschränkungen. Im Folgenden werden Ahonens Thesen näher betrachtet.

Veränderungen im Konzept der Chancengleichheit

Dem integrativen neunjährigen Schulsystem ging ein langjähriger politischer Prozess voran. Der Motor der Veränderung setzte mit der Entstehung des finnischen Wohlfahrtsstaates nach dem Ende des Zweiten Weltkrieges ein. Der pädagogische Optimismus der Reformkräfte der 1960er Jahre mündete nach Ahonen in einem Verständnis von Chancengleichheit in der Bildung als „equal educational opportunity". So war zu dieser Zeit die Überzeugung vorherrschend, dass mit den geeigneten Mitteln alle alles lernen können („,anybody was able to learn anything' through appropriate methods"). Die neunjährige Grundschule für alle wurde mit großem politischen Konsens umgesetzt (Ahonen 2002, S. 176). Die 1970er Jahre waren in bildungspolitischer Hinsicht durch einen weiterhin konstanten Konsens geprägt. In den 1980er und 1990er Jahren folgte nach Ahonen jedoch eine neoliberale Wende (Ahonen 2002, S. 177). Der politische Ethos dieser Zeit war nach Ahonen grundlegend anders. Prozesse der Dezentralisierung und Deregulierung sowie Markt- und Wettbewerbsdruck hielten Einzug in die finnische Bildungspolitik. Bildung wurde mehr und mehr als Humankapital angesehen, das es auf effiziente Weise zu produzieren galt (Ahonen 2002, S. 178). Die bestehende feste Einteilung in Schulbezirke wurde aufgehoben und ein Recht auf eine relativ freie Schulwahl ermöglicht.[85] Die

---

85   Das Wahlrecht der Eltern ist in Finnland insofern eingeschränkt, als Schulen nur dann Schüler/innen, die außerhalb ihres Einzugsgebietes wohnen, aufnehmen dürfen, wenn noch Plätze frei sind, nachdem allen Kindern ein Schulplatz nach dem Prinzip der Nachbarschaftsschule zugeteilt wurde (vgl. ausführlicher Kapitel 8.3). Als Problem erweist sich jedoch, dass die Kommunen selbst die Einzugsgebiete festlegen können. So ist es mit „a suitable political will" möglich, ein Einzugsgebiet so zu wählen, dass dieses eine geringe Zahl von Schüler/innen abdeckt und einer Schule somit ausreichend Schulplätze zur Verfügung stehen, für die um Schüler/innen außerhalb des Einzugsgebiets geworben werden kann (Simola 2006, S. 347).

Verteilung der staatlichen Gelder wurde ferner an die Schüler/innenzahl einer Schule geknüpft, was einen Wettbewerb zwischen den Schulen um ‚gute' Schüler/innen auslöste. Viele Schulen mussten geschlossen werden und das Schulnetz schrumpfte, was den gleichberechtigten Zugang zu Bildung beeinflusste (Ahonen 2002, S. 179). Nach Ahonen waren es die Folgen der schweren wirtschaftlichen Rezession (1991–1994), die einen Teil der finnischen Bevölkerung wach rüttelte. Das Prinzip der Nachbarschaftsschule wurde schließlich eingeführt. Der Erfolg der wohlfahrtsstaatlichen Front sei jedoch nur „valid on paper" gewesen, denn „in the aftermath of the legislation, the disruption of the school net continued" (Ahonen 2002, S. 180). Ahonen resümiert:

> „As a result of the implementation of the new meaning of educational equality, the Finnish school at the dawn of 2000 provided more scope for teacher and student autonomy and a lesser guarantee of equal opportunity, more competitive momentum for the strong and less care for the weak" (Ahonen 2002, S. 180).

Mehr als ein Jahrzehnt später spricht Ahonen von einem Übergang finnischer Schulen in eine „post-comprehensive era" (Ahonen 2014, S. 86). In der Tat muss konstatiert werden, dass die Zahl der Grundschulen jährlich abnimmt (OSF 2014g, S. 1). Overesch kommt jedoch nach der Auswertung schulpolitischer Entscheidungen und den von ihr geführten Interviews mit finnischen Schulpolitiker/innen zu einem anderen Schluss als Ahonen:

> „Allerdings belegen die vorgenommene Auswertung der schulpolitischen Entscheidungen von 1990 bis 2002 und die Interviews nicht, dass es eine solche ‚neoliberale' Trendwende gab oder dass sich die Entscheidungsträger vom Gleichheitsprinzip abwandten" (Overesch 2007, S. 92).

Rinne u. a., die ähnlich wie Ahonen einen Wandel im Konzept der *educational equality* von *egalitarian individualism* zu *market individualism* beobachten (Rinne u. a. 2002, S. 343), sind kritischer als Overesch, jedoch zugleich zögerlicher als Ahonen in ihrer Einschätzung:

> „In the field of educational policy, however, neither the pervasiveness of the new reality nor its rhetoric are as total as they are in economic policy. While decisionmakers in economic policy consider the losers – the unemployed – as a sign of the viability of the system and, thus, a healthy phenomenon, the elite of educational policy either denied the existence of losers under the 'everybody wins' principle, or have been prepared to erect new safety nets. The market-based rhetoric and practices have not been able to take root in the core areas of the traditional Nordic welfare state – education, social services and health – as easily as in other areas of society.
> At the policy level, it seems that Finland has in 10 years adopted most of the programme of the neo-liberal education policy. However, at the same time it seems that in the level of politics, the change in Finland has not been that rapid. In the field of evaluation and social control, in the field of privatization and in the field of free school choice, 'progress' has been slow and clumsy" (Rinne u. a. 2002, S. 655).

In einem zwei Jahre später erschienenen Artikel nimmt Simola Bezug zu dieser Einschätzung:

> „In an article [...] we [...] asked if in Finnish education policy there could be found some shoots of 'revisionist education policy' or 'just slow readjustment'? Our conclusion was very cautious but we emphasized, however,that [sic!] in the field of educational policy, the new reality or rhetoric is not as pervasive as it is in economic policy, for example [...]
> Now, two years on, I venture to say that yes, some shoots of revisionism might be seen in Finnish education policy. They are still shoots, so far alive, but not as yet having any trajectory to become real legitimating principles, policy techniques or problematisations that might have enough power to essentially affect education policy, politics and everyday life at the grass-root level of schooling in Finland. Those are the principles of the neighbourhood school (*lähikouluperiaate*) and the combined (grades 1–9) comprehensive school (*yhtenäinen perskoulu*). [...]
> Today these two principles are alive but not too well, unfortunately" (Simola 2006, S. 345 f.).

Die Problematik im Prinzip der Nachbarschaftsschule bestehe darin, dass Eltern in Finnland ein relativ freies Schulwahlrecht haben. So dürfen Schulen zwar auch Schüler/innen außerhalb ihres Einzugsgebietes aufnehmen, jedoch nur dann, wenn noch Plätze verfügbar sind, nachdem allen Kindern aus dem eigenen Einzugsgebiet ein Schulplatz zugeteilt wurde. Da die Kommunen selbst die Einzugsgebiete festlegen können, sei es mit „a suitable political will" möglich, ein Einzugsgebiet so zu wählen, dass dieses eine geringe Zahl von Schüler/innen abdeckt und einer Schule somit ausreichend Schulplätze zur Verfügung stehen, für die um ‚gute' Schüler/innen außerhalb des Einzugsgebiets geworben werden kann. Das Problem der als Einheit durchgängig geführten neunjährigen Grundschule bestehe wiederum in einem „lack of a coherent conceptualisation of the combined comprehensive school principle". Denn aufgrund der lokalen Autonomie variiere die Zusammenarbeit erheblich. Überdies werde im nationalen Lehrplan das Prinzip der Nachbarschaftsschule nicht erwähnt und das Prinzip der als Einheit durchgängig geführten neunjährigen Grundschule nur vage formuliert (Simola 2006, S. 347).

Aus lehrplanpolitischer Sicht kann eine weitere Schlussfolgerung gezogen werden, die Ahonens Kritik an neoliberalen Tendenzen bekräftigt. So wurden auf curricularer Ebene den Schulen durch den nationalen Lehrplan von 1994 zunächst deutlich mehr Freiheiten und Autonomie eingeräumt als mit dem Lehrplan von 1985. Der Lehrplan von 2004 wurde jedoch wieder detaillierter gestaltet und nationale Beurteilungskriterien in Form von „descriptions of good performance" (Finnish National Board of Education 2004, S. 13) wurden eingeführt, weil im Zuge der Reform von 1994 und der damit einhergehenden Zunahme an lokaler Autonomie in der Lehrplangestaltung verstärkt Ungleichheiten zwischen Schulen und Schüler/innen festgestellt wurden, wie im Expert/inneninterview erläutert wurde

(F-EI-6).[86] Die Thesen von Ahonen lassen sich somit insofern bestätigen, als mit der Dezentralisierung der Lehrplanarbeit Chancenungleichheiten einhergingen, worauf lehrplanpolitisch mit mehr zentraler Steuerung reagiert wurde.

Auch Rinne u. a. nehmen kritisch Bezug auf die größer werdende Rolle der Evaluation in Form von einheitlichen Beurteilungskriterien auf curricularer Ebene (Rinne u. a. 2000, S. 650 f.). Insgesamt betrachtet, so konstatiert Simola zusammen mit Rinne u. a. in einem kürzlich erschienenem Artikel, könne Finnland jedoch hinsichtlich der neoliberalen Einflüsse, denen insbesondere durch internationale Schulleistungsstudien supranationaler Organisationen wie die PISA-Studien Vorschub geleistet werde, als „a kind of counter model case against it" angesehen werden, weil die „educational practices are running in many areas counter to the vast main stream mantra of accountability" (Simola u. a. 2013, S. 2). Dies äußere sich darin, dass in Finnland beispielsweise keine nationalen Tests, Schulrankings oder Schulinspektionen durchgeführt werden. Sahlberg, der die beschriebenen Entwicklungen als *Global Educational Reform Movement* (GERM) bezeichnet, kommt zu einem ähnlichen Schluss:

> „Although education policy discourse in Finland changed dramatically during the 1990s as a consequence of new public sector management and other neoliberal policies, Finland has remained immune to market-based educational reforms. Instead, education sector development has been built upon values grounded in equity and equitable distribution of resources rather than on competition and choice" (Sahlberg 2011, S. 127).

Sahlberg sieht hierin unter anderem eine Erklärung für die finnischen PISA-Erfolge. Die hier angerissenen Fragen über neoliberale Tendenzen werden im themenzentrierten Vergleich wieder aufgegriffen (vgl. Kapitel 11.2).

Dezentralisierung und lokale Autonomie

Zu den zentralen bildungspolitischen Bedingungen in Finnland zählt die bereits angesprochene lokale Autonomie der Kommunen, die im Zuge von Dezentralisierungs- und Deregulierungsprozesse seit den 1990er Jahre erhöht wurde. Diese Veränderungen wurden auf lehrplanpolitischer Ebene besonders deutlich, indem das Zentralamt für Unterrichtswesen mit dem Rahmenlehrplan von 1994 lediglich „sehr allgemeine auf die Unterrichtsfächer bezogene Ziele und Inhalte" (Domisch 2009, S. 623) vorgab. Aufgabe der Kommunen und Schulen ist es fortan, auf Grundlage der landesweit gültigen Vorgaben des nationalen Lehrplans eigene kommunale bzw. schulinterne Lehrpläne zu entwerfen. Der Prozess der Deregulierung zeigt sich fer-

---

86   Zur zeitlichen Einordnung: Die nationalen Beurteilungskriterien wurden bereits 1999 formuliert (Finnish National Board of Education 1999) und anschließend in den nationalen Lehrplan von 2004 (Finnish National Board of Education 2004) integriert, indem das Erreichen einer ‚guten Leistung' (Note 8) beschrieben und festgelegt wurde (F-EI-6; siehe auch: Linnakylä 2004, S. 185 f.; Simola u. a. 2013, S. 9).

ner darin, dass es in Finnland seit Anfang der 1990er Jahre keine Schulinspektion gibt. Auch für die Zulassung von Schulbüchern ist kein Genehmigungsverfahren mehr vorgesehen (Domisch 2009, S. 623). Nationale Tests bzw. Evaluationen von Lernergebnissen finden nicht flächendeckend statt, sondern werden seit dem Jahr 1998 lediglich stichprobenartig durchgeführt. Getestet werden verschiedene Fächer in verschiedenen Jahrgangsstufen, hauptsächlich jedoch der Muttersprachenunterricht (Finnisch / Schwedisch) und Mathematik in den Jahrgangsstufen 6 und 9. Die Ergebnisse werden nicht in Form von Schulrankings veröffentlicht (Domisch 2009, S. 626 f.; Europäische Kommission 2009, S. 27; Kumpulainen / Lankinen 2012, S. 75 f.).

International und global education

Der Ansatz des Globalen Lernens bzw. *global education* hat eine lange Tradition in Finnland. Seit der Einführung der neunjährigen Grundschule in den 1970er Jahren ist er Teil der offiziellen Bildungspolitik und der Lehrpläne. Zu dieser Zeit wurde der Begriff der internationalen Erziehung bzw. *international education* verwendet, die auf die Menschenrechtserklärung der Vereinten Nationen von 1948 und der UNESCO-Empfehlung zur Internationalen Erziehung von 1974 zurückgeht (UNESCO 1974). Auf Letztere wurde im nationalen Lehrplan von 1985 explizit Bezug genommen (F-EI-2; Jääskeläinen 2013, S. 82 ff.). Mit dem *Peer Review Report* im Jahr 2004 (O'Loughlin / Wegimont 2004) wurden die Weichen für eine entscheidende Veränderung gelegt, indem die Empfehlung zur Erstellung einer nationalen Strategie ausgesprochen wurde (F-EI-2; Jääskeläinen 2013, S. 90; O'Loughlin 2013, S. 148 f.). Eine weitere zentrale Empfehlung war die Einrichtung eines Lehrstuhls für Globales Lernen (O'Loughlin 2013, S. 149). Im März 2007 wurde daraufhin das *Programm Global education 2010* durch das Ministerium gestartet, dessen Titel im Finnischen bemerkenswerterweise *Kansainvälisyyskasvatus 2010*, also wörtlich Internationale Erziehung 2010 und nicht Globales Lernen 2010 lautet (Jääskeläinen 2013, S. 90; Pudas 2009, S. 263). Diese nationale Strategie legt sieben nationale Ziele im Rahmen des Globalen Lernens fest:

- „include the global education perspective in major education, research, cultural, sport and youth policy lines and in social policy lines
- intensify the practical realisation of global education in early childhood education, at school, in vocational institutions and in teacher education
- support research and higher education in global education
- support civic organisations and other civil society actors in their work as providers of global education
- strengthen partnership between the public administration, business, the media, civic organisations and other civil society actors
- increase funding and other resources needed for the development, promotion and diffusion of global education

- monitor systematically and evaluate analytically the effectiveness of global education in Finland by creating procedures for quality and impact assessment" (Ministry of Education 2007b, S. 11).

Globales Lernen wird dabei als Aktivität definiert, die

- „guides towards individual global responsibility and communal global responsibility; the ethic of a world citizen, which in turn is founded in fairness and respect of human rights
- supports growth into a critical and media-critical citizen with knowledge and skills to act successfully as part of one's own community in a globalising world
- promotes national and international interaction, inter-cultural [sic!] dialogue and learning from one another; global education is a process helping us understand and appreciate difference and different cultures and make choices that promote development
- helps to see the earth as an entity with limited resources, where one must learn both to economise resources and to share them fairly, equitably and equally
- increases knowledge and skills which help us understand the ever globalising economy and influence the rapidly changing economy and its social and cultural ramifications
- enhances initiative rising from an individual aspiration to work for a better world and from hope of its realisation, and **comprises human rights education, equality education, peace education, media education, intercultural understanding, questions relating to development and equity, and education for sustainable development"** (Ministry of Education 2007b, S. 11, eig. Herv.).

Interkulturelles Verstehen bzw. interkulturelle Bildung wird somit als eines von mehreren Teilbereichen Globalen Lernens angesehen.[87] Der Lehrstuhl für Globales Lernen wurde schließlich an der Universität in Oulu eingerichtet (O'Loughlin 2013, S. 149).

Evaluation Globalen Lernens

Im Jahr 2010 veranlasste das Ministerium die Evaluation des Programms *Global education 2010*, die im darauffolgenden Jahr veröffentlicht wurde (Räsänen 2011).[88] Eines der Ergebnisse war, dass die Begriffe und Konzepte im Zusammenhang mit Globalem Lernen – *global education, international education, education for global responsibility, education for sustainable development, development education, global responsibility* – unscharf verwendet werden. Außerdem wurde die Kluft zwischen

---

87 In einer weiteren ministerialen Publikation, *Education for Global Responsibility – Finnish Perspectives*, die im Rahmen des Programms *Education for Global Responsibility* publiziert wurde, das auf dem *Global education 2010* Programm aufbaut, wird im Zusammenhang mit den Teilbereichen Globalen Lernens nicht der Begriff *intercultural understanding*, sondern *intercultural education* verwendet. Die Teilbereiche sind zudem auf fünf Bereiche reduziert: *development education, human rights education, education for sustainable development* sowie *education for peace and conflict prevention und intercultural education* (Ministry of Education 2007a, S. 3).

Rhetorik und Praxis moniert. Zwar sei *international* bzw. *global education* seit den 1970er Jahren ein integraler Bestandteil des nationalen Lehrplans, die Umsetzung in den Schulen auf Mikroebene variiere jedoch von Schule zu Schule erheblich. Derzeit werde Globales Lernen vornehmlich in Fächern wie Sozialwissenschaften bzw. *social sciences*, Geschichte bzw. *history*, Sprachen bzw. *languages* sowie Religion bzw. *religion and worldview studies* thematisiert.

Pudas hat ebenfalls die Umsetzung des Programms *Global education 2010* empirisch untersucht (Pudas 2009, 2012). Die Studie bestätigt das Ergebnis der nationalen Evaluation, denn das Programm scheint auf Mikroebene kaum bekannt bzw. umgesetzt zu werden. Etwa ein Drittel der teilnehmenden Schulen kannte das Programm überhaupt nicht. Zwar gaben ebenfalls etwa zwei Drittel der Schulen an, Globales Lernen in das Schulcurriculum implementiert zu haben. Jedoch gab es lediglich an ca. 13 % der Schulen ein Team oder eine Person, die für die Umsetzung Globalen Lernens zuständig ist. Entgegen der ministerialen Empfehlung wurde an keiner der Schulen ein Aktionsplan entwickelt noch befand sich ein solcher in der Entwicklung (Pudas 2009, S. 276). Was die Umsetzung Globalen Lernens im Unterricht betrifft, so gaben die befragten Lehrer/innen an, Schwierigkeiten dabei zu haben, das Programm herunterzubrechen und zu operationalisieren. Weniger als die Hälfte der befragten Lehrer/innen befürworteten einen transversalen Ansatz, nach dem Globales Lernen in allen Schulfächern und Schulaktivitäten umgesetzt werden sollte (Pudas 2012, S. 31 f.).

Diversität in der finnischen Lehrer/innenbildung

Seit den 1970er Jahren wird die Lehrer/innenbildung in Finnland von den Universitäten organisiert und schließt mit einem Masterabschluss ab. Alle künftigen Lehrer/innen studieren ein obligatorisches Minimum an erziehungswissenschaftlichen Studien von 60 Studienpunkten bzw. ECTS (*European Credit Transfer and Accumulation System*). Diese enthalten auch praktische Anteile. Sogenannte Klassenlehrer/innen bzw. *class teachers*, die hauptsächlich in den Klassenstufen 1–6 unterrichten, belegen zusätzlich zu den pädagogischen Studien im Umfang von 60 Studienpunkten das Fach Pädagogik als Hauptfach. Darüber hinaus umfasst das Studium fachliche Inhalte der Unterrichtsfächer in den Klassenstufen 1–6. Die Klassenstufen 7–9 werden hingegen von Fachlehrer/innen bzw. *subject teachers* unterrichtet. Diese studieren zunächst die später zu unterrichtenden Fächer (ein Hauptfach und ein bis zwei Nebenfächer). Anschließend folgt das eigentliche Lehramtsstudium. Dieses umfasst wie auch das Klassenlehrer/innenstudium erziehungswissenschaftliche Pflichtstudienanteile von 60 Studienpunkten. Für künftige sonderpädagogische

---

88   Die Evaluation selbst ist in finnischer Sprache publiziert worden (Räsänen 2011). Die Autorin ließ mir ein englischsprachiges Manuskript zu den zentralen Ergebnissen zukommen.

Lehrkräfte sowie Berufs- und Lernberater/innen gibt es eigenständige Studiengänge. Aufgrund eines vorangegangenen Auswahlverfahrens, werden nur etwa 10 % der Studienbewerber in Finnland zum Klassenlehrer/innenstudium zugelassen (Sahlberg 2011, S. 70 ff.).

Lehrveranstaltungen im Rahmen der Lehrer/innenbildung zu interkulturellen bzw. multikulturellen Themen sind in der Regel nicht verpflichtend. Der Umfang des Angebots hängt stark von den jeweiligen Fakultäten und Instituten ab. Im Expert/inneninterview wurde zu bedenken gegeben, dass das Angebot in Finnland in dieser Hinsicht noch nicht sehr fortgeschritten sei. Im Hinblick auf die Organisation und Durchführung werde darüber diskutiert, ob interkulturelle bzw. multikulturelle Themen als Querschnittsdimension in der Lehrer/innenbildung repräsentiert werden, oder diese Fragen speziellen Kursen vorbehalten sein sollten. An der Fakultät des/r interviewten Erziehungswissenschaftlers/in stand ebenfalls die Option zur Debatte, interkulturelle bzw. multikulturelle Themen als Teil der sonderpädagogischen Lehrveranstaltungen anzubieten. Die Mehrheit sprach sich jedoch dagegen aus, weil damit ein falsches Signal gesetzt werde. In diesem Zusammenhang wurde im Expert/innengespräch auf die Gefahr hingewiesen, dass in Finnland Schüler/innen mit mangelnden Finnischkenntnissen vorschnell in sonderpädagogische Arrangements überwiesen werden (F-EI-2; vgl. ausführlich Kapitel 11.2).

Holm und Londen machen darauf aufmerksam, dass es sich aufgrund der häufig synonym verwendeten Begriffe *multicultural, intercultural, international* und *global education* schwierig gestalte, einen Überblick über die Inhalte der universitären Lehrveranstaltungen zu erhalten. Wie sich bereits in der Darstellung der bildungstheoretischen Diskussion abzeichnete (vgl. hierzu Kapitel 8.1), scheinen Kurse über *multicultural education* den Fokus auf Schüler/innen mit Migrationshintergrund anstatt auf alle Schüler/innen zu legen (Holm / Londen 2010, S. 114).

Virta erforschte in einer empirischen Untersuchung die Ansichten, Erfahrungen und Einstellungsänderungen angehender finnischer Geschichtslehrer/innen. Die Studierenden, die während ihrer erziehungswissenschaftlichen Studien im Rahmen des Fachlehrer/innenstudiums auch Praxisphasen an einer *university training school* in ethnisch-kulturell heterogenen Klassen absolvierten, wurden zu Beginn der einjährigen Studien mittels Fragebogen befragt. Mit ausgewählten Studierenden wurden vertiefende Interviews geführt. Außerdem reichten alle Studierende einen Essay und ein Portfolio ein, in denen sie ihre Unterrichtsbeobachtungen und -erfahrungen reflektieren sollten (Virta 2009, S. 287 f.). Virta fasst die Ergebnisse wie folgt zusammen:

> „It seems to be difficult for teachers beginning to teach history to insert the ideals of multiperspectivity into their teaching, or vary teaching content in accordance with the diversity found in their classes. Many of the informants explicitly denied the impact of diversity in their choice of lesson content or the occurrence of sensitive or controversial issues" (Virta 2009, S. 294).

Auch nach Abschluss der erziehungswissenschaftlichen Studien waren die meisten der angehenden Lehrpersonen der Meinung, „that diversity did not have deeper consequences for the contents of their history lessons" (Virta 2009, S. 293). Die wissenschaftliche Begleitung einer Lehrveranstaltung zum Themenfeld *multicultural education* durch Acquah und Commins deutet hingegen darauf hin, dass durch Lehrveranstaltungen dieser Art das Bewusstsein der Studierenden für interkulturelle bzw. multikulturelle Themen gesteigert werden kann. Lehrveranstaltungen müssten dazu jedoch insbesondere Möglichkeiten zur Selbstreflexion bieten (Acquah / Commins 2013, S. 15 f.).

8.3 Strukturbedingungen für die Berücksichtigung von Diversität

Zentrale Merkmale des finnischen Schulsystems

Die vorschulische Betreuung, Bildung und Erziehung

In Finnland haben Eltern nach der Elternzeit einen Rechtsanspruch auf frühkindliche Betreuung für ihre Kinder in Tageseinrichtungen sowie auf den Besuch einer einjährigen Vorschule. Die Betreuung in Tageseinrichtungen wird auf kommunaler Ebene organisiert. Auch der Besuch einer privaten Tageseinrichtung ist möglich. Der Besuch öffentlicher Betreuungsangebote ist nach Einkommen und Anzahl der Geschwister gestaffelt kostenpflichtig. Die Gebühren belaufen sich auf etwa 14 % der anfallenden Kosten. Familien der untersten Einkommensgruppe sind von den Beiträgen befreit. Das Personal in Kindertageseinrichtungen muss mindestens über einen Abschluss der Sekundarstufe II verfügen (ISCED 3). Jede dritte Fachkraft muss zudem einen Abschluss aus dem unteren Tertiärbereich vorweisen (*lower tertiary degree*, ISCED 5). Maximal vier Kinder unter drei Jahren bzw. sieben Kinder über drei Jahren dürfen pro Fachkraft betreut werden. Die anschließende einjährige Vorschule ist freiwillig und kostenfrei. Nahezu alle Sechsjährigen besuchen den vorschulischen Unterricht. Dieser ist insofern Bestandteil des öffentlichen Schulsystems, als in Finnland ein nationaler Lehrplan für die Vorschule gilt (Ministry of Social Affairs and Health 2013, S. 19 f.).

Die neunjährige Grundschule

Nach der freiwilligen einjährigen Vorschule folgt für alle Kinder die neunjährige Grundschule, in der diese in der Regel im Alter von sieben Jahren eingeschult werden, wobei ein freiwilliges zehntes Schuljahr möglich ist (Section 9 (2), Section 25 Basic Education Act 628 / 1998, Ministry of Education and Culture 1998 / 2010, kurz: BEA 628/1998). Die Klassenstufen 1–6 werden in der Regel von Klassenlehrer/innen bzw. *class teachers*, die Klassenstufen 7–9 von Fachlehrer/innen bzw.

subject teachers unterrichtet (Section 1 (2) Basic Education Decree 852 / 1998, Ministry of Education and Culture 1998, kurz: BED 852/1998). In der Praxis kann dies bedeuten, dass die genannten Klassenstufen in unterschiedlichen Gebäuden unterrichtet werden. Im Jahr 2013 umfassten 24 % der Schulen die Klassenstufen 1–9. Die Klassen 1–6 wurden von 68 % der Schulen und die Klassen 7–9 von 8 % der Schulen angeboten (OSF 2014g, S. 2).

In der Regel besuchen die Schüler/innen die zu ihrem Wohnort nächstgelegene Schule, denn die lokalen Schulbehörden sind dazu verpflichtet, den Schüler/innen einen Platz in einer *neighbourhood school* zu gewährleisten (Section 6 (1) BEA 628 / 1998). Schüler/innen, die in einer Entfernung von mehr als fünf Kilometern zur Schule wohnen, haben ein Anrecht auf kostenfreien Schultransport (Section 32 (1) BEA 628 / 1998). Die Schulleitung der in der Region Varsinais-Suomi besuchten Schule machte im Interview jedoch deutlich, dass das Prinzip der Nachbarschaftsschule in der Praxis nicht immer eingehalten werde:

> „The spirit of the law we now have is that every child has the right to go to the nearest school. But it's still the decision of the local authority which is the nearest school. The nearest school it not always the school which is nearest. For example, if there is a certain district, pupil district, and, for example, where we now are, inside the district there are two schools, yes, and sometimes the other one is full and even if it's nearer, the pupils have to come to the other one" (F-BE-10).

Zusätzlich zum Recht auf einen Schulplatz in der Nachbarschaftsschule haben Schüler/innen in Finnland auch das Recht, sich für eine Schule mit einem besonderen Curriculum bzw. Schulprofil zu bewerben. Dieses Recht auf freie Schulwahl ist dabei insofern eingeschränkt, als Schüler/innen aus der Nachbarschaft einen Vorrang bei der Vergabe der Schulplätze haben (Section 28 (2) BEA 628 / 1998). Eine freie Schulwahl ist somit in der Praxis nicht uneingeschränkt möglich (Simola u. a. 2013, S. 14). Zugleich wird die Möglichkeit der relativ freien Schulwahl im Sinne einer Bewerbung an Schulen mit einem speziellen Profil auch kritisch betrachtet, weil den Schulen auf diese Weise eine „indirekte Selektion" ermöglicht werde, mit der nicht nur eine fachliche, sondern insbesondere auch eine soziale Selektion einhergehen kann (Merimaa 2009, S. 145; vgl. auch Kapitel 11.2).

Was die Zeitstruktur betrifft, so ist die neunjährige Grundschule als sogenannte „Drei-Viertel-Schule" organisiert (Matthies 2002, S. 40). Der Unterricht darf in den ersten beiden Klassenstufen fünf Stunden pro Tag nicht überschreiten. In den höheren Klassenstufen sind täglich maximal sieben Stunden erlaubt (Section 2, Section 4 (1) BED 852 / 1998). Da jede/r Schüler/in täglich ein warmes Mittagessen (wie auch Lernmaterialien) kostenfrei erhält (Section 31 (1), Section 31 (2) BEA 628 / 1998) und auch Nachmittagsangebote in einem Umfang von mindestens 570 Stunden pro Schuljahr möglich sind (Section 48b BEA 628 / 1998), ist die finnische Schule somit weder strikt halbtägig noch durchgehend ganztägig organisiert.

Klassenwiederholungen sind in Finnland rechtlich gesehen möglich (Section 11 (2) BED 852 / 1998). In der Praxis wiederholt jedoch nur ein sehr geringfügiger

212

Teil der Schüler/innen eine Klasse (0,5 % nach den PISA-2009-Daten, Europäische Kommission 2011, S. 55). Eine Erklärung hierfür kann in der integrierten sonderpädagogischen Förderung gesehen werden (Sahlberg 2011, S. 60), die im nächsten Kapitel genauer betrachtet wird. Die Klassengröße beträgt in Finnland durchschnittlich etwa 20 Schüler/innen pro Klasse (Referenzjahr 2012, OECD 2014a, S. 537).[89] Etwa 23 % der Schulen haben weniger als 50 Schüler/innen und etwa 7 % haben mehr als 500 Schüler/innen (Referenzjahr 2014, OSF 2014g, S. 2). Nur ca. 3 % der Schüler/innen besuchen eine Privatschule (Korpinen / Peltonen 2013, S. 106 f.). Die Gesamtausgaben für Bildung belaufen sich gemessen am Bruttoinlandsprodukt auf 6,5 %, was über dem OECD-Durchschnitt von 6,1 % liegt. Nur etwa 2,5 % der Ausgaben fließen in den Primar- und Sekundarbereich I, was im OECD-Durchschnitt von 2,5 % liegt (Referenzjahr 2011, OECD 2014a, S. 301).

Organisation der sonderpädagogischen Förderung

In Finnland ist die sonderpädagogische Förderung bzw. *special education* weitestgehend in die Regelschulen integriert, worauf im folgenden Abschnitt ausführlich eingegangen wird. Nicht unerwähnt bleiben soll jedoch, dass es in Finnland auch separate Schulen bzw. *special schools* gibt. Im Jahr 2013 waren es insgesamt 105 (OSF 2014g, S. 2). Nur etwa ein Prozent aller Schüler/innen wird ausschließlich in separaten Schulen unterrichtet (OSF 2014h, S. 8).

Individuelle Förderung im Modus der Integration

Integriertes Fördersystem statt privater Nachhilfe

Der Anteil der Schüler/innen, die in Finnland private Nachhilfe erhalten, ist international betrachtet sehr gering (2,4 % in bei PISA 2003, Klemm / Klemm 2010, S. 8; vgl. auch Bray 2011, S. 21 f., 36). Das strukturell in die finnischen Schulen integrierte Fördersystem kann als eine Erklärung hierfür angesehen werden (Klemm / Klemm 2010, S. 5). Im Expert/inneninterview fasste ein/e Vertreter/in der Abteilung für den grundlegenden Unterricht (*Basic Education*) einer kommunalen Unterrichtsbehörde in der Region Varsinais-Suomi das Prinzip des integrierten Förderunterrichts mit dem Ziel der voranschreitenden Inklusion von Schüler/innen mit und ohne sonderpädagogischen Förderbedarf so zusammen:

---

89   Im Einzelnen: Primarbereich / ISCED 1, d. h. Klassen 1–6: 19,44; Sekundarbereich I / ISCED 2, d. h. Klassen 7–9: 20,19 (Referenzjahr 2012). Der OECD-Publikation *Bildung auf einen Blick 2013* ist lediglich eine Balkengrafik zu entnehmen (OECD 2014a, S. 537). Die dazugehörigen Zahlen können der online verfügbaren Grafik C7.3 entnommen werden (siehe OECD 2014a, S. 537).

„The main idea in the legislation is that the first place for the student is the nearest school and there you get the support you need. So also in the normal school you can get special needs education. **So the support comes to the student and not the students goes to the support**" (F-EI-7).

Die grundlegende Idee der Gesetzgebung ist es also, dass die Förderung zu den Schüler/innen kommt und nicht umgekehrt. Folglich wird die Mehrheit der Schüler/innen mit sonderpädagogischem Förderbedarf integrativ in Regelschulen unterrichtet. Nur ein geringer Prozentsatz wird ausschließlich in separaten Schulen unterrichtet (ca. 1 % aller Schüler/innen in 2013, OSF 2014h, S. 8). Von den an Regelschulen integrativ unterrichteten Schüler/innen der dritten Förderstufe (39.634) wird etwa ein Fünftel (18,7 %) voll in den Regelunterricht integriert. Etwa ein weiteres Fünftel (18,7 %) wird für 51–99 % der Unterrichtszeit in der Regelklasse unterrichtet. Jeweils etwa ein Zehntel (9 % und 11,6 %) wird für 21–50 % bzw. für 1–20 % der Unterrichtszeit im Regelunterricht unterrichtet. Etwas weniger als ein Drittel (29,2 %) – gemessen an der Gesamtschülerschaft[90] sind das 2,1 % – wird die gesamte Unterrichtszeit in separaten Klassen an Regelschulen unterrichtet (OSF 2014h, S. 7).

Drei Förderstufen

Seit dem Jahr 2011 wird die sonderpädagogische Förderung in Finnland nach einem reformierten System organisiert.[91] Drei Förderstufen wurden formuliert: *general support, intensified support* und *special support* (vgl. Section 16, 16a, 17 und 17a BEA 628 / 1998 sowie Kapitel 4 und 5 des nationalen Lehrplans in der Neufassung von 2011, Finnish National Board of Education 2011, kurz: FNBE 2011). Die grundlegenden Prinzipien des Förderunterrichts sind dabei auf allen drei Stufen durch Gemeinschaftsgeist, Flexibilität, Individualisierung, Früherkennung und Integration gekennzeichnet:

> „The starting points for provision of teaching and support are the strengths and learning and development needs of both the teaching group and each individual pupil. Support for learning and schooling means solutions based on **community spirit** and the learning environment, as well as meeting pupils' individual needs. When planning instruction and support, it is imperative to bear in mind that **support needs may vary from temporary to continuous, from minor to major, or from one to several forms of support.** [...] **Diverse learners, different learning styles and starting points for learning as well as pupils' cultural backgrounds must be taken into ac-**

---

90 Eigene Berechnung: 11.558 von 540.477 (OSF 2014h, S. 7, 8).
91 In diesem Zusammenhang wurde nicht der gesamte nationale Lehrplan von 2004 (Finnish National Board of Education 2004) überarbeitet, sondern lediglich Teile dessen. Die Änderungen wurden in einem separaten Dokument auf den Internetseiten des Zentralamts für Unterrichtswesen in Finnland verfügbar gemacht (Finnish National Board of Education 2011). Dies erklärt, weshalb zwei verschiedene Quellen verwendet werden, wenn auf den nationalen Lehrplan Finnlands verwiesen wird.

count in schoolwork. [...] Special attention must be focused on early identification of learning barriers and difficulties.[...] **Each pupil is provided with support at his or her own school through various flexible arrangements, unless its provision inevitably requires the pupil to be transferred to another teaching group or school**" (FNBE 2011, S. 7 f., eig. Herv.).

Mit dem reformierten System sollen die einzelnen Lehrkräfte stärker in die Verantwortung dafür genommen werden, individuelle Schwierigkeiten der Schüler/innen so früh wie möglich zu diagnostizieren und entsprechende Maßnahmen einzuleiten (Niemi 2012b, S. 25). Dass dieser Aspekt der Reform nicht von allen Lehrpersonen mit Zuspruch rezipiert wird, zeigte sich während des Aufenthalts an der besuchten finnischen Schule in der Region Varsinais-Suomi. So berichtete die Schulleitung von Unmut innerhalb des Kollegiums, der auch deutlich während einer Präsentation der sonderpädagogischen Lehrkraft für die Klassenstufen 1–6 im Rahmen einer einberufenen Kollegiumsbesprechung zu beobachten war. Im Interview mit der sonderpädagogischen Lehrkraft war dies dann auch ein Thema:

„But [name of the school principal] said that I must look that every teacher does this, because they don't want to do that" (F-BE-7).

Die Fördermaßnahmen werden mit der je nächsten Förderstufe stets intensiver und kontinuierlicher. Wichtig ist es hervorzuheben, dass Schüler/innen der ersten und zweiten Förderstufe keine dauerhafte, sondern eine sehr flexible Form der sonderpädagogischen Förderung erhalten, die nicht mit einem Sonderschulverfahren nach deutschem Muster gleichzusetzen ist. Auf der ersten Förderstufe bedarf es keiner formalen Beschlussfassung. Auf der zweiten Förderstufe bedarf es eines pädagogischen Gutachtens bzw. *pedagogical assessment* und erst auf der dritten Förderstufe bedarf es einer schriftlichen Beschlussfassung bzw. *written pedagogical statement* mit entsprechendem vorangegangenem Verfahren (FNBE 2011, S. 9 ff.). Die Fördermaßnahmen auf den verschiedenen Stufen können umfassen:

Förderunterricht bzw. *remedial teaching*

Förderunterricht kann auf allen Stufen erteilt werden. Er kann entweder während oder außerhalb der betreffenden Unterrichtsstunden in Form von Teamteaching, in Kleingruppen oder individuell realisiert werden. Förderunterricht ist als Form der Differenzierung zu verstehen, die durch individualisierte Aufgabenstellungen, Zeitvorgaben sowie Betreuung und Beratung („guidance and counselling", s. auch weiter unten) gekennzeichnet ist. Es ist Aufgabe der einzelnen Lehrpersonen, den Bedarf an Förderunterricht zu erkennen und Maßnahmen einzuleiten (FNBE 2011, S. 20).

Zeitweiser sonderpädagogischer Unterricht bzw. *part-time special-needs education*

Zeitweiser sonderpädagogischer Unterricht kann ebenfalls auf allen Förderstufen erteilt werden. Er wird von sonderpädagogischen Lehrkräften erteilt und kann analog zum Förderunterricht in Form von Teamteaching, in Kleingruppen oder individuell realisiert werden (FNBE 2011, S. 21).

Sonderpädagogischer Unterricht bzw. *special-needs education*

Sonderpädagogischer Unterricht wird nur auf der dritten Förderstufe von sonderpädagogischen Lehrkräften erteilt. Er kann – und sollte wann immer möglich, wie es im nationalen Lehrplan heißt (FNBE 2011, S. 23) – in Verbindung mit dem Regelunterricht erteilt werden. Er kann aber auch teilweise oder ganz in einer speziellen Klasse oder an einem anderen geeignetem Ort erteilt werden („fully or partially in a special class or some other suitable place", FNBE 2011, S. 23).

Individuelle Lern- bzw. Bildungspläne

Auf der ersten Förderstufe kann ein individueller Lernplan („individual learning plan") formuliert werden, auf der zweiten Förderstufe muss dies geschehen (FNBE 2011, S. 14). Auf der dritten Förderstufe muss ein individueller Bildungsplan („individual educational plan") formuliert werden. Ein individueller Bildungsplan ist umfangreicher als ein individueller Lernplan und setzt einen Beschluss zum Wechsel in die dritte Förderstufe voraus (FNBE 2011, S. 17). Bereits auf der ersten und zweiten Förderstufe ist es möglich, die Lerninhalte der Schüler/innen zu differenzieren, indem der Fokus in einem oder mehreren Fächern auf die Kerninhalte gelegt wird („core contents of a specific subject", FNBE 2011, S. 23). Worin diese bestehen, wird im nationalen Lehrplan nicht weiter festgelegt. Falls diese differenzierten Ziele trotz Fördermaßnahmen nicht erreicht werden können, kann der Lehrplan der Schüler/innen weiter individualisiert werden („individualisation of a syllabus", FNBE 2011, S. 24). In diesem Fall müssen die Noten, die im Laufe eines Schuljahres erteilt werden, wie auch die Benotungen auf Zeugnissen mit einem Asteriskus (*) versehen werden (FNBE 2011, S. 24). Schließlich besteht die Möglichkeit, Schüler/innen bei schweren Beeinträchtigungen in der Entwicklung („pupils with the most severe developmental disabilities", FNBE 2011, S. 27) statt nach Unterrichtsfächern in *activity areas* zu unterrichten (FNBE 2011, S. 27). Im Jahr 2013 wurden etwa 45 % der Schüler/innen der dritten Förderstufe gemäß des regulären Lehrplans unterrichtet. Ein individualisierter Lehrplan in einem Fach wurde für etwa 14 % der Schüler/innen der dritten Förderstufe formuliert, in zwei oder drei Fächern waren es 12 %. Mit 22 % wurde etwas weniger als ein Viertel der Schüler/innen der dritten Förderstufe nach einem individualisierten Lehrplan in vier oder mehr Fächern unterrichtet. Lediglich 5 % wurden nach *activity areas* bzw. *functional skill areas* unterrichtet (OSF 2014h, S. 3).

Individuelle Förderung von Schüler/innen mit Migrationshintergrund

Die Möglichkeit, insbesondere für Schüler/innen mit Migrationshintergrund einen individuellen Lernplan zu erstellen, wird im finnischen Lehrplan im Abschnitt *Instruction of cultural and language groups* noch einmal gesondert erwähnt (FNBE 2004, S. 34). Diesbezüglich kann in kritischer Sicht die Frage gestellt werden, weshalb diese Option explizit gemacht wird. Denn der nationale Lehrplan regelt im Hinblick auf die zuvor beschriebene Differenzierung der Lerninhalte in der Neufassung von 2011:

> „**Language and cultural background**, absences, lack of motivation or inadequate learning techniques **cannot as such constitute a reason for individualizing a syllabus**; instead, pupils must be supported in these issues in other suitable ways" (FNBE 2011, S. 23, eig. Herv.).

Dieser Zusatz ist insofern erwähnenswert, als in der Fassung von 2004 lediglich stand:

> „Pressing reasons must exist for excusing the pupil from studying the syllabus" (FNBE 2004, S. 27).

Der neu hinzugefügte Hinweis darauf, dass Sprache und kultureller Hintergrund keine Gründe für die Erstellung eines individualisierten Lehrplans mit differenzierten Bildungszielen darstellen, lässt vermuten, dass dies eine nicht seltene Praxis darstellt. Auch im Expert/inneninterview wurde auf die Gefahr der Fehldiagnosen aufgrund mangelnder Sprachkenntnisse hingewiesen (F-EI-2). Die Vermutung erhärtet sich vor dem Hintergrund der Aussagen der Lehrpersonen, mit denen in Finnland Interviews geführt wurden (vgl. ausführlich Kapitel 11.2). So wurden mangelnde Sprachkenntnisse in der finnischen Sprache von mehreren Lehrpersonen als ein Grund für die Erteilung von sonderpädagogischem Unterricht benannt. Eine Lehrperson berichtete zudem im Zusammenhang mit der sehr schwachen finnischen Sprachkompetenz einiger Schüler/innen mit Migrationshintergrund, dass sich die Zahl der sonderpädagogischen Lehrkräfte in den letzten zehn Jahren eben aufgrund dieser Sprachdefizite deutlich erhöht habe (F-BE-4). Auf die sprachlichen Defizite der Schüler/innen mit Migrationshintergrund und deren wachsende Zahl wurde also mit sonderpädagogischen Maßnahmen reagiert. An der besuchten Schule hat sich zudem eine sonderpädagogische Lehrperson auf Schüler/innen mit Migrationshintergrund ‚spezialisiert':

> „We are three teachers in special education in [name of the school]. One of us has students with problems in maths. Most of these students are in general support. They are about 50 students and most of them are Finnish students. There are some (3–5) immi-

grant students in this group. Another part of the students (5–10) has problems in their life and family (in concentration, emotional life and motivation). They are in intensified or in special support. Some of them spend a period in a small group in many subjects and then they try to go back to regular group with assistance of special education teacher. The third part of the students has especially challenges in Finnish language (MATU). They study in a small group in many subjects (history, biology, chemistry …) until they want to follow regular teaching. They follow OMO- and S2-teaching all the time 3–5 hours per week. They are mostly in intensified support. Some of them (3) are in special support" (E-Mail-Korrespondenz vom 4. April 2013 mit einer sonderpädagogischen Lehrkraft).[92]

Es leuchtet ein, dass eine solche ‚Aufteilung' nur praktikabel ist, wenn es genügend Schüler/innen mit Migrationshintergrund *und* sonderpädagogischem Förderbedarf gibt. Optionen dieser Art, die strukturell im Schulcurriculum verankert sind, können Tür und Tor für Mechanismen institutioneller Diskriminierung öffnen. Wie sprachliche Defizite in kognitive Defizite umgedeutet werden, um ‚Angebot und Nachfrage' nachzukommen, haben Gomolla und Radtke in ihrer Untersuchung eindrucksvoll gezeigt (Gomolla / Radtke 2009). Vor dem Hintergrund der Aussagen der interviewten Lehrpersonen erscheint es nicht abwegig, dass es sich – genauer betrachtet – weniger um sonderpädagogischen, als um sprachlichen Förderbedarf handelt. Wie unklar die Grenze zwischen sprachlicher und sonderpädagogischer Förderung mitunter gezogen wird, wurde auch im Interview mit einem/r Behördenvertreter/in für den grundlegenden Unterricht (*Basic Education*) in der Region Varsinais-Suomi deutlich, in dem die Organisation des vorbereitenden Unterrichts für Schüler/innen mit Migrationshintergrund (vgl. Kapitel 8.3) thematisiert wurde:

> „And it is normally in a class of ten with a special needs teacher. It's not special needs teaching, but we think it requires the same skills, because each child has an individual plan. They have very different backgrounds, everybody in this group" (F-EI-7).

Abgesehen von der Gefahr, sprachliche Defizite mit kognitiven zu ‚verwechseln', muss im Hinblick auf die Integration von Schüler/innen mit Migrationshintergrund die beschriebene Praxis der sonderpädagogischen Förderung durch eine ‚spezialisierte' Lehrperson insofern kritisch betrachtet werden, als die betreffenden Schüler/innen auf diese Weise eine doppelte Segregation erfahren: Sie werden nicht nur getrennt von den Schüler/innen der Regelklassen unterrichtet, sondern zudem getrennt von den Schüler/innen mit sonderpädagogischem Förderbedarf ohne Migrationshintergrund.

Schüler/innenfürsorgeteam

Neben der integrierten sonderpädagogischen Förderung gibt es an finnischen Schulen ein sogenanntes Schüler/innenfürsorgeteam. Die multiprofessionelle Arbeits-

---

92   Zu den Konzepten *OMO-* bzw. *MAI-teaching* vgl. den nächsten Abschnitt über Mehrsprachigkeit und Bildung in Finnland.

gruppe umfasst den Schulsozialdienst, den schulpsychologischen Dienst, den Schul-
gesundheitsdienst sowie die jeweiligen Sonderpädagog/innen, Lern- / Berufsbera-
ter/innen, Fachlehrer/innen und Schulleiter/innen. Auf wöchentlicher bis zweiwöchiger Basis finden regelmäßig Treffen statt, um aktuelle und individuelle Probleme
zu besprechen (Ahtola / Niemi 2014, S. 139; Domisch / Klein 2012, S. 75). Ferner
sind sogenannte Schulassistent/innen zur Unterstützung der Lehrkräfte im Unterricht
an finnischen Schulen tätig (FNBE 2011, S. 33; Matthies 2009, S. 159). Kritisch zu
sehen ist jedoch die schlechte Personalsituation. Nach Ahtola und Niemi müsste die
Fachkräftezahl verdreifacht werden, um im vorschulischen Bereich und der neunjährigen Grundschule ein Betreuungsverhältnis für professionelles Arbeiten zu ermöglichen (Ahtola / Niemi 2014, S. 143). Die Situation verschärft sich dadurch, dass die
Fachkräfte oftmals, wie auch an der in Finnland besuchten Schule, zeitgleich mehrere Schulen betreuen und somit nur tageweise vor Ort sind. In den geführten Gesprä-
chen wurde dies als sehr nachteilig für die pädagogische Arbeit beurteilt. Dies geht
soweit, dass die sonderpädagogische Lehrkraft, die an der Schule als einzige sonderpädagogische Lehrkraft für die Klassenstufen 1–6 zuständig ist, einen direkten
Zusammenhang zwischen der Personalsituation und den Überweisungen zu separaten Sonderschulen sieht:

> „Here they can be in the normal school and then I must teach them. And that's, I'm too
> little to teach them, because I'm the only one. But if we have more special education
> teachers, we can do it more here in our school. But that's why they must go to the spe-
> cial education school" (F-BE-7).

Entscheidungen über den Förderort der Schüler/innen können somit auch von nicht-
pädagogischen Kriterien beeinflusst werden. Ein unausgewogenes Betreuungsverhältnis kann dabei latente Selektionsmechanismen begünstigen, wie aus der Inter-
viewsequenz hervorgeht.

System der Lern- / Berufsberatung

Jede/r Schüler/in ist schließlich dazu berechtigt, Betreuung und Beratung bzw.
guidance and counselling zu erhalten. Zuständig hierfür sind insbesondere die einzelnen Lehrpersonen sowie der oder die Lern- und Berufsberater/in bzw. *guidance
counsellor*:

> „Provision of guidance and counselling is the responsibility of teachers and the guid-
> ance counsellor, as well as other staff members, who cooperate throughout basic edu-
> cation and at different transition points" (FNBE 2011, S. 31).

Für dieses Berufsbild wurde in den 1970er Jahren ein eigenständiger Studiengang
eingerichtet (Kasurinen / Vuorinen 2009, S. 148). Wie schwierig es jedoch in der
Praxis sein kann, diese durch den Lehrplan vorgesehene Aufgabenteilung zu realisieren und die einzelnen Lehrpersonen dazu zu bewegen, die Aufgabe der Betreuung

und Beratung wahrzunehmen, beschreibt die Schulleitung der in Finnland besuchten Schule:

> „Student counselling is according to this book [national curriculum]. It's everybody's task, yes, everybody has to counsel the students. It's not just [name of the guidance counsellor] task and this is something they really forget every now and then, also in secondary school, and this is something we have to improve. [...] For example, because there is for every class, in the secondary school, there is one teacher whose class that is, the mother or father of the class, and next year we will have one lesson per week for listening the students and, you know, working for the atmosphere of the class. [...] Because [name of the guidance counsellor] has too much work, because she is working so much alone" (F-BE-10).

Das integrierte System der Lern- / Berufsberatung kann trotz dieser Schwierigkeiten als eine Erklärung für die geringe Klassenwiederholungs- sowie Drop-out-Rate angesehen werden (Sahlberg 2011, S. 23).

Mehrsprachigkeit und Bildung in Finnland

Finnisch und Schwedisch als National- und Unterrichtssprachen

Finnland ist offiziell zweisprachig. Der *Basic Education Act* und der nationale Lehrplan legen deshalb fest, dass Schüler/innen in Finnland sowohl Finnisch als auch Schwedisch in der Schule lernen.[93] So werden die Schüler/innen mit Beginn der ersten Klasse im Fach *Mother tongue and literature* je nach Unterrichtssprache der Schule entweder in Finnisch oder Schwedisch unterrichtet. Zusätzlich werden sie in der jeweils anderen Nationalsprache unterrichtet, entweder als *A-language* (genauer: als A1-Pflichtfach oder A2-Wahlfach), die bereits in den unteren Jahrgangsstufen einsetzt (1–6), oder als *B-language* (genauer: als B1-Pflichtfach oder B2-Wahlfach, die erst in den oberen Jahrgangsstufen des grundlegenden Unterrichts (7–9) einsetzt (Section 11 BEA 628 / 1998; FNBE 2004, S. 42; siehe auch Nuolijärvi 2012).

Auf der Ebene des intendierten Lehrplans wird der Erhalt der historisch gewachsenen Zweisprachigkeit Finnlands somit als Ziel deklariert. Auf der Ebene des implementierten Curriculums sieht die Situation jedoch anders aus. Deutlich mehr Schüler/innen lernen Finnisch im Fach *Mother tongue and literature* und Schwedisch lediglich als *second national language*. Mit 90 % wählt zudem die große

---

93 Ausnahmen hierzu ergeben sich, (i) wenn Sami im Fach *Mother tongue and literature* gewählt wird und (ii) wenn eine andere Erstsprache („other mother tongue") im Fach *Mother tongue and literature* gewählt wird (zum Fach *Mother tongue and literature* vgl. ausführlicher den übernächsten Unterabschnitt). Im ersten Fall wird Finnisch nach dem Lehrplan *Finnish for Sami-speakers* unterrichtet und Schwedisch ist optional. Im zweiten Fall werden zusätzlich zum Fach *Mother tongue and literature* Finnisch oder Schwedisch als Zweitsprache unterrichtet. Die zweite Nationalsprache ist dann ebenfalls optional (FNBE 2004, S. 42).

Mehrheit dieser Schüler/innen das Fach Schwedisch als *second national language* erst ab der siebten Klasse, d. h. als *B-language*. Ebenfalls mit etwa 90 % wählt hingegen die große Mehrheit der Schüler/innen, die Schwedisch im Fach *Mother tongue and literature* gewählt haben, Finnisch als *second national language* bereits in den unteren Klassenstufen, d. h. als *A-language*. Schwedisch wird somit deutlich weniger unterrichtet und gelernt als Finnisch, zumal in den 1990er Jahren die curricular vorgesehene Unterrichtszeit in der zweiten Nationalsprache um ein Drittel gekürzt wurde. Strukturell wird diese Tendenz darüber hinaus dadurch verstärkt, dass viele Schulen, deren Unterrichtssprache Finnisch ist, die zweite Nationalsprache Schwedisch lediglich als *B-language* im schulinternen Curriculum anbieten (Tallroth 2012, S. 19; siehe auch Nuolijärvi 2012).

Um die Unterrichtsanteile in Schwedisch wieder zu erhöhen, soll im Zuge der neuen Verteilung der Unterrichtsstunden und der Überarbeitung des nationalen Lehrplans aus dem Jahr 2004 der Beginn der *B-language* auf die sechste Klasse vorverlegt werden (Tallroth 2012, S. 19).[94] Zugleich wird in Finnland, nicht zuletzt im Zuge der wachsenden Beliebtheit der populistischen Partei Die Finnen (finnisch: *Perussuomalaiset*, wörtlich: Wahre Finnen), in den letzten Jahren vermehrt darüber diskutiert, ob Schwedisch weiterhin als Pflichtfach im nationalen Lehrplan verankert sein sollte. Auch Umfragen der *Association of Finnish Culture and Identity* kommen in den letzten zehn Jahren immer wieder zu dem Ergebnis, dass die Mehrheit der Finnen sich gegen Schwedisch als Pflichtfach und für Schwedisch als Wahlfach ausspricht (Salo 2012, S. 33).[95]

Bilinguale Schulen

An verschiedenen Schulen, Vorschulen und Kindergärten, insbesondere in zweisprachigen Regionen, wird Finnisch bzw. Schwedisch nach dem Immersionsprinzip unterrichtet. Die Immersionsanteile können dabei zwischen Voll- und Teilimmersion variieren. Schulen, die nach dem Prinzip der Immersion arbeiten, finden sich geographisch gesehen jedoch nur in Gegenden an der Küste. Zudem besteht ein Mangel an qualifiziertem Personal, da seit dem Jahr 2009 an Hochschulen keine Studierenden mehr mit dieser Fachrichtung aufgenommen wurden. Weitere Sprachen, die in Finnland nach dem Immersionsprinzip an bilingualen Schulen unter-

---

94   Der nationale Lehrplan aus dem Jahr 2004 befand sich zum Zeitpunkt der vorliegenden Untersuchung im Überarbeitungsprozess. Bis zum Beginn des Schuljahres 2016 / 17 sollen auf dieser Grundlage von den Schulen schulinterne Lehrpläne erarbeitet werden (European Commission 2013; Finnish National Board of Education 2013).

95   Auch auf der Ebene der Bildungstheorie hinterfragen Wissenschaftler/innen das Pflichtfach Schwedisch. Salo hält die Argumente gegen das Schwedisch als Pflichtfach für ‚logischer' (im Original: „more logical", Salo 2012, S. 34). Zum Schluss seines Beitrags plädiert er deshalb für eine ‚offenere' Diskussion über dieses Thema: „[...] we need to be prepared to openly discuss the pros and cons of having the second national language as a general subject in basic education" (Salo 2012, S. 37).

richtet werden, sind Englisch, Russisch, Französisch, Deutsch und Estnisch (Nuolijärvi 2012, S. 115; Tallroth 2012, S. 21 f.).

Das Fach Mother tongue and literature in anderen Sprachen als den Nationalsprachen

Der nationale Lehrplan sieht insgesamt elf Optionen für das Fach *Mother tongue and literature* vor (FNBE 2004, S. 43 ff.):

- Finnisch,
- Schwedisch,
- Sami,[96]
- Romani,
- Finnische Gebärdensprache,
- andere Muttersprache („other mother tongue"),
- Finnisch als Zweitsprache,
- Schwedisch als Zweitsprache,
- Finnisch für Sami-Sprecher/innen,
- Finnisch für Sprecher/innen der Finnischen Gebärdensprache sowie
- Schwedisch für Sprecher/innen der Finnischen Gebärdensprache.

Hierbei handelt es sich um eine entscheidende Veränderung zum vorangegangenen nationalen Lehrplan aus dem Jahr 1994. Wenn in diesem die Rede von Muttersprache und Muttersprachenfach war, dann waren damit Finnisch und Schwedisch gemeint (F-EI-2).[97] Der nationale Lehrplan aus dem Jahr 2004 subsumiert hingegen weitere Sprachen unter das Muttersprachenfach, was einer Aufwertung sprachlicher Vielfalt gleichkommt. Es ist zudem bemerkenswert, dass der nationale Lehrplan die genannten Optionen für das Muttersprachenfach im Hinblick auf die Ziele bzw. *objectives*, Inhalte bzw. *core contents* und die Beschreibung guter Leistung[98] bzw. *description of good performance* in den jeweiligen Klassenstufen durchdekliniert, wenngleich kritisch zu sehen ist, dass die Option „other mother tongue" nicht weiter ausgeführt wird.[99] Holm und Londen kommentieren dazu:

---

96   Genauer: Nordsamisch, Inarisamisch und Skoltsamisch (FNBE 2004, S. 70).

97   Der Begriff Muttersprache wird im Zusammenhang mit dem Fach *Mother tongue and literature* verwendet, weil damit der Übersetzung der im nationalen Lehrplan verwendeten Terminologie gefolgt wird – wohlwissend, dass im wissenschaftlichen Kontext der Begriff Erstsprache vorgezogen wird (vgl. z. B. Caprez-Krompàk 2010, S. 41).

98   In der Literatur wird *good performance* mitunter mit ‚gute Kompetenz' übersetzt (z. B. Oelkers 2008, S. 41; Ratzki 2005, S. 52). Da *performance* jedoch nicht mit *competence* bzw. Kompetenz gleichzusetzen ist, sondern eine Voraussetzung dafür ist, wird in der vorliegenden Arbeit die Übersetzung ‚gute Leistung' verwendet.

99   Eine detaillierte Analyse der Ziele und Inhalte dieser Optionen für das Muttersprachenfach erfolgt an späterer Stelle (vgl. Kapitel 9.1).

„The mother-tongue instruction for children of Finnish, Swedish, Roma, Saami and sign language background is quite complicated, with 11 different types of mother-tongue instruction. In addition, there are many language immersion programs for Finnish students. It is interesting to note that Finland and Finns themselves consider their educational system homogeneous, despite such an array of mother-tongue instructional options" (Holm / Londen 2010, S. 111 f.).

Da der intendierte nationale Lehrplan durch diese ‚stattliche Reihe' und insbesondere durch die Option „other mother tongue" sehr offen für das Unterrichten von weiteren Sprachen neben Finnisch und Schwedisch ist, stellt sich die Frage nach den tatsächlich implementierten Sprachen im Fach *Mother tongue and literature*. Nach Auskunft des Zentralamts für Unterrichtswesen werden in Finnland neben Finnisch und Schwedisch auch Sami (in Lappland), Romani, die Finnische Gebärdensprache, Russisch, Französisch, Deutsch und Estnisch im Fach *Mother tongue and literature* angeboten (F-EI-4). Im kommunalen Curriculum der Gemeinde, in der die empirische Erhebung dieser Untersuchung durchgeführt wurde, wurden zum Zeitpunkt der Erhebung keine weiteren Sprachen außer Finnisch und Schwedisch im Fach *Mother tongue and literature* angeboten (F-EI-7). Im Interview danach befragt wusste die Schulleitung der besuchten Schule in Finnland nicht einmal, dass der nationale Lehrplan die Möglichkeit eröffnet, das Fach *Mother tongue and literature* in einer anderen Sprache als Finnisch oder Schwedisch zu belegen (F-BE-10).[100]

Finnisch bzw. Schwedisch als Zweitsprache für Schüler/innen mit Migrationshintergrund

Der Unterricht in Finnisch bzw. Schwedisch als Zweitsprache wurde mit dem Lehrplan aus dem Jahr 1994 in Finnland eingeführt (Suni / Latomaa 2012, S. 74). Schüler/innen mit Migrationshintergrund lernen demnach in der Regel gänzlich oder in Teilen Finnisch bzw. Schwedisch als Zweitsprache anstelle des Faches *Mother tongue and literature*.[101] Nach Auskunft des Zentralamts für Unterrichtswesen erhalten alle Schüler/innen Unterricht in Finnisch als Zweitsprache, die diesen Unterricht benötigen. Die Finanzierung des Unterrichts wird staatlich unterstützt (F-EI-4). Die Ergebnisse einer webbasierten Umfrage deuten hingegen darauf hin, dass es durch-

---

100 Wenn Schüler/innen Sami oder Romani als *Mother tongue and literature*-Fach wählen, lernen sie zusätzlich Finnisch bzw. Schwedisch als *Mother tongue and literature*-Fach. Im Falle der Sami-Sprecher sieht der nationale Lehrplan hierfür einen eigenen Lehrplan vor (Finnisch für Sami-Sprecher). Wenn eine andere Sprache als Finnisch, Schwedisch, Sami, Romani oder Finnische Gebärdensprache als *Mother tongue and literature*-Fach gewählt wird, muss zusätzlich Finnisch bzw. Schwedisch als Zweitsprache belegt werden. Eine andere Möglichkeit besteht darin, Finnisch bzw. Schwedisch als *Mother tongue and literature*-Fach zu wählen, zusätzlich Unterricht in Finnisch bzw. Schwedisch als Zweitsprache sowie herkunftssprachlichen Unterricht zu erhalten (FNBE 2004, S. 42).

101 In den folgenden Ausführungen wird der Einfachheit halber nur auf Finnisch als Zweitsprache Bezug genommen.

aus Schüler/innen gibt, die keinen Unterricht in Finnisch als Zweitsprache erhalten, obwohl dies in den Augen der Lehrkräfte nötig wäre. Die Rolle der Schulleitung scheint dabei eine zentrale Rolle zu spielen (Latomaa / Suni 2011, S. 127 ff.). Diese Ergebnisse decken sich mit den Untersuchungen von Korpela und Kuusela u. a., nach denen für 25 % der Schüler/innen, die Unterricht in Finnisch als Zweitsprache erhalten müssten, kein solches Angebot in finnischen Schulen verfügbar ist (Korpela 2006, Kuusela u. a. 2008 zitiert nach Latomaa / Suni 2011, S. 127 ff.). Auf die erneute Anfrage beim Zentralamt für Unterrichtswesen hin wurden diese Zahlen bestätigt. Zwar seien mangelnde Ressourcen auch ein Grund für dieses Phänomen, hauptsächlich seien die Prozentzahlen jedoch darin begründet, dass die betreffenden Schüler/innen bereits ausreichende Sprachkenntnisse in Finnisch hätten (F-EI-5).

Ziel des Unterrichts in Finnisch als Zweitsprache ist nach dem nationalen Lehrplan die funktionale Zweisprachigkeit:

> „Together with instruction in his or her own native language, instruction in Finnish as a second language **strengthens the pupil's cultural identity** and builds a foundation for **functional bilingualism**" (FNBE 2004, S. 95, eig. Herv.).

Der Lehrplan weist ausdrücklich darauf hin, dass das Erlernen einer Zweitsprache mehrere Jahre erfordert und dass der Ausgangspunkt für den Unterricht in Finnisch als Zweitsprache die finnische Sprachkompetenz der Schüler/innen ist, nicht die Klassenstufe, die sie besuchen:

> „**The instruction must take into account the fact that in-depth learning of a new language requires several years**. Attention is to be given to the fact that the pupil's command of his or her native language, and the structural disparities and cultural distance between that language and Finnish, can affect how much time is consumed in achieving the objectives.
>
> In setting objectives and choosing contents, consideration is given to the pupil's overall situation, including his or her age, language proficiency, and educational and experiential background. **The starting point for instruction is the pupil's skill in Finnish, not the grade in which he or she is studying**" (FNBE 2004, S. 96, eig. Herv.).

Außerdem sollen Schüler/innen mit Migrationshintergrund Finnisch nicht nur im Fach *Finnish as a second language* erlernen, sondern in allen Fächern und in Zusammenarbeit mit allen Lehrkräften (FNBE 2004, S. 95).

Herkunftssprachlicher Unterricht

Im Einklang mit dem Ziel der funktionalen Zweisprachigkeit, das im Fach Finnisch bzw. Schwedisch als Zweitsprache zusammen mit dem herkunftssprachlichen Unterricht verfolgt werden soll, hebt der Lehrplan auch im Abschnitt *Instruction of cultural and language groups* die Förderung sprachlicher und kultureller Vielfalt als Aufgabe des grundlegenden Unterrichts hervor:

„Instruction for immigrants complies with this national core curriculum, taking into account the pupils' backgrounds and starting points, such as native tongue and culture, reason for immigrating, and duration of residence in Finland. In addition, the instruction has special objectives. **It must support the pupil's growth into active and balanced membership of both the Finnish linguistic and cultural community and the pupil's own linguistic and cultural community.** [...] The instruction takes into account the immigrant pupil's prior learning history and educational and instructional background. In home-school cooperation, attention is given to the family's cultural background and experiences with the school system in the country of departure" (FNBE 2004, S. 34, eig. Herv.).

Diese positive Haltung gegenüber migrationsbedingter sprachlicher und kultureller Vielfalt ist im Zusammenhang mit dem allgemeinen Bildungsauftrag des grundlegenden Unterrichts zu sehen. So postuliert der nationale Lehrplan bereits zu Beginn im Abschnitt *Mission of basic education* im Hinblick auf alle Schüler/innen:

„Basic education must also support each pupil's linguistic and cultural identity and the development of his or her mother tongue" (FNBE 2004, S. 12).

Deutlich im Widerspruch zu diesen Zielen ist die Tatsache zu sehen, dass der nationalen Lehrplan Finnlands im Hinblick auf den herkunftssprachlichen Unterricht lediglich regelt, dass dieser nach Möglichkeit erteilt werden soll:

„As possibilities allow, immigrants also receive instruction in their own native language" (FNBE 2004, S. 34).

Der herkunftssprachliche Unterricht ist in Finnland somit nicht obligatorisch für Schüler/innen mit Migrationshintergrund. Obwohl die Kommunen eine staatliche finanzielle Unterstützung bei einer Anzahl von mindestens vier Schüler/innen erhalten, erfolgt die Umsetzung je nach Kommune unterschiedlich, so dass einige Kommunen herkunftssprachlichen Unterricht anbieten, sobald ausreichend Schüler/innen vorhanden sind, andere wiederum auch bei ausreichender Schülerzahl diesen nicht anbieten (Latomaa / Suni 2011, S. 124 f.). Laut Auskunft des Zentralamts für Unterrichtswesen werden finnlandweit etwa 13.000 Schüler/innen in 53 Herkunftssprachen unterrichtet, was einem Anteil von etwa 70 % entspreche (F-EI-4). In einer Publikation der finnischen Regierung wird der herkunftssprachliche Unterricht auf 13.200 Schüler/innen und 55 Sprachen beziffert (Tallroth 2012, S. 16). Im kommunalen Curriculum einer Gemeinde in der Region Varsinais-Suomi wurde laut Auskunft der Behörde zum Zeitpunkt der Erhebung im Rahmen der vorliegenden Untersuchung herkunftssprachlicher Unterricht in 27 Sprachen angeboten (F-EI-7). Im fachwissenschaftlichen Diskurs wird die Situation etwas kritischer gesehen und der Anteil der Schüler/innen, die keinen herkunftssprachlichen Unterricht erhalten, auf 25 % bis 50 % beziffert (Graeffe / Lestinen 2012, S. 118; Latomaa / Suni 2011, S. 125).

Was die Ebene des intendierten Curriculums betrifft, so finden sich im Anhang des nationalen Lehrplans Empfehlungen für den herkunftssprachlichen Unterricht von Schüler/innen mit Migrationshintergrund. Dessen Stellung im Curriculum des grundlegenden Unterrichts wird direkt zu Beginn geklärt:

> „**Instruction in the native languages of immigrants supplements basic education**. It is not instruction in accordance with Section 12 of the Basic Education Act; it is instead provided with the aid of a separate government subsidy" (FNBE 2004, S. 303, eig. Herv.).

Dem herkunftssprachlichen Unterricht wird also kein eigenständiger, sondern ein ergänzender Charakter zuteil. Diese Stellung wurde auch im Interview mit einem/r kommunalen Behördenvertreter/in für den grundlegenden Unterricht (*Basic Education*) deutlich:

> „Yes, they have voluntary mother tongue teaching and it's given in groups of four. So if there are four students who want to have this, then they can have it, if we find a teacher, but it's not obligatory. But we have a lot of immigrants and we give mother tongue teaching, but it's not in the main curriculum" (F-EI-7).

Der herkunftssprachliche Unterricht wird in zwei Varianten angeboten, die von der Schulleitung der in Finnland besuchten Schule folgendermaßen erklärt werden:

> „So there are two kinds of teaching. There is, you know, what we call OMO-teachers. They teach biology in their own language. So they are helping the subject teacher. There are two ways to operate, you know. They are in the same classroom and they are operating together or they are separated, but before the lesson they discuss about the theme of the lesson. This is what we call **OMO-teaching**. And then we have **MAI-teaching**, you know. That's just to, you know, refresh the mother tongue and it's after the lessons in the afternoon, because they, you know, they collect the learners from different schools very often" (F-BE-10).

Die erste Variante, *OMO-teaching*, wird von entsprechend qualifizierten Schulassistent/innen bzw. *teaching assistants* angeboten, wie ein/e Vertreter/in einer kommunalen Unterrichtsbehörde in der Region Varsinais-Suomi erläutert:

> „I was already talking about these teachers who have mother tongues like Arabic or Vietnamese or Albanian who are qualified teachers in their original countries and they work as assistant teachers or co-teachers and help the pupils to understand the school subjects in their own languages. We have employed teachers for the most big language groups" (F-EI-7).

Die Erstsprachen nehmen bei dieser Form des herkunftssprachlichen Unterrichts somit eine ‚Helferfunktion' ein, um die Fachinhalte zu vermitteln. Dass das eigentliche Ziel darin besteht, die finnische Sprache zu lernen, wird auch aus dem Gespräch mit der Schulleitung deutlich. Gefragt wurde, ob es eine Mindestzahl für den herkunftssprachlichen Unterricht an der besuchten Schule gibt:

> „We don't have limits for that, because, as I mentioned, those children from Estonia, there are only three and actually the lady is teaching those two who are studying there in secondary school. And the third one, the younger one, she is studying here [school

building for grades 1–6], and she doesn't need it. [...] She doesn't need. She is so good in Finnish language already" (F-BE-10).

In der betreffenden Sprache, Estnisch, wird der Unterricht an der Schule auch mit nur drei Schüler/innen dieser Herkunftssprache angeboten. Wahrgenommen wird dieses Angebot jedoch nur von zwei Schüler/innen. Die Schulleitung begründet dies damit, dass die Finnischkenntnisse bereits ausreichend ausgebildet seien.

Kritisch zu sehen ist darüber hinaus die Vorgehensweise, Personen als Schulassistent/innen einzustellen, die zuvor in ihren Herkunftsländern als qualifizierte Lehrkräfte gearbeitet haben, wie im Expert/innengespräch deutlich gemacht wurde:

> „Because, you know, there are certain kinds of economic sectors, the occupations, where immigrants are merged or, you know, the country really lets understand, for instance, social care and health care, because of the demographics, we will be old very soon and there are not native people enough to go to the health and social care. So then the immigrants are channelled there. And then this is the case in Finland, too, for instance this where I interviewed the teachers. [...] So very highly educated, especially in this case, from former Sowjet Union, all the teaching assistants were highly educated immigrants. They had master and they had a long very good work experience and then the highest they got in Finland they got as teaching assistants for immigrants" (F-EI-1).

Das institutionalisierte kulturelle Kapital (Bourdieu 1992) der Migrant/innen wird durch das Aufnahmeland abgewertet, indem sie zu Schulassistent/innen degradiert werden. Ein weiteres Problem die Qualifikation des Personals betreffend besteht unter anderem darin, dass die Schulassistent/innen auch fachfremd unterrichten müssen, wie die interviewte Schulleitung im Gespräch anmerkt:

> „They are, this is the problem, the education of those OMO-teachers, you know, or lack of education. Some of them, you know, for example [name], our Arabian language teacher, she used to be a mathematic teacher in Syria and now she is very, you know, she is very good in teaching maths to our young learners here and it helps a lot to open the difficult words in maths in their own language, but she has to teach also biology, history and it helps the learners, you know, with difficult words and that's the way. So, they are not, very often they have been in their own countries subject teachers or then they haven't been teachers at all. There are, you know, there are big differences between those, you know, like in wines, you know" (F-BE-10).

Die zweite Variante des herkunftssprachlichen Unterrichts, *MAI-teaching*, findet außerhalb der regulären Unterrichtszeit am Vor- oder Nachmittag statt. Infolgedessen kann der herkunftssprachliche Unterricht für Schüler/innen wie auch Eltern sehr unattraktiv werden, wie im Expert/innengespräch bemerkt:

> „You know, this is the problem really when I was reading this evaluation, that when the teaching is organised then it's not necessarily, it's not for students and parents, it's not that attractive, because it's after all the other lessons. Or then it is first in the morning when the others come later to the school, so they have to come at eight o'clock if the others come at nine o'clock. And then it's after three o'clock in the afternoon, so it's not very appealing" (F-EI-1).

Trotz dieser organisatorischen Hürde werde die Erteilung des herkunftssprachlichen Unterrichts an finnischen Schulen jedoch sehr ernst genommen, so die Einschätzung im Expert/inneninterview:

> „So this is something that, it's a Finnish way. If it's in our curriculum framework, we have to implement it. [...] Well, it is up to municipalities, it's very much up to municipalities, but the National Board of Education really is steering it, is looking that it happens and especially if the parents want it. But then many immigrant parents if they don't speak the language and they may not even know it, then in those cases probably it is not taught. [...] But I tell you, I was doing a project with Iranians, the family was Curd, so the professor from Iran came with his family for eight months to Finland. And then the son went to school and then, their mother tongue is Farsi, and then this family was so surprised, because they never got the teaching in Farsi even in Iran and here their daughter, their son is getting teaching in it" (F-EI-1).

Insgesamt betrachtet zeichnet sich entgegen dieser Einschätzung ein eher widersprüchliches Bild zwischen intendiertem und realisiertem Curriculum ab.

Neu zugezogene Schüler/innen mit Migrationshintergrund

Schüler/innen mit Migrationshintergrund, die neu zugezogen sind, erhalten vorbereitenden Unterricht. Der Umfang dieses Unterrichts ist von zunächst sechs Monaten erhöht worden und umfasst seit 2009 ein Jahr. Im Jahr 2011 erhielten 2.200 Schüler/innen vorbereitenden Unterricht. Für Schüler/innen, die den vorbereitenden Unterricht besucht haben, erhalten die Kommunen eine staatliche finanzielle Unterstützung über einen Zeitraum von sechs Jahren, um den Unterricht in Finnisch bzw. Schwedisch als Zweitsprache zu organisieren. Darüber hinaus erhalten die Kommunen eine staatliche Förderung für fremdsprachige Schüler/innen im Alter von sechs bis fünfzehn Jahren (F-EI-4).

Dass im vorbereitenden Unterricht auch sonderpädagogische Lehrkräfte zum Einsatz kommen, obwohl nicht kognitive, emotionale oder soziale, sondern sprachliche Fähigkeiten der Schüler/innen gefördert werden sollen, wurde bereits vorangehend thematisiert. Die interviewte Behördenvertretung für den grundlegenden Unterricht (*Basic Education*) einer Gemeinde in der Region Varsinais-Suomi begründete dies im Expert/inneninterview so:

> „And it is normally in a class of ten [students] with a special needs teacher. It's not special needs teaching, but we think it requires the same skills, because each child has an individual plan. They have very different background, everybody in this group" (F-EI-7).

Hauptgegenstand des vorbereitenden Unterrichts ist die Vermittlung von Finnisch bzw. Schwedisch als Zweitsprache. Darüber hinaus werden auch Fachinhalte vermittelt, deren Umfang graduell zunimmt. Um diese Ziele zu erreichen, können unterstützend sogenannte *ethnic teachers* eingesetzt werden:

„It's Finnish teachers and the main subject is Finnish as a second language, but also some central subjects depending on the level of the pupil and then they increase the amount of learning the subjects in Finnish. But there is also in [place name] a possibility to use this ethnic teachers who give tuition in their own language as helpers, but the meaning is that they learn Finnish. But we can use the mother tongue speaker as an aid" (F-EI-7).

Die Herkunftssprachen nehmen somit im vorbereitenden Unterricht, ebenso wie zuvor hinsichtlich des herkunftssprachlichen Unterrichts deutlich wurde, eine ‚Helferfunktion' ein.

Unterricht in den Sprachen autochthoner Minderheiten

Nur etwa 200 Schüler/innen erhalten jährlich Unterricht in Romani. In vielen Kommunen ist die Anzahl der Roma-Schüler/innen zu gering, um die Voraussetzungen für staatliche finanzielle Unterstützung erfüllen zu können. Auch die Verfügbarkeit von qualifiziertem Personal und Lehrmitteln in Romani stellen große Hürden dar (Ministry for Foreign Affairs 2010, S. 172 f.). Ein umfangreicher Unterricht in Sami wird im *Basic Education Act* lediglich für die Siedlungsregion der Samen geregelt. Außerhalb des Siedlungsgebietes beläuft sich die staatliche Finanzierung auf maximal zwei Stunden pro Woche (Keskitalo u. a. 2013, S. 44). Entsprechend erhält außerhalb des traditionellen Siedlungsgebiets die überwiegende Mehrheit von etwa 70 % der Sami-Schüler/innen keinen Unterricht in ihren Sprachen (Ministry for Foreign Affairs 2010, S. 184). Die Situation der Sami-Schüler/innen ist insbesondere deshalb prekär, weil etwa 75 % der unter 10-jährigen Sami-Sprecher/innen nicht im traditionellen Siedlungsgebiet leben (Määttä u. a. 2013, S. 444). Ein Mangel an qualifiziertem Personal und geeigneten Lehrmitteln, insbesondere in Inarisamisch und Skoltsamisch, stellen auch für den Samisch-Unterricht große Hürden dar (Anaya 2011, S. 19). Die samischen Sprachen gelten als vom Aussterben bedroht (Anaya 2011, S. 17).

9 Analyse der intendierten Bildungsziele und -inhalte aus interkultureller und diversitätssensibler Sicht in Finnland

9.1 Bereits vorliegende Lehrplananalysen in Finnland unter dem Aspekt der Diversität

Zusammenfassung und Ausblick

In struktureller Hinsicht bietet das finnische Bildungssystem günstige Voraussetzungen für eine inklusive Berücksichtigung von Diversität. Aufbauend auf dem

Grundgedanken der Integration sind in Finnland verschiedene Bausteine der individuellen Förderung – angefangen bei der integrativen Sonderpädagogik über die Schüler/innenfürsorge und die Schulassistent/innen bis hin zum System der Lern- / Berufsberatung – in die neunjährige Grundschule integriert. Voran geht der einheitlichen *Peruskoulu* eine freiwillige, kostenlose und flächendeckende vorschulische Bildung, die so gut wie von allen Kindern wahrgenommen wird. Trotz der sehr guten Ergebnisse in internationalen Schulleistungsstudien und des geringen Einflusses des sozioökonomischen Status auf den Bildungserfolg haben sich in den bisherigen Ausführungen zum ‚Musterland' Finnland, wie es in der deutschen Bildungsdebatte häufig dargestellt wird (Waldow 2010, S. 503), erste Diskrepanzen zwischen den integrativen Ansprüchen auf der Ebene des intendierten Curriculums und der tatsächlich realisierten Unterrichtspraxis auf Mikroebene gezeigt. Das integrierte sonderpädagogische Fördersystem sowie das Betreuungs- und Beratungssystem können dennoch als wichtige Grundsteine für die geringen Klassenwiederholungs- und Drop-out-Raten sowie den sehr geringen Anteil an privater Nachhilfe in Finnland gesehen werden (Klemm / Klemm 2010, S. 5; Sahlberg 2011, S. 23; Välijärvi / Sahlberg 2008). Im Folgenden werden die intendierten Bildungsziele und -inhalte systematisch hinsichtlich ihrer Berücksichtigung von Diversität analysiert. Dem vorangestellt sind bereits vorliegende Lehrplananalysen.

Historische Entwicklung des nationalen Lehrplans in Finnland

Der erste nationale Lehrplan Finnlands wurde im Jahr 1970 veröffentlicht (Vitikka u. a. 2012, S. 84). Zuvor hatte Finnland ein mehrgliedriges Schulsystem, das mit der grundlegenden Schulreform in den 1970er Jahren durch die Einführung der neunjährigen Grundschule sukzessive abgelöst wurde (vgl. Kapitel 8.2). Die erste große Curriculumreform wurde 1985 durchgeführt. Bis dahin war es möglich, Schüler/innen in den Fächern Mathematik und Fremdsprachen in den Jahrgangsstufen 7 bis 9 in drei unterschiedlichen Niveaukursen zu unterrichten (Halinen / Järvinen 2008, S. 83). Mit der Reform wurde diese Vorgehensweise strukturell abgeschafft, wodurch nach Vitikka u. a. höhere Standards für alle Schüler/innen gesetzt wurden. Außerdem wurde den Kommunen mehr lokale Verantwortung übertragen (Vitikka u. a. 2012, S. 84). Diese Dezentralisierung spiegelte sich auch lehrplantechnisch in weniger detaillierten Unterrichtsvorgaben wider. So wurde der nationale Lehrplan von etwa 650 Seiten auf 400 Seiten gekürzt (Halinen 2008, S. 103).

Mit der zweiten großen Lehrplanreform aus dem Jahr 1994 setzten sich die Dezentralisierungstendenzen fort, indem die Autonomie der Kommunen weiter erhöht wurde. Die Schulinspektion sowie das Schulbuchzulassungsverfahren wurden abgeschafft (Domisch 2009, S. 623; Vitikka u. a. 2012, S. 85). Der nationale Lehrplan umfasste nunmehr noch etwa 100 Seiten (Halinen 2008, S. 103). Eine entscheidende Veränderung war in diesem Zusammenhang die Einführung der schulinternen Lehrplanentwicklung. Dieser ging das „Aquariumexperiment" voraus, bei dem ausgewählte Schulen erstmals selbstständig schulinterne Lehrpläne entwickeln sollten (Halinen 2008, S. 103). Die im Rahmen dieses Projekts gesammelten Erfahrungen wurden vom Zentralamt für Unterrichtswesen bei der Erarbeitung des nationalen Lehrplans von 1994 berücksichtigt (Norris u. a. 1996, S. 30). Mit dem neuen, offener gestalteten nationalen Lehrplan sollte außerdem eine veränderte, schüler/innenzentriertere Unterrichtspraxis angestoßen werden (Linnakylä 2004, S. 152; Norris u. a. 1996, S. 59). Die Umsetzung der Reformziele wurde anschließend von einem Forscher/innenteam aus England evaluiert (Norris u. a. 1996). Statt veränderter schüler/innenorientierter und individualisierter Unterrichtsmethoden beobachteten die britischen Forscher/innen jedoch

> „whole classes following line by line what is written in the textbook, at a pace determined by the teacher. Rows and rows of children all doing the same thing in the same way whether it be art, mathematics or geography. We have moved from school to school and seen almost identical lessons, you could have swapped the teachers over and the children would never have noticed the difference" (Norris u. a.1996, S. 29).

> „Many schools we visited did not have a strategy for changing the curriculum. [...] It seemed to us that many teachers had not thoroughly read the Framework Document for the comprehensive school and did not understand its implications for classroom practice. [...] For these schools the reform of the comprehensive school curriculum was little more than a re-distribution of lesson hours. The practice of teachers and the learning of pupils were untouched by any ideas of the curriculum reform" (Norris u. a. 1996, S. 36 f.).

> „[I]n both the lower and upper comprehensive school, we did not see much evidence of, for example, student-centred learning or independent learning" (Norris u. a. 1996, S. 85).

Schließlich wurde im Jahr 2004 der zum Zeitpunkt der vorliegenden Untersuchung gültige nationale Lehrplan veröffentlicht. In diesem wurden zum ersten Mal nationale Beurteilungskriterien in Form von Beschreibungen ‚guter Leistung' bzw. *good performance* (Note 8) eingeführt (Vitikka u. a. 2012, S. 85).[102] Damit sollte die im Zuge der Dezentralisierungsprozesse gestiegene Autonomie der Schulen bei der Lehrplangestaltung wieder gedrosselt werden und den damit einhergehenden wachsenden Ungleichheiten zwischen Schulen und Schüler/innen entgegengewirkt werden (F-EI-6), was sich auch in einem wieder umfangreicheren nationalen Lehrplan von ca. 300 Seiten widerspiegelte. Diese Entwicklung geht auf eine Reform aus dem

---

102   In der Literatur wird *good performance* mitunter mit ‚gute Kompetenz' übersetzt (z. B. Oelkers 2008, S. 41; Ratzki 2005, S. 52). Da *performance* jedoch nicht mit *competence* bzw. Kompetenz gleichzusetzen ist, sondern eine Voraussetzung dafür ist, wird in der vorliegenden Arbeit die Übersetzung ‚gute Leistung' verwendet. Zur zeitlichen Einordnung: Die nationalen Beurteilungskriterien wurden bereits 1999 formuliert (Finnish National Board of Education 1999) und anschließend in den nationalen Lehrplan von 2004 (Finnish National Board of Education 2004) integriert, indem das Erreichen einer ‚guten Leistung' (Note 8) beschrieben und festgelegt wurde (F-EI-6; siehe auch: Linnakylä 2004, S. 185 f.; Simola u. a. 2013, S. 9).

Jahr 1998 zurück, mit der auch nationale Tests eingeführt wurden (Vitikka u. a. 2012, S. 85). Lernstandserhebungen finden jedoch seither nicht flächendeckend, sondern lediglich stichprobenartig statt (Kumpulainen / Lankinen 2012, S. 75). Zum Zeitpunkt der vorliegenden Untersuchung arbeitete das Zentralamt für Unterrichtswesen an einer vierten Lehrplanreform. Im Zuge dieses Überarbeitungsprozesses soll die Formulierung von Bildungszielen verstärkt an Kompetenzen orientiert werden (F-EI-6; Vitikka u. a. 2012, S. 90). Bis zum Beginn des Schuljahres 2016 / 17 sollen auf dieser Grundlage von den Schulen schulinterne Lehrpläne erarbeitet werden (European Commission 2013; Finnish National Board of Education 2013).

Multicultural, intercultural und international education in den nationalen
Lehrplänen

In ihrer diachronen Analyse der finnischen nationalen Lehrpläne zeichnet Räsänen die Berücksichtigung der Konzepte *multicultural, intercultural* und *international education* seit den 1970er Jahren nach.[103] *International education*, der ältere der drei Ansätze, wurde als Kernelement des Ethikunterrichts in die Lehrpläne der 1970er und 1980er Jahre integriert und umfasste in Anlehnung an die Dokumente der Vereinten Nationen die folgenden Ziele: „education for peace, human rights, equality, development studies, environmental education and respect for other cultures" (Räsänen 2007, S. 224). In den 1990er Jahren lag der curriculare Schwerpunkt auf den Aspekten „knowledge of cultures, growth to multiculturalism and discussion on values". Auch hierbei galten die Publikationen der Vereinten Nationen als Orientierung (Räsänen 2007, S. 224). Der nationale Lehrplan aus dem Jahr 2004, der Gegenstand der vorliegenden Untersuchung ist, erkennt nach Räsänen zum ersten Mal Finnland als multikulturell an und sieht dies im Hinblick auf die Gestaltung von Bildung als eine Bereicherung und nicht als Belastung an. Auch auf Europa und europäische Kulturen werde mehr Aufmerksamkeit gerichtet. Kritisch betrachtet die Autorin jedoch das traditionelle Identitätskonstruktionskonzept, das dem Lehrplan zugrunde liege. Demnach sollen Schüler/innen zunächst etwas über ihre Stadt, dann über Finnland, danach über die europäischen Nachbarländer und schließlich über Länder und Kulturen außerhalb Europas lernen. Vor dem Hintergrund einer globalisierten und multikulturellen Welt, in der die Schüler/innen heute leben, sei dies zu überdenken und gegebenenfalls zu überarbeiten (Räsänen 2007, S. 225 f.).

Multicultural education im finnischen Lehrplan – für wen?

Holm und Londen, auf deren Analyse bereits im vorangegangenen Kapitel eingegangen wurde, sind deutlich kritischer hinsichtlich des nationalen Lehrplans

---

103   Zur Verwendung der Begriffe und Konzepte im bildungstheoretischen Diskurs Finnlands vgl. Kapitel 8.1.

aus dem Jahr 2004. Ihnen zufolge wird in dem Dokument der Ansatz *multicultural education* mit der Bildung / Erziehung bzw. *education* von Migrant/innen gleichgesetzt. Sie begründen dies damit, dass die autochthonen Schüler/innen als Adressaten nicht berücksichtigt werden: „The entire burden is put on immigrant students" (Holm / Londen 2010, S. 117). Außerdem seien interkulturelle Aspekte in den einzelnen Fächern kaum sichtbar, am meisten im Fach Ethik, was jedoch nicht dem Anspruch einer Querschnittsdimension entspreche (Holm / Londen 2010, S. 112). Schließlich liege den Unterrichtsvorgaben, so Holm und Londen, eine enge Definition von kultureller Diversität zugrunde. Aspekte wie *gender*, *social class*, *race*, *sexual orientation* oder *disability* blieben in der Diskussion unberücksichtigt (Holm / Londen 2010, S. 117).[104]

9.2 Diversität im nationalen Lehrplan der finnischen Grundschule

Da in Finnland nur ein einziger Lehrplan für die neunjährige Grundschule nationale Gültigkeit hat, ist dieses Analysekapitel nicht wie in der Analyse der nordrhein-westfälischen Kernlehrpläne nach Bildungsgängen strukturiert, sondern das Kapitel orientiert sich an dem Aufbau des nationalen Lehrplans, wobei dieselben Analysefragen, jedoch in abgewandelter Reihenfolge verwendet wurden. Demnach werden zunächst allgemeine, fachunspezifische Analysefragen vorangestellt. Im Anschluss daran werden die im nationalen Lehrplan formulierten fächerübergreifenden Themenkomplexe vorgestellt und unter dem Aspekt einer multiperspektivischen und diversitätssensiblen Bildung analysiert. Abschließend werden – analog zur Analyse der nordrhein-westfälischen Lehrpläne – die Unterrichtsvorgaben aus der Perspektive der drei gewählten Fächer *mother tongue and literature / Finnish*, *history* und *foreign languages / English* analysiert.

Das Analyseraster ist entsprechend der Analyse der nordrhein-westfälischen Lehrpläne aufgebaut, d. h. es wurden dieselben Fragen zu den drei Themenblöcken (i) Adressatenorientierung, (ii) Lernziele und Lerninhalte sowie (iii) Methodisch-didaktische Aspekte gestellt. Die Leitfragen wurden aus dem Theorieteil dieser Arbeit, bereits vorliegenden Lehrplananalysen (Göbel / Hesse 2004; Neumann / Reuter 2004) sowie den in der Fachliteratur postulierten Prinzipien einer multiperspektivischen allgemeinen Bildung (vgl. etwa Amodeo 1999; Auernheimer 2010, S. 142 ff.; Reich u. a. 2000; Virta 2012) deduktiv abgeleitet und erweitert (vgl. Kapitel 2.2). Abweichend ist aufgrund der spezifischen Struktur des nationalen Lehrplans Finnlands lediglich die Reihenfolge der Themenblöcke und Fragen. Anders als in der nordrhein-westfälischen Lehrplananalyse wird außerdem im Themenblock „Lernziele und Lerninhalte" nicht nach den Kompetenzen gefragt, die Schüler/innen nach dem Lehrplan entwickeln sollen, sondern nach den Lernzielen. Dies liegt darin

---

104   Auf die Analyse von Holm und Londen wird im folgenden Kapitel an gegebenen Stellen vertiefter eingegangen.

begründet, dass die nordrhein-westfälischen Lehrpläne explizit Kompetenzbereiche benennen und konkretisieren. Die Kompetenzorientierung wurde hingegen im nationalen Lehrplan Finnlands in dieser Form noch nicht vollzogen. Im neuen nationalen Lehrplan, der sich zum Zeitpunkt der vorliegenden Untersuchung in Bearbeitung befand, sollen Bildungsziele verstärkt in Form von Kompetenzen formuliert werden (F-EI-6; Vitikka u. a. 2012, S. 90). Da der hier untersuchte Lehrplan aus dem Jahr 2004 in der Regel von „learning objectives" spricht (vgl. Kapitel 7), wurde die Leitfrage entsprechend angepasst.

Bevor die Lehrplananalyse folgt, sei an dieser Stelle noch einmal darauf hingewiesen, dass der nationale Lehrplan, der im Jahr 2004 in Kraft getreten ist (Finnish National Board of Education 2004, kurz: FNBE 2004), im Jahr 2011 überarbeitet wurde. Die Überarbeitungen und Ergänzungen wurden, wie auch der Lehrplan von 2004, vom Zentralamt für Unterrichtswesen in englischer Sprache verfügbar gemacht (Finnish National Board of Education 2011, kurz: FNBE 2011). In der nachfolgenden Analyse werden beide Dokumente berücksichtigt und entsprechend gekennzeichnet (FNBE 2004; FNBE 2011).

ALLGEMEINE FACHUNSPEZIFISCHE ANALYSEFRAGEN

A Adressatenorientierung

A.1 Wird explizit oder implizit von einer ‚homogenen' oder ‚heterogenen' Schülerschaft ausgegangen?

Der nationale Lehrplan Finnlands berücksichtigt auf vielfältige Weise, dass die Schülerschaft der neunjährigen Grundschulen sich in mehrerlei Hinsicht heterogen zusammensetzt. Dies zeigt sich insbesondere (i) in der Einarbeitung eines eigenständigen Kapitels über den „Unterricht für Kultur- und Sprachgruppen" (Kapitel 6 *Instruction of cultural and language groups*) sowie (ii) in der komplexen Konzeption des Unterrichtsfaches „Muttersprache und Literatur" (Kapitel 7.3 *Mother tongue and literature*).[105] Darüber hinaus widmen sich zwei eigenständige Kapitel den Möglichkeiten individueller Förderung in der neunjährigen Grundschule.[106] Die beiden erstgenannten Punkte werden im Folgenden im Einzelnen betrachtet.

---

105 Die Übersetzungen „Unterricht für Kultur- und Sprachgruppen" und „Muttersprache und Literatur" entsprechen dem vom Finnischen Zentralamt für Unterrichtswesen in Auszügen ins Deutsche übersetzten finnischen Lehrplan (Zentralamt für Unterrichtswesen 2004, S. 31, 52).

106 Vgl. hierzu die später folgende Analysefrage zu den Möglichkeiten der Individualisierung des Unterrichts in der neunjährigen Grundschule im Themenblock „Methodischdidaktische Aspekte" der fachunspezifischen Analysefragen sowie Kapitel 8.3 dieser Arbeit.

In einem eigenen Kapitel gibt der nationale Lehrplan Hinweise für den Unterricht verschiedener Sprach- und Kulturgruppen: Sami, Roma, Sprecher/innen einer Ge- bärdensprache sowie Migrant/innen. Dies entspricht einerseits einer Anerkennung von Minderheiten auf curricularer Ebene. Andererseits gehen mit der Formulierung von partikularen Lernzielen für Schüler/innen von Minderheiten innerhalb eines nationalen Curriculums Schwierigkeiten in mehrerlei Hinsicht einher. Holm und Londen machen auf einige Punkte aufmerksam:

> „For example, with regard to the **Roma** it is stated that ‚the instruction must promote knowledge of the Romany pupils' own history and language, as well as an awareness of Romanies as one of the important minorities in Europe and the entire world' (Sec- tion 6.2). **In practice, the situation for Roma students is not very good, but the na- tional curriculum is supportive. However, nowhere is it mentioned that the ma- jority should learn about the Roma.** For the Roma in Finnish schools, mother- tongue education means Finnish or Swedish. For the Saamis, it states explicitly that ‚the school must provide the pupils with conditions conducive to developing healthy self-esteem so that they will be able to preserve a Saami identity without being ab- sorbed into the main population' (Section 6.1). **Saami** students living in the Saami home region can receive their education in one of the three Saami languages. The Saami languages can also be taught as mother tongue or as a foreign language. **How- ever, it is estimated that most of the Saami children living outside the four mu- nicipalities constituting the Saami home region do not receive instruction in the Saami languages** (Lauhamaa, Rasmus, and Juden-Tupakka 2006).
> For students with an **immigrant background**, the school is supposed to support students in becoming balanced and active persons in both the Finnish (or Swedish) language and cultural community and also in their own language and cultural commu- nity. They are supposed to receive instruction in Finnish or Swedish as well as their own mother tongue. The school is supposed to consider the family's experiences with the schooling system in their own home country as well as the family's cultural back- ground. In educating the student, the family's traditions for child rearing and education are supposed to be considered. **However, no further suggestions are given for how these guidelines should be translated into practice. Some municipalities do pro- vide further details on the implementation of the national guidelines"** (Holm / Londen 2010, S. 110 f., eig. Herv.).

Im obigen Zitat werden zwei zentrale Aspekte angesprochen, zum einen das Span- nungsfeld zwischen partikularen und universalen Bildungszielen bzw. die Frage der Adressatengruppe und zum anderen die Kluft zwischen intendiertem und realisier- tem Curriculum.

Universale und partikulare Bildungsziele

Mit der Formulierung partikularer Bildungsziele geht die Frage einher, inwiefern auf diese Weise ‚ungleiche' Bildungsziele postuliert werden. Der Analyse von Holm und Londen folgend betone der nationale Lehrplan Finnlands bemerkenswerterweise insbesondere für Schüler/innen mit Migrationshintergrund als Lernziele das Verständnis für und die Wertschätzung von Mehrsprachigkeit und Multikulturalität („understand and appreciate the importance of multilingualism and multiculturalism", FNBE 2004, S. 96, 98) im Fach Finnisch bzw. Schwedisch als Zweitsprache, welches anstelle von Finnisch bzw. Schwedisch als Muttersprachenfach unterrichtet wird, wenn die sprachlichen Fähigkeiten in Finnisch bzw. Schwedisch noch nicht ausreichend entwickelt sind (vgl. Kapitel 8.3). Für Schüler/innen ohne Migrationshintergrund sowie bilinguale Schüler/innen der Mehrheitsgesellschaft sehe der nationale Lehrplan diese Ziele hingegen nicht vor:

> „It would seem more likely that students of immigrant background would have an understanding and appreciation of multilingualism, since they encounter these on daily basis. However, **what the curriculum is actually saying is that students of immigrant background need to learn to understand and appreciate the Finnish (or Swedish) language, customs and culture, in other words appreciate Finnish society**. However, a large proportion of the majority students are also bilingual. For example, in the Swedish-speaking schools in the metropolitan Helsinki region, 60 % of the students come from Swedish-Finnish bilingual families (Kovero and Londen 2009). However, **nowhere is it stated that these or the monolingual Finnish and Swedish students need to learn to appreciate multilingualism and multiculturalism**" (Holm / Londen 2010, S. 112, eig. Herv.).

Der nationale Lehrplan wie auch andere bildungspolitische Dokumente in Finnland konstruieren auf diese Weise eine Dichotomie zwischen Schüler/innen mit und ohne Migrationshintergrund. „Finland as a homogeneous country is repeated almost as a mantra, and the differences and cultural encounters are seen as caused by immigration" (Holm / Londen 2010, S. 117; s. auch Dervin u. a. 2012, S. 2 f.).

Holm und Mansikka greifen diesen Aspekt ebenfalls auf und argumentieren darüber hinausgehend, der nationale Lehrplan Finnlands beziehe die Konzepte *multilingualism* und *multiculturalism* lediglich auf einen Teil der Minderheitenschüler/innen, nämlich Schüler/innen mit Migrationshintergrund, wodurch eine Trennlinie entstehe:

> „An interesting aspect of the national curriculum is however that **the bilingual Swedish-Finnish speaking students are not included in the parts discussing multilingualism and multiculturalism** even though a large proportion of them are clearly bilingual and bicultural. **The Saami and the Roma are not either** included in the discussion about multicultural education and bilingualism. **This omission creates a border or a chasm between the existing minority groups and the more newly arrived students with immigrant background**" (Holm / Mansikka 2013, S. 66, eig. Herv.).

In der Tat formuliert der nationale Lehrplan an keiner weiteren Stelle das Lernziel „understand and appreciate the importance of multilingualism and multiculturalism" (FNBE 2004, S. 96, 98), das für Schüler/innen mit Migrationshintergrund, die Finnisch bzw. Schwedisch als Zweitsprache lernen, vorgesehen ist. Jedoch werden im

Abschnitt *Underlying values of basic education*, der sich an alle Schüler/innen richtet, die Akzeptanz des Multikulturalismus („endorsement of multiculturalism", FNBE 2004, S. 12) und interkulturelles Verstehen („intercultural understanding", FNBE 2004, S. 12) als grundlegende Werte des neunjährigen grundlegenden Unterrichts formuliert.[107] Außerdem sieht der nationale Lehrplan den Themenkomplex „Cultural identity and internationalism" als eines von sieben fächerübergreifenden Schwerpunktthemen vor, zu dessen Inhalten bzw. *core contents* unter anderem „other cultures and multiculturalism" zählen (FNBE 2004, S. 37). Da die fächerübergreifenden Themenkomplexe in allen Unterrichtsfächern umzusetzen sind, richten sie sich somit ebenfalls an alle Schüler/innen.[108] Ferner zählt der Inhaltsbereich „basic knowledge of the Finnish and global language situation, and a conception of linguistic democracy and the importance of one's native language" (FNBE 2004, S. 53) zu den Inhalten bzw. *core contents* des Muttersprachenfaches Finnisch in den Klassenstufen 6–9. Analog dazu steht im Muttersprachenfach Schwedisch: „basic knowledge of the importance of one's native language, and of the Finnish and Nordic language situation, from the global and democratic perspectives" (FNBE 2004, S. 65). Es kann schließlich auch nicht bestätigt werden, dass die Konzepte *multilingualism* und *multiculturalism* im nationalen Lehrplan nur im Zusammenhang mit einem Teil der Minderheitenschüler/innen, nämlich den Schüler/innen mit Migrationshintergrund, verwendet werden. Im Kapitel über den „Unterricht für Kultur- und Sprachgruppen" steht beispielsweise, „[t]he key instructional objective for Sami-speaking pupils is to support growth towards active bilingualism and multiculturalism" (FNBE 2004, S. 32).

Eine eingeschränkte Adressatengruppe die Konzepte *bilingualism*, *multilingualism* und *multiculturalism* betreffend spiegelt sich im nationalen Lehrplan Finnlands somit nicht durchgängig wider. Wie die Analyse der drei für diese Untersuchung gewählten Unterrichtsfächer jedoch zeigen wird, bleibt die Umsetzung der fächerübergreifenden Themenkomplexe im Allgemeinen und somit auch die Umsetzung des Themenkomplexes „Cultural identity and internationalism" im Besonderen in den Zielen und Inhalten der jeweiligen Fächer eher vage. Zudem ist die Häufigkeit der Nennung der Konzepte *bilingualism*, *multilingualism* und *multiculturalism* in eben jenen Lehrplanabschnitten auffällig, die sich nicht an alle Schüler/innen richten, wie aus der tabellarischen Übersicht deutlich wird:

---

107 Die Übersetzung „Akzeptanz des Multikulturalismus" entspricht dem vom Finnischen Zentralamt für Unterrichtswesen in Auszügen ins Deutsche übersetzten finnischen Lehrplan (Zentralamt für Unterrichtswesen 2004, S. 16).

108 Auf die Themenkomplexe wird in einer separaten Analysefrage im Detail eingegangen.

Alle Schüler/innen bzw. Schüler/innen der Mehrheit	*Grundlegende Werte der neunjährigen Grundschule* • „The underlying values of basic education are [...] and the endorsement of multi-culturalism" (FNBE 2004, S. 12) *Fächerübergreifender Themenkomplex „Cultural identity and internationalism"* • Core contents: „other cultures and multiculturalism" (FNBE 2004, S. 37) *Mother tongue and literature (Finnish)* • Final assessment criteria: „they will have a knowledge of the mother tongue's status among other languages, and in a multicultural linguistic community" (FNBE 2004, S. 55) *Mother tongue and literature (Swedish)* • Final assessment criteria: „be able, on the basis of what they have learned, to understand and pander the role and importance of one's native language, in comparison with other languages, in a multicultural language environment" (FNBE 2004, S. 69) *Ethics* • Contents: „different ways of living, multiculturalism, tolerance" (FNBE 2004, S. 215) • Objectives: „multiculturalism as an ethical question" (FNBE 2004, S. 217) *Home Economics* • Objectives: „The pupils will [...] become aware of the national domestic culture, and of the possibilities ushered in by internationalization and multiculturalism" (FNBE 2004, S. 250) *Educational and vocational guidance* • Objectives: „The pupils will [...] learn how to obtain information about society, working life, and entrepreneurship, and come to embrace multiculturalism and internationalism" (FNBE 2004, S. 256)
Sami-Schüler/innen	*Instruction of cultural and language groups* • „The key instructional objective for Sami-speaking pupils is to support growth towards active bilingualism and multiculturalism" (FNBE 2004, S. 32) *Sami as the mother tongue (Eatnigiella)* • „Instruction in mother tongue and literature has to support the pupil's growth into bilingualism and reinforce the child or young person's self-esteem" (FNBE 2004, S. 70) • „The pupils will [...] understand and weigh both change in language and the status of their own native language among other languages and in the multicultural language community" (FNBE 2004, S. 79) Core Contents: „basic information about the language situation of Sami and the importance of bi- and multilingualism" (FNBE 2004, S. 81) • Final assessment criteria: „The pupils' relationship with language and Sami literature and culture will have developed so that they [...] understand the importance of a mother tongue and bi- and multilingualism to a speaker, and the importance of language to identity" (FNBE 2004, S. 83) *Finnish for Sami-speakers* • „The syllabus for Finnish for Sami-speakers is intended for pupils who are studying Sami as their mother tongue. The task of the instruction is to strengthen the pupils' bilingualism and awareness of the Finnish language" (FNBE 2004, S. 102) • Objectives: „The pupils will [...] become practised in acting purposefully, thus building an interactive relationship in speaking, reading, and writing situations at school and elsewhere, in various communication environments, including bilingual and multilingual communication situations" (FNBE 2004, S. 110) • Core contents: „basic knowledge of Finland's language situation and the importance of one's native language, bilingualism and multilingualism" (FNBE 2004, S. 112) • Final assessment criteria: „The pupils' relationship with language, literature, and culture will have developed so that they [...] are familiar with Finland's linguistic situation, know about Finland's official languages, and understand the meaning of mother tongue, bilingualism, and multilingualism to the speaker, and the importance of language for identity" (FNBE 2004, S. 114)

Roma-Schüler/innen	*Romany as the mother tongue* • Core contents: „subject areas: myself and others, further studies and vocations, the quality of being Finnish, multiculturalism in Finland, internationalism, the history and status of the Romanies, cultural awareness" (FNBE 2004, S. 88) • Objectives: „The pupils will [...] come to understand the importance of bilingualism to their personal development" (FNBE 2004, S. 87)
Schüler/innen mit Migrationshintergrund	*Finnish / Swedish as a second language* • „Together with instruction in his or her own native language, instruction in Finnish [or Swedish respectively] as a second language strengthens the pupil's cultural identity and builds a foundation for functional bilingualism" (FNBE 2004, S. 95, 99) • „The pupils will [...] understand and appreciate the importance of multilingualism and multiculturalism" (FNBE 2004, S. 98, 102)

Auch in einem Expert/inneninterview wurde kritisch angeführt, dass der nationale Lehrplan den Schüler/innen von Minderheitengruppen durch die Formulierung des separaten Kapitels „Unterricht für Kultur- und Sprachgruppen" ein Mehr an Zielen ‚aufbürde' als den Schüler/innen der Mehrheit. Für diese sehe der nationale Lehrplan hingegen hauptsächlich das Ziel der Toleranz vor. Das Konzept der Toleranz unterstütze letztlich jedoch die ungleiche Stellung von Minderheiten und der Mehrheit, da dem Gedanken der Toleranz ein asymmetrisches Verhältnis inhärent sei. Der nationale Lehrplan Finnlands betone für Schüler/innen von Minderheiten darüber hinaus insbesondere die Wertschätzung und den Respekt für die finnische Sprache und Kultur (F-EI-3). Dieser Befund kann im Fach Finnisch bzw. Schwedisch als Zweitsprache für Schüler/innen mit Migrationshintergrund bestätigt werden („be familiar with Finnish society, culture, and manners", „understand and know how to relate the values of Finnish culture to their own values", „compare their own culture and Finnish culture, communicate and function in Finnish culture, understand the origins of both cultures, and appreciate both", „understand and know how to relate the values of Finnish culture to those of their own cultures", FNBE 2004, S. 98, 100, 102). Explizite Hinweise darauf, dass Schüler/innen, die nicht den im Lehrplan berücksichtigten „Kultur- und Sprachgruppen" angehören, etwas über eben diese lernen sollen, finden sich im nationalen Lehrplan Finnlands hingegen nicht, obwohl beispielsweise von der Arbeitsgruppe, die den Lehrplanabschnitt zu den allgemeinen Zielen des Unterrichts der Samen formuliert hat, in der Phase der Erarbeitung des nationalen Lehrplans vorgeschlagen wurde, die Geschichte und Kulturen der Samen in den Inhalten und Zielen verschiedener Unterrichtsfächer zu berücksichtigen (Aikio-Puoskari 2009, S. 243). Holm und Londen schlussfolgern deshalb,

> „multicultural education is specifically aimed at immigrant students in order to support their integration into Finnish school and society. **Multicultural education in Finland means immigrant education.** [...] The entire burden is put on immigrant students. No learning, reflexion or adjustment or change is required of majority students, teachers or schools in general" (Holm / Londen 2010, S. 116, eig. Herv.).

Mit der Formulierung partikularer Lernziele geht somit nicht nur die Gefahr einer eingeschränkten Adressatengruppe einher. Unter dem Deckmantel der Anerkennung von Minderheiten können assimilationistische Tendenzen verschleiert werden.

Zwischen intendiertem und realisiertem Curriculum

Neben der Frage, ob partikulare Bildungsziele zugleich auch ,ungleiche' Bildungsziele bedeuten, stellt sich die Frage nach der Umsetzbarkeit der durch den nationalen Lehrplan intendierten partikularen Bildungsziele. Insbesondere der geringe Stundenumfang für den Unterricht in den jeweiligen Herkunftssprachen (vgl. Kapitel 8.3) stellt in dieser Hinsicht ein Hindernis dar, wie Keskitalo u. a. mit Blick auf die Situation der Samen anmerken (Keskitalo u. a. 2013, S. 44). Darüber hinaus kann kritisch die Frage gestellt werden, ob die Realisierung der im nationalen Lehrplan formulierten partikularen Ziele im ,Korsett' des nationalen Curriculums überhaupt möglich ist. Exemplifiziert werden kann dies anhand der Bildung der Samen in Finnland. Nach Määttä u. a., die eine Umfrage mit Expert/innen der *Sámi education*, unter anderem Lehrer/innen und Behördenvertreter/innen, evaluiert haben, sprechen von den „chains of the national core curriculum" (Määttä u. a. 2013, S. 446), wenn es um die Umsetzung der Prinzipien der *Sámi pedagogy* geht. Das Verständnis von Zeit in der samischen Pädagogik, wonach eine eher schüler/innen- und aufgabenorientierte Herangehensweise benötigt werde, sei beispielsweise kaum mit dem üblichen 45-Minuten-Takt und dem lehrer/innenzentrierten Unterricht in Finnland zu vereinbaren (Määttä u. a. 2013, S. 447). Määttä u. a. schlussfolgern:

> „In order to not [sic!] lose out to the Finnish language and the Finnish curriculum and school system, the **Sámi School needs a curriculum, teaching premises and arrangements, and Sámi learning materials of its own**. The Sámi selves [sic!] have to be active and highlight the necessity of strengthening their own culture within school practices. Thus, their own history and knowledge about the modern Sámi community, Sámi craftsmanship (duodji), Sámi art, music (luohti, leu´dd) and story-telling tradition (máinnas) have a central role. The connection with the nature, the coexistence of the human being with the nature and traditional livelihoods is important. It means that reindeer pasturage, fishing waters, courses, small-scale agriculture, picking culture and handicrafts are considered a part of cultural knowledge. The question is about appreciating cultural capital in schools (see Yosso, 2006). **Likewise, the Sámi conception of time, place, and knowledge can mold the realization of teaching** (Keskitalo, 2010; Keskitalo & Määttä, 2011b). Pupils should be provided with positive experiences related to their own culture through play, story-telling, action, and participation. **Teaching should be adjusted with the yearly cycle of the local Sámi community, traditional seasonal work and changes that take place in the nature** (Rasmus, 2004). **If pupils cannot participate in reindeer herding and seasonal activities related to it (e. g. reindeer roundup) or if they are not allowed to see items that represent the Sámi culture, handicrafts, art, or other objects, at school, they will not learn to appreciate their cultural heritage** (see also Chacón, Yanez, & Larriva, 2010)" (Määttä u. a. 2013, S. 449, eig. Herv.).

Zwar sieht der *Basic Education Act* vor, dass für den Unterricht der Samen ein lokaler Lehrplan formuliert wird (Section 15 Basic Education Act 628 / 1998, Ministry of Education and Culture 1998 / 2010). In der Praxis gestalte sich die Umsetzung auf kommunaler Ebene jedoch schwierig, da einheitliche curriculare Vorgaben fehlen (Aikio-Puoskari 2009, S. 243). Die Entwicklung eines eigenständigen samischen Lehrplans erscheint somit zentral, insbesondere auch vor dem Hintergrund, dass die Samen in vier Ländern leben und somit den „teaching practices from four different countries" folgen müssen (Keskitalo u. a. 2013, S. 46). Der norwegische curriculare Weg kann hierbei mit einem seit dem Jahr 1997 zum nationalen Lehrplan parallelen samischen Lehrplan als Vorreiter betrachtet werden (Aikio-Puoskari 2009, S. 243; Keskitalo u. a. 2013, S. 46).

Muttersprache und Literatur bzw. *Mother tongue and literature*

Wie bereits ausgeführt (vgl. Kapitel 8.3) sieht der nationale Lehrplan Finnlands für das Unterrichtsfach *mother tongue and literature* insgesamt elf Optionen vor (FNBE 2004, S. 43 ff.):

* Finnisch,[109]
* Schwedisch,
* Sami,[110]
* Romani,
* Finnische Gebärdensprache,
* andere Muttersprache („other mother tongue"),
* Finnisch als Zweitsprache,
* Schwedisch als Zweitsprache,
* Finnisch für Sami-Sprecher/innen,
* Finnisch für Sprecher/innen der Finnischen Gebärdensprache sowie
* Schwedisch für Sprecher/innen der Finnischen Gebärdensprache.

Bei der Formulierung verschiedener curricularer Vorgaben für das Fach „Muttersprache und Literatur" handelt es sich um eine entscheidende Veränderung im Vergleich zum zuvor gültigen nationalen Lehrplan. Denn im Lehrplan aus dem Jahr 1994 zählten als ‚Muttersprache' lediglich Finnisch bzw. Schwedisch (F-EI-2). Insofern signalisiert diese Änderung eine Aufwertung sprachlicher Vielfalt auf curricularer Ebene. Der nationale Lehrplan gibt sodann jeweils die Ziele bzw. *objectives*, Inhalte bzw. *core contents* und die Anforderungen an eine ‚gute Leistung' bzw. *description of good performance* für die genannten Optionen des Faches „Muttersprache und Literatur" in den jeweiligen Klassenstufen vor. Kritisch ist dabei zu

---

109   Die Ziele und Inhalte von Finnisch als Muttersprachenfach werden in einer separaten Analysefrage untersucht.

110   Genauer: Nordsamisch, Inarisamisch und Skoltsamisch (FNBE 2004, S. 70).

sehen, dass die Option „other mother tongue" nicht weiter ausdifferenziert wird. Dies ist im Kontext einer Veränderung auf curricularer Ebene zu sehen. So regelt der *Basic Education Act* (1998) Folgendes hinsichtlich des Unterrichts in der Muttersprache der Schüler/innen:

> „1. As mother tongue, the pupil shall be taught Finnish, Swedish or Saami in keeping with the language of instruction. 2. As mother tongue, the pupil may also be taught the Roma language, sign language or some other language which is the pupil's native language" (Section 10 Basic Education Act 628 / 1998, Ministry of Education and Culture 1998 / 2010).

Wie Suni und Latomaa anmerken, kann bereits dieser Formulierung eine implizite Hierarchie entnommen werden:

> „Finnish, Swedish and Sámi *shall* be taught, whereas Roma, sign language and other languages *may* be taught as mother tongues" (Suni / Latomaa 2012, S. 73, Herv. im Orig.).

Eine weitere implizite Hierarchie spiegelt sich nun in der Umsetzung des *Basic Education Act* im nationalen Lehrplan wider. Denn für Sami und Romani werden, wie bereits angesprochen, curriculare Vorgaben für das Fach *Mother tongue and literature* formuliert. Für weitere Sprachen der Migration ist dies hingegen nicht der Fall. Da zudem der herkunftssprachliche Unterricht seit der Einführung des neuen nationalen Lehrplans aus dem Jahr 2004 nicht mehr – wie noch zuvor im Lehrplan von 1985 – ein Teil des nationalen Lehrplans ist, sondern lediglich in einem Dokument im Anhang geregelt wird (vgl. Kapitel 8.3), schlussfolgern Suni und Latomaa:

> „Consequently, it is clear that the Basic Education Act has been applied differently in the case of immigrant languages, illustrating a hierarchy of importance among non-majority languages used in Finland" (Suni / Latomaa 2012, S. 73).

Obwohl der nationale Lehrplan also einerseits durch die Konzeption des Faches „Muttersprache und Literatur" sprachliche Vielfalt anerkennt, nimmt er zugleich eine implizite Wertung der Sprachen vor. Der Status des herkunftssprachlichen Unterrichts soll im Zuge der Lehrplanreform, die zum Zeitpunkt der vorliegenden Untersuchung im Gange war, mit der Zielperspektive überprüft werden, den herkunftssprachlichen Unterricht wieder in den Lehrplan des grundlegenden neunjährigen Unterrichts zu integrieren. Außerdem soll die Mindestschüler/innenzahl für den Erhalt von staatlicher finanzieller Unterstützung reduziert werden, um die Verfügbarkeit und den Zugang zum herkunftssprachlichen Unterricht zu verbessern (Ministry for Foreign Affairs 2010, S. 178).

Mit Blick auf die Analysefrage kann zusammenfassend festgehalten werden, dass der nationale Lehrplan Finnlands explizit eine ‚heterogene' Schülerschaft annimmt und sowohl durch das Kapitel „Unterricht für Kultur- und Sprachgruppen" als auch durch die Konzeption des Muttersprachenfaches curricular auf diese reagiert. Mit dieser lehrplantechnischen Anerkennung von Diversität gehen jedoch zugleich implizite Hierarchien sowie assimilationistische Tendenzen einher.

A.2 Wird Diversität explizit oder implizit bewertet (als Bereicherung, Belastung, Normalität)?

Abgesehen von der zuvor angesprochenen impliziten Sprachhierarchie, ist der nationale Lehrplan Finnlands grundsätzlich sehr offen gegenüber Diversität, indem verschiedene Minderheiten und Gruppen, aber auch Gender- und religiöse Fragen berücksichtigt werden (Holm / Mansikka 2013, S. 66). Diese Haltung wird insbesondere in den Abschnitten *Underlying values of basic education* und *Mission of basic education* des zweiten Kapitels offengelegt:

> „The underlying values of basic education are **human rights, equality, democracy, natural diversity, preservation of environmental viability, and the endorsement of multiculturalism.** Basic education promotes responsibility, a sense of community, and respect for the rights and freedoms of the individual.
>
> **The basis of instruction is Finnish culture, which has developed in interaction with indigenous, Nordic, and European cultures.** In the instruction, special national and local attributes, **the national languages, the two national churches, the Sami as an indigenous people and national minorities must be taken into consideration. The instruction must also take into account the diversification of Finnish culture through the arrival of people from other cultures.** The instruction helps to support the formation of the **pupil's own cultural identity**, and his or her part in Finnish society and a globalizing world. The instruction also helps to **promote tolerance and intercultural understanding**.
>
> Basic education helps to increase both regional equality and equality among individuals. In the instruction, **the diversity of learners is taken into consideration, and gender equality is promoted** by giving girls and boys the ability to act on the basis of equal rights and responsibilities in society, working life, and family life. [...]
>
> Basic education must provide an **opportunity for diversified growth, learning, and the development of a healthy sense of self-esteem**, so that the pupils can obtain the knowledge and skills they need in life, become capable of further study, and, as involved citizens, **develop a democratic society.** Basic education must also **support each pupil's linguistic and cultural identity and the development of his or her mother tongue.** A further objective is to awaken a desire for lifelong learning.
>
> In order to ensure social continuity and build the future, basic education assumes the tasks of **transferring cultural tradition from one generation to the next**, augmenting knowledge and skills, and increasing awareness of the values and ways of acting that form the foundation of society. It is also the mission of basic education to **create new culture**, revitalize ways of thinking and acting, and develop the pupil's **ability to evaluate critically**" (FNBE 2004, S. 12, eig. Herv.).

Diese im Lehrplan eingenommene Perspektive kann in Anlehnung an das Bennettsche Modell (Bennett 1986, vgl. Kapitel 11.1) insofern als ethnorelativ bezeichnet werden, als kulturelle Einflüsse explizit benannt und als zu berücksichtigen erklärt werden. Toleranz und interkulturelles Verständnis werden als Bildungsziele definiert. Andererseits scheint dem nationalen Lehrplan ein eher statisch-antagonistisches und ethnonationales Kulturverständnis zugrunde zu liegen, was durch Formulierungen wie „people from other cultures" und „Finnish culture" suggeriert wird (FNBE 2004, S. 12). Die Frage nach dem Kulturverständnis im nationalen Lehrplan wird in der Analyse der drei untersuchten Fächer wieder aufgegriffen.

B   Lernziele und Lerninhalte

B.3   Welche Zielperspektiven werden in den fächerübergreifenden Themenkomplexen formuliert, die Schüler/innen auf ein Leben in und mit Diversität vorbereiten sollen?

B.4   Berücksichtigen die Themenkomplexe interkulturelle und diversitätsbezogene Fragen im Sinne einer multiperspektivischen allgemeinen Bildung?

Im finnischen nationalen Lehrplan werden sieben fächerübergreifende Themenkomplexe formuliert, die im Unterricht aus der jeweiligen Fachperspektive umgesetzt werden sollen. Diese lauten:

- Heranwachsen zur menschlichen Persönlichkeit bzw. *Growth as person,*
- Kulturelle Identität und Internationalität bzw. *Cultural identity and internationalism,*
- Kommunikations- und Medienkompetenz bzw. *Media skills and communication,*
- Engagiertes Staatsbürgertum und unternehmerische Einstellung bzw. *Participatory citizenship and entrepreneurship,*
- Verantwortung für Umwelt, Wohlstand und nachhaltige Zukunft bzw. *Responsibility for the environment, well-being, and a sustainable future,*
- Sicherheit und Verkehr bzw. *Safety and traffic,*
- Mensch und Technologie bzw. *Technology and the individual* (FNBE 2004, S. 36 ff.; Zentralamt für Unterrichtswesen 2004, S. 35 ff.).[111]

Für eine multiperspektivische interkulturelle und diversitätssensible Bildung sind insbesondere die Ziele und Inhalte des zweiten Themenkomplexes, aber auch jene des ersten Themenkomplexes relevant:

Growth as a person
„The 'Growth as a Person' cross-curricular theme encompasses all instruction. The goal of the theme is to support the pupil's comprehensive growth and the development of his or her life management skills. The objective is to create a growth environment

---

111   Die deutsche Übersetzung der sieben Themenkomplexe entspricht dem vom Finnischen Zentralamt für Unterrichtswesen in Auszügen ins Deutsche übersetzten finnischen Lehrplan (Zentralamt für Unterrichtswesen 2004, S. 35 ff.).

that supports **individuality and healthy self-esteem** on the one hand, and, on the other, development of a **sense of community based on equality and tolerance**.

OBJECTIVES

The pupils will

- come to understand their physical, psychological and social growth, and their uniqueness as individuals
- learn to evaluate the **ethics of their actions** and to recognize right and wrong
- learn to recognize the importance of aesthetic experiences to the quality of life
- learn to recognize their individual learning styles and develop themselves as learners
- **learn to function as members of a group and community**.

CORE CONTENTS

- factors influencing physical, psychological, and social growth; recognition and handling of feelings; factors influencing mental vigour and creativity
- **justice and equality**
- ethical observation and interpretation of ethical phenomena
- study skills and long-term, purposeful self-development
- **consideration for other people**; rights, obligations and responsibilities within a group; various ways of cooperation" (FNBE 2004, S. 36, eig. Herv.).

Cultural identity and internationalism

„The goal of the cross-curricular theme 'Cultural Identity and Internationalism' is to help the pupil to **understand the essence of the Finnish and European cultural identities, discover his or her own cultural identity, and develop capabilities for cross-cultural interaction and internationalism**.

OBJECTIVES

The pupils will

- come to know and appreciate their respective cultural inheritances, spiritual and material, and to **see the Finnish cultural identity as an element of indigenous, Nordic, and European cultures**
- come to **understand the roots and diversity of their own cultures** and to see their own generation as a continuer and developer of previous generations' ways of life
- get an **introduction to other cultures and philosophies of life**, and acquire capabilities for **functioning in a multicultural community, and in international cooperation**
- come to **understand the component factors of cultural identity** and their meaning for the individual and community.

CORE CONTENTS

- **one's own culture, the culture of one's home region, and the nature of being Finnish, Nordic and European**
- **other cultures and multiculturalism**
- **human rights** and prerequisites for trust, **mutual respect**, and successful cooperation among human groups
- **internationalism** in different spheres of life, and skills for **functioning in international interaction**
- the importance of the culture of manners" (FNBE 2004, S. 37, eig. Herv.).

Da sich die Lernziele und -inhalte der fächerübergreifenden Themenkomplexe an alle Schüler/innen richten und in den jeweiligen Fächern umgesetzt werden sollen, gibt der nationale Lehrplan somit einen transversalen Ansatz zur Umsetzung dieser vor. Folglich stellt sich zum einen die Frage nach der fachlichen Umsetzung der Themenkomplexe in den verschiedenen Fächern des Lehrplans. Nach Holm und Londen sei dies den Lehrplanautor/innen nicht hinreichend gelungen:

> „**This section in the curriculum provides the foundation for a progressive type of multicultural education**. Within these guidelines, both structural and individual justice issues could be dealt with, **but it remains unclear how these guidelines are intended to be translated into actual subjects** such as mother-tongue or history instruction, because these **themes are not clearly visible in the subjectmatter sections**. It becomes the responsibility of teachers and schools to construct their teaching around the themes" (Holm / Londen 2010, S. 111, eig. Herv.).

Auch das Zentralamt für Unterrichtswesen hat diese Problematik erkannt. Deshalb sollen im neuen nationalen Lehrplan, der zum Zeitpunkt des Expert/innengesprächs mit dem Zentralamt für Unterrichtswesen in Bearbeitung war, die Themenkomplexe mehr in die einzelnen Unterrichtsfächer integriert werden (F-EI-4).

Zum anderen stellt sich die Frage nach der tatsächlichen Durchführung auf der Ebene der täglichen Unterrichtspraxis. Nach einer Studie des Zentralamts für Unterrichtswesen (Niemi 2012a) sprechen sich 72 % der befragten Lehrkräfte für die Themenkomplexe aus (F-EI-4). In einem Expert/inneninterview wurde jedoch von einer geringen praktischen Relevanz der Themenkomplexe berichtet und als zentrale Herausforderung für die zukünftige Curriculumarbeit benannt. Im Rahmen von Lehrer/innenfortbildungen zur Umsetzung der Themenkomplexe in den schulinternen Lehrplänen habe sich immer wieder gezeigt, dass den Lehrkräften die fachliche Umsetzung schwer falle, ihnen die Gemeinsamkeiten und Unterschiede der Themenkomplexe nicht deutlich genug seien und aus Sicht der Lehrkräfte insgesamt zu viele Themenkomplexe zu berücksichtigen seien (F-EI-2). Auch die Ergebnisse der für die vorliegende Untersuchung durchgeführten Interviews mit finnischen Lehrkräften deuten darauf hin, dass die Themenkomplexe keine explizite Rolle für die Unterrichtsgestaltung spielen (vgl. Kapitel 10.2).

Schließlich ist anzumerken, dass in den Themenkomplexen betont ethnokulturelle Aspekte von Diversität berücksichtigt werden („other cultures", „one's own culture", FNBE 2004, S. 37). Weitere Dimensionen von Diversität (vgl. Kapitel 1.1) wie beispielsweise Gender-Fragen und damit verbundene Fragen sozialer und anderer Ungleichheiten werden in den Themenkomplexen – bis auf den Hinweis auf die Themen „justice and equality" (FNBE 2004, S. 36) und „human rights" (FNBE 2004, S. 37) – nicht angesprochen. Formulierungen wie „the nature of being Finnish", „the essence of the Finnish and European cultural identities" oder „Finnish cultural identity" (FNBE 2004, S. 37) suggerieren zudem, wie weiter oben bereits angemerkt, ein eher nationalstaatliches Kulturverständnis in binärer Logik.

Im dritten Themenkomplex, „Kommunikations- und Medienkompetenz", werden hingegen kulturelle Faktoren im Zusammenhang mit zwischenmenschlicher

Kommunikation nahezu völlig ausgeblendet. So lauten die Kerninhalte des Themenkomplexes:

> „CORE CONTENTS
> - expression of one's own thoughts and feelings, **various languages of expression,
>   and their use in different situations**
> - **analysis and interpretation of the content and purpose of messages, change in
>   the communication environment**, and multimedia communication
> - the media's role and influence in society, and the relationship between reality and
>   the world depicted by the media
> - working with the media
> - data security, freedom of speech, and critiquing sources
> - tools of communications technology, their diversified use, and internet ethics"
>   (FNBE 2004, S. 38, eig. Herv.).

Implizit könnten kulturelle Faktoren in den Formulierungen „different situations"
oder „communication environment" (FNBE 2004, S. 38) enthalten sein. Explizit
werden sie jedoch nicht benannt. Der nationale Lehrplan Finnlands legt somit einerseits im Themenkomplex „Kulturelle Identität und Internationalität" einen Schwerpunkt auf ethnokulturelle Aspekte in Form von (i) Wissen über die ‚eigene' und die
‚anderen' Kulturen auf der kognitiven Ebene („get an introduction to other cultures", FNBE 2004, S. 37) sowie (ii) einer wertschätzenden und respektvollen Haltung auf der affektiven Ebene („appreciate their respective cultural inheritances",
„mutual respect", FNBE 2004, S. 37). Auch sollen die Schüler/innen (iii) auf der
konativen Ebene lernen, in einer multikulturellen Gemeinschaft und in internationalen Kontexten zu handeln („capabilities for functioning in an multicultural community, in international cooperation", „skills for functioning in international interaction", FNBE 2004, S. 37). Die beschriebenen Ebenen entsprechen den in der Fachliteratur diskutierten drei Ebenen interkultureller Kompetenz: der Wissens-, Hand-
lungs- und Emotionsebene (vgl. etwa Auernheimer 2006, S. 155 ff.). Im Themenkomplex „Kommunikations- und Medienkompetenz" – ein zentraler Bereich interkultureller Kompetenz – nimmt der nationale Lehrplan Finnlands hingegen implizit
einen ‚kulturneutralen' Raum in Kommunikationssituationen an.

C   Methodisch-didaktische Aspekte

C.5   Sieht der nationale Lehrplan Finnlands die Individualisierung des Unterrichts (z. B. durch differenzierte Aufgabenstellungen) vor?

Der nationale Lehrplan Finnlands gibt in zwei eigenständigen Kapiteln (Kapitel 4
und 5) sehr dezidiert vor, wie Schüler/innen in der neunjährigen Grundschule individuell gefördert werden sollen. Das integrierte Fördersystem, das auch die integrative Beschulung von Schüler/innen mit sonderpädagogischem Förderbedarf umfasst,

ist dabei ein Kernelement individueller Förderung in der finnischen Schule.[112] Darüber hinaus findet sich im nationalen Lehrplan ein Unterkapitel zu den Unterrichts- und Arbeitsmethoden (Kapitel 3.4), das im Zuge der Reform im Jahr 2011 ebenfalls neu formuliert wurde. Dort heißt es einleitend:

> „Instruction is to be provided making use of **diverse working approaches and teaching methods sensitive to pupils' abilities and suitable for different ages and various learning assignments and situations**. These are used to support and guide the learning of the entire teaching group and each individual pupil. Methods and working approaches should be chosen so as to create situations for interactive learning and working together and individually allowing pupils to develop skills that are important in terms of learning and their own future. These include thinking and problem-solving, working and interaction, self-knowledge and responsibility, participation and influencing, as well as expression and manual skills. Work must diversely promote information and communication technology and online working skills. Methods and working approaches must also provide opportunities for the creative activity, experiences, and play characteristic of each age group" (FNBE 2011, S. 5, eig. Herv.).

Ein differenzierender Unterricht ist dabei „a primary means of taking the needs of the teaching group and the diversity of pupils into account, permeating through all instruction" (FNBE 2011, S. 5). Die Lernstile („learning styles") und Lerntempi („paces of work") der Schüler/innen sowie die unterschiedlichen Fähigkeiten und Interessen („different learning abilities and interests") sind ebenso bei der Unterrichtsgestaltung zu beachten wie auch emotionale Bedürfnisse, die mit dem Selbstbewusstsein und der Motivation der Schüler/innen einhergehen („emotional needs linked to self-esteem and motivation"). Überdies sind auch „[d]evelopmental differences and backgrounds between girls and boys and between individual pupils" zu berücksichtigen (FNBE 2011, S. 5).

Was die Umsetzung eines binnendifferenzierenden Unterrichts betrifft, weist der nationale Lehrplan auf drei „key dimensions of differentiation" hin: „variations in the *extent* and *depth* of studies and the *progress rate* in studies" (FNBE 2011, S. 6, eig. Herv.). Differenziert werden kann der Unterricht beispielsweise in den folgenden Bereichen: „the teaching contents, teaching materials and methods applied, working approaches, the amount of school- and homework, and the amount of time available" (FNBE 2011, S. 6). Schließlich führt der nationale Lehrplan aus:

> „The learning environment and working approaches may be modified by **creating participation opportunities for pupils, offering choices, adjusting the use of space, grouping pupils flexibly, and making use of learning situations outside school**, for example. Each pupil is guided to learn in the way that suits him or her best. Pupils' interests are taken into account in instruction by linking the knowledge and skills being learnt to experiences and activities that they find meaningful. **Pupils may need differ-**

---

112 Das im nationalen Lehrplan beschriebene und im Jahr 2011 reformierte Fördersystem mit seinen drei Förderstufen – *general support, intensified support* und *special support* – sowie das System der Lern- und Berufsberatung wurden bereits im Einzelnen vorgestellt, was an dieser Stelle nicht wiederholt werden soll (vgl. Kapitel 8.3).

ent opportunities to demonstrate their knowledge and skills and progress and they always benefit from individual feedback" (FNBE 2011, S. 6, eig. Herv.).

Der nationale Lehrplan Finnlands beschreibt somit allgemeine Prinzipien eines binnendifferenzierten Unterrichts. Zwar liegt die Entscheidung, welche Methoden angewandt werden, letztlich bei den Lehrkräften. Der nationale Lehrplan signalisiert jedoch deutlich die zentrale Rolle eines schüler/innenzentrierten und individualisierten Unterrichts.

C.6   Findet die möglicherweise vorhandene Mehrsprachigkeit der Schüler/innen Berücksichtigung? Wenn ja, welche Rolle nehmen die Herkunftssprachen der Schüler/innen ein?

Der nationale Lehrplan Finnlands berücksichtigt die Anwesenheit von zwei- oder mehrsprachigen Schüler/innen explizit. So wird der historisch gewachsenen, infranationalen Mehrsprachigkeit (vgl. Allemann-Ghionda 2013, S. 47) des Landes Rechnung getragen, indem die jeweils andere Nationalsprache – für die Mehrheit der Schüler/innen ist dies Schwedisch – als Pflichtfach im Lehrplan verankert ist. Überdies besteht die Möglichkeit, das Fach *Mother tongue and literature* in anderen Sprachen als den Nationalsprachen, auch in den Sprachen nationaler und regionaler Minderheiten (Sami und Romani), zu unterrichten (s. weiter oben). Die mögliche Zwei- bzw. Mehrsprachigkeit von Schüler/innen mit Migrationshintergrund wird berücksichtigt, indem Unterricht in Finnisch bzw. Schwedisch als Zweitsprache vorgesehen ist und jeweils entsprechende curriculare Vorgaben formuliert wurden (FNBE 2004, S. 95 ff., 99 ff.). Der herkunftssprachliche Unterricht wird hingegen nicht direkt im nationalen Lehrplan geregelt, sondern in einem Dokument im Anhang. Die funktionale Mehrsprachigkeit ist dabei zusammen mit dem Unterricht in Finnisch bzw. Schwedisch als Zweitsprache das intendierte Ziel (FNBE 2004, S. 95, 99, 303).[113]

C.7   Wird die mögliche Anwesenheit von Schüler/innen mit sonderpädagogischem Förderbedarf berücksichtigt?

Die Anwesenheit von Schüler/innen mit sonderpädagogischem Förderbedarf in der integrativ gestalteten neunjährigen Grundschule wird im nationalen Lehrplan Finnlands explizit berücksichtigt. Ausführlich wird das im Jahr 2011 reformierte Fördersystem mit drei Förderstufen – *general support, intensified support* und *special support* – in zwei Lehrplankapiteln (Kapitel 4 und 5) beschrieben (vgl. Kapitel 8.3).

---

113   Zur Frage der Umsetzung dieser curricularen Vorgaben vgl. Kapitel 8.3 dieser Arbeit.

B   Lernziele und Lerninhalte

B.1   Welche Lernziele werden explizit oder implizit angesprochen, die
Schüler/innen auf ein Leben in und mit Diversität vorbereiten sollen?

Die Unterrichtsvorgaben im Fach Finnisch erfolgen im Dreischritt für die Klassenstufen 1–2, 3–5 sowie 6–9. In den einzelnen Jahrgangsstufen werden jeweils die
Ziele und Inhalte des Faches sowie die Beschreibungen ‚guter Leistung' am Ende
der fünften Klasse bzw. die Abschlussbeurteilungskriterien am Ende der neunten
Klasse aufgelistet.[114] Die zentrale Aufgabe des Finnischunterrichts ist es, das Interesse der Schüler/innen für Sprache, Literatur und Interaktion zu wecken. Der Unterricht muss dabei die sprachlichen und kulturellen Fähigkeiten sowie die Erfahrungen der Schüler/innen berücksichtigen. Zudem muss der Unterricht vielfältige
Gelegenheiten für Kommunikation, Lesen und Schreiben bieten, damit die Schü-
ler/innen ihre Identität und ihr Selbstbewusstsein entwickeln können. Ziel des Finnischunterrichts ist es, die Schüler/innen zu aktiven und ethisch verantwortlichen
Kommunikationspartner/innen und Leser/innen zu erziehen, die an Kultur und Gesellschaft teilhaben und diese beeinflussen:

> „**The fundamental task of instruction in mother tongue and literature is to spark
> the pupil's interest in language, literature, and interaction**. The instruction must be
> based on a community-oriented view of language: community membership and an in-
> volvement in knowledge begin when one learns to use language as the community
> does. **The instruction must also be founded on the pupil's linguistic and cultural
> skills and experience**, and must offer opportunities for diversified communication,
> reading, and writing, through which the pupil builds his or her identity and self-
> esteem. **The objective is that the pupil becomes an active and ethically responsible
> communicator and reader who gets involved in culture and participates in and
> influences society**" (FNBE 2004, S. 44, eig. Herv.).

In den Klassenstufen 3–5 sowie 6–9 werden jeweils Zielperspektiven in vier Bereichen formuliert: (i) „interaction skills", (ii) „skills in interpreting and utilizing various texts", (iii) „skills in producing texts and utilizing them for different purposes"
sowie (iv) „relationship with language, literature, and other culture" (FNBE 2004,

---

114   Im Folgenden werden die Ziele sowie die Beschreibungen ‚guter Leistung' bzw. die
Abschlussbeurteilungskriterien näher betrachtet. Die Inhalte des Finnischunterrichts
werden in der nächsten Analysefrage abgehandelt. Außerdem ist zu beachten, dass
sowohl die Ziele als auch die Inhalte des Finnischunterrichts nur für die Klassenstu-
fenstufen 3 bis 5 und 6 bis 9 berücksichtigt werden, um annähernd dieselben Klassenstufen zu untersuchen, die mit der Analyse der nordrhein-westfälischen Lehrpläne der
Sekundarstufe I (5–9 bzw. 9 / 10) abgedeckt wurden.

S. 47 f., 51 f.). Diversitätssensible Ziele finden sich insbesondere im letztgenannten Bereich. Die formulierten Ziele lauten für die jeweiligen Jahrgangsstufen:

Jahrgangsstufen 3–5

Relationship with language, literature, and other culture

„The pupils will
- become acquainted with the **culture of both their own country and other peoples** through literature, theatre, and film
- read an ample amount of varied literature for children and young people and learn to select reading material that is interesting and appropriate to them; their positive attitude towards reading will be preserved
- nurture their interest in the operation of language; they will come to understand the basics of grammatical description and will **learn both to note the different languages being spoken in their environment and to place value on those languages**
- gain a basic knowledge of the media and utilize communications media purposefully" (FNBE 2004, S. 48, eig. Herv.).

Jahrgangsstufen 6–9

Relationship with language, literature, and other culture

„The pupils will
- acquire a basic knowledge of their mother tongue and its structure, variations and changes
- diversify their reading pursuits; their knowledge of literature will deepen, and they will get to know **both the history of Finnish literature and other countries' classics**
- gain further experience with techniques of expression used in theatre and film
- acquire a sense of the power of the media and texts to produce images, shape conceptions of the world, and guide people in their choices
- gain opportunities to broaden their aesthetic experiential world; their **ethical awareness** will become stronger, and their **viewpoints on cultures** will broaden
- become **tolerant of speakers of different languages**" (FNBE 2004, S. 52, eig. Herv.).

Die Schüler/innen sollen demnach sowohl finnische als auch literarische Klassiker/innen anderer Länder kennenlernen, ihr ethisches Bewusstsein erweitern, verschiedene kulturelle Perspektiven einnehmen und sich zu toleranten mehrsprachigen Sprecher/innen entwickeln. Die Wertschätzung kultureller und sprachlicher Vielfalt ist somit ein Ziel des Finnischunterrichts der neunjährigen Grundschule. Kritisch zu betrachten ist jedoch die Verwendung des Kulturbegriffs, denn auch in diesen Abschnitten des nationalen Lehrplans deutet die Formulierung „the culture of both their own country and other peoples" (FNBE 20014, S. 48) auf ein Verständnis von ‚Kultur' als Großkollektiv in binärer Logik hin. Zudem bleibt offen, ‚wessen' Land mit „own country" (FNBE 20014, S. 48) gemeint ist. Einerseits lässt diese Formulierung insofern vielfältige Konstellationen zu, als im Kontext von Migration das ‚eigene' Land nicht zwingend Finnland sein muss. Der im Lehrplan sich abzeichnende Antagonismus zwischen Menschen der ‚eigenen' Kultur auf der einen Seite und Menschen ‚anderer‘ Kulturen bzw. Länder auf der anderen Seite deutet hingegen darauf hin, dass mit ‚eigenes‘ Land Finnland gemeint ist.

In den formulierten Zielen der anderen drei Bereiche „interactions skills", „skills in interpreting and utilizing various texts" sowie „skills in producing texts and utilizing them for different purposes" finden sich keine expliziten diversitätssensiblen Ziele. Die Fähigkeit zum Perspektivwechsel, die implizit Diversitätskompetenz fördert, wird jedoch an mehreren Stellen angeführt:

Jahrgangsstufen 3–5

Interaction skills

„The pupils will

- learn skills of active listening and communication in various communication situations; they will feel encouraged to take part in discussions and will **try to consider the recipients in their own communications** [...]".

Skills in interpreting and utilizing various texts

„The pupils will [...]

- learn to choose appropriate reading for different purposes; they will become accustomed both to **considering and expressing ideas awakened by texts, and to connecting them with their own lives and environment** [...]" (FNBE 2004, S. 47, eig. Herv.).

Jahrgangsstufen 6–9

Interaction skills

„The pupils will [...]

- become practised in **functioning purposefully and ethically as speakers, readers, and writers,** building interactive relationships in various communication environments at school and elsewhere
- try to maintain an atmosphere conducive to interaction; they will **become accustomed to the existence of differing viewpoints and ways of interacting".**

Skills in producing texts and utilizing them for different purposes

„The pupils will [...]

- feel encouraged to **bring up and justify their viewpoints and to comment constructively on the ideas of others** [...]" (FNBE 2004, S. 51, eig. Herv.).

In der Beschreibung ‚guter Leistung‘ am Ende der fünften Klasse („description of good performance at the end of the fifth grade") bzw. den Abschlussbeurteilungskriterien am Ende der neunten Klasse („final assessment criteria for a grade of 8") werden schließlich ebenfalls keine weiteren expliziten oder impliziten diversitätssensiblen Ziele benannt. Insgesamt betrachtet sieht der nationale Lehrplan für den Finnischunterricht somit kein Lernziel vor, das explizit die Befähigung zum ‚Umgang mit dem Anderen‘ zum Ziel hat, wie etwa die interkulturelle Kompetenz im finnischen Fremdsprachenunterricht („intercultural competence", FNBE 2004, S. 138). Weitere Dimensionen von Diversität als sprachliche und kulturelle Aspekte (vgl. Kapitel 1.1) werden ebenfalls nicht angesprochen.

B.2 Berücksichtigen die vorgesehenen Inhalte und Themen interkulturelle und diversitätsbezogene Fragen im Sinne einer multiperspektivischen allgemeinen Bildung?

Die Inhalte im Finnischunterricht der Jahrgangsstufen 3–5 sind in sechs Blöcke eingeteilt („Interaction skills", „Text comprehension", „Preparing compositions and oral presentations", „Information management skills", „Tasks and structure of language" sowie „Literature and other culture"), die Inhalte der Jahrgangsstufen 6–9 in fünf, von der Struktur her leicht abweichende Blöcke („Interaction skills", „Text comprehension", „Preparing compositions and oral presentations", „Information management skills" sowie „Relationship with language, literature, and other culture"). Hinsichtlich der Analysefrage nach diversitätssensiblen Inhalten ist der letzte Block der Jahrgangsstufen 6–9 hervorzuheben:

> „Relationship with language, literature, and other culture
> * basic knowledge of the **Finnish and global language situation**, and a **conception of linguistic democracy** and the **importance of one's native language**
> * history and variation of the Finnish language
> * characteristics of the phonetic, formal, and sentence structure of the Finnish language; comparison of those attributes to other languages
> * consideration of the situational, social and geographic variation of the Finnish language, and of the grounds for using the standard language
> * creating a basis for a general literary education: **knowledge of main works and their writers, Kalevala, the folk tradition, and Finnish literature's main historical phases**
> * **reading of core and optional complete works, and treatment of an ample range of short texts of various genres**
> * classification of literature into main genres and certain sub-genres
> * basic stylistic breakdown of texts: distinguishing marks of romantic, realistic, and modernist texts
> * analysis of fictional structures, using concepts appropriate to the form level
> * gaining experience with theatre and films; analysis and sharing of experiences" (FNBE 2004, S. 53, eig. Herv.).

Es fällt auf, dass das finnische Nationalepos *Kalevala* explizit als Teil des Schulkanons festgelegt wird. Im Zusammenhang mit den Vorgaben auf der Ebene der Ziele der Jahrgangsstufen 3–5 („become acquainted with the culture of both their own country and other peoples through literature, theatre, and film", FNBE 2004, S. 48) sowie der Jahrgangsstufen 6–9 („get to know both the history of Finnish literature and other countries' classics", FNBE 2004, S. 52) wird jedoch deutlich, dass idealerweise auch Autor/innen und Werke anderer Länder als Finnland im Finnischunterricht behandelt werden sollen. Dies wird in den Abschlussbeurteilungskriterien am Ende der neunten Klasse bekräftigt. Zudem finden sich dort weitere Hinweise auf diversitätssensible Unterrichtsinhalte:

„The pupils' relationship with language, literature, and culture will have developed so that they [...]

- have read **both Finnish and foreign** poems, fairy tales, fables, short stories, representative dramatic texts, and cartoons, and know both poems from Kalevala and other elements of the folk tradition; they will have read at least the jointly agreed-upon number of complete works
- know the main genres of literature, the main stylistic range of texts, and some literary classics representing different eras [...]
- know how to talk about the phonetic, formal, and sentence structure of language, and about vocabulary; they will have a knowledge of the parts of speech and the key parts of a sentence; they will know the main distinguishing features of the Finnish language and be able to **compare Finnish to other languages** they have studied; they will have a conception of linguistic relationship, and of the languages related to Finnish
- know that the Finnish language varies according to the situation, user, and geographic area
- know that **language changes**; they will have a knowledge of the **mother tongue's status among other languages, and in a multicultural linguistic community**; they will be familiar with **Finland's linguistic situation** and have a basic knowledge of the languages spoken in Finland" (FNBE 2004, S. 55, eig. Herv.).

Insgesamt betrachtet werden mit Ausnahme des Nationalepos keine konkreten Inhalte oder Gegenstände durch den nationalen Lehrplan Finnlands vorgegeben.

C   Methodisch-didaktische Aspekte

C.3   Gibt es konkrete methodisch-didaktische Hinweise (Perspektivwechsel etc.) zur Umsetzung einer diversitätssensiblen Bildung im Sinne einer multiperspektivischen allgemeinen Bildung?

Bis auf die vorangehend genannten Hinweise darauf, dass auch Autor/innen und Werke anderer Länder als Finnland im Finnischunterricht behandelt werden sollen – dies kann als eine Vorgabe zur multiperspektivischen Stoffauswahl gelesen werden – sowie die Hinweise im allgemeinen Teil des nationalen Lehrplans zur Individualisierung des Unterrichts (Kapitel 4 und 5), finden sich für den Finnischunterricht im Speziellen keine weiteren methodisch-didaktischen Hinweise.[115] Die Fähigkeit zum Perspektivwechsel wird als Zielperspektive an mehreren Stellen formuliert (FNBE 2004, S. 47, 51, 52). Über das *Wie?* gibt der nationale Lehrplan jedoch keine Auskunft.

---

115   Vgl. hierzu die vorangegangene Analysefrage zu den Möglichkeiten der Individualisierung des Unterrichts in der neunjährigen Grundschule im Themenblock „Methodisch-didaktische Aspekte" der fachunspezifischen Aspekte sowie Kapitel 8.3 dieser Arbeit.

C.4 Wird die Förderung bildungssprachlicher Kompetenzen als Aufgabe des Faches verstanden?

Ausgangspunkte des Finnischunterrichts sollen „the pupil's linguistic and cultural skills and experience" sein. Außerdem soll der Unterricht beachten, „that the pupil's mother tongue is the basis of learning" (FNBE 2004, S. 44). Das Erlernen der Standardsprache sowie der Unterschiede zwischen gesprochener und schriftlicher Sprache werden an mehreren Stellen angesprochen (FNBE 2004, S. 48, 50, 51, 53, 54, 55). Der nationale Lehrplan geht jedoch an keiner Stelle explizit auf die Möglichkeit ein, dass Schüler/innen am Finnischunterricht teilnehmen könnten, deren Erstsprachen eine andere als Finnisch ist. Möglicherweise wird nicht darauf eingegangen, weil durch die Konzeption des Muttersprachenfaches, d. h. den genannten elf Optionen, dieser Konstellation mit den entsprechenden Richtlinien und Vorgaben für den Unterricht in Finnisch als Zweitsprache (FNBE 2004, S. 95 ff.) Rechnung getragen wird. Im Umkehrschluss bedeutet dies aber auch, dass für den ‚regulären' Finnischunterricht die Berücksichtigung der Prinzipien des Zweitsprachenlernens bei der Unterrichtsgestaltung aus dem Blickfeld gerät, was nicht dem Stand der Forschung entspricht. Selbst wenn Schüler/innen eine Zeit lang Unterricht in Finnisch als Zweitsprache anstelle des Muttersprachenfaches erhalten und anschließend im Idealfall am regulären Finnischunterricht teilnehmen, können und sollten diese Schüler/innen jedoch nicht wie ‚Muttersprachler/innen' unterrichtet werden. Der Erwerb einer Zweitsprache erstreckt sich über mehrere Jahre und die Entwicklung bildungssprachlicher Kompetenzen in der Zweitsprache dauert länger als die Entwicklung bildungssprachlicher Kompetenzen in der Erstsprache (Gogolin / Lange 2011, S. 123), nämlich etwa fünf bis acht Jahre (Gogolin / Lange 2011, S. 110). Vor diesem Hintergrund erscheint die curriculare Verankerung der Didaktik der Zweitsprache deshalb auch im regulären Finnischunterricht im Sinne einer durchgängigen Sprachbildung (Gogolin / Lange 2011, S. 123) als unabdingbar.

DIVERSITÄT IM FACH GESCHICHTE

B Lernziele und Lerninhalte

B.1 Welche Lernziele werden explizit oder implizit angesprochen, die Schüler/innen auf ein Leben in und mit Diversität vorbereiten sollen?

Die Unterrichtsvorgaben im Fach Geschichte sind im Zweischritt für die Klassenstufen 5–6 sowie 7–9 aufgebaut. Da die Stundentafel der neunjährigen Grundschule für die Fächer Geschichte und Sozialwissenschaften bzw. *social studies* ein gemeinsames Stundenpensum vorsieht (FNBE 2004, S. 302) und die Sozialwissenschaften bzw. *social studies* erst in den Klassenstufen 7–9 vorgesehen sind (FNBE 2004,

S. 226), wird Geschichte in der Regel von der fünften bis zur sechsten und von der siebten bis zur achten Klasse mit zwei bzw. drei Wochenstunden unterrichtet. Das Fach Sozialwissenschaften bzw. *social studies* ist dann lediglich in der neunten Klasse mit drei Wochenstunden vorgesehen (Virta / Yli-Panula 2012, S. 191).

Im finnischen Geschichtsunterricht sollen die Schüler/innen verstehen, dass „their own culture and other cultures constitute the result of a historical process" (FNBE 2004, S. 220). Der Unterricht soll dabei „Finnish and general history" behandeln (FNBE 2004, S. 220). Für die Jahrgangsstufen 5–6 bzw. 7–9 werden sodann jeweils die Ziele und Inhalte des Faches sowie die Beschreibungen ‚guter Leistung' am Ende der sechsten Klasse bzw. die Abschlussbeurteilungskriterien am Ende der neunten Klasse angeführt. Die Auflistung der Ziele des Geschichtsunterrichts fällt – im Vergleich zum Finnischunterricht mit Zielformulierungen in vier Bereichen – mit je fünf Aufzählungspunkten für die Jahrgangsstufen 5–6 bzw. 7–9 sehr knapp aus.

In den Jahrgangsstufen 5–6 sollen die Schüler/innen mit grundlegendem historischen Wissen, dessen Erwerb sowie Beschaffenheit vertraut gemacht werden („familiarize the pupil with the nature, acquisition, and basic concepts of historical knowledge", FNBE 2004, S. 220). Durch die unterrichtliche Behandlung der im Lehrplan vorgesehenen Inhalte (vgl. hierzu die nachfolgende Analysefrage) sollen dabei die „functionality of history" und „the pupils' ability to place themselves in the past" unterstrichen werden (FNBE 2004, S. 220). Die wenigen Lernziele, die der nationale Lehrplan für den Geschichtsunterricht der Jahrgangsstufen 5–6 vorgibt, lauten:

> „The pupils will
> - come to understand that **historical information** consists of the interpretations of historians, which **may change** as new sources or methods of examination emerge
> - come to understand various ways of dividing history into eras; they will use the concepts of prehistory, history, antiquity, the Middle Ages, and the modern era correctly
> - learn to recognize changes in the **history of their own families or home region**, and to depict changes, such as the birth of farming, that are seen as having had a fundamental impact on human life
> - learn to identify the continuity of history with the aid of examples
> - learn to present reasons for **historical changes**" (FNBE 2004, S. 220, eig. Herv.).

Hervorzuheben ist, dass der nationale Lehrplan die Relativität historischer Ereignisse je nach betrachtender Position anerkennt. Dies erfolgt auch in der Beschreibung ‚guter Leistung' am Ende der fünften Klasse im Block „Understanding historical phenomena":

> „The pupils will
> - know that the past can be divided into different eras (chronology); they will be able to name features characteristic of societies and eras

- recognize the continuity of phenomena from one era to another and **understand that change is not the same as progress, and does not mean the same thing from the perspectives of different people and groups,** either
- know how to place themselves in the position of a person from the past: they will know how to explain why people of different eras thought and acted in different ways, and will know the importance of the cause-and-effect relationship" (FNBE 2004, S. 221, eig. Herv.).

In den Jahrgangsstufen 7–9 soll das historische Wissen der Schüler/innen weiter vertieft und ihre Identität gestärkt werden. Außerdem sollen sie mit „other cultures and their influences" vertraut gemacht werden (FNBE 2004, S. 222). Folgende Lernziele gibt der nationale Lehrplan im Einzelnen vor:

„The pupils will learn to
- obtain and use historical information
- **use a variety of sources, compare them,** and form their own justified opinions based on those sources
- **understand that historical information can be interpreted in different ways**
- explain the purposes and effects of human activity
- assess future alternatives, using information on historical change as an aid" (FNBE 2004, S. 222, eig. Herv.).

Auch in diesen Klassenstufen wird somit die historische Relativität als Lernziel formuliert. In diesem Sinne wird schließlich auch in den Abschlussbeurteilungskriterien am Ende der neunten Klasse im Block „Applying historical knowledge" die Fähigkeit zur Nutzung vielfältiger Quellen angeführt:

„The pupils will
- be able to answer questions about the past by **using the information they have obtained from different sources,** including information they have acquired by using modern technology
- be able to formulate their own justified opinions about, and evaluate, events and phenomena" (FNBE 2004, S. 224, eig. Herv.).

Explizite diversitätssensible oder interkulturelle Lernziele, wie etwa die interkulturelle Kompetenz im finnischen Fremdsprachenunterricht („intercultural competence", FNBE 2004, S. 138), sehen die Vorgaben für den Geschichtsunterricht jedoch nicht vor.

B.2 Berücksichtigen die vorgesehenen Inhalte und Themen interkulturelle und diversitätsbezogene Fragen im Sinne einer multiperspektivischen allgemeinen Bildung?

In den Jahrgansstufen 5–6 sollen im Geschichtsunterricht in Finnland laut der einleitenden Beschreibung die eigene Herkunft („their own roots", wörtlich: die ‚eigenen Wurzeln', FNBE 2004, S. 220) und einige wichtige historische Ereignisse und Phänomene von der Prähistorie bis zur Französischen Revolution behandelt werden (FNBE 2004, S. 220). In den Jahrgansstufen 7–9 steht die finnische und Weltgeschichte im 19. und 20. Jahrhundert im Vordergrund (FNBE 2004, S. 222). Die thematischen Vorgaben teilen sich jeweils in acht bzw. zehn Blöcke auf und lauten im Einzelnen:

Jahrgangsstufen 5–6

„Historical knowledge and one's own roots
- history of one's family and home region
- interpreting the meanings of recollections, writings, objects, images, and the constructed environment

Prehistoric and historic times and the first advanced cultures
- living conditions of Stone Age people, and changes in those conditions as a result of the invention of bronze and iron
- impacts on human life of the commencement of farming, emergence of states, and invention of writing

Emergence of European civilization
- society and culture of ancient Athens and Rome
- reflections of the classical period in today's Europe

The Middle Ages
- impacts of religion on human life; the unequal social status of people
- Sweden's annexation of Finland

The dawn of the modern era
- changes in the European's values and conception of the world at the end of the Middle Ages: the Renaissance in art, the Reformation in religion, and science's expansion of the conception of the world

Finland as part of the Kingdom of Sweden
- life as a king's subjects, and as inhabitants of a great-power state
- Finnish culture takes shape

Liberty gains a foothold
- impacts of the French Revolution

In addition, one of the following themes, whose development is examined from prehistory up until the 19th century:
a) an advanced culture outside Europe
b) evolution of trade
c) evolution of culture
d) development of means of mobility and transport
e) demographic changes" (FNBE 2004, S. 220 f., Herv. im Orig.).

Jahrgangsstufen 7–9:

„Nationalism and life in the 19th century
- life in 19th-century Finland
- key political changes at the beginning of the 19th century and the effects of nationalism in Europe
- culture as a mirror of nationalism in Finland

The industrial revolution
- industrialization and its effects on people's lives
- urbanization

The period of transition in Finland
- breakdown of class society
- russification of Finland and resistance to russification

From great-power rivalry to World War I and its consequences
- imperialism and its impacts on the great European powers and the colonies
- World War I; its causes and consequences
- causes of the collapse of the Russian Empire; the revolutions of 1917
- Finland's achievement of independence and the Finnish Civil War

The Depression and the era of totalitarianism
- the world economic collapse and its effects on Europe
- life in the democracies and dictatorships

The World War II period
- World War II; its causes and consequences
- Finland in World War II; recovery from the war

Finland from the 1950s to the present day
- the economic structure's transformation and its impacts on people's lives
- building the Finnish welfare state

From East-West conflicts to the North-South confrontation
- the cold war
- the division of the world into poor and wealthy states, and the resultant problems

Life at the end of the 19th century and beginning of the 20th century
- the birth of Western consumer society and its impact on the environment and people's lives
- the evolution of communications

In addition, one of the following themes, whose development is examined from the 19th century up until the present day:
a) one culture outside Europe
b) evolution of equality
c) evolution of culture
d) development of technology – development of mobility and transport, for example
e) from the breakup of Europe to its reunification" (FNBE 2004, S. 222 f., Herv. im Orig.).

Es wird deutlich, dass der nationale Lehrplan keine einseitig nationalgeschichtliche Ausrichtung aufweist. Denn außer über die Geschichte Finnlands sollen die Schüler/innen ebenfalls etwas über die Geschichte weiterer Länder, Nationen bzw. Regionen lernen (in alphabetischer Reihenfolge):

- Europa („reflections of the classical period in today's Europe", „changes in the European's values and conception of the world at the end of the Middle Ages", „key political changes at the beginning of the 19th century and the effects of nationalism in Europe", „imperialism and its impacts on the great European powers and the colonies, World War I; its causes and consequences", „the world economic collapse and its effects on Europe");

- Frankreich („impacts of the French Revolution");
- das antike Griechenland („society and culture of ancient Athens and Rome");
- das Römische Reich („society and culture of ancient Athens and Rome");
- Russland („causes of the collapse of the Russian Empire; the revolutions of 1917");
- Schweden („Sweden's annexation of Finland", „Finland as part of the Kingdom of Sweden);
- die Welt bzw. nicht festgelegter geografischer Schwerpunkt („an advanced culture outside Europe", „evolution of trade", „evolution of culture", „development of means of mobility and transport", „demographic changes", „industrialization and its effects on people's lives", „urbanization", „life in the democracies and dictatorships", „the division of the world into poor and wealthy states, and the resultant problems", „the evolution of communications", „one culture outside Europe", „evolution of equality", „development of technology – development of means of mobility and transport").

Der nationale Lehrplan trifft jedoch keine Aussage darüber, ob das Prinzip der Multiperspektivität auf die vorgesehenen Inhalte selbst angewendet werden soll, d. h. ob geschichtliche Ereignisse idealerweise stets aus einer „doppelte[n] originale[n] Sichtweise" (Göpfert 1985 zitiert nach Auernheimer 2010, S. 144) heraus zu betrachten sind. Im Themenblock „Historical knowledge and one's own roots" bzw. dem Schwerpunkt „history of one's family and home region" (FNBE 2004, S. 220) stellt sich im Besonderen die Frage – wie schon bei der Formulierung „the culture of both their own country and other peoples" (FNBE 2004, S. 48) in den Vorgaben für den Finnischunterricht – wessen ‚Wurzeln' und ‚Heimat' gemeint sind. Vor dem Hintergrund der autochthonen Minderheiten in Finnland und dem steigenden Migrant/innenanteil in der Bevölkerung müssen „one's own roots" nicht zwingend ‚finnische Wurzeln' sein. Der Lehrplan lässt diese Frage jedoch offen. Wird diese thematische Einheit ernst genommen, müsste das Thema der Herkunft, das als erstes angeführtes Thema voraussichtlich den Einstieg in den Geschichtsunterricht darstellt – der nationale Lehrplan trifft keine Aussage über die Reihenfolge der Themenblöcke, insofern liegt eine lineare Abfolge nahe – gegebenenfalls aus vielfältigen Perspektiven im Anfangsunterricht des Faches Geschichte berücksichtigt werden. Denkbar ist jedoch auch, dass an das Thema der ‚eigenen Wurzeln' im Geschichtsunterricht aus ‚monokultureller' bzw. nationaler Perspektive durch Lehrpersonen oder Geschichtsbücher herangegangen wird. Schließlich deutet die Formulierung „Finnish culture" (FNBE 2004, S. 221) – wie schon in den vorangegangenen Analyseabschnitten angedeutet – auf ein eher statisch-antagonistisches und ethnonationales Kulturverständnis hin.

C   **Methodisch-didaktische Aspekte**

C.3   Gibt es konkrete methodisch-didaktische Hinweise (Perspektivwechsel etc.)
       zur Umsetzung einer diversitätssensiblen Bildung im Sinne einer
       multiperspektivischen allgemeinen Bildung?

Für den Geschichtsunterricht im Speziellen werden im nationalen Lehrplan Finnlands keine methodisch-didaktischen Hinweise gegeben (vgl. die Hinweise zur Individualisierung des Unterrichts im allgemeinen Lehrplanteil, Kapitel 4 und 5). Was
die Stoffauswahl betrifft, so gibt der finnische Lehrplan vor, sowohl die National-
als auch die Weltgeschichte zu thematisieren (FNBE 2004, S. 220). Zu einer multiperspektivischen Vorgehensweise im Sinne der „doppelte[n] originale[n] Sichtweise" (Göpfert 1985 zitiert nach Auernheimer 2010, S. 144) wird nicht explizit ange-
leitet, wenngleich die Fähigkeit zum Heranziehen vielfältiger Quellen und die Ein-
sicht in die historische Relativität als Lernziele formuliert werden (vgl. die vorangehende Analysefrage).

C.4   Wird die Förderung bildungssprachlicher Kompetenzen als Aufgabe des
       Faches verstanden?

In den Unterrichtsvorgaben finden sich keine Hinweise darauf, dass im Geschichtsunterricht der neunjährigen Grundschule Finnlands bildungssprachliche Kompetenzen zu fördern sind.

DIVERSITÄT IM FACH ENGLISCH

Zusätzlich zum Fach *Mother tongue and literature* (in der Regel je nach Unter-
richtssprache der Schule Finnisch oder Schwedisch, vgl. Kapitel 8.3) belegen Schü-
ler/innen in Finnland als Pflichtfach die erste Fremdsprache, die sogenannte
A-language, in den unteren Jahrgangsstufen (1–6) spätestens ab der dritten Klasse
(Hildén / Kantelinen 2012, S. 162). Englisch ist dabei die am meisten gewählte
Fremdsprache (OSF 2014i, S. 1). Vor diesem Hintergrund werden im Folgenden die
Unterrichtsvorgaben im nationalen Lehrplan Finnlands für die *A-language* mit Fo-
kus auf das Fach Englisch analysiert.[116]

---

116   Zu beachten ist außerdem, dass – analog zum Finnischunterricht – nur die Klassenstu-
       fenstufen 3 bis 5 und 6 bis 9 berücksichtigt werden, um annähernd dieselben Klassen-
       stufen zu untersuchen, die mit der Analyse der nordrhein-westfälischen Lehrpläne der
       Sekundarstufe I (5–9 bzw. 5 / 6 bis 9 / 10) abgedeckt wurden.

B   Lernziele und Lerninhalte

B.1   Welche Lernziele werden explizit oder implizit angesprochen, die
Schüler/innen auf ein Leben in und mit Diversität vorbereiten sollen?

Der Fremdsprachenunterricht in Finnland soll den Schüler/innen „capabilities for
functioning in foreign language communication situations" vermitteln (FNBE 2004,
S. 138). Neben der Heranführung an den Gebrauch einer Fremdsprache („accustom
the pupils to using their language skills", FNBE 2004, S. 138) ist es Aufgabe des
Fremdsprachenunterrichts, bei Schüler/innen Verständnis und Wertschätzung dafür
zu fördern, wie Menschen „in other cultures" leben. Mit dem Unterricht in der
A-language beginnen die Schüler/innen überdies, „intercultural competence" zu
entwickeln (FNBE 2004, S. 138).

In den Klassenstufen 3–6 sollen die Schüler/innen realisieren, dass „languages
and cultures are different, but not different in value" (FNBE 2004, S. 139). In den
Klassenstufen 7–9 wächst die „pupils' ability to act according to the demands of the
target language culture" (FNBE 2004, S. 141). Die für die jeweiligen Klassenstufen
formulierten Ziele sind in drei Bereiche eingeteilt: (i) „Language proficiency",
(ii) „Cultural skills" sowie (iii) „Learning strategies". Für die Frage nach interkulturellen und diversitätssensiblen Zielen sind die Zielperspektiven im zweiten Bereich
„Cultural skills" besonders relevant. Diese lauten im Einzelnen:

Jahrgangsstufen 3–6

Cultural skills

„The pupils will

- get to know the **culture of the target language** and will gain a preliminary introduction to the **similarities and differences between that culture and Finnish culture**
- learn to communicate with representatives of the target language culture in every-
  day situations, in a manner natural to that culture" (FNBE 2004, S. 139, eig. Herv.).

Jahrgangsstufen 6–9

Cultural skills

„The pupils will

- get to know the **target language culture** and come to understand it against their
  own cultural backgrounds
- learn to **communicate and act** in normal day-to-day situations in a manner ac-
  ceptable in the **subject culture**
- learn to be aware of the **culturally bound nature of values**" (FNBE 2004, S. 142,
  eig. Herv.).

Es fällt auf, dass der nationale Lehrplan Finnlands auch in diesem Teil der Lehrplanvorgaben mit Formulierungen wie „culture of the target language" und „Finnish
culture" (FNBE 2004, S. 139) ein tendenziell ethnonationales Kulturverständnis in
binärer Logik suggeriert. In den Beschreibungen ‚guter Leistung' am Ende der

sechsten Klasse („description of good performance at the end of the sixth grade") im Bereich „Cultural skills" bestätigt sich dieses Kulturverständnis:

> „The pupils will
> - know the **main contents** of, and **key similarities and differences between the culture of their own language and the target language**
> - be able to interact with speakers of the target language in simple everyday situations" (FNBE 2004, S. 141, eig. Herv.).

Die Vorstellung von ‚Kultur' als ‚Sprachgruppe' unterstellt tendenziell homogene Großkollektive mit übergreifenden kulturspezifischen Eigenschaften. Insbesondere die Formulierung „the main contents of [...] the culture" (FNBE 2004, S. 141) impliziert die Idee einer ‚rezeptartigen' Auflistung charakteristischer Inhalte einer „Kultur xy" (Leiprecht 2008, S. 138).

B.2 Berücksichtigen die vorgesehenen Inhalte und Themen interkulturelle und diversitätsbezogene Fragen im Sinne einer multiperspektivischen allgemeinen Bildung?

Die vorgesehenen Inhalte des Fremdsprachen- bzw. Englischunterrichts werden im nationalen Lehrplan in drei Bereiche eingeteilt: (i) „Situations and subject areas from the perspective of the language regions of the pupils' language and language being studied", (ii) „Structures" und (iii) „Communication strategies". Die Vorgaben sind stichpunktartig, so etwa „school, schoolmates, and teachers" (FNBE 2004, S. 140) in den Klassenstufen 3–6 oder „the media" (FNBE 2004, S. 142) in den Klassenstufen 7–9. Insgesamt betrachtet geben die Richtlinien nur sehr vage Inhalte des Englischunterrichts vor. Bezogen auf die Analysefrage nach interkulturellen und diversitätssensiblen Inhalten sind die inhaltlichen Vorgaben in den Klassenstufen 3–6 „basic knowledge of one's own culture and the culture of the target language, possibly including the target language culture in Finland, depending on the language" (FNBE 2004, S. 140) sowie in den Klassenstufen 7–9 „sustainable development" und im weitesten Sinne auch „health and welfare" (FNBE 2004, S. 142) zu benennen. Das zuvor kritisierte antagonistisch-statische Kulturverständnis im nationalen Lehrplan spiegelt sich auch an dieser Stelle in der Formulierung „culture of the target language" (FNBE 2004, S. 140) wider. Bei der thematischen Vorgabe „basic knowledge of one's own culture and the culture of the target language, possibly including the target language culture in Finland, depending on the language" (FNBE 2004, S. 140) in den Klassenstufen 3–6 fällt überdies der Zusatz „possibly including the target language culture in Finland" auf. Die jeweilige ‚Zielsprachenkultur' Finnlands – also die ‚finnische' bzw. ‚schwedische' Kultur – ist nach Möglichkeit zu berücksichtigen. Die alleinige Vorgabe „basic knowledge of one's own culture" erschien den Lehrplanautor/innen somit nicht ausreichend, möglicherweise da angesichts der wachsenden sprachlichen und soziokulturellen Pluralität in Finnland, aber auch aufgrund der Pluralisierung durch autochthone Minderheiten (vgl. Kapitel 7.1), die ‚eigene Kultur' nicht genuin die ‚finnische' bzw. ‚schwedische Kultur' bedeuten muss.

C   Methodisch-didaktische Aspekte

C.3   Gibt es konkrete methodisch-didaktische Hinweise (Perspektivwechsel etc.) zur Umsetzung einer diversitätssensiblen Bildung im Sinne einer multiperspektivischen allgemeinen Bildung?

Für den Fremdsprachen- bzw. Englischunterricht im Speziellen werden im nationalen Lehrplan Finnlands keine methodisch-didaktischen Hinweise gegeben (vgl. die Hinweise zur Individualisierung des Unterrichts im allgemeinen Teil des Lehrplans, Kapitel 4 und 5). Hinweise zu einer multiperspektivischen Umsetzung der inhaltlichen Vorgaben im Englischunterricht finden sich nicht. Die Vorgaben sind unbestimmt und offen zugleich.

C.4   Wird die Förderung bildungssprachlicher Kompetenzen als Aufgabe des Faches verstanden?

In den Jahrgangsstufen 3–6 stehen einfache sprachliche Fähigkeiten im Kontext alltäglicher Kommunikation im Vordergrund (FNBE 2004, S. 139). In den Jahrgangsstufen 7–9 sollen die Schüler/innen auch in der Lage sein, klare standardsprachliche Gespräche und Texte zu verstehen (FNBE 2004, S. 141). Darüber hinaus trifft der nationale Lehrplan Finnlands keine Aussagen über die Förderung bildungssprachlicher Kompetenzen im Englischunterricht der neunjährigen Grundschule.

9.3   Vergleichende Zusammenfassung

Im Folgenden werden die zentralen Ergebnisse der Analyse des finnischen nationalen Lehrplans zusammengefasst.

Adressatenorientierung

Der nationale Lehrplan Finnlands adressiert die Diversität der Schülerschaft in dreifacher Weise. So gibt es (i) zwei eigenständige Kapitel zur Individualisierung des Unterrichts und zur individuellen, auch sonderpädagogischen Förderung (Kapitel 4 und Kapitel 5). Außerdem beinhaltet der Lehrplan (ii) ein eigenständiges Kapitel über den „Unterricht für Kultur- und Sprachgruppen" (Kapitel 6). Schließlich sieht der Lehrplan (iii) durch die Konzeption des Unterrichtsfaches „Muttersprache und Literatur" (Kapitel 7.3) Unterrichtsvorgaben für insgesamt elf (Sprach-)Optionen vor. Das Kapitel zum „Unterricht für Kultur- und Sprachgruppen" stellt einerseits eine curriculare Anerkennung von Minderheiten dar. Andererseits können partikulare Bildungsziele für Minderheiten als ‚ungleiche' Bildungsziele gelesen werden, weil ihnen ein Mehr an Zielen ‚auferlegt' wird. Zudem können in den für Schüler/innen mit Migrationshintergrund formulierten Zielen insbesondere im Fach Finnisch bzw. Schwedisch als Zweitsprache assimilationistische Züge gelesen werden. So sollen Schüler/innen mit Migrationshintergrund eine wertschätzende und respektvolle Haltung gegenüber der finnischen Sprache und Kultur entwickeln. In den Vorgaben für Schüler/innen der Mehrheit steht hingegen das Lernziel der Toleranz im Vordergrund (vgl. auch weiter unten). Der finnische nationale Lehrplan konstruiert auf diese Weise eine Mehrheit-Minderheiten-Dichotomie. Ethnisch-kulturelle Differenzen werden zudem nur Schüler/innen von Minderheiten zugesprochen. „Cultural, religious, language, gender, class, ethnic and racial differences between the majority students are ignored or negated. Only differences related to ethnicity, religion and language for immigrant students are validated", wie Holm und Londen anmerken (Holm / Londen 2010, S. 117). Durch die Konzeption des Faches „Muttersprache und Literatur" erkennt der nationale Lehrplan Finnlands einerseits sprachliche Vielfalt an. Zugleich finden sich jedoch implizite Sprachhierarchien.

Ethnonationales Kulturverständnis

Im finnischen nationalen Lehrplan zeichnet sich tendenziell ein ethnonationales Kulturverständnis ab, so etwa wenn von „Finnish culture", von „people from other cultures" (FNBE 2004, S. 12) oder mit Bezug auf Schüler/innen mit Migrationshintergrund von „roots of their own cultures and Finnish culture" die Rede ist. In binärer Logik wird auf diese Weise ‚Kultur' als etwas in sich geschlossenes und homogenes konstruiert.

Sonderrolle des Fremdsprachenunterrichts

Obwohl der nationale Lehrplan „intercultural understanding" als einen grundlegenden Wert des gesamten Unterrichts festlegt (FNBE 2004, S. 12), sehen von den untersuchten Fächern nur die Lehrplanvorgaben im Fach Englisch den Erwerb interkultureller Kompetenz vor („intercultural competence", FNBE 2004, S. 138). Interkulturelle und diversitätssensible Lernziele werden in den anderen untersuchten Fächern lediglich implizit erwähnt. So sollen die Schüler/innen im Finnischunterricht der Klassen 3–5 „the culture of both their own country and other peoples through literature, theatre, and film" kennenlernen (FNBE 2004, S. 48). In den Jahrgangsstufen 7–9 soll ihr ethisches Bewusstsein stärker werden und ihre „viewpoints on cultures will broaden" (FNBE 2004, S. 52). Im Fach Geschichte sollen die Schüler/innen in den Klassenstufen 7–9 mit „other cultures and their influences" vertraut gemacht werden (FNBE 2004, S. 222). Schließlich wird das Lernziel der Toleranz im nationalen Lehrplan wiederholt angeführt (z. B. FNBE 2004, S. 12, 36, 65, 75). Hier kann kritisch gefragt werden, ob dadurch die ungleiche Stellung von Minderheiten und der Mehrheit nicht letztlich bestärkt wird, da dem Ansatz der Toleranz ein asymmetrisches Verhältnis inhärent ist.

Diversität in den Lerninhalten

Die Unterrichtsvorgaben der untersuchten Fächer geben kaum konkrete Inhalte vor. Eine Ausnahme bildet die Nennung des Nationalepos *Kalevala* im Finnischunterricht (FNBE 2004, S. 53, 55). Die Kulturen und Sprachen der Gruppen, die im Kapitel über den „Unterricht für Kultur- und Sprachgruppen" (Kapitel 6) explizit berücksichtigt werden, finden in den untersuchten Fächern keine Erwähnung. Insbesondere im Fach Geschichte wäre dies etwa denkbar.

Methodisch-didaktische Aspekte

Der nationale Lehrplan Finnlands beinhaltet zwei ausführliche Kapitel zur Individualisierung des Unterrichts und zur individuellen, ggf. auch sonderpädagogischen Förderung der Schüler/innen (Kapitel 4 und 5). In den Unterrichtsvorgaben der untersuchten Fächer finden sich hingegen kaum methodisch-didaktische Hinweise. Für den Finnischunterricht wird darauf hingewiesen, dass auch Autor/innen und Werke anderer Länder als Finnland behandelt werden sollen, was als eine Vorgabe zur multiperspektivischen Stoffauswahl gelesen werden kann.

Themenzentrierter Vergleich

10 Vom intendierten Lehrplan zur schulpraktischen Umsetzung

10.1 Transnationale Gemeinsamkeiten und Unterschiede auf der Ebene des intendierten Curriculums

Zusammenfassung und Ausblick

In den vorangegangenen nach Ländern strukturierten Fallstudien wurden jeweils im Anschluss an die Beschreibungen der Bildungs- und insbesondere der Schulsysteme sowie deren Kontextbedingungen die Bildungsziele und -inhalte auf der Ebene der intendierten Lehrpläne analysiert. In den folgenden zwei Kapiteln sollen die Fallstudien im themenzentrierten Vergleich fortgeführt werden. Dazu werden zwei Schwerpunkte gelegt: Im ersten, hieran folgenden Teil, liegt der Fokus auf dem Spannungsfeld zwischen intendiertem und realisiertem Curriculum. Dazu werden zunächst transnationale Gemeinsamkeiten und Unterschiede auf der Ebene des intendierten Curriculums der untersuchten Länder herausgearbeitet (Kapitel 10.1). Daran anschließend werden die Ergebnisse der empirischen Untersuchung herangezogen, um Schwierigkeiten bei der Umsetzung intendierter Bildungs- und Lernziele bzw. bildungspolitischer Postulate sowie erziehungswissenschaftlicher Leitideen herauszuarbeiten (Kapitel 10.2). Im zweiten Teil des themenzentrierten Vergleichs wird der Aspekt der Bildungsstrukturen im Kontext von Chancengerechtigkeit in den Blick genommen. Auch dazu werden die Ergebnisse der qualitativen Erhebung herangezogen (Kapitel 11). Im abschließenden Teil der Arbeit werden die zentralen Ergebnisse des Vergleichs auf den verschiedenen Ebenen zusammengetragen, um Schlussfolgerungen zu ziehen (Kapitel 12).

Transversaler Ansatz bei gleichzeitiger Sonderstellung der Fremdsprachen

Die folgende, zu Beginn der Untersuchung formulierte Hypothese (vgl. Kapitel 2.1), kann durch die vergleichende Lehrplananalyse der Tendenz nach bestätigt werden:

Interkulturelle und diversitätssensible Inhalte und Ziele werden in den Lehrplänen nicht durchgehend als Querschnittsdimension, sondern verstärkt in den Unterrichtsvorgaben der Fremdsprachen berücksichtigt.

Sowohl in Deutschland als auch in Finnland ist einerseits ein transversaler Ansatz bei der Formulierung interkultureller und diversitätssensibler Lernziele zu erkennen. So hat in Deutschland, wenn auch mit Empfehlungscharakter, der Beschluss der Kultusministerkonferenz aus dem Jahr 1996 zur interkulturellen Bildung Gültigkeit, in dem die Förderung interkultureller Kompetenz als Querschnittsaufgabe aller

Fächer beschrieben wird (KMK 1996; vgl. auch Kapitel 5.2).[117] In Finnland ist der Ansatz der *global education* Teil der offiziellen Bildungspolitik (vgl. Kapitel 8.2). Zudem sieht der nationale Lehrplan die Umsetzung fächerübergreifender Themenkomplexe als Aufgabe aller Unterrichtsfächer vor, von denen insbesondere die Ziele und Inhalte des Themenkomplexes „Cultural identity and internationalism" von Bedeutung sind (vgl. Kapitel 9.2). Andererseits haben die Lehrplananalysen in beiden Ländern ergeben, dass dem Fremdsprachen- bzw. Englischunterricht bei der Förderung interkultureller Kompetenz bzw. *intercultural competence* von den Lehrplanautor/innen jeweils eine Sonderrolle zugeschrieben wird. Dies zeigt sich in den nordrhein-westfälischen Kernlehrplänen sowohl für das Gymnasium als auch für die Hauptschule in einem eigenständigen Kompetenzbereich „Interkulturelle Kompetenzen" von vier Kompetenzbereichen des Faches (KLP Englisch Gymnasium 2007, S. 21; KLP Englisch Hauptschule 2011, S. 15). Der finnische nationale Lehrplan, der keine strukturierte Einteilung der Fächer in Kompetenzbereiche vorsieht, wie dies in den nordrhein-westfälischen Kernlehrplänen der Fall ist, benennt die Entwicklung von *intercultural competence* ebenfalls explizit in den Unterrichtsvorgaben der Fremdsprachen (FNBE 2004, S. 138, 144). Interkulturelle Kompetenz wird im nationalen Lehrplan Finnlands bemerkenswerterweise auch in den Vorgaben für Schwedisch als zweite Nationalsprache erwähnt (FNBE 2004, S. 118), nicht jedoch in den Vorgaben für Finnisch als zweite Nationalsprache. Offenbar erschien die finnische Sprache als die dominierende Umgebungssprache den Lehrplanautor/innen nicht ausreichend ‚fremd', als dass im Unterricht damit interkulturelle Kompetenz gefördert werden könnte.

Diese These wird durch die Sonderstellung des Fremdsprachenunterrichts beim Erwerb interkultureller Kompetenz bekräftigt. Sowohl in den deutschen bzw. nordrhein-westfälischen als auch den finnischen Unterrichtsvorgaben wird der Erwerb interkultureller Kompetenz mit dem Lernen *über* die kulturellen ‚Eigentümlichkeiten' einer Sprachgruppe als Großkollektiv gleichgesetzt. So geht es in den nordrhein-westfälischen Englischlehrplänen primär um ein „Verständnis für andere kulturspezifische Denk- und Lebensweisen, Werte, Normen und Lebensbedingungen" im Kontext „anglophoner Kulturen" (KLP Englisch Gymnasium 2007, S. 11; KLP Englisch Hauptschule 2011, S. 13). Gelernt werden soll im Englischunterricht des Gymnasiums und der Hauptschule jeweils etwas über „kulturspezifische Besonderheiten" (KLP Englisch Gymnasium 2007, S. 26; KLP Englisch Hauptschule 2011, S. 18), „kulturspezifische Verhaltensweisen" (KLP Englisch Gymnasium 2007, S. 26, 32; KLP Englisch Hauptschule 2011, S. 18, 24), „kulturspezifische Konventionen" (KLP Englisch Gymnasium 2007, S. 38, 39; KLP Englisch Hauptschule 2011, S. 30), „kulturspezifische Merkmale" (KLP Englisch Gymnasium 2007, S. 39;

---

117 Im Jahr 2013 hat die KMK die Empfehlung zur interkulturellen Bildung von 1996 in einer revidierten und neuformulierten Fassung veröffentlicht (KMK 2013b). Die in dieser Arbeit untersuchten nordrhein-westfälischen Kernlehrpläne sind vor der Überarbeitung erschienen, so dass die Empfehlung von 1996 für diese maßgebend war.

KLP Englisch Hauptschule 2011, S. 30) und „kulturspezifische Wertvorstellungen" (KLP Englisch Gymnasium 2007, S. 38, 39; KLP Englisch Hauptschule 2011, S. 24). In den Vorgaben für den Fremdsprachen- bzw. Englischunterricht der neunjährigen Grundschule in Finnland finden sich ähnliche Ziele. So sollen in den höheren Klassenstufen 7–9 die „culture of the target language" sowie „similarities and differences between that culture and Finnish culture" kennengelernt werden (FNBE 2004, S. 139). Dass kulturelle Bedeutungsmuster und Zeichensysteme „keineswegs immer klar, eindeutig oder widerspruchsfrei" (Leiprecht 2008, S. 143), also nicht in sich homogen sind, wird hingegen in den Lehrplänen nicht als Lernziel formuliert.

Gleiches gilt für die ‚eigene' Kultur. Zwar sollen die Schüler/innen gemäß den Lehrplänen beider Länder auch Vergleiche „mit der eigenen Lebenswelt" oder „mit eigenen Erfahrungen" ziehen (KLP Englisch Gymnasium 2007, S. 25) bzw. „the main contents of, and key similarities and differences between the culture of their own language and the target language" kennen (FNBE 2004, S. 141). Dass ‚eigenkulturelle' Sichtweisen oder Lebenswelten deutschsprachiger bzw. finnisch- / schwedischsprachiger Personen – um bei dem Großkollektiv der ‚Sprachgruppe' zu bleiben, das in den Lehrplänen mit ‚Kultur' verbunden wird – in sich höchst unterschiedlich sein können, also nicht homogen sind, wird in den Lehrplänen nicht thematisiert. Auch „Mehrfachzugehörigkeiten" (Leiprecht 2008, S. 143) werden nicht berücksichtigt. Stattdessen wird in den Lehrplänen eine Dichotomie zwischen Menschen der ‚eigenen' Kultur auf der einen Seite und Menschen ‚anderer' Kulturen auf der anderen Seite konstruiert. Nach dieser Logik bedarf es eines *Fremd*sprachenunterrichts, um interkulturelle Kompetenz zu fördern. Durch ein solches ‚kulturspezifisches' Verständnis interkultureller Kompetenz wird diese als eine Fähigkeit zum ‚Umgang' mit einer ‚spezifischen' Kultur verstanden, im Falle des Englischunterrichts der ‚anglophonen Kultur'. Die Fähigkeit zum ‚Umgang mit dem Anderen' im Allgemeinen, d. h. außerhalb des anglophonen Kontextes und zudem im Hinblick auf verschiedene Dimensionen von Diversität (vgl. Kapitel 1.1), bleibt dabei tendenziell ausgeblendet.

Kulturbegriff in den Lehrplänen

Die vorangegangenen Überlegungen leiten direkt zu einer kritischen Sicht auf die in den Lehrplänen verwendeten Kulturbegriffe über. Wie bereits herausgearbeitet, suggerieren die untersuchten Lehrpläne beider Länder ein eher statisch-antagonistisches Kulturverständnis mit Menschen der ‚eigenen' Kultur auf der einen Seite und Menschen ‚anderer' Kulturen auf der anderen Seite. Insbesondere der finnische nationale Lehrplan transportiert überdies einen ethnonational orientierten Kulturbegriff durch Formulierungen wie „Finnish culture" (FNBE 2004, z. B. S. 12, 37, 96, 98) oder „the nature of being Finnish" (FNBE 2004, S. 37). Den analogen Begriff der ‚deutschen Kultur' verwenden die untersuchten nordrhein-westfälischen Kernlehrpläne zwar nicht. Aus historischen Gründen wäre dies wohl auch nicht zu erwarten. Doch gleichsam suggerieren die Kernlehrpläne tendenziell homogene Großgruppen – ,Kultur' als ,Land' oder ,Sprachgruppe' – mit übergreifenden kulturspezifischen Eigenschaften. Ein solcher Kulturbegriff greift nicht nur theoretisch zu kurz. Dadurch kann der Vorstellung ,andere Länder, andere Sitten' Vorschub geleistet werden, was zu Stereotypisierungen führen kann. In den Bildungsstandards für die erste Fremdsprache ist sogar von „Menschen eines anderen Kulturkreises" die Rede (KMK 2003a, S. 6; KMK 2004a, S. 6), wodurch die Idee von weltweit zu identifizierenden, unter Umständen miteinander unvereinbaren kulturellen ,Einheiten' begünstigt wird, wie sie etwa in Huntingtons Theorie propagiert wird (Huntington 1996; vgl. auch das Konzept der „Kulturdimensionen" nach Hofstede 1980, 1991). Menschen ,einer' Kultur werden dann tendenziell „als durch die ,Kultur xy' festgelegt betrachtet" und „ihre Lebensäußerungen werden auf die Wirkung der ,Kultur xy' reduziert" (Leiprecht 2008, S. 138). Die Vermittlung interkultureller Kompetenz läuft in dieser Sicht Gefahr, auf die Vermittlung von ,kulturspezifischem Rezeptwissen' reduziert zu werden.

Dass ein solches Kulturverständnis durchaus der alltagstheoretischen Vorstellung von Lehrpersonen entsprechen kann, wurde in einem Interview mit einer Hauptschullehrkraft deutlich. Diese äußerte das Desiderat, bereits in der Phase der universitären Lehrer/innenbildung mit den ,Verhaltensmustern' bestimmter ,Kulturkreise' vertraut gemacht zu werden:

> „Ja, also einfach so im methodisch-didaktischen Bereich mal ein paar Hilfen an die Hand bekommen oder wie man jetzt mit den, wie man im Prinzip, ja, so **Kulturkreise**, ne? **Was ist jetzt typisch?** Was man da jetzt an Erfahrung, jetzt im Laufe des Berufslebens hat man da natürlich Erfahrung gemacht, aber das könnte, hätte man, **kann man ja durchaus in der Uni so ein bisschen mal auch vorbereiten, ne? Also was sind jetzt so Verhaltensmuster in den türkischen Familien.** Das ist ja eine ganz andere, ist ja auch, erfolgt ja eine ganz andere Erziehung immer noch als bei deutschen Familien. Jetzt mit den Rumänen, **also mit dieser Osterweiterung ist wieder eine ganz andere Problematik, ne?**" (D-HS-14)

Um Fallstricke dieser Art zu vermeiden, wie sie im „Marionettenmodell" von Kultur von Leiprecht verbildlicht werden (Leiprecht 2008, S. 137 f.), sollte dem Kulturbegriff in den Lehrplänen ein expliziter theoretischer Ansatz zugrunde gelegt oder dieser zumindest näher bestimmt werden.

Ergebnisorientierung bei Vernachlässigung der Inhalte

In den untersuchten Lehrplänen beider Länder ist eine klare Kompetenz- bzw. Ergebnisorientierung zu beobachten. So definieren die nordrhein-westfälischen Kernlehrpläne jeweils Kompetenzbereiche der Fächer und formulieren systematisch die jeweiligen Kompetenzerwartungen nach Jahrgangsstufen. Die Kompetenzorientierung wurde in dieser Weise zwar im nationalen Lehrplan Finnlands noch nicht vollzogen, jedoch sind auch dort die Lehrplanvorgaben deutlich ergebnisorientiert.

Überdies sollen im neuen nationalen Lehrplan, der sich zum Zeitpunkt der vorliegenden Untersuchung in Bearbeitung befand, Bildungs- und Lernziele verstärkt in Form von Kompetenzen formuliert werden (F-EI-6; Vitikka u. a. 2012, S. 90).

Mit der beschriebenen Ergebnisorientierung geht in beiden Ländern eine untergeordnete Rolle der Unterrichtsinhalte einher, wenngleich die inhaltlichen Vorgaben je nach Fach unterschiedlich ausgeprägt sind. Im Fach Geschichte sind die Vorgaben im Vergleich zu den Fächern Deutsch bzw. Finnisch und Englisch in Form von Themengebieten noch relativ konkret (z. B. Französische Revolution, Imperialismus, Erster Weltkrieg, Nationalsozialismus, Zweiter Weltkrieg bzw. The Middle Ages, Finland as part of the Kingdom of Sweden, The industrial revolution, The World War II period etc.). Der Hauptschullehrplan Geschichte ist hier besonders hervorzuheben, da er zusätzlich zu inhaltsfeldübergreifenden Kompetenzerwartungen inhaltsfeldbezogene Kompetenzen in den Kompetenzbereichen Sach- und Urteilskompetenz formuliert. Dadurch bleiben die Kompetenzerwartungen nicht wie in den anderen Kernlehrplänen auf einer sehr allgemeinen, von Inhalten nahezu abgelösten Ebene, sondern es ergibt sich ein sehr differenziertes Bild darüber, was die Schüler/innen im Geschichtsunterricht der Hauptschule lernen sollen. Der Hauptschullehrplan Geschichte berücksichtigt dabei auch die Sensibilisierung für westliche Dominanzstrukturen, beispielsweise indem die Schüler/innen lernen sollen, „die Problematik des Begriffs ‚Entdecker' [zu] beurteilen" (KLP Geschichte Hauptschule 2011, S. 51). Weshalb die Vorgehensweise, neben inhaltsfeldübergreifenden Kompetenzerwartungen auch inhaltsfeldbezogene Kompetenzen zu beschreiben, nicht in allen Kernlehrplänen der 2011er Lehrplangeneration der Hauptschule implementiert wurde, bleibt unklar. Die Unterschiede in der Konzeption der nordrhein-westfälischen Kernlehrpläne ist wohl nicht zuletzt auch darauf zurückzuführen, dass verschiedene Autor/innengruppen an den Lehrplänen einzelner Fächer und Schultypen arbeiten. Die Konstellation lässt im Kontext von sechzehn Bundesländern erhebliche Variationen erahnen.

In den anderen Fächern, Deutsch bzw. Finnisch und Englisch, werden in beiden Ländern auf der Ebene der Inhalte deutlich weniger Vorgaben als im Fach Geschichte gemacht. Eine Ausnahme stellt die Vorgabe der Lektüre des Nationalepos *Kalevala* im Finnischunterricht dar (FNBE 2004, S. 53, 55). Angemerkt sei in diesem Zusammenhang, dass der nationale Lehrplan Finnlands zugleich explizit vorgibt, dass im Finnischunterricht auch Autor/innen und Werke anderer Länder als Finnland behandelt werden sollen (FNBE 2004, S. 48, 52). Eine solche Entsprechung findet sich in den nordrhein-westfälischen Kernlehrplänen hingegen nicht. Im Fach Englisch geben die Lehrpläne beider Länder lediglich stichpunktartig Themengebiete vor (z. B. tägliches Leben und Tagesabläufe, Freizeit, Feste und Traditionen bzw. school, schoolmates, and teachers, the media). Im Hauptschullehrplan Deutsch finden sich ebenfalls solche Stichpunkte im Zusammenhang mit der für die Hauptschule charakteristischen Vorgabe der verbindlichen Kontexte Lebensplanung und Berufsorientierung (z. B. Lebensstile / eigene Zukunft oder Erkundung der

Arbeits- und Berufswelt). Der Kernlehrplan Deutsch für das Gymnasium macht hingegen keinerlei inhaltliche Vorgaben, auch nicht in den im Kernlehrplan enthaltenen Aufgabentypen. Lediglich Textgattungen werden benannt (z. B. Gedichte, literarischer Text). Im diachronen Vergleich lassen sich hier Veränderungen festmachen. So waren in der Vorgängerversion des Kernlehrplans Deutsch aus dem Jahr 2004 in den Aufgabenbeispielen noch zumindest Veranschaulichungen enthalten, wie etwa ein „Tagebucheintrag von Max Frisch als Stoffbeispiel" im zweiten Aufgabenbeispiel (Scholl 2009, S. 220). Scholl, der in seiner Lehrplananalyse den 2004er Kernlehrplan Deutsch für das Gymnasium sowie die Bildungsstandards Deutsch mit den traditionellen Lehrplänen vergleicht, zeigt dabei auf, dass die „traditionellen Lehrpläne" noch einen „Kanon von Sachgebieten" (Scholl 2009, S. 219) festlegten. So wurden mit deutlichem Bezug zu Klafkis Allgemeinbildungstheorie – wodurch die traditionellen Lehrpläne im Gegensatz zu den Kernlehrplänen eine „*bildungstheoretische Legitimation*" aufwiesen (Scholl 2009, S. 212, Herv. im Orig.) – Klafkis epochaltypische Schlüsselprobleme „[i]n leichter Abwandlung und Ergänzung" verbindlich vorgegeben (Scholl 2009, S. 215 f.). Im aktuell gültigen G8-Kernlehrplan Deutsch bleiben demgegenüber inhaltliche Vorgaben völlig aus.

Schließlich zeichnet sich in den nordrhein-westfälischen Kernlehrplänen beim Vergleich der Inhalte nach Bildungsgang eine ‚ethnisch-kulturelle Anpassung' der Inhalte an die im Bildungsgang ‚erwartete' Schülerschaft ab. Denn bezeichnenderweise sind es die Lehrpläne der Hauptschule – dem Bildungsgang, in dem Schüler/innen mit Migrationshintergrund überrepräsentiert sind (vgl. Kapitel 4.2) –, in denen die kulturelle Dimension zusätzlich erwähnt wird.[118] Ist beispielsweise für Schüler/innen des Gymnasiums das ‚kulturneutrale' Thema „Beziehungen zwischen den Geschlechtern (*gender*)" vorgesehen (KLP Englisch Gymnasium 2007, S. 22), so soll im Englischunterricht der Hauptschule das Thema „Liebe unter Berücksichtigung kulturell unterschiedlicher geschlechtsspezifischer Erwartungen" behandelt werden (KLP Englisch Hauptschule 2011, S. 14). Im Fach Geschichte sollen Schüler/innen der Hauptschule lernen, „mit (kulturellen) Differenzen tolerant" umzugehen (KLP Geschichte Hauptschule 2011, S. 45, 49, 56), wohingegen im Gymnasiallehrplan das Lernziel in dieser Form mit Klammerzusatz nicht formuliert wird. Im Fach Deutsch werden schließlich im Hauptschullehrplan die natürliche Mehrsprachigkeit bzw. die Herkunftssprachen der Schüler/innen in artikulierterer Weise verankert (KLP Deutsch Hauptschule 2011, S. 18, 19, 23, 28) als im Gymnasiallehrplan. In dieser Erwartungshaltung die Schülerschaft der Bildungsgänge betreffend spiegelt sich der von Auernheimer vielfach kritisierte heimliche Lehrplan des Rassismus wider (vgl. z. B. Auernheimer 2007, S. 90 f.).

---

118 Eine Ausnahme bilden sachlogischerweise die Kernlehrpläne im Fach Englisch, die sowohl im Bildungsgang der Hauptschule als auch im Gymnasium interkulturelle Aspekte im Zusammenhang mit dem Kompetenzbereich „Interkulturelle Kompetenzen" aufweisen (KLP Englisch Gymnasium 2007; KLP Englisch Hauptschule 2011; vgl. ausführlich weiter oben).

Die Idee für die vorliegende vergleichende Untersuchung leitete sich aus der Grundannahme ab, dass die Strukturen eines Bildungs- und Schulsystems die Berücksichtigung von Diversität in der Bildung beeinflussen (vgl. Kapitel 2.1). Die Ebene der intendierten Bildungsziele und -inhalte betreffend wurden demnach folgende Hypothesen formuliert:

Den Lehrplänen des mehrgliedrigen Systems liegen unterschiedliche Bildungsbegriffe zugrunde. Die pädagogische Berücksichtigung von Diversität wird somit je nach Schultyp in den Lehrplänen unterschiedlich verstanden und gewertet (allgemeine Bildungsaufgabe vs. ‚Pädagogik für Ausländer‘, vgl. Bühler-Otten u. a. 2000, S. 287; aus der Perspektive des Faches Geschichte vgl. Allemann-Ghionda 2005).

Im Gegensatz dazu gilt in einem integrativen Bildungssystem mit einem nationalen Lehrplan derselbe Bildungsanspruch für alle Schüler/innen. Eine solche Grundhaltung der Inklusion spiegelt sich in den Zielen und Inhalten der Lehrpläne wider.

Diese Hypothesen können in ihrer gegensätzlichen Strukturierung nicht bestätigt werden. Der Vergleich der untersuchten nordrhein-westfälischen Kernlehrpläne nach Bildungsgang zeigt, dass insbesondere die Lehrpläne der Hauptschule die Zusammensetzung der Schülerschaft hinsichtlich geschlechtsspezifischer Unterschiede, milieuspezifischer Sozialisationsbedingungen, sprachlich-kultureller Pluralität sowie unterschiedlicher Lernausgangslagen berücksichtigen. Die Lehrpläne für das Gymnasium sprechen hingegen in der Regel von „den Schülerinnen und Schülern" (z. B. KLP Deutsch Gymnasium 2007, S. 11) und scheinen somit eine eher ‚homogene‘ Schülerschaft anzunehmen bzw. die Lehrplanautor/innen sahen keine Notwendigkeit, eine heterogene Zusammensetzung zu thematisieren (vgl. Kapitel 6.2).[119] In den Lehrplänen der Hauptschule wird somit die Mittelschichtorientierung der Institution Schule, die in Bourdieus Theorie maßgeblich zur Reproduktion sozialer Ungleichheiten beiträgt, bewusst verlassen, weil Schüler/innen mit einem ‚anderen‘ sozialen und kulturellen Kapital (Bourdieu 1992) erwartet werden.

Auf curricularer Ebene spiegelt sich in den nordrhein-westfälischen Unterrichtsvorgaben somit die Logik der sozialen und ethnischen Selektivität des deutschen Schulsystems wider (vgl. Kapitel 4.2). Den im theoretisch-methodischen Teil aufgestellten Hypothesen folgend wäre ein solches hierarchisches Verständnis im Lehrplan der neunjährigen Grundschule Finnlands aufgrund eines gemeinsamen Bildungsanspruchs für alle Schüler/innen ausgeschlossen. Die Lehrplananalyse hat

---

119 Zwei Ausnahmen stellen hierbei (i) der Aspekt sprachlicher Heterogenität dar, wenn Schüler/innen angesprochen werden, die Deutsch als Zweitsprache lernen bzw. eine andere Muttersprache als Deutsch sprechen (KLP Deutsch Gymnasium 2007, z. B. S. 12), sowie (ii) der Hinweis auf Schüler/innen, die Schwierigkeiten im Erlernen des Lesens und Rechtschreibens (LRS) haben (KLP Deutsch Gymnasium 2007, S. 59).

hingegen ergeben, dass die im finnischen Lehrplan formulierten partikularen Ziele für Minderheiten im Kapitel zum „Unterricht für Kultur- und Sprachgruppen" als ‚ungleiche' Lernziele gelesen werden können, weil den Minderheitenschüler/innen dadurch ein Mehr an Zielen ‚aufgebürdet' wird. In den für Schüler/innen mit Migrationshintergrund formulierten Zielen zeigen sich überdies assimilationistische Züge, wenn diese Schüler/innen eine wertschätzende und respektvolle Haltung gegenüber der ‚finnischen Sprache und Kultur' entwickeln sollen, für Schüler/innen der Mehrheit hingegen das Lernziel der Toleranz leitend ist (vgl. Kapitel 9.2). Dem nationalen Lehrplan Finnlands kann dennoch nach den Maßgaben der UNESCO an ein inklusives Curriculum (UNESCO 2010, S. 18 ff.) eine insgesamt inklusivere Konzeption als den nordrhein-westfälischen Lehrplänen attestiert werden, weil der nationale Lehrplan sich vom Grundsatz her an alle Schüler/innen richtet und gleichzeitig individuelle und flexible curriculare Anpassungen ermöglicht. Die nordrhein-westfälischen Lehrpläne richten sich hingegen jeweils an einen Teil der Schülerschaft. Schüler/innen mit sonderpädagogischem Förderbedarf werden dabei in keinem der Lehrpläne berücksichtigt, obwohl die gemeinsame Beschulung sowohl in zieldifferenter als auch in zielgleicher Form durch den Unterricht in integrativen Lerngruppen (§ 20 Abs. 8 SchulG) bzw. die Teilnahme am gemeinsamen Unterricht (§ 20 Abs. 7 SchulG) schon vor der erst im Oktober 2013 verabschiedeten neunten Schulgesetzänderung zur Umsetzung der UN-Behindertenrechtskonvention möglich war (Ministerium für Schule und Weiterbildung des Landes Nordrhein-Westfalen 2005 / 2012; vgl. auch Kapitel 5.2).

10.2 Die Förderung von interkultureller und Diversitätskompetenz im Spannungsfeld von Anspruch und Wirklichkeit

Vom intendierten zum realisierten Curriculum

Abgesehen von der zuvor angeführten Kritik, insbesondere die Verwendung des Kulturbegriffs in den Lehrplänen betreffend, sehen die Lehrpläne einerseits explizit interkulturelle und diversitätssensible Lernziele vor, insbesondere in Form interkultureller Kompetenz im Englischunterricht. Zugleich werden, wenn nicht explizit vorgesehen, implizit ausreichend Freiräume gelassen, um einen multiperspektivisch angelegten Unterricht zur Förderung interkultureller und Diversitätskompetenz zu gestalten, wenn die Lehrkraft dies aktiv angeht. Was die Umsetzung der curricularen Vorgaben auf Lehrplanebene im tatsächlich realisierten Unterricht betrifft, wurden im theoretisch-methodischen Teil (vgl. Kapitel 2.1) folgende Hypothesen formuliert:

Lehrpläne spielen bei der Gestaltung des Unterrichts kaum eine Rolle und werden wenig rezipiert oder konsultiert.

276

Didaktische Prinzipien zur Förderung von Diversitätskompetenz wie der Ansatz der Multiperspektivität spielen bei der täglichen Unterrichtspraxis, insbesondere im Hinblick auf die Wahl der Unterrichtsinhalte, kaum eine Rolle.

Es existiert eine Kluft zwischen der Rhetorik der Bildungspolitik und der tatsächlichen Unterrichtspraxis.

Ausgehend von dem erhobenen und ausgewerteten Material können diese Hypothesen der Tendenz nach bestätigt werden.

Die Rolle der Lehrpläne für den Unterricht

In den Interviews sowohl mit den deutschen als auch mit den finnischen Lehrpersonen zeichnete sich insgesamt eine geringe praktische Relevanz der Lehrpläne für die tägliche Unterrichtspraxis ab, was sich mit Ergebnissen empirischer Lehrplanwirkungsforschung deckt (vgl. etwa Vollstädt u. a. 1999). So äußerten sich die Lehrkräfte:

> „**Wenn ich ganz ehrlich bin, mich interessieren Lehrpläne nicht die Bohne**, weil das so weit ist von meiner ganzen Realität hier. Wenn ich mir das jedes Mal noch durchlesen würde diese Lehrpläne. Also wir beschäftigen uns da ja viel mit. Wir müssen ja auch gerade hier unsere Kernlehrpläne [gemeint sind die schulinternen Lehrpläne] überarbeiten. Wir machen das unglaublich gewissenhaft und zeitintensiv. Es ist aber auch **sehr viel Lesen, Lachen, Lochen**. Das Ganze geht dann weg und dann machen wir hier unsere Basisarbeit. Das muss ich echt leider so sagen. [...] Nein, wenn man realistisch ist, wir haben hier so viel zu tun mit Jugendamt, Polizei, Sozialarbeitern, mit unseren BerEb-Leuten vom Arbeitsamt und so weiter. **Ich wüsste gar nicht, wann ich jetzt nochmal irgendwas im Lehrplan nachgucken sollte**. Denn wenn man auch noch, also das kommt ja auch noch dazu, dieses Unterrichten nimmt ja eigentlich auch gar nicht so viel Raum ein" (D-HS-10).

> „Aber ich meine die Praxis, also in unserem Job, **wir können uns nicht die ganze Zeit mit dem beschäftigen, was auf dem Papier steht**. Ich dachte das früher auch mal anders, aber wenn man in dem Job endlich mal drin ist, dann merkt man, dass das, **was auf dem Papier steht, nicht wirklich das ist, was man in der Schule erlebt**. Also da geht es einfach um andere Dinge. Ja, da helfen, da hilft einem das auch nicht" (D-HS-12).

> „Also wir müssen schon den Lehrplan im Blick haben. Also der ist ja allerdings ja dann auch im **Lehrbuch** mit vorgegeben" (D-GYM2-4).

> „Da muss ich jetzt politisch korrekt antworten. Also die Lehrpläne, die sind ja die Orientierung für uns und selbstverständlich auch als solche zu akzeptieren und umzusetzen. **Für mich persönlich würde ich sie nicht als Hilfe bezeichnen. Natürlich erfülle ich sie, muss ich ja und ist mir auch kein großes Problem**" (D-GYM1-1).

> „Ja, das sind, die Lehrpläne sind natürlich da, indem sie mir, sind natürlich für mich wichtig, indem sie mir **vorgeben, welche Unterrichtsgegenstände mit welchen Zielen ich zu behandeln habe**. Sie behindern mich darin, nur meine Lieblingsgeschich-

ten zu machen. Klar. **Aber täglich greife ich bestimmt nicht darauf zurück. Ich mache das schon seit ein paar Jahren nicht mehr**" (D-GYM2-5).

„**I think I don't have to**. I think I know it all and I have been in the work of rewriting it so many times. It's been rewritten for the school, for the community, for the whole national curriculum. So we have to do this work every now and then and so **you get to know what what's in there**" (F-BE-2).

„No, no, no, no. **I follow them, but they don't help me**" (F-BE-3).

„I know it, I don't need to read it every month" (F-BE-4).

„No, **not very much in practice**. Not very much in practice. That's because we have, I think in books, in **books** we have always here the topics which we have to go through one year. **We don't need it so much, because it's the same every year**, you know it" (F-BE-6).

Die Lehrkräfte geben an, den Lehrplänen zu folgen. Eine pädagogische Orientierung oder Hilfe stellen diese jedoch nicht dar. Die Vorgaben in den Schulbüchern scheinen dagegen eher den Unterricht zu steuern. Insbesondere im Bildungsgang der Hauptschule wurde überdies nachdrücklich thematisiert, dass die Lehrpläne zu überladen seien bzw. der Schülerschaft der Hauptschule nicht gerecht werden:

„Ja, **Kernlehrpläne sind zum Teil Märchenbücher was die Hauptschule betrifft**, ne? Bei Chemie, Naturwissenschaften kann ich das bestätigen. Was da drin steht übersteigt das Aufnahmevermögen vieler Schüler, nicht aller, vieler. Sind zum Teil Märchenbücher" (D-HS-11).

„**Wenn Sie, wenn Sie das lesen, meinen Sie ja, Sie wären an einer, Sie wären in Harvard. Also die Ziele von Harvard und Princeton sind nicht geringer als die Ziele in der Hauptschule.** Also das verstehen Sie gar nicht die Sprache, was die alles können sollen. Ich sage ja schon das bescheuerte Wort von der Textproduktion, adressatenorientiertes Schreiben, Stimmungen darstellen können, Stimmungen aufgreifen können, Stimmungen beschreiben, mit adäquaten Attributen, Adjektiven und Verben einen Stimmungsbericht seiner selbst verfassen. Geht es noch? [...] **Das ist eine Unverschämtheit, was wir hier mit den Schülern machen sollen.** [...] Da ist dieser **Druck des Lehrplans.** Anstatt hinzugehen und sagen: ‚Leute, mal langsam. Seht zu, das Basale'. Das kann ich ja definieren. Ordentlich Schreiben, ordentlich Lesen, Rand einhalten, ein Lineal führen, einen Zirkel führen, was weiß ich. Diese basalen Dinge, ja? Oder im Zahlenraum bis sowieso oder schriftlich multiplizieren können oder was auch immer. Das kann ich schon definieren. Alles verpönt. Die fallen hier, unsere, die fallen reihenweise durch die Tests der Industrie, weil sie nicht rechnen können. Das liegt an uns, weil wir nicht den Mut haben zu sagen: ‚Schluss jetzt, jetzt wird geübt. Wieso, wir, wir üben Rechnen'. Das tun wir nicht. [...] Wir machen Formeln. Wir machen lineare Gleichungen, wir machen proportionale Zuordnung und antiproportionale Zuordnungen. **Es ist irgendwie sinnvoll. Aber die Kinder können keine 10 plus 10.** [...] **Ich weiß auch nicht, wo wir ansetzen sollen.** Es wird jedenfalls zu wenig geübt, ne? [...] So wird genau das, was das System nicht will, macht es. Es ist gegen sich selbst kontraproduktiv durch bescheuerte Lehrpläne. Durch **Überspanntheit von Zielen.** Ja, durch Zeitvorgaben, die völlig unrealistisch sind und durch eine **maßlose Überschätzung unserer Schüler.** [...] **Man hat immer so ein schlechtes Gewissen. Man wird ja so ein bisschen neurotisch und man muss ja schon auf diese Bücher**

und Lehrpläne achten. Man kann das nicht immer ausblenden. ‚Hast du denn jetzt auch adressatenbezogenes Schreiben geübt?'. ‚Ja, nein, eigentlich nicht'. Also Sie laufen ständig mit so einem schlechten Gewissen rum. **Und am Ende fällt es ja auf Sie zurück, weil die Kinder so doof sind. Und das liegt aber nicht daran, dass Sie als Lehrer das nicht können, sondern weil Sie nicht genug üben.** [...] Ich mache das nicht, ich mache vieles nicht, was da steht. **Ich mache es einfach nicht**. Eine Präsentation mit PowerPoint in Klasse 8. Geht's noch? Steht in den Richtlinien. Eine Präsentation von was? Ich bin doch froh, wenn die eine Seite geschrieben kriegen über ein Thema, über Columbus. Eine Präsentation über Columbus in PowerPoint. [...] Mit so was schlagen wir uns hier rum" (D-HS-8).

„Das ist so, ja, **das geht in den Gymnasialstil rein**, ja, das ist nicht mehr das, das entspricht nicht, teilweise nicht der Wirklichkeit, der Realität unserer Hauptschüler, was wir mit denen machen sollen. [...] Also, sagen wir mal so, **man setzt sich mit den Kernlehrplänen irgendwann mal auseinander, weil man das muss**. Ich bin da jetzt ganz ehrlich. Die meisten von uns tun das, weil es von uns erwartet wird. Du liest das Ding und musst natürlich dementsprechend den schulinternen Lehrplan an diesen Kernlehrplan orientieren. Und wir versuchen hier so einen Minimalplan hinzukriegen. Also, das heißt, wirklich Dinge, die machbar sind. Die auch im zeitlichen Rahmen machbar sind. Die eben nicht an der Lebenswirklichkeit unserer Kinder vorbeigehen. **Und da klafft das auseinander. Das passt nicht ineinander. Das ist einfach zu viel**" (D-HS-13).

„**Die Lehrpläne sind angeblich entschlackt worden, aber sind sie nicht tatsächlich. Ich sage immer, die sind nur mit einer anderen Schriftgröße gedruckt worden**. Am Ende muss man trotzdem ganz, ganz viel schaffen und gerät immer mehr unter Druck" (D-GYM1-1).

„Natürlich haben wir Lehrpläne, aber, ich habe das ja eben schon mal gesagt, **wir sind so voll und wir wünschen uns eigentlich alle, dass wir mal mehr Zeit für alles haben**. Ja, ein großes Problem an G8 ist, dass ein Schuljahr weggenommen wurde, aber nicht an Themen" (D-GYM1-3).

Sowohl in Deutschland als auch in Finnland werden auf Grundlage der staatlichen Vorgaben schulinterne Lehrpläne erstellt. Diese schulinterne Lehrplanarbeit, die in einem vorangegangenen Zitat einer deutschen Lehrperson als „auch sehr viel Lesen, Lachen, Lochen" (D-HS-10) bezeichnet wurde, beschrieb eine Lehrkraft in Finnland so:

„Yes, because it's the parliament that decides. It starts from there. The Finnish parliament decides how many lessons you can give in English, in Swedish, in mathematics and so on. And then it comes to the city council and they can decide if they want to, if they are interested in deciding anything. But normally they can decide how many lessons per year are given. And that's the basic frame. So we give two lessons for seven graders a week every year, and three lessons to eight graders. And then there is the amount of things to be taught and that must be then divided into these different years. And so it gets written and rewritten and in the end it comes to school actually, to the teachers. **And we can write the last little sentence**, if we have something special you want to do in our school" (F-BE-2).

In beiden Fällen scheint die Lehrplanarbeit somit als wenig ertragreich für die pädagogische ‚Basisarbeit' gesehen zu werden.

Zur Durchführung eines interkulturellen und diversitätssensiblen Unterrichts

Ein spezieller Fokus lag in den Interviews auf der Frage nach der Umsetzung interkultureller und diversitätssensibler Ziele im Unterricht. Hierzu konnten verschiedene Strategien identifiziert werden, die nicht strikt voneinander zu trennen sind und kombiniert auftreten können:

- der personifizierte Ansatz,
- der situativ-reaktive Ansatz,
- der additive Ansatz,
- der *en passant*-vermittelnde Ansatz,
- der projektbezogene Ansatz,
- der universal-neutrale Ansatz sowie
- der skeptisch-zurückhaltende Ansatz.

Die verschiedenen Ansätze werden im Folgenden anhand von Beispielen illustriert. Hingewiesen sei darauf, dass die verschiedenen Ansätze nicht jeweils eher den Lehrkräften in Deutschland oder eher den Lehrkräften in Finnland zugeordnet werden können. Vielmehr zeichnen sich transnationale Umsetzungsmethoden sowie -schwierigkeiten ab.

Beim *personifizierten Ansatz*, der Lehrpersonen als die scheinbar „nächstliegende Variante" (Allemann-Ghionda 1997, S. 123) zur Umsetzung der interkulturellen Idee dient, finden ‚fremde Kulturen' über die in den Klassen anwesenden Schüler/innen Eingang in den Unterricht. Die betreffenden Schüler/innen werden quasi als Expert/innen ‚ihrer' Kultur betrachtet, was sie scheinbar besonders dazu zu qualifizieren vermag, über diese zu berichten. Dies kann beispielsweise in Form von Referaten oder dem Präsentieren erlebter Geschichten geschehen:

> „I had once a girl from Iraq, Curdic girl, and she wrote a very horrible story about her family when they fled from Saddam Hussein [...] and her little sister and her grandmother died. **It's a very horrible story and I read it loud. I asked her permission**" (F-BE-3).

> „Wenn von den Schülern die Fragen kommen, ist es ja eigentlich auch aus erzieherischen Gründen sinnvoll, notwendig, sich auf diese Fragen einzulassen, ne? Aus erzieherischen Gründen, weil dann deutlich wird, dass die Fragen, die Schüler stellen, in der Arbeit, die wir machen, eine Rolle spielen. Und muss man nach meiner Überzeugung darauf eingehen. **Wenn ich dann aber meinen Plan habe, in dem dieser Bereich zwar eine Rolle spielt, aber neben ganz vielen anderen, und in dem ja die nationale Geschichte vielleicht auch, nein auch sinnvollerweise auch einen großen Raum einnimmt, habe ich wieder Schwierigkeiten, das angemessen zu berücksichtigen.** Konkret heißt das, dass häufiger, ja, kleine Einheiten zu solchen Fragen

eingebaut werden. **Schüler selber recherchieren, Referate machen, ihre Themen vorstellen.** Dass man dann aber wieder mit hängender Zunge läuft und versucht, irgendwie durch das andere durchzukommen, ne?" (D-GYM1-1).

„**In Geschichte, wenn ich im Jahr 6 den Islam durchnehme und ich habe muslimische Schüler, versuche ich natürlich, ihre Sichtweise auch damit einfließen zu lassen.** Denn das zum Beispiel ist eine großartige Chance, dass man wirklich sich kennenlernt und nicht die Vorurteile schön weitertransportiert, die ja in unseren Köpfen sind. Also das, glaube ich, ist eine echte Bereicherung, dass man eben dadurch, dass die Schülerschaft so vielfältig geworden ist, dass man da eben auch in andere Bereiche gucken kann, ohne dass es so künstlich wirkt" (D-GYM1-2).

„Aber lange Rede kurzer Sinn, **ich versuche dran zu denken, dass wenn die Leute, die da sind, und das sehe ich ja an den Namen auch, dass man das berücksichtigt** oder ich geh auf sie zu, **als wir aus Vietnam jemand hatten, frage ob sie aus der Zeit uns einmal sagen wie es da in Vietnam ausgesehen hat oder so ein Kurzreferat machen.** Das ist nicht immer so, dass die dann sagen: ‚Ja, klar, will ich'. Aber oft ist es so" (D-GYM2-4).

„**Das ist ja natürlich nur dann, wenn man dann auch eine vielfältige Kulturlandschaft hat, dass man überhaupt darauf eingeht, ne?** Wenn man dann genuin einen christlichen Raum hat, dann braucht man nicht zu gucken, wie denkt der Moslem darüber. [...] Ja, das ist, **ich bin ja quasi aufgrund der Klassenstruktur dazu gezwungen.** Wenn ich da zwei verschiedene Kulturen sitzen habe, dann nicht, dass die aufeinander losgehen, sondern, dass man eine Gemeinsamkeit in der Verschiedenheit hat, ne? Dass man sagt: ‚O. K. Die sind so, ich akzeptiere das'. Und so umgekehrt: ‚Ja, ich akzeptiere eben, dass die beim Ramadan halt ein bisschen dann neben der Kappe hängen, weil sie nichts essen und nichts trinken', ne? [...] Zum Beispiel **als ich hier anfing habe ich mir überhaupt nicht überlegt, war es überhaupt kein Thema,** dass man, sagen wir mal, gewisse Problematiken durch eine muslimische Brille guckt, ne? Brauchte man nicht, wir hatten keine. **Wir waren genuin christlich. Da waren zwar ein paar Evangelische dabei, aber das wurde alles durch die christliche Brille gesehen, ne?**" (D-HS-9).

Wie aus den Auszügen deutlich wird, kommt ein solcher Ansatz ausschließlich dann zum Tragen, wenn Schüler/innen mit Migrationshintergrund als Repräsentanten ‚ihrer' Kulturen im Klassenverbund physisch anwesend sind. In dieser Logik werden interkulturelle Fragen erst mit der Anwesenheit von Schüler/innen mit Migrationshintergrund im Gegensatz zu einer ‚genuin christlichen' Schülerschaft zu einem legitimem Unterrichtsthema. Dem Ansatz liegt somit eine eingeschränkte Adressatengruppe zugrunde. Es kann zudem nicht davon ausgegangen werden, dass die betreffenden Schüler/innen Expert/innen ihrer Herkunftsländer sind oder als solche in den Vordergrund gestellt werden möchten. Allemann-Ghionda bezeichnet diesen Ansatz folglich „wenn nicht als *per se* fragwürdig" zumindest als „pädagogische Sackgasse" (Allemann-Ghionda 1997, S. 123, Herv. im Orig.).

Der *situativ-reaktive Ansatz* bezeichnet die von Lehrkräften beschriebene Strategie, interkulturelle oder diversitätssensible Themen im Unterricht aufzugreifen, wenn es einen aktuellen Anlass dazu gibt:

„Ja, was heißt, ja, das sind auch, aber das wird nicht im Unterricht gemacht. Also das, da müsste jetzt **situativ, ne?** Wenn einer sagt: ‚Alle, alle Deutschen sind Nazis‘, ne? **Wenn das so jetzt fallen würde, da würde ich das, dieses Vorurteil, diese Stereotype, die würde ich direkt thematisieren.** Da wäre mir das egal, was gerade auf dem Lehrplan steht. Dann würde ich das thematisieren. So. Auf eine Stunde. **Das kann man nicht vorausplanen, ne?** Oder wenn einer sagt: ‚Alle Türken sind Verbrecher‘, ne? So. Da muss man dann den Unterricht einfach so stoppen, ist egal was jetzt kommt, das machen wir jetzt zum Thema. So. Das kann man nicht planen. Da muss man dann genügend, wie soll ich sagen? Unterrichtserfahrung oder so was haben, dass man es sofort aufgreifen kann, ne? Da kann man nicht sagen: ‚Das machen wir nächste Stunde‘, sondern da muss man ad-hoc was machen, ne? [...] So was kann man gar nicht planen, ne? Wenn das im Unterricht fällt, dann bin ich der Meinung, dann muss man einfach cutten, das was man geplant hat in die Tonne schmeißen und sich auf dieses Thema jetzt mal eine Stunde oder länger was einlassen, ne? Das muss aufgearbeitet werden. Das kann man nicht so stehen lassen. Aber dass ich da jetzt sage: ‚So. Jetzt nehmen wir mal ein Buch und gucken was da drin steht‘. Die gibt es natürlich auch die Texte. **Aber ich sage mal, wenn das in der Klasse kein Problem ist, dann brauche ich auch diese Problematik nicht anzuschneiden**“ (D-HS-9).

„Ich denke, das steht und fällt doch eher doch so mit dem Geplanten, dass man wirklich jetzt mal so eine Unterrichtsreihe zu irgendeiner Thematik plant. Sei es der Biologieunterricht oder sei es im Hauswirtschaftsunterricht, die Unterschiedlichkeit von Menschen, oder im Deutschunterricht, dass man solche extremen Situationen wie der Amoklauf, dass man das aufnimmt. Dass man Zeitungsausschnitte sammelt und ich denke mal, man muss, das steht und fällt mit dem einzelnen Lehrer, mit dem Team, ob man sich auf so etwas einlässt. **Es gibt das nicht wirklich geplant.** Klar, man kann mal ein Buch lesen, was eine gewisse Problematik, siehe Missbrauch, was ich jetzt eben schilderte, aufgreift. Oder Schwulsein, Lesbischsein, ne? Das ist ja auch so ein, gerade in dem Alter, ein unheimliches Thema. Klar, solche Dinge greifen wir auf im Biologieunterricht und auch im Deutschunterricht. [...] Ja, dass man sagt: ‚**So, ich klinke mich jetzt mal aus dem normalen Unterricht aus. Das ist jetzt verdammt wichtig, weil das und das vorgefallen ist**‘. Und dann, manchmal macht man das im Team wirklich auch in den Klassen, aber manchmal auch eine einzelne Klasse, wenn es in der Klasse ein besonderes Problem gibt. [...] Meistens in Verbindung mit einer Aktualität, ja, unbedingt“ (D-HS-13).

Diese Vorgehensweise zeichnet sich dadurch aus, dass sie nicht geplant ist, sondern auf bestimmte Vorfälle reagiert. Wie auch beim personifizierten Ansatz, sind interkulturelle und diversitätssensible Themen in dieser Form somit nur unter bestimmten Bedingungen Gegenstand des Unterrichts.

Beim *additiven Ansatz* arbeiten Lehrkräfte, dem personifizierten Ansatz ähnelnd, mit zusätzlichen Angeboten für bestimmte Schüler/innen etwa in Form von Referaten oder Aufsätzen. Eine andere Möglichkeit besteht darin, im Rahmen von verfügbaren Zusatzstunden beispielsweise Textarbeitsphasen inhaltlich auf bestimmte Themen zu münzen:

„Also ich habe meine **Fluchtmöglichkeiten** in so Unterrichtzeiten, also in Deutsch-Förder. Da bin ich happy, wenn ich **Deutsch-Förder** hab in den höheren Klassen. **Da kann ich mir vernünftige Texte aussuchen, Fragen dazu vorher vorformulieren usw.**“ (D-HS-10).

Auf diese Methode wird zurückgegriffen, weil der reguläre Unterricht aus Sicht der Lehrperson aufgrund der curricularen und / oder zeitlichen Vorgaben wenig Freiräume zulässt.

Der *en passant-vermittelnde Ansatz* beschreibt die Methode, bei der interkulturelle und diversitätssensible Themen, wie auch beim situativ-reaktiven Ansatz, nicht geplant im Unterricht aufgegriffen werden, sondern diese gewissermaßen von selbst durch den ohnehin vorgesehenen Unterricht abgedeckt werden:

„This intercultural aspect you mean? No, I don't think, **I think that's what we do every lesson.** I mean, I don't know whether you noticed. Someone had this T-shirt with the flag on, as sort of I threw: 'OK, you have a nice T-shirt. [...] And where, that's a flag of which country? OK, England.' And then we were just quickly talking about the colours of the flag and then I said: 'England or United Kingdom or Great Britain, what's the difference?' You see? **You see it comes every lesson.** […] **Well, everything, every lesson we sort of in one way or another deal with it.** We have these football teams, we compare England, Germany, you know, **in small ways.** We take, when we study English, we take the cultural habits in England, we compare, like I was saying to someone: 'OK, hold your horses.' You don't say that in Finnish. The slogan in English goes: 'Hold your horses' or 'It's not my cup of tea.' In England, you see, they drink a lot tea, that's why they say 'It's not my cup of tea', but in Finland we don't drink so much tea, we all say: '[Finnish idiom] – It's not my hay', because in earlier days we had a lot of this hay tax. People were doing hay work on the fields with hay tax. So, OK: 'Why do we say in Finland [Finnish idiom], but in England you say: 'It's not my cup of tea'?' You see? **You know, small things**" (F-BE-1).

„**Interkulturelle Begegnungen sind im Schulalltag, ergeben sich, ich will mal so sagen, ja, nicht zwangsläufig so sehr geplant, ne? Das ergibt sich vielleicht durch einen Inhalt in irgendeinem Fach**, wo man sagt: ‚Bei uns läuft das aber so. Ich habe die und die Erfahrung'. Dass man dann darüber redet und das auch mal darstellen lässt, wie das ist, ne? Ich habe heute eine Vertretungsstunde gehabt bei den Kleinen in der 5. **Da kamen wir irgendwann zum Thema ‚Burgen' und ich habe einen Schüler aus Kroatien dort sitzen und der begann dann zu erzählen, wie eben Burgen in Kroatien aussehen** und wozu die eigentlich da waren und wie lange die eigentlich da irgendeine Funktion erfüllten. So. War interessant und die anderen Schüler haben auch hingehört. Ich übrigens auch. Ich wusste es auch nicht und so, das sind zum Beispiel so, **das war aber kein geplanter Anlass. Es ergab sich durch das Thema.** Ich denke, wichtig ist, dass man es zulässt, ne? Dass man als Lehrer in dem Moment auch die Chance entdeckt, ja, hier in dem Moment einen Beitrag zur interkulturellen Bildung zu leisten oder den Kindern das zu ermöglichen. **Denn die Kinder können ja da viel beitragen. Oft, die wissen ja vielmehr im Detail, wenn sie aus anderen Ländern und Kulturkreisen sind als man selber, ne?** So. Und das muss man natürlich auch sehen. Man muss die Chance erkennen" (D-HS-13).

„Ja, also zu wissen, wie Engländer Weihnachten feiern oder so? [...] Ja, ja, so was, also so was, so was kann ja nur gemeint sein, ne? So: ‚Peter in England goes to school', ne? Von sowieso bis dann. Ja, klar. So. **Das ist ja schon durch diese Einheiten im Englischbuch, ne?** So. Das geht ja über England und im Prinzip ist ja die Lebensart der Engländer drin, ja? **Das brauchen Sie ja gar nicht groß zu thematisieren, ne? Weil das ja gegeben ist, so, ne?** Die haben ein anderes Schulsystem. Da wird links gefahren. Die essen anders als wir, die Engländer. Ja. [...] **Die trinken warmes Bier und kalten Wein. Ja, ja, so was, ne?** Steht im Englischbuch, ist doch toll, stimmt,

ja? Die trinken warmes Bier und kalten Wein. [...] Also das steht schon da drin, ne? **Also es ist, also das wird schon, ja, wenn das interkulturelle Kompetenz ist, dann machen wir das"** (D-HS-8).

Die Sensibilisierung der Schüler/innen für interkulturelle und diversitätssensible Fragen muss nach diesem Ansatz nicht gezielt initiiert werden, weil entsprechende Thematiken durch den regulären Unterricht ohnehin abdeckt werden. Diese eher beiläufige Herangehensweise birgt jedoch die Gefahr, dass die Wichtigkeit der Förderung von Diversitätskompetenz unterschätzt oder verkannt wird. So verdeutlicht der ironische Unterton der Aussagen im letzten Beispiel, dass die Lehrkraft die Förderung interkultureller Kompetenz im Englischunterricht als nicht bedeutsam ansieht.

Im *projektbezogenen Ansatz* werden gezielt Gelegenheiten für interkulturelle und diversitätssensible Themen außerhalb des regulären Unterricht in Form von Schulfesten oder Arbeitsgemeinschaften geschaffen:

„Wenn man ein **Sommerfest** macht oder ein **Weihnachtsfest**, ein **Klassenfest**, die Eltern bringen ja immer etwas mit. Also diese **Buffets** da, die sind einfach sehr viel vielfältiger geworden. Das wird auch von den Kindern immer so gesehen. Das ist eine ganz schöne Erfahrung" (D-GYM1-2).

„Also das fängt, wir machen **regelmäßig gemeinsames Frühstück**. Das finde ich auch ganz wichtig. Und dann werden natürlich auch Speisen mitgebracht. **Da fängt es schon an, unterschiedliche Speisen**. Und das ist auch interessant. Da werden also die, sind die deutschen Kinder sehr offen, ja einfach mal kennen zu lernen, was wird denn jetzt in der Türkei gefrühstückt. Das versuche ich jetzt auch bei rumänischen Schülern auch mit einfließen zu lassen. Das heißt, dass die auch diese Kultur mal kennen lernen. Wir machen das ja regelmäßig bei unseren **Schulfesten** oder bei **Projektwochen**, dass da, ja, sehr viele Sachen auch gemacht werden. Jetzt abgesehen von Speisen auch **türkische Tänze** aufgeführt werden. **Dass das auch so ein bisschen vermittelt wird die Kultur, ne?** Fastenzeit der Muslime wird besprochen, thematisiert auch, genauso jetzt die Fastenzeit der Christen" (D-HS-14).

„Wir machen es so dann beispielsweise, dass wir **gelegentlich Stunden gemeinsam vorbereiten**. Hier der muslimische Kollege und der katholische oder der evangelische. Dass wir auch schon mal Stunden gemeinsam fahren, dass wir bewusst zum Beispiel den Blick auf beide Religionen, beide Formen von Traditionen, Riten, Traditionen und sonstigen Sachen richten, Parallelen vergleichen, benennen, aber auch Unterschiede. [...] **Aber ich denke mal, es ergibt sich eher so. Außer bei Schulfesten, wo man bewusst Aktivitäten vorbereitet, initiiert, wo man die andere Kultur, der anderen Kultur in Musik zum Beispiel begegnet.** Also über die Fächer gibt es eine Reihe Möglichkeiten. [...] Weniger geplant, initiiert, ja, ja, weniger geplant initiiert. **Das müsste ja dann fast schon ein Fach sein oder eine AG.** O. K., das geht, ne? Geht. Also man könnte eine **AG Musik / Tanz** machen, wo man zum Beispiel eben Elemente verschiedenster Kulturen einfließen lässt und das auch trainiert, durchführt, plant, vorführt. Denkbar, klar. **Essen** ein anderes Thema, ne? Speisevoraussetzungen, Speisevorschriften, Arten der Zubereitung. Kann ich mir auch sehr gut vorstellen. Da kommt, eröffnen sich ja auch immer weitere Fenster. Warum isst wer was gerne oder gar nicht oder wie wird was gesehen? Ja, das kann ich mir denken. Das ist in **Hauswirtschaft** auch dann zum Beispiel Thema, ne? **Also ich denke, es ergeben sich in**

den Unterrichten diese Szenarien. Wichtig ist für mich, finde ich, dass man als Lehrer sieht, hier ist die Möglichkeit und ich habe da auch einen Blick drauf. Ich räume dieser Thematik Zeit und Energie ein, gebe der Sache einen Stellenwert und sage nicht: ‚Also, das ist ja egal, wir leben jetzt hier in Deutschland und interessiert mich nicht, was du hier erzählst‘, ne?" (D-HS-16)

Anhand dieser Beispiele wird zum einen erneut deutlich, wie die beschriebenen Ansätze kombiniert auftreten können. Zum anderen zeigt sich, wie sehr sich die Methoden in der Nähe einer folklorisierenden *pédagogie couscous* (Abdallah-Pretceille 1999) in Form von exotischen Speisen oder Tänzen bewegen können.

Der *universal-neutrale Ansatz* geht davon aus, dass einige Fächer bzw. Unterrichtsthemen eher neutral konzipiert sind und sich deshalb interkulturelle oder diversitätssensible Fragen nicht stellen bzw. kein Thema sind:

„Zum Beispiel wenn man jetzt hier ja das Thema Deutsch macht, gerade jetzt **Erörterung oder Argumentationen**, ne? **Ja, das sind dann allgemeine Probleme.** Das ist egal, ob man da jetzt Muslim ist oder Christ ist. Wenn es darum geht, ob jetzt, sagen wir mal, Lärm einen beim Lernen hindert. Für und Wider. Oder ob man Handy in der Schule erlauben darf. Für und Wider. **Das geht dann irgendwie wertefrei, ne?** [...] Das ist ja im **Deutschunterricht**, wir müssen ja auch so **neutrale, einfache Dinge** machen, Fertigkeiten vermitteln. Wir müssen, die müssen Sätze formulieren können, grammatikalisch richtig. **Das hat mit interkulturellem Kompetenzniveau nichts zu tun, meine ich.** Das muss, in Deutsch musst du, müssen wir denen versuchen, ein Handwerkzeug mitzugeben, dass sie im Leben **mal unfallfrei etwas schreiben können oder unfallfrei sprechen können und das ist schon schwer genug**" (D-HS-9).

Beim *skeptisch-zurückhaltenden* Ansatz versuchen Lehrkräfte aus einer gewissen Unsicherheit heraus, kulturbezogene Themen im Unterricht eher zu vermeiden:

„**We can't like point at a student and say: 'Now you boy, you come from Ghana, could you now tell us about your culture.' It doesn't go like that.** They are a group and he is part of the group and we accept it and we don't make him stand out from the group. So in that way I don't do it. And if I have a, at the moment this girl from Ghana, and I don't say: 'Now, [name], you must make a presentation of Ghana.' But if she wants to do it, then it's OK. **But I'm very careful in not pointing out them.** [...] On a basic level the students write a lot of **essays**. Then they can do their own writing. **But maybe I really avoid talking about the cultures that the students come from and they are not really that keen on it themselves either.** They are in Finland and they want to be part of this system and not point out anything. [...] But last year or two last years **I had a group of only immigrants. And we talked a lot about their home countries and the cultures and the ways.** And, of course, some of the girls they dress in their cultural way so that, but I'm, **I may be a bit apprehensive about this taking these different perspectives.** [...] But we could, and we do sometimes, **discuss these things in general terms. And that's totally different. Then you don't have to be so sensitive.** And like make them understand how it feels to be in a totally different environment like if I write a note in some language they don't know at all and then I say: 'OK, those who didn't sign this note can't sit and how does that feel when you don't understand a word in the environment where you are?'" (F-BE-2).

„Because I think that they don't want it. **Somali young people, they don't want to discuss it**. I have tried many times to ask something from Somali and I have asked some if they can make some speech or some work from Somali situation, but, no, **it's so complicated**" (F-BE-4).

Den Lehrpersonen ist die Problematik des zuvor beschriebenen personifizierten Ansatzes zwar bewusst. Gekoppelt mit mangelndem Wissen über mögliche Alternativen kann dies jedoch dazu führen, dass kulturelle und andere Differenzen im Unterricht völlig ausgeblendet werden.

Quer durch alle Ansätze kristallisierten sich schließlich in den Interviews verschiedene Umsetzungsschwierigkeiten heraus:

„Yes, sometimes that kind of, yes, **but they are very young and I think that it takes time to think**. I try to make things very simple and it's easy to understand big lines, big lines and this causal theory, you understand, causal theory? Reason and result. [...] Why the war began and that kind of big lines. **I have only two hours, two lessons in a week** [...] **It's a question of time also, yes**. [...] Yes, in the ninth class we learn every Finnish minorities, Swedish speaking, this Sami in Lapland, our Roma, Finnish language and, but there is homosexuals also and all sexual minorities, many kind of, but, yes. **In one hour or in two hours**. Yes. And some discussions, for example, this sexual question, the homosexual questions and sexual minorities, yes. [...] **We have no time**. I think that, because we must study almost Africa, South America and Asia. We have no time so much" (F-BE-4).

„Wir haben, und das ist jetzt ganz unabhängig vom Fach, wir haben halt, und das ist für mich wirklich was, was ich furchtbar finde, **wir haben wenig Zeit für alles**, was gemacht werden muss. [...] Ja, wir haben so viele Themen, die die Kinder beschäftigen, die wichtig sind. Wir haben so viel, was den Kindern beigebracht werden muss. Vieles wird inzwischen auch von zu Hause aus in die Schulen verlagert. Ja, Sie haben jetzt als Schwerpunkt die interkulturelle Kompetenz. Ich war mit meinen Oberstufenschülern mal bei einem Diversity-Training. Da sagte eine Sozialpädagogin: ‚Ihr müsst unbedingt mehr, das war ein tolles Wort, Heteronormativität in die Schulen mit einbringen‘. Ich sagte: ‚Danke, noch was? Schreib mir doch gleich eine Liste‘. **Weil das Problem ja wirklich ist, wir haben so viele Schüler, wir haben so wenig Stunden, wir haben so viele Themen**. Wir haben in aller erster Linie die fachlichen Kompetenzen. Wenn jetzt auch noch die ganzen Themen dazu kommen, und die sollen dazukommen, das ist wichtig, diese Auseinandersetzung, dann ist einfach der Punkt, dass irgendwann niemand mehr aufnahmefähig ist. **Ja, wir können es kaum mehr umsetzen**, weil wir einfach nur noch denken: ‚Oh, Gott was denn noch?‘. Die Schüler können es kaum mehr aufnehmen, weil sie so zugeknallt werden. Die Absprachen sind natürlich manchmal nicht gut genug. Das ist wirklich ein organisatorisches Problem. Das muss ich hier einfach mal zugestehen" (D-GYM1-3).

„**Wir sind ja froh, wenn wir unsere deutsche Geschichte hinkriegen**. Klar, wir machen dann auch, im 7. Schuljahr kommt dann Französische Revolution. Wir haben letztes Jahr mal die Situation der Indianer in Amerika gemacht. **Das ist mehr so punktuell, ne?** Und machen auch mal kurz Unabhängigkeitskrieg in Amerika, **aber das kriegst du ja gar nicht alles gebacken**. Also, ich denke, wir sollen mal hier wissen, also, was mich mal interessieren würde, wäre mal so ein Ausflug in die türkische Geschichte, ne? **Aber dann musst du auch wieder aufpassen, wenn du da was machst, was gegen das Türkentum ist, dann bekommst du auch noch Ärger, ne?**

[...] Ja, von den Schülern, von den Eltern usw. Das ist doch, wenn man denen sagt: ‚Hier hört mal, ihr habt da auch eine Million von den Armeniern da über die Klinge springen lassen', dann ist das ein Angriff auf das Türkentum, das steht dann sogar unter Strafe. Ja, also muss man da ein bisschen aufpassen, ne? **Ja, also, ich denke mal, man sollte erst mal die deutsche Geschichte, natürlich ist das für die Türken weniger interessant, aber ich sage ja auch: ‚Ihr lebt ja jetzt hier, ihr müsst von Land und Leute was wissen hier'**, ne? Muss man ja was kennen lernen, hier, ne?" (D-HS-9).

Die Schwierigkeiten betreffen insbesondere die bereits angesprochene Zeitproblematik. Zum anderen werden mögliche Konfliktpotenziale seitens der Schüler- und Elternschaft beschrieben. In der Konsequenz der Hauptschullehrkraft „sollte erst mal die deutsche Geschichte" abgehandelt werden. Begründet wird dies mit einer Integrationsnotwendigkeit. Ein ähnlich assimilatives Argumentationsmuster findet sich im folgenden Interviewauszug wieder:

„For instance we have **Minna Canth's day**, very famous, very famous Finnish woman, author, **writer who battled for men's and women's equality**. And then **I say for instance to our foreign youngsters that Finland would not have been the same if she hadn't written her drama plays**, her novels during the 18th century. [...] **Because I want them to know it**, because otherwise I'm afraid that if they haven't heard this name Minna Canth before. But there are many Finns who haven't also heard about her. **But I usually check that they will look at me when I tell** [...] because I feel that if we don't keep that knowledge this, what's the word, otherwise they will forget it. It's so important. [...] And I think these social conflicts that Minna Canth told in her drama between poor and rich people it's just the same as nowadays. These young, I feel, **I have heard these young foreign people, they do have to suffer the same things**. For instance their mothers don't go out maybe or the girls have to be, that's why, they are babysitters at home in the evenings. So I want to tell that it has been sometimes the same thing before, but now it's not anymore" (F-BE-5).

Angenommen wird hier durch die Lehrkraft ein ‚Modernitätsgefälle'. Die Herkunftsländer der ‚ausländischen' Schüler/innen, die als homogene Gruppe betrachtet werden, befinden sich demnach in einem vormodernen Stadium, das Finnland bereits ‚überwunden' habe. Der Lehrkraft erscheint es deshalb besonders wichtig, dass die ‚ausländischen' Schüler/innen im Unterricht aufmerksam sind, wenn es um Fragen der Gleichberechtigung geht, offenbar mit der Intention, eine Art ‚Modernitätsschub' zu bewirken. Der Fortschritt Finnlands gegenüber den Herkunftsländern der Schüler/innen mit Migrationshintergrund wurde auch von einer anderen Lehrkraft thematisiert. Demnach könne Finnlands Wandel von einer ehemaligen Agrarkultur zu einem Industrieland als Anknüpfungspunkt im Geschichtsunterricht dienen, um Schüler/innen die Möglichkeit zu geben, über ihre Herkunftsländer zu berichten (F-BE-3).

Eine im Vergleich komplexe und reflektierte Sicht auf das Thema der interkulturellen und Diversitätskompetenz wurde in einem Interview mit einer Gymnasiallehrperson eingenommen:

„Angesichts der immer noch sehr, sehr **rigide bestehenden Fächergrenzen** im Gymnasium, gerade in der Oberstufe, da ist ja strukturell kaum die Auflösung oder die Aufweichung von Fächergrenzen kaum möglich aufgrund der Blockungen, aufgrund der engen, engen Vorgaben in der Ausbildungs- und Prüfungsordnung für die Oberstufe. **Es gibt diese Auseinandersetzung mit Interkulturalität oder der Versuch, interkulturelle Kompetenz anzubahnen, auch im Fachunterricht, aber ich halte es für schwierig, wenn der Fachunterricht oder der Fächerkanon eigentlich unverändert bleibt,** aber immer mehr Anforderungen an überfachliche Kompetenzentwicklung in den Fachunterricht reingedrückt wird. [...] Und dann muss man auch noch dazusagen, **unsere Schüler sind, glaube ich, schlau genug zu wissen, wenn das Thema Interkulturalität in irgendeinem Zusammenhang ansteht, was man da eigentlich am besten sagen muss**, damit man auch irgendwie die richtige Note bekommt. So. **Inwiefern es uns gelingt, im Fachunterricht wirklich an Einstellung und an Haltungen auch zu arbeiten, das ist ja nochmal eine andere Frage.** Und ich glaube, Einstellungen und Haltungen, das wissen wir aus der Psychologie, die lassen sich eigentlich nur dann verändern, wenn es konkrete Erfahrungen gibt, wenn damit konkrete Erfahrungen verbunden sind. Und wenn man auch **konkrete Handlungsmöglichkeiten** bekommt. Also, wenn ich eine veränderte Haltung zu Flüchtlingen aus Konfliktregionen habe, dann muss ich die Chance haben, denen zu begegnen. Dann muss ich vielleicht die Chance haben, in einer Amnesty-Gruppe zu arbeiten oder was auch immer. **Dann reicht es nicht, wenn ich eine Unterrichtseinheit über die Flüchtlingsproblematik an den Außengrenzen der Europäischen Union durchführe und denen Bilder von Frontex zeige und Tabellen mit Zahlen von Flüchtlingen. Das erreicht die vielleicht auf der kognitiven Ebene, das können die in einem Test auch wiedergeben, aber eine Haltungsänderung wird dadurch nicht unbedingt hervorgerufen"** (D-GYM3-7).

Insgesamt betrachtet scheinen beim Übergang von erziehungswissenschaftlichen Postulaten über die curriculare Verankerung in den Lehrplänen bis hin zur aktualisierten pädagogischen Praxis die zentralen Leitideen einer interkulturellen und diversitätssensiblen Pädagogik bzw. Didaktik eher verloren zu gehen. Den identifizierten Ansätzen ist allen gemeinsam, dass sie eine eingeschränkte Adressatengruppe aufweisen, entweder weil sie gezielt Schüler/innen mit Migrationshintergrund ansprechen oder weil sie nur punktuell bzw. in bestimmten Settings vorgesehen sind. Überdies lassen die Aussagen der Lehrkräfte auf die Gefahr schließen, dass die angestoßenen Maßnahmen entweder exotisierend wirken oder auf einer der Tendenz nach assimilationsgeleiteten Intention beruhen.

11 Diversität, Chancengerechtigkeit und die Frage nach den Bildungsstrukturen

11.1 Diversität und Bildung zwischen Inklusion und Separation – Eine theoretische Annäherung

Zusammenfassung und Ausblick

In den vorangegangenen Kapiteln wurde der themenzentrierte Vergleich mit dem Schwerpunkt auf dem Spannungsfeld zwischen intendiertem und realisiertem Curriculum eingeleitet. In den folgenden Kapiteln wird der themenzentrierte Vergleich fortgeführt. Der Schwerpunkt liegt dabei auf dem Aspekt der Bildungsstrukturen im Kontext von Chancengerechtigkeit. Dazu wird sich zunächst aus theoretischer Perspektive der Frage nach den Bildungsstrukturen und insbesondere den Schulstrukturen genähert, indem grundsätzlich nach möglichen Strategien von Bildungssystemen im ‚Umgang' mit Diversität gefragt wird. Daran anschließend wird die Schulstrukturfrage unter dem Aspekt der Argumente der Befürworter/innen und Gegner/innen integrativer bzw. segregativer Strukturen erörtert (Kapitel 11.1). Im darauffolgenden Kapitel werden die Ergebnisse der empirisch-qualitativen Untersuchung zur Diskussion der Strukturfrage auf der Mikroebene herangezogen (Kapitel 11.2). Im letzten Kapitel des themenzentrierten Vergleichs liegt schließlich der Schwerpunkt auf der Frage nach dem Zusammenhang von Diversität und Bildungserfolg im Kontext von Chancengerechtigkeit (Kapitel 11.3). Dabei wird auch die in der öffentlich-medialen Diskussion häufig gestellte Frage nach der Vergleichbarkeit von Deutschland und Finnland aufgegriffen.

Zum Zusammenhang von Diversität und Bildung

In der Erziehungswissenschaft ist es insbesondere die Ungleichheitsforschung, die sich mit dem Thema Diversität in der Bildung beschäftigt. Die Anfänge dieser Betrachtungen gehen mit der Einführung der „Massenschule" in der zweiten Hälfte des 18. Jahrhunderts einher. Die zentrale Frage dabei lautete, und lautet auch noch heute, welche Rolle das Bildungssystem bei der Entstehung sozialer Ungleichheiten spielt (Krüger-Potratz / Lutz 2002, S. 82). Anders ausgedrückt: *Wer* wird, und vor allem *warum* wird jemand ‚Bildungsgewinner/in' bzw. ‚Bildungsverlierer/in'? In Alltagstheorien wird der Bildungserfolg bzw. -misserfolg bemerkenswerterweise häufig auf der Grundlage des so genannten meritokratischen Prinzips erklärt, also dem Prinzip der Verteilung von Bildungschancen aufgrund individuell erbrachter Leistungen (Haeberlin u. a. 2005, S. 130). Davon abgesehen, dass es sich dabei nicht um eine systematische wissenschaftliche Betrachtungsweise handelt, lässt sich dies vermutlich dadurch erklären, dass Schule nun einmal in der Tat die Aufgabe hat, Schüler/innen „qua Leistungsauslese" auf soziale Positionen zu verteilen (Allo-kationsfunktion) und somit, insbesondere in Deutschland, Schüler/innen „nach dem Modus besser / schlechter bzw. geeignet / ungeeignet innerhalb des Bildungssys-tems" zu selektieren (Selektionsfunktion) (Trautmann / Wischer 2011, S. 91 f.). Es liegt also – zumindest aus alltäglicher Sicht – nahe zu vermuten, dass Schüler/innen, die erstrebenswerte Positionen nicht erreichen, die erwarteten und nötigen Leistun-gen nicht erbracht haben.

Dass Bildungschancen jedoch nicht nur von der individuell erbrachten Leistung abhängen, ist im Wissenschaftsdiskurs nicht erst seit PISA bekannt (Allemann-Ghionda 2006a, S. 358). Vielmehr muss eine systemische Perspektive eingenommen werden, um das komplexe Zusammenspiel der vielfältigen Faktoren zu verstehen, die den Bildungserfolg beeinflussen (Allemann-Ghionda 2006a, S. 354). Dass die Ursachen für Bildungserfolg bzw. -misserfolg nicht auf einen einzelnen Faktor re-duziert werden können, wird besonders aus dem Schema von Helmke und Weinert (1997, S. 86) ersichtlich. In kritischer Perspektive ist im Hinblick auf das Thema der Diversität anzumerken, dass das Schema von Helmke und Weinert einen „kultur-neutralen Raum" (Allemann-Ghionda 2006a, S. 354) suggeriert. So werden die soziokulturellen, ethnischen und sprachlichen Hintergründe der Schüler/innen zu-mindest nicht ausdrücklich thematisiert. Auch geschlechtsspezifische bzw. Gender-Aspekte werden ausgeblendet oder implizit vorausgesetzt. Schließlich wird den Eltern als Erzieher/innen eine sehr große Bedeutung und somit auch Verantwortung zugewiesen, was aus der Größe des Kastens deutlich wird. Dieser Stellenwert trifft zwar auf die reelle Praxis im deutschen Bildungssystem zu, muss jedoch insbeson-dere im Hinblick auf die Frage nach der Entstehung sozialer Ungleichheiten kritisch hinterfragt werden. Denn im Umkehrschluss wird die Verantwortung der Lehrper-sonen gemindert (Allemann-Ghionda 2006a, S. 354). Wenn es indessen das Ziel sein soll, den Einfluss der sozialen Herkunft zu verringern, dann muss die Rolle der Schule bzw. der Lehrpersonen stärker berücksichtigt werden. Denn, wenn es nicht die Aufgabe der Schule ist, den Einfluss der sozialen Herkunft zu verringern, wes-sen Aufgabe kann es dann sein? Der oder die Schüler/in bliebe sich selbst überlas-sen, wenn das Elternhaus eben dies nicht leisten kann, weil das ökonomische, sozia-le und / oder kulturelle Kapital (Bourdieu 1992) nicht in dem Maße oder nicht in der Art vorhanden ist, wie die Schule es voraussetzt.

Von dieser Kritik abgesehen, wird aus diesem Schema dennoch besonders deut-lich, dass die Ursachen für Bildungserfolg bzw. -misserfolg nicht einseitig erklärt werden können. Relativiert wird somit auch die Rolle des Individuums, welches häufig in den alltäglichen Erklärungsmustern für Schulmisserfolg zentral ist (‚Er / sie schafft es einfach nicht'). Vor diesem Hintergrund weisen Helmke und Weinert zu Recht darauf hin, dass „mit dem Wort ‚Schulleistung' eher die Leistun-gen der Schüler als jene der Schule bezeichnet" werden (Helmke / Weinert 1997, S. 71, Herv. im Orig.). Im Hinblick auf den Zusammenhang von Diversität und Bildung muss aufgrund der multifaktoriellen Entstehung von Bildungserfolg bzw.

-misserfolg deshalb festgehalten werden, dass eine diverse Schülerschaft – bei-spielsweise im Hinblick auf einen hohen Migrant/innenanteil – nicht zwingend mit einer Bildungsbenachteiligung einhergeht. Was die migrationsbedingte Heterogeni-tät betrifft zeigt der internationale Vergleich dies eindrucksvoll:

> „**Within the OECD countries, the size of the immigrant student population is not significantly associated with the size of the performance differences between im-migrant and native students.** In fact, there seems to be a tendency for the perfor-mance gap to be smaller in countries with higher proportions of immigrant students. This finding contradicts the assumption that high levels of immigration will necessari-ly hinder integration" (Stanat / Christensen 2006, S. 80, Herv. im Orig.).

Wenn Diversität also nicht zwingend mit einer Bildungsbenachteiligung einhergeht, stellen sich im Umkehrschluss die Fragen, unter welchen Bedingungen Diversität in der Bildung zum Nachteil werden kann und wie sich dem Postulat von Chancenge-rechtigkeit in der Bildung im Kontext von Diversität angenähert werden kann. Um diesen Fragen nachzugehen, muss zunächst überlegt werden, welche Möglichkeiten es grundsätzlich gibt, im Bereich Bildung auf Diversität zu reagieren.

Verschiedene Arten des ‚Umgangs' mit Diversität

Allemann-Ghionda (2002, S. 21) unterteilt im Zusammenhang mit dieser Frage „vier Arten des Umgangs mit kultureller Vielfalt", die in Bildungstheorie, Bildungs-politik und Bildungspraxis[120] denkbar sind:

- unausgesprochene Verleugnung,
- aktive Ablehnung,
- stillschweigende Anerkennung und
- ausdrückliche Förderung.

Diese grobmaschige Definition, wie Allemann-Ghionda sie charakterisiert, die sich auf die Ebene von Institutionen bezieht, sagt jedoch „noch nichts über das *Wann*, das *Warum* und das *Wie*" der Berücksichtigung von Diversität in der Bildung aus (Allemann-Ghionda 2002, S. 21, Herv. im Orig.). Ebenfalls auf institutionalisierter Ebene benennt Wenning (2007, S. 27) die folgenden „Umgangsweisen" mit Hetero-genität:

- Ignorieren,
- Reduzieren als (i) Unterdrückung oder (ii) Abbau und
- Akzeptieren als (i) reflexive Reaktion oder (ii) produktive Nutzung.

---

120 Zur Unterscheidung der Diskurssphären Bildungstheorie, Bildungspolitik und Bil-dungspraxis vgl. ausführlicher das Schema von Allemann-Ghionda (2004, S. 70 ff.).

Eine differenziertere Einteilung des ‚Umgangs' mit Diversität, die auf der Ebene des Individuums anzusiedeln ist, lässt sich schließlich im Modell zur Entwicklung interkultureller Sensibilität von Bennett (1986) ableiten. Das *Developmental Model of Intercultural Sensitivity* (DMIS) beschreibt sechs Formen des ‚Umgangs' mit Diversität, drei ethnozentrische und drei ethnorelative (Hammer u. a. 2003, S. 423):

- Verleugnung,
- Verteidigung,
- Verharmlosung,
- Beachtung,
- Anpassung,
- Integration.

Die sechs Stufen, die Menschen beim Erwerb interkultureller Kompetenz durchlaufen können, konzipierte Bennett anhand systematischer Verhaltensbeobachtungen (Göbel / Hesse 2004, S. 822). Der Prozess der Dezentrierung kann im Sinne Piagets mit der Überwindung des Egozentrismus während der Entwicklung eines Kleinkindes verglichen werden (Allemann-Ghionda / Ogay 1995, S. 45).

Strategien von Bildungssystemen, um auf Diversität zu reagieren

Wie können diese Arten bzw. Stadien des ‚Umgangs' mit Diversität auf Bildungssysteme und deren Organisation von Bildung übertragen werden? Eine eher auf den ethnozentrischen Stufen anzusiedelnde Bildungspolitik findet sich beispielsweise in Frankreich. Soziokulturelle Diversität wird hier minimiert, indem Minderheiten in der Verfassung keine Rolle spielen und in öffentlichen Institutionen „ausschließlich die Rechte der einzelnen Bürger (*citoyens*)" anerkannt werden (Allemann-Ghionda 2013, S. 25, Herv. im Orig.). Das Gemeinsame und Nationale steht dabei im Vordergrund, was sich in einer „Erziehung zum *citoyen*" widerspiegelt (Allemann-Ghionda 2002, S. 202 f., Herv. im Orig.). Eine ähnliche Strategie findet sich in England, bei welcher *national cohesion*, also der nationale Zusammenhalt, im Vordergrund steht und im Rahmen einer *citizenship education* realisiert werden soll (Allemann-Ghionda / Deloitte Consulting 2008, S. vii). Der schwedische und kanadische Weg hingegen, also die curriculare Verankerung des Rechtes auf die Förderung der Herkunftssprache in Schweden (Axelsson 2008, S. 111) sowie die Multikulturalismus-Politik Kanadas (Barth u. a. 2008), können auf den ethnorelativen Stufen angesiedelt werden.

Universalismus und Partikularismus

Es wird deutlich, dass die möglichen Arten des ‚Umgangs' mit Diversität auf einem Kontinuum zwischen zwei „diametral entgegengesetzte[n] Pole[n]" verortet werden können: Universalismus auf der einen Seite, also die „Gleichbehandlung ohne Rücksicht auf Unterschiede", und Partikularismus auf der anderen Seite, also die „Sonderbehandlung für Gruppen" (Allemann-Ghionda 2013, S. 25). Für Bildungssysteme und deren Reaktionen auf Diversität bedeutet dies, dass entweder eines der beiden Extreme oder eine Zwischenstufe als Reaktionsweise gewählt werden kann:

> „Als Ergebnis entstehen politische Rhetoriken und Strategien, die eher integrativ oder eher separierend bzw. eher inklusiv oder exklusiv sind, eher die Differenz betonen, oder eher die Differenz minimieren […]. Durch den internationalen Vergleich kann gut gezeigt werden, an welchem der beiden Muster – Integration bzw. Inklusion oder Separation bzw. Segregation – sich Bildungssysteme orientieren, wenn sie Strategien der Behandlung von Diversität entwickeln" (Allemann-Ghionda 2013, S. 25).

Das aufgezeigte Spannungsfeld zwischen den beiden Polen Universalität und Partikularität wirft in der Schlussfolgerung die Frage nach dem ‚richtigen' Umgang mit Diversität auf. In der einschlägigen Literatur dazu finden sich auf der einen Seite Autor/innen, die als Befürworter/innen des universalistischen Ansatzes bezeichnet werden können. Ihnen zufolge verdecken und fördern partikularistische Ansätze – genannt wird in der Diskussion insbesondere die interkulturelle Erziehung – die institutionelle Diskriminierung von Kindern und Jugendlichen mit Migrationshintergrund (vgl. z. B. Radtke 1995 zitiert nach Allemann-Ghionda 2002, S. 491). Auf der anderen Seite gibt es Autor/innen, die als Befürworter/innen des partikularistischen Ansatzes bezeichnet werden können. Ihnen zufolge ist es eben gerade die von der Gegenseite geforderte Gleichbehandlung aller, also die universalistische Herangehensweise, welche Ungleichheit produziert (Wenning 2004, S. 569):

> „Die formale Gleichbehandlung der Kinder, und damit die Gleichheitsannahme, produziert – mit der Selektionsfunktion – auf gesellschaftlicher Ebene Ungleichheit. Heterogenität entsteht durch gleiche Anforderungen an Kinder und Jugendliche mit unterschiedlichen Vorbedingungen: Heterogenisierung ist die Kehrseite der Homogenisierung" (Wenning 2004, S. 571).

Dass jedoch die formale Gleichstellung aller keine hinreichende Voraussetzung ist, um Bildungsungleichheiten zu kompensieren, erscheint einleuchtend:

> „In der Schule sind alle Gesetze und Bestimmungen ohnehin für alle gültig. Das allein zieht aber – wie man bei genauer Beobachtung sieht – noch nicht nach sich, dass alle Schüler nach den Grundsätzen der Gleichheit und der Gleichbehandlung behandelt werden" (Allemann-Ghionda 2002, S. 491).

Wenn also der universalistische Ansatz *per se* Bildungsungleichheiten nicht kompensieren kann, jedoch partikularistische Ansätze das Risiko der Kulturalisierung und Ethnisierung bergen, bleibt die Frage nach dem ‚richtigen' Umgang mit Diversität ungeklärt, ja sie scheint sogar unlösbar. Vor diesem Hintergrund kommt Allemann-Ghionda in ihrer Analyse der Chancen und Risiken von Universalität und Partikularität in der Bildung zu dem Schluss, dass die Diskussion, die – wie auch hier zur Verdeutlichung der Problematik geschehen – häufig „unter dem Aspekt des Vorrangs des Einen zuungunsten des Anderen" (Allemann-Ghionda 2002, S. 491 f.) geführt wird, „nicht radikal die Partikularität oder die Universalität privilegieren" sollte. Vielmehr habe die bildungstheoretische Diskussion „permanent das Gleichgewicht von Partikularität und Universalität zu suchen und Lösungen zu finden, die den jeweils auftretenden Problemen angemessen sind" (Allemann-Ghionda 2002, S. 495).

Diversität und Bildungsstrukturen in historischer Perspektive

Dass ein Zusammenhang zwischen den Bildungsstrukturen eines Bildungssystems, insbesondere in der Sekundarstufe, und dem ‚Umgang‘ mit Diversität anzunehmen ist, wird in der Literatur seit Ende der 1990er Jahre diskutiert (Allemann-Ghionda 2002, Erstauflage 1999). Bevor auf die damit verbundene Strukturdebatte eingegangen wird, soll zunächst der Zusammenhang zwischen Diversität und Bildungsstrukturen in historischer Perspektive sowie die damit einhergehenden heimlichen Lehrpläne betrachtet werden. Die Analyse von Hansen ist hierbei ein wichtiger Ausgangspunkt. Hansen untersucht „diejenigen *Differenzlinien*, die innerhalb der letzten 200 Jahre in deutschen Schulen *schulstrukturell* bedeutsam waren oder sind" und zeigt, „dass diese Differenzlinien schulstrukturell zur Herstellung von Homogenität in Schulen bzw. Lerngruppen dienen" (Hansen 2003, S. 59, Herv. im Orig.). Dabei waren einige Differenzlinien nur zeitweise wirksam, andere sind es bis heute (Hansen 2003, S. 60). Hansen fasst seine Ergebnisse wie folgt zusammen, nachdem er die Differenzlinien Lebensalter, Geschlecht, Konfession / Religion, Sozialstatus, Begabung, Behinderung, Staatsangehörigkeit, Abstammung / ‚Rasse‘ sowie Sprache / Ethnizität zeitlich betrachtet:

> „Am Anfang des 21. Jahrhunderts ist die Differenzlinie Geschlecht für die Organisation von Lerngruppen fast ganz entfallen, die Differenzlinie Konfession / Religion hat an Bedeutung sehr deutlich abgenommen, Staatsangehörigkeit spielt fast keine Rolle (und Abstammung / ‚Rasse‘ nur noch versteckt in Gestalt der zugeschriebenen und zu bewahrenden Kultur).
> Homogenität von Lerngruppen entlang der Differenzlinie Lebensalter, Sozialstatus, ‚Begabung‘, Behinderung / Nichtbehinderung und Sprache ist demgegenüber der schulstrukturell gesicherte Regelfall (siehe dazu Tab. 1).
> Während also im 19. Jahrhundert über 90 % der schulpflichtigen Kinder in heterogenen Lerngruppen hinsichtlich Lebensalter, Geschlecht, Sozialstatus, ‚Begabung‘ und Behinderung unterrichtet wurden, ist am Anfang des 21. Jahrhunderts eine große Homogenität innerhalb von Lerngruppen zu verzeichnen. **Der Regelfall am Beginn des 21. Jahrhunderts ist, dass Schüler und Schülerinnen nur einen begrenzten Ausschnitt der Vielfalt der eigenen Generation innerhalb ihrer Lerngruppen und Schulen kennen lernen**" (Hansen 2003, S. 68, eig. Herv.).

Differenzlinien und deren schulstruktureller Status im Überblick nach Hansen (2003, S. 69):

Differenzlinie		Status	
	im 19. Jahrhundert	in den ersten 2/3 des 20. Jh.	am Ende des 20. Jh.
Lebensalter	in höheren Schulen	in höheren Schulen, städtischen Volksschulen	Regelfall
Geschlecht	in höheren Schulen	in höheren Schulen	weitgehend entfallen
Konfession / Religion	Regelfall	Regelfall	weitgehend entfallen
Sozialstatus	Regelfall	Regelfall	Regelfall
‚Begabung'	Regelfall	Regelfall	Regelfall
Behinderung	fast nicht	zunehmend	Regelfall
Staatsangehörigkeit	Regelfall	Regelfall	weitgehend entfallen
Abstammung / ‚Rasse'		zwischen 1933 und 1945 Regelfall	
Sprache	Regelfall	Regelfall	Regelfall

Die Ergebnisse der Analyse Hansens veranschaulichen somit, dass Differenzlinien „schulorganisatorisch und -strukturell genutzt werden, [um] eine Scheidung der ‚Einen' von den ‚Anderen' zu sichern" (Hansen 2003, S. 71). Da die „Gültigkeit" (Hansen 2003, S. 60) der Differenzlinien zur Herstellung von Homogenität über die Zeit nicht konstant ist, wird die Notwendigkeit einer konstruktivistischen Sichtweise, im Gegensatz zu einer essentialistischen Perspektive, unterstrichen. Hansen macht zugleich auf einen heimlichen Lehrplan aufmerksam, der in einem gegliederten Schulsystem im Hinblick auf die Wahrnehmung und den ‚Umgang' mit Diversität in der Schule wirksam wird: Schüler/innen erfahren „nur einen begrenzten Ausschnitt der Vielfalt der eigenen Generation innerhalb ihrer Lerngruppen und Schulen" (Hansen 2003, S. 68). Kann Diversität so zur erfahrbaren, wahrgenommenen Normalität werden?

Darüber hinaus verweist Hansen darauf, dass die institutionell angestrebte Homogenität der Lerngruppen im politischen Diskurs gekonnt auf das Erklärungsmuster der Begabung reduziert wird:

> **„Für die Beobachter bleibt faszinierend, dass die Homogenität von Lerngruppen** bezüglich Lebensalter, Sozialstatus, ‚Begabung', (Nicht-)Behinderung und Sprache als Regelfall am Beginn des 21. Jahrhunderts in der politischen Diskussion **offenbar glaubwürdig auf ‚Begabung' reduziert werden kann**:
> ‚Thüringens Ministerpräsident Bernhard Vogel (CDU) klagt in seiner Rede, dass wegen PISA ‚der ganze Plunder der bildungspolitischen Diskussion der letzten 20 Jahre wieder auf dem Tisch liegt'. Wie sein Kultusminister bekräftigt Vogel: ‚wir sind die Strukturfrage leid'. **Unumstößlich sei ein ‚differenziertes, ein gegliedertes Schulsystem', weil Menschen nun einmal ‚unterschiedlich begabt und befähigt' seien'** (Frankfurter Rundschau 3.6.02, S. 3)" (Hansen 2003, S. 68, eig. Herv.).

Die Herstellung von homogenen Lerngruppen wird also durch die Begabungsideologie legitimiert. Dieses in der Bildungspolitik häufig angeführte, aber auch in Alltagstheorien vorzufindende Argument, wird im Verlauf dieses Kapitels noch einmal aufgegriffen, wenn die Argumente der Befürworter/innen und Gegner/innen integrativer bzw. separierender Bildungssysteme im Rahmen der Strukturdebatte erörtert werden. An dieser Stelle sollen zunächst zwei weitere heimliche Lehrpläne offengelegt werden, die mit der Begabungs- bzw. Leistungsideologie und einem hierarchisch gegliederten Bildungssystem einhergehen. Neben dem begrenzten Ausschnitt an Vielfalt, durch den die Schüler/innen eben nicht lernen, Diversität als Normalität zu begreifen, lernen Schüler/innen sukzessive beim Durchlaufen ihrer Schullaufbahn, „dass jeder seines Glückes Schmied ist" (Trautmann / Wischer 2011, S. 94). Fend beschreibt diesen Lernprozess wie folgt:

> „Im Schulsystem ist in der Form unterschiedlich hoher Schulabschlüsse [...] Ungleichheit eingebaut. **Im Verlauf seiner Schulzeit lernt der Schüler, diese Ungleichheit zu akzeptieren, indem er das Regelsystem der Zuordnung zu unterschiedlichen Leistungspositionen und deren Verfahren (Prüfungen) zu akzeptieren lernt.** Ihm wird tagtäglich vorgeführt, daß Unterschiede in der formellen Belohnung auf Unterschiede in der Leistung zurückzuführen sind. Mit dieser Erzeugung von Ungleichheit wird das entsprechende Erklärungsmuster mitgeliefert: es ist auf die jeweilige Anstrengung und Begabung des Schülers zurückzuführen, welche Positionen er erreicht. **Wer begabt ist und sich anstrengt, der steigt auf, wer unbegabt ist und sich wenig anstrengt, der bleibt unten.** Dem Prozeß der Internalisierung solcher Interpretationsmuster auf der Basis der strukturellen Gestaltung des Schulwesens entspricht der Aufbau eines entsprechenden Selbstbildes: selbst der degradierte Schüler fühlt sich schließlich gerecht behandelt, da er sich als wenig begabt, als wenig fleißig und an Höherem uninteressiert einschätzt" (Fend 1980 zitiert nach Trautmann / Wischer 2011, S. 95, eig. Herv.).

Auernheimer geht noch einen Schritt weiter und spricht von einem „heimlichen Lehrplan des Rassismus", der mit der Begabungsideologie in einem gegliederten Bildungssystem und der statistisch gesehenen Überrepräsentanz von Schüler/innen mit Migrationshintergrund auf den niedrigeren Schultypen (vgl. Kapitel 4.2) einhergeht:

> „In der Verbindung mit der Begabungsideologie, die dem hierarchisch gegliederten Bildungssystem zugrunde liegt, werden ethnische Zuschreibungen verfestigt. Es bildet sich die Vorstellung, dass Migranten nur zu minderen Leistungen befähigt sind und zu Recht die unteren Positionen im sozialen Gefüge einnehmen. **Man kann von einem ‚heimlichen Lehrplan des Rassismus' sprechen, der die Bemühungen um interkulturelle Erziehung konterkariert"** (Auernheimer 2007, S. 90, eig. Herv.).

Mit einem hierarchisch gegliederten Bildungssystem gehen demnach nicht-intendierte Nebeneffekte einher. Diese heimlichen Lehrpläne vermitteln subtile Botschaften an die Schüler/innen und an die Gesellschaft, die der Anerkennung und Integration von Diversität in der Bildung entgegenstehen. Es spricht also einiges für die eingangs beschriebene These, dass die Bildungsstrukturen die Berücksichtigung von Diversität in der Bildung beeinflussen. Welche Argumente für und wider integrative bzw. separierende Bildungsstrukturen werden in der Literatur darüber hinaus angeführt?

Die Schulstrukturdebatte ist in Deutschland insbesondere im Zuge des sogenannten PISA-Schocks wieder aufgelebt (Hepp 2011, S. 214). Dem Grundsatz nach können Bildungssysteme eher integrativ oder eher separierend ausgerichtet sein (vgl. Kapitel 1.1), so dass zwei idealtypische Strukturtypen unterschieden werden können: der integrative Strukturtyp, „mit dem Ergebnis einer nicht sortierten, also einer in der Regel besonders heterogenen Schülerschaft", und der differenzierende oder separierende Strukturtyp, der „im Ergebnis eher zu einer Homogenisierung von Schülerschaften und Lerngruppen [...] führt bzw. führen soll" (Trautmann / Wischer 2011, S. 79). Welche Argumente sprechen für bzw. gegen den integrativen bzw. separierenden Strukturtyp? In der Literatur lassen sich die folgenden Argumente für und wider integrative bzw. separierende Schulformen finden, die nachfolgend zusammenfassend dargestellt werden.

Argumente der Befürworter/innen eines integrativen Bildungssystems

Orientierung am internationalen Standard und Vermeidung einer frühzeitigen Festschreibung

Folgt man den Argumenten der Befürworter/innen integrativer Bildungssysteme, dann zeigt der internationale Vergleich, dass nur wenige Bildungssysteme, darunter Deutschland und Österreich, Schüler/innen bereits nach vier gemeinsamen Schuljahren auf verschiedene Schultypen selektieren. Integrative Bildungssysteme stellen somit den internationalen Standard dar, weshalb der Sonderweg selektiver, separierender Bildungssysteme überholt erscheint. Denn frühe Selektion, so die Gegner/innen separierender Bildungssysteme, führe zu einer frühzeitigen Festschreibung von Bildungs- und Berufschancen. Dies sei insbesondere im Hinblick auf die soziale Selektivität eines gegliederten Bildungssystems kritisch zu betrachten, da vorwiegend Schüler/innen aus benachteiligten sozioökonomischen Milieus und solche mit Migrationshintergrund (oder oftmals beides) statistisch gesehen auf den niedrigeren Schultypen überrepräsentiert sind (Hepp 2011, S. 215; vgl. auch Kapitel 4.2).

Entsorgungsmentalität als Folge und / oder Ursache der Schulformdifferenzierung

Zusätzlich zu dem institutionellem ‚Nebeneffekt' der sozialen Selektion könne ein separierendes Bildungssystem, so die Kritiker/innen, bei Lehrpersonen eine „Entsorgungsmentalität" begünstigen (Fend 2004, S. 23 zitiert nach Trautmann / Wischer 2011, S. 82). Die Einstellungen und Haltungen der Lehrpersonen sind demnach „Ausdruck struktureller Gegebenheiten des Schulwesens und seiner spezifischen Geschichte" (Reh 2005, S. 84 zitiert nach Trautmann / Wischer 2011,

S. 112) und somit die Folge einer gewissen „Funktionslogik von Schule" (Trautmann / Wischer 2011, S. 112). Umgekehrt argumentiert Wenning (2004, S. 572) mit
Bezug auf Sonder- bzw. Förderschulen, dass die horizontale Gliederung des Schulsystems das Ergebnis einer „konsequente[n] Aussonderungslogik" sei:

> „Die Entwicklung der Sonderschulen für Behinderte verdeutlicht gut die Probleme der
> hierarchischen Schulformen. Sie werden über die Andersartigkeit ihrer Schülerschaft
> legitimiert und entstehen durch eine konsequente Aussonderungslogik. Ein instituti-
> ons*internes* Kriterium, das aus der mangelnden Fähigkeit der Institution im Umgang
> mit Verschiedenheit erwächst, begründet die organisatorische Differenzierung. Für die
> Lebenschancen der Kinder hat dies weit reichende Konsequenzen – Sonderschulen
> sind eine institutionelle Ausgrenzung Behinderter. Gleichzeitig ist ‚Behinderung' als
> schulisches Kriterium kaum schlüssig zu definieren. Deshalb ist eigentlich Heterogeni-
> tät das Problem der Institution. Sonderschulen lösen also eher Probleme der Institution
> Schule als schulische Probleme ‚Behinderter'" (Wenning 2004, S. 572, Herv. im
> Orig.).

Es stellt sich also in gewisser Weise die Frage nach Ursache und Wirkung. Ist ein
separierendes Bildungssystem Ergebnis einer „konsequente[n] Aussonderungslogik"
(Wenning 2004, S. 572) oder erzeugt ein gegliedertes Bildungssystem eine „Entsorgungsmentalität" (Fend 2004, S. 23 zitiert nach Trautmann / Wischer 2011, S. 82)?
Diese Frage nach der ‚Wirkungsmacht der Systemlogik' wird an späterer Stelle
erneut aufgegriffen (vgl. Kapitel 11.2).

Schulformspezifische Existenzsicherung als induzierter Struktureffekt

An das vorangegangen Gesagte anknüpfend kann mit Gomolla und Radtke argumentiert werden, dass die verschiedenen Schultypen eines gegliederten Schulsystems Existenzsicherung betreiben bzw. betreiben müssen (Gomolla / Radtke 2002
zitiert nach Trautmann / Wischer 2011, S. 82).[121] So werden auf der einen Seite am
unteren Ende Sonder- bzw. Förderschüler/innen benötigt, damit Förderschulen
überhaupt existieren können. Zugleich übernehme dieser Schultyp eine „Entlastungsfunktion" (Trautmann / Wischer 2011, S. 82) für die anderen Regelschultypen.
Diese wiederum müssen ebenfalls ihre Existenz sichern, weshalb es bei einer Empfehlung zu einem höheren Schultyp aus Sicht der niedrigeren Schultypen zu einem
Dilemma komme, weil ein „Niveauverlust" des eigenen Schultyps befürchtet werden müsse (Trautmann / Wischer 2011, S. 82). Dieses Argument erscheint insofern
nachvollziehbar, als dadurch die geringe Durchlässigkeit des deutschen Bildungssystems erklärt werden könnte. Denn statistisch gesehen finden in Deutschland mit
einem Verhältnis von fast 1:5 überwiegend Schulartwechsel zu niedrigeren Schulformen statt (Autorengruppe Bildungsberichterstattung 2014, S. 74). Mit anderen

---

121 Trautmann und Wischer geben das Referenzwerk bzw. Erscheinungsjahr Gomolla / Radtke (2003) an. In der Erstauflage erschienen ist das Buch *Institutionelle Diskriminierung. Die Herstellung ethnischer Differenz in der Schule* im Jahr 2002.

Worten: Solange es hierarchisch gegliederte Schulformen gibt, müssen diese auch ‚gefüllt' werden, wobei nicht immer nur pädagogische Argumente eine Rolle spielen (vgl. ausführlich zu den Mechanismen institutioneller Diskriminierung Gomolla / Radtke 2009, Erstauflage 2002).

Ungünstige Kompositionseffekte und Kumulation am unteren Ende

Ein weiteres Argument der Befürworter/innen integrativer Bildungssysteme liegt in der Tatsache begründet, dass in einem gegliederten Bildungssystem aufgrund der verschiedenen Schultypen sogenannte differenzielle Lern- und Entwicklungsmilieus entstehen. Demnach wird die große Leistungsstreuung, die in Deutschland statistisch vorzufinden ist, Baumert u. a. folgend institutionell erzeugt bzw. verstärkt:

> „Sowohl Schulformen als auch einzelne Schulen stellen institutionell vorgeformte differenzielle Entwicklungsmilieus dar. Schülerinnen und Schüler gleicher Begabung, gleicher Fachleistungen und gleicher Sozialschichtzugehörigkeit erhalten je nach Schulformzugehörigkeit und je nach besuchter Einzelschule unterschiedliche Entwicklungschancen. [...]
> Die unterschiedlichen institutionellen Fördereffekte sind auch praktisch bedeutsam. Sie weisen darauf hin, dass die in PISA nachgewiesene, im internationalen Vergleich ungewöhnlich große Leistungsstreuung am Ende der Vollzeitschulpflicht zu einem nicht unerheblichen Teil in der Sekundarstufe I institutionell erzeugt oder zumindest verstärkt wird" (Baumert u. a. 2003, S. 61 f.).

„Wo liegt das Problem", so könnte mit Trautmann und Wischer gesprochen gefragt werden, „wenn Schulen – was sie doch sollen! – als Antwort auf Differenzen, die ihre SchülerInnen mit in die Schule bringen, diesen unterschiedliche Lerngelegenheiten anbieten?" (Trautmann / Wischer 2011, S. 87). Schümer sieht das Problem in einer „doppelten Benachteiligung", da Schüler/innen, „die unter ungünstigen sozialen und kulturellen Bedingungen aufwachsen und dementsprechend häufig Schulschwierigkeiten haben, [...] noch einmal benachteiligt werden, wenn sie extrem ungünstig zusammengesetzten Schülerpopulationen angehören" (Schümer 2004, S. 105 zitiert nach Trautmann / Wischer 2011, S. 83). Der gewünschte Fördereffekt, der durch das Angebot unterschiedlicher Lerngelegenheiten überhaupt ermöglicht werden soll, bleibe somit aufgrund eben dieser Lerngelegenheiten aus, weil sich dort einseitig zusammengesetzte Schülerpopulationen kumulieren. Die institutionell erzeugten differenziellen Lernmilieus können zudem nachteilig auf die Schülerpersönlichkeit wirken, z. B. auf das Selbstvertrauen und die Lernmotivation (Trautmann / Wischer 2011, S. 83).

Erwartungseffekte und Leistungsbeurteilung

Ähnlich wie die institutionell erzeugten Lernmilieus stelle nach Ludwig der sogenannte Pygmalioneffekt die Selektionsfunktion und somit die damit angestrebte

Förderfunktion eines gegliederten Bildungssystems in Frage. Mit dem Pygmalioneffekt sind Erwartungseffekte im Sinne einer „sich selbst erfüllenden Prophezeiung" (Ludwig 2001, S. 567) gemeint. So konnte experimentell belegt werden,

> „dass das Wissen der Lehrer um die ethnische Zugehörigkeit, das Geschlecht und den sozioökonomischen Status der Schüler und damit verbundene Fähigkeitsstereotype die Lehrererwartungen steuern und diese wiederum einen Pygmalioneffekt auslösen können" (Ludwig 2001, S. 570).

Ein Pygmalioneffekt kann dabei entweder als objektiver Pygmalioneffekt, „bei dem die Schülerleistung faktisch verändert wird", oder als subjektiver Pygmalioneffekt auftreten, „durch den lediglich die Wahrnehmung der Realität, nicht aber die Realität selbst verändert wird" (Ludwig 2001, S. 571). Letztere Variante ist insbesondere im Zusammenhang mit der Leistungsbeurteilung bedeutsam. So zeigten verschiedenen Untersuchungen (vgl. hierzu ausführlicher etwa Ludwig 2001), dass identische Leistungen (z. B. Aufsätze oder Zeichnungen) von Lehrpersonen je nach Information, die ihnen über die Schüler/innen gegeben wurde (z. B. dass der oder die Schüler/in, der / die den Aufsatz verfasst hat, sprachlich besonders begabt sei), unterschiedlich beurteilt werden. Folglich drohe der Pygmalioneffekt, so Ludwig, „die Selektions- und Förderfunktion von Schule in Frage zu stellen" (Ludwig 2001, S. 569). Dies hat wesentliche Konsequenzen im Hinblick auf die aufgeworfene Strukturfrage: Da die Selektion „nach dem Modus besser / schlechter bzw. geeignet / ungeeignet" (Trautmann / Wischer 2011, S. 91) erfolgt, tragen zum einen die Lehrpersonen der aufnehmenden Schultypen von vornherein eine entsprechende Erwartungshaltung an die Schüler/innen heran, was in einem objektiven Pygmalioneffekt münden kann, wenn Schüler/innen diese Erwartungen verinnerlichen. Zum anderen werden die Lehrpersonen aufgrund der ausgesprochenen Übergangsempfehlung bereits mit entsprechendem Wissen über die Schüler/innen versorgt, wodurch wiederum ein subjektiver Pygmalioneffekt bei der weiteren Leistungsbeurteilung ausgelöst werden kann.

Struktureffekte auf die Persönlichkeit der Schüler/innen

Struktureffekte, die wie der objektive Pygmalioneffekt auf der Persönlichkeitsebene der Schüler/innen wirken, haben Fend u. a. 1976 untersucht und in ihrem Buch *Sozialisationseffekte der Schule* beschrieben. Zu den wichtigsten Sozialisationseffekten gehören laut den Autor/innen die „Einschätzung der eigenen Fähigkeiten und schließlich die Einschätzungen der eigenen Begabung und Intelligenz" (Fend u. a. 1976, S. 325). Beim Vergleich der Selbstbilder von Gesamtschüler/innen und Schüler/innen im dreigliedrigen Schulsystem zeigte sich, dass die Einschätzungen an

Gesamtschulen positiver ausfielen.[122] Im selektiven, dreigliedrigen System hingegen könne die Begabungseinschätzung ‚guter‘ Hauptschüler/innen positiver ausfallen als jene ‚schlechter‘ Realschüler/innen, obwohl die objektive Gesamtsituation schlechter ist. In diesem als „big fish in little pond vs. small fish in big pond" (übersetzt: ‚Unter Blinden ist der Einäugige König‘) bezeichneten Phänomen (Fend u. a. 1976, S. 341) sehen Fend u. a. „einen wichtigen Struktureffekt des Schulsystems". Denn der schulische Verteilerprozess wirke sich „massiv auf die Persönlichkeit des Schülers" (Fend u. a. 1976, S. 467) aus. Die Autor/innen fassen ihre Ergebnisse so zusammen:

> „Insgesamt wird hier deutlich, daß die relative Stellung im Schulsystem, d. h. im schulischen Verteilerprozeß, die entscheidende Rolle spielt und daß nicht absoluter Erfolg entscheidend ist, sondern die Feststellung von relativem Erfolg an einem Netz von Bezugspunkten. Die Erfolgsfeststellung ist nun in einem integrierten Schulsystem durch die Vorgabe anderer Bezugspunkte anders organisiert als in einem segregierten Schulsystem. Im segregierten Schulsystem finden wir die aus der Sozialpsychologie bekannten Phänomene der relativen Deprivation bzw. relativen Gratifikation. Damit ist gemeint, daß sich jemand am Bezugspunkt der eigenen Klasse einschätzt und zu positiven Urteilen kommen kann, obwohl seine Objektive Gesamtsituation weniger erfreulich ist (Hauptschüler). Umgekehrt kann jemand auf Grund der bezugsgruppenspezifischen Selbsteinschätzung zu einem negativen Urteil über die eigene Lage kommen, obwohl seine Gesamtsituation positiv aussieht (Gymnasiasten).
> **Vielleicht haben wir hier ein Lehrbeispiel für die Folgen sozialer Integration vor uns, das über schulische Verhältnisse hinausweist. Soll man – so müssen wir uns fragen – geschützte Subkulturen bilden und die Leute in ihrer relativen Zufriedenheit belassen oder soll man versuchen, eine Integration verschiedenster Gruppen zu erreichen? [...] Möglicherweise sind wir hier auf eine ‚Gretchenfrage‘ sozialen Wandels gestoßen"** (Fend u. a. 1976, S. 468, eig. Herv.).

Anders formuliert: Weshalb sollte etwas an der separierenden Schulstruktur geändert werden, wenn doch die Schüler/innen der niedrigeren Schultypen subjektiv Zufriedenheit empfinden trotz objektiver Benachteiligung? Fend u. a. beantworten diese „Gretchenfrage" wie folgt:

> „Segregation kann vorübergehend mehr Zufriedenheit bedeuten und kann in bestimmten Grenzen zum Schutze von Individuen sogar notwendig und sinnvoll sein. Als Prinzip der Organisation von sozialen Verhältnissen ist sie jedoch gefährlich. **Die Befriedigung an der Oberfläche mag die latenten Ungleichheiten und Gegensätze vorübergehend als unproblematisch erscheinen lassen. Sie bergen in sich jedoch dem Keim von Konflikten und Problemen.** Eine langfristige Gesellschaftspolitik darf nicht darauf bauen, daß auf Grund sozialer Segregation bestimmte Bevölkerungsgruppen ihre Situation nicht voll durchschauen und deshalb in relativem Glück leben. Dies gilt für verschiedenste gesellschaftliche Gruppierungen, für Weiße und Schwarze,

---

122 Klar sei laut den Autor/innen jedoch nicht, ob dies auf eine strukturelle Variable des Gesamtschulsystems zurückzuführen sei, nämlich dass Schüler/innen bestimmte Lernbereiche und Leistungsniveaus selbst wählen können, oder ob zusätzlich die Begabungszuschreibungen durch Gesamtschullehrpersonen eine Rolle spielen, welche eher einen „dynamischen Begabungsbegriff" haben (Fend u. a. 1976, S. 335 f.).

für Arme und Reiche. Es gilt auch für bestimmte Gruppen im Schulsystem" (Fend u. a. 1976, S. 468 f., eig. Herv.).

Spätestens beim Versuch des Einstiegs in das Berufsleben sind Benachteiligungen gewissermaßen vorprogrammiert, denn die „Ausbildungsperspektiven für bildungs-benachteiligte Jugendliche bleiben weiterhin prekär" (Autorengruppe Bildungsbe-richterstattung 2014, S. 6), wie im Bildungsbericht konstatiert wird.

Struktureffekte auf die elterliche Einschätzung der Begabung ihrer Kinder

Einen weiteren Struktureffekt sehen Fend u. a. im Einfluss der sozialen Herkunft auf das Begabungsbild der Eltern ihrer Kinder, was sich wiederum gekoppelt mit und komplementär zum schulischen Verteilerprozess auf das Begabungsbild der Schü-ler/innen auswirke. Sie kommen zu dem Schluss, dass sich die „These vom Vorteil gehobener Schichten in der Einschätzung der Begabung ihrer Kinder" (Fend u. a. 1976, S. 360) bestätigen lässt:

> „**Wir vermuten, hier einen der vielen Mechanismen entdeckt zu haben, die die Chancenungleichheit im Bildungssystem produzieren.** Eltern aus gehobenen Schichten haben stärker vorgefasste Meinungen von der Begabung ihrer Kinder, die auch beibehalten werden, wenn die Kinder in der Schule nicht besonders gut ab-schneiden. **Dadurch entwickeln sie eine größere Widerstandskraft gegen schuli-sche Abstufungen. Eltern aus der Unterschicht hingegen trauen sich weniger zu, die Begabung ihrer Kinder unabhängig von vielen schulischen Beweisen in der Form guter Leistungen als hoch einzustufen.** Sie sind aber vermutlich schneller be-reit, sie als gering einzuschätzen. [...] **Insgesamt finden wir die Erwartung bestätigt, daß sich komplementär zum schulischen Verteilerprozeß bei Schülern Vorstel-lungen über die eigenen Fähigkeiten und Begabungen entwickeln.** Die Schüler sind dabei aber weder passive Informationsverarbeiter, noch verarbeiten sie entspre-chende Leistungsinformationen allein. Sie tun dies besonders in Auseinandersetzungen mit den elterlichen Erwartungen und Begabungszuschreibungen. Diese Informations-verarbeitung gestaltet sich dabei so, daß die Eltern ihre Vorteile einer größeren Kom-petenz und Sicherheit in der Begabungseinschätzung auf die Schüler weitergeben.
> **Die Entstehung des Begabungsbildes ist nach dieser Konzeption ein Teil jener subjektiven Prozesse, die dazu beitragen, daß die Sozialstruktur einer Gesell-schaft sich mit mehr oder weniger großen Änderungen von Generation zu Gene-ration reproduziert**" (Fend u. a. 1976, S. 361, eig. Herv.).

Eltern aus sogenannten bildungsfernen Milieus entwickeln dieser Studie zufolge also eine geringere ‚Widerstandskraft' gegen schulische Abstufungen als Eltern aus bildungsnahen Milieus. Die elterliche Einschätzung des Begabungsbildes ihrer Kin-der ist bei Eltern aus bildungsfernen Milieus zudem stärker von der Einschätzung der Schule abhängig, was sich wiederum auf die Vorstellungen der Schüler/innen über ihre eigenen Fähigkeiten auswirkt. Diese Ergebnisse sind auch heute noch hoch aktuell. So zeigte beispielsweise die IGLU-Studie aus dem Jahr 2006, dass Kinder der oberen Dienstklasse „bei gleichen kognitiven Fähigkeiten und gleicher Leseleis-tung [...] eine mehr als zweieinhalb Mal so große Chance [haben], von ihren Lehrern eine Gymnasialpräferenz zu erhalten als Kinder von Facharbeitern und leitenden Angestellten" (Bos u. a. 2007, S. 19). Dass sich Lehrpersonen bei den Übergangsempfehlungen im Anschluss an die Grundschule mitunter nach den vermuteten Unterstützungsmöglichkeiten durch die Eltern richten, konnte in verschiedenen Untersuchungen gezeigt werden, von denen an dieser Stelle exemplarisch ein Zitat einer befragten Lehrperson aus der explorativen Studie *Beobachtung und Beurteilung in soziokulturell und sprachlich heterogenen Klassen* (BeBeSch) angeführt wird:

> „Er ist ein auffallend hoch begabter Junge, hat neun Geschwister und lebt in verwahrlosten Familienverhältnissen. Er wird von seinen Mitschülern und deren Familien ernährt. Er könnte das Gymnasium mit Leichtigkeit schaffen, aber durch seine Familie hat er keine Chance" (zitiert aus Allemann-Ghionda u. a. 2006, S. 257).

Dem Elternhaus wird in der realen Bildungspraxis somit eine große Bedeutung zugesprochen und es hält sich standhaft die Auffassung, dass die Eltern einen wesentlichen Beitrag zur Vermittlung von Bildung zu leisten haben. Erschwerend kommt hinzu, dass – folgt man *rational-choice*-Modellen (vgl. Boudon 1981) – mit den elterlichen Entscheidungen je nach Bildungsniveau der Eltern unterschiedliche „Kosten-Nutzen- und Risiko-Abwägungen" einhergehen, weshalb sich Eltern aus sogenannten bildungsfernen Milieus „bei gleicher Begabung ihrer Kinder seltener für gymnasiale Bildungsgänge als jene aus bildungsnahen Milieus" entscheiden (Trautmann / Wischer 2011, S. 83). Die soziale Herkunft wirkt sich somit in zweierlei Hinsicht auf die Übergangsentscheidungen nach der Grundschule aus, nämlich auf jene der Lehrpersonen und jene der Eltern.

Argumente der Befürworter/innen eines separierenden Bildungssystems

Kein systematischer Zusammenhang zwischen Schulstruktur und Leistung

Ein häufig angeführtes Argument lautet, dass Länder mit integrativen Schulstrukturen mitunter bei PISA schlechter abschneiden als Deutschland. Umgekehrt erzielten auch Länder mit relativ selektiven Schulstrukturen bei PISA überdurchschnittliche Ergebnisse. Ein systematischer Zusammenhang zwischen der Schulstruktur und der erzielten Leistung der Schulsysteme sei deshalb nicht nachweisbar (Trautmann / Wischer 2011, S. 84, vgl. auch Hepp 2011, S. 217).

Reproduktion sozialer Ungleichheiten durch die Gesamtschule

Mit Bezug auf die Gesamtschulen und unter Berufung auf die Langzeitstudie LIFE wird ferner argumentiert, dass der Bildungserfolg von Schüler/innen der Gesamtschule stärker von der sozialen Herkunft abhänge als dies in der Realschule und auf dem Gymnasium der Fall sei. Deshalb sei ein nach Schultypen gegliedertes Bildungssystem, das auf die unterschiedlichen Begabungen und Leistungsfähigkeiten der Schüler/innen mit differenzierten Lernangeboten reagiert, der gerechtere Lösungsansatz (Hepp 2011, S. 217 f.). Unberücksichtigt bleibt bei diesem Argumentationsmuster jedoch,

> „dass wir seit den 1970er-Jahren im Sekundarbereich eigentlich nie wirkliche Gesamtschulen hatten, da immer auch andere Schularten zur Auswahl standen.
> Die Gesamtschulen in Westdeutschland waren nie voll integrierte, sondern immer nur teilintegrierte Systeme. Dementsprechend fehlten die Leistungsspitzen aus ambitionierten Elternhäusern in hohem Maße. Die gleichzeitige Existenz von Realschulen und Gymnasien brachte es mit sich, dass das Gros der leistungsstarken Schüler/innen dorthin abwanderte. Das gilt bis heute. So gesehen finden sich in den betreffenden Gesamtschulen nur eingeschränkte Begabungs-, Leistungs-, und Verhaltensspannen. Die Folge davon ist, dass es vielerorts an den nötigen Helfer/innen und Miterzieher-/innen [sic!] mangelt, von denen eine Gesamtschule mit ihrem erweiterten Integrations- und Förderbedarf unweigerlich zehren muss. Die Lehrkräfte alleine können die bestehende Heterogenität schwerlich meistern. Wenn jedoch die nötigen ‚Schülerassistenten‘ fehlen, dann gerät die immanente Balance und Integrationskraft des Systems Gesamtschule beinahe zwangsläufig ins Wanken. Und genau das ist seit Jahr und Tag der Fall. Von daher ist es unredlich, die Leistungspotenziale der Gesamtschulen mit denen der Gymnasien unmittelbar gleichzusetzen. Und genauso unredlich ist es, die Leistungsabschlüsse und -ergebnisse beider Schularten so zu vergleichen, als seien sie auf der Basis gleicher Ausgangsbedingungen gewonnen. Solche Leistungsvergleiche müssen zwangsläufig zulasten der bestehenden Gesamtschulen gehen" (Klippert 2010, S. 33).

Ein integrativer Schultyp innerhalb einer separierenden Schulstrukturlogik kann somit nicht dieselbe Wirkung entfalten wie ein vom Grundsatz her integrativ angelegtes Schulsystem.

Nivellierung der Gesamtleistung

Bei der Einführung eines integrativen Schulsystems sei darüber hinaus eine Nivellierung der Gesamtleistung als Folge einer Über- bzw. Unterforderung der Leistungsstarken bzw. -schwachen zu befürchten (Hepp 2011, S. 218). Hierbei handelt es sich um ein immer wieder, insbesondere in der Bildungspolitik, angeführtes Argument, dem ein anthropologischer bzw. pädagogischer Pessimismus zugrunde liegt und das im Kontext der Anlage-Umwelt-Diskussion zu betrachten ist. So thematisiert bereits 1990 Giesecke in seiner *Einführung in die Pädagogik* die Frage nach Begabung und Bildsamkeit und verweist auf die nach dem Zweiten Weltkrieg mit dieser Frage verbundene bildungspolitische Brisanz (Giesecke 1990, S. 18 ff.). Es ist die Zeit, in welcher der Kontrollrat der Alliierten die Einführung eines integrativen Bildungssystems empfahl, was bis dato nicht realisiert wurde (Ditton / Reinders 2011, S. 146). Dies war zum einen mit einer gewollten politischen Abgrenzung zur „‚Einheitsschule‘ als Aushängeschild der ehemaligen DDR, die an Drill und Indoktrination denken lässt" (Klippert 2010, S. 33) verbunden. Zum anderen spielte der zuvor beschriebene pädagogische Pessimismus hierbei eine zentrale Rolle, wie ein Zitat des damaligen bayrischen Kultusministers Alois Hundhammer erkennen lässt:

> „Die Teilnahme an den geistigen Gütern der Menschheit durch Bildung darf nicht das Vorrecht einzelner Stände sein. Deswegen sollen jene Schulen, deren besondere Aufgabe es ist, die von Natur hierzu Befähigten zu höheren und höchsten Bildungszielen zu führen, allen wirklich Begabten ohne Unterschied des Standes und Vermögens der Eltern zugänglich gemacht werden. ... Zwei Tatsachen dürfen freilich in dem berechtigten Ringen um die soziale Gerechtigkeit der Schulverfassung nicht übersehen oder geleugnet werden: einmal die Tatsache, daß die Begabung für höhere Bildungsziele von der Natur nun einmal nur einem zahlenmäßig begrenzten Personenkreis vorbehalten ist; und sodann die weitere Tatsache, daß diese Begabungen sich zwar auf alle Stände und Klassen der Bevölkerung verteilen, nicht aber so, daß sie prozentual völlig gleichmäßig unter den einzelnen sozialen Schichten verteilt sind. **Diese biologisch gegebene Ungleichheit kann durch keine zivilisatorischen Maßnahmen beseitigt werden, auch nicht durch die Änderung unseres sogenannten zweispurigen Schulsystems zugunsten eines Einheitsschulsystems**" (Hundhammer o. J. zitiert nach Giesecke 1990, S. 20, eig. Herv.).

Bis heute hat dieses Argument in der Strukturdebatte an Aktualität nicht verloren. Wie der internationale Vergleich zeigt (vgl. die verschiedenen PISA-Studien der OECD; s. auch Kapitel 11.3), lässt es sich jedoch, wie auch viele der vorangehend angeführten Argumente, empirisch betrachtet nicht halten. Wie ist es dennoch zu erklären, dass sich die Auffassung hartnäckig aufrecht erhält, dass die bestmögliche Förderung der Schüler/innen durch eine frühzeitige Trennung erzielt werden könne? Hierbei ist es wichtig hervorzuheben, dass es eben nicht – wie die Frage suggeriert – nur pädagogische Argumente sind, „sondern auch ökonomische, politische oder rechtliche Argumente", die bei der Frage nach dem ‚richtigen' Strukturtyp entscheidend sind und mit denen „grundsätzliche gesellschaftliche Präferenzen und gruppenspezifische Interessen verknüpft sind" (Trautmann / Wischer 2011, S. 80). Die Strukturfrage ist somit nicht nur eine Frage der „besseren pädagogischen Argumente" (Trautmann / Wischer 2011, S. 102), sondern muss (i) historisch und (ii) gesamtgesellschaftlich gedacht werden:

(i) Zum einen geht diese als historisch zu begreifende Pfadabhängigkeit auf eine Rückbesinnung nach dem Zweiten Weltkrieg „auf die neuhumanistische deutsche Bildungstradition des 19. Jahrhunderts" zurück. So ist es zu erklären, dass in Abgrenzung zur „totalitären Gemeinschaftserziehung" im Nationalsozialismus (Hagemann / Mattes 2008, S. 9) und der „sozialistische[n] Einheitsschule" der DDR (Hagemann / Mattes 2008, S. 13) die vom Kontrollrat der Alliierten vorgesehene Einführung einer ganztägigen Gesamtschule nicht realisiert wurde.

(ii) Zum anderen ist auf gesamtgesellschaftlicher Ebene die „Privilegiensicherung der Mittelschicht" (Trautmann / Wischer 2011, S. 102) zu bedenken. So waren es beispielsweise im Jahr 2010 die Proteste der „gut situierten Elterngruppen" in Hamburg (Trautmann / Wischer 2011, S. 102), die eine Schulreform zur Einführung einer sechsjährigen Grundschule verhinderten.

11.2 Inklusion und Separation –
Was zeigt die qualitativ vergleichende Untersuchung?

In diesem Kapitel werden die Ergebnisse der durchgeführten qualitativ-vergleichenden empirischen Erhebung herangezogen, um der Frage nachzugehen, wie sich diese in die zuvor angerissene Debatte um die Schulstrukturen einreihen. So wurde im vorangegangenen Kapitel unter anderem die Frage aufgeworfen, ob in einem gegliederten Bildungs- und Schulsystem eine „Entsorgungsmentalität" (Fend 2004, S. 23 zitiert nach Trautmann / Wischer 2011, S. 82) bei Lehrpersonen begünstigt wird. Tillmann spricht im Zusammenhang mit den „besonders scharfen Selektionsprozessen im deutschen Schulsystem" von einer „Sehnsucht nach der homogenen Lerngruppe" (Tillmann 2007, S. 25). Entsprechend der Grundannahme der vorliegenden Arbeit, dass die Strukturen eines Bildungssystems eine zentrale Rolle für den ‚Umgang' mit Diversität in der Bildung einnehmen, wurde auf der Ebene der Einstellungen von Lehrpersonen angenommen, dass in einem integrativen Bildungssystem die Haltungen der Lehrpersonen eher offen gegenüber Diversität sind und im Gegensatz zu einer ‚Entsorgungsmentalität' eine ‚Fördermentalität' begünstigt wird. Die Berücksichtigung und Förderung von Diversität werde als selbstverständliche und allgemeine Bildungsaufgabe verstanden, was sich in den Einstellungen der Lehrpersonen bzw. ihren Äußerungen in den Interviews widerspiegeln würde. Die im theoretisch-methodischen Teil (vgl. Kapitel 2.1) formulierten Hypothesen lauteten demnach:

Die separierende Ausrichtung eines Bildungssystems wirkt sich negativ auf die Einstellungen der Lehrpersonen gegenüber Diversität aus und begünstigt eine „Entsorgungsmentalität" (Fend 2004, S. 23 zitiert nach Trautmann / Wischer 2011, S. 82). Der Fördergedanke rückt zu Gunsten des Gedankens der Selektion in den Hintergrund. Schüler/innen, die nicht einer imaginären Norm entsprechen, können ‚aussortiert' werden und werden nicht als ‚normal' anerkannt. Die strukturell bedingten unterschiedlichen Bildungsansprüche an Schüler/innen erzeugen bei den Lehrpersonen schultypenabhängige Erwartungshaltungen, wodurch die Auslösung des Pygmalioneffekts (vgl. Ludwig 2001) in der täglichen Unterrichtspraxis besonders begünstigt wird.

Im Gegensatz dazu wird in einem integrativen Bildungssystem die Berücksichtigung und Förderung von Diversität als selbstverständliche und allgemeine Bildungsaufgabe verstanden, was sich in den Einstellungen bzw. Äußerungen der Lehrpersonen widerspiegelt.

Ausgehend von den erhobenen Daten können diese Hypothesen in ihrer gegensätzlichen Logik der Tendenz nach nicht bestätigt werden. Gleichwohl zeichnen sich systemspezifische bzw. schulformspezifische Aspekte der Berücksichtigung von Diversität ab.

Diversität und Schulstrukturen aus Sicht der pädagogischen Akteur/innen auf Mikroebene in Deutschland

Pädagogischer Common Sense im Kontext separierender Schulformen

Sowohl am Gymnasium als auch in der Hauptschule haben sich Lehrpersonen sowohl grundsätzlich gegen als auch vom Prinzip her für eine Schulstrukturreform zur Abschaffung der Mehrgliedrigkeit bzw. zur Einführung einer zeitlich verzögerten Aufgliederung ausgesprochen. Lehrkräfte, die ein hierarchisch aufgebautes Schulsystem befürworteten, begründeten dies unterschiedlich:

> „**Wir haben ein gegliedertes Schulsystem und das soll so, bitte, bleiben.** Da sind wir alle für. Sie finden keinen Lehrer, der das auflösen will. **Das will nur eine gutmenschelnde Politik. Das wollen einige Politiker. Von den Hochschulen kommt es. Die bringen da auch sehr viel Unruhe in die Schullandschaft.** [...] Alles zusammen. **Die Guten sollen die Schwachen fördern.** Ich kenne mich damit, ich habe mich damit beschäftigt. **Es funktioniert nicht.** Aber eine technische Undurchführbarkeit spielt ja keine Rolle bei der Beurteilung des moralischen Zieles. Und auch das steht bei uns in Frage, das moralische Ziel. Denn die Guten, da muss man Strukturen schaffen, dass die Schwachen gefördert werden, es kann aber nicht auf Kosten der Guten gehen. [...] Natürlich sollen die Schwachen gefördert werden. Das steht ja außer Frage. Ja, was wäre das? **Aber das kann nicht auf Kosten der Guten gehen.** [...] Das geht nicht, es funktioniert nicht. Ist Wunschdenken. Wolkenkuckucksheime sind das. Das sind Traumschlösser, die da gebaut werden" (D-HS-8).

> „Also meinen Sie jetzt so **Gesamtschulen**, wo alle zusammen lernen? **Da halte ich überhaupt nichts von.** [...] Am Schulsystem strebt mir vor, dass wir nach der klassischen Drittelverteilung, eine Drittelverteilung, die auf's Gymnasium geht, wo wirklich **Bildungselite** ist, und das andere von mir aus in Haupt-, Realschule oder sonst irgendwo. Also ein **zweigliedriges Schulsystem**, wo dann irgendwann differenziert wird, ne? Da könnte vielleicht, ich glaube in Thüringen oder so haben die das, ne? Denn wir müssen auch eine Elite haben" (D-HS-9).

> „**Nein, ich bin durchaus ein Anhänger des gegliederten Schulsystems. Ganz im Gegenteil.** Wenn es nach mir ginge, würde es wieder Übergangsempfehlungen geben. Also nicht freier Elternwille. Für mich ist diese Entscheidung ‚freier Elternwille' nur ein Rückzug der Politik. Die Politik scheut die Entscheidung zu sagen: ‚Ja, wir wollen'. Hier geht es auch um ein bestimmtes **Menschenbild**, ne? **Also alle Menschen sind gleich. Dieser Meinung bin ich auch nicht.** Es gibt nicht nur intellektuelle Unterschiede, sondern es gibt auch Unterschiede, die die Kinder schon aus dem Elternhaus mitbringen" (D-HS-11).

„Nein, ich bin Gymnasiallehrer. Ich hätte den Verdacht, und der wird auch durch Untersuchungen natürlich bestätigt, **dass im Bereich des oberen Drittels der Leistung bei Weitem nicht das herausgekitzelt wird aus Schülern, was ein Gymnasium kann.** Und ich bin der Meinung, und jetzt reden wir von Abitur und, also Oberstufe, und nicht von, ne? Ich bin der Meinung, dass für einen Schüler nichts wertvoller ist, als an seine eigenen Leistungsgrenzen herangeführt zu werden. Denn erst, wenn er erkennt, was er überhaupt kann und sich angestrengt hat [...], geht der hier raus und kann das als Schub mitnehmen ins Studium und in Berufstätigkeit. **Folglich bin ich durchaus für Elite.** Ich bin durchaus für Fördern und Fordern und ich bin durchaus dafür, Schüler auch an die Grenzen heranzubringen. **Und das würde ich in einer Gesamtschule als eher nicht machbar sehen**" (D-GYM2-5).

Lehrkräfte, die ein eingliedriges Schulsystem bzw. eine verspätete Aufteilung auf verschiedene Schultypen zumindest nicht grundsätzlich ablehnten und die Idee des längeren gemeinsamen Lernens vom Ansatz her befürworteten, waren zum Teil zögerlich bzw. meldeten Bedenken an. Zum Teil sind in den Aussagen auch Widersprüche erkennbar. Einige der Befragten sahen die Umsetzung einer solchen Reform an zentrale Bedingungen und Voraussetzungen geknüpft:

„**Also das kann ich mir vorstellen.** Ich habe meine Tochter selber ja auch an einer Gesamtschule angemeldet, weil ich das vom Konzept her zum einen ganz gut finde. [...] Ich sehe allerdings auch bei der **Gesamtschule** in [Ortsname], dass es auch ein bisschen eine **Schummelschule** ist. Es ist eigentlich ein verkapptes, ein bisschen schwaches Gymnasium. Also es heißt zwar immer, sie losen, ich habe aber, wenn ich mir die Schüler anguckte, große Zweifel. [...] **Meiner Meinung gehört das völlig abgeschafft, diese Auslese**, und ein stückweit ist das ja jetzt auch erfolgt. Ich begrüße das schon mal sehr. [...] Ja, und nicht mehr diesen total festen Charakter hat. Mir ist klar, Kinder mit so einer bestimmten Empfehlung, haben es natürlich schwer irgendwo unterzukommen. **Grundsätzlich würde ich aber sagen. gemeinsames Lernen mindestens bis Klasse 6 macht Sinn. Auf jeden Fall.** [...] Theoretisch ja, aber eben nur, wenn die **Klassenstärken** stimmen, in Anführungsstrichen, und die **personellen Ressourcen** so sind und die **Räumlichkeiten** so sind, dass man auch wirklich mit so einer ganz gemischten Gruppe gut arbeiten kann. **Dann würde ich sagen gibt es, hat das Vorteile,** ja" (D-HS-10).

„Durchaus, durchaus. **Fände ich sehr sinnvoll.** Zumal ich jetzt, mein Sohn, der kommt jetzt in die Schule. Der geht in [Ortsname] an eine inklusive Schule oder Grundschule, die sehr eng zusammenarbeiten mit der Universitätsschule die, glaube ich, 2013 / 14 entstehen soll. Die wollen also ganz eng zusammenarbeiten. Also deshalb freue ich mich da schon drauf. [...] Ja, vielleicht ein bisschen, so denke ich mir, **den Druck zu nehmen auch von den Schülern**, sich dann schon frühzeitig entscheiden zu müssen, in welche Richtung es geht, ne? Also einfach noch Zeit zu haben, sich weiter zu entwickeln. Das denke ich, ist wichtig. Also nun nicht jetzt dann direkt zu sagen: ‚So. Du gehst in diese Richtung', ne? **Ich habe so die Sorge, als Pädagoge, dass die Schere immer weiter auseinander geht von den Kindern.** Also entweder die ganz Liegengelassenen oder die alle von den Eltern aus Hochbegabten. Und wir müssen, ganz wichtig, nochmal zu einer Mitte kommen, ne? Und das wäre das ja. Das wäre so ein Ansatz. Also da habe ich durchaus auch Angst. Also ich lebe auch in einem Viertel in [Ortsname] und da ist dann im Vergleich zu [Ortsname], das sind ja Welten, ne? Das sieht auch keine Politik. Also da habe ich immer das Gefühl, auch bildungspolitisch, wird da nicht darüber gesprochen. **Da muss eine Durchmischung** stattfinden. Aber ganz gewaltig und ganz schnell, sonst driftet das ab. Das haben Sie immer in einer Gesellschaft, ne? Um Gotteswillen, ne? Hochbegabt und so. Aber ich finde, in den letzten Jahren ist da eine sehr ungesunde Entwicklung" (D-HS-14).

„**Ich könnte mir vorstellen, ja, ich kann da unterrichten.** Würde ich auch gerne machen und ich finde das Konzept gut. Aber das sind jetzt nur so meine Vorstellungen. Ich weiß nicht wie das dann wirklich wäre. [...] **Ich kenne es von der Grundschule. Da sind ja auch alle zusammen.** Ja, also, es ist schön so zu unterrichten. Ich finde das gut. Ich würde auch, also, wenn ich jetzt so was wie eine Grundschule, nur eben ältere Kinder, wenn es so wäre, ist es toll, ja. **Ich würde mir da natürlich auch positive Effekte versprechen.** Es ist auch angenehm. **Aber ich weiß nicht, wie das bei Älteren ist. Ob da nicht dann die Unterschiede so stärker zutage treten.** Man sieht es ja auch hier, die Unterschiede. Wenn man auf dem Gymnasium, wenn man sich die Gymnasialschüler, die kommen darunter gelaufen von dem Gymnasium, die sind alle ganz anders angezogen. Ja, die Musik ist anders, die hören, ja, und wie sie reden ist auch anders. Und dann weiß ich nicht, ob das passen würde. Ich weiß es nicht. Die Kleinen, da geht das, da fällt das noch nicht so auf" (D-HS-15).

„**Ich kann mir ohne Weiteres vorstellen, an einer Schule für alle zu unterrichten. Auch um alle im Blick haben zu können. Aber ich kann mir nicht vorstellen, mit der derzeitigen Ausstattung alle zu unterrichten.** [...] Wenn Haupt- und Realschule zusammenliegen, ist das ja im Grundsatz auch nicht falsch. **Es geht eigentlich auch nicht darum, wie diese Organisationsform da letztlich heißt** [...] **es geht immer um die Ausgestaltung letztendlich.** [...] Die Hauptschule hat an Ruf verloren. Sie ist natürlich mittlerweile im Blick der Bevölkerung eine Restschule, steht am Ende einer Kette und wird damit auch, ja, ein stückweit geringschätzig betrachtet gesellschaftlich und das ist natürlich nicht gut. Das hat sich Hauptschule zwar gar nicht verdient, aber man kann sich auch als Schule da auch nicht gegen stemmen in dem Augenblick, ne? Das ist was da, was da steht. **Insofern klar ist das Bestreben andere Schulformen zu finden, die unbelasteter sind,** die eben im Grunde genommen nicht von vorneherein die Etikette haben, ja, die Folge, ne? Die Kernproblematik aber dagegen im Grunde, die hat sich ja nicht geändert, ne? Die ändert sich ja nicht. **Die Kernproblematik ändert sich nicht. Die Kernproblematik ist: Ich habe schwierige Kinder.** Ich habe Kinder der diversesten Heterogenität. Da sind wir aber wieder am Anfang von heute. Das bleibt. **Und ich frage mich, wie kann ich dieser Sache gerecht werden. Das ist wichtiger als wie die Schule heißt.** Und wenn das eine Schule leistet, die mehr Kinder verschiedenster Art unter ihr Dach packt, aber das einzelne Individuum seine Rechtfertigung findet, O.K., O.K., ne? **Es darf nur nicht noch zu einem höheren Massenbetrieb werden,** ne? So. Das ist der Punkt" (D-HS-16).

„**Also an einer Schule für alle zu arbeiten kann ich mir im Prinzip vorstellen. Würde aber bedeuten, dass da noch eine ganze Menge an Veränderung notwendig wäre.** Also wir haben ja die Gesamtschulen, die diesen Anspruch schon haben, Schule für alle zu sein. Da wäre ein System, in dem man je nach unterschiedlicher Schule, mir das durchaus vorstellen könnte zu arbeiten und zu leben. In einer neu zu schaffenden Schule für alle, da könnte ich wieder Visionen erzählen, die ich habe. Dann wäre aber das Leben ganz anders, als es bisher in der Schule stattfindet. Also sprich, man würde in **viel kleineren Gruppen** arbeiten. Es gäbe die Möglichkeit, unterschiedliche Fähigkeiten auszubilden. Es gäbe **viel mehr Zeit und Raum auch für Kreativität**, was durch G8 noch mehr zurückgefahren werden muss, als das vorher schon der Fall war. Es gäbe die Möglichkeit eines **stärkeren gemeinsamen Lebens an Schule**, weil man auch unterschiedliche Dinge miteinander machte. [...] Und dann würden auch so Dinge dazugehören, dass man gemeinsam, was weiß ich, Theatererfahrung, Theaterbesuche, Mitarbeiten im Theater, würde ich intensivieren im Sinne auch von **stärker ganzheitlichem Lernen**. Aber, wie gesagt, das sind Visionen und das kann ich auch nur realisieren, wenn ich nicht mit über 30 Schülern arbeite, ne? Sondern da muss ich wieder auf meine 20 Schüler zurückkommen" (D-GYM1-1).

„Das ist eine ganz schwierige Frage. **Auf einer sehr theoretischen Ebene sage ich Ihnen, ich sehe da eigentlich nur Chancen. Ich glaube die Schwierigkeit liegt in der Umsetzung.** Die Schwierigkeit liegt darin, dass wir als Lehrer im Moment, und ich auch, noch nicht, und vielleicht kommt das jetzt langsam, aber bisher nicht, weder darauf hin ausgebildet werden, noch daran gewöhnt werden" (D-GYM1-3).

„**Also für mich eher nicht.** Hat wahrscheinlich auch mit meiner langen Berufszeit und meiner schon Rente ein bisschen im Blickfeld, was jetzt nicht heißt, ich schmeiße jetzt hier mein Zeug hin und arbeite auf Ende hin. Aber ich würde mich, glaube ich, sehr schwer tun und hätte auch das Gefühl, ich bin dafür nicht genügend ausgebildet. **Also für die jungen Kollegen, denke ich, ist es eine tolle Sache. Da würde ich auch reinpowern, wenn ich an deren Stelle wäre, würde mich da auch weiterbilden. Ich tue mir das mit Anfang 60 ehrlich nicht mehr an.** Sag ich jetzt einfach mal. Hat aber mit der ganz persönlichen, mit meiner Alterssituation etwas zu tun, dass ich ganz gern in meinen bewährten Dingen hier noch so ein bisschen weiterarbeiten würde. [...] Also so alle Schulen unter einem Dach im Grunde genommen. Also Schüler, mit den unterschiedlichsten Leistungsvermögen gleichzeitig zu unterrichten, ich glaube, das erfordert unheimlich viel Organisation, unheimlich viel Vorbereitung, unheimlich viel, ja, Ausbildung vorher. Da muss man einfach drauf trainiert werden. Da sehe ich mich nicht genügend ausgebildet dafür. Das hier, im kleinen Rahmen, geht das, diese Differenzierung, aber das ist schon oft so grenzwertig, dass ich denke: ‚Wow', weil es auch sehr, sehr aufwändig ist" (D-HS-13).

„**Wenn ich 30 Jahre jünger wäre ja. Aber jetzt nicht mehr.** Also dafür bin ich zu sehr durch das gymnasiale System geprägt und als ich vor 40 Jahren angefangen habe zu studieren, habe ich mich bewusst für das Lehramt am Gymnasium, so hieß das ja damals noch, entschieden. **Wenn ich aber jetzt die aktuelle Entwicklung sehe, denke ich, sollte man das Gymnasium abschaffen.** Man sollte endlich Nägel mit Köpfen machen und die **Gesamtschule hier einführen**. Gemeinsames lernen. [...] Also ich plädiere jetzt nach meiner Erfahrung von 30 Jahren an einem Gymnasium dazu, dass man fairerweise sagen sollte, wir machen eine Schule für alle, verzichten auf dieses Gegliederte. **Oder**, ich glaube das ist in Bayern nach wie vor so, **wir gliedern das in diese drei verschiedenen Schulformen. Aber das, was hier in Nordrhein-Westfalen seit 40 Jahren läuft, finde ich, ist ein furchtbares Durcheinander und Chaos**. Dann gab es ja zwischendurch noch mal die Gemeinschaftsschulen als Modellprojekt. Aber ich glaube das, weil es nicht angenommen wurde, hat man nun wieder eingestellt. Jetzt gibt es die Sekundarschulen. Das sind in meinen Augen Gesamtschulen ohne Oberstufe. Und in [Ortsname] gibt es nur zwei davon und die Elternschaft will sie ganz klar nicht. Denn da sind die Anmeldezahlen sehr bescheiden. Das wäre so ein Appell an die Bildungspolitik. **Und ich glaube, das täte uns insgesamt sehr gut, diese Schule für alle, um auch das soziale Miteinander schärfer zu fördern. Ich sehe nämlich eine gefährliche Entwicklung darin, dass sich die Gesellschaft immer mehr spaltet.** Dass es also die gibt, die diesen Bildungsschatz haben, und die anderen, die irgendwo bleiben" (D-GYM1-2).

Die hier angeführten Begründungen sowohl der Befürworter/innen als auch der Gegner/innen integrativer bzw. separierender Schulstrukturen entsprechen den im vorangegangenen Kapitel erörterten Argumenten (vgl. Kapitel 11.1). Insgesamt betrachtet kann zwar nicht von einer grundsätzlichen Ablehnung integrativer Schulstrukturen gesprochen werden. Eine zurückhaltend-skeptische Haltung zeichnet sich jedoch deutlich ab. Das Alter der Lehrkräfte sowie die verfügbaren finanziellen, räumlichen und personellen Ressourcen beeinflussen dabei die Einstellung der Lehrkräfte bzw. werden von diesen zur Bedingung gemacht.

Die Umsetzung der Inklusionsidee bei gleichzeitiger äußerer Differenzierung

Der Idee einer Schule für alle wurde von den interviewten Lehrkräften umso mehr mit Skepsis begegnet, wenn über die Frage nach einem gemeinsamen Unterricht von ‚Regelschüler/innen' hinaus auch der gemeinsame Unterricht von Schüler/innen mit und ohne sonderpädagogischen Förderbedarf zur Debatte stand.[123] So äußerte sich beispielsweise eine Lehrkraft, die „gemeinsames Lernen mindestens bis Klasse 6" als sinnvoll erachtete (D-HS-10), deutlich vorsichtiger hinsichtlich der sogenannten Inklusion, weil die Klassengemeinschaft für kooperatives Lernen nicht bereit sei:

> „Wenn ich ehrlich bin, ich glaube nicht. Von der Idee, ich verstehe das ja, ne? Mir ist das schon klar. Und zwar **habe ich da ganz große Bedenken, weil die Kinder nicht sehr kooperativ sind.** Also sie bringen da einfach vieles gar nicht mit, was mir so was auch dann ermöglicht. Ich sehe das nämlich in meiner eigenen Klasse. In meiner eigenen Klasse habe ich durchaus stärkere Schüler, die den Unterricht auch voran bringen. [...] **Da fehlt es aber ganz klar an sozialen Kompetenzen und der Bereitschaft, anderen auch zu helfen.** [...] Aber ich sehe das ja, ich habe ja auch zwei GU-Schüler in meiner Klasse und ich habe mehrere Schüler, inzwischen drei, die vorher in der sogenannten V-Klasse waren, also frisch aus dem Ausland gekommen sind [...]. **Die Bereitschaft meiner anderen Schüler, auch meiner leistungsstärkeren, da zu helfen oder da irgendwie in Gruppenarbeit mit denen zusammen zu arbeiten,** die ist nicht groß. [...] Also zum Beispiel meine **GU-Schülerin** ist sehr, sehr nett, ein ganz liebes Mädchen, was sich aber auch immer Hilfe erhofft durch die Nachbarn und auch oftmals fragt. Mich stört das auch gar nicht. Ich finde das völlig in Ordnung. Weil sie das tut, will fast keiner neben ihr sitzen. Die fühlen sich gestört und genervt. Aber das Mädchen ist dezent. Sie macht das ganz leise und ruhig und stört viel, viel weniger als so manch anderer, der da rumlärmt und huhuhuhu Blödsinn macht und dauernd irgendwie Lachanfälle bekommt oder sonst irgendwas. **Die sitzen lieber neben so einem, der wirklich auch stört, als neben einem Mädchen, das ruhig ist, sich zu konzentrieren versucht,** aber einfach manchmal unsicher ist und eben nicht immer dauernd dann den Lehrer fragen will, will halt dann eben nur, beim Nebenmann dann halt mal gucken will. Das stört sie mehr als ein Zappelphillip. Und ehrlich gesagt kann ich es mir nicht wirklich erklären. Ich kann nur sagen, dass es mehrere Schüler geäußert haben, dass sie nicht neben diesem Mädchen sitzen möchten" (D-HS-10).

---

123   In diesem Abschnitt wird der Begriff der Inklusion in einem engen Verständnis entsprechend der Verwendung im deutschsprachigen bildungspolitischen Diskurs auf die gemeinsame Beschulung von Schüler/innen mit und ohne sonderpädagogischen Förderbedarf bezogen verwendet (zu den Begriffen Integration und Inklusion vgl. Kapitel 1.1).

Ein ähnliches Bild zeichnet auch eine andere Lehrkraft:

> „Wenn ich das hier bei uns sehe, die wir hier haben, auch Lernbehinderte, die werden so was von unseren gemobbt. [...] Ja, das ist doch klar: ‚**Jetzt haben wir endlich noch auch mal einen, der noch schlechter ist als wir, da können wir noch draufhauen‘. So funktioniert das, ne?**" (D-HS-9).

Im Vergleich zum finnischen Schulsystem begegnet das deutsche Schulsystem der Diversität der Schüler/innen im separierenden Grundmodus äußerer Differenzierung. Trotz einer auf bildungspolitischer Ebene erkennbaren Tendenz zur Zweigliedrigkeit (vgl. Kapitel 5.3) ist an dieser strukturellen Ausrichtung bildungspolitisch nicht grundsätzlich gerüttelt worden. Bei fortbestehender frühzeitiger Selektion auf verschiedene Schultypen, mit der eine soziale und ethnische Selektion einhergeht (vgl. Kapitel 4.2), soll die Idee der Inklusion umgesetzt werden. In dieser widersprüchlichen bildungspolitischen Haltung liegt möglicherweise eine Erklärung für die insbesondere von den Hauptschullehrkräften geäußerten ablehnenden, zum Teil auch abwertenden Haltungen gegenüber der sogenannten Inklusion begründet. Denn es sind hauptsächlich die Lehrkräfte des niedrigsten allgemeinbildenden Schultyps, die der Aufgabe des inklusiven Unterrichts zu begegnen haben und deren Schülerschaft ohnehin mit Solga und Wagner als die im Zuge der Bildungsexpansion „Zurückgelassenen" bezeichnet werden kann (vgl. Solga / Wagner 2010). Lediglich ein kleiner Teil der inklusiv unterrichteten Schüler/innen besuchen Realschulen oder Gymnasien (9,8 % in 2011 / 12, Klemm 2013, S. 6). Die vorgefundenen Haltungen sind in diesem Kontext zu lesen. Zugleich ist anzumerken, dass an der besuchten Schule nach Auskunft der Schulleitung (D-HS-16) zum Zeitpunkt der Erhebung insgesamt weniger als zehn Schüler/innen mit sonderpädagogischem Förderbedarf bei einer Gesamtschülerzahl von 420 unterrichtet wurden, was einem eher geringen Anteil von etwa 2 % entspricht:

> „**Und es ist der letzte Schwachsinn anzunehmen, dass durch, ja, durch diese gegenseitige Helferei irgendetwas zustande kommt.** Denn die anderen brauchen ja auch Hilfe. Es ist ja nicht so, dass die besser wären. Und was ist das für eine Moral? Die anderen sind gut und müssen dann dem Einen helfen. Das kann doch nicht deren Aufgabe sein. **Also der Usain Bolt, der kriegt keine Bleigewichte an die Füße, ne? Der läuft in seiner Staffel mit drei anderen Gleichwertigen. Das ist eine homogene Sache.** Das macht der Jamaikaner, der die Goldmedaille gewonnen hat. **Da läuft kein Behinderter mit oder kein Lahmer oder sonst wie. Aber hier in der Schule machen wir es so, ne?** Dass wir jetzt, so, wir sind bei der Philosophie angelangt: ‚Die Guten sollen die Schwachen stützen‘. **Das funktioniert nicht und ist auch nicht einsehbar.** Erst mal funktioniert es nicht und zweitens ist es eine Moral, die ich nicht teile und die wir alle nicht teilen. Es hört sich so toll an: ‚Die Guten sollen die schwachen Schultern stützen‘. Nein, nein. Sehen wir nicht ein. Und Sie finden keinen Lehrer, der das gutheißt, dieses Prinzip. [...] **Und da haben wir jetzt den Schwachsinn hier bei uns in [Ortsname], dass Kinder, lernbehinderte, verhaltensgestörte, auf das Gymnasium gehen. Das darf doch wohl nicht wahr sein. Die haben da nichts verloren.** Und das hat auch mit Selektion nichts zu tun" (D-HS-8).

„Und jetzt kommt noch die **unglückselige Inklusion** dazu. **Das ist ein Wahnsinn ist das**. Wie soll man das denn schaffen? [...] **Dieses schlechte Gutmenschentum**, dass man meint: ‚Ja, die sind ja was besser, die können sich um die kümmern‘. Ja, Quatsch ist das. So. Und dann haben wir hier Leute mit sozialem Defizit. **Ja, man merkt, dass die Leute nichts mehr von der Landwirtschaft und Viehzucht verstehen. Wenn ich eine faule Kartoffel in der Kartoffelkiste habe, schmeiße ich den raus und warte nicht so lange, dass die Heilen den Faulen wieder als richtige Kartoffel machen. Das geht nicht. Aber wir sollen es machen, ne?** Wir sollen, wenn Kinder, die wirklich ein soziales Defizit haben, die können eine Klasse aufmischen, hoffen, dass die anderen die, wie soll ich sagen, wieder in die Schnur bringen. Das ist Quatsch. Das geht nicht. Das muss in kleinen Gruppen sein mit ausgebildeten Leuten, ne?“ (D-HS-9).

„**Also grundsätzlich würde ich mal sagen, da bin ich mir auch sehr sicher, dass die Kollegen insgesamt nicht gegen inklusiven Unterricht oder die Idee inklusiven Lernens sind. Nicht grundsätzlich dagegen.** Nicht gegen den Gedanken. Zwei erhebliche Einschränkungen gibt es dabei. Die eine sind die **Rahmenbedingungen**, institutionelle Rahmenbedingungen, entsprechen nach den Meinungen der Kollegen, gerade auch an den Hauptschulen, nicht. Also man sagt: ‚Inklusion von mir aus ja, aber dann bitte gebt mir die Instrumente, gebt mir die Ausstattung, gebt mir die Ausrüstung dazu‘. So. Das ist also der, denke ich, vielleicht der entschiedenste Kritikpunkt. [...] **Es geht nicht darum, dass man meint, das Ideal liegt da drin, Leute ständig zu trennen weiter.** Ja, ständig dieses, was ja gesagt wird, auch Deutschland ja auch oft vorgeworfen wird, dieses in Schubladen tun, ne? Dieses: ‚So. Wir trennen alle auseinander und so weiter und jeder kommt da in so ein Döschen oder in die Schublade“. **Nein, das ist es nicht.** Das ist auch nicht unbedingt gewünscht, ne? Nein, nein, also das haben wir oft auch hier in den Konferenzen gehabt oder auch so auf Veranstaltungen, dass die Kollegen bewusst auch gesagt haben: ‚Ich bin nicht grundsätzlich gegen Inklusion, aber ich bin dagegen, dass Inklusion hier durchgeführt werden muss mit Bedingungen und Werkzeugen, Instrumentarien und Ausstattungen, die dazu nicht passen. Die mir von vorneherein klarmachen, dass ich das nie gut machen kann‘, ne? So. Das ist der eine Punkt. Der zweite, wo ich sagte, das sind zwei Elemente, die mir direkt einfallen, das zweite Element ist allerdings auch: **Inklusion, auch da wieder, nicht um jeden Preis. Nicht für jedes Kind ist es unbedingt das probate Mittel.** [...] **Und deswegen kann man auch nicht sagen, meine ich, alles ist gut, indem ich alle zusammenpappe**, von vorneherein, es ist grundsätzlich gut. Ja, gut, **der ethische Gedanke ist gut, aber der praktische Gedanke**, den muss ich auf das Kind hin mir diagnostisch hin betrachten, ne? Und das ist auch so eine Sache, ne? Und deswegen sagen die Kollegen: ‚Moment, ich will hier nicht als Inklusionsgegner hingestellt werden. Das ist auch nicht fair, ist auch nicht in Ordnung. **Aber ich muss auch die Rahmenbedingungen haben**‘“ (D-HS-16).

Die „unglückselige“ Inklusion wird mit „Bleigewichte[n]“ verglichen, die einem/r Leistungssportler/in auferlegt werden und diese/n somit daran hindern, seine bzw. ihre Leistung abzurufen, was einem „schlechte[n] Gutmenschentum“ entspreche und nicht einsehbar sei. Das Grimmsche Aschenputtel-Prinzip ‚Die Guten ins Töpfchen, die Schlechten ins Kröpfchen‘ wird demgegenüber als die effektivere Strategie beschrieben. Die Schulleitung versucht indes die Inklusions-Thematik zu relativieren. Lehrkräfte seien nicht „grundsätzlich dagegen“, jedoch müssten entsprechende

„Rahmenbedingungen" geschaffen werden. Inklusion sei aber auch dann „nicht um jeden Preis" umzusetzen.

Die Lehrkraft, die an der besuchten Hauptschule mit der neu eingerichteten Klasse im Gemeinamen Unterricht (GU-Klasse) betraut war und sich für diese Aufgabe freiwillig gemeldet hatte, äußerte sich im Interview ernüchtert und erzürnt zugleich:

> „**Ich habe mir das nicht so vorgestellt.** Ich habe es mir nicht so vorgestellt. **Also, ich bin da gerne hingegangen, in diese Inklusionsklasse. Ich wollte das machen.** Ich kann auch gut umgehen mit, ja, also mit **individueller Förderung und Binnendifferenzierung und so. Mache ich gerne und finde ich gut.** Ich habe kein Problem damit, wenn jedes Kind was anderes macht. Ich habe auch in der Grundschule unterrichtet schon, aber, also, wenn ich jeden nur noch zwingen muss praktisch. Also ich muss immer nur Druck ausüben. Das ist ganz schrecklich. Nur Druck. [...] **Also darüber bin ich echt enttäuscht. Ich hätte mir unter Inklusion, ich stelle mir unter Inklusion was anderes vor.** [...] Hier ist keiner an der Schule bereit gewesen. Keiner wollte diese Klasse übernehmen. Und händeringend, was noch nie passiert ist, wurde hier nach jemandem gesucht, ne? Und dann habe ich gesagt: ‚Also gut, ich mache es'. [...] **Das ist die erste zusammengestellte GU-Klasse. Aber GU ist, läuft normalerweise anders. Also nicht, dass die Schulsekretärin die Kinder zusammenstellt.** Weil hier sind Klassen zusammengestellt worden, die eine Klasse ist superbrav, ne? Der eine Kollege hat die superbraven Kinder bekommen. Mit hinten irgendeinen Background und so, wo noch was getan wird. Der andere hat auch total bekloppte bekommen **und ich habe die sozialschwachen und die bekloppten bekommen.** Ich bin jetzt wirklich sehr leger in der Ausdrucksweise. Aber es ist einfach, weil es mich total nervt. **Und so wurden die Klassen zusammengestellt, ohne uns zu fragen. Aber so was merkt man natürlich.** [...] Ich habe das der Schulleitung gesagt und die weiß das auch. Also der weiß, dass seine Sekretärin, die hat das ja immer alleine gemacht. **Normalerweise müssen das ja Pädagogen machen**" (D-HS-15).

Die Zusammenstellung der sogenannten GU-Klasse erfolgte also weniger nach pädagogischen Gesichtspunkten, sondern wurde nach Auskunft der Lehrkraft von der Schulsekretärin vorgenommen. Die Schülerschaft der GU-Klasse wurde weiter so beschrieben:

> „**Und deswegen ist auch die Klassenzusammensetzung wahrscheinlich so gekommen, dass in meiner Klasse die drei GU-Kinder sind und der Rest der Kinder lauter sozialschwache Kinder.** Sozialschwache Kinder **mit sozialschwachen Elternhäusern.** Das bedeutet für mich, da ist praktisch nichts dahinter. Ich kann auf die Mithilfe von Eltern, die wirklich sehr wichtig wäre, komplett verzichten. Also die kommt einfach nicht. Ich muss froh sein, wenn Eltern sich überhaupt in der Schule zeigen. Es ist auch sehr schwer, mit den Eltern in Kontakt zu treten. **Und die Schulsekretärin hat eben sich gedacht: ‚Da setzen wir doch alle Schlechten zusammen'.** Und so ist die Klasse entstanden. Ganz schlechte Voraussetzung. Also heterogen insofern, dass es viele Schlechte gibt und die sind alle unterschiedlich. **Sie sind alle verhaltensauffällig. Alle, jeder.** Also jeder ist entweder lernbehindert oder bekommt **Ritalin.** Zwei bekommen in der Klasse Ritalin. Der eine erst seit einer Woche. Ich habe jetzt ein hartes halbes Jahr hinter mir bis das irgendwie erst mal durchgekommen ist, also der Entschluss bei den Eltern, das dann zu machen. Der Rest ist, **entweder sind keine AOSF-Verfahren ausgesprochen worden, niemand hat sich darum gekümmert, weil

die Eltern immer geblockt haben, also, mindestens, der Rest ist verdächtig für AO-SF-Verfahren. Und, dann gibt es auch noch Kinder, wie gesagt, diese drei lernbehinderten Kinder. Dann gibt es noch einen, der im Praktikum ist. Der kommt von ner anderen Förderschule, der ist aber ESE-Bereich, also im emotionalen sozialen Bereich wird der gefördert und dann habe ich gesagt, der kann auch zu mir kommen. [...] **Die Klasse ist wirklich extrem, extrem.** Ja, und Heterogenität ist toll, sicher toll, aber in meinem Fall ist es jetzt wirklich sehr schwierig. **Also ich weiß jetzt auch nicht, wie man das so einfach sagen könnte: ‚Ja, wir sind ja alle verschieden und das ist doch schön, ja, und dann profitieren wir doch voneinander und wir sehen die Stärken und die Schwächen und so‘,** ne? Das ist ja, das sind tolle Worte, aber in der Wirklichkeit ist es nicht so. **In der Wirklichkeit ist es: ‚Der ist schwach und auf den haben wir uns jetzt eingeschossen und der wird jetzt gedisst, bis er am Boden liegt. Und wenn er am Boden liegt, dann treten wir noch drauf‘.** [...] Natürlich tun die das nicht jetzt so wörtlich, wie ich das gesagt habe. [...] **Die Kinder, die kein Deutsch sprechen, die in der V-Klasse untergebracht sind, davon habe ich vier auch in dieser Klasse"** (D-HS-15).

Die Beschreibung der Lehrkraft lässt darauf schließen, dass die GU-Klasse mit dem Gedanken einer „Entlastungsfunktion" (Trautmann / Wischer 2011, S. 82) eingerichtet wurde. Die aus dem einseitig zusammengesetzten Klassenverbund nach dem Kriterium ‚leistungsschwach‘ resultierenden Schwierigkeiten können demnach weniger als von außen induziert (aufoktroyierte Inklusionspolitik), als vielmehr von innen herbeigeführt betrachtet werden.

Die Äußerungen der Gymnasiallehrkräfte waren ebenfalls kritisch gegenüber der sogenannten Inklusion, jedoch deutlich neutraler und weniger expressiv:

„Ja, also, **Inklusion ist in der Diskussion an dieser Schule, aber praktisch spielt es noch keine Rolle** bis auf ganz, ganz wenige Ausnahmen, wo Kinder mit einem besonderen, also ich weiß von einem Jungen, der mal hier mit einem besonderen Förderbedarf war und da auch unterstützt wurde. Aber **es ist eigentlich für uns nicht, noch nicht das, womit wir uns konkret beschäftigen**. Die Diskussion ist ja, wird jetzt ja allenthalben geführt und natürlich auch an dieser Schule" (D-GYM1-1).

„**Stichwort Inklusion** ist zur Zeit für uns Gymnasiallehrer ein riesengroßes Fragezeichen, weil wir uns das überhaupt in der Praxis nicht vorstellen können. Wenn wir in einem Schulgebäude sind, das barrierefrei ist, **körperlich beeinträchtigte Kinder können bestimmt integriert werden**. Ich glaube auch, es geht eventuell noch bei Kindern, die schlecht hören können. Dass man dann guckt: ‚Wir müssen dich so setzen und es gibt verschiedene Hilfsmittel‘. **Ich glaube, die eigentliche Angst ist vor Kindern, die in ihrer sozialen und emotionalen Entwicklung ganz, ganz schwierig sind. Da kann es auch nicht sein, dass die Landesregierung sagt: ‚Dann werden die Klassen kleiner‘. Wenn ich eine Klassengröße von 24 habe und da sind vier mit so einem Förderbedarf, die nehmen einem die Klasse auseinander, da bin ich mir ziemlich sicher. Es sollen ja dann, ja, also Förderschullehrer mit dabei sein, aber ja nicht die ganze Zeit, sondern immer nur ein paar Stunden. Das Konzept ist in meinen Augen überhaupt nicht durchdacht.** Man hätte zunächst mal ein vernünftiges Konzept, was auch wirklich Antwort gibt auf all diese typischen Fragen, vorlegen müssen. Dann hätte man uns Lehrer weiter qualifizieren müssen und nicht: ‚Och, da gibt es jetzt eine Fortbildung für die, die sich mal für Inklusion interessieren‘. Also da kommt noch eine ganze Menge auf einen zu. **Und wir an unserer Schule haben uns zunächst mal gesagt, weil wir auch wegen des Ganztags so im Umbruch** sind, da schreien wir jetzt mal nicht gleich: ‚Wir wollen das'. [...] Es wird ja kommen, weil das im Schulgesetz so vorgeschrieben ist. **Aber wir halten uns zurück.** Vielleicht gibt es andere Gymnasien in [Ortsname], die dann sagen: ‚Das ist eine Riesenchance'. Wenn ich das richtig verstanden habe, soll es dann ja auch die Möglichkeit geben, dass zieldifferente Gruppen dann in einer Klasse sind. **Ich stelle es mir eigentlich für einen lernbehinderten Jungen oder für ein lernbehindertes Mädchen ganz furchtbar vor, in einer Gruppe mit an sich Gymnasiasten zu sitzen. Ich kann es mir nicht vorstellen. Ich weiß nicht, wen das motivieren soll.** Mache ich da nicht immer die Erfahrung, die anderen, die begreifen das ja alles viel schneller und mir fällt das ganz wahnsinnig schwer? Ich habe eine wirklich gute Freundin, die Förderschullehrerin ist an einer Schule für lernbehinderte Kinder. Sie sind zu zweit in einer Klasse von 8. Diesen 8 Kindern kann ich dann Förderpläne schreiben und da kann ich dann genau hingucken. Aber wenn ich dann da mit meinen 24 sitze. **Ich weiß wirklich nicht, wie sich die Menschen, die sich das ausdenken, wie die sich das in der Praxis vorstellen. Also ein großes Fragezeichen"** (D-GYM1-2).

„Irgendwann auf jeden Fall. **Im Moment noch nicht.** Wir haben auch noch gar nicht im Moment die räumlichen Bedingungen dafür. Wir haben aber auch schon Fälle, die eigentlich Inklusion wären. Also wir haben schon autistische Kinder. Na ja, natürlich, es wird auf jeden Fall eine Rolle spielen. **Das Gesetz ist da und keine Schule kann sich dem auf Dauer verschließen"** (D-GYM1-3).

Das betreffende Gymnasium hat also beschlossen, sich soweit möglich zurückzuhalten und nicht aus der Eigeninitiative heraus Schüler/innen mit sonderpädagogischem Förderbedarf aufzunehmen. Ein anderes Gymnasium, das im Zuge der Untersuchung besucht wurde, hat sich demgegenüber bewusst dazu entschlossen, im nächsten Schuljahr eine integrative Klasse mit voraussichtlich sechs Schüler/innen mit und etwa fünfzehn Schüler/innen ohne sonderpädagogischen Förderbedarf einzurichten, wie die Schulleitung erläutert:

„Und die Zusammensetzung der Kinder mit sonderpädagogischem Förderbedarf die ist in ganz enger Abstimmung mit den Grundschulen und dem Kompetenzzentrum erfolgt. Also das heißt, **was wir vermeiden wollten, auch mit diesem gesamten Prozess ist, dass wir als Schule dann irgendwann einfach Kinder nehmen müssen, die uns zugewiesen werden oder wo die Eltern aus welchen Gründen auch immer keine andere Alternative haben, so dass wir uns vorbereiten können** und dass wir in der Region gemeinsam überlegen, für welche Kinder ist es gut, auf welche Schule zu wechseln, wenn die den Förderort wechseln müssen nach dem vierten Schuljahr. **Und ich glaube, das ist so eigentlich die einzige Möglichkeit, wie man Inklusion verantwortungsvoll angehen kann, denn sonst kann man immer sagen: ‚Ja, das kommt jetzt so über uns, das wird uns von oben aufgestülpt, wir sind nicht vorbereitet, wie sollen wir das überhaupt machen'.** Also aktiv darauf zuzugehen und dabei dann auch zu sagen: ‚Das können wir, das können wir nicht leisten'. Das ist, glaube ich, der angemessenere Weg" (D-GYM3-7).

Die Rolle der Schulleitung bzw. der einzelnen Schule selbst spielt somit eine zentrale Rolle bei der Umsetzung des gemeinsamen Unterrichts von Schüler/innen mit und ohne sonderpädagogischen Förderbedarf.

Im Kontext der beschriebenen Sonderrolle der Hauptschulen sind auch die betont defizitorientierten Äußerungen der Lehrkräfte zur Zusammensetzung ihrer Schülerschaft zu sehen:

„Also die Kinder sind alle, das hat Ihnen gerade der Herr [Name] gesagt, **das ist der, das ist der unterste, die unterste Stufe dieser Gesellschaft. Das sind die letzten 10 Prozent.** Und diese Kinder sind nicht sehr heterogen, die sind alle sehr einfältig, **sprachlich sehr begrenzt.** Das ganze **kognitive Gerüst**, das diese Kinder haben, ist also auch sehr, sehr eingeschränkt und insofern ist da nicht groß Heterogenität. Also man kann sehr gut mit dem, was die bringen, was die, also was ich an Spreizung von Fähigkeiten feststelle, kann ich sehr gut umgehen. **Das Problem ist, sobald Kinder in die Klassen kommen, die Deutsch nicht als Muttersprache haben oder die hier nicht aufgewachsen sind.** Hier kommen Kinder in die Schule, die, also, ja, die kommen im achten Schuljahr, kommen die frisch aus irgendwelchen Ländern ohne ein Wort Deutsch. **Das stellt uns eigentlich vor unlösbare Probleme.** [...] Ja, also, zurzeit haben wir, ja, das sind ja die Bürgerkriegsflüchtlinge, Armutsflüchtlinge. Da sind auch sogar einige drunter, die politisch verfolgt sind. Ja, das sind, ja, an dieser Schule schon mittlerweile also, die, die weniger als ein Jahr hier sind, das sind schon 20 und die trifft man ja in irgendwelchen Klassen immer wieder. [...] **Da stoße ich an Grenzen. Ich habe ja nur Deutsch als Unterrichtssprache.** [...] Das ist bezogen auf die 20 und es ist aber auch zum Teil bezogen auf die vielen mit Migrationshintergrund. [...] Ja, die Gründe, weil sie, ja, ganz einfach: **10 Prozent, unterster Bodensatz.** Entschuldigung für das Wort. So. [...] Ich lebe in einer Bücherlandschaft. Mein Kind ist in einer Bücherlandschaft groß geworden. So. **Das ist ganz normal, dass man in diese Bücher hineinwächst und dass man mal eine Stunde liest.** Das ist doch das A und O. So. [...] Es muss von Anfang an trainiert werden. [...] **Das machen Mittelschichteltern mit ihren Kindern.** [...] Aber die Kinder da, die haben das noch nie erfahren. Die werden vor ne Glotze gesetzt und da sollen Sie später im Alter von 12, 13, 14 das kompensieren? Das funktioniert nicht. [...] So. Ich gehe immer von mir und gehen Sie von sich aus. Da haben Sie die Antworten. Diese Kinder nicht, haben das nicht. **Alle bürgerlichen Standards fehlen hier.** Ich sage das ganz pauschal. Alle bürgerlichen Standards. **Sie können nicht lesen. Sie haben keine Geduld. Sie halten nichts durch. Sie können nicht Sinn entnehmend lesen. Haben keine Lust, ne?** [...] Ich kann in der Sahara keine Kartoffel pflanzen. Aber das wird von uns verlangt" (D-HS-8).

Die Schülerschaft wird von der Lehrperson als die „unterste Stufe der Gesellschaft", den „unterste[n] Bodensatz" beschrieben, der alle „bürgerlichen Standards" abgesprochen werden. Die von Bourdieu und Passeron kritisierte Mittelschichtorientierung der Institution Schule, durch die soziale Ungleichheiten maßgeblich reproduziert werden (Bourdieu / Passeron 1971), spiegelt sich in diesen Aussagen wider. Es lässt sich zudem erahnen, welche Türen und Tore sich für den Pygmalioneffekt (Ludwig 2001) in einer solchen Erwartungshaltung öffnen. Auch andere Lehrkräfte berichteten von einer ‚veränderten' Schülerschaft:

„Als ich 1975 hier anfing, gingen noch ungefähr 35 Prozent aller Grundschüler zur Hauptschule. Ich glaube in [Ortsname] haben wir mittlerweile 7 oder 8 Prozent. So. **Da kann man sich an fünf Fingern abzählen, was das noch ist, ne?**" (D-HS-9).

„Also ich sehe bei unseren Schülern überhaupt insgesamt so inzwischen, das war auch nicht immer so, ganz, **ganz gravierende Defizite im sozialen und im emotionalen Verhalten.** [...] Sie lügen ganz viel und, ja, also bis hin zu, ich würde es als hinterlistig bezeichnen. Sind immer sehr auf ihren persönlichen Vorteil bedacht. Es fehlt sehr an Empathie, also das ist fast gestört, was ich da oft erlebe. Also sie können sich gar nicht vorstellen, wie sich ein anderer Mensch in der Situation fühlt. Das macht auch die pädagogische Arbeit sehr schwer [...]. Unsere Zusammensetzung der Schülerschaft ändert sich, **also hat sich geändert jetzt in den letzten 10 Jahren.** Das wird schon immer problematischer und durch die **Zunahme** an, ja, an Schülern, man muss das einfach so sagen, aus **Rumänien und Bulgarien,** teilweise auch aus **Polen und Griechenland,** hat sich das schon **verschärft hier**" (D-HS-10).

„**Unser Problem ist, dass wir mit diesen Defiziten klar kommen müssen, ne?** Sie haben also wirklich Kinder, die, ich sag jetzt mal, ich benutzte das Wort ‚normal', unseren normalen Vorstellungen, Ansprüchen genügen in der Klasse 5, bis hin zu Kindern, wie ich gerade in dem Beispiel gesagt habe, die sich hier auf dem Niveau eines 1. Schuljahres befinden. Und zusätzlich kommt ja jetzt noch das **Problem der sogenannten Seiteneinsteiger,** Quereinsteiger. Das heißt Kinder, die schon irgendwo im Ausland Schulen besucht haben und jetzt hier reingeworfen werden. [...] Ein großes Problem ist natürlich, dass wir sehr viele Schüler haben, wo auch im **Elternhaus die Bildung keinen Wert hat.** Also Bildung an sich als Wert ist die Ausnahme. Bildung hat nur einen Wert, wenn sie zu bestimmten Zielen führt, mich hinführt. Also anstatt jetzt Dachdecker dann doch Elektro- oder Gasinstallateur, ein hochwertiger anerkannter Beruf, ne? Insofern hat Bildung an der Hauptschule noch einen Wert. Ansonsten Bildung an sich hat keinen Stellenwert. Dann hat sich die **Schülerschaft immens, immens verändert dadurch, dass so viele Kinder mit Migrationshintergrund da sind.** [...] **Kinder, die eigentlich hier geboren sind und trotzdem kein Deutsch können, die deutsche Sprache nicht beherrschen,** weil die Mütter die Sprache nicht beherrschen. **Zum Teil Kinder, die einfach aus dem Ausland hier reingeschneit kommen,** die Migrationshintergrund, aber nicht aus politischen Gründen. Früher also wirklich aus politischen Gründen, heute **aus wirtschaftlichen Interessen**" (D-HS-11).

„**Die Schülerschaft hat sich natürlich auch ganz, ganz, ganz stark verändert. Der Anteil der Kinder mit Migrationshintergrund ist angestiegen. Die sozialen Probleme, die familiären Probleme,** mit denen wir hier zu kämpfen haben, sind **extrem angestiegen.** Wir haben immer häufiger mit Jugendämtern zu tun, mit der Polizei zu tun. Viele Schüler haben schon dicke Strafen an der Backe in Klasse 9, müssen ihre Sozialstunden ableisten. Das sind alles Dinge, die spielen in den Unterricht rein" (D-HS-13).

„**Jetzt mit den Rumänen, also mit dieser Osterweiterung, ist wieder eine ganz andere Problematik, ne?** Also im Prinzip sind die türkischen Schüler und Schülerinnen schon in dieses System integriert. Also da kann man schon von einer Integration sprechen, weil auch die, weil mittlerweile das Zusammenarbeiten mit den Eltern gut funktioniert. Wir haben hier auch zwei Türkischlehrer, drei sogar. Das ist gegeben. **Aber jetzt kommt ja diese neue Welle dann aus Rumänien, aus Bulgarien, auf einen zu und da steht man im Prinzip wieder ganz am Anfang**" (D-HS-14).

318

Eine einzige Lehrperson sah den „Großteil der Schüler" zwar auch als „sehr schwach" an, merkte aber zugleich an:

> „Also hier sind wirklich viele leistungsstarke Schüler auch, die mit Sicherheit auch auf eine andere Schule gehen könnten, wenn sie mehr Unterstützung finden würden zu Hause. [...] Man sagt ja, generell stempelt man die Hauptschule immer gerne ab und **ich habe einfach wirklich intelligente Schüler auch hier an der Schule gesehen, schon, schon häufig, die einfach mit der richtigen Förderung auch zu Hause, was anderes können würden.** Oder die einfach, also die meisten von den intelligenten Schülern, die sind einfach so verhaltensauffällig, dass sie nichts anderes können. Wir bekommen ja auch ganz viele von der Realschule oder auch teilweise vom Gymnasium, die einfach auf die Hauptschule kommen, nicht wegen ihrer Intelligenz, sondern einfach weil sie im Verhalten so auffällig sind. Also meistens sind die auffälligen Schüler wirklich die intelligenteren" (D-HS-12).

Auf die Frage, welche Rolle die Schule dabei einnehmen könne, antwortete die Lehrkraft:

> „Ja, wir müssen natürlich sehen, dass wir diese Schüler fördern. **Also ich habe zum Beispiel auch schon zwei Schüler wirklich wieder zurückgeschickt auf die Realschule, die in der Grundschule einfach dann eher aussortiert wurden.** Oder wo die Eltern auch sagen, wir selber, also ich hatte eine Schülerin, da waren die Eltern auf der Sonderschule und für die kam das überhaupt nicht in Frage, dass das Kind so was schaffen könnte. Also die, also, in solchen Situationen muss man als Lehrer natürlich sagen: ‚Ihr Kind kann das und wir fördern das, so dass es auf eine andere Schule auch gehen kann'. [...] Ja, **also wir müssen halt versuchen, möglichst viel für die Kinder zu tun.** [...] Immer wieder vor allem auf Verständnis hoffen und den Schülern auch **immer wieder die Möglichkeit geben, einen Neuanfang zu machen. Dass sie nicht in dieser Rolle wirklich drin bleiben, die sie einmal eingenommen haben in der Schule.** Also da muss man mit den Schülern, gerade wenn es die Schüler sind, die leistungsstärker sind, die einfach, ja, durch Pubertät oder andere Dinge zu Schwänzern oder Verweigerern werden, da muss man wirklich versuchen, mit Verständnis zu arbeiten. So ist zumindest mein Ansatz. Also da gibt es viele Ansätze" (D-HS-12).

Der Unterschied in dieser Argumentationslogik ist auffallend im Gegensatz zu den vorangegangenen Auszügen. Das Alter dieser im Verhältnis sehr jungen Lehrkraft scheint dabei eine Rolle zu spielen. Eine eindeutige Korrelation kann den Daten jedoch nicht entnommen werden, da zu wenig Lehrpersonen unterschiedlichen Alters interviewt wurden, um eine Aussage darüber treffen zu können. Gleichwohl die Sicht dieser Lehrperson auf ihre Schüler/innen deutlich weniger defizitorientiert ausfiel, wurde auch von dieser Lehrkraft die fehlende Unterstützung durch die Elternschaft als eine zentrale Einflussgröße beschrieben („mit der richtigen Förderung auch zu Hause"). Stereotype und kulturalisierende Zuschreibungen dienten dabei als Erklärung für Verhaltensauffälligkeiten der insbesondere männlichen Schüler:

> „Also die Kinder kommen einfach aus unglaublich schlechten sozialen Verhältnissen und da zeigt sich ein **ziemliches Desinteresse bei den meisten der Eltern** einfach auch an ihren Kindern. Also die werden kaum gefördert und nicht unterstützt. Also das interessiert manche wirklich überhaupt nicht, was die Kinder machen. **Oder auch**

ganz im Gegenteil, die Kinder werden zu Hause verhätschelt. Das kommt auch vor. **Ganz oft bei ausländischen Kindern.** Auch ich beobachte das in meiner eigenen Klasse bei den rumänischen Schülern ganz stark, **dass die Jungs da wirklich sehr, ja, sehr verhätschelt und verwöhnt werden und sich dadurch natürlich hier im Sozialverhalten als schwierig erweisen, weil die natürlich auch hier der King sein wollen"** (D-HS-12).

Eine Gymnasiallehrkraft berichtete ebenfalls vom ,Pascha-Dasein' männlicher türkischer Schüler – ein aus der Literatur bekanntes generalisiertes Männlichkeitsbild von Lehrpersonen über ,,türkische' Jungen" (Weber 2003, S. 143 ff.; vgl. auch Antidiskriminierungsstelle des Bundes 2013, S. 105) – im Gegensatz zur erziehungsbedingten Angepasstheit türkischer Schülerinnen (D-GYM2-4). Die ausbleibende Mitwirkung der Eltern wurde durchweg von allen Lehrpersonen der Hauptschule thematisiert. Beklagt wurden elterliche Gleichgültigkeit, nicht ausreichende Deutschkenntnisse und ein Mangel an Präsenz beispielsweise bei Elternabenden. Eine Lehrkraft beschrieb das Verhältnis zwischen der Schule und dem Elternhaus wie folgt:

> „Schule alleine schafft es nicht und Familie ist auf Schule angewiesen. So war es immer. Und im Zusammenspiel zwischen Familie und Schule erwächst Bildung. So sehe ich das. Und wenn ein Partner ausfällt, kann der andere Partner auch noch so viel rudern, er wird es nicht schaffen, ne? **Wenn das Elternhaus ausfällt, kann die Schule das nicht auffangen.** Stellen Sie sich vor, Schule würde ausfallen. Auch die Eltern könnten diese Form von Bildung dem Kind nicht geben, wie es wünschenswert wäre" (D-HS-11).

Suggeriert wird hier beinahe ein Gleichgewicht im Verhältnis von Schule und Elternhaus. Eine solche Sicht entlastet nicht nur die Schule in ihrer Verantwortung. An die Unterstellung einer solchen ,Normalbiografie' schließt auch „eine Diskussion über das Grundverständnis von Schule" mit der Kernfrage an, „inwieweit sie als *kompensatorisches* Korrektiv einer ungleichen Ausstattung an familialen Ressourcen für den Bildungserwerb fungieren soll" (Solga / Wagner 2010, S. 193, Herv. im Orig.).

Die Einschätzungen der Gymnasiallehrpersonen ihre Schülerschaft betreffend waren im Vergleich zur Hauptschule, wie auch beim Thema der Inklusion, deutlich wertfreier. Zugleich zeichnet sich ab, dass den Lehrkräften Unterschiede, wenn nicht sogar Vorteile, zu anderen Schultypen durchaus bewusst sind, wie diese Auszüge zeigen:

> „Ja, also, wir sind ja am Gymnasium, was schon Mal zuerst einmal eine im Vergleich zu anderen Schulformen geringere Heterogenität hervorruft, würde ich sagen. Aber unsere Schule ist, sag ich immer, **doch relativ heterogen. Jetzt nicht unbedingt was die Schüler mit ganz anderen kulturellen Voraussetzungen betrifft** oder mit anderen Wurzeln in anderen Ländern, **sondern was die sozialen Voraussetzungen** angeht. Also wir haben die Kinder hier von den Künstlern und Professoren aus der [Stadtteil] oder WDR-Mitarbeitern aus der [Stadtteil] und so. Und wir haben aber auch die Kinder vom Kneipier in der [Straßenname]. Also ein sehr breites Spektrum. Und dabei na-

320

türlich auch Kinder aus unterschiedlichen Heimatländern oder Heimatländern der Familie. Man muss ja da immer vorsichtig sein und eingrenzen. **Die Kinder, die zu uns kommen, können eigentlich alle Deutsch, da haben wir keine Probleme, was ja an anderen Schulformen auch noch der Fall ist.** Aber das wirkt sich natürlich auch aus, wenn jemand aufwächst in einem Zusammenhang, wo zu Hause eine andere Sprache gesprochen wird, als in der Schule" (D-GYM1-1).

„**Ja, die Bandbreite ist also sehr, sehr breit.** Wir haben Schüler aus [Stadtteil] und aus [Stadtteil], Akademikerkinder, wir haben Kinder aus der [Stadtteil] aus dem Handwerkermilieu, wir haben die Kinder unserer türkischen Mitbürger und Mitbürgerinnen, die versuchen, so wie sie es oft in ihrem oft gebrochenen Deutsch sagen, dass das Kind, dass es den Kindern einmal besser gehen soll. Wir haben eigentlich Querbeet. Ja, es ist also ganz gemischt und ganz vielfältig, ganz bunt. [...] **Herausforderungen und Schwierigkeiten empfinde ich jetzt so als nahezu gleichbedeutend"** (D-GYM1-2).

„**Also unsere Schülerschaft hier an dieser Schule ist eigentlich erst mal auf den ersten Blick sehr heterogen.** Wir haben, ja, als [Stadtteil]-schule viele Kinder mit vor allem türkischem Hintergrund. Also wir haben auch insgesamt viele Kinder mit Migrationshintergrund. [...] Da sind dann Kinder, die haben eben auch russischen oder italienischen Hintergrund. [...] Also insofern ist unsere Schülerschaft eigentlich erst mal sehr heterogen. Ich finde aber, man muss einfach bedenken, dass **wir als Gymnasium natürlich Kinder bekommen, deren Eltern großen Wert legen auf Bildung.** Ja, die häufig selber schon eine sehr gute Bildung erfahren haben und die dann natürlich auch noch mal jetzt weniger mit Sprachproblemen oder so kämpfen. Häufig haben wir auch Kinder, deren Familien schon in der 3. Generation hier sind, die also wirklich auch hier aufgewachsen sind. **Und insofern würde ich sagen, bei aller Heterogenität haben wir, ist bei Gymnasium einfach so, die Crème de la Crème abgegriffen, ne?"** (D-GYM1-3).

Die soziale Selektivität des deutschen Schulsystems (vgl. Kapitel 4.2) und die damit einhergehenden Effekte auf die Zusammensetzung der Schülerschaft ist den Lehrkräften beider Bildungsgänge somit sehr wohl bewusst. Entsprechend findet sich ein ‚Klagen' über die Schüler- und Elternschaft, wie es sich in den Interviews mit den Lehrkräften der Hauptschule deutlich abzeichnete, in den Aussagen der Gymnasiallehrkräfte nicht in derselben Form wieder.

Sprachliche oder kognitive Defizite?

Als besondere Herausforderung für das Lehrpersonal der Hauptschule kristallisierte sich aus den Interviews die Förderung der migrationsbedingten und / oder sozioökonomisch bedingten sprachlichen Heterogenität heraus. Die überwiegend zwei- bzw. mehrsprachige Situation der Schüler/innen wurde dabei als nahezu unüberwindbares Hindernis gesehen:

„**Denn Sie müssen bedenken, diese Kinder wachsen zweisprachig auf. Die sprechen mehr ihre Muttersprache oder die erste Sprache, in der sie sozialisiert sind, als die Sprache unseres Landes.** Wortspiele, Metaphern, Bildwörter funktionieren vielfach nicht. Sie haben Lesestücke, ja, wurde Ihnen ja auch gerade gesagt, das Wort

‚Heizkörper' ist unbekannt. Oder, was fällt mir jetzt? Ja, metaphorische Ausdrücke. Zum Beispiel hatten wir heute Morgen in der Klasse 10b eine Graphik, Vorbereitung auf die ZAP [Zentrale Abschlussprüfung], Generationen-Barometer, ne? Die wissen ja gar nicht, was ein Barometer ist, diese Kinder. So. Und jetzt ist das ja eine Metapher, wenn ich sage: ‚Generationen-Barometer'. Ich muss also mühsam erklären, was ein Barometer ist und diese Graphiken, Skalen, Tabellen, die also das Verhältnis der Generationen untereinander betrachten. Es ging da um eine Untersuchung auch vom Allensbach-Institut. Die wurden von dem Buch benannt als ‚**Generationen-Barometer'. Ja, einige deutsche Kinder konnten was damit anfangen, aber all die mit Migrationshintergrund stehen da wie die Ochsen vorm Berg.** [...] So. Das ist das Verhältnis der Generationen zueinander, ne? Und das war jetzt hier, Moment [zeigt auf das Buch]: ‚Erkläre, was mit dem Titel ‚Generationen-Barometer' gemeint ist'. **Das war die Königsaufgabe.** So. Aber damit konnten die meisten Kinder nichts anfangen, ne? Barometer ist ja was Vorstellbares. Wissen sie nicht. **Nicht einer wusste, was ein Barometer war. Auch die muttersprachlichen Sprecher nicht. Keiner weiß, was ein Barometer ist. Und jetzt kommt das nächste: ‚Generationen-Barometer'. Das hat ja überhaupt nichts mit dem Wetter zu tun. So. Jetzt versuchen Sie das mal einem klar zu machen"** (D-HS-8).

Begründet wurden diese sprachlichen Defizite von der Lehrkraft wie folgt:

„Ja, die haben, kennen Sie von diesem **Bernstein**, diesem Sprachforscher Bernstein, diesem Soziologen, ne? Ja, den Unterschied zwischen *elaborated code* und *restricted code*. Das kennen Sie ja auch, diese schönen Wörter. **Ja, der Sprachschatz dieser Kinder ist durch die Bank restringiert.** [...] Die bringen den mit. **So Mittelschichtkinder haben einen elaborierten Code. Die können, die wissen, was ein Barometer ist.** Sie wissen, Sie haben von ihren Eltern mitbekommen, was ein Barometer ist und meine Tochter auch. **Aber diese Kinder haben kein Barometer zu Hause"** (D-HS-8).

Auf die Frage, welche Rolle die Schule dabei einnehmen kann, wurde geantwortet:

„**Ja, was kann die Schule? Nichts.** So. Das, nichts, das ist. So. **Die Schule kann nichts machen.** Die könnte natürlich jetzt, so eine Aufgabe kommt in der 10. Klasse, **da müssten jetzt die Lehrer das wissen und müssten anfangen, in der 5. Klasse so was beizubringen. Aber das können sie ja gar nicht wissen. Normalerweise ist das, bei den Mittelschichtfamilien ist das eben drin im aktiven und passiven Wortschatz das Wort ‚Barometer'.** Und von da ist es leicht, wenn ich das schon mal weiß, auf ‚Generationen-Barometer' zu kommen. Ja, die wissen, die können ja gar nichts damit anfangen, mit Barometer, ne? Und so, und so setzt sich das Ganze fort. [...] Viele sind noch nie mit der Bahn gefahren, ne? In einem Mathematikbuch sind dann Aufgaben, die also mit irgendwelchen Fahrplänen zu tun haben. Die sollen also Uhrzeiten, ne? Ja. Fahrplan? Was ist das denn?" (D-HS-8).

Die Förderung bildungssprachlicher Kompetenzen im Allgemeinen und im besonderen Kontext von Zwei- bzw. Mehrsprachigkeit wird von der Lehrperson als nahezu unlösbare Aufgabe angesehen. Geteilt wird diese Einschätzung auch im folgenden Interviewauszug:

„**Die Schule alleine kann einem Kind nicht dann die Sprache, den Spracherwerb ermöglichen, der eigentlich wünschenswert wäre, weil es im Elternhaus nicht**

passiert. Die reden dann hier, wenn es hoch kommt, wenn es hoch kommt, zehn, fünfzehn Stunden Deutsch und den Rest der Zeit eben nicht Deutsch. Selbst schon am Nachmittag, wenn sie sich mit Freunden treffen, wird ja schon nicht mehr Deutsch gesprochen. Man trifft sich, Rumänen treffen sich mit Rumänen, Türken treffen sich mit Türken, wobei da schon eigentlich jetzt der Spracherwerb da ist, Bulgaren mit Bulgaren. Früher hatten wir Russen, die trafen sich mit Russen und da wurde Russisch gesprochen. Auch auf dem Schulhof gab es diese Cliquen. Hat sich ein bisschen gebessert jetzt, hat sich gebessert" (D-HS-11).

Beiden vorangehend angeführten Argumentationsmustern liegt das aus heutiger wissenschaftlicher Sicht überholte Modell der *Separate Underlying Proficiency* zugrunde, wonach das menschliche Gehirn nur über eine begrenzte ‚Speicherkapazität' zum Erwerb mehrerer Sprachen verfügt. Nach dieser obsoleten Annahme geht der Gebrauch bzw. die Förderung der Erstsprache auf Kosten der Zweitsprache (Baker / Prys Jones 1998, S. 81 ff.). Diese Sicht auf Zwei- bzw. Mehrsprachigkeit ist auch in den Aussagen weiterer Lehrkräften zu finden und scheint somit Teil des pädagogischen *Common Sense* zu sein:

„Das ist sowieso ein riesen Problem, weil gerade bei unseren ausländischen Schülern ist **die Schule der einzige Raum, wo die Deutsch sprechen**, ne? Sobald die zu Hause sind, läuft das türkische Fernsehen und läuft, sprechen die nur Türkisch oder Serbisch in ihrer Muttersprache **und dann verkümmert natürlich das, was sie lernen müssen, die deutsche Sprache, ne**?" (D-HS-9).

„Also für meine türkischen Schüler kann ich sagen, die reden alle nur Türkisch zu Hause. Die schauen nur türkisches Fernsehen. Wenn überhaupt lesen sie nur türkische Zeitungen. **Die haben eigentlich nur den deutschen Sprachanteil hier in der Schule**. Die gehen zum türkischen Arzt, die kaufen in türkischen Läden ein. Das ist ein riesen Problem" (D-HS-13).

Der Sprachanteil in der deutschen Sprache, der aufgrund der Zwei- bzw. Mehrsprachigkeit der Schüler/innen nur in der Schule gegeben sei, wurde von verschiedenen Lehrkräften als nicht ausreichend betrachtet. Dies sei insbesondere auch deshalb der Fall, wie von zwei Lehrpersonen geäußert, weil in einem bestimmten Alter in der Sprachentwicklung eine Art kritische Periode wirksam werde:

„Ich weiß nicht, wie man das auffangen kann, wie man das auffangen kann, wenn Schüler, die in der Klasse 5 sind, 10, 11 Jahre alt sind, über einen Wortschatz verfügen, der ein Defizit von 5, 6 Jahren erkennen lässt. [...] Sie wissen, dass in vielen Bereichen die Entwicklung, **auch die sprachliche Entwicklung, eigentlich bis zum Beginn der Pubertät schon fast abgeschlossen ist**. Man korrigiert dann nur noch Rechtschreibung, aber die Sprachkompetenz, Sprachvermögen, das Verstehvermögen ist da schon so weit entwickelt, dass die Defizite nachher nur sehr, sehr, sehr schwer aufzuarbeiten sind" (D-HS-11).

„Reicht nicht, reicht nicht, nein. Das ist Illusion. Es reicht nicht, ne? Also, ich meine, ich bin jetzt da nicht der große Neurowissenschaftler, der da irgendwas sagen kann, sich da raus nehmen darf, aber **es ist ja doch bekannt, dass Kinder in den ersten Jahren eben einen Erwerb erreichen, der später im Leben sehr, sehr schwer ist**

nochmal, ja, einzuholen oder nachzuholen überhaupt. Und wenn man da was dran tun möchte, die kommen ja zu uns, da sind sie ja schon 10, 11 Jahre alt, die Kinder, ne? Dann muss das schon, müsste das schon sehr, sehr, sehr qualifiziert vonstatten gehen" (D-HS-16).

Da die Schüler/innen beim Eintritt in die Hauptschule bereits ein gewisses Alter und somit eine gewisse Sprachentwicklung erreicht haben, sei die Kompensation sprachlicher Defizite kaum in der Schule leistbar. Die Annahme einer kritischen Periode, nach der der Erwerb weiterer Sprachen ab einem bestimmten Lebensalter nicht mehr möglich sei, gilt in ihrer extremen Form in der Wissenschaft als überholt. Als gesichert gilt dennoch, „dass die einzelnen Sprachkomponenten sich in einer zeitlichen Abfolge entwickeln". So kann der Wortschatz ein Leben lang erweitert werden. Morphologische und syntaktische Aspekte werden hingegen „mit zunehmendem Alter mühsamer erworben" (Nitsch 2007, S. 58). Für die Schule bedeutet dies, dass insbesondere grammatikalische Phänomene explizit und systematisch im Unterricht thematisiert werden müssen, weil sie nicht in demselben Maße wie beim Erwerb von Deutsch als Erstsprache vorausgesetzt werden können. Demgegenüber wurde in der Hauptschule in der Logik der SUP eine ‚Regelung' getroffen, um den Sprachanteil in der Schule zu erhöhen, die einem ‚Herkunftssprachenverbot' gleichkommt:

> „Wir haben ja hier dieses Prinzip, was ich auch ganz sinnvoll finde, also im Schulgelände, in der Klasse, wenn die in der Schule sind, wird konsequent Deutsch gesprochen. Das gilt also für alle ausländischen Schüler. Und zu Hause sollen die im Prinzip ihre Muttersprache sprechen. Weil dieses, dieses Problem der Mischsprache, ne? Also die können weder vernünftig Türkisch sprechen, als genauso wie Deutsch auch, ne? [...] Hier an der Schule gibt es eine Regelung. Also auf dem Schulgelände, in der Klasse, während des Unterrichts, auch in der Pause, wird Deutsch gesprochen" (D-HS-14).

In einem Interview deutete sich gar eine implizite ‚Assimilationserwartung' im Sinne einer Aufgabe der Herkunftssprache an:

> „In der Regel wird ja auch zweisprachig zu Hause gesprochen, wachsen die zweisprachig auf. Die Frage ist nur, was überwiegt? Ich bin selbst, also ich habe selbst Migrationshintergrund und bei uns, ich bin auch als Kind zweisprachig aufgewachsen, habe aber dann versucht, meine Sprache, mit der ich aufgewachsen bin, möglichst schnell zu vergessen. Und da wurde mehr oder weniger fast nur Deutsch gesprochen bei uns. Meine Eltern haben aber auch untereinander Polnisch gesprochen, auch mit mir, aber es wurde dann immer weniger. Und ich denke, das ist auch in vielen Familien bei uns hier der Fall, vor allem mit türkischem Hintergrund. Die Mütter kommen ja in der Regel, oder viele Mütter, in der Regel ist vielleicht ein bisschen übertrieben, viele Mütter kommen hier rüber aus der Türkei, die werden verheiratet mit Männern, die hier irgendwo wohnen ohne dass die überhaupt ein Wort Deutsch können. Das ist immer noch so, ist immer noch, ne?" (D-HS-11).

Besonders bedenklich erscheinen die sich abzeichnenden Haltungen, die als monolingualer Habitus (Gogolin 1994) beschrieben werden können, vor dem Hintergrund, dass die Grenze zwischen sprachlichen und kognitiven Defiziten mitunter sehr unklar gezogen wird:

> „**Wir haben jetzt für drei rumänische Kinder in allen 5. Klassen haben wir jetzt auch Förderschulverfahren angestrebt. Der eine Junge ist noch nicht mal in der Lage, bis fünf zu zählen.** Das ist in der 5. Klasse. Da ist es ganz dringend bei dem rumänischen Kind, Mädchen, was ich in der 5b unterrichte. **Wir haben ja am Anfang mehrere Diagnoseverfahren durchgeführt in Deutsch.** Drei Stück nämlich. Da waren die Ergebnisse des Mädchens so erschütternd, dass sie in ihren Ergebnissen so war, dass nur noch 0,3 Prozent aller sonstigen Schüler wären jetzt noch schlechter als sie" (D-HS-10).

> „Ja, Probleme gibt es, also, jetzt **bei den rumänischen Schülern, weil die natürlich mit null Deutschkenntnissen kommen**, sowohl im Elternhaus als auch die Schüler selber, und da natürlich im Prinzip man hier bei null anfangen muss, das heißt, noch teilweise in der Phase so vor der Grundschule bei einigen Schülern, ne? [...] **Wir haben Gott sei Dank natürlich die Hilfe von den Förderschullehrern. Meistens sind ja die, haben diese Kinder auch sehr hohen Förderbedarf und da hat man natürlich die Hilfe von Förderschullehrern, ne?** Die dann auch so differenziertes Material einem geben oder die sich dann auch mit den Kindern noch beschäftigen. [...] Ja, die sind, ja, die können ja **weder in Deutsch noch in Mathematik.** Wie gesagt, die stehen ja auf dem Niveau eines Grundschülers, teilweise noch vorher, noch unter dem Grundschüler. Also das ist ja auch vom, **nicht mal von den Sprachkenntnissen, auch so vom geistigen Potenzial fallen die teilweise extrem ab.** Sonst wären sie ja nicht auf unserer Schule, ne? **Denn, also die, die ein bisschen bessere Deutschkenntnisse haben, die sind ja auf jeden Fall dann auf der Realschule oder auf dem Gymnasium"** (D-HS-14).

Im letzten Interviewauszug wird besonders deutlich, wie unscharf sich die Trennlinie zwischen sprachlichen und kognitiven Defiziten in der Argumentation der Lehrkraft darstellt. Förderschullehrer stellen eine große Hilfe bei „null Deutschkenntnissen" dar, weil die betreffenden Schüler/innen einen „hohen Förderbedarf haben". Im nächsten Satz wird die Bedeutung der Sprachkenntnisse relativiert, indem das „geistige[] Potenzial" der Schüler/innen argumentativ angeführt wird. In der Schlussfolgerung jedoch, weshalb diese Schüler/innen die Hauptschule besuchen, rekurriert die Lehrkraft erneut auf die „Deutschkenntnisse". Dieser nahezu synonyme Austausch von sprachlichen Fähigkeiten in geistige und wieder zurück in sprachliche Fähigkeiten im Begründungsmuster der Lehrkraft deutet auf Mechanismen institutioneller Diskriminierung hin (vgl. Gomolla / Radtke 2009). Denn „[f]ehlende Kenntnisse der deutschen Sprache auf Grund einer anderen Herkunftssprache begründen keinen sonderpädagogischen Förderbedarf" (§ 20, Ministerium für Schule und Weiterbildung des Landes Nordrhein-Westfalen 2005 / 2014b).

Um sprachliche Defizite nicht mit kognitiven Defiziten zu ‚verwechseln', bedarf es einer hohen Beurteilungs- und Diagnosekompetenz der Lehrkräfte. Dass dies nicht selbstverständlich ist, zeigt das folgende Beispiel. Im Rahmen eines der Interviews legte eine Lehrkraft ein Aufgabenblatt vor, das von einem/r Fünftklässler/in bearbeitet wurde, der bzw. die nach Aussage der Lehrperson weder Zahlen schreiben konnte noch über einen Zahlenbegriff verfügte. Auf der Rückseite des Aufgabenblattes waren der Name des Schülers bzw. der Schülerin, in Klammern der Zusatz „Rumäne" sowie diese kurze Notiz vermerkt: „90 min mit permanenter Hilfestellung durch Fachlehrer. Referendarin übernahm die Restklasse. Ohne Worte!". Aufgrund des Hinweises auf den rumänischen Hintergrund und der in den Interviews mehrfach thematisierten Migrationsbewegungen aus Rumänien und Bulgarien wurde die Lehrkraft nach Informationen über die Hintergründe des Schülers bzw. der Schülerin befragt, mit dem Ziel, Kenntnisse darüber zu erhalten, ob das betreffende Kind in Deutschland geboren wurde oder mit den Eltern eingewandert ist, ggf. seit wann das Kind in Deutschland lebt und welche schulische Bildung das Kind bisher erfahren hat. Mit anderen Worten: Kann das Kind die gestellten Aufgaben überhaupt ‚können'? Folgende Antwort wurde gegeben:

> „Ja, was heißt, was für Hintergründe? **Ja, das ist einer, der das nicht kann.** Das ist, das gibt, so, der kann das nicht. Was heißt Hintergründe? **Ich brauche die Hintergründe nicht zu wissen. Das Kind gehört nicht in eine Regelklasse.** So. Das ist alles. Was nützt mir dann das Hintergrundwissen? [...] Ja, was soll das? Nein, was soll das, wenn ich den Grund weiß? Was soll das? Nein, ja, was bringt mir das, wenn ich den Grund weiß? [...] Ja, aber was, was für Informationen? Das weiß ich auch nicht. Das wissen wir auch selber nicht. Ja, was für Informationen? Also, und was, zu was führen die Informationen?" (D-HS-8).

Das Erstellen eines Förderplans als mögliche einzuleitende Maßnahme wurde wie folgt kommentiert:

> „Ach, Förderplan. Auch das Wort können wir nicht mehr hören. So. Das können wir nicht mehr, also da reagiere ich auch. Also da springe ich aus, da springe ich hoch wie so ein Teufel aus der Federkiste. Also das Wort können wir nicht mehr hören ‚Förderplan'. Das haben wir, was ist das denn überhaupt ein Förderplan? **Was ist das ein Förderplan? Komm jeden Tag pünktlich zur Schule. Schalte das Fernsehgerät aus. Lass die Katze nicht über den Tisch laufen. Schaffe dir einen ruhigen Platz. Lies. Rechne. Das ist der Förderplan. Was denn sonst?** Jetzt bitte, was ist ein Förderplan?" (D-HS-8).

In den Augen der Lehrkraft bestand schlichtweg keine Notwendigkeit, einen diagnosegestützten Förderplan zu erstellen, weil das Kind nicht in eine Regelklasse gehöre.

Bei den Gymnasiallehrkräften hat der Aspekt der Sprache bzw. Zweitsprache einen deutlich geringeren Stellenwert eingenommen, was damit zusammenhängt, dass die Mehrheit der Schüler/innen mit Migrationshintergrund die Hauptschule und nicht das Gymnasium besuchen (vgl. Kapitel 4.2), wie auch eine Lehrpersonen anmerkt:

> **„Die Kinder, die zu uns kommen, können eigentlich alle Deutsch, da haben wir keine Probleme, was ja an anderen Schulformen auch noch der Fall ist.** Aber das wirkt sich natürlich auch aus, wenn jemand aufwächst in einem Zusammenhang, wo zu Hause eine andere Sprache gesprochen wird als in der Schule. [...] Also das wirkt

sich natürlich aus. Allerdings nach meiner Erfahrung in erster Linie bei der Verschrift-
lichung. Im mündlichen Sprachgebrauch sehe ich die Probleme nicht, muss aber sagen, dass ich lange nicht bei den ganz Kleinen war, bei den Fünfern und Sechsern. Das
ist einige Jahre her" (D-GYM1-1).

Die Möglichkeiten, im Unterricht Deutsch als Zweitsprache zu fördern, schätzte die
Lehrperson aufgrund der straffen Lehrplanvorgaben als eher schwierig ein. Eine
andere gymnasiale Lehrkraft nahm direkt Bezug auf den Lehrplan, um den nicht
stattfindenden Unterricht in Deutsch als Zweitsprache zu legitimieren:

> „**Darauf gehen wir hier nicht ein**. Also wir gehen davon aus, dass, am Ende der 4.
> Klasse gibt es ja den Kernlehrplan auch für die Grundschulen, dort werden bestimmte
> Kompetenzen definiert, und wir setzen auch da an. **Also wir haben hier auch keine
> Fördermöglichkeiten, weil wir die Stunden nicht haben für Kinder, die auch
> sprachlich eigentlich noch eine Förderung bräuchten**. Da setzen wir eben an durch
> Gespräche mit den Schülern selber, durch Gespräche mit den Eltern, dass klar ist, dass
> zum Beispiel zu Hause gelesen werden muss. Denn wie soll man sonst in diese Spra-
> che eintauchen können, wenn man nicht liest? Wenn man sich also nur nachmittags
> mit den Talkshows auseinandersetzt, dann wird das für die Sprache wenig bringen.
> Denn das ist mehr als flach, was man da zu hören bekommt. Aber, wie gesagt, **wir
> haben hier nicht Deutsch als Zweitsprache**" (D-GYM1-2).

Bemerkenswert ist, dass die Lehrkraft auf den Lehrplan zwecks Legitimation zu-
rückgreift. Zugleich scheint der G8-Kernlehrplan Deutsch nicht ganz präsent zu
sein, denn dieser regelt, dass Schüler/innen mit Deutsch als Zweitsprache „in besonderer Weise breit angelegter sprachlicher Lernangebote und Fördermaßnahmen"
bedürfen (KLP Deutsch Gymnasium 2007, S. 12). Außerdem soll in den Klassenstufen 5 und 6 „die sprachliche Darstellungsleistung nur bezüglich der Sprachphäno-
mene bewertet [werden], die konkret im Unterricht erarbeitet worden sind bzw.
vorausgesetzt werden können" (KLP Deutsch Gymnasium 2007, S. 59). Eine andere
Deutschlehrperson erachtete einen zwei- oder mehrsprachigen Hintergrund für den
Sprachlernprozess eher als hinderlich. Die Didaktik der Zweitsprache komme im
Unterricht jedoch nicht zum Tragen, weil Deutsch als literarisches Phänomen und
nicht Deutsch als Zweitsprache studiert wurde und somit eine entsprechende Ausbildung fehle (D-GYM2-5).

Schulformspezifische Aspekte der Berücksichtigung von Diversität

Zusammenfassend betrachtet zeichnet sich im Vergleich nach Schultyp eine unterschiedliche Konstellation ab. Auf der Hauptschule wird die sogenannte Inklusion als
‚Bedrohung von unten' wahrgenommen, die insofern unmittelbar ist, als keine andere Schulform zwischen den Hauptschulen und den Förderschulen eine „Entlastungsfunktion" (Trautmann / Wischer 2011, S. 82) übernehmen könnte. Bemerkenswerterweise wird bei dem Gedankenexperiment einer Schule für alle eine solche Strukturreform vorwiegend nicht als mögliche ‚Entlastung von oben' empfunden, mit der

positive Zugeffekte durch eine weniger einseitig zusammengesetzte Schülerschaft einhergehen könnten. Die ‚Bedrohung von unten' erscheint indes größer als mögliche Vorteile im Sinne des kooperativen Lernens. Auf dem Gymnasium kann der Umsetzung inklusiven Lernens hingegen, wenn nicht von der Schule aktiv angegangen, noch mit ‚Gelassenheit' begegnet werden. Eine Erklärung kann in den Realschulen und den Hauptschulen gesehen werden, die eine ‚Pufferfunktion' erfüllen, wodurch sich die ‚Bedrohung von unten' nicht so unmittelbar gestaltet, wie dies in der Hauptschule der Fall ist. Neben dem Aspekt (Dis)Ability stellt schließlich deutlich mehr für die Hauptschule als für das Gymnasium die migrationsbedingte und / oder sozioökonomisch bedingte sprachliche Heterogenität eine besondere Herausforderung dar. Im Zusammenhang mit dem hohen Anteil von Schüler/innen mit türkischem Hintergrund sprach eine Lehrkraft von einer „türkischen Leitkultur" (D-HS-10), die Einzug gehalten habe. Die Förderung bildungssprachlicher Kompetenzen bzw. der deutschen Sprache im Allgemeinen wurde von den Lehrpersonen aufgrund der erheblichen Sprachdefizite und milieuspezifischen Sozialisation der Schüler/innen als nahezu unmöglich beschrieben.

Diversität und Schulstrukturen aus Sicht der pädagogischen Akteur/innen auf Mikroebene in Finnland

Pädagogischer Common Sense im Kontext integrativer Schulformen

Mittels Fragebogen wurden die Lehrpersonen in Finnland gefragt, ob sie sich vorstellen könnten, in einem Schulsystem mit verschiedenen Schultypen zu unterrichten. Der Fragebogen wurde im Lehrer/innenzimmer verfügbar gemacht und konnte auf freiwilliger Basis ausgefüllt werden. Von den insgesamt 26 Lehrkräften, die den Fragebogen ausfüllten, verneinte nur eine einzige Lehrperson die Frage, dreizehn Lehrkräfte bejahten sie und zwölf Befragte kreuzten ‚vielleicht' an. Der Fragebogen bot außer den Ankreuzmöglichkeiten ‚ja', ‚nein' und ‚vielleicht' auch die Möglichkeit, die jeweilige Auswahl zu begründen. Davon machten jedoch nur zehn der Befragten Gebrauch. Die Person, welche die Frage verneinte, begründete dies wie folgt:

> „(In Finland) I don't find it a reasonable alternative, because right now we have quite the opposite school system and organisations."

Die Begründungen der Befragten, die mit ‚ja' antworteten, lauten:

> „I find it quite difficult to teach so versatile groups. Have no time to alter my teaching to ‚good ones'."

> „In the 80's we had levelling in languages. I've been teaching advanced groups with quite high level of advancement."

328

„Having experience of that → I would like to have. Helping ‚not so clever students'
more."

Diejenigen, die mit ‚vielleicht' antworteten, begründeten dies so:

„Some hot topics in politics. Normally it is easier to teach ‚quality' groups."

„When teachers proceed at a pace that fits the average students, both the smartest and
the slowest students are bored. If the students were more similar, everybody would
have exercises that make sense to them."

„Pupils could be taught in their own ability level. Lessons could be not too easy, not
too hard."

„We had a selective system when I was young and went to school."

„I prefer students with various abilities."

„It might be easier to teach more homogeneous groups."

Das in der vorangehend angerissenen Debatte um die Schulstrukturen angeführte
Argument der Leistungsnivellierung (vgl. Kapitel 11.1) lässt sich wiederkehrend in
diesen Aussagen finden. Außerdem werden Schwierigkeiten bei der Umsetzung
eines individualisierten Unterrichts z. B. aufgrund von Zeitmangel angeführt. In
einem System mit homogenen Schülergruppen könne hingegen ein auf die Schü-
ler/innen zugeschnittener Unterricht angeboten werden. Sowohl ‚leistungsstarke' als
auch ‚leistungsschwache' Schüler/innen könnten nach Ansicht der Lehrkräfte davon
profitieren.

In den halbstrukturierten Interviews mit Lehrkräften wurde das Thema der
Schulstrukturen ebenfalls angesprochen. Eine Geschichtslehrkraft befand die Umsetzung eines gegliederten Schulsystems für politisch unmöglich. Zugleich merkte
sie an, dass leistungsstärkere Schüler/innen vom jetzigen System nicht profitierten:

„But it's politically impossible. [...] I think that for the very good pupils this school
system is not so good for them. [...] I mean very good pupils they may be a little tired"
(F-BE-3).

Außerdem berichtete die Geschichtslehrkraft davon, dass ihre Schüler/innen selbst
den Wunsch geäußert hätten, die Klasse in Leistungsstärkere und Leistungsschwä-
chere zu teilen. Dies sei der Lehrperson jedoch nicht möglich. Auf die Frage, ob der
Unterricht innerhalb der Klasse differenziert werden könne, antwortete die Lehrkraft, dass dies schwierig sei. Die üblichen Methoden seien zusätzliches Material
und Hausaufgaben (F-BE-3). Eine andere Geschichtslehrkraft sah für den Geschichtsunterricht prinzipiell keine Notwendigkeit der äußeren Differenzierung
durch verschiedene Schularten oder Klassen. Ein zentrales Problem wurde jedoch
darin gesehen, wenn die finnische Sprache von Schüler/innen mit Migrationshintergrund nicht beherrscht werde (F-BE-4).

Eine Englischlehrkraft beurteilte die Realisierungsmöglichkeiten für binnendifferenzierten Unterricht ebenfalls als begrenzt:

„**It is very challenging, because you have those who can't master the language, they don't know, and then we have, I have very talented students, really talented who would need more challenges**. How to sort of, you know, take those who need more challenges and then again you have those whose skills are extremely low, very low level. **How to encourage both of the groups? It is very demanding.** [...] The lesson is 45 minutes of which we have actual teaching time of about 37 minutes. You have 25, 27 students, 24 students in one class. You only, it's, that's mathematics. How to do it? How to cope? **Actually it needs a lot of time to prepare.** I do some, well, I have some, I use social media, I have these wiki-pages, wiki-blogs, where I have collected special material for those who are, well, more advanced than the others, and also on the contrary for those who are not so advanced. [...] Yes, every lesson, nearly every they have different tasks. You need to, because otherwise, how to do it? I mean, as you saw today there is someone who is tearing her paper all the time, who is not concentrated, so I try to give her things she is interested in. But it takes a lot of time and now when I say, OK, each lesson, I am exaggerating. **I don't have the time to do it every day, every lesson, but I try to do it at least once a week**" (F-BE-1).

Eine sonderpädagogische Lehrkraft und eine Geschichtslehrkraft sahen dies ähnlich:

„This we try to do, **but it's not that easy in the class if you have 25 students and you try to differentiate.** I can say, alright, in mathematics this can be easier, because you can do this easier tests here and more difficult here. But for example concerning languages this is not so easy if there is a very big gap between these good and not so good students. This is more, you know, theoretical. **Usually you have to choose in which condition you go in this class. If your main point is to these good students or if you try to solve this mess here. And usually some part is suffering**" (F-BE-8).

„Not very much, because I think that if a youngster needs some individualisation I think that he can go to the special teachers. I think so" (F-BE-4).

Überdies wurde der Einsatz sonderpädagogischer Lehrkräfte aufgrund der geringen Anzahl als ‚erste Hilfemaßnahme' beschrieben und die Forderung nach anderen strukturellen Lösungen geäußert:

„This is one way to try to solve these problems, but, of course, **if you have some one or two special teachers in one school you cannot solve these problems**, so that I think that **it should be solved in some other structural way**. But this is some kind of **first aid**" (F-BE-8).

Die Möglichkeit, als sonderpädagogische Lehrkraft im Regelunterricht eingesetzt zu werden, wurde von der sonderpädagogischen Lehrkraft selbst als Methode zweiter Wahl beschrieben:

„Yeah, it happens, but for example this group. I was in the group, this is some ninth class, I mean, concerning three subjects now: Finnish, mathematics and Swedish. And first I was there in the group. And when we are working with two teachers what you can have is that it's more peaceful, of course, and you can help some [students], but little bit, there. **But if you are really a teacher there and you have the ability to**

teach also, I think it's more effective, so that you, if you have room, you divide this into two groups [...]. I think, what is your aim? Why are we here? If we are only for this reason that it's peaceful, more peaceful, and one part can have really what they want, then of course two teachers is better than one. But if you also want that they get more what they need, I think this, of course, that you divide it in two or you take one third of this group that is in this level, is more effective" (F-BE-8).

Das Zwei-Pädagogen-System innerhalb desselben Klassenraums könne nach Ansicht der sonderpädagogischen Lehrkraft somit nicht viel mehr als den Zweck erfüllen, die Klasse zur Ruhe zu bringen. Der Unterricht in separaten Settings sei demgegenüber effektiver. Eine relativ geringe praktische Relevanz von Teamteaching deutete sich auch in den mittels Fragebogen erhobenen Daten an. So gab die überwiegende Mehrheit der Lehrkräfte an, im Klassenraum alleine zu unterrichten. Nur vier Lehrpersonen gaben an, zeitweise Unterstützung durch sonderpädagogische Lehrkräfte oder Schulassistent/innen zu erhalten. Eine Geschichtslehrkraft erwähnte im Interview, dass sie es bevorzuge, alleine zu unterrichten (F-BE-3). Dieses Ergebnis deckt sich mit Befunden empirischer Forschungen zum Einsatz von *co-teaching* in Finnland (Saloviita / Takala 2010; Takala / Uusitalo-Malmivaara 2012).

Hinsichtlich der Abschaffung der Niveaukurse und hinsichtlich des gemeinsamen Unterrichts von Schüler/innen mit und ohne sonderpädagogischen Förderbedarf äußerte sich eine Englischlehrperson besonders kritisch:

„**And we had levelling at schools**, we had advanced level English and then there was the middle level and the lowest level English. And Swedish was in two groups, advanced and lower levels. So the groups were not that diverse. [...] And then a few years I was a teacher and we had these levels and then **it all was changed in Finland**. That was, I think, it was the end of 80s when the school officials told us and there was a new law that we start comprehensive school and everybody must have the possibility to continue to higher education, to universities. And so the groups, they promised: 'Now we break out all these levels and students are picked into groups of 16 and no matter what level they are. And you teachers can be pleased to have small groups and everything will be OK and you just give them different tasks to do according to their own level.' **And where are we now? We have groups of 24 and no levelling, no advanced levels.** So I think we all had to had to get used to it and find practical ways. We didn't have lots of schooling or re-schooling for that" (F-BE-2).

„**And as a subject teacher I think it's not my thing**. My main point is to coach the students to get all the possible knowledge and skills in English and **not to get involved to deeply into the problems of those who are not really qualified to be in this whole system**. But that's my opinion. But it's, I think, for me all the studies that are done in English language and Swedish language are **a waste of time** if I have to do, if I have to deal, **if all the lessons are just this continual fight and dealing with these difficult students**. And I speak of experience now. I have this person in my own class whom I have to keep sitting on this desk so that I can grab him if anything starts to happen. **At the same time I have hugely talented students in the same group. So I'm not going to use my time and energy for him all the time. But he is requiring it all the time, every second**. So it's, I think it's a bit too much sometimes to require from me that. [...] If it gets worse, and sometimes it does, I can take him to [name of the special education teacher] or ask them to sit here next to him. **But still he can**

make a mess of the lesson. So he doesn't care if there is another teacher, a special teacher, with him or not" (F-BE-2).

Die bereits zitierte sonderpädagogische Lehrkraft bedauerte ebenfalls die Abschaffung der Niveaukurse:

> „I haven't met teachers who didn't like the system. No question what part of this level she or he was teaching. And also students had quite good experiences. Because it's like if you have this high jump, you can understand that if this is always in one eighty and you can only cross one thirty that you get frustrated. And this [levelling] was solving this problem. [...] Afterwards we come always to this question that teachers who were teaching this time they are just longing these times, that it was a good system. And also I can see, **nowadays, it's like a forbidden system that you can not have these so called hidden systems, hidden levels**. Even in our school just to make these groups according to this levels. Because they see that this is some kind of forbidden system, **but somehow here and now we try to make it, because it's simply more easy**. [...] I can say only that teachers are disappointed that something what really was working in practice was destroyed" (F-BE-8).

Ein gegliedertes Schulsystem im Vergleich zu Niveaukursen sah die befragte sonderpädagogische Lehrkraft jedoch als undemokratisch an (F-BE-8). Dass Schüler/innen nach „hidden levels" selektiert werden, wie im vorangehenden Zitat bereits angedeutet, wurde auch von einer Englischlehrkraft vermutet:

> „Because there are groups that are so terrible and who know really nothing of how this system works, who don't know how to sit on a chair. **If they are all in one group you start figuring out: 'Hmm, there are no geniuses in this group.' And maybe it's done on purpose to save the other groups from these people**. [...] And they would never tell me that. It's the headmaster who decides" (F-BE-2).

Die hier vorgefundenen Einstellungsmuster wurden vor der Feldforschung in dieser Form nicht erwartet. Vielmehr wurde angenommen, dass die integrative Ausrichtung eines Schulsystems, die seit mehr als drei Jahrzenten besteht (vgl. Kapitel 8.2), in den professionellen, pädagogischen *Common Sense* der Lehrkräfte übergegangen sei. Die „Sehnsucht nach der homogenen Lerngruppe" (Tillmann 2007, S. 25) scheint somit kein ‚Phänomen deutscher Lehrkräfte' zu sein.

Mechanismen latenter Selektion im integrativen System

Vorangehend wurden bereits Hinweise darauf thematisiert, dass an der in Finnland besuchten Schule Schüler/innen entgegen den offiziellen Bestimmungen nach Leistungsniveaus gruppiert werden. Im Gegensatz zur manifesten Differenzierung durch *tracking* oder *setting* handelt es sich dabei um Mechanismen ‚latenter' Differenzierung (Trautmann / Wischer 2011, S. 85 f.). Verschiedene Formen latenter Differenzierung konnten beobachtet werden. So berichtete eine Lehrkraft zum einen von sozioökonomischen sowie ethnischen Differenzen das Einzugsgebiet der Schule betreffend. Zum anderen hatte die besuchte Schule einen speziellen curricularen Schwerpunkt im Schulprofil:

> „They [the students] have to show their talent in [test domain] or then also they have to have a good school report. And that means we get in about 50 students whose school reports are very good. And then we get the other 50 from our school area which includes this basically quite well off area of [name] and the nearly slum area of [name] which has lots of immigrant families, big families, lots of kids and they come to this school without any applying, because they belong to our school area" (F-BE-2).[124]

In einem informellen Gespräch erklärte die Lehrkraft, dass Schulen einen besonderen Schwerpunkt im Schulcurriculum festlegen, um ‚gute‘ Schüler/innen zu erhalten. Auch eine Geschichtslehrkraft beschrieb diese an das Schulprofil geknüpfte Praxis als sehr selektiv:

> „In some classes the diversity is huge, but we have, as you know, I think so, that we have [profile classes] and they are more homogenous. And they are, generally speaking, they are easy to teach. They are very selective, yes, [profile classes] and these school numbers [grades]" (F-BE-4).

Sowohl sozioökonomische Differenzen im Schuleinzugsgebiet als auch ein besonderes Schulprofil fungierten an der besuchten Schule somit als „Selektionsverfahren" (Trautmann / Wischer 2011, S. 85 f.).

Darüber hinaus war in der besuchten Schule eine indirekte ethnische Selektion wirksam, die mit der sonderpädagogischen Förderung als Form manifester Differenzierung einherging. So hatte sich eine der drei sonderpädagogischen Lehrpersonen der Klassenstufen 7–9 auf Schüler/innen mit Migrationshintergrund ‚spezialisiert‘. Eine solche ‚Aufgabenteilung‘ ist indes nur praktikabel, wenn es ‚ausreichend‘ Schüler/innen mit Migrationshintergrund und sonderpädagogischem Förderbedarf gibt, die von der auf Schüler/innen mit Migrationshintergrund ‚spezialisierten‘ sonderpädagogischen Lehrkraft unterrichtet werden können. Auf diese Weise können Mechanismen institutioneller Diskriminierung (Gomolla / Radtke 2009) begünstigt werden. Die betreffenden Schüler/innen erfahren überdies eine doppelte Segregation, da sie nicht nur getrennt von den Schüler/innen der Regelklassen unterrichtet werden, sondern zusätzlich getrennt von den Schüler/innen mit sonderpädagogischem Förderbedarf ohne Migrationshintergrund. Die schulstatistischen Daten, die von der besuchten Schule zur Verfügung gestellt wurden, deuten in der Tat darauf hin, dass für Schüler/innen mit Migrationshintergrund eine besondere Gefahr der vorschnellen Überweisung zur, wenngleich integrierten, sonderpädagogischen Förderung besteht. Zum Zeitpunkt der Erhebung hatten an der besuchten Schule in Finnland 3,4 % der Schüler/innen der Klassenstufen 1–6 (10 von 290) sowie 12,3 % der Schüler/innen der Klassenstufen 7–9 (36 von 292) einen Migrationshinter-

---

124 Das Profil der Schule bzw. der getestete Bereich bei der Aufnahmeprüfung wird an dieser Stelle nicht genannt, um die Anonymität zu wahren.

grund.[125] Ihr Anteil an den Schüler/innen insgesamt, die eine der möglichen Formen sonderpädagogischer Förderung erhielten (vgl. Kapitel 8.3), belief sich auf 8,9 % (5 von 56) in den Klassenstufen 1–6 und 29,2 % (26 von 89) in den Klassenstufen 7–9. In den oberen Klassen war somit fast jede/r dritte Schüler/in in der sonderpädagogischen Förderung ein/e Schüler/in mit Migrationshintergrund. Im erhobenen Interview- und Fragebogenmaterial finden sich ebenfalls Hinweise darauf, dass Finnischkenntnisse als Überweisungsgrund zu sonderpädagogischen Maßnahmen dienen. So merkte eine Lehrperson auf dem Fragebogen an:

> „9 of my pupils / students are permanently in special education because the language skills are poor in Finnish".

Eine Geschichtslehrkraft begründete im Interview die gestiegene Anzahl der sonderpädagogischen Lehrkräfte an der Schule mit der gestiegenen Anzahl an Schüler/innen mit mangelnden Finnischkenntnissen:

> „But it's this new politics in [place name] that they want to spend money and they want to try to, **it's this democratic system that they put different pupils in this normal class**, I mean, different, foreign immigrant […]. And in the same way it is a challenge for teachers, because the diversity is so huge. Somals who can't speak Finnish, **they don't understand Finnish culture or the language skill is so low**. But [name of the teacher for Finnish as a second language] there is waiting and she tries to, you know, teach Finnish so that they can, the pupils can come to normal classes, normal teaching. So called normal. For example in history it's a big challenge. […] It's limited time and of course, yes, I mean, **Finnish people, Finnish boys and girls, of course, I must make clear some terms, but it's an impossible idea to teach Finnish language in history teaching**. It's impossible. Too much work. Impossible. [...] **I am teaching history first**, because some of the foreigners, their basic skills in language are so low that I don't know how. **That's why we have more of these special teachers nowadays than before**. […] There are more now. Let us say ten years ago we had only one special teacher. Now we have four. And that's why I have sent some foreign people, I mean, they have so weak Finnish language skills that they study there in a special group" (F-BE-4).

Eine andere Geschichtslehrkraft erklärte ebenfalls, dass in ihren Klassen nicht sehr viele Schüler/innen mit Migrationshintergrund seien, weil diese aufgrund mangelnder Sprachkenntnisse von der sonderpädagogischen Lehrkraft unterrichtet werden:

> „In the normal classes not so much. [...] I mean, we have special teachers, like [name] who has more immigrant students. [...] Yes, because history is very difficult [...] because of language and there are many words" (F-BE-3).

In der besuchten Schule zeichnete sich somit das Bild ab, dass Schüler/innen mit Migrationshintergrund aufgrund sprachlicher Defizite tendenziell nicht in den Regelklassen, sondern von sonderpädagogischen Lehrkräften unterrichtet werden.

---

125 Das Kriterium Migrationshintergrund wurde von der Schule daran festgemacht, ob Schüler/innen zu Hause eine andere Sprache als Finnisch oder Schwedisch sprechen.

Eine weitere Form indirekter Differenzierung, die an eine Form manifester Differenzierung geknüpft ist, deutete sich im Gespräch mit der Lehrkraft für Finnisch als Zweitsprache an. So berichtete die Lehrkraft für Finnisch als Zweitsprache von Schwierigkeiten dabei, Schüler/innen mit Migrationshintergrund nach einem zeitweise getrennten Unterricht in Kleingruppen wieder in den regulären Finnischunterricht zu integrieren. Obwohl die Lehrkraft das sprachliche Niveau von zwei Schüler/innen als gut entwickelt beurteilte und es für angemessen, ja sogar förderlich hielt, die Schüler/innen am Finnischunterricht zusammen mit der restlichen Klasse teilnehmen zu lassen, argumentierte die Schulleitung mit dem Recht auf Unterricht in Finnisch als Zweitsprache und stellte sich gegen die Entscheidung der Lehrkraft:

> „[The school principal] said to me it's their right, it's their right to have Finnish as a second language teaching. **But I think they learn more in the big group.** They are so good. [...] I think our headmaster doesn't understand very well what Finnish as a second language is. **He thinks it's the same as special teaching. It's not the same**" (F-BE-6).

Die Schulleitung machte diesen Vorfall im Interview ebenfalls zum Thema, ohne dass gezielt danach gefragt wurde:

> „And now, for example, now we have some problems in cooperating with [names of the teachers for Finnish as a second language and mother tongue teaching], because some students from Albanian group they, every now and then, they come to me and they say: ‚Why don't we go to S2, why do we have to be in a bigger group with the others?‘. And **I think that they have the right to go to S2.** But those teachers they have decided, [names], they have decided that these two boys they are able to be in a bigger group. [...] And **it is because they are not very well behaved** and, maybe, I am afraid that [name of the teacher for Finnish as a second language] doesn't want them" (F-BE-10).

In den Augen der Schulleitung könnte die Entscheidung der Lehrperson für Finnisch als Zweitsprache mit einer ablehnenden Haltung dieser den Schüler/innen gegenüber zusammenhängen. Eine mögliche andere Erklärung für das ‚Beharren‘ auf dem Recht auf Unterricht in Finnisch als Zweitsprache könnte jedoch auch damit zusammenhängen, dass Schulen für diese Form des Unterrichts staatliche Fördergelder erhalten (F-EI-4).

Schließlich wurde als indirekte Form der Differenzierung das Arrangieren der Stundenpläne thematisiert:

> „And we think that we have to do this next year. We are planning to make this schedule so that we can combine few classes. That at least half year in ninth class we can just in these certain subjects concerning mathematics, not English, because nowadays they have so much English practice everywhere that even these not so good students usually don't have so much problems in English, because you have computer, you have television you have music, you just learn all the time this English. But concerning especially mathematics and especially Swedish, because here the students and especially boys don't have any motivation for Swedish" (F-BE-8).

Auch in einem integrativ ausgerichteten Schulsystem ohne formale äußere Differenzierung durch Schularten oder Niveaukurse können somit verschiedene Formen latenter Differenzierungs- und Selektionsmechanismen greifen.

Was zeigt der qualitative binationale Vergleich?

Die Frage nach der ‚richtigen' Schulstruktur im Kontext von Diversität ist, wie im vorangegangenen Kapitel gezeigt wurde, nach wie vor hoch brisant. Fraglich ist, ob ein „Dauerstreit um die Schulstruktur" (Hepp 2011, S. 213) zielführend ist oder ob ein differenzierter Blick auf die Gemeinsamkeiten leistungsstarker Schulsysteme erfolgsversprechender ist. Die OECD kommt in ihrer Analyse der Gemeinsamkeiten erfolgreicher Schulsysteme zu dem Schluss, dass die Wahrscheinlichkeit größer ist,

> „dass Schulsysteme mit einem niedrigen Niveau an vertikaler und horizontaler Differenzierung – d. h. Schulsysteme, in denen allen Schülerinnen und Schülern, unabhängig von ihrem Hintergrund, ähnliche Lernmöglichkeiten geboten werden, sozioökonomisch besser und schlechter gestellte Schülerinnen und Schüler dieselbe Schule besuchen und die Schülerinnen und Schüler auf Grund von Verhaltensproblemen, schwachen schulischen Leistungen oder spezifischen Lernbedürfnissen selten Klassen wiederholen müssen bzw. von der Schule verwiesen werden – über dem OECD-Durchschnitt liegen und unterdurchschnittliche sozioökonomische Ungleichheiten aufweisen" (OECD 2011b, S. 27).

Als erfolgreich werden dabei von der OECD

> „Systeme definiert, die bei der Lesekompetenz über dem OECD-Durchschnitt (493 Punkte) liegen und in denen der sozioökonomische Hintergrund der Schülerinnen und Schüler einen kleineren Einfluss auf die Lesekompetenz hat als im Fall eines typischen OECD-Lands (im Durchschnitt der OECD-Länder erklären sich 14 % der Varianz bei den Ergebnissen der Lesekompetenz aus dem sozioökonomischen Hintergrund)" (OECD 2011b, S. 27).

Der Grad der Differenzierung korreliert also mit der Chancengerechtigkeit, die ein Bildungssystem ermöglicht. Zugleich weist die OECD auf einen wichtigen Aspekt hin, der in der Debatte um die Schulstruktur von zentraler Bedeutung ist:

> „Allerdings bedeutet die Tatsache, dass solche Merkmale eher unter erfolgreichen Schulsystemen zu finden sind, nicht gleichzeitig auch, dass sie für den Erfolg notwendig oder ausreichend sind" (OECD 2011b, S. 29).

Dies erklärt, weshalb es Bildungssysteme gibt, die trotz integrativer Struktur nicht ebenso erfolgreich sind wie andere integrative Bildungssysteme. Es stellt sich somit die Frage, wie Bildungssysteme über eine inklusive Schulstruktur hinausgehend organisiert sein müssen, damit sie sich dem Ziel der Chancengerechtigkeit nähern. Dieser Frage wurde in der vorliegenden Untersuchung Rechnung getragen, indem über die integrative bzw. separierende Ausrichtung eines Bildungssystems hinausgehend weitere strukturelle Indikatoren berücksichtigt wurden (vgl. Kapitel 1.1), die im Kontext der Frage nach dem ‚Umgang' mit Diversität in der Bildung relevant sind.

Das finnische Schulsystem ist nach fast allen Indikatoren hinsichtlich der strukturellen Voraussetzungen von Schulsystemen im ‚Umgang' mit Diversität inklusiv (vgl. Allemann-Ghionda 2002, S. 445). Die vorschulische Erziehung (Indikator I) wird flächendeckend und kostenlos angeboten und von nahezu allen Kindern wahrgenommen. Die sonderpädagogische Förderung (Indikator IV) ist weitestgehend in die einheitlich strukturierte Sekundarstufe I (Indikator V) integriert. Nur ein sehr geringer Anteil der Schüler/innen wird in separaten Förderschulen unterrichtet.[126] Den Sprachen, insbesondere den Sprachen der autochthonen und allochthonen Minderheiten, sowie dem Thema der Diversität werden auf curricularer Ebene in den Unterrichtsvorgaben eine große Bedeutung zugemessen (Indikatoren VI und VII), wenngleich sich Diskrepanzen bei der Umsetzung beispielsweise das Angebot des herkunftssprachlichen Unterricht betreffend abzeichnen.[127] Ein entscheidendes Charakteristikum der finnischen Lehrer/innenbildung ist das an die Studienzulassung geknüpfte Auswahlverfahren, wodurch nur etwa ein Zehntel der Studienbewerber/innen auch tatsächlich ein Klassenlehrer/innenstudium aufnehmen. Erziehungswissenschaftliche Studien nehmen in den Studiengängen der verschiedenen Lehrämter einen etwa gleichwertigen Stellenwert ein. Interkulturelle bzw. multikulturelle Themen sind in der Aus- und Fortbildung der Lehrkräfte hingegen fakultativ (Indikator VIII).[128] Neu zugezogene Schüler/innen mit Migrationshintergrund werden im vorbereitenden Unterricht zunächst getrennt beschult und anschließend in die Regelklassen eingegliedert (Indikator II).[129] Förderungsmaßnahmen sind schließlich in die einheitlich strukturierte Sekundarstufe I integriert. Die ethnische Zugehörigkeit bzw. ein Migrationshintergrund werden jedoch mitunter als Kriterien für sonderpädagogische Maßnahmen wirksam (Indikator III).[130] Trotz dieser strukturell betrachtet günstigen Voraussetzungen für einen inklusiven ‚Umgang' mit Diversität, können verschiedene Formen latenter Differenzierungs- und Selektionsmechanismen wirksam werden. Das integrative Bildungssystem Finnlands ist somit, wenngleich in abgeschwächter Form, dennoch ‚selektiv'.

Mit einer Umstellung auf eine integrative oder inklusive Schulform werden folglich nicht alle Schwierigkeiten ‚automatisch' behoben, die mit früh separierenden Schulstrukturen einhergehen. Insbesondere die Gefahr, bei Schüler/innen mit Migrationshintergrund sprachliche Defizite mit kognitiven Defiziten zu ‚verwechseln', zeichnet sich in beiden Fällen ab. Im deutschen Schulsystem sind die Folgen für die einzelnen Schüler/innen mitunter jedoch folgenschwerer, da ein Schulformwechsel

---

126 Zu den Indikatoren I, IV und V vgl. Kapitel 8.3.
127 Zu den Indikatoren VI und VII vgl. Kapitel 8.3 und Kapitel 9.2.
128 Zum Indikator VIII vgl. Kapitel 8.2.
129 Zum Indikator II vgl. Kapitel 8.3.
130 Zum Indikator III vgl. Kapitel 8.3 und Kapitel 11.2.

von einem niedrigeren zu einem höheren Schultyp statistisch gesehen die Ausnahme darstellt (Autorengruppe Bildungsberichterstattung 2014, S. 74). Der ‚Umgang' mit der migrationsbedingten sprachlichen Heterogenität und / oder der sozioökonomisch bedingten Heterogenität sowie der im körperlichen und geistigen Sinne gesundheitsbezogenen Heterogenität wird in Deutschland vorrangig an die Hauptschulen als dem niedrigsten allgemeinbildenden Schultyp im hierarchisch aufgebauten Schulsystem delegiert. Auf diese Weise übernimmt dieser Schultyp immer mehr eine „Entlastungsfunktion" (Trautmann / Wischer 2011, S. 82) für die anderen Regelschultypen und zwar nicht nur hinsichtlich der migrations- und sozioökonomisch bedingten Heterogenität – eine Form der Diversität, die schon seit vielen Jahren in diesem Schultyp überrepräsentiert ist –, sondern neuerdings mit Umsetzung der sogenannten Inklusion auch hinsichtlich des Aspekts (Dis)Ability. Dadurch potenzieren sich die Herausforderungen, die mit der Diversität der Schüler/innen einhergehen, am ‚unteren Ende' des Schulsystems. In diesem Zusammenhang sind auch die Äußerungen der Lehrkräfte zu betrachten, die insbesondere in diesem Schultyp stark defizitorientiert auf ihre Schülerschaft ausfallen.

Da in beiden untersuchten Schulsystemen eine gewisse „Sehnsucht nach der homogenen Lerngruppe" (Tillmann 2007, S. 25) festgemacht werden kann, bedeutet dies in der Schlussfolgerung, dass diese unabhängig von der jeweiligen integrativen oder separierenden Ausrichtung eines Schulsystems mehr oder weniger ausgeprägt sein kann. Die *differentia specifica* der untersuchten Bildungssysteme scheint somit weniger auf der Einstellungsebene der Lehrkräfte, sondern eher auf Systemebene zu finden zu sein. Hinsichtlich des ‚Einstellungsarguments', das in der Literatur als eine der Grundvoraussetzungen für eine professionelle Berücksichtigung von Diversität diskutiert wird (Trautmann / Wischer 2011, S. 107 ff.), relativiert dieses Ergebnis somit den Stellenwert der Haltungen der Lehrkräfte. Eine der zentralen Fragen erscheint somit weniger, welche Schulstruktur aus subjektiver Sicht der Lehrkräfte im ‚Umgang' mit Diversität mehr oder weniger als Belastung oder Chance wahrgenommen wird, sondern vielmehr mit welchen Formen der Differenzierung bzw. Selektion aus empirischer Sicht mehr oder weniger Benachteiligungen und Ungleichheiten hinsichtlich des Bildungs- bzw. Schulerfolgs einhergehen. Dieser Aspekt wird im letzten, hieran folgenden Kapitel des themenzentrierten Vergleichs aufgegriffen (vgl. Kapitel 11.3). Dabei wird auch die vielfach diskutierte Frage nach der Vergleichbarkeit von Deutschland und Finnland gestellt.

11.3 Diversität, Bildungserfolg und Chancengerechtigkeit – Deutschland und Finnland im Vergleich

Die PISA-Studien

Finnland steht seit der ersten großen PISA-Studie in der öffentlichen und fachwissenschaftlichen Diskussion für ein ,Paradebeispiel' eines Bildungssystems, dem es gelingt, eine hohe Leistung, insbesondere hinsichtlich der Lesekompetenzen der Schüler/innen, bei einer gleichzeitig geringen Streuung und einem geringen Einfluss des sozioökonomischen Hintergrunds zu erreichen. Deutschland hingegen erlitt den sogenannten PISA-Schock, da die erzielten Ergebnisse unter dem OECD-Durchschnitt lagen und zudem eine überdurchschnittliche Bildungsungleichheit konstatiert wurde (OECD 2001).[131] Seit der ersten Lesekompetenzstudie der OECD im Jahr 2000 ist mehr als ein Jahrzehnt vergangen, in dem weitere Vergleichsstudien in den Bereichen Mathematik, Lesekompetenz und Naturwissenschaften durchgeführt wurden. Die folgenden Übersichten zeigen die jeweils erzielten Mittelwerte:

Lesen	PISA 2000	PISA 2003	PISA 2006	PISA 2009	PISA 2012
Deutschland	484	491	495	497	508
Finnland	546	543	547	536	524
Differenzwerte	62	52	52	39	16

(OECD 2001, S. 60; OECD 2004, S. 323; OECD 2007, S. 342; OECD 2010, S. 62; OECD 2014c, S. 20)

Mathematik	PISA 2000	PISA 2003	PISA 2006	PISA 2009	PISA 2012
Deutschland	490	503	504	513	514
Finnland	536	544	548	541	519
Differenzwerte	46	41	44	28	5

(OECD 2001, S. 92; OECD 2004, S. 102; OECD 2007, S. 364; OECD 2010, S. 145; OECD 2014c, S. 20)

Naturw.	PISA 2000	PISA 2003	PISA 2006	PISA 2009	PISA 2012
Deutschland	487	502	516	520	524
Finnland	538	548	563	554	545
Differenzwerte	51	46	47	34	21

(OECD 2001, S. 104; OECD 2004, S. 337; OECD 2007, S. 66; OECD 2010, S. 165; OECD 2014c, S. 20)

Gemessen an den Durchschnittsergebnissen zeigt sich, dass Finnland bei allen PISA-Studien und in allen Kompetenzbereichen höhere Mittelwerte erzielen konnte

---

131 Es sei darauf hingewiesen, dass in PISA oder ähnlichen Vergleichsstudien nicht ,Bildung' oder ,Bildungserfolg', sondern diverse Kompetenzen getestet werden. Bildungs- bzw. Schulerfolg ist somit nicht auf diese Kompetenzen zu reduzieren. Die betreffenden Kompetenzen, insbesondere die Lesekompetenz, sind jedoch eine wichtige Voraussetzung für den individuellen Bildungsprozess.

als Deutschland. Zugleich lassen die Differenzwerte erkennen, dass sich der Abstand in allen getesteten Kompetenzbereichen über die Zeit hinweg verringert hat. Im zuletzt getesteten Bereich Mathematik im Jahr 2012 ist dies besonders auffällig. Deutschland konnte die Mathematik-Mittelwerte konstant verbessern. Angemerkt sei, dass diese Verbesserung zum Teil auf eine veränderte soziale und demografische Zusammensetzung der Schülerschaft zurückzuführen sein könnte (OECD 2014b, S. 83). Ein Blick auf die sogenannten bereinigten Daten nach Berücksichtigung demografischer Veränderungen lässt diese Schlussfolgerung zu (OECD 2014c, S. 65; vgl. auch Tabelle I.2.4 in OECD 2014c, S. 335).[132] Dies trifft auch auf die beobachtete Verbesserung im Kompetenzbereich Lesen zu (OECD 2014c, S. 201; vgl. auch Tabelle I.4.4 in OECD 2014c, S. 414 f.). Die hiermit einhergehende Frage nach dem Einfluss der Zusammensetzung der Schülerschaft auf die erzielten Ergebnisse wird an späterer Stelle im Zusammenhang mit der Frage nach der Vergleichbarkeit von Deutschland und Finnland wieder aufgegriffen.

In der öffentlich-medialen Diskussion werden die PISA-Ergebnisse allzu häufig auf die vorangehend beschriebenen erzielten Mittelwerte der untersuchten Länder beschränkt. Im Ranking- und Wettbewerbsmodus ist in den Schlagzeilen dann mitunter von ‚PISA-Gewinnern‘ und ‚PISA-Verlierern‘ zu lesen. Im Längsschnitt betrachtet belegte Finnland stets ‚Spitzenplätze‘. Eine Ausnahme stellt der Kompetenzbereich Mathematik im letzten Erhebungszyklus im Jahr 2012 dar, bei dem Finnland den sechsten Platz unter den OECD-Ländern erreichte. Deutschland hingegen konnte sich von unterdurchschnittlich auf erstmals in allen Kompetenzbereichen über dem OECD-Durchschnitt liegend verbessern. Die folgenden Übersichten zeigen die jeweiligen Platzierungen unter den teilnehmenden OECD-Staaten:

PISA 2000	Deutschland	Finnland
Lesen	Platz 21	Platz 1
Mathematik	Platz 19	Platz 4
Naturw.	Platz 20	Platz 3

(OECD 2001, S. 60, 92, 104)

PISA 2003	Deutschland	Finnland
Lesen	Platz 18	Platz 1
Mathematik	Platz 16	Platz 1
Naturw.	Platz 15	Platz 1

(OECD 2004, S. 102, 323, 337)

PISA 2006	Deutschland	Finnland
Lesen	Platz 14	Platz 2
Mathematik	Platz 14	Platz 1
Naturw.	Platz 8	Platz 1

(OECD 2007, S. 66, 342, 364)

---

132   Die bereinigten Mittelwerte werden unter der Annahme berechnet, „dass die Schülerpopulation der 15-Jährigen in den Erhebungen 2003, 2006 und 2009 das gleiche demografische Profil aufwies wie die Population im Jahr 2012" (OECD 2014c, S. 61).

PISA 2009	Deutschland	Finnland
Lesen	Platz 16	Platz 2
Mathematik	Platz 10	Platz 2
Naturw.	Platz 9	Platz 1

(OECD 2010, S. 62, 145, 165)

PISA 2012	Deutschland	Finnland
Lesen	Platz 13	Platz 3
Mathematik	Platz 10	Platz 6
Naturw.	Platz 7	Platz 2

(OECD 2014c, S. 52, 189, 234)

Die erreichten Durchschnittsergebnisse der einzelnen Länder sagen jedoch wenig darüber aus, wie gerecht die jeweiligen Bildungs- bzw. Schulsysteme sind. Zudem ist zu beachten, dass sowohl die Zahl der teilnehmenden OECD-Länder als auch die Zahl der Teilnehmerländer insgesamt nicht konstant geblieben ist. Die Platzierungen einzelner Länder sind somit relativ in ihrer Aussagekraft.

Deutschland und Finnland im Gerechtigkeitsvergleich

Vor diesem Hintergrund kann der Einfluss der sozialen Herkunft auf die Testergebnisse als ein aussagekräftigerer Indikator für den ‚Erfolg' von Schulsystemen im Kontext von Diversität betrachtet werden. In dieser Hinsicht unterscheiden sich die hier untersuchten Länder signifikant. So war die Steigung der sozioökonomischen Gradienten in Deutschland bei der ersten PISA-Studie mit 60 Punkten so steil wie in keinem anderen Land (OECD 2001, S. 224) und damit doppelt so hoch als in Finnland, dessen Steigung der Gradienten 30 Punkte betrug (OECD 2001, S. 352). Was die Durchschnittswerte betrifft, erzielte Finnland im Bereich der Lesekompetenz ein überdurchschnittliches Ergebnis bei zugleich unterdurchschnittlich ausgeprägten Ungleichheiten zwischen verschiedenen sozioökonomischen Gruppen. Deutschland erzielte hingegen ein unterdurchschnittliches Ergebnis auf der Gesamtskala bei zugleich überdurchschnittlicher Bildungsungleichheit verschiedener sozioökonomischer Gruppen (OECD 2001, S. 227). Bemerkenswerterweise wiesen Deutschland und Finnland bei PISA 2000 ähnliche Sozialprofile auf, was die sozialen Disparitäten betrifft. So war die Streuung der sozioökonomischen Disparitäten in Deutschland und Finnland mit 2.8 bzw. 2.9 Indexpunkten ähnlich breit (OECD 2001, S. 352). Bei PISA 2012 konnte Deutschland die Ergebnisse auf der Gesamtskala zwar auf den OECD-Durchschnitt verbessern und den Einfluss des sozioökonomischen Hintergrunds auf das Niveau des OECD-Durchschnitts verringern. Die Schülerleistungen weisen jedoch eine größere Varianz im Vergleich zu Finnland auf (OECD 2014c, S. 79). Auch die Leistungsvarianz zwischen den Schulen ist in Deutschland nach wie vor überdurchschnittlich ausgeprägt (OECD 2014b, S. 48), was auf die Mehrgliedrigkeit des deutschen Schulsystems zurückgeführt werden kann.

Ein weiterer Indikator für Bildungsgerechtigkeit ist die Integrations- bzw. Exklusionsquote eines Schulsystems. In Deutschland wird die überwiegende Mehrheit der Schüler/innen mit einem diagnostizierten sonderpädagogischen Förderbedarf in separat eingerichteten Schulen unterrichtet. Nur 28 % der sonderpädagogisch geförderten Schüler/innen wird integrativ unterrichtet (Autorengruppe Bildungsberichterstattung 2014, S. 178).[133] In Finnland besuchen Schüler/innen mit sonderpädagogischem Förderbedarf hingegen fast ausschließlich eine Regelschule. Nur etwa 1 % aller Schüler/innen wird in getrennten Schulen unterrichtet (OSF 2014h, S. 8).

Sind Deutschland und Finnland vergleichbar?

Ein in der Debatte um die Vergleichbarkeit der in Deutschland und Finnland erzielten Ergebnisse häufig angeführtes Argument rekurriert auf die vermeintlich homogenere Zusammensetzung der Bevölkerung und somit auch der Schülerschaft in Finnland. Für Finnland sei es schlichtweg einfacher, hervorragend abzuschneiden, weil die Schülerschaft in sozioökonomischer Sicht besser gestellt sei und zudem kaum Schüler/innen mit Migrationshintergrund finnische Schulen besuchen und in Finnland leben. Dass eine solche Sicht auf Finnland simplifizierend ist, wurde bereits in der Fallstudie herausgearbeitet (vgl. Kapitel 7.1). Ähnlich wie Räsanen, die Finnland als „culturally diverse" beschreibt (Räsänen 2007, S. 222; vgl. auch Kapitel 7.2), zeichnen auch Skiera und Matthies ein anderes Bild:

> „Nicht selten wird die Meinung geäußert, Finnland sei ein recht homogenes soziokulturelles Gebilde. Wenn man die Religionszugehörigkeit betrachtet, mag das plausibel erscheinen, denn über 80 % der Bevölkerung gehört der Evangelisch-Lutherischen Kirche an. Ein genauerer Blick zeigt aber, dass es sich durchaus um eine heterogene Bevölkerung mit Gruppen verschiedenen kulturellen und ethnischen Hintergrundes handelt, deren Bildungsfragen eigene Antworten verlangen" (Skiera / Matthies 2009, S. 14).

---

133 Zu beachten ist, dass die Prozentzahlen der inklusiv unterrichteten Schüler/innen in der Literatur unterschiedlich beziffert werden. Klemm benennt bei einer Förderquote von 6,4 % einen Anteil von 25 % inklusiv unterrichteter Schüler/innen (Klemm 2013, S. 8, 25). Im vorangegangenem Bildungsbericht aus dem Jahr 2012 belief sich die Integrationsquote bei einer Förderquote von 6,4 % auf 22,3 % (Autorengruppe Bildungsberichterstattung 2012, S. 255). Hinweis: Im Bildungsbericht 2012 wird im Fließtext die Integrationsquote mit 29 % beziffert (Autorengruppe Bildungsberichterstattung 2012, S. 70). Bei der Berechnung der Integrationsquote ist jedoch ein Bezugsfehler aufgetreten. Der entsprechenden Tabelle im Tabellenanhang ist zu entnehmen, dass 108.642 der 486.564 Schüler/innen mit sonderpädagogischem Förderbedarf im Schuljahr 2010 / 11 in sonstigen allgemeinbildenden Schulen, d. h. integrativ unterrichtet wurden (Autorengruppe Bildungsberichterstattung 2012, S. 255). Das entspricht einer Prozentzahl von 22,3 %. Das Deutsche Institut für Internationale Pädagogische Forschung (DIPF) hat auf meine Anfrage hin den Berechnungsfehler bestätigt (E-Mail-Korrespondenz vom 20. / 21. Januar 2013).

Wie lässt sich diese Frage aus empirischer Sicht beantworten? Die soziale Herkunft der Schüler/innen kann mit verschiedenen Indikatoren erfasst werden: mit dem *International Socio-Economic Index of Occupational Status* (ISEI) bzw. *Highest International Socio-Economic Index of Occupational Status* (HISEI), den Erikson-Goldthorpe-Portocarero-Klassen (EGP) sowie dem Index des ökonomischen, sozialen und kulturellen Status (ESCS) (Ehmke / Jude 2010, S. 232 f.). Prinzipiell habe der ESCS eine „höhere Vorhersagekraft", weil mit diesem Index die Indikatoren nicht einzeln, sondern zusammen berücksichtigt werden (Ehmke / Jude 2010, S. 233). In den einzelnen PISA-Studien sei der ESCS jedoch „teilweise unterschiedlich operationalisiert und um länderspezifische Items erweitert" worden, weshalb für Trendanalysen „eine vollständige Vergleichbarkeit des ESCS-Index nicht sichergestellt" sei. Die Indikatoren HISEI und EPG seien hingegen „seit PISA 2000 unverändert gebildet worden und eignen sich daher für Trendanalysen". Andererseits ist mit PISA 2009 die „Teilskala für Trendanalysen reskaliert" worden, „wobei auch die Daten von vorangegangenen Messzeitpunkten mit berücksichtigt wurden". Die Vergleichbarkeit des ESCS sei dadurch besser gewährleistet (Ehmke / Jude 2010, S. 233).

Diachrone Trendanalysen sind in dieser Hinsicht somit mit Vorsicht zu betrachten. Ein synchroner Vergleich der Kennwerte für die soziale Herkunft zum Zeitpunkt der jeweiligen PISA-Erhebung mit den jeweils erzielten Mittelwerten zeigt jedoch, dass die ökonomischen, sozialen und kulturellen Bedingungen in Deutschland und Finnland nicht in einem linearen Zusammenhang mit den erzielten Mittelwerten stehen. Bei PISA 2000 beispielsweise – der PISA-Erhebung, auf die in Deutschland der sogenannte PISA-Schock folgte – verzeichneten Deutschland und Finnland mit 48.9 bzw. 50.0 Punkten ähnliche Mittelwerte auf dem sozioökonomischen Index der beruflichen Stellung der Eltern (OECD 2001, S. 327). Auch die Streuungsbreite der sozialen und wirtschaftlichen Disparitäten lässt aufgrund ähnlicher Indexwerte von 2.8 bzw. 2.9 auf vergleichbare Sozialprofile schließen (OECD 2001, S. 352). Bei PISA 2012 lag mit 0.19 bzw. 0.36 das ESCS-Indexmittel in Deutschland unter dem Wert in Finnland (OECD 2014b, S. 226). Dennoch konnte sich Deutschland auf der Gesamtskala im Gegensatz zu Finnland in allen Kompetenzbereichen verbessern. Eine in sozioökonomischer Hinsicht besser gestellte Schülerschaft führt somit nicht ‚automatisch' zu besseren Mittelwerten. Vielversprechender als ein Abwägen der sozioökonomischen Indikatoren erweist sich ein Blick auf den Anteil der sogenannten resilienten Schüler/innen. Damit sind Schüler/innen aus sozioökonomisch benachteiligten Milieus gemeint, die dennoch hervorragende Ergebnisse erzielen. Bei PISA 2012 lag der Anteil in Deutschland bei 7,5 % und in Finnland bei 8,1 % (OECD 2014b, S. 15). Bei PISA 2009 war der Prozentsatz resilienter Schüler/innen in Finnland mit 11,4 % zu 5,7 % sogar doppelt so hoch als in Deutschland (OECD 2011a, S. 175).

Neben der sozialen Herkunft der Schüler/innen wird insbesondere in der öffentlich-medialen Diskussion der geringe Anteil an Schüler/innen mit Migrationshintergrund in Finnland als Argument ins Feld geführt. Finnland ist ein relativ junges Einwanderungsland mit einem Migrant/innenanteil, der im internationalen Vergleich betrachtet eher gering ist (vgl. OECD 2013, S. 20). Eine andere Herkunftssprache als Finnisch oder Schwedisch sprechen in Finnland jedoch immerhin 5,3 % der Bevölkerung (Referenzjahr 2013, OSF 2014e, S. 1 f.). Dieser Anteil ist eindeutig geringer als ein Migrant/innenanteil von ca. 19,7 % in Deutschland (Statistisches Bundesamt 2014a, S. 7).[134] Er beläuft sich in Finnland jedoch auch nicht wie häufig zu vernehmen auf lediglich ein bis zwei Prozent. Wird die bildungsrelevante Altersgruppe der unter 25-Jährigen betrachtet, so liegt der Anteil in Deutschland bei 29,4 % (Statistisches Bundesamt 2014a, S. 425, 428).[135] In Finnland sprechen 4,1 % der Schüler/innen eine andere Sprache als Finnisch, Schwedisch, Sami, Romani oder Gebärdensprache.[136] Nach den PISA-Daten ist der Anteil der Schüler/innen mit Migrationshintergrund in Finnland unter den 15-Jährigen deutlich höher. Bei PISA 2009 lag dieser bei 7,1 % (Stanat u. a. 2010, S. 207; vgl. auch Kapitel 7.2).[137]

Diese unterschiedlichen Daten weisen auf eine Schwierigkeit beim Vergleich der Migrant/innenraten hin. Denn je nach Datenlage finden in den Statistiken unterschiedliche Definitionskriterien Anwendung. So umfasst die in Deutschland zugrunde liegende Definition die 1., 2. und 3. Generation (Statistisches Bundesamt 2014a, S. 6), was im Vergleich zu Finnland mit dem Kriterium der Herkunftssprache relativ breit angelegt ist. Somit wird bis zu einem gewissen Grad eine künstliche Diskrepanz erzeugt. Dass es in Finnland keine oder kaum Schüler/innen mit Migra-

---

134 Laut Statistischem Bundesamt zählen zu den Menschen mit Migrationshintergrund „„alle Ausländer und eingebürgerte ehemalige Ausländer, alle nach 1949 als Deutsche auf das heutige Gebiet der Bundesrepublik Deutschland Zugewanderte, sowie alle in Deutschland als Deutsche Geborene mit zumindest einem zugewanderten oder als Ausländer in Deutschland geborenen Elternteil'. [...] Nach den heutigen ausländerrechtlichen Vorschriften umfasst diese Definition somit üblicherweise Angehörige der 1. bis 3. Migrantengeneration" (Statistisches Bundesamt 2014a, S. 6, Herv. im Orig.; vgl. auch ausführlich Statistisches Bundesamt 2014a, S. 665 ff.).

135 Eigene Berechnung der Prozentzahl: 5,647 Mio. von 19,206 Mio. (Statistisches Bundesamt 2014a, S. 425, 428).

136 Eigene Berechnung: 22.166 von 539.545 in 2012. Diese Daten habe ich auf Anfrage von *Statistics Finland* erhalten. Exakte Zahlen zu Schüler/innen mit Migrationshintergrund der ersten und zweiten Generation liegen demnach nicht vor. Zahlen über Schüler/innen, die eine andere Herkunftssprache sprechen als Finnisch, Schwedisch, Sami, Romani oder Gebärdensprache, hingegen schon (E-Mail-Korrespondenz vom 23.01.2013).

137 An dieser Stelle wird nicht auf den internationalen PISA-Bericht der OECD rekurriert, weil nach dem Migrationsverständnis der OECD Schüler/innen mit einem im Ausland geborenen Elternteil als ‚Schüler/innen ohne Migrationshintergrund' gelten (OECD 2011a, S. 70). In der PISA-Auswertung von Stanat u. a. zählen hingegen zu den Schüler/innen mit Migrationshintergrund auch Schüler/innen mit nur einem im Ausland geborenen Elternteil. Dies ergibt ein realistischeres Bild, denn es „kann nicht grundsätzlich davon ausgegangen werden, dass Schülerinnen und Schüler mit einem in Deutschland [bzw. im Erhebungsland] und einem im Ausland geborenen Elternteil schulisch vollständig integriert sind" (Stanat u. a. 2010, S. 204).

tionshintergrund gibt, lässt sich empirisch folglich nicht bestätigen. In der Region um Helsinki finden sich Schulen mit einem sehr hohen Anteil an Schüler/innen mit Migrationshintergrund, in der Stadt Espoo beispielsweise mit mehr als 40 % der Schülerschaft (OECD 2011c, S. 118; Sahlberg 2011, S. 68). Viel wichtiger als die Frage des Anteils der Schüler/innen mit Migrationshintergrund erscheint zudem die Feststellung, dass – dies zeigt der internationale Vergleich – ein hoher Migrant/innenanteil nicht zwingend mit Bildungsbenachteiligungen einhergeht (Stanat / Christensen 2006, S. 80). Bei PISA 2000 lagen beispielsweise die Ergebnisse der Schüler/innen in Finnland, die im Ausland geboren wurden, mit 468 Punkten im Bereich Lesen deutlich über dem PISA-Durchschnitt (Ackeren 2005, S. 23). Bei PISA 2009 schnitten die Schüler/innen mit Migrationshintergrund der ersten Generation in Deutschland und Finnland im Bereich Lesen nahezu ähnlich ab (450 zu 449 Punkte). Die zweite Generation schnitt hingegen in Finnland deutlich besser ab (493 zu 457 Punkte). Auch im Vergleich der Schüler/innen ohne Migrationshintergrund schnitt Finnland besser als Deutschland ab (538 zu 511 Punkte in OECD 2010, S. 75). Das Argument einer geringen Migrant/innenrate in einer eindimensionalen, pauschalisierenden Auslegung hält der Empirie somit nicht stand.

Alte und neue, gemeinsame und unterschiedliche Herausforderungen

Abgesehen davon, dass die Stichhaltigkeit der zuvor beleuchteten Argumente die Zusammensetzung der Schülerschaft betreffend nicht überzeugend ist, kommt eine solche Logik einer Zurückweisung der Verantwortung gleich, die Bildungssysteme für ihre Schüler/innen tragen. Die Pluralisierung und Diversifizierung der Schülerschaft ist ein unumkehrbarer Prozess, der nicht als Benachteiligung aufgefasst werden sollte. Aus humankapitaltheoretischer Sicht (Becker 1964), die nicht zu Unrecht kritisch betrachtet werden kann, stellt jede/r einzelne Schüler/in, der bzw. die aufgrund der sozialen Herkunft und / oder eines Migrationshintergrunds einen geringen Schulerfolg erzielt, eine nicht genutzte Ressource dar. Diese eher ökonomische Sicht auf Schulerfolg ist selbstredend nicht die einzige Begründung dafür, dass Bildungssysteme sich um Chancengerechtigkeit bemühen sollten. Ein ‚Beklagen‘ der Schülerschaft oder ein ‚Zurückwünschen‘ vergangener Zeiten, wie dies in den Interviews mit Lehrkräften zum Teil deutlich wurde, ist jedoch wenig zielführend.

Je nach betrachteter Dimension von Diversität ergeben sich unterschiedliche, aber auch gemeinsame Herausforderungen für die hier untersuchten Länder. Für Deutschland stellt die Kompensation sozioökonomischer Benachteiligungen ein weiterhin zentrales Ziel dar. Insbesondere die Streuung der Schülerleistungen zwischen den Schulen sollte der Tendenz zur Hinterfragung der Mehrgliedrigkeit weiter Aufschwung geben. Es ist offensichtlich, dass, wenn an Schüler/innen unterschiedliche Bildungsziele herangetragen werden, die erzielten schulischen Leistungen auch unterschiedlich ausfallen. Finnland hingegen gelingt es relativ gut, den Einfluss der sozialen Herkunft zu kompensieren. Auch trotz des geringer ausfallenden Mittelwerts bei der letzten PISA-Runde im Jahr 2012 im Bereich Mathematik erreichte Finnland eine hohe Leistung bei überdurchschnittlicher Chancengerechtigkeit (OECD 2014b, S. 28). Bemerkenswert ist, dass nationale Forscher/innen die Frage der Bildungsgerechtigkeit in Finnland deutlich kritischer sehen als dies in internationalen Veröffentlichungen zumeist der Fall ist (vgl. z. B. Rinne / Järvinen 2010; vgl. auch Kapitel 7.2).

Eine weitere, für Finnland im Vergleich zu Deutschland eher neue Herausforderung, stellt darüber hinaus der Schulerfolg von Schüler/innen mit Migrationshintergrund dar. Die aktuellsten Daten aus PISA 2012 legen einen Handlungsbedarf in dieser Hinsicht nahe (OECD 2014b, S. 78). Dies trifft auch auf Deutschland zu. Denn trotz Verbesserungen ist der Anteil der Schüler/innen unter der zweiten Kompetenzstufe im Bereich Mathematik bei Schüler/innen mit Migrationshintergrund mit 31,3 % zu 13,8 % mehr als doppelt so hoch als bei Schüler/innen ohne Migrationshintergrund (OECD 2014b, S. 259).

Was schließlich die Integration bzw. Exklusion von Schüler/innen mit und ohne sonderpädagogischen Förderbedarf betrifft, steht Deutschland noch relativ am Anfang. So ist zum einen die Exklusionsrate an separierten Schulen in Deutschland deutlich höher als in Finnland, denn nur etwa ein Drittel (28 %) der sonderpädagogisch geförderten Schüler/innen werden integrativ unterrichtet (Autorengruppe Bildungsberichterstattung 2014, S. 178). In Finnland werden hingegen nur etwa 1 % aller Schüler/innen in getrennten Schulen unterrichtet (OSF 2014h, S. 8). Zum anderen gibt es zu bedenken, dass der Anteil der in separierten Förderschulen unterrichteten Schüler/innen trotz der inklusiven bzw. integrativen Bemühungen Deutschlands bundesweit nicht gesunken und zudem die Zahl der Schüler/innen mit einem diagnostizierten sonderpädagogischen Förderbedarf insgesamt gestiegen ist (Klemm 2013, S. 15).

12 Schlussbetrachtungen

Von Finnland lernen?

Seit den finnischen ‚PISA-Erfolgen' ist in der deutschen bildungspolitischen und öffentlich-medialen Debatte eine Verschiebung von Schweden zu Finnland als Projektionsfläche mit nahezu utopischem Charakter zu beobachten, die von Bildungspolitiker/innen als Argumentationsgrundlage für unterschiedliche bildungspolitische Interessen herangezogen wird (Waldow 2010). Zu lesen war vom „Paradies im Norden" in der Süddeutschen Zeitung oder den skandinavischen „Wunderschulen" im Spiegel (Waldow 2010, S. 503). Auch in wissenschaftlichen Publikationen ist vom finnischen „Miracle of Education" die Rede (Niemi u. a. 2012). Mit dem schlechteren Abschneiden insbesondere von Schweden bei PISA 2012 ist demgegenüber ein Stimmungsumschwung zu vernehmen, so etwa in der Titelzeile „Enttäuschung für die Musterschüler. Finnland und Schweden verlieren Spitzenplatz" eines Artikels im Kölner Stadt-Anzeiger (Anwar 2013).

Die hier rhetorisch gestellte Frage, ob und was Deutschland bzw. andere Länder von Finnland oder Skandinavien, das zuweilen als Referenz dient, lernen können, stand in der öffentlichen und fachwissenschaftlichen Diskussion immer wieder zur Debatte (vgl. etwa Dose u. a. 2007; Sahlberg 2011). Zu beobachten sind dabei ebenfalls scheinbar zwei Extreme. Auf der einen Seite wird Finnland nahezu idealisiert, auf der anderen Seite finden sich mitunter Positionen, die ein Lernen von Finnland ernsthaft hinterfragen (vgl. etwa Schroeder 2010). Finnland selbst hat indes sogar ein Strategiepapier zum Export ‚finnischer Bildung' entwickelt (Ministry of Education and Culture 2010). Bildungswettbewerb und ökonomisch ausgerichtete Bildungsexporte können offenbar nicht zu begrüßende Nebeneffekte international vergleichender Schulleistungsstudien sein. Kritische Stimmen sind in dieser Hinsicht in Finnland eher selten. Insbesondere für Nachwuchsforscher/innen sei es schwierig, Promotionsförderungen in diesem Forschungsfeld zu erhalten, wie im Expert/innengespräch thematisiert wurde (F-EI-3).

Es leuchtet ein, dass Bildungs- und Schulsysteme erfolgreicher Länder nicht einfach in ein anderes Land ‚verpflanzt' werden können. Dies kann auch nicht das Ziel einer seriösen vergleichenden Erziehungswissenschaft sein. Melioristische Ziele gewinnen jedoch mehr und mehr an Bedeutung (Allemann-Ghionda 2004, S. 166 f.). Ziel der vorliegenden Untersuchung war es nicht, die Gründe für das gute Abschneiden Finnlands bei den PISA-Tests zu erkunden. Vielmehr ging es darum, Gemeinsamkeiten und Unterschiede zwischen Deutschland und Finnland vor dem Hintergrund der wachsenden Herausforderungen im Kontext von Diversität aufzuspüren. Außerdem sollte durch qualitative Forschungsmethoden ein vertiefender und somit differenzierter Blick auf die Prozesse auf Mikroebene ermöglicht werden, die bei quantitativen Untersuchungen eher im Verborgenen bleiben. Idealisierungen und einseitige Betrachtungen, wie sie mit Bezug auf Finnland teilweise vorzufinden sind, sind in der Sache wenig zielführend. Bemerkenswert ist, dass die Aussagen der interviewten Lehrkräfte auf mehr Gemeinsamkeiten als Unterschiede bei der Frage eines diversitätssensiblen Unterrichts schließen lassen. Beklagt wurden in beiden Fällen zu große Klassen, schwierige Schüler/innen, fehlende Ressourcen oder mangelnde Sprachkenntnisse (vgl. Kapitel 11.2). Die *differentia specifica* der untersuchten Länder im ‚Umgang‘ mit Diversität scheint demnach eher auf der Systemebene als auf der Einstellungsebene angesiedelt zu sein.

Allgemeine und systemspezifische Aspekte der Berücksichtigung von Diversität

Ziel der vorliegenden Untersuchung war es, sowohl grundsätzliche als auch systemspezifische bzw. schulformspezifische Aspekte der Berücksichtigung von Diversität zu analysieren. Die Umsetzung eines inklusiven bzw. integrativen ‚Umgangs‘ ist hinsichtlich der verschiedenen Dimensionen von Diversität (vgl. Kapitel 1.1) in den untersuchten Ländern unterschiedlich weit vorangeschritten. Die gemeinsame Beschulung von Schüler/innen mit und ohne sonderpädagogischen Förderbedarf ist im finnischen Schulsystem strukturell betrachtet bereits sehr fortgeschritten, was sich jedoch nicht zwangsläufig im pädagogischen *Common Sense* der Lehrkräfte im Sinne einer unhinterfragten Fördermentalität widerspiegeln muss. Ferner zeichnet sich eine Separation insbesondere entlang ethnischer Kriterien ab, die mit sprachlichen Defiziten begründet wird (vgl. Kapitel 11.2). Die migrationsbedingte sprachliche Pluralität stellt das finnische Schulsystem somit zunehmend vor große Herausforderungen. Der Einfluss des sozioökonomischen Hintergrunds, dies zeigt der internationale Vergleich, wird im finnischen Schulsystem relativ erfolgreich kompensiert. Eine verspätete soziale und / oder ethnische Selektion kann nach der neunjährigen Grundschule beobachtet werden (vgl. Kapitel 7.2 und Kapitel 11.3).

Im deutschen Schulsystem sind es dagegen im Besonderen die Hauptschulen, die mit der sowohl sozioökonomisch als auch migrationsbedingten sprachlichen Pluralität zurecht kommen müssen (vgl. Kapitel 7.2). Die sogenannte Inklusion, die im deutschen Schulsystem noch in den Kinderschuhen steckt, droht dabei an der Widersprüchlichkeit des inklusiven Unterrichts bei fortbestehender äußerer Differenzierung nach Schultypen zu scheitern. Denn die Umsetzung der bildungspolitischen Rhetorik der Inklusion erfolgt bundesweit bei *de facto* steigender Zahl der Schüler/innen mit einem diagnostizierten sonderpädagogischen Förderbedarf und zugleich nahezu konstanter Exklusionsrate (Klemm 2013, S. 15). Auch hier sind es vorrangig die Hauptschulen, denen die Aufgabe der sogenannten Inklusion begegnet. So wird bundesweit etwas mehr als ein Drittel (34,1 %) der in der Sekundarstufe I integrativ beschulten Schüler/innen an Hauptschulen unterrichtet. Nur 4,3 % bzw. 5,5 % werden in Realschulen und Gymnasien inklusiv unterrichtet. Dabei variieren die Zahlen nach Bundesland erheblich. So wird beispielsweise in Bayern die überwiegende Mehrheit (90,1 %) in Hauptschulen unterrichtet. In Nordrhein-Westfalen, in dem die Erhebung für die vorliegende Untersuchung durchgeführt wurde, besuchen immerhin mehr als drei Fünftel (63 %) der inklusiv unterrichteten Schüler/innen eine Hauptschule (Referenzjahr 2011 / 12, Klemm 2013, S. 22, 35). Bemerkenswerterweise wurde beim Gedankenexperiment einer Schule für alle eine solche Strukturreform von den Lehrkräften vorwiegend nicht als mögliche ‚Entlastung von oben' empfunden, mit der positive Zugeffekte durch eine weniger einseitig zusammengesetzte Schülerschaft einhergehen könnten. Die ‚Bedrohung von unten' war vordergründiger als mögliche Vorteile im Sinne des kooperativen Lernens. Gymnasiallehrkräfte konnten der Umsetzung inklusiven Lernens hingegen, wenn nicht von der Schule aktiv angegangen, noch mit ‚Gelassenheit' begegnen. Ihr Blick auf ihre Schülerschaft war ebenfalls deutlich weniger defizitorientiert als in den Aussagen der Hauptschullehrkräfte (vgl. Kapitel 11.2). Hierin spiegelt sich eine für Deutschland systemspezifische Konstellation ab. Die Herausforderungen, die mit der Diversität der Schüler/innen einhergehen, potenzieren sich am ‚unteren Ende' eines gegliederten Schulsystems. Unterschiedliche Schultypen stellen nicht nur „institutionell vorgeformte differenzielle Entwicklungsmilieus" für Schüler/innen dar (Baumert u. a. 2003, S. 61). Für Lehrkräfte stellen sie auch ‚institutionell vorgeformte differenzielle Arbeitsmilieus' dar. Dem muss bildungspolitisch entsprochen werden, indem die finanziellen, personellen, räumlichen und materiellen Rahmenbedingungen angepasst werden. Der Einsatz sonderpädagogischer Lehrkräfte in Regelschulen, der sich auf wenige Stunden in der Woche beschränkt, kann diesem Anspruch sicher nicht genügen.

Was schließlich das Geschlecht bzw. Gender betrifft, so sind statistisch gesehen männliche Schüler in beiden Ländern in der sonderpädagogischen Förderung überrepräsentiert und häufiger vom Schulabbruch betroffen (vgl. Kapitel 4.2. und Kapitel 7.2). In den durchgeführten Interviews zeichnete sich hinsichtlich dieses Aspekts von Diversität jedoch eine geringe praktische Relevanz ab. Von einigen Lehrkräften wurden zwar männliche Schüler eher als Problemschüler beschrieben. Sprachliche und soziokulturelle Unterschiede der Schüler/innen sowie die im körperlichen und geistigen Sinne gesundheitsbezogene Heterogenität zeigten sich jedoch als bedeutsamer für die pädagogische Praxis der Akteur/innen.

Integrative Schulformen als notwendige, aber nicht hinreichende Voraussetzung

Ein Ergebnis der vorliegenden Untersuchung zeigt, dass auch in einem integrativ ausgerichteten Schulsystem verschiedene Formen latenter Selektionsmechanismen wirksam werden können (vgl. Kapitel 11.2). Integrative Schulsysteme können somit nicht als Allheilmittel im Kontext von Diversität betrachtet werden. Bestehende Probleme lösen sich in einem integrativ ausgerichteten System wie in Finnland nicht von alleine auf. Die folgenden Themenkomplexe, die aus dem *tertium comparationis* der Arbeit (vgl. Kapitel 2.1) und unter Berücksichtigung des im Rahmen dieser Untersuchung erhobenen und ausgewerteten empirischen Materials abgeleitet wurden, erscheinen von besonderer Relevanz.

(i)   Die integrierte sonderpädagogische Förderung in Finnland

Die integrierte sonderpädagogische Förderung ist ein Kernelement der Schulen in Finnland (vgl. Kapitel 8.3). Sie kann als Erklärung für die sehr geringe Klassenwiederholungsrate angesehen werden (Sahlberg 2011, S. 60). Außerdem kann die These formuliert werden, dass die finnische *special education* aufgrund ihrer flexiblen Gestaltung und des dadurch relativ großen Anteils an Schüler/innen, die im Laufe ihrer Schullaufbahn zeitweise spezielle Förderung erhalten haben, nichts ‚Spezielles' ist. „This fact significantly reduces the negative stigma that is often brought on by special education", wie Sahlberg es formuliert (Sahlberg 2011, S. 41).

Andererseits kann die Entwicklung der sonderpädagogischen Förderung in Finnland nach Förderort kritisch gesehen werden. Zwar wird die überwiegende Mehrheit der Schüler/innen der dritten Förderstufe integrativ in Regelschulen unterrichtet, so dass der Anteil der Schüler/innen in separierten Schulen mit etwa 1 % an der Gesamtschülerschaft sehr gering ist (OSF 2014h, S. 8). Die Zahl der Schüler/innen, die zeitweise oder in Vollzeit in separierten Settings, d. h. in getrennten Klassen oder Schulen unterrichtet werden, ist seit den 1990er Jahren jedoch stark gestiegen. Im Jahr 1998 lag der Anteil noch bei 3,4 %, im Jahr 2008 hingegen bereits bei 6,1 % (Saloviita 2009). Ein Vergleich mit aktuellen Daten lässt auf eine konstante Quote schließen.[138] Nach Saloviita entspricht diese Form der sonderpädagogischen Förderung nicht der Idee der Inklusion, wie sie von internationalen Organisationen postuliert wird. So sollte etwa gemäß der Salamanca-Erklärung (UNESCO 1994) der Unterricht in getrennten Klassen die Ausnahme darstellen. Eine Erklärung für diese Entwicklung sieht Saloviita unter anderem darin, dass Förderschüler/innen für Schulen einen finanziellen Anreiz darstellen können – eine Beobachtung, die auch für Deutschland gemacht werden kann (vgl. Kapitel 5.3). Vor diesem Hintergrund bezeichnet Saloviita Finnland als „a black sheep in the international movement on inclusion" (Saloviita 2009).

In diesem Zusammenhang kann auch das im Jahr 2011 reformierte sonderpädagogische Fördersystem kritisch betrachtet werden. So ist einerseits in der Statistik im Jahr 2011 die Zahl der Schüler/innen, die *special support* erhielten, erstmals nach einem konstanten Anstieg über ein Jahrzehnt hinweg gesunken (OSF 2014h, S. 8). Auf den ersten Blick eine begrüßenswerte Entwicklung. Ein zweiter Blick zeigt jedoch, dass der Anteil der Förderschüler/innen auf der zweiten Förderstufe seit

---

138   Eigene Berechnung: Im Jahr 2013 befanden sich 39.634 oder 7,3 % aller Schüler/innen (540.477) auf der dritten Förderstufe (OSF 2014h, S. 6). Davon wurden 18,7 % vollständig in den Regelunterricht integriert (entspricht 1,37 % der Gesamtschülerschaft), 68,5 % wurden zeitweise oder in Vollzeit in separaten Klassen unterrichtet (entspricht 5,02 % der Gesamtschülerschaft) und 12,8 % wurden vollständig in separaten Schulen untergebracht (entspricht 0,94 % der Gesamtschülerschaft, OSF 2014h, S. 7). Damit wurden ca. 6 % aller Schüler/innen zeitweise oder in Vollzeit in separaten Klassen oder Schulen unterrichtet, was dem Anteil aus dem Jahr 2008 entspricht (Saloviita 2009).

2011 von 3,3 % auf 6,5 % gestiegen ist (OSF 2014h, S. 1, 6). Außerdem ist anzumerken, dass mit dem reformierten Fördersystem keine Zahlen über den Anteil der Schüler/innen auf der ersten Förderstufe und somit über die Zahl der Förderschüler/innen insgesamt vorliegen.[139] Ein Vergleich mit den Zahlen der sonderpädagogisch geförderten Schüler/innen vor der Reform lässt eine Annäherung zu. So erhielt im Jahr 2010 etwa jede/r zwölfte Schüler/in (8,5 %) *special education* (äquivalent zur dritten Förderstufe *special support*). Zudem erhielt mehr als jede/r vierte Schüler/in (23,3 %) *part-time special education* (OSF 2011, S. 1). Zwar können die beiden Prozentzahlen (*special education* und *part-time special education*) nicht einfach addiert werden, um die Zahl der Förderschüler/innen insgesamt zu berechnen, weil einige Schüler/innen, die *special education* erhielten, auch *part-time special education* erhielten.[140] Es liegt jedoch nahe, dass sich die Gesamtförderquote auch nach der Reform in etwa in dieser Größenordnung bewegt. Dieser Anteil ist mit ca. einem Drittel an der Gesamtschülerschaft sehr hoch. Die Statistik nach dem reformierten System weist hingegen mit 13,8 % eine wesentlich geringere Förderquote auf (Referenzjahr 2013, OSF 2014h, S. 6). Da erst auf der dritten Förderstufe eine offizielle Beschlussfassung erforderlich ist und die erste Förderstufe statistisch nicht erfasst wird, kann das reformierte Fördersystem als Instrument zur Reduzierung der ,Sonderschüler/innen' im Sinne der dritten Förderstufe betrachtet werden. Zugleich gilt es jedoch auch zu beachten, dass der Großteil der Förderschüler/innen keine dauerhafte, sondern eine sehr flexible Form des Förderunterrichts erhalten, die nicht mit einem Sonderschulverfahren gleichzusetzen ist (vgl. Kapitel 8.3).

Anlass für einen kritischen Blick gibt schließlich die Beobachtung, dass mit dem finnischen sonderpädagogischen Fördersystem auch eine soziale und / oder ethnische Selektion einhergeht (vgl. Kapitel 7.2). Im Rahmen der eigenen Feldforschung konnte die Tendenz insbesondere der ethnisch motivierten Selektion anhand des erhobenen Materials und den schulstatistischen Daten bestätigt werden (vgl. Kapitel 11.2).

(ii)   Unterricht in Finnisch als Zweitsprache

Die Förderung der Zielsprache des Landes bei Schüler/innen mit Migrationshintergrund stellt ohne Frage eine, wenn nicht die zentrale Herausforderung für Schulsysteme in pluralen Verhältnissen dar. In Finnland ist zu diesem Zweck das Unterrichtsfach Finnisch bzw. Schwedisch als Zweitsprache curricular im nationalen Lehrplan verankert worden. Das bedeutet, dass Schüler/innen, deren Sprachkenntnisse noch nicht ausreichend entwickelt für die Teilnahme am Regelunterricht sind, anstelle des regulären Finnischunterrichts gänzlich oder in Teilen Unterricht in Finnisch als Zweitsprache erhalten (vgl. Kapitel 8.3). Der zeitweise Sprachunterricht in getrennten Gruppen kann durchaus sinnvoll sein. In dem für diese Untersuchung

---

139   E-Mail-Korrespondenz mit *Statistics Finland* vom 18.04.2013.
140   E-Mail-Korrespondenz mit *Statistics Finland* vom 22.04.2013.

erhobenen Material bildet sich jedoch zugleich eine Gefahr in zweifacher Hinsicht ab. Zum einen können Schüler/innen mit Migrationshintergrund in diese separaten Settings – ähnlich wie bei der sonderpädagogischen Förderung – befördert werden, wenn sie den Regelunterricht zu sehr ‚stören‘. Eine Lehrkraft brachte diese Behelfsmöglichkeit im Interview mit der Anmerkung zum Ausdruck, dass fehlende Finnischkenntnisse für den Geschichtsunterricht zwar eine Herausforderung seien, die Zweitsprachenlehrperson auf die Schüler/innen mit Migrationshintergrund jedoch bereits ‚warten‘ würde (F-BE-4). Zum anderen birgt eine institutionalisierte Form des Zweitsprachenunterrichts dieser Art das Risiko, Schüler/innen länger als nötig in diesem Unterrichtsformat zu belassen, weil an die Einrichtung des Zweitsprachenunterrichts in einer Schule staatliche Fördermittel geknüpft sind (vgl. Kapitel 11.2).

(iii)   Das System der Schüler/innenfürsorge und der Lern-/Berufsberatung in Finnland

An jeder finnischen Schule ist ein sogenanntes Schüler/innenfürsorgeteam tätig, das Fachkräfte des Schulsozialdienstes, des schulpsychologischen Dienstes, des Schulgesundheitsdienstes sowie die jeweiligen Sonderpädagog/innen, Lern- und Berufsberater/innen, Fachlehrer/innen sowie Schulleiter/innen umfasst. Auf wöchentlicher bis zweiwöchiger Basis finden regelmäßig Treffen statt, in denen aktuelle Schwierigkeiten und Problemfelder der betreffenden Schule diskutiert werden (Ahtola / Niemi 2013, S. 4; Domisch / Klein 2012, S. 75). Lehrkräfte erhalten überdies weitere Unterstützung durch den Einsatz von Schulassistent/innen (Matthies 2009, S. 159). Die integrierte und curricular verankerte Lern- und Berufsberatung soll darüber hinaus die Schüler/innen in allen Klassenstufen beratend begleiten. Vorgesehen sind individuelle Beratungen, Kleingruppenberatungen und Beratungseinheiten im Klassenverband (Kasurinen / Vuorinen 2009, S. 150 ff.). Zusammen mit dem integrierten System sonderpädagogischer Förderung können die beschriebenen Maßnahmen als Erklärung für die geringen Klassenwiederholungs- und Drop-out-Raten in Finnland gesehen werden (Sahlberg 2011, S. 23; Välijärvi / Sahlberg 2008).

Problematisch ist jedoch das Betreuungsverhältnis an Schulen. Nach Ahtola und Niemi müsste die Fachkräftezahl für professionelles Arbeiten verdreifacht werden (Ahtola / Niemi 2014, S. 143). Überdies sind die Fachkräfte oftmals, wie auch an der in Finnland besuchten Schule, gleichzeitig an mehreren Schulen tätig, so dass sie nur wenige Stunden in der Woche an einer Schule verfügbar sind. Die Lern- und Berufsberater/innen stellen hierbei eine Ausnahme dar, da sie zumeist in Vollzeit an nur einer Schule beschäftigt werden (Kasurinen / Vuorinen 2009, S. 151). Dies war auch an der besuchten Schule der Fall. Im Interview wurde die Betreuungssituation dennoch als sehr schlecht beschrieben. Neben individuellen Beratungen war für die Sieben- und Neuntklässler/innen wöchentlich eine Beratungseinheit von jeweils 45

Minuten im Klassenverbund vorgesehen. Zum Bedauern der interviewten Lehrkraft erlaubte der Stundenplan jedoch keine Beratung im Klassenverbund für die Achtklässler/innen. Mit etwa 350 zu betreuenden Schüler/innen sei ein umfassendes Beratungsangebot schlichtweg nicht zu realisieren. In anderen Schulen sei das Verhältnis mit 400 bis 600 Schüler/innen noch schlechter (F-BE-9). Ähnlich schlecht beurteilte die sonderpädagogische Lehrkraft die Situation, die alleine für die Klassenstufen 1–6 zuständig war (F-BE-7). Kritisch anzumerken ist schließlich, dass für die Funktion der Schulassistent/innen, insbesondere wenn sie für den sogenannten *OMO*-Unterricht eingesetzt werden (vgl. Kapitel 8.3), Migrant/innen eingestellt werden, die zuvor in ihren Herkunftsländern als qualifizierte Lehrkräfte gearbeitet haben (F-EI-1). Mit Bourdieu (1992) gesprochen, wird das mitgebrachte institutionalisierte kulturelle Kapital der betreffenden Personen abgewertet, indem sie zu Schulassistent/innen degradiert werden.

Die hier beschriebenen Problemfelder sind nicht als Plädoyer gegen das finnische System der sonderpädagogischen Förderung, des Zweitsprachenunterrichts, der Schüler/innenfürsorge und der Lern-/Berufsberatung zu lesen. Sie zeigen jedoch auf, dass auch in integrativen Systemen die ‚Versuchung' der Separation entlang sozialer und / oder ethnischer Kriterien auf Mikroebene groß sein kann. Eine professionelle Diagnosekompetenz der Lehrkräfte hinsichtlich eines sonderpädagogischen Förderbedarfs in Abgrenzung zu einem sprachlichen Förderbedarf sowie die grundlegende Qualifikation aller Lehrkräfte hinsichtlich der Prinzipien der Zweitsprachendidaktik erscheinen somit elementar. Zum anderen sind entsprechende Rahmenbedingungen zu schaffen, um individuelle Förder- und Beratungsarbeit zu leisten.

Im Zusammenhang mit dem Anspruch der Professionalisierung der Lehrkräfte ist hervorzuheben, dass die Organisation der Lehrer/innenbildung in Finnland aufgrund eines vorangehenden Auswahlverfahrens zum Studium in entscheidender Weise anders gestaltet ist als in Deutschland. Denn nur etwa 10 % der Studienbewerber/innen werden in Finnland zum Klassenlehrer/innenstudium zugelassen (Sahlberg 2011, S. 70 ff.; vgl. auch Kapitel 8.2). Das strenge Eignungsverfahren, das bereits seit 1863 in sich wandelnder Form existiert (Uusiautti / Määttä, S. 111), gliedert sich in zwei Phasen. Zunächst müssen alle Bewerber/innen an einem Vorauswahlverfahren (VAKAVA) teilnehmen, das seit 2007 auf nationaler Ebene organisiert wird. Dazu wird den Kandidat/innen etwa vier Wochen zuvor die Literaturgrundlage der Prüfung zur Vorbereitung bekanntgegeben. Nur diejenigen, die am erfolgreichsten abschließen, nehmen an der zweiten Phase des Verfahrens teil. Diese wird von den Universitäten organisiert und ist somit von Universität zu Universität unterschiedlich. Üblich sind individuelle oder Gruppeninterviews, um die Eignung und Motivation der Bewerber/innen zu prüfen (Sahlberg 2011, S. 73; Uusiautti / Määttä, S. 113 f.). Durch die Vorauswahl werden in Finnland somit besonders geeignete und motivierte Kandidat/innen zum Klassenlehrer/innenstudium zugelassen. Demgegenüber sind in Deutschland aufgrund der hierarchischen Ordnung der Bildungsgänge Lehramtsstudienplätze mit unterschiedlichem Prestige verbunden. In Kombination mit den im direkten Vergleich geringeren Zulassungsvoraussetzungen besteht in Deutschland somit die Gefahr, dass Lehrämter für niedrigere Bildungsgänge nicht attraktiv für Studienbewerber/innen sind. Im informellen Gespräch auf die Berufswahl angesprochen, erwiderte eine Hauptschulehrkraft, niemand ‚wolle' Hauptschullehrer/in werden (D-HS-10).

Schließlich sei im Zusammenhang mit den sinkenden PISA-Mittelwerten Finnlands, insbesondere auch in Anbetracht der deutlich schlechteren Ergebnisse Schwedens bei PISA 2012, die Frage nach möglichen Ursachen gestellt. So kann diese Entwicklung Anlass dazu geben, neoliberale Tendenzen in der finnischen Bildungspolitik zu überdenken. Waldow merkt bereits in einem Beitrag von 2010 an:

> „Der schwedische Fall ist hier insofern besonders interessant, als die dortige Entwicklung hinsichtlich Schulwahl und Privatschulsektor in vieler Hinsicht von einer ähnlichen Ausgangslage ausging wie Finnland (d. h. stark zentralisiertes Bildungssystem, verschwindend kleiner Privatschulsektor), aber früher begann und weiter fortgeschritten ist. **Insofern lässt die Entwicklung in Schweden vorsichtige Rückschlüsse auf mögliche Entwicklungsverläufe in Finnland zu.** Für die Existenz derartiger Parallelen sind mittlerweile auch empirische Belege vorhanden: Piia Seppänen (2003) hat gezeigt, dass die Prozesse, die durch die Einführung von Marktelementen – namentlich mehr oder weniger freier Schulwahl – in das finnische Schulsystem in Gang gekommen sind, sehr ähnlich denen sind, die in anderen Ländern zu beobachten waren, auch wenn der Prozess in Finnland verglichen etwa mit Schweden noch nicht sehr weit fortgeschritten ist. **Man kann also vermuten, dass sich die Leistungsvariation zwischen den Schulen erhöhen wird und die auch bei PISA 2006 immer noch sehr niedrigen Werte in Zukunft steigen werden**" (Waldow 2010, S. 504, eig. Herv.).

Die Frage, wie sehr neoliberale Tendenzen in Finnland fortgeschritten sind, wird von verschiedenen Autor/innen unterschiedlich beurteilt. Nach Sahlberg habe Finnland im Vergleich zu anderen Ländern einen alternativen Weg eingeschlagen, den er als *Finnish Way* bezeichnet (Sahlberg 2011, S. 105). Dennoch erkennt auch Sahlberg bereits mit PISA 2009 wachsende Ungleichheiten (Sahlberg 2011, S. 138, vgl. auch Simola u. a. 2013). Ahonens Urteil ist hingegen deutlich kritischer, wenn der Übergang finnischer Schulen in eine „post-comprehensive era" konstatiert wird (Ahonen 2014, S. 86; vgl. auch Ahonen 2002 sowie Kapitel 8.2). Die Rolle marktorientierter Schulpolitik stand nicht im Mittelpunkt der vorliegenden Untersuchung. Dennoch können im Zusammenhang mit den beobachteten segregativen Tendenzen und dem steigenden Schulwettbewerb um ‚gute' Schüler/innen durch Schulprofilbildungen (vgl. Kapitel 11.2) zumindest Bedenken geäußert werden.

Hinsichtlich der Frage, wie Bildungssysteme sich dem Ideal der Chancengerechtigkeit nähern können, spielt die Debatte über ein Kerncurriculum bzw. *core curriculum* eine zentrale Rolle. Wenn der Kritik von Bourdieu und Passeron Rechnung getragen werden soll, wonach „die Vermittlung der intellektuellen Techniken und Denkgewohnheiten, auf denen das Bildungswesen aufbaut, in erster Linie dem Familienmilieu vorbehalten" bleibt (Bourdieu / Passeron 1971, S. 88), muss im Hinblick auf die Bildungsinhalte das Prinzip „Für alle das Gleiche" gelten (Böttcher / Klemm 2000, S. 35). Dies leuchtet ein, denn:

> „Kinder aus bildungsfernen Schichten haben ausschließlich in der Schule Gelegenheit, den gesellschaftlichen Kernbestand an Wissen kennenzulernen, der nötig ist für eine kritisch-kompetente Teilnahme am gesellschaftlichen Leben und ihnen die Chance gibt, ihrem sozialen Schicksal zu entkommen. Der Plot von Romeo und Julia, der in jedem Dialog zwischen auch nur einigermaßen gebildeten Menschen allein durch eine Andeutung verstanden wird, wird dem Kind des regelmäßigen Theaterbesuchers nicht in der Schule vermittelt werden. Aber das Kind aus benachteiligten Gruppen hat nur dort die Chance, von dieser Geschichte zu hören. Ob die Geschichte nun wirklich elementar ist, mag ja bestritten werden. Aber niemand vermag ernsthaft zu bestreiten, daß es einen Kern von Wissen gibt, der mit cultural literacy, ‚kulturelle Grundkompetenz' sozusagen, korreliert. Das gilt auch für z. B. die Naturwissenschaften, wo der schnelle Wandel der Erkenntnisse der Entwicklung eines Kerncurriculums zu widersprechen scheint. Nicht ernsthaft: Denn die Formeln für Leistung, Druck oder Arbeit sind weiterhin grundlegend" (Böttcher / Klemm 2000, S. 37).

Kritiker/innen eines *core curriculum* sehen in ihm hingegen kein Instrument zur Annäherung an das Ideal der Chancengerechtigkeit, sondern ein Instrument zur Herstellung einer national ‚homogenen Kultur', das zudem die Möglichkeit zur individuellen Förderung deutlich beschränke. So wurde beispielsweise der Thatcher-Regierung in England „von Vertretern der interkulturellen Bildungsforschung vorgeworfen, sie habe mit der Einführung des Curriculums das ideologische Konzept einer homogenen ‚britischen Kultur' in den Schulen verankern wollen" (Fürstenau 2007, S. 25). Ferner haben die Einführung des nationalen Curriculums und die Output-Steuerung zu einer Verengung des Blickes auf Lernergebnisse anstelle von Lernprozessen geführt, wodurch kaum Platz für individuelle Förderung bleibe (Fürstenau 2007, S. 27). Fürstenau, die in ihrem Beitrag die Einführung von Bildungsstandards in Deutschland vor dem Hintergrund der Entwicklungen in England diskutiert, schlussfolgert abschließend:

> „Wenn die Zukunftschancen der Kinder unterschiedlicher sozialer Herkunft in der Schule zumindest angeglichen werden sollen, ist Vereinheitlichung demnach ebenso notwendig wie die Berücksichtigung individueller Lernausgangslagen" (Fürstenau 2007, S. 29).

Ein *core curriculum*, das zur Herstellung von Chancengerechtigkeit beitragen soll, muss demnach so konzipiert sein, dass es sowohl (i) den „harten Kern" (Böttcher / Klemm 2000, S. 36) an Wissen festlegt, das notwendig ist, um eine „kulturelle Grundkompetenz" (Böttcher / Klemm 2000, S. 37) zu ermöglichen und dem unterschiedlichen kulturellen Kapital in Familien Rechnung zu tragen, als auch (ii) individuelles Lernen und Lehren ermöglicht (Böttcher / Klemm 2000, S. 35). Beides muss (iii) aus einer multiperspektivischen Sichtweise heraus geschehen, um eine einseitig ausgerichtete Bildung – sei es nationenzentriert, eurozentrisch, soziozentrisch, androzentrisch und / oder monolingual – zu vermeiden (vgl. Rühle 2014a). Klafkis Ansatz epochaltypischer Schlüsselprobleme (Klafki 1998) bietet beispielsweise eine hervorragende Ausgangslage für einen multiperspektivisch ausgerichteten Unterricht (vgl. Allemann-Ghionda 1997, S. 143; Allemann-Ghionda 2002, S. 521). Auf der nächsten Konkretisierungsebene besteht die Herausforderung darin, die allgemeinen Prinzipien einer multiperspektivischen Bildung aus fachdidaktischer Perspektive zu konkretisieren (vgl. Reich u. a. 2000).

Die Analyse der intendierten Bildungsziele und -inhalte in den untersuchten Ländern deuten darauf hin, dass die Lehrpläne den Anspruch eines transversalen Ansatzes nicht einlösen. Die Förderung interkultureller Kompetenz scheint an den Fremdsprachen- bzw. Englischunterricht delegiert zu werden. Dabei wird ein ‚kulturspezifisches' Verständnis interkultureller Kompetenz zugrunde gelegt, das mit dem Lernen über ‚fremdkulturelle' Eigenarten von ‚Sprachgruppen' als Großkollektive gleichgesetzt wird. Der *Fremd*sprachenunterricht erweist sich in dieser Logik als das geeignete Medium. Der simplifizierenden Vorstellung ‚andere Länder, andere Sitten' wird dadurch Vorschub geleistet. Zudem bleibt die Fähigkeit zum ‚Umgang mit dem Anderen' im Allgemeinen, d. h. außerhalb des anglophonen Kontextes und im Hinblick auf verschiedene Dimensionen von Diversität (vgl. Kapitel 1.1) im Sinne einer umfassenden Diversitätskompetenz dabei tendenziell ausgeblendet. Die schulpraktische Umsetzung der Förderung interkultureller und Diversitätskompetenz im Unterricht stellt sich unter diesen Vorzeichen als schwierig heraus, wie auch die Auswertung der Interviews gezeigt hat (vgl. Kapitel 10.2). Diese Tendenz zeigte sich ganz unabhängig davon, ob die Lehrpläne die Förderung interkultureller und Diversitätskompetenz explizit vorsehen oder nicht, zumal zu bedenken ist, dass sich eine eher geringe praktische Relevanz der Lehrpläne abzeichnet.

Diese Befunde bedeuten im Umkehrschluss jedoch nicht, dass Lehrpläne überflüssig seien. Der Erlass von Lehrplänen ist zwar „unter der Bedingung pluraler Wertvorstellungen und divergierender Interessenartikulation sowie unter den sich ständig verändernden lebensweltlichen Verhältnissen eine äußerst schwierige Aufgabe", wie Plöger es formuliert. „Sich dieser Aufgabe nicht zu stellen hieße aber letztlich, schulische Bildung gegenüber partikularen Interessen, gesellschaftlichen Strömungen, modischen Trends oder subjektiven Wertvorstellungen und Meinungen von Lehrerinnen und Lehrern preiszugeben" (Plöger 2009, S. 297 f.). Ebenso wenig stellen die Nicht-Rezeption oder Schwierigkeiten bei der Umsetzung interkultureller und diversitätssensibler pädagogischer Theorien ein ausreichendes Argument dafür dar, die damit verbundenen Ziele aufzugeben (Allemann-Ghionda, 2013, S. 235). Das Ziel einer solchen Bildung darf dabei nicht mit der Gleichbehandlung aller verwechselt werden. So wäre die Annahme verkürzt, vom Modus der Exklusion auf den Modus der Integration oder Inklusion wechseln zu können, indem alle ungeachtet möglicher Unterschiede ‚zusammengewürfelt' gemeinsam unterrichtet werden. Bei der Frage nach der Umgestaltung des Curriculums im Kontext von Diversität muss es daher über die inhaltliche Ebene hinaus insbesondere auch um die Schaffung struktureller Rahmenbedingungen in einem umfassend inklusiven Sinne gehen, angefangen von der integrativen Ausgestaltung der Sekundarstufe I über das integrierte Angebot an Fördermaßnahmen für alle, die diese benötigen, bis hin zur pädagogischen Professionalisierung der pädagogischen Akteur/innen.

Perspektiven auf interkulturelle Bildung bzw. Pädagogik der Diversität

Abschließend lassen sich aus den beobachteten Schwierigkeiten bei der didaktischen Umsetzung eines interkulturellen und diversitätssensiblen Unterrichts Rückfragen an die theoretischen Konzepte der interkulturellen Bildung bzw. Pädagogik der Diversität ableiten. In beiden Fallstudien haben sich auf der Ebene erziehungswissenschaftlicher Diskurse ähnliche begriffliche Schwierigkeiten abgezeichnet: interkulturelle Bildung, multikulturelle Bildung und Pädagogik der Diversität auf der einen Seite (Deutschland) sowie *international education, intercultural education, multicultural education* und *global education* auf der anderen Seite (Finnland). Das Ringen um die ‚richtige' Begrifflichkeit zeichnet sich somit als transnationale Tendenz ab (vgl. Kapitel 5.1 und Kapitel 8.1). Diese Beobachtung betrifft dabei nicht nur die bildungstheoretische Ebene. Auf der Ebene der Bildungspolitik ist beispielsweise in Deutschland der Begriff der Inklusion hoch im Kurs. Bewusst wird Inklusion dabei in Abgrenzung zu dem in der Debatte um Migrant/innen gebräuchlichen Begriff der Integration verwendet und auf das Phänomen (Dis)Ability bezogen (man könnte auch sagen reduziert), obwohl die Begriffe von supranationalen Organisationen ohne ideologische Konnotation in einem umfassenden Verständnis verwendet werden (Knobloch 2011 in Allemann-Ghionda 2013, S. 126 ff; vgl. auch Kapitel 1.1). Eine ähnlich unscharfe Terminologie zeichnet sich in Finnland den Begriff des Globalen Lernens bzw. *global education* betreffend ab. Im internationalen Diskurs wird der Begriff *global education* in Abgrenzung zum älteren Begriff der *international education* verwendet. Im nationalen Diskurs ist hingegen weiterhin der Begriff der internationalen Erziehung gebräuchlich. So lautet der Titel des im März 2007 durch das Ministerium gestartete Programm *Global education 2010* im Finnischen *Kansainvälisyyskasvatus 2010*, also wörtlich ‚Internationale Erziehung 2010' und nicht ‚Globales Lernen 2010' (Jääskeläinen 2013, S. 90; Pudas 2009, S. 263). Interkulturelle Bildung ist in Finnland wiederum ein Teilgebiet Globalen Lernens (vgl. Kapitel 8.1).

Sind Erklärungen für die Umsetzungsschwierigkeiten auf der Unterrichtsebene möglichweise in dieser Begriffsvielfalt zu suchen? Die weitgehende Nicht-Rezeption von Lehrplanvorgaben sowie die zum Teil alltagstheoretischen Verständnisse interkultureller Bildung in den Interviews sprechen eher gegen diese These. Die begrifflichen Unschärfen lassen sich zudem ausräumen, sobald die dahinterstehenden Konzepte näher betrachtet werden. Dies ist ein notwendiger Schritt, denn ohne eine vorangegangene Reflexion kann jeder Begriff missverständlich sein. Auf theoretischer Ebene gilt es somit, Konzepte kritisch-reflektiert zu verwenden, statt im ‚Streit' um die Begrifflichkeit zu verharren. Ob interkulturelle, multikulturelle, internationale, globale Bildung oder Pädagogik der Diversität, die dahinterstehenden Ziele gilt es zu beachten und – dies betrifft insbesondere die schulpraktische Ebene – letztlich umzusetzen.

Literatur

Abdallah-Pretceille, M. (1999): L'éducation interculturelle. Paris: Presses Universitaires de France.

Ackeren, I. v. (2005): Schülerinnen und Schüler mit Migrationsgeschichte. Integrationsbedingungen und -strategien in sechs Vergleichsländern. In: Döbert, H. / Fuchs, H.-W. (Hrsg.): Leistungsmessungen und Innovationsstrategien in Schulsystemen. Ein internationaler Vergleich. Münster u. a.: Waxmann, S. 15-41.

Acquah, E. O. / Commins, N. L. (2013): Pre-service teachers' beliefs and knowledge about multiculturalism. In: European Journal of Teacher Education 36 (3), S. 1-19. Link: http://dx.doi.org/10.1080/02619768.2013.787593 [16.11.2014].

Adick, C. (2003): Bedeutung von Lehr- und Lernzielen in international vergleichender Perspektive. In: Füssel, H.-P. / Roeder, P. M. (Hrsg.): Recht – Erziehung – Staat. Zur Genese einer Problemkonstellation und zur Programmatik ihrer zukünftigen Entwicklung. 47. Beiheft der Zeitschrift für Pädagogik. Weinheim u. a.: Beltz, S. 86-104. Link: http://www.pedocs.de/volltexte/2011/3970/ [16.11.2014].

Ahonen, S. (2002): From an Industrial to a Post-industrial Society: Changing conceptions of equality in education. In: Educational Review 54 (2), S. 173-181. Link: http://dx.doi.org/10.1080/00131910220133257 [16.11.2014].

Ahonen, S. (2014): A School for All in Finland. In: Blossing, U. / Imsen, G. / Moos, L. (Hrsg.): The Nordic Education Model. 'A School for All' Encounters Neo-Liberal Policy. Policy Implications of Research in Education, Vol. 1. Dordrecht: Springer Netherlands, S. 77-93. Link: http://dx.doi.org/10.1007/978-94-007-7125-3_5 [16.11.2014].

Ahtola, A. / Niemi, P. (2014): Does it work in Finland? School psychological services within a successful system of basic education. In: School Psychology International 35 (2), S. 136-151. Link: http://dx.doi.org/10.1177/0143034312469161 [16.11.2014].

Aikio-Puoskari, U. (2009): Der Saami-Unterricht als Teil der finnischen Grundschule – Förderer des Sprachenwechsels oder der Revitalisierung der Muttersprache? In: Matthies, A.-L. / Skiera, E. (Hrsg.): Das Bildungswesen in Finnland. Geschichte, Struktur, Institutionen und pädagogisch-didaktische Konzeptionen, bildungs- und sozialpolitische Perspektiven. Bad Heilbrunn: Klinkhardt, S. 237-248.

Alavi, B. / von Borries, B. (2000): Geschichte. In: Reich, H. H. / Holzbrecher, A. / Roth, H.-J. (Hrsg.): Fachdidaktik interkulturell: Ein Handbuch. Opladen: Leske + Budrich, S. 55-91.

Allemann-Ghionda, C. (1995): Mehrsprachige Bildung: ‚Kleine' Sprachen versus ‚große' Sprachen? In: Babylonia 1, S. 28-36.

Allemann-Ghionda, C. (1997): Interkulturelle Bildung. In: Fatke, R. (Hrsg.): Forschungs- und Handlungsfelder der Pädagogik. 36. Beiheft der Zeitschrift für Pädagogik. Weinheim u. a.: Beltz, S. 107-149.

Allemann-Ghionda, C. (²2002): Schule, Bildung und Pluralität: Sechs Fallstudien im europäischen Vergleich. Bern u. a.: Lang.

Allemann-Ghionda, C. (2003): The Yellow Streetcar: Shaping a Polyphonic Identity. In: Tokuhama-Espinosa, T. (Hrsg.): The Multilingual Mind: Issues Discussed By, For, and About People Living with Many Languages. Westport: Praeger, S. 171-189.

Allemann-Ghionda, C. (2004): Einführung in die Vergleichende Erziehungswissenschaft. Weinheim u. a.: Beltz.

Allemann-Ghionda, C. (2005): Historical Knowledge for Everybody or for the Happy Few? Teaching 'The Romans' in North Rhine Westphalia (Germany). In: Morgan, C. (Hrsg.): Inter- and Intracultural Differences in European History Textbooks. Bern u. a.: Lang, S. 147-179.

Allemann-Ghionda, C. (2006a): Klasse, Gender oder Ethnie? Zum Bildungserfolg von Schüler/innen mit Migrationshintergrund. Von der Defizitperspektive zur Ressourcenorientierung. In: Zeitschrift für Pädagogik 52 (3), S. 350-362. Link: http://www. pedocs.de/volltexte/2011/4462/ [16.11.2014].

Allemann-Ghionda, C. (2006b): Soziokulturelle und sprachliche Pluralität als anthropologische Voraussetzung und notwendige pädagogische Perspektive der Entwicklung von Standards und Kompetenzen in der Lehrerinnen- und Lehrerbildung. In: Plöger, W. (Hrsg.): Was müssen Lehrerinnen und Lehrer können? Beiträge zur Kompetenzorientierung in der Lehrerbildung. Paderborn: Schöningh, S. 235-256.

Allemann-Ghionda, C. (2007): Zur Bedeutung der Mehrsprachigkeit für internationale Bildung. In: Internationale Friedensschule Köln (Hrsg.): Erziehung zum Frieden. Beiträge zum Dialog der Kulturen und Religionen in der Schule. Berlin: LIT, S. 157-169.

Allemann-Ghionda, C. (2008a): Für die Welt Diversität feiern – im heimischen Garten Ungleichheit kultivieren? Von gegenläufigen Entwicklungen in der Politik, Theorie und Praxis der interkulturellen Bildung in Europa. In: Zeitschrift für Pädagogik 54 (1), S. 15-33. Link: http://www.pedocs.de/volltexte/2011/4333/ [16.11.2014].

Allemann-Ghionda, C. (2008b): Vom Postulat zur bildungspolitischen und didaktischen Umsetzung? Anmerkungen zur Interkulturalität in Lehrplänen. In: Rosen, L. / Farrokhzad, S. (Hrsg.): Macht – Kultur – Bildung. Festschrift für Georg Auernheimer. Münster u. a.: Waxmann, S. 147-163.

Allemann-Ghionda, C. (2009a): Einführung. In: Mertens, G. / Frost, U. / Böhm, W. / Ladenthin, V. (Hrsg.): Handbuch der Erziehungswissenschaft. Band III / 2 (Umwelten), Kapitel VIII: Interkulturelle und vergleichende Erziehungswissenschaft. Bearbeitet von Meder, N. / Allemann-Ghionda, C. / Uhlendorff, U. / Mertens, G. Paderborn: Schöningh, S. 995-1002.

Allemann-Ghionda, C. (2009b): Interkulturalität und interkulturelle Bildung. In: Andresen, S. / Casale, R. / Gabriel, T. / Horlacher, R. / Larcher Klee, S. / Oelkers, J. (Hrsg.): Handwörterbuch Erziehungswissenschaft. Weinheim u. a.: Beltz, S. 424-437.

Allemann-Ghionda, C. (2010): Methodologische Ansätze der Vergleichenden Erziehungswissenschaft. Die Operation des Vergleichs. In: Waterkamp, D. (Hrsg.): Enzyklopädie Erziehungswissenschaft Online (EEO), Fachgebiet Vergleichende Erziehungswissenschaft. Hrsg. von Dietmar Waterkamp. Weinheim u. a.: Beltz. Link: http://dx.doi.org/10.3262/EEO05100152 [16.11.2014].

Allemann-Ghionda, C. (2012): Kann Interkulturelle Bildung zur Chancengerechtigkeit in der Bildung beitragen? In: Obermaier, M. (Hrsg.): Humane Ökologie. Gesellschaftliche Fragmentierungen – Pädagogische Suchbewegungen. Paderborn: Schöningh, S. 69-81.

Allemann-Ghionda, C. (2013): Bildung für alle, Diversität und Inklusion: Internationale Perspektiven. Paderborn: Schöningh.

Allemann-Ghionda, C. / Auernheimer, G. / Grabbe, H. / Krämer, A. (2006): Beobachtung und Beurteilung in soziokulturell und sprachlich heterogenen Klassen: die Kompetenz der Lehrpersonen. In: Allemann-Ghionda, C. / Terhart, E. (Hrsg.): Kompetenzen und Kompetenzentwicklung von Lehrerinnen und Lehrern. Ausbildung und Beruf. 51. Beiheft der Zeitschrift für Pädagogik. Weinheim u. a.: Beltz, S. 250-266. Link: http://www.pedocs.de/volltexte/2013/7381/ [16.11.2014].

Allemann-Ghionda, C. / Deloitte Consulting (2008): Intercultural Education in Schools. With Sarah Rühle and Jan-Matthias Threin. Brussels: European Parliament.

Allemann-Ghionda, C. / Ogay, T. (²1995): Interkulturelle Sensibilisierung: Ein Vademecum. Bern u. a.: Bundesamt für Bildung und Wissenschaft, Schweizerische Koordinationsstelle für Bildungsforschung.

Amodeo, I. (1999): Über das Deutsche im deutschen Sprach- und Literaturunterricht. Eine Skizze. In: Didaktik Deutsch, Band 6, S. 23-44.

Anaya, J. (2011): Report of the Special Rapporteur on the rights of indigenous peoples. Addendum. The situation of the Sami people in the Sápmi region of Norway, Sweden and Finland. Geneva: General Assembly of United Nations, Human Rights Council. Link: http://unsr.jamesanaya.org/docs/countries/2011-report-sapmi-a-hrc-18-35-add2_en.pdf [16.11.2014].

Antidiskriminierungsstelle des Bundes (2013): Diskriminierung im Bildungsbereich und im Arbeitsleben. Zweiter Gemeinsamer Bericht der Antidiskriminierungsstelle des Bundes und der in ihrem Zuständigkeitsbereich betroffenen Beauftragten der Bundesregierung und des Deutschen Bundestages. Berlin: Antidiskriminierungsstelle des Bundes. Link: www.antidiskriminierungsstelle.de [16.11.2014].

Anwar, A. (2013): Enttäuschung für die Musterschüler. Finnland und Schweden verlieren Spitzenplatz. In: Kölner Stadt-Anzeiger, 04.12.2013.

Assor, A. / Gordon, D. (1987): The implicit learning theory of hidden-curriculum research. In: Journal of curriculum studies 19 (4), S. 329-339. Link: http://dx.doi.org/ http://dx.doi.org/10.1080/0022027870190404 [16.11.2014].

Auernheimer, G. (2006): Kulturwissen ist zu wenig: Plädoyer für ein erweitertes Verständnis von interkultureller Kompetenz. In: Antor, H. (Hrsg.): Inter- und Transkulturelle Studien. Theoretische Grundlagen und interdisziplinäre Praxis. Heidelberg: Winter, S. 145-158.

Auernheimer, G. (2007): Migration und Bildungsgerechtigkeit in Deutschland. In: Fischer, D. / Elsenbast, V. (Hrsg.): Zur Gerechtigkeit im Bildungssystem. Münster u. a.: Waxmann, S. 85-92.

Auernheimer, G. (⁶2010): Einführung in die Interkulturelle Pädagogik. 6., unveränderte Auflage (Nachdruck der 5., ergänzten Auflage 2007). Darmstadt: Wissenschaftliche Buchgesellschaft.

Autorengruppe Bildungsberichterstattung (2010): Bildung in Deutschland 2010. Ein indikatorengestützter Bericht mit einer Analyse zu Perspektiven des Bildungswesens im demografischen Wandel. Bielefeld: W. Bertelsmann Verlag. Link: http://www.bildungsbericht.de [16.11.2014].

Autorengruppe Bildungsberichterstattung (2012). Bildung in Deutschland 2014. Ein indikatorengestützter Bericht mit einer Analyse zur kulturellen Bildung im Lebenslauf. Bielefeld: W. Bertelsmann Verlag. Link: http://www.bildungsbericht.de [16.11.2014].

Autorengruppe Bildungsberichterstattung (2014): Bildung in Deutschland 2014. Ein indikatorengestützter Bericht mit einer Analyse zur Bildung von Menschen mit Behinderungen. Bielefeld: W. Bertelsmann Verlag. Link: http://www.bildungsbericht.de [16.11.2014].

Axelsson, M. (2008): Sweden. Multilingualism as a Key to Integration in Schools. In: Bertelsmann Stiftung (Hrsg.): Immigrant Students Can Succeed. Lessons from around the Globe. Carl Bertelsmann Prize 2008. Gütersloh: Verlag Bertelsmann Stiftung, S. 109-118. Link: http://www.bertelsmann-stiftung.de [16.11.2014].

Baker, C. / Prys Jones, S. (1998): Encyclopedia of Bilingualism and Bilingual Education. Clevedon: Multilingual Matters.

Barth, H. J. / Heimer, A. / Pfeiffer, I. (2008): Integration through Education – Promising Practices, Strategies and Initiatives in Ten Countries. In: Bertelsmann Stiftung (Hrsg.): Immigrant Students Can Succeed. Lessons from around the Globe. Carl Bertelsmann Prize 2008. Gütersloh: Verlag Bertelsmann Stiftung, S. 119-187. Link: http://www.bertelsmann-stiftung.de [16.11.2014].

Baumert, J. / Artelt, C. / Klieme, E. / Neubrand, M. / Prenzel, M. / Schiefele, U. / Schneider, W. / Schümer, G. / Stanat, P. / Tillmann, K.-J. / Weiß, M. (Hrsg.) (2003): PISA 2000. Ein differenzierter Blick auf die Länder der Bundesrepublik Deutschland. Zusammenfassung zentraler Befunde. Berlin: Max-Planck-Institut für Bildungsforschung. Link: http://www.mpib-berlin.mpg.de/Pisa/PISA-E_Vertief_Zusammenfassung.pdf [16.11.2014].

Baumert, J. / Bos, W. / Watermann, R. (1998): TIMSS / III: Schülerleistungen in Mathematik und den Naturwissenschaften am Ende der Sekundarstufe II im internationalen Vergleich. Zusammenfassung deskriptiver Ergebnisse (Studien und Berichte / Max-Planck-Institut für Bildungsforschung No. 64). Berlin: Max-Planck-Institut für Bildungsforschung. Link: https://www.mpib-berlin.mpg.de/sites/default/files/schriften/Studien/Studien_064/pdf/Studien_Berichte_MPIB_064.pdf [16.11.2014].

Baumert, J. / Lehmann, R. / Lehrke, M. / Schmitz, B. / Clausen, M. / Hosenfeld, I. / Köller, O. / Neubrand, J. (1997): TIMSS. Mathematisch-naturwissenschaftlicher Unterricht im internationalen Vergleich. Deskriptive Befunde. Opladen: Leske + Budrich.

Baumert, J. / Schümer, G. (2001): Familiäre Lebensverhältnisse, Bildungsbeteiligung und Kompetenzerwerb. In: Baumert, J. / Klieme, E. / Neubrand, M. / Prenzel, M. / Schiefele, U. / Schneider, W. / Stanat, P. / Tillmann, K.-J. / Weiß, M. (Hrsg.): PISA 2000: Basiskompetenzen von Schülerinnen und Schülern im internationalen Vergleich. Opladen: Leske + Budrich, S. 323-407.

Becker, G. (1964): Human Capital. A Theoretical and Empirical Analysis with Special Reference to Education. New York: Columbia University Press.

Becker-Mrotzek, M. / Schramm, K. / Thürmann, E. / Vollmer, H. J. (Hrsg.) (2013): Sprache im Fach. Sprachlichkeit und fachliches Lernen. Münster u. a.: Waxmann.

Benati, R. (2008): Anmerkungen zu zweisprachigen Angeboten (Deutsch-Italienisch) in Deutschland unter Berücksichtigung von Evaluation. In: Allemann-Ghionda, C. / Pfeiffer, S. (Hrsg.): Bildungserfolg, Migration und Zweisprachigkeit. Perspektiven für Forschung und Entwicklung. Berlin: Frank & Timme, S. 93-102.

Bennett, J. M. / Bennett, M. J. / Allen, W. (2003): Developing intercultural competence in the language classroom. In: Lange, D. L. / Paige, R. M. (Hrsg.): Culture as the Core. Perspectives on Culture in Second Language Education. A Volume in Research in Second Language Learning. Greenwich: Information Age Publishing, S. 237-270.

Bennett, M. J. (1986): Towards ethnorelativism: A developmental model of intercultural sensitivity. In: Paige, R. M. (Hrsg.): Cross-cultural orientation: New conceptualizations and applications. New York: University Press of America, S. 27-70.

Bennett, M. J. (1993): Towards ethnorelativism: A developmental model of intercultural sensitivity. In: Paige, R. M. (Hrsg.): Education for the Intercultural Experience. Yarmouth, ME: Intercultural Press, S. 21-71.

Bernstein, B. (1959): Soziokulturelle Determinanten des Lernens mit besonderer Berücksichtigung der Rolle der Sprache. In: Heintz, P. (Hrsg.): Soziologie der Schule. Sonderheft der Kölner Zeitschrift für Soziologie und Sozialpsychologie. Köln u. a.: Westdeutscher Verlag, S. 52-79.

Bernstein, B. (^{2}1973): Studien zur sprachlichen Sozialisation. Zweite, durchgesehene Auflage. Düsseldorf: Pädagogischer Verlag Schwann.

Bernstein, B. (1975): Sprachliche Kodes und soziale Kontrolle. Düsseldorf: Pädagogischer Verlag Schwann.

Berry, J. W. / Phinney, J. S. / Sam, D. L. / Vedder, P. (2006): Immigrant Youth: Acculturation, Identity, and Adaptation. In: Applied Psychology: An International Review 55 (3), S. 303-332.

bidok (1994 / 2010): Die Salamanca Erklärung und der Aktionsrahmen zur Pädagogik für besondere Bedürfnisse. bidok (behinderung inklusion dokumentation). Internet-Projekt zum Thema der integrativen / inklusiven Pädagogik und Disability Studies am Institut für Erziehungswissenschaften der Universität Innsbruck. Link: http://bidok.uibk.ac.at/library/unesco-salamanca.html [16.11.2014].

Block, R. (2006): Schulrecht vor Elternrecht? Neue empirische Befunde zur Zuverlässigkeit von Übergangsempfehlungen der Grundschulen. Essen: Universität Duisburg-Essen, Campus Essen. Fachbereich Bildungswissenschaften. Arbeitsgruppe Bildungsforschung/-planung. Link: http://www.ler-nrw.de/archiv/Block_GS_Empfehlung.pdf [16.11.2014].

Böhm, W. ([16]2005): Wörterbuch der Pädagogik. 16., vollständig überarbeitete Auflage unter Mitarbeit von Frithjof Grell. Stuttgart: Kröner.

Boldebuck, C. / Hoidn-Borchers, A. (2011): Warum gibt es in Deutschland 16 Schulsysteme? In: Der Stern 29 / 2011, S. 46-55.

Bos, W. / Hornberg, S. / Arnold, K.-H. / Faust, G. / Fried, L. / Lankes, E.-M. / Schwippert, K. / Valtin, R. (Hrsg.) (2007): IGLU 2006. Lesekompetenzen von Grundschulkindern in Deutschland im internationalen Vergleich. Zusammenfassung. Münster u. a.: Waxmann. Link: http://www.bmbf.de/pubRD/IGLU_zusammenfassung.pdf [16.11.2014].

Bos, W. / Lankes, E.-M. / Prenzel, M. / Schwippert, K. / Walther, G. / Valtin, R. (Hrsg.) (2003): Erste Ergebnisse aus IGLU. Schülerleistungen am Ende der vierten Jahrgangsstufe im internationalen Vergleich. Münster u. a.: Waxmann.

Böttcher, W. / Klemm, K. (2000): Das Bildungswesen und die Reproduktion von herkunftsbedingter Benachteiligung. In: Frommelt, B. / Klemm, K. / Rösner, E. / Tillmann, K.-J. (Hrsg.): Schule am Ausgang des 20. Jahrhunderts: Gesellschaftliche Ungleichheit, Modernisierung und Steuerungsprobleme im Prozess der Schulentwicklung. Weinheim u. a.: Juventa, S. 11-43.

Boudon, R. (1981): The Logic of Social Action. An Introduction to Sociological Analysis. London: Routledge & Kegan Paul.

Bourdieu, P. (1992): Ökonomisches Kapital – Soziales Kapital – Kulturelles Kapital. In: Bourdieu, P. (Hrsg.): Die verborgenen Mechanismen der Macht. Schriften zu Politik und Kultur I. Hamburg: VSA, S. 49-79.

Bourdieu, P. / Passeron, J.-C. (1971): Die Illusion der Chancengleichheit. Untersuchung zur Soziologie des Bildungswesens am Beispiel Frankreich. Stuttgart: Klett.

Bray, M. (2011): The Challenge Shadow of Education. Private tutoring and its implications for policy makers in the European Union. An independent report prepared for the European Commission by the NESSE network of experts. Brussels: European Commission. Link: http://www.nesse.fr/nesse/activities/reports/activities/reports/the-challenge-of-shadow-education-1 [16.11.2014].

Breugnot, J. (2000): Fremdsprachen. In: Reich, H. H. / Holzbrecher, A. / Roth, H.-J. (Hrsg.): Fachdidaktik interkulturell. Ein Handbuch. Opladen: Leske + Budrich, S. 287-310.

Brink, S. / Nissinen, K. / Vettenranta, J. (2013): Equity and excellence. Evidence for policy formulation to reduce the difference in PISA performance between Swedish speaking and Finnish speaking students in Finland. Jyväskylä: Finnish Institute for Educational Research. Link: https://ktl.jyu.fi/en/publications/g047.pdf [16.11.2014].

Bühler-Otten, S. / Neumann, U. / Reuter, L. (2000): Interkulturelle Bildung in den Lehrplänen. In: Gogolin, I. / Nauck, B. (Hrsg.): Migration, gesellschaftliche Differenzierung und Bildung. Opladen: Leske + Budrich, S. 279-319.

Bundesgesetzblatt (2008): Gesetz zu dem Übereinkommen der Vereinten Nationen vom 13. Dezember 2006 über die Rechte von Menschen mit Behinderungen sowie zu dem Fakultativprotokoll vom 13. Dezember 2006 zum Übereinkommen der Vereinten Nationen über die Rechte von Menschen mit Behinderungen. Vom 21. Dezember 2008. Bundesgesetzblatt Jahrgang 2008 Teil II Nr. 35. Berlin: Bundesanzeiger Verlag. Link: http://www.un.org/depts/german/uebereinkommen/ar61106-dbgbl.pdf [16.11.2014].

Bundesministerium der Justiz (2002 / 2007): Gesetz zur Gleichstellung behinderter Menschen (Behindertengleichstellungsgesetz – BGG). Berlin. Link: http://www.gese tze-im-internet.de/bundesrecht/bgg/gesamt.pdf [16.11.2014].

Bundesministerium des Innern (2013): Nationale Minderheiten. Minderheiten- und Regionalsprachen in Deutschland. Stand November 2012. Publikation 07.01.2013. Berlin. Link: http://www.bmi.bund.de/SharedDocs/Downloads/DE/Broschueren/2013/ Minderheiten_Minderheitensprachen.html?nn=3315750 [16.11.2014].

Caprez-Krompàk, E. (2010): Entwicklung der Erst- und Zweitsprache im interkulturellen Kontext. Eine empirische Untersuchung über den Einfluss des Unterrichts in heimatlicher Sprache und Kultur (HSK) auf die Sprachentwicklung. Münster u. a.: Waxmann.

Cummins, J. (1979): Cognitive / academic language proficiency, linguistic interdependence, the optimum age question and some other matters. In: Working Papers on Bilingualism 19, S. 121-129.

Dahrendorf, R. (1961): Gesellschaft und Freiheit. Zur soziologischen Analyse der Gegenwart. München: Piper.

Degele, N. / Winker, G. (2011): Intersektionalität als Beitrag zu einer gesellschaftstheoretisch informierten Ungleichheitsforschung. In: Berliner Journal für Soziologie 21 (1), S. 69-90. Link: http://dx.doi.org/10.1007/s11609-011-0147-y [16.11.2014].

Dervin, F. (2013): Making Sense of Education for Diversities: Criticality, Reflexivity and Language. In: Arslan, H. / Raţă, G. (Hrsg.): Multicultural Education: From Theory to Practice. Newcastle upon Tyne, UK: Cambridge Scholars Publishing, S. 85-102.

Dervin, F. / Paatela-Nieminen, M. / Kuoppala, K. / Riitaoja, A.-L. (2012): Multicultural Education in Finland: Renewed Intercultural Competences to the Rescue? In: International Journal of Multicultural Education. Anniversary Issue: Multicultural Education – Past, Present, and Future 14 (3), S. 1-13. Link: http://ijme-journal.org/index. php/ijme/article/view/564 [16.11.2014].

Diefenbach, H. (2010): Bildungschancen und Bildungs(miss)erfolg von ausländischen Schülern oder Schülern aus Migrantenfamilien im System schulischer Bildung. In:

Becker, R. / Lauterbach, W. (Hrsg.): Bildung als Privileg. Erklärungen und Befunde zu den Ursachen der Bildungsungleichheit. 4., aktualisierte Auflage. Wiesbaden: VS Verlag für Sozialwissenschaften, S. 221-245. Link: http://dx.doi.org/10.1007/978-3-531-92484-7_8 [16.11.2014].

Dietz, G. (2007): Keyword: Cultural Diversity. A Guide Through the Debate. In: Zeitschrift für Erziehungswissenschaft 10 (1), S. 7-30. Link: http://dx.doi.org/10.1007/s11618-007-0003-1 [16.11.2014].

Ditton, H. ([4]2010): Der Beitrag von Schule und Lehrern zur Reproduktion von Bildungsungleichheit. 4., aktualisierte Auflage. In: Becker, R. / Lauterbach, W. (Hrsg.): Bildung als Privileg. Erklärungen und Befunde zu den Ursachen der Bildungsungleichheit. Wiesbaden: VS Verlag für Sozialwissenschaften, S. 247-275. Link: http://dx.doi.org/10.1007/978-3-531-92484-7 [16.11.2014].

Ditton, H. / Reinders, H. (2011): Überblick Bildungssystem. In: Reinders, H. / Ditton, H. / Gräsel, C. / Gniewosz, B. (Hrsg.): Empirische Bildungsforschung. Strukturen und Methoden. Wiesbaden: VS Verlag für Sozialwissenschaften, S. 145-152. Link: http://dx.doi.org/10.1007/978-3-531-93015-2_12 [16.11.2014].

Döbert, H. / Dedering, K. (Hrsg.) (2008): Externe Evaluation von Schulen. Historische, rechtliche und vergleichende Aspekte. Münster u. a.: Waxmann.

Domisch, R. (2009): Keine Mythen, sondern fundierte Schulreformen. Die Lernerfolge finnischer Schüler aus der Perspektive des Finnischen Zentralamts für Unterrichtswesen. In: Zeitschrift für Erziehungswissenschaft 12(4), S. 617-632. Link: http://dx.doi.org/10.1007/s11618-009-0100-4 [16.11.2014].

Domisch, R. / Klein, A. (2012): Niemand wird zurückgelassen. Eine Schule für Alle. München: Hanser.

Dose, I. / Hecker, K. / Schulz, U. (Hrsg.) (2007): Vorbildfunktion vs. Entsorgungspädagogik? Schulpolitik und Bildung in Skandinavien und Deutschland. Leipzig u. a.: Kirchhof & Franke.

Duden (2009): Duden, die deutsche Rechtschreibung. Mannheim u. a.: Dudenverlag.

Ehmke, T. / Jude, N. (2010): Soziale Herkunft und Kompetenzerwerb. Kapitel 7.2. In: Klieme, E. / Artelt, C. / Hartig, J. / Jude, N. / Köller, O. / Prenzel, M. / Schneider, W. / Stanat, P. (Hrsg.): PISA 2009. Bilanz nach einem Jahrzehnt. Münster u. a.: Waxmann, S. 231-254. Link: http://pisa.dipf.de/de/pisa-2009/ergebnisberichte/PISA_2009_Bilanz_nach_einem_Jahrzehnt.pdf [16.11.2014].

Ellingsæter, A. L. (2012): Betreuungsgeld. Erfahrungen aus Finnland, Norwegen und Schweden. Berlin: Friedrich-Ebert-Stiftung (FES). Link: http://library.fes.de/pdf-files/id/09036.pdf [16.11.2014].

Engel de Abreu, P. M. J. / Cruz-Santos, A. / Tourinho, C. J. / Martin, R. / Bialystok, E. (2012): Bilingualism Enriches the Poor. Enhanced Cognitive Control in Low-Income Minority Children. In: Psychological Science 23 (11), S. 1364-1371. Link: http://dx.doi.org/10.1177/0956797612443836 [16.11.2014].

Esser, H. (2006a): Schluss mit dem Placebo. Zweisprachigkeit hilft nicht der Integration. In: Süddeutsche Zeitung vom 07. April 2006.

Esser, H. (2006b): Sprache und Integration. Die sozialen Bedingungen und Folgen des Spracherwerbs von Migranten. Frankfurt am Main: Campus.

Esser, H. (2009): Der Streit um die Zweisprachigkeit: Was bringt die Bilingualität? In: Gogolin, I. / Neumann, U. (Hrsg.): Streitfall Zweisprachigkeit – The Bilingualism Controversy. Wiesbaden: VS Verlag für Sozialwissenschaften, S. 69-88. Link: http://dx.doi.org/10.1007/978-3-531-91596-8_5 [16.11.2014].

Europäische Kommission (1996): Lehren und lernen: Auf dem Weg zur kognitiven Gesellschaft. Weißbuch zur allgemeinen und beruflichen Bildung. Luxemburg: Amt für amtliche Veröffentlichungen der Europäischen Gemeinschaften.

Europäische Kommission (2009): Nationale Lernstandserhebungen in Europa: Ziele, Aufbau und Verwendung der Ergebnisse. Brüssel: Eurydice. Link: http://eacea.ec. europa.eu/education/eurydice/documents/thematic_reports/109DE.pdf [16.11.2014].

Europäische Kommission (2011): Klassenwiederholung während der Pflichtschulzeit in Europa: Regelungen und Statistiken. Brüssel: Eurydice. Link: http://eacea.ec. europa.eu/education/eurydice/documents/thematic_reports/126DE.pdf [16.11.2014].

European Commission (2013): Finland. Specific Ongoing Reforms and Policy Developments at National Level. Brussels: European Commission. Eurypedia – The European Encyclopedia on National Education Systems. (Wep-page was last modified on 1 October 2013, at 14:17). Link: https://webgate.ec.europa.eu/fpfis/mwikis/eury dice/index.php/Finland:Specific_Ongoing_Reforms_and_Policy_Developments_at_ National_Level [16.11.2014].

European Commission (2014): Finland. Population: Demographic Situation, Languages and Religions. Brussels: European Commission. Eurypedia – The European Encyclopedia on National Education Systems. (Wep-page was last modified on 19 Februrary 2014, at 11:16). Link: https://webgate.ec.europa.eu/fpfis/mwikis/eury dice/index.php/Finland:Population:_Demographic_Situation_Languages_and_Religions [16.11.2014].

Evangelische Kirche in Deutschland (EKD) (2013): Statistik über die Äußerungen des kirchlichen Lebens in den Gliedkirchen der EKD im Jahr 2011. Hannover: Evangelische Kirche in Deutschland. Link: http://www.ekd.de/download/kirch_leben_20 11.pdf [16.11.2014].

Fend, H. / Knörzer, W. / Nagl, W. / Specht, W. / Väth-Szusdziara, R. (Hrsg.) (1976): Sozialisationseffekte der Schule. Weinheim u. a.: Beltz.

Fend, H. (2004): Was stimmt mit den deutschen Bildungssystemen nicht? Wege zur Erklärung von Leistungsunterschieden zwischen Bildungssystemen. In: Schümer, G. / Tillmann, K.-J. / Weiss, M. (Hrsg.): Die Institution Schule und die Lebenswelt der Schüler. Vertiefende Analysen der PISA-2000-Daten zum Kontext von Schülerleistungen. Wiesbaden: VS Verlag für Sozialwissenschaften, S. 15-38.

Feuser (2002): Von der Integration zur Inclusion. „Allgemeine (integrative) Pädagogik" und Fragen der Lehrerbildung. Vortrag an der pädagogischen Akademie des Bundes, Niederösterreich anlässlich der 6. allgemeinpädagogischen Tagung am 21. März

2002 in Baden, Österreich. Link: http://www.georg-feuser.com/conpresso/_data/ Von_der_Integration_zur_Inclusion_Baden_A_2002-03-21.pdf [16.11.2014].

Finnish Ministry of Justice (1999 / 2011): The Constitution of Finland. 11 June 1999 (731 / 1999, amendments up to 1112 / 2011 included). Helsinki. Link: http://www. finlex.fi/fi/laki/kaannokset/1999/en19990731.pdf [16.11.2014].

Finnish Ministry of Justice (2003): Language Act (423 / 2003). Helsinki: Ministry of Justice. Link: http://www.finlex.fi/en/laki/kaannokset/2003/en20030423.pdf [16.11. 2014].

Finnish National Board of Education (1999): A Framework for Evaluating Educational Outcomes in Finland. Evaluation 8 / 1999. Helsinki: Finnish National Board of Education. Link: http://www.oph.fi/download/115508_a_framework_for_evaluating_edu cational_outcomes_in_finland.pdf [16.11.2014].

Finnish National Board of Education (2004): National Core Curriculum for Basic Education 2004. National core curriculum for basic education intended for pupils in compulsory education. Helsinki: Finnish National Board of Education. Link: http:// www.oph.fi/english/curricula_and_qualifications/basic_education [16.11.2014].

Finnish National Board of Education (2011): Amendments and additions to the National Core Curriculum. Helsinki. Link: http://www.oph.fi/download/132551_amendments _and_additions_to_national_core_curriculum_basic_education.pdf [16.11.2014].

Finnish National Board of Education (2013): OPS2016 – Renewal of the core curriculum for pre-primary and basic education. (Veröffentlicht am 6.2.2013). Helsinki: Finnish National Board of Education. Link: http://www.oph.fi/english/current_issues/101/ 0/ops2016_renewal_of_the_core_curriculum_for_pre-primary_and_basic_education [16.11.2014].

FörMig (2010): BLK-Programm „Förderung von Kindern und Jugendlichen mit Migrationshintergrund" (FörMig). Teilnehmende Bundesländer. Universität Hamburg: Institut für International und Interkulturell Vergleichende Erziehungswissenschaft (aktualisiert am 15.06.2010). Link: http://www.blk-foermig.uni-hamburg.de/web/de/ all/lpr/index.html [16.11.2014].

FörMig NRW (2008): BLK-Programm „Förderung von Kindern und Jugendlichen mit Migrationshintergrund" (FörMig). Schwerpunkt 1 Sprachstandsfeststellung, Sprachförderung. Essen: Hauptstelle RAA (aktualisiert am 30.09.2008). Link: http://www. foermig-nrw.de/web/de/all/spr/schw1/index.html [16.11.2014].

FörMig NRW (2009): BLK-Programm „Förderung von Kindern und Jugendlichen mit Migrationshintergrund" (FörMig). Willkommen bei FörMig NRW. Essen: Hauptstelle RAA (aktualisiert am 16.08.2009). Link: http://www.foermig-nrw.de [16.11.2014].

Fürstenau, S. (2007): Bildungsstandards im Kontext ethnischer Heterogenität. In: Zeitschrift für Pädagogik 53 (1), S. 16-33. Link: http://www.pedocs.de/ volltexte/2011/4385/ [16.11.2014].

Fürstenau, S. (2011): Mehrsprachigkeit als Voraussetzung und Ziel schulischer Bildung. In: Fürstenau, S. / Gomolla, M. (Hrsg.): Migration und schulischer Wandel: Mehrsprachigkeit. Wiesbaden: Verlag für Sozialwissenschaften, S. 25-50. Link: http://dx.doi.org/10.1007/978-3-531-92659-9_2 [16.11.2014].

GEW (2006): Bildungsflickenteppich Deutschland. 12.04.2006. Frankfurt am Main: Gewerkschaft Erziehung und Wissenschaft (GEW). Link: http://www.gew.de/ Bildungsflickenteppich_Deutschland.html [16.11.2014].

GEW NRW (2012): Qualitätsanalyse. In: Die Bildungsmacher. Online-Praxisportal der Gewerkschaft Erziehung und Wissenschaft NRW. Essen: Gewerkschaft Erziehung und Wissenschaft NRW (GEW NRW). Link: http://www.gew-bildungsmacher. de/fileadmin/freie_files/Schullexikon/Qualitaetsanalyse.pdf [16.11.2014].

Ghisla, G. (1999): Lehrplanmethaphern und pädagogischer Common Sense. In: Künzli, R. / Bähr, K. / Fries, A. V. / Ghisla, G. / Rosenmund, M. / Seliner-Müller, G. (Hrsg.): Lehrplanarbeit. Über den Nutzen von Lehrplänen für die Schule und ihre Entwicklung. Chur u. a.: Rüegger, S. 124-143.

Giesecke, H. (1990): Einführung in die Pädagogik. Weinheim u. a.: Juventa.

Göbel, K. / Hesse, H.-G. (2004): Vermittlung interkultureller Kompetenz im Englischunterricht – eine curriculare Perspektive. In: Zeitschrift für Pädagogik 50 (6), S. 818-834. Link: http://www.pedocs.de/volltexte/2011/4842/ [16.11.2014].

Göpfert, H. (1985): Ausländerfeindlichkeit durch Unterricht. Konzeptionen und Alternativen für Geschichte, Sozialkunde und Religion. Düsseldorf: Schwann.

Gogolin, I. (1994): Der monolinguale Habitus der multilingualen Schule. Münster u. a.: Waxmann.

Gogolin, I. (2006): Bilingualität und die Bildungssprache der Schule. In: Mecheril, P. / Quehl, T. (Hrsg.): Die Macht der Sprachen. Englische Perspektiven auf die mehrsprachige Schule. Münster u. a.: Waxmann, S. 79-85.

Gogolin, I. ([3]2010a): Interkulturelle Bildungsforschung. In: Tippelt, R. / Schmidt, B. (Hrsg.): Handbuch Bildungsforschung. 3., durchgesehene Auflage. Wiesbaden: VS Verlag für Sozialwissenschaften, S. 297-315. Link: http://dx.doi.org/10.1007/978-3-531-92015-3_15 [16.11.2014].

Gogolin, I. (2010b): Stichwort: Mehrsprachigkeit. In: Zeitschrift für Erziehungswissenschaft 13 (4), S. 529-547. Link: http://dx.doi.org/10.1007/s11618-010-0162-3 [16.11.2014].

Gogolin, I. / Dirim, İ. / Klinger, T. / Lange, I. / Lengyel, D. / Michel, U. / Neumann, U. / Reich, H. H. / Roth, H.-J. / Schwippert, K. (Hrsg.) (2011): Förderung von Kindern und Jugendlichen mit Migrationshintergrund FörMig. Bilanz und Perspektiven eines Modellprogramms. Münster u. a.: Waxmann.

Gogolin, I. / Lange, I. (2011): Bildungssprache und Durchgängige Sprachbildung. In: Fürstenau, S. / Gomolla, M. (Hrsg.): Migration und schulischer Wandel: Mehrsprachigkeit. Wiesbaden: VS Verlag für Sozialwissenschaften, S. 107-127. Link: http://dx.doi.org/10.1007/978-3-531-92659-9_6 [16.11.2014].

Gogolin, I. / Neumann, U. (Hrsg.) (2009): Streitfall Zweisprachigkeit – The Bilingualism Controversy. Wiesbaden: VS Verlag für Sozialwissenschaften. Link: http://dx. doi.org/10.1007/978-3-531-91596-8 [16.11.2014].

Gomolla, M. (2005): Schulentwicklung in der Einwanderungsgesellschaft. Strategien gegen institutionelle Diskriminierung in England, Deutschland und in der Schweiz. Münster u. a.: Waxmann.

Gomolla, M. / Radtke, F.-O. (^{3}2009): Institutionelle Diskriminierung. Die Herstellung ethnischer Differenz in der Schule. 3. Aufage. Erstauflage 2002. Opladen: Leske + Budrich.

Graeffe, L. / Lestinen, L. (2012): Towards Multicultural Education in Finland. In: Spinthourakis, J. A. / Lalor, J. / Berg, W. (Hrsg.): Cultural Diversity in the Classroom. A European Comparison. Wiesbaden: VS Verlag für Sozialwissenschaften, S. 109-128.

Haeberlin, U. / Imdorf, C. / Kronig, W. (2005): Verzerrte Chancen auf dem Lehrstellenmarkt. Untersuchungen zu Benachteiligungen von ausländischen und von weiblichen Jugendlichen bei der Suche nach beruflichen Ausbildungsplätzen in der Schweiz. In: Zeitschrift für Pädagogik 51 (1), S. 116-134.

Hagemann, K. / Mattes, M. (2008): Ganztagserziehung im deutsch-deutschen Vergleich. In: Aus Politik und Zeitgeschichte. Vor- und Grundschule. Heft 23 / 2008. Link: http://www.bpb.de/shop/zeitschriften/apuz/31171/vor-und-grundschule [16.11.2014].

Halinen, I. (2008): Der Lehrplan der Gemeinschaftsschule. In: Sarjala, J. / Häkli, E. (Hrsg.): Jenseits von PISA. Finnlands Schulsystem und seine neuesten Entwicklungen. Berlin: Berliner Wissenschafts-Verlag (BWV), S. 99-122.

Halinen, I. / Järvinen, R. (2008): Towards inclusive education: the case of Finland. In: Prospects 38 (1), S. 77–97. Link: http://dx.doi.org/10.1007/s11125-008-9061-2 [05.10.2014].

Hammer, M. R. / Bennett, M. J. / Wiseman, R. (2003): Measuring intercultural sensitivity: The Intercultural Development Inventory. In: International Journal of Intercultural Relations 27 (4), S. 421-443.

Hansen, G. (2003): Pluralitätsrhetorik und Homogenitätspolitik. In: Gogolin, I. / Helmchen, J. / Lutz, H. / Schmidt, G. (Hrsg.): Pluralismus unausweichlich? Blickwechsel zwischen Vergleichender und Interkultureller Pädagogik. Münster u. a.: Waxmann, S. 59-73.

Helmke, A. / Weinert, F. E. (1997): Bedingungsfaktoren schulischer Leistungen. In: Weinert, F. E. (Hrsg.): Enzyklopädie der Psychologie. Bd. 3: Psychologie des Unterrichts und der Schule. Göttingen u. a.: Hogrefe, S. 71-176.

Hepp, G. F. (2011): Bildungspolitik in Deutschland. Eine Einführung. Wiesbaden: VS Verlag für Sozialwissenschaften. Link: http://dx.doi.org/10.1007/978-3-531-93122-7_4 [16.11.2014].

Hernesniemi, P. / Hannikainen, L. (2000): Roma Minorities in the Nordic and Baltic Countries – Are Their Rights Realised? Rovaniemi: University of Lappland.

Herrmann, U. (2003): „Bildungsstandards" – Erwartungen und Bedingungen, Grenzen und Chancen. In: Zeitschrift für Pädagogik 49 (5), S. 625-639. Link: http://www.pedocs.de/volltexte/2011/3895/ [16.11.2014].

Herwartz-Emden, L. / Schurt, V. / Waburg, W. (2012): Mädchen und Jungen in Schule und Unterricht. Stuttgart: Kohlhammer.

Hildén, R. / Kantelinen, R. (2012): Language Education – Foreign Languages. In: Niemi, H. / Toom, A. / Kallioniemi, A. (Hrsg.): Miracle of Education. The Principles and Practices of Teaching and Learning in Finnish Schools. Rotterdam u. a.: Sense Publishers, S. 161-176.

Hinz, A. (2002): Von der Integration zur Inklusion – terminologisches Spiel oder konzeptionelle Weiterentwicklung? In: Zeitschrift für Heilpädagogik 53, S. 354-361.

Hofstede, G. (1980): Culture's Consequences. International Differences in Work Related Values. Beverly Hills u. a.: Sage.

Hofstede, G. (1991): Cultures and organizations: Software of the mind. New York u. a.: McGraw Hill.

Holm, G. / Londen, M. (2010): The discourse on multicultural education in Finland: education for whom? In: Intercultural Education 21 (1), S. 107-120. Link: http://dx.doi.org/10.1080/14675981003696222 [16.11.2014].

Holm, G. / Mansikka, J.-E. (2013): Multicultural education as policy and praxis in Finland: Heading in a problematic direction? In: Dervin, F. (Hrsg.): Recherches en Education. Le mythe de l'éducation finlandaise. N°16 – Juin 2013. Nantes: Université de Nantes, Département des sciences de l'éducation, Centre de recherche en éducation de Nantes (CREN), Revue Recherches en éducation, S. 63-74. Link: http://www.recherches-en-education.net/IMG/pdf/REE-no16.pdf [16.11.2014].

Holm, G. / Zilliacus, H. (2012): Multicultural education and intercultural education: Is there a difference. In: Talib, M.-T. / Loima, J. / Paavola, H. / Patrikainen, S. (Hrsg.): Dialogs on Diversity and Global Education. Frankfurt am Main u. a.: Peter Lang, S. 11-28.

Holzbrecher, A. (2010): Didaktik interkulturellen Lernens. In: Enzyklopädie Erziehungswissenschaft Online (EEO), Fachgebiet Interkulturelle Bildung, Didaktik und Methodik interkultureller Bildung. Hrsg. von Hans-Joachim Roth und Charis Anastasopoulos. Weinheim u. a.: Juventa, S. 1-28. Link: http://dx.doi.org/10.3262/EEO06100112 [16.11.2014].

Hohmann, M. (1989): Interkulturelle Erziehung – eine Chance für Europa? In: Hohmann, M. / Reich, H. H. (Hrsg.): Ein Europa für Mehrheiten und Minderheiten: Diskussionen um interkulturelle Erziehung. Münster u. a.: Waxmann, S. 1-32.

Hopf, D. (2005): Zweisprachigkeit und Schulleistung bei Migrantenkindern. In: Zeitschrift für Pädagogik 51 (2), S. 237-251. Link: http://www.pedocs.de/volltexte/2011/4751/ [16.11.2014].

Hopmann, S. / Riquarts, K. (Hrsg.) (1995): Didaktik und / oder Curriculum. Grundprobleme einer international vergleichenden Didaktik. 33. Beiheft der Zeitschrift für Pädagogik, in Zusammenarbeit mit W. Klafki und A. Krapp. Weinheim u. a.: Beltz.

Huntington, S. P. (1996): Der Kampf der Kulturen. Die Neugestaltung der Weltpolitik im 21. Jahrhundert. München u. a.: Europaverlag.

Hurrelmann, K. (1988): Thesen zur strukturellen Entwicklung des Bildungssystems in den nächsten fünf bis zehn Jahren. In: Die Deutsche Schule 80 (4), S. 451-461.

Hurrelmann, K. (2013): Das Schulsystem in Deutschland. Das „Zwei-Wege-Modell" setzt sich durch. In: Zeitschrift für Pädagogik 59 (4), S. 455-468.

Jääskeläinen, L. (2013): A Short History of Global Education in Finland – From the Perspective of a Curriculum Developer. In: Forghani-Arani, N. / Hartmeyer, H. / O'Loughlin, E. / Wegimont, L. (Hrsg.): Global Education in Europe. Policy, Practice and Theoretical Challenges. Münster u. a.: Waxmann, S. 81-94.

Jackson, P. W. (1968): Life in Classroom. New York u. a.: Holt, Rinehart and Winston.

Jackson, P. W. (1975): Einübung in eine bürokratische Gesellschaft. Zur Funktion der sozialen Verkehrsformen im Klassenzimmer. In: Zinnecker, J. (Hrsg.): Der heimliche Lehrplan. Weinheim u. a.: Beltz, S. 19-34.

Jakku-Sihvonen, R. (2002a): Differences between school-specific results in terms of equality in education. In: Jakku-Sihvonen, R. / Kuusela, J. (Hrsg.): Evaluation of the Equal Opportunities in the Finnish Comprehensive Schools 1998–2001. Evaluation 11 / 2002. Helsinki: Finnish National Board of Education, S. 9-26. Link: http://www.oph.fi/download/47708_evaluation11.pdf [16.11.2014].

Jakku-Sihvonen, R. (2002b): Main results of the assessments concerning primary and secondary education between 1995 and 2002. In: Jakku-Sihvonen, R. (Hrsg.): Evaluation and Outcomes in Finland – Main Results in 1995-2002. Evaluation 10 / 2002. Helsinki: Finnish National Board of Education, S. 11-27. Link: http://www.oph.fi/download/47712_evaluation.pdf [16.11.2014].

Kallioniemi, A. / Ubani, M. (2012): Religious Education in Finnish School System. In: Niemi, H. / Toom, A. / Kallioniemi, A. (Hrsg.): Miracle of Education. The Principles and Practices of Teaching and Learning in Finnish Schools. Rotterdam u. a.: Sense Publishers, S. 177-187.

Kamens, D. H. / Meyer, J. W. / Benavot, A. (1996): Worldwide Patterns in Academic Secondary Education Curricula. In: Comparative Education Review 40 (2), S. 116-138.

Karppinen, K. (2008): Koulumenestys, koulutukseen valikoituminen, tutkinnon suorittaminen ja työelämään siirtyminen [School achievement, continuation, degree completion and entry into the labour market]. In: Kuusela, J. / Etelälahti, A. / Hagman, Å. / Hievanen, R. / Karppinen, K. / Nissilä, L. / Rönnberg, U. / Siniharju, M. (Hrsg.): Maahanmuuttajaoppilaat ja Koulutus – Tutkimus Oppimistuloksista, Koulutusvalinnoista ja Työllistämisestä [Immigrant Students and Education]. Helsinki: National Board of EducationNational Board of Education, S. 135-186.

Kasurinen, H. / Vuorinen, R. (2009): Vertiefender Exkurs I: Lernberatung im finnischen Schulwesen. In: Matthies, A.-L. / Skiera, E. (Hrsg.): Das Bildungswesen in Finnland. Geschichte, Struktur, Institutionen und pädagogisch-didaktische Konzeptionen, bildungs- und sozialpolitische Perspektiven. Bad Heilbrunn: Klinkhardt, S. 148-156.

Keskitalo, P. / Määttä, K. / Uusiautti, S. (2013): Sámi education in Finland. In: Määttä, K. / Uusiautti, S. (Hrsg.): Early child care and education in Finland. London u. a.: Routledge, S. 39-53.

Keupp, H. / Ahbe, T. / Gmür, W. / Höfer, R. / Mitzscherlich, B. (1999): Identitätskonstruktionen. Das Patchwork der Identitäten in der Spätmoderne. Reinbek: Rowohlt.

Kilpi, E. (2010): The education of children of immigrants in Finland. Thesis submitted for the degree of Doctor of Philosophy. St Antony's College, University of Oxford: Oxford University Research Archive (ORA). Link: http://ora.ox.ac.uk/objects/ uuid:9ae6dfc5-bda6-4d6f-8780-c97abab350e9 [16.11.2014].

Kilpi-Jakonen, E. (2012): Does Finnish Educational Equality Extend to Children of Immigrants? Examining national origin, gender and the relative importance of parental resources. In: Nordic Journal of Migration Research 2 (2), S. 167-181. Link: http://dx.doi.org/10.2478/v10202-011-0039-4 [16.11.2014].

Kivinen, O. / Hedman, J. / Kaipainen, P. (2007): From elite university to mass education: Educational expansion, equality of opportunities and returns to university education. In: Acta Sociologica 50 (3), S. 231-247.

Kivirauma, J. / Klemelä, K. / Rinne, R. (2006): Segregation, integration, inclusion – the ideology and reality in Finland. In: European Journal of Special Needs Education 21 (2), S. 117-133.

Klafki, W. (1998): Schlüsselprobleme der modernen Welt und die Aufgaben der Schule – Grundlinien einer neuen Allgemeinbildungskonzeption in internationaler / interkultureller Perspektive. In: Gogolin, I. / Krüger-Potratz, M. (Hrsg.): Pluralität und Bildung. Opladen: Leske + Budrich, S. 235-249.

Klemm, K. (2010): Gemeinsam lernen. Inklusion leben. Status Quo und Herausforderungen inklusiver Bildung in Deutschland. Prof. em. Dr. Klaus Klemm. Im Auftrag der Bertelsmann Stiftung. Gütersloh: Bertelsmann Stiftung. Link: http://www. bertelsmann-stiftung.de/cps/rde/xbcr/SID-386A35D7-651750FE/bst/xcms_bst_dms_ 32811_32812_2.pdf [16.11.2014].

Klemm, K. (2011): Das Bildungssystem Deutschlands: Strukturen und Strukturreformen. In: Reinders, H. / Ditton, H. / Gräsel, C. / Gniewosz, B. (Hrsg.): Empirische Bildungsforschung. Strukturen und Methoden. Wiesbaden: VS Verlag für Sozialwissenschaften, S. 153-164. Link: http://dx.doi.org/10.1007/978-3-531-93015-2_13 [16.11.2014].

Klemm, K. (2013): Inklusion in Deutschland – eine bildungsstatistische Analyse. Gütersloh: Bertelsmann Stiftung. Link: http://www.bertelsmann-stiftung.de/cps/rde/xbcr /SID-B8248BAD-870248E4/bst/xcms_bst_dms_37485_37486_2.pdf [16.11.2014].

Klemm, K. / Klemm, A. (2010): Ausgaben für Nachhilfe – teurer und unfairer Ausgleich für fehlende individuelle Förderung. Gütersloh: Bertelsmann Stiftung. Link: http://www.bertelsmann-stiftung.de/cps/rde/xbcr/SID-D5A78791-65DB5007/bst/xc ms_bst_dms_30717_30784_2.pdf [16.11.2014].

Klemm, K. / Preuss-Lausitz, U. (2011): Auf dem Weg zur schulischen Inklusion in Nordrhein-Westfalen. Empfehlungen zur Umsetzung der UN Behindertenrechtskonvention im Bereich der allgemeinen Schulen. Essen, Berlin. Link: http://www.schulministerium.nrw.de/docs/Schulsystem/Inklusion/Gutachten-_Auf-d

em-Weg-zur-schulischen-Inklusion-in-Nordrhein-Westfalen_/NRW_Inklusionskonz ept_2011__-_neue_Version_08_07_11.pdf [16.11.2014].

Klieme, E. / Avenarius, H. / Blum, W. / Döbrich, P. / Gruber, H. / Prenzel, M. / Reiss, K. / Riquarts, K. / Rost, J. / Tenorth, H.-E. / Vollmer, H. J. (2003): Zur Entwicklung nationaler Bildungsstandards. Bonn: Bundesministerium für Bildungsforschung. Link: http://www.bmbf.de/pub/zur_entwicklung_nationaler_bildungsstandards.pdf [16.11.2014].

Klippert, H. (2010): Heterogenität im Klassenzimmer. Wie Lehrkräfte effektiv und zeitsparend damit umgehen können. Weinheim u. a.: Beltz.

KMK (1996): Empfehlung „Interkulturelle Bildung und Erziehung in der Schule". Beschluss der Kultusministerkonferenz vom 25.10.1996. Bonn: Sekretariat der ständigen Konferenz der Kultusminister der Länder in der Bundesrepublik Deutschland.

KMK (2003a): Bildungsstandards für die erste Fremdsprache (Englisch / Französisch) für den Mittleren Schulabschluss. Beschluss vom 4.12.2003. Bonn: Sekretariat der ständigen Konferenz der Kultusminister der Länder in der Bundesrepublik Deutschland. Link: http://www.kmk.org/bildung-schule/qualitaetssicherung-in-schulen/bil dungsstandards/dokumente.html [16.11.2014].

KMK (2003b): Bildungsstandards im Fach Deutsch für den Mittleren Schulabschluss. Beschluss vom 4.12.2003. Bonn: Sekretariat der ständigen Konferenz der Kultusminister der Länder in der Bundesrepublik Deutschland. Link: http://www. kmk.org/bildung-schule/qualitaetssicherung-in-schulen/bildungsstandards/dokument e.html [16.11.2014].

KMK (2004a): Bildungsstandards für die erste Fremdsprache (Englisch / Französisch) für den Hauptschulabschluss. Beschluss vom 15.10.2004. Bonn: Sekretariat der ständigen Konferenz der Kultusminister der Länder in der Bundesrepublik Deutschland. Link: http://www.kmk.org/bildung-schule/qualitaetssicherung-in-schulen/bildungssta ndards/dokumente.html [16.11.2014].

KMK (2004b): Bildungsstandards im Fach Deutsch für den Hauptschulabschluss. Beschluss vom 15.10.2004. Bonn: Sekretariat der ständigen Konferenz der Kultusminister der Länder in der Bundesrepublik Deutschland. Link: http://www. kmk.org/bildung-schule/qualitaetssicherung-in-schulen/bildungsstandards/dokument e.html [16.11.2014].

KMK (2004c): Standards für die Lehrerbildung: Bildungswissenschaften. Beschluss der Kultusministerkonferenz vom 16.12.2004. Bonn: Sekretariat der ständigen Konferenz der Kultusminister der Länder in der Bundesrepublik Deutschland. Link: http:// www.kmk.org/fileadmin/veroeffentlichungen_beschluesse/2004/2004_12_16-Standa rds-Lehrerbildung.pdf [16.11.2014].

KMK (2005): Bildungsstandards der Kultusministerkonferenz. Erläuterungen zur Konzeption und Entwicklung. München, Neuwied: Luchterhand in Wolters Kluwer Deutschland. Link: http://www.kmk.org/fileadmin/veroeffentlichungen_beschluesse/ 2004/2004_12_16-Bildungsstandards-Konzeption-Entwicklung.pdf [16.11.2014].

KMK (2010): Pädagogische und rechtliche Aspekte der Umsetzung des Übereinkommens der Vereinten Nationen vom 13. Dezember 2006 über die Rechte von Menschen mit Behinderungen (Behindertenrechtskonvention – VN-BRK) in der schulischen Bildung (Beschluss der Kultusministerkonferenz vom 18.11.2010). Bonn: Sekretariat der ständigen Konferenz der Kultusminister der Länder in der Bundesrepublik Deutschland. Link: http://www.kmk.org/fileadmin/veroeffentlichungen_beschlues se/2010/2010_11_18-Behindertenrechtkonvention.pdf [16.11.2014].

KMK (2011a): Empfehlungen der Kultusministerkonferenz zur Stärkung der Fremdsprachenkompetenz (Beschluss der Kultusministerkonferenz vom 08.12.2011). Bonn: Sekretariat der ständigen Konferenz der Kultusminister der Länder in der Bundesrepublik Deutschland. Link: http://www.kmk.org/fileadmin/veroeffentlichungen _beschluesse/2011/2011_12_08-Fremdsprachenkompetenz.pdf [16.11.2014].

KMK (2011b): Inklusive Bildung von Kindern und Jugendlichen mit Behinderungen in Schulen (Beschluss der Kultusministerkonferenz vom 20.10.2011). Bonn: Sekretariat der ständigen Konferenz der Kultusminister der Länder in der Bundesrepublik Deutschland. Link: http://www.kmk.org/fileadmin/veroeffentlichungen_beschluesse/ 2011/2011_10_20-Inklusive-Bildung.pdf [16.11.2014].

KMK (2013a): Das Bildungswesen in der Bundesrepublik Deutschland 2011 / 2012. Darstellung der Kompetenzen, Strukturen und bildungspolitischen Entwicklungen für den Informationsaustausch in Europa. Dokumentations- und Bildungsinformationsdienst / Deutsche EURYDICE-Informationsstelle der Länder im Sekretariat der Kultusministerkonferenz in Zusammenarbeit mit der Deutschen EURYDICE-Informationsstelle des Bundes beim Bundesministerium für Bildung und Forschung. Bonn: Sekretariat der ständigen Konferenz der Kultusminister der Länder in der Bundesrepublik Deutschland. Link: http://www.kmk.org/file admin/doc/Dokumentation/Bildungswesen_pdfs/dossier_de_ebook.pdf [16.11.2014].

KMK (2013b): Interkulturelle Bildung und Erziehung in der Schule (Beschluss der Kultusministerkonferenz vom 25.10.1996 i. d. F. vom 05.12.2013). Bonn: Sekretariat der ständigen Konferenz der Kultusminister der Länder in der Bundesrepublik Deutschland. Link: http://www.kmk.org/fileadmin/veroeffentlichungen_beschluesse/1996/19 96_10_25-Interkulturelle-Bildung.pdf [16.11.2014].

Knobloch (2011): Statt Separation: Integration oder Inklusion? Gastvortrag in der Universität zu Köln am 9. Juni 2011. Unveröffentlichtes Manuskript.

Korpela, H. (2006): Suomi tai ruotsi toisena kielenä -opetuksen järjestäminen perusopetuksessa. Selvitys 2005. Helsinki: Opetushallitus.

Korpinen, E. / Peltonen, T. (2013): Privatschulen in Finnland. In: Gürlevik, A. / Palentien, C. / Heyer, R. (Hrsg.): Privatschulen versus staatliche Schulen. Wiesbaden: Springer Fachmedien Wiesbaden, S. 103-112. Link: http://dx.doi.org/10.1007 /978-3-531-18978-9_7 [16.11.2014].

Krüger-Potratz, M. / Lutz, H. (2002): Sitting at a crossroads – rekonstruktive und systematische Überlegungen zum wissenschaftlichen Umgang mit Differenzen. In: Tertium Comparationis 8 (2), S. 81-92. Link: http://www.pedocs.de/volltexte/2011/2922/ [16.11.2014].

Krüger-Potratz, M. (2005): Interkulturelle Bildung. Eine Einführung. Münster u. a.: Waxmann.

Krüger-Potratz, M. (2011): Mehrsprachigkeit: Konfliktfelder in der Schulgeschichte. In: Fürstenau, S. / Gomolla, M. (Hrsg.): Migration und schulischer Wandel: Mehrsprachigkeit. Wiesbaden: Verlag für Sozialwissenschaften, S. 51-68 Link: http://dx.doi.org/10.1007/978-3-531-92659-9_3 [16.11.2014].

Kuikka, M. (2009): Zur Entwicklung des finnischen Schulsystems. In: Matthies, A.-L. / Skiera, E. (Hrsg.): Das Bildungswesen in Finnland. Geschichte, Struktur, Institutionen und pädagogisch-didaktische Konzeptionen, bildungs- und sozialpolitische Perspektiven. Bad Heilbrunn: Klinkhardt, S. 57-79.

Kumpulainen, K. / Lankinen, T. (2012): Striving for Educational Equity and Excellence: Evaluation and Assessment in Finnish Basic Education. In: Niemi, H. / Toom, A. / Kallioniemi, A. (Hrsg.): Miracle of Education. The Principles and Practices of Teaching and Learning in Finnish Schools. Rotterdam u. a.: Sense Publishers, S. 69-81.

Kuusela, J. / Etelälahti, A. / Hagman, Å. / Hievanen, R. / Karppinen, K. / Nissilä, L. / Rönnberg, U. / Siniharju, M. (2008): Maahanmuuttajaoppilaat ja koulutus – tutkimus oppimistuloksista, koulutusvalinnoista ja työllistymisestä. Helsinki: Opetushallitus.

Künzli, R. (1999): Lehrplanarbeit – Steuerung von Schule und Unterricht. In: Künzli, R. / Bähr, K. / Fries, A. V. / Ghisla, G. / Rosenmund, M. / Seliner-Müller, G. (Hrsg.): Lehrplanarbeit. Über den Nutzen von Lehrplänen für die Schule und ihre Entwicklung. Chur u. a.: Rüegger, S. 11-30.

Künzli, R. (2009): Curriculum und Lehrmittel. In: Andresen, S. / Casale, R. / Gabriel, T. / Horlacher, R. / Larcher Klee, S. / Oelkers, J. (Hrsg.): Handwörterbuch Erziehungswissenschaft. Weinheim u. a.: Beltz, S. 134-148.

Kuusela, J. (2006): Thematic approaches to equality and equity in basic education. Assessment of learning results, 6 / 2006. Helsinki: Finnish National Board of Education. Link: http://www.oph.fi/download/47684_thematic_approaches_to_equality_and_equity_in_basic_education.pdf [16.11.2014].

Lappalainen, S. (2006): Liberal multiculturalism and national pedagogy in a Finnish preschool context: inclusion or nation-making? In: Pedagogy, Culture & Society 14 (1), S. 99-112. Link: http://dx.doi.org/10.1080/14681360500487777 [16.11.2014].

Lasonen, J. (2011): Multiculturalism in the Nordic Countries. In: Grant, C. A. / Portera, A. (Hrsg.): Intercultural and Multicultural Education. Enhancing Global Interconnectedness. New York, London: Routledge, S. 261-278.

Latomaa, S. / Suni, M. (2011): Multilingualism in Finnish schools: policies and practices. In: ESUKA – JEFUL (Eesti ja soome-ugri keeleteaduse ajakiri – Journal of Estonian and Finno-Ugric Linguistics) 2 (2), S. 111-136. Link: http://jeful.ut.ee/public/files/Latomaa%20and%20Suni%20111-136.pdf [16.11.2014].

Leiprecht, R. (2008): Kulturalisierungen vermeiden – zum Kulturbegriff Interkultureller Pädagogik. In: Rosen, L. / Farrokhzad, S. (Hrsg.): Macht – Kultur – Bildung. Festschrift für Georg Auernheimer. Münster u. a.: Waxmann, S. 129-146.

Leisen, J. (2010): Handbuch Sprachförderung im Fach. Sprachsensibler Fachunterricht in der Praxis. Grundlagenwissen, Anregungen und Beispiele für die Unterstützung von sprachschwachen Lernern und Lernern mit Zuwanderungsgeschichte beim Sprechen, Lesen, Schreiben und Üben im Fach. Bonn: Varus-Verl.

Ludwig, P. H. (2001): Pygmalioneffekt. In: Rost, D. H. (Hrsg.): Handwörterbuch Pädagogische Psychologie. Weinheim u. a.: Beltz, S. 567-573.

Linnakylä, P. (2004): Finland. In: Döbert, H. / Klieme, E. / Wendelin, S. (Hrsg.): Conditions of School Performance in Seven Countries. A Quest for Understanding the International Variation of PISA Results. Münster u. a.: Waxmann, S. 150-218.

Määttä, K. / Keskitalo, P. / Uusiautti, S. (2013): Making the Dream of a Sámi School Come True: Voices from the Field. In: Journal of Language Teaching and Research 4 (3), S. 443-453. Link: http://dx.doi.org/10.4304/jltr.4.3.443-453 [16.11.2014].

Malinen, P. (2009): Vertiefender Exkurs II: Ausländische Einflüsse bei der Gestaltung der finnischen Grundschule. In: Matthies, A.-L. / Skiera, E. (Hrsg.): Das Bildungswesen in Finnland. Geschichte, Struktur, Institutionen und pädagogisch-didaktische Konzeptionen, bildungs- und sozialpolitische Perspektiven. Bad Heilbrunn: Klinkhardt, S. 83-87.

Matthies, A.-L. (2002): Finnisches Bildungswesen und Familienpolitik: ein „leuchtendes" Beispiel? In: Aus Politik und Zeitgeschichte (B 41 / 2002). Beilage zur Wochenzeitung „Das Parlament". 14. Oktober 2002. Bonn: Bundeszentrale für politische Bildung.

Matthies, A.-L. (2009): Vertiefender Exkurs II: „Anders lernen" – Förderpädagogische Maßnahmen und Sonderunterricht in der finnischen Grundschule. In: Matthies, A.-L. / Skiera, E. (Hrsg.): Das Bildungswesen in Finnland. Geschichte, Struktur, Institutionen und pädagogisch-didaktische Konzeptionen, bildungs- und sozialpolitische Perspektiven. Bad Heilbrunn: Klinkhardt, S. 157-165.

Mayring, P. (^{5}2002): Einführung in die qualitative Sozialforschung. Eine Anleitung zu qualitativem Denken. 5., überarbeitete Auflage. Weinheim u. a.: Beltz.

Mayring, P. (^{11}2010): Qualitative Inhaltsanalyse: Grundlagen und Techniken. 11., aktualisierte und überarbeitete Auflage. Weinheim u. a.: Beltz.

Merimaa, E. (2009): Die allgemeine Grundschule – Neun Jahre gemeinsames Lernen für alle. In: Matthies, A.-L. / Skiera, E. (Hrsg.): Das Bildungswesen in Finnland. Geschichte, Struktur, Institutionen und pädagogisch-didaktische Konzeptionen, bildungs- und sozialpolitische Perspektiven. Bad Heilbrunn: Klinkhardt, S. 137-148.

Meyer, J. W. (1996): Die kulturellen Inhalte des Bildungswesens. In: Leschinsky, A. (Hrsg.): Die Institutionalisierung von Lehren und Lernen. Beiträge zu einer Theorie der Schule. 34. Beiheft der Zeitschrift für Pädagogik. Weinheim u. a.: Beltz, S. 23-34.

Meyer, J. W. / Kamens, D. H. / Benavot, A. (1992): School Knowledge for the Masses: World Models and National Primary Curricular Categories in the Twentieth Century. London: Falmer Press.

Ministerium für Inneres und Kommunales des Landes Nordrhein-Westfalen (2011): Gesetz zur Änderung der Verfassung für das Land Nordrhein-Westfalen. Vom 25. Oktober 2011. Düsseldorf: Ministerium für Inneres und Kommunales Nordrhein-Westfalen (Referat 56 Redaktion). Link: https://recht.nrw.de/lmi/owa/br_vbl_detail_text?anw_nr=6&vd_id=12916&vd_back=N499&sg=0&menu=1 [16.11.2014].

Ministerium für Inneres und Kommunales des Landes Nordrhein-Westfalen (2012): Gesetz zur Förderung der gesellschaftlichen Teilhabe und Integration in Nordrhein-Westfalen und zur Anpassung anderer gesetzlicher Vorschriften. Vom 14. Februar 2012. Ministerium für Inneres und Kommunales Nordrhein-Westfalen (Referat 56 Redaktion). Link: https://recht.nrw.de/lmi/owa/br_vbl_detail_text?anw_nr=6&vd_id=13197&ver=8&val=13197&sg=0&menu=1&vd_back=N [16.11.2014].

Ministerium für Kultus, Jugend und Sport des Landes Baden-Württemberg (2012): Bildungsplan 2012. Werkrealschule. Stuttgart. Link: http://www.bildung-staerkt-menschen.de/service/downloads/Bildungsplaene/Werkrealschule/Bildungsplan2012_WRS_Internet.pdf [16.11.2014].

Ministerium für Kultus, Jugend und Sport des Landes Baden-Württemberg (2013): Einführung in den Bildungsplan 2004. Stuttgart. Link: http://www.bildung-staerkt-menschen.de/service/downloads/Sonstiges/Einfuehrung_BP.pdf [16.11.2014].

Ministerium für Schule und Weiterbildung des Landes Nordrhein-Westfalen (2005 / 2012): Schulgesetz für das Land Nordrhein-Westfalen (Schulgesetz NRW – SchulG). Vom 15. Februar 2005 (GV. NRW. S. 102) zuletzt geändert durch Gesetz vom 13. November 2012 (GV. NRW. S. 514). Frechen: Ritterbach Verlag.

Ministerium für Schule und Weiterbildung des Landes Nordrhein-Westfalen (2005 / 2014a): Schulgesetz für das Land Nordrhein-Westfalen (Schulgesetz NRW – SchulG). Vom 15. Februar 2005 (GV. NRW. S. 102) zuletzt geändert durch Artikel 3 des Gesetzes vom 17. Juni 2014 (GV. NRW. S. 336). Frechen: Ritterbach Verlag. Link: http://www.schulministerium.nrw.de/docs/Recht/Schulrecht/Schulgesetz/Schulgesetz.pdf [16.11.2014].

Ministerium für Schule und Weiterbildung des Landes Nordrhein-Westfalen (2005 / 2014b): Verordnung über die sonderpädagogische Förderung, den Hausunterricht und die Schule für Kranke (Ausbildungsordnung sonderpädagogische Förderung – AO-SF). Vom 29. April 2005 zuletzt geändert durch Verordnung vom 29. September 2014 (SGV. NRW. 223). Frechen: Ritterbach Verlag. Link: http://www.schulministerium.nrw.de/docs/Recht/Schulrecht/APOen/SF/AO_SF.pdf [16.11.2014].

Ministerium für Schule und Weiterbildung des Landes Nordrhein-Westfalen (2006): Jedes Kind mitnehmen! Das neue Schulgesetz in Nordrhein-Westfalen. Düsseldorf: Vereinigte Verlagsanstalten GmbH.

Ministerium für Schule und Weiterbildung des Landes Nordrhein-Westfalen (2007): Verordnung über die Qualitätsanalyse an Schulen in Nordrhein-Westfalen (Qualitätsanalyse-Verordnung – QA-VO). Vom 27. April 2007 (GV. NRW. S. 185). Frechen: Ritterbach Verlag. Link: http://www.schulministerium. nrw.de/docs/Schulentwicklung/Qualitaetsanalyse/Rechtliche-Grundlagen/3_QA-VO-Anlage_1.pdf [16.11.2014].

Ministerium für Schule und Weiterbildung des Landes Nordrhein-Westfalen (2009 / 2013): Gesetz über die Ausbildung für Lehrämter an öffentlichen Schulen (Lehrerausbildungsgesetz – LABG). Vom 12. Mai 2009 (GV. NRW. S. 308) zuletzt geändert durch Gesetz vom 28. Mai 2013 (GV. NRW. S. 272). Frechen: Ritterbach Verlag. Link: http://www.schulministerium.nrw.de/docs/Recht/LAusbildung/LABG/LABGNeu.pdf [16.11.2014].

Ministerium für Schule und Weiterbildung des Landes Nordrhein-Westfalen (2009 / 2014): Unterricht für Schülerinnen und Schüler mit Zuwanderungsgeschichte, insbesondere im Bereich der Sprachen. RdErl. d. Ministeriums für Schule und Weiterbildung v. 21. 12. 2009 (ABl. NRW. 2 / 10 S. 93) – Eingearbeitet: RdErl. v. 8. 6. 2011 (ABl. NRW. S. 373); RdErl. v. 12. 4. 2014 (ABl. NRW. S. 234). Frechen: Ritterbach Verlag. Link: http://www.schulministerium.nrw.de/docs/Recht/Schulrecht/Erlasse/Herkunftssprache.pdf [16.11.2014].

Ministerium für Schule und Weiterbildung des Landes Nordrhein-Westfalen (2012 / 2014): Verordnung über die Ausbildung und die Abschlussprüfungen in der Sekundarstufe I (Ausbildungs- und Prüfungsordnung Sekundarstufe I – APO-S I). Vom 2. November 2012 geändert durch Verordnung vom 26. März 2014 (SGV. NRW. 233). Frechen: Ritterbach Verlag. Link: http://www.schulministerium.nrw. de/docs/Recht/Schulrecht/APOen/HS-RS-GE-GY-SekI/APO_SI.pdf [16.11.2014].

Ministerium für Schule und Weiterbildung des Landes Nordrhein-Westfalen (2014a): Das Qualitätstableau NRW. Düsseldorf: Ministerium für Schule und Weiterbildung des Landes Nordrhein-Westfalen. Link: http://www.schulministerium.nrw.de/docs/Schulentwicklung/Qualitaetsanalyse/Tableau/index.html [16.11.2014].

Ministerium für Schule und Weiterbildung des Landes Nordrhein-Westfalen (2014b): Fragen und Antworten zum herkunftssprachlichen Unterricht. Düsseldorf. Link: http://www.schulministerium.nrw.de/docs/Schulsystem/Unterricht/Lernbereiche-und-Faecher/Herkunftssprachlicher-Unterricht/Fragen-und-Antworten/index.html [16.11.2014].

Ministerium für Schule und Weiterbildung des Landes Nordrhein-Westfalen (2014c): Lehrplannavigator – Kernlehrpläne für die Sekundarstufe I. Düsseldorf: Ministerium für Schule und Weiterbildung des Landes Nordrhein-Westfalen. Link: http://www.standardsicherung.schulministerium.nrw.de/lehrplaene/lehrplannavigator-s-i/ [16.11.2014].

Ministry for Foreign Affairs (2010): Government report to Parliament on the human rights policy of Finland 2009. Publications of the Ministry for Foreign Affairs 14/2009. Helsinki: Ministry for Foreign Affairs of Finland. Link: http://

formin.finland.fi/public/default.aspx?nodeid=42553&contentlan=2&culture=en-US [16.11.2014].

Ministry of Education (2007a): Education for Global Responsibility – Finnish Perspectives. Publication of the Ministry of Education 2007:31. Helsinki: Helsinki University Press. Link: http://www.minedu.fi/OPM/Julkaisut/2007/Education_for_Global_Res ponsibility.html?lang=en [16.11.2014].

Ministry of Education (2007b): Global education 2010. Publications of the Ministry of Education 2007:12. Helsinki: Helsinki University Press. Link: http://www.minedu.fi/ OPM/Julkaisut/2007/global_education2010?lang=en [16.11.2014].

Ministry of Education and Culture (1998): Basic Education Decree 852 / 1998 (Translation 04 / 11 / 03). Helsinki. Link: http://www.minedu.fi/export/sites/default/OPM/Ko ulutus/yleissivistaevae_koulutus/Liitetiedostoja/basicedu_decree.pdf [16.11.2014].

Ministry of Education and Culture (1998 / 2010): Basic Education Act 628 / 1998. Amendments up to 1136 / 2010. Helsinki: Ministry of Education and Culture. Link: http://www.finlex.fi/en/laki/kaannokset/1998/en19980628.pdf [16.11.2014].

Ministry of Education and Culture (2010): Finnish education export strategy: summary of the strategic lines and measures. Based on the Decision-in-Principle by the Government of Finland on April 24, 2010. Helsinki: Publications of the Ministry of Education and Culture 2010:12. Link: http://www.minedu.fi/OPM/Julkaisut/2010/ koulutusvienti.html?lang=en [16.11.2014].

Ministry of Education and Culture (2013): PISA12 leaflet. Still among the best in the OECD. Performance declining. Helsinki, Jyväskylä: Ministry of Education and Culture, Finnish Institute for Educational Research. Link: http://www.minedu.fi/ OPM/Julkaisut/2013/PISA12_esite.html?lang=en [16.11.2014].

Ministry of Social Affairs and Health (2013): Child and Family Policy in Finland. Helsinki: Ministry of Social Affairs and Health. Link: http://www.urn.fi/ URN:ISBN:978-952-00-3378-1 [16.11.2014].

Müller, S. L. (2012): Gender im Schulbuch. In: Eckert. Das Bulletin 11. Sommer 2012. Themenschwerpunkt ‚Konflikte nach dem Konflikt'. Braunschweig: Georg-Eckert-Institut für internationale Schulbuchforschung, S. 42-45. Link: http://www.gei.de/ fileadmin/gei.de/pdf/publikationen/Bulletin/Bulletin_11/EB_11_15_Mueller.pdf [16.11.2014].

Neumann, U. / Reuter, L. R. (2004): Interkulturelle Bildung in den Lehrplänen – neuere Entwicklungen. In: Zeitschrift für Pädagogik 50 (6), S. 803-817. Link: http://www. pedocs.de/volltexte/2011/4841/ [16.11.2014].

Niederbacher, A. / Zimmermann, P. (Hrsg.) ([4]2011): Grundwissen Sozialisation. Einführung zur Sozialisation im Kindes- und Jugendalter. 4., überarbeitete und aktualisierte Auflage. Wiesbaden: VS Verlag für Sozialwissenschaften. Link: http://dx.doi.org/ 10.1007/978-3-531-92901-9 [16.11.2014].

Niedersächsisches Landesinstitut für schulische Qualitätsentwicklung (NLQ) (2013): Niedersächsischer Bildungsserver (NiBiS). Hildesheim. Link: http://www.nibis.de/ nibis.phtml [16.11.2014].

Niedrig, H. (2011): Unterrichtsmodelle für Schülerinnen und Schüler aus sprachlichen Minderheiten. In: Fürstenau, S. / Gomolla, M. (Hrsg.): Migration und schulischer Wandel: Mehrsprachigkeit. Wiesbaden: Verlag für Sozialwissenschaften, S. 89-106. Link: http://dx.doi.org/10.1007/978-3-531-92659-9_5 [16.11.2014].

Nieke, W. (2010): Von der Interkulturellen Pädagogik zu einer Diversity Education? Abschied von der Interkulturellen Pädagogik? In: Marianne Krüger-Potratz / Ursula Neumann / Reich, H. H. (Hrsg.): Bei Vielfalt Chancengleichheit. Interkulturelle Pädagogik und Durchgängige Sprachbildung. Münster u. a.: Waxmann, S. 117-126.

Niemi, E. K. (2012a): Aihekokonaisuuksien tavoitteiden toteutumisen seuranta-arviointi 2010 [Evaluation of the fulfillment of cross-curricular themes]. Koulutuksen seurantaraportit 2012:1. Helsinki: Opetushallitus. Link: http://www.oph.fi/julkaisut/2012/aihe kokonaisuuksien_tavoitteiden_toteutumisen_seuranta_arviointi_2010 [16.11.2014].

Niemi, H. (2012b): The Societal Factors Contributing to Education and Schooling in Finland. In: Niemi, H. / Toom, A. / Kallioniemi, A. (Hrsg.): Miracle of Education. The Principles and Practices of Teaching and Learning in Finnish Schools. Rotterdam u. a.: Sense Publishers, S. 19-38.

Niemi, H. / Toom, A. / Kallioniemi, A. (Hrsg.) (2012): Miracle of Education. The Principles and Practices of Teaching and Learning in Finnish Schools. Rotterdam u. a.: Sense Publishers.

Nitsch, C. (2007): Mehrsprachigkeit: Eine neurowissenschaftliche Perspektive. In: Anstatt, T. (Hrsg.): Mehrsprachigkeit bei Kindern und Erwachsenen. Erwerb, Formen, Förderung. Tübingen: Narr Francke Attempto, S. 47-68.

Nohl, A.-M. (2006): Konzepte interkultureller Pädagogik. Eine systematische Einführung. Bad Heilbrunn: Klinkhardt.

Norris, N. / Aspland, R. / MacDonald, B. / Schostak, J. / Zamorski, B. (1996): An Independent Evaluation of Comprehensive Curriculum Reform in Finland. Helsinki: National Board of Education.

NRWSPD, Bündnis 90 / Die Grünen NRW, (2012): Koalitionsvertrag 2012-2017. Verantwortung für ein starkes NRW – Miteinander die Zukunft gestalten. Düsseldorf.

Nuolijärvi, P. (2012): Language education policy and practice in Finland. In: Stickel, G. / Carrier, M. (Hrsg.): Language Education in Creating a Multilingual Europe. Contributions to the Annual Conference 2011 of EFNIL in London. Frankfurt am Main u. a.: Peter Lang, S. 111-120.

O'Loughlin, E. (2013): Improving Quality – Progress and Development through 10 Years of the European Global Education Peer Review Process. In: Forghani-Arani, N. / Hartmeyer, H. / O'Loughlin, E. / Wegimont, L. (Hrsg.): Global Education in Europe. Policy, Practice and Theoretical Challenges. Münster u. a.: Waxmann, S. 143-155.

O'Loughlin, E. / Wegimont, L. (Hrsg.) (2004): Global Education in Finland. The European Global Education Peer Review Process. National Report on Finland. Lisbon:

North-South Centre of the Council of Europe. Link: http://www.gene.eu/peer-review/ [16.11.2014].

OECD (2001): Lernen für das Leben: Erste Ergebnisse der internationalen Schulleistungsstudie PISA 2000. Paris: Organisation für wirtschaftliche Zusammenarbeit und Entwicklung. Link: http://dx.doi.org/10.1787/9789264595903-de [16.11.2014].

OECD (2004): Lernen für die Welt von morgen. Erste Ergebnisse von PISA 2003. Paris: Organisation für wirtschaftliche Zusammenarbeit und Entwicklung. Link: http://dx.doi.org/10.1787/9789264063556-de [16.11.2014].

OECD (2007): PISA 2006. Naturwissenschaftliche Kompetenzen für die Welt von morgen. Paris: Organisation für wirtschaftliche Zusammenarbeit und Entwicklung. Link: http://dx.doi.org/10.1787/9789264041257-de [16.11.2014].

OECD (2010): PISA 2009 Ergebnisse: Was Schülerinnen und Schüler wissen und können. Schülerleistungen in Lesekompetenz, Mathematik und Naturwissenschaften (Band I). Paris: Organisation für wirtschaftliche Zusammenarbeit und Entwicklung. Link: http://dx.doi.org/10.1787/9789264095335-de [16.11.2014].

OECD (2011a): PISA 2009 Ergebnisse: Potenziale nutzen und Chancengerechtigkeit sichern. Sozialer Hintergrund und Schülerleistungen (Band II). Paris: Organisation für wirtschaftliche Zusammenarbeit und Entwicklung. Link: http://dx.doi.org/10.1787/9789264095359-de [16.11.2014].

OECD (2011b): PISA 2009 Ergebnisse: Was macht eine Schule erfolgreich? Lernumfeld und schulische Organisation in PISA (Band IV). Paris: Organisation für wirtschaftliche Zusammenarbeit und Entwicklung (OECD). Link: http://dx.doi.org/10.1787/9789264095410-de [16.11.2014].

OECD (2011c): Finland: Slow and Steady Reform for Consistently High Results (Chapter 5). In: Strong Performers and Successful Reformers in Education: Lessons from PISA for the United States. Paris: Organisation for Economic Co-operation and Development, S. 117-135. Link: http://dx.doi.org/10.1787/9789264096660-en [16.11.2014].

OECD (2013): International Migration Outlook 2013. Paris: Organisation for Economic Co-operation and Development. Link: http://dx.doi.org/10.1787/migr_outlook-2013-en [16.11.2014].

OECD (2014a): Bildung auf einen Blick 2014: OECD-Indikatoren. Bielefeld: W. Bertelsmann Verlag. Link: http://dx.doi.org/10.1787/eag-2014-de [16.11.2014].

OECD (2014b): PISA 2012 Ergebnisse: Exzellenz durch Chancengerechtigkeit (Band II). Allen Schülerinnen und Schülern die Voraussetzungen zum Erfolg sichern. Paris: Organisation für wirtschaftliche Zusammenarbeit und Entwicklung. Link: http://dx.doi.org/10.1787/9789264207486-de [16.11.2014].

OECD (2014c): PISA 2012 Ergebnisse: Was Schülerinnen und Schüler wissen und können. Schülerleistungen in Lesekompetenz, Mathematik und Naturwissenschaften (Band I, Überarbeitete Ausgabe, Februar 2014). Paris: Organisation für wirtschaftliche Zusammenarbeit und Entwicklung. Link: http://dx.doi.org/10.1787/97892642088 58-de [16.11.2014].

Oelkers, J. (2007): Expertise Bildungsgutscheine und Freie Schulwahl. Bericht zuhanden der Erziehungsdirektion des Kantons Bern. Bern: Erziehungsdirektion des Kantons Bern. Link: http://edudoc.ch/record/26643/files/bildungsgutscheine.pdf [16.11.2014].

Oelkers, J. (2008): Bildung und Gerechtigkeit: Zur historischen Vergewisserung der aktuellen Diskussion. In: Münk, H. J. (Hrsg.): Wann ist Bildung gerecht? Ethische und theologische Beiträge im interdisziplinären Kontext. Bielefeld: W. Bertelsmann Verlag, S. 23-48. Link: http://www.pedocs.de/volltexte/2010/2555/ [16.11.2014].

Official Statistics of Finland (OSF) (2011): Special education [e-publication]. ISSN=1799-1617. 2010. Helsinki: Statistics Finland. Link: http://www.stat.fi/til/erop/2010/erop_2010_2011-06-09_tie_001_en.html [16.11.2014].

Official Statistics of Finland (OSF) (2012): Population structure [e-publication]. ISSN=1797-5395. Annual Review 2011. Helsinki: Statistics Finland. Link: http://www.stat.fi/til/vaerak/2011/01/vaerak_2011_01_2012-11-30_tie_001_en.html [16.11.2014].

Official Statistics of Finland (OSF) (2013a): Educational structure of population [e-publication]. ISSN=2242-2919. 2012. Helsinki: Statistics Finland. Link: http://www.stat.fi/til/vkour/2012/vkour_2012_2013-12-04_tie_001_en.html [16.11.2014].

Official Statistics of Finland (OSF) (2013b): Population structure [e-publication]. ISSN=1797-5395. 2012. Helsinki: Statistics Finland. Link: http://www.stat.fi/til/vaerak/2012/vaerak_2012_2013-03-22_tie_001_en.html [16.11.2014].

Official Statistics of Finland (OSF) (2014a): Births [e-publication]. ISSN=1798-2413. 2013. Helsinki: Statistics Finland. Link: http://www.stat.fi/til/synt/2013/synt_2013_2014-04-08_tie_001_en.html [16.11.2014].

Official Statistics of Finland (OSF) (2014b): Discontinuation of education [e-publication]. ISSN=1798-9302. 2012. Helsinki: Statistics Finland. Link: http://www.stat.fi/til/kkesk/2012/kkesk_2012_2014-03-20_tie_001_en.html [16.11.2014].

Official Statistics of Finland (OSF) (2014c): Entrance to education [e-publication]. ISSN=1799-4527. 02 2012. Helsinki: Statistics Finland. Link: http://www.stat.fi/til/khak/2012/02/khak_2012_02_2014-04-29_tie_001_en.html [16.11.2014].

Official Statistics of Finland (OSF) (2014d): Labour force survey [e-publication]. ISSN=1798-7857. September 2014. Helsinki: Statistics Finland. Link: http://www.stat.fi/til/tyti/2014/09/tyti_2014_09_2014-10-21_tie_001_en.html [16.11.2014].

Official Statistics of Finland (OSF) (2014e): Population structure [e-publication]. ISSN=1797-5395. 2013. Helsinki: Statistics Finland. Link: http://www.stat.fi/til/vaerak/2013/vaerak_2013_2014-03-21_tie_001_en.html [16.11.2014].

Official Statistics of Finland (OSF) (2014f): Pre-primary and comprehensive school education [e-publication]. ISSN=1799-3725. 2013. Helsinki: Statistics Finland. Link: http://www.stat.fi/til/pop/2013/pop_2013_2013-11-15_tie_001_en.html [16.11.2014].

Official Statistics of Finland (OSF) (2014g): Providers of education and educational institutions [e-publication]. ISSN=1799-5825. 2013. Helsinki: Statistics Finland. Link: http://www.stat.fi/til/kjarj/2013/kjarj_2013_2014-02-13_tie_001_en.html [16.11.2014].

Official Statistics of Finland (OSF) (2014h): Special education [e-publication]. ISSN=1799-1617. 2013. Helsinki: Statistics Finland. Link: http://www.stat.fi/til/erop/2013/erop_2013_2014-06-12_tie_001_en.html [16.11.2014].

Official Statistics of Finland (OSF) (2014i): Subject choices of students [e-publication]. ISSN=1799-1056. Subject choices of comprehensive school pupils 2013. Helsinki: Statistics Finland. Link: http://www.stat.fi/til/ava/2013/02/ava_2013_02_2014-05-23_tie_001_en.html [16.11.2014].

Oláh, L. S. (2009): Zeitpolitiken und Fertilität. Fertilitätsraten, Frauenerwerbstätigkeit und die Zeitstrukturen frühkindlicher Betreuung und Bildung im Europa der Nachkriegszeit. In: Stecher, L. / Allemann-Ghionda, C. (Hrsg.): Ganztägige Bildung und Betreuung. 54. Beiheft der Zeitschrift für Pädagogik. Weinheim u. a.: Beltz, S. 247-265.

Oláh, L. S. (2011): Family Policies and Birth Rates. Childbearing, Female Work, and the Time Policy of Early Childhood Education in Postwar Europe. In: Hagemann, K. / Jarausch, K. H. / Allemann-Ghionda, C. (Hrsg.): Children, Families, and States: Time Policies of Childcare, Preschool and Primary Schooling in Europe. New York u. a.: Berghahn, S. 113-131.

Overesch, A. (2007): Wie die Schulpolitik ihre Probleme (nicht) löst – Deutschland und Finnland im Vergleich. Münster u. a.: Waxmann.

Pfaff, H. (2012): Lebenslagen der behinderten Menschen. Ergebnis des Mikrozensus 2009. In: Wirtschaft und Statistik. März 2012. Wiesbaden: Statistisches Bundesamt, S. 232-243. Link: https://www.destatis.de/DE/Publikationen/WirtschaftStatistik/Monatsausgaben/WistaMaerz12.html [16.11.2014].

Plöger, W. (2009): Lehrpläne und der Bildungsauftrag der Schule. In: Hellekamps, S. / Plöger, W. / Wittenbruch, W. (Hrsg.): Handbuch der Erziehungswissenschaft Bd. II / 1 (Schule). Paderborn: Schöning, S. 293-311.

Popp, S. (2011): Europaweite Konvergenzen in nationalen Lehrwerken für den Geschichtsunterricht? Ein Zugang über den Vergleich von Bildquellen im Schulbuch. In: Matthes, E. / Miller-Kipp, G. (Hrsg.): Bildung und Erziehung. Lehrmittel und Lehrmittelforschung in Europa. Jg. 64, H. 1. Köln u. a.: Böhlau, S. 39-52.

Prengel, A. (³2006): Pädagogik der Vielfalt. Verschiedenheit und Gleichberechtigung in Interkultureller, Feministischer und Integrativer Pädagogik. 3. Auflage. Opladen: Leske + Budrich.

Pudas, A.-K. (2009): Some perspectives on global education in Finnish basic education. In: Journal of Research in International Education 8 (3), S. 262-282. Link: http://dx.doi.org/10.1177/1475240909345814 [16.11.2014].

Pudas, A.-K. (2012): Investigating the use of communities of practice to implement global education in Finnish basic education. In: International Journal of Development Education and Global Learning 4 (2), S. 23-43.

Radtke, F.-O. (1995): Demokratische Diskriminierung: Exklusion als Bedürfnis oder nach Bedarf. In: Mittelweg (36), S. 32-48.

Räsänen, R. (2007): Education for Intercultural, Multi-Levelled Citizenship in Europe. The Case of Finland. In: Kotthoff, H.-G. / Moutsios, S. (Hrsg.): Education policies in Europe. Economy, Citizenship, Diversity. Münster u. a.: Waxmann, S. 221-237.

Räsänen, R. (2011): Kansainvälisyyskasvatus 2010 – ohjelman arviointi. Opetus- ja kulttuuriministeriön työryhmämuistioita ja selvityksiä 2011:13 [Evaluation of the Global Education 2010 programme. Reports of the Ministry of Education and Culture, Finland 2011:13]. Helsinki: Ministry of Education and Culture. Link: http://www.minedu.fi/OPM/Julkaisut/2011/kvk.html?lang=en [16.11.2014].

Ratzki, A. (2005): Finnland. Erfahrungen mit Bildungsstandards und individuellen Fördermaßnahmen. In: Becker, G. / Bremerich-Vos, A. / Demmer, M. / Merki, K. M. / Botho Priebe / Schwippert, K. / Stäudel, L. / Tillmann, K.-J. (Hrsg.): Standards. Unterrichten zwischen Kompetenzen, zentralen Prüfungen und Vergleichsarbeiten. Friedrich Jahresheft XXIII 2005. Selze: Friedrich, S. 50-52.

Reich, H. H. / Holzbrecher, A. / Roth, H.-J. (Hrsg.) (2000): Fachdidaktik interkulturell. Ein Handbuch. Opladen: Leske + Budrich.

Reich, H. H. / Roth, H.-J. / Dirmi, I. / Jorgensen, J. N. / List, G. / Günther, L. / Neumann, U. / Siebert-Ott, G. / Steinmüller, U. / Teunissen, F. / Vallen, T. / Wurnig, V. (2002): Spracherwerb zweisprachig aufwachsender Kinder und Jugendlicher. Ein Überblick über den Stand der nationalen und internationalen Forschung. Hamburg: Freie und Hansestadt Hamburg, Behörde für Bildung und Sport. Link: http://www.hamburg.de/contentblob/69654/data/bbs-hr-spracherwerb-zweisprachigkeit-11-02.pdf [16.11.2014].

Riitaoja, A.-L. / Poulter, S. / Kuusisto, A. (2010): Worldviews and Multicultural Education in the Finnish Context – A Critical Philosophical Approach to Theory and Practices. In: Finnish Journal of Ethnicity and Migration 5 (3), S. 87-95. Link: http://etmu.fi/en/publications/fjem/ [16.11.2014].

Rinne, R. / Järvinen, T. (2010): The 'losers' in education, work and life chances – the case of Finland. In: Zeitschrift für Pädagogik 56 (4), S. 512-530. Link: http://www.pedocs.de/volltexte/2013/7157/ [16.11.2014].

Rinne, R. / Kivirauma, J. / Simola, H. (2002): Shoots of revisionist education policy or just slow readjustment? The Finnish case of educational reconstruction. In: Journal of Education Policy 17 (6), S. 643-658. Link: http://dx.doi.org/10.1080/02680930 22000032292 [16.11.2014].

Roth, H.-J. (2014): HAVAS 5. Diagnostik von Sprachkompetenzen im Vor- und Grundschulalter bei Kindern mit und ohne Migrationshintergrund. In: Rühle, S. / Müller, A. / Knobloch, P. D. Th. (Hrsg.): Mehrsprachigkeit – Diversität – Internationalität: Erziehungswissenschaft im transnationalen Bildungsraum. Münster u. a.: Waxmann, S. 157-184.

Rühle, S. (2014a): Diversität, Interkulturalität und Multiperspektivität im Unterricht. Möglichkeiten und Grenzen einer mehrperspektivischen allgemeinen Bildung für alle im Kontext von Chancengerechtigkeit. In: Rühle, S. / Müller, A. / Knobloch, P. D .Th. (Hrsg.): Mehrsprachigkeit – Diversität – Internationalität: Erziehungswissenschaft im transnationalen Bildungsraum. Münster u. a.: Waxmann, S. 89-105.

Rühle, S. (2014b): Diversität und Lehrer/innenbildung: Theoretische Prämissen und Überlegungen aus Sicht der universitären Praxis. In: Rangosch-Schneck, E. (Hrsg.): Methoden – Strukturen – Gestaltung: Lerngelegenheiten und Lernen in der „interkulturellen Lehrerbildung". Baltmannsweiler: Schneider Verlag Hohengehren, S. 21-35.

Sahlberg, P. (2011): Finnish Lessons: What can the world learn from educational change in Finland? New York u. a.: Teachers College Press.

Said, E. W. (31978 / 2012): Orientalismus. 3. Auflage. Aus dem Englischen von Hans Günter Holl. Frankfurt am Main: Fischer.

Salo, O.-P. (2012): Finland's Official Bilingualism – a Bed of Roses or of Procrustes? In: Blommaert, J. / Leppänen, S. / Pahta, P. / Räisänen, T. (Hrsg.): Dangerous Multilingualism. Northern Perspectives on Order, Purity and Normality. Basingstoke u. a.: Palgrave Macmillan, S. 25-40.

Saloviita, T. (2009): Inclusive education in Finland: A thwarted development. In: Zeitschrift für Inklusion Nr. 1-2009. Link: http://www.inklusion-online.net/index.php/inklusion/article/view/18/17 [16.11.2014].

Saloviita, T. / Takala, M. (2010): Frequency of co-teaching in different teacher categories. In: European Journal of Special Needs Education 25 (4), S. 389-396. Link: http://dx.doi.org/10.1080/08856257.2010.513546 [16.11.2014].

Sander, A. (2004): Konzepte einer inklusiven Pädagogik. In: Zeitschrift für Heilpädagogik 5, S. 240-244.

Sarjala, J. (2008): Zur Geschichte des finnischen Schulwesens. In: Sarjala, J. / Häkli, E. (Hrsg.): Jenseits von PISA. Finnlands Schulsystem und seine neuesten Entwicklungen. Berlin: Berliner Wissenschafts-Verlag (BWV), S. 41-57.

Saukkonen, P. (2013): Multiculturalism and Nationalism: The Politics of Diversity in Finland. In: Kivisto, P. / Wahlbeck, Ö. (Hrsg.): Debating Multiculturalism in the Nordic Welfare States. Basingstoke u. a.: Palgrave Macmillan, S. 270-294.

Scholl, D. (2009): Sind die traditionellen Lehrpläne überflüssig? Zur lehrplantheoretischen Problematik von Bildungsstandards und Kernlehrplänen. Wiesbaden: VS Verlag für Sozialwissenschaften.

Schröder, K. (2011): Rede im Deutschen Bundestag von Bundesfamilienministerin Dr. Kristina Schröder in der Aktuellen Stunde zur Einführung eines Betreuungsgeldes am 9. November 2011, in Berlin. Website des Bundesministerium für Familie, Senioren, Frauen und Jugend. Berlin. Link: http://www.bmfsfj.de/BMFSFJ/Presse/reden,did=175448.html [16.11.2014].

Schroeder, J. (2010): Lernen von Finnland? Im Ernst? Probleme der Herstellung von Bildungsgerechtigkeit im Schulsystem. In: Wenning, N. / Spetsmann-Kunkel, M. / Winnerling, S. (Hrsg.): Strategien der Ausgrenzung. Exkludierende Effekte staatlicher Politik und alltäglicher Praktiken in Bildung und Gesellschaft. Münster u. a.: Waxmann, S. 171-183.

Simola, H. (2006): Globalisation of Finnish educational governance. School perfor-
mance indicators and their publication as a case in point. In: Kallo, J. / Risto, R.
(Hrsg.): Supranational Regimes and National Education Policies – Encountering
Challenge. Turku: Finnish Educational Research Association, S. 337-352.

Simola, H. / Rinne, R. / Varjo, J. / Kauko, J. (2013): The paradox of the education race:
how to win the ranking game by sailing to headwind. In: Journal of Education Policy, S. 1-22. Link: http://dx.doi.org/10.1080/02680939.2012.758832 [16.11.2014].

Skiera, E. (2009): Das finnische Bildungswesen im Überblick. In: Matthies,
A.-L. / Skiera, E. (Hrsg.): Das Bildungswesen in Finnland. Geschichte, Struktur, Institutionen und pädagogisch-didaktische Konzeptionen, bildungs- und sozialpolitische Perspektiven. Bad Heilbrunn: Klinkhardt, S. 118-122.

Skiera, E. / Matthies, A.-L. (2009): Einleitung: Das Bildungswesen Finnlands in mehrperspektivischer Sicht. In: Matthies, A.-L. / Skiera, E. (Hrsg.): Das Bildungswesen in
Finnland. Geschichte, Struktur, Institutionen und pädagogisch-didaktische Konzeptionen, bildungs- und sozialpolitische Perspektiven. Bad Heilbrunn: Klinkhardt,
S. 13-21.

Solga, H. / Wagner, S. (^{4}2010): Die Zurückgelassenen – die soziale Verarmung der
Lernumwelt von Hauptschülerinnen und Hauptschülern. In: Lauterbach, R. B. u. W.
(Hrsg.): Bildung als Privileg. Erklärungen und Befunde zu den Ursachen der Bildungsungleichheit. 4., aktualisierte Auflage. Wiesbaden: VS Verlag für Sozialwissenschaften, S. 191-219. Link: http://dx.doi.org/10.1007/978-3-531-92484-7_7
[16.11.2014].

Stanat, P. / Christensen, G. (2006): Where Immigrant Students Succeed. A comparative
review of performance and engagement in PISA. Paris: Organisation for Economic
Cooperation and Development (OECD). Link: http://dx.doi.org/10.1787/9789264023
611-en [16.11.2014].

Stanat, P. / Rauch, D. / Segeritz, M. (2010): Schülerinnen und Schüler mit Migrationshintergrund. In: Klieme, E. / Artelt, C. / Hartig, J. / Jude, N. / Köller, O. / Prenzel,
M. / Schneider, W. / Stanat, P. (Hrsg.): PISA 2009. Bilanz nach einem Jahrzehnt.
Münster u. a.: Waxmann, S. 200-230. Link: http://pisa.dipf.de/de/pisa-2009/ergebnis
berichte/PISA_2009_Bilanz_nach_einem_Jahrzehnt.pdf [16.11.2014].

Stange, E.-M. (2012): Ein Kanon für allgemeine Bildung im gegliederten Schulsystem.
In: Erdsiek-Rave, U. / John-Ohnesorg, M. (Hrsg.): Bildungskanon heute. Berlin u. a.:
Friedrich-Ebert-Stiftung (FES), S. 111-115. Link: http://library.fes.de/pdf-files/studie
nfoerderung/08990.pdf [16.11.2014].

Statistisches Bundesamt (2012a): Geburten in Deutschland. Ausgabe 2012. Wiesbaden:
Statistisches Bundesamt. Link: https://www.destatis.de/DE/ZahlenFakten/Gesell
schaftStaat/Bevoelkerung/Geburten/Geburten.html [16.11.2014].

Statistisches Bundesamt (2012b): Von niedrigen Geburtenzahlen und fehlenden Müttern ... Wiesbaden: Destatis. Link: https://www.destatis.de/DE/Publikationen/STAT
magazin/Bevoelkerung/2012_09/2012_09PDF.html [16.11.2014].

Statistisches Bundesamt (2014a): Bevölkerung und Erwerbstätigkeit. Bevölkerung mit Migrationshintergrund – Ergebnisse des Mikrozensus 2013 – Fachserie 1 Reihe 2.2. Wiesbaden: Destatis. Link: https://www.destatis.de/DE/Publikationen/Thematisch/ Bevoelkerung/MigrationIntegration/Migrationshintergrund.html [16.11.2014].

Statistisches Bundesamt (2014b): LEBEN IN EUROPA (EU-SILC). Einkommen und Lebensbedingungen in Deutschland und der Europäischen Union. Fachserie 15 Reihe 3 – 2012. Wiesbaden: Destatis Link: https://www.destatis.de/DE/Publikationen/ Thematisch/EinkommenKonsumLebensbedingungen/LebeninEuropa/EinkommenLe bensbedingungen.html [16.11.2014].

Statistisches Bundesamt (2014c): Pressemitteilung vom 30 . September 2014 – 343/14. 42,7 Millionen Erwerbstätige im August 2014. Wiesbaden: Destatis. Link: https://www.destatis.de/DE/PresseService/Presse/Pressemitteilungen/2014/09/PD14_ 343_132pdf.pdf?__blob=publicationFile [16.11.2014].

Statistisches Bundesamt (2014d): Pressemitteilung vom 14. November 2014 – 402/14. Mikrozensus 2013: 16,5 Millionen Menschen mit Migrationshintergrund. Wiesba-den: Destatis. Link: https://www.destatis.de/DE/PresseService/Presse/Pressemittei lungen/2014/11/PD14_402_122pdf.pdf?__blob=publicationFile [16.11.2014].

Suni, M. / Latomaa, S. (2012): Dealing with Increasing Linguistic Diversity in Schools – the Finnish Example. In: Blommaert, J. / Leppänen, S. / Pahta, P. / Räisänen, T. (Hrsg.): Dangerous Multilingualism. Northern Perspectives on Order, Purity and Normality. Basingstoke u. a.: Palgrave Macmillan, S. 67-95.

Takala, M. / Uusitalo-Malmivaara, L. (2012): A one-year study of the develop-ment of co-teaching in four Finnish schools. In: European Journal of Special Needs Education 27 (3), S. 373-390. Link: http://dx.doi.org/10.1080/08856257.2012.6912 33 [16.11.2014].

Tallroth, P. (2012): Strategy for the National Languages of Finland. Government resolu-tion. Prime Minister's Office Publications 7 / 2012. Helsinki: Prime Minister's Office. Link: http://vnk.fi/julkaisut/listaus/julkaisu/en.jsp?oid=376905 [16.11.2014].

Tenorth, H.-E. / Tippelt, R. (Hrsg.) (2007): Beltz Lexikon Pädagogik. Weinheim und Basel: Beltz.

Tillmann, K.-J. (2007): Viel Selektion – wenig Leistung: Erfolg und Scheitern in deut-schen Schulen. In: Fischer, D. / Elsenbast, V. (Hrsg.): Zur Gerechtigkeit im Bil-dungssystem. Münster u. a.: Waxmann, S. 25-37.

Tillmann, K.-J. / Wischer, B. (2006): Heterogenität in der Schule. Forschungsstand und Konsequenzen. In: Pädagogik 58 (3), S. 44-48.

Trautmann, M. / Wischer, B. (2011): Heterogenität in der Schule. Eine kritische Einfüh-rung. Wiesbaden: VS Verlag für Sozialwissenschaften. Link: http://dx.doi.org/ 10.1007/978-3-531-92893-7 [16.11.2014].

Treibel, A. (^{3}2003): Migration in modernen Gesellschaften: soziale Folgen von Einwan-derung, Gastarbeit und Flucht. Weinheim: Juventa.

UN (2006): Convention on the Rights of Persons with Disabilities. Geneva: Office of the United Nations High Commissioner for Human Rights. Link: http://www.un.org/disabilities/convention/conventionfull.shtml [16.11.2014].

UNESCO (1974): Recommendation concerning education for international understanding, co-operation and peace and education relating to human rights and fundamental freedoms adopted by the General Conference at its eighteenth session Paris, 19 November 1974. Paris: United Nations Educational, Scientific and Cultural Organization. Link: http://www.unesco.org/education/nfsunesco/pdf/Peace_e.pdf [16.11.2014].

UNESCO (1994): The Salamanca Statement and Framework For Action on Special Needs Education. Adopted by the World Conference on Special Needs Education: Access and Quality. Salamanca, Spain, 7-10 June 1994. Paris: United Nations Educational, Scientific and Cultural Organization. Link: http://www.unesco.org/education/pdf/SALAMA_E.PDF [16.11.2014].

UNESCO ([2]2010): Inklusion: Leitlinien für die Bildungspolitik. 2. Auflage. Bonn: Deutsche UNESCO-Kommission e.V. (DUK). Link: http://www.unesco.de/3968.html [16.11.2014].

UNESCO (2014): EFA Global Monitoring Report 2013/14. Teaching and Learning: Achieving quality for all. Paris: United Nations Educational, Scientific and Cultural Organization. Link: http://unesdoc.unesco.org/images/0022/002256/225660e.pdf [16.11.2014].

Uusiautti, S. / Määttä, K. (2013): Who is a Suitable Teacher? The Over-100-Year Long History of Student Selection for Teacher Training in Finland. In: International Journal of Sciences 2 (3), S. 109-118. Link: http://www.ijsciences.com/pub/pdf/V2-201303-17.pdf [16.11.2014].

Välijärvi, J. / Sahlberg, P. (2008): Should 'failing' students repeat a grade? Retrospective response from Finland. In: Journal of Educational Change 9 (4), S. 385-389. Link: http://dx.doi.org/10.1007/s10833-008-9089-3 [16.11.2014].

Vereinte Nationen (1948): Resolution 217 A (III) der Generalversammlung vom 10. Dezember 1948. Allgemeine Erklärung der Menschenrechte. New York: UN Department for General Assembly and Conference Management German Translation Service. Link: http://www.ohchr.org/EN/UDHR/Pages/Language.aspx?LangID=ger [16.11.2014].

Vertovec, S. (2006): The emergence of super-diversity in Britain (COMPAS working papers, No. 06–25). Oxford: University, Centre of Migration, Policy and Society.

Virta, A. (2009): Learning to teach history in culturally diverse classrooms. In: Intercultural Education 20 (4), S. 285-297. Link: http://dx.doi.org/10.1080/14675980903351920 [16.11.2014].

Virta, A. (2012): Cultural diversity challenging history education: Why and how. In: Talib, M.-T. / Loima, J. / Paavola, H. / Patrikainen, S. (Hrsg.): Dialogs on Diversity and Global Education. Frankfurt am Main u. a.: Peter Lang, S. 147-160.

Virta, A. / Yli-Panula, E. (2012): History, Social Science and Geography Education in Finnish Schools and Teacher Education. In: Niemi, H. / Toom, A. / Kallioniemi, A. (Hrsg.): Miracle of Education. The Principles and Practices of Teaching and Learning in Finnish Schools. Rotterdam u. a.: Sense Publishers, S. 189-207.

Vitikka, E. / Krokfors, L. / Hurmerinta, E. (2012): The Finnish National Core Curriculum: Structure and Development. In: Niemi, H. / Toom, A. / Kallioniemi, A. (Hrsg.): Miracle of Education. The Principles and Practices of Teaching and Learning in Finnish Schools. Rotterdam u. a.: Sense Publishers, S. 83-96.

Volkmann, L. (2010): Fachdidaktik Englisch: Kultur und Sprache. Tübingen: Narr.

Vollstädt, W. / Tillmann, K.-J. / Rauin, U. / Höhmann, K. / Tebrügge, A. (1999): Lehrpläne im Schulalltag. Eine empirische Studie zur Akzeptanz und Wirkung von Lehrplänen in der Sekundarstufe I. Opladen: Leske + Budrich.

Wahlbeck, Ö. (2013): Multicultural Finnish Society and Minority Rights. In: Kivisto, P. / Wahlbeck, Ö. (Hrsg.): Debating Multiculturalism in the Nordic Welfare States. Basingstoke u. a.: Palgrave Macmillan, S. 295-324.

Waldow, F. (2010): Der Traum vom „skandinavischen schlau Werden". Drei Thesen zur Rolle Finnlands als Projektionsfläche in der gegenwärtigen Bildungsdebatte. In: Zeitschrift für Pädagogik 56 (4), S. 497-511. Link: http://www.pedocs.de/volltexte/ 2013/7156/ [16.11.2014].

Walgenbach, K. (2011): Intersektionalität als Analyseparadigma kultureller und sozialer Ungleichheiten. In: Bilstein, J. / Ecarius, J. / Keiner, E. (Hrsg.): Kulturelle Differenzen und Globalisierung. Herausforderungen für Erziehung und Bildung Wiesbaden: VS Verlag für Sozialwissenschaften, S. 113-130. Link: http://dx.doi.org/10.1007/ 978-3-531-92859-3_7 [16.11.2014].

Weber, M. (2003): Heterogenität im Schulalltag. Konstruktion ethnischer und geschlechtlicher Unterschiede. Opladen: Leske + Budrich.

Wenning, N. (2004): Heterogenität als neue Leitidee der Erziehungswissenschaft? Zur Berücksichtigung von Gleichheit und Verschiedenheit. In: Zeitschrift für Pädagogik 50 (4), S. 565-582. Link: http://www.pedocs.de/volltexte/2011/4828/ [16.11.2014].

Wenning, N. (2007): Heterogenität als Dilemma für Bildungseinrichtungen. In: Boller, S. / Rosowski, E. / Stroot, T. (Hrsg.): Heterogenität in Schule und Unterricht. Handlungsansätze zum pädagogischen Umgang mit Vielfalt. Weinheim u. a.: Beltz, S. 21-31.

Winker, G. / Degele, N. (2009): Intersektionalität. Zur Analyse sozialer Ungleichheiten. Bielefeld: Transcript.

Wocken, H. (2010): Integration & Inklusion. Ein Versuch, die Integration vor der Abwertung und die Inklusion vor Träumereien zu bewahren. In: Stein, A.-D. / Krach, S. / Niediek, I. (Hrsg.): Integration und Inklusion auf dem Weg ins Gemeinwesen. Möglichkeitsräume und Perspektiven. Bad Heilbrunn: Klinkhardt, S. 204-235.

Zentralamt für Unterrichtswesen (2004): Rahmenlehrpläne und Standards für den grundbildenden Unterricht an finnischen Schulen (Perusopetus). Perusopetus ist der Unterricht für alle Schüler von Klasse 1–9. Helsinki: Zentralamt für Unterrichtswesen.

Zymek, B. (2013): Die Zukunft des zweigliedrigen Schulsystems in Deutschland. Was man von der historischen Schulentwicklung dazu wissen kann. In: Zeitschrift für Pädagogik 59 (4), S. 469-481.